AF324786

Une histoire politique de l'alimentation

Du paléolithique à nos jours

Paul Ariès

Une histoire politique de l'alimentation
Du paléolithique à nos jours

Max Milo

© Max Milo Éditions, Paris, 2017
www.maxmilo.com
ISBN : 978-2-31500-722-6

Le poisson qu'on mange en commun n'a pas d'arêtes.
Démocrite

Il ne faut pas tant regarder ce qu'on mange qu'avec qui on mange [...]
Il n'est point de si doux apprêts pour moi, ni de sauce si appétissante
que celle qui se tire de la société.
Montaigne

Du même auteur

La Fin des mangeurs, Éd. Desclée de Brouwer, 1997
Les Fils de McDo, Éd. L'Harmattan, 1997
Déni d'enfance, Éd. Golias, 1997
La Scientologie, laboratoire du futur ? Les secrets d'une machine infernale, Éd. Golias, 1998
Petit manuel anti-McDo à l'usage des petits et des grands, Éd. Golias, 1999
La Scientologie : une secte contre la République, Éd. Golias, 1999
José Bové, la révolte d'un paysan. Entretiens avec Paul Ariès et Christian Terras, Éd. Golias, 2000
Le Goût (avec Gong Gang), Éd. Desclée de Brouwer, 2000
Libération animale ou nouveaux terroristes ? Éd. Golias, 2000
Les Sectes à l'assaut de la santé, Éd. Golias, 2000
Anthroposophie : enquête sur un pouvoir occulte, Éd. Golias, 2001
Disneyland, le royaume désenchanté, Éd. Golias, 2002
Pour sauver la terre : l'espèce humaine doit-elle disparaître ? Éd. L'Harmattan, 2002
Harcèlement au travail ou Nouveau Management, Éd. Golias, 2002
Putain de ta marque ! Éd. Golias, 2003
Démarque-toi ! Petit manuel anti-pub, Éd. Golias, 2004
Satanisme et Vampirisme, Éd. Golias, 2004
Misère du sarkozysme. Cette droite qui n'aime pas la France, Éd. Parangon, 2005
Décroissance ou Barbarie, Éd. Golias, 2005
No conso. Manifeste pour une grève générale de la consommation, Éd. Golias, 2006
Le Mésusage. Essai sur l'hypercapitalisme, Éd. Parangon, 2007
Apprendre à faire le vide (avec Bernadette Costa-Prades), Éd. Milan, 2009

Désobéir et grandir, Les éditions écosociété, 2009
Cohn-Bendit, l'imposture, (avec Florence Leray), Max Milo, 2010
La Simplicité volontaire contre le mythe de l'abondance, La Découverte, 2010
Le Socialisme gourmand, La Découverte, 2012
Amoureux du bien vivre, Afrique, Amériques, Asie… Que nous apprend l'écologie des pauvres, Éd. Golias, 2013
Nos rêves ne tiennent pas dans les urnes, Éd. Max Milo, 2013
Écologie et cultures populaires, Éd. Utopia, 2015
La face cachée du pape François, Éd. Max Milo, 2016

Pour tout contact (conférences et presse) :
paul.aries@laposte.net

Amuse-bouches

Beaucoup d'histoires de l'alimentation existent mais pas d'histoire politique, comme si nos façons de faire société, de régler nos conflits, de choisir qui sont nos amis et nos ennemis, de déterminer ce que nous considérons nous être commun, n'interféraient pas avec nos conceptions de l'alimentation et nos façons de passer ou de ne pas passer à table, avec nos définitions, toujours changeantes, qui permettent de dire qui a droit de participer au banquet, qui doit recevoir plusieurs parts, une pleine part, une demi-part, voire une mauvaise part[1]. Ce voyage sera parfois anecdotique car il faut bien dire comment, pourquoi, où, et avec qui, nos ancêtres mangeaient et buvaient, mais il débouche cependant sur un constat déterminant pour

---

1. Notre histoire politique de l'alimentation ouvre largement un champ disciplinaire mais elle croise beaucoup d'autres histoires bien établies. Pour une approche historique : Massimo MONTANARI et Jean-louis FLANDRIN (dirs), *Histoire de l'alimentation*, Fayard, 1996, réimpr. 2014 ; Odile REDON, Sallmann LINE et Sylvie STEINBERG (dirs), *Le Désir et le Goût, une autre histoire (XIIIe-XVIIIe siècle)*, colloque international à la mémoire de Jean-Louis Flandrin, Paris, Presses universitaires de Vincennes, 2005. Pour une histoire morale et philosophique : Jean-Pierre CORBEAU et Jean-Pierre POULAIN, *Penser l'alimentation entre imaginaire et rationalité*, Toulouse, Privat, 2002 ; Maguelonne TOUSSAINT-SAMAT [1997], *Histoire naturelle et morale de la nourriture*, Toulouse, Le Périgrinateur, 2013 ; Saadi LAHLOU, *Penser, manger*, Paris, Presses universitaires de France, 1998. Pour une approche culturelle : Massimo MONTANARI, *Le manger comme culture*, Bruxelles, Éditions de l'université de Bruxelles, 2010 ; Florent QUELLIER, *la Table des Français. Une histoire culturelle (XVe-XIXe siècle)*, Rennes, « Tables des hommes », Presses universitaires de Rennes/Presses universitaires François Rabelais, 2013. Pour une approche psychanalytique : Gérard HADDAD, *Manger le livre*, Paris, « Figures », Grasset, 1984, rééd. sous le titre *Manger le livre. Rites alimentaires et fonction paternelle*, Paris, Fayard/Pluriel, 2012. Pour une approche sociologique : Jean-Pierre POULAIN, *Sociologies de l'alimentation : les mangeurs et l'espace social alimentaire*, Paris, Presses universitaires de France, 2013. Pour une approche religieuse : Aïda KANAFANI-ZAHAR, Séverine MATHIEU et Sophie NIZARD (dirs), *À croire et à manger. Religions et alimentation*, Paris, L'Harmattan, 2008. Pour une approche écologique : Jacques BARRAU, *Les hommes et leurs aliments. Esquisse d'une histoire écologique et ethnologique de l'alimentation humaine*, Paris, Messidor/Temps actuels, 1983.

le XXIᵉ siècle. Si l'humanité s'est largement humanisée en humanisant sa table, il se pourrait bien qu'elle se déshumanise à force de la déshumaniser.

L'humanité s'est humanisée à travers sa table en interposant entre elle-même et ce qu'elle mange et boit toute une série de choix (entre ce qui est consommable et ce qui ne l'est pas, entre ceux qui ont droit au banquet et les autres, entre divers modes de cuisson, etc.), de valeurs (entre celles reconnues aux divers aliments et aux diverses façons de cuisiner, d'assaisonner, de manger), d'objets (du bâton à fouir à la broche et à la marmite), de savoirs et de savoir-faire (en matière de chasse et de cueillette, de stockage, de conservation, d'assaisonnement, de cuisson), de cultures (des cultures populaires aux cultures aristocratiques en passant par les aspects religieux ou scientifiques), de rituels (domestiques, religieux ou politiques), transformant ainsi les nutriments, qui concernent le seul corps biologique, en aliments. L'histoire de l'alimentation est donc d'abord celle de cette mise à distance, de cette ritualisation et symbolisation qui concourent au vivre ensemble.

L'humanité pourrait tout aussi bien se déshumaniser en déshumanisant sa table. Nous n'avons toujours pas appris, en plusieurs millénaires, à garantir le droit au banquet à l'ensemble de l'humanité, ce qui supposerait de concevoir une nouvelle symbolique, une nouvelle ritualité, d'autres pratiques. Au contraire, nous mangeons de plus en plus n'importe quoi, n'importe comment, n'importe quand, n'importe où, avec n'importe qui et pour n'importe quelle raison. Nous n'acceptons plus que la communauté puisse avoir son mot à dire sur nos façons de manger, et déjà de gaspiller, car nous ne savons plus ce que manger veut dire. Nous nous imaginons, contre tout ce que nous apprend l'histoire de l'humanité, que la table serait une affaire individuelle dont nous n'aurions pas à rendre compte ni anthropologiquement, ni socialement ou culturellement, ni, bien sûr, politiquement.

Pourquoi une histoire de l'alimentation ?

Notre siècle ne fait pas exception : son principal défi n'est pas la conquête spatiale mais de savoir comment nourrir 8 milliards d'humains sans détruire les écosystèmes. L'histoire aurait dû, à ce sujet, nous vacciner contre une double illusion, hélas meurtrière. Celle selon laquelle la table d'aujourd'hui serait nécessairement mieux que celle d'hier et forcément moins bien que celle de demain. L'histoire de l'alimentation dément cette conception faussement progressiste : on mourait moins de faim dans l'Égypte des pharaons que sous Louis XV, et les mangeurs préhistoriques accédaient à une nourriture plus diversifiée que les Français du XIXᵉ siècle.

L'histoire de l'alimentation n'est pas celle d'une longue marche triomphante vers un mieux, mais celle de conflits d'usages, avec l'alternative de mutualiser les stocks ou de laisser une minorité se les approprier, ou le choix entre détruire les châtaigneraies pour favoriser les pommes de terre ou le froment, et laisser le peuple vivre bien, à sa façon. En effet, les puissants n'ont pu imposer leur conception de l'agriculture et de l'alimentation qu'en interdisant au plus grand nombre, souvent brutalement, d'autres façons de manger et donc aussi de vivre. Nous ne sommes pas en mesure de dire ce qu'aurait été l'histoire de l'alimentation si ces autres choix populaires avaient été respectés. Les puissants (chefs de tribus, seigneurs, rois, aristocrates, bourgeois capitalistes) ne sont parvenus à leurs fins qu'avec le soutien des religions, et notamment, nous concernant, avec l'appui de l'Église catholique, toujours prête à dénoncer les prétentions des pauvres à vouloir manger aussi bien que les riches... Le péché de *gula* (« gourmandise ») est d'abord une arme de guerre contre les pauvres et non contre les riches.

Autre illusion dont nous devrions faire le deuil : l'idée que le « progrès technique » et que les innovations en matière agricole seraient à même de répondre aux espoirs. Nos ancêtres se sont bercés de telles illusions depuis les grandes réformes de l'Antiquité jusqu'à la monarchie absolue et la Révolution. La pomme de terre républicaine n'a pas plus émancipé l'humanité que le pain moyenâgeux ou, demain, les biotechnologies alimentaires. Ce n'est pas par hasard si le XIXᵉ siècle « progressiste », dont la mémoire collective n'a retenu que la légende dorée des grands gastronomes, fut un siècle particulièrement noir en matière d'alimentation populaire avec ses projets immondes de nourrir le peuple en utilisant tous les rebuts de l'industrie. Même dans la Grèce antique, les esclaves avaient droit aux délices du vin doux et à des banquets (rarement tout de même) pour honorer leurs morts ! La commensalité eut longtemps pour conséquence de rappeler aux humains qu'ils doivent tous, obligatoirement, manger et boire. Le capitalisme ayant inventé, avec son fonctionnement spécifique de l'argent, une autre équivalence générale entre les choses, Comus et Bacchus se sont trouvés rabaissés, pour ne pas dire simplement désacralisés.

Faire une histoire de l'alimentation, c'est donc, déjà, témoigner de cette profanation du vivant lorsque les sociétés (et les puissants) ne se pensent plus comme nourricières, lorsque les enrichis ne perçoivent même plus ce qu'il y a d'immoral dans leurs excès et dans la démesure de leurs gaspillages alimentaires (estimés par l'ONU à 40 % de la production), lorsque les dirigeants n'imaginent plus ce que pourraient être des politiques alimentaires, alors que les Anciens avaient su déployer durant des siècles des lois *somptuaires* pour que les excès des uns ne privent pas les autres, et des lois *annonaires* pour garantir l'approvisionnement de tous et de chacun. La Révolution française n'est pas née d'une mauvaise récolte, mais de l'abandon par les puissants de cette « économie morale » que le peuple n'a jamais cessé d'appeler de ses vœux et qu'il appliquait parfois de force lors des réquisitions de grains et des ventes au juste prix.

Pourquoi une histoire politique de l'alimentation ?

L'alimentation a été l'un des domaines où s'est forgée cette dimension humaine à laquelle on donnera bien plus tard le nom de politique. En effet, la politique exista bien avant la démocratie grecque et ses fameux banquets. J'aimerais convaincre le lecteur qu'on peut parler de politiques alimentaires dès la préhistoire et que les choix faits ne furent pas moins intéressés et passionnés que les nôtres. La politique ne naît donc pas avec les premières cités-États, comme Babylone, mais avec les grandes chasses, avec le stockage des denrées, avec les premiers banquets végétaux. Cette histoire témoigne d'un bricolage avec parfois des avancées foudroyantes, mais aussi des reculs durables. Ce bricolage a permis de faire vivre quelque chose qui dépasse le cadre des relations familiales, tribales et de simple voisinage. On fera toujours du neuf avec du vieux dans ce domaine, et on bricole à partir d'un « déjà-là ».

La commensalité, qui a un sens précis dans le contexte familial, prend ici un autre sens. D'affaire privée, la maîtrise du feu devient l'un des fondements d'une communauté politique qui s'invente, serrée autour d'un commun. Ce n'est d'ailleurs pas tant la communauté qui se serre autour de son feu que ce foyer commun qui crée la communauté, comme ce n'est pas la communauté qui partage un banquet, mais ce banquet qui crée la communauté en tant que corps politique. En même temps, la politique, c'est la constitution de cet espace commun, soustrait aux seules logiques privatives, et la mise au point de modalités particulières de le gérer. La politique fut d'abord une banale affaire alimentaire avant de devenir cette chose abstraite qui exclut le plus grand nombre.

Politique, l'apprentissage de la coopération, peut-être déjà au niveau de la cueillette, et, de façon certaine, avec les grandes chasses. Politique, la définition de territoires de cueillette et de chasse à défendre contre d'autres tribus ou contre les prédateurs. Politique, l'apprentissage de la sécurité collective avec la constitution de réserves et l'invention de méthodes variées et efficaces de gestion des stocks alimentaires. Politique, la maîtrise du feu comme fondement des futurs biens communs et des futures cités.

Politique, l'invention de la commensalité car elle suppose de faire des choix en matière de répartition des morceaux, mais aussi en termes d'alimentation (ou pas) des plus faibles. Politiques, les premiers repas hospitaliers à la fonction diplomatique certaine ainsi que les premiers banquets funéraires ou sanglants. Que la politique se soit inventée avec des affaires de table, notamment, n'est pas si étonnant puisque la table est, comme la politique, une affaire de mélange (des peuples, des valeurs, des coutumes dans un cas, des arômes, des épices dans l'autre). Les Grecs anciens le savaient bien, qui obligeaient à toujours mélanger son vin avec de l'eau.

Pourquoi une histoire nationale de l'alimentation ?

Certes, l'histoire de l'alimentation est universelle, mais on ne peut la rendre intelligible qu'en acceptant de la circonscrire dans des territoires à chaque fois particuliers, tant sur les plans climatique, géographique, culturel, social que sur le plan politique. La France, dans son histoire, entretient un rapport spécifique à sa table parce qu'elle est, plus que d'autres, une nation politique. Étudier l'histoire politique française de la table, c'est se donner le maximum de chance de comprendre cet entrelacement du politique et de la nourriture, tel qu'il travaille toutes les sociétés, chacune à sa manière. Convoquer la longue durée, et même la très longue durée, est donc nécessaire puisque la table française reste tributaire des tables antiques bien au-delà du fameux triangle pain-vin-huile et de la tradition des banquets. Ce qui caractérise la table française, c'est ce rapport, toujours continué et renouvelé, entre contenu de l'assiette et politique, entre manières de table et politique, entre (contre-) utopies et politique, et ceci, de l'époque gallo-romaine à celle de l'empire carolingien, de la féodalité à la monarchie absolue, de l'humanisme de la Renaissance à celui de la philosophie des Lumières, de la Révolution de 1789 au XIXe siècle, le « siècle noir ». Le danger aurait été de faire l'histoire politique de l'alimentation des seuls puissants, évacuant ainsi le point de vue, également politique, du peuple sur les affaires de table. Le peuple, loin d'être silencieux, est même plutôt têtu au cours des siècles, allant toujours chercher dans les mêmes directions les solutions aux questions alimentaires… Cette histoire populaire de la table a pourtant toujours été dépréciée, au point de ne retenir que le point de vue des puissants (et des savants), y compris sur des mesures souhaitées et revendiquées par le peuple. Les gens ordinaires n'ont pas principalement souhaité manger la même chose et de la même façon que les puissants, il faudra beaucoup de souffrances pour les faire renoncer à leurs propres conceptions et pratiques de table. La haine des distributions alimentaires gratuites, toujours recommencées depuis la Rome antique, en est un autre bon symptôme.

Je convie mes lecteurs à un long voyage gastronomique que j'espère gourmand. Je présente ce livre à la façon de la vieille table française en proposant, en guise de chapitres, 13 services successifs, mais dans lequel chacun(e) pourra puiser à sa guise (ce que le mangeur ne pouvait faire à l'époque) : les tables préhistoriques, la table mésopotamienne, la table égyptienne, la table grecque, la table romaine, la table gauloise, la table mérovingienne, la table carolingienne, la table clérico-féodale, la table de la monarchie absolue, la table républicaine, la table bourgeoise et enfin les tables industrielles du XXe siècle et du début du XXIe siècle.

Premier service : Les tables préhistoriques

Le lecteur pourrait être étonné d'un voyage aussi loin dans l'histoire pour comprendre comment nous mangeons et buvons aujourd'hui. C'est que toute personne curieuse de l'alimentation doit commencer par déconstruire des images sur la façon dont sont réputés s'alimenter nos lointains ancêtres[2]. Nous les imaginons à la façon des « sauvages » découverts aux XIXe et XXe siècles. Nous les acceptons carnivores ou herbivores pourvu qu'ils usent leur courte vie à trouver quelques maigres nutriments, sans aucun souci des autres, ni plaisir. Nous ne saurons jamais exactement comment mangeaient les hominidés d'il y a deux millions d'années, ni même du paléolithique supérieur, mais nous en savons cependant assez grâce aux travaux des préhistoriens et aux découvertes scientifiques récentes pour déconstruire quelques idées reçues. Nos lointains ancêtres étaient curieux, gourmands et peut-être gourmets ; ils surent s'organiser collectivement et se doter des technologies nécessaires, notamment en matière de stockage et de conservation, pour garantir leur subsistance[3].

---

2. Raymond Dumay, *Le Rat et l'Abeille, court traité de gastronomie préhistorique*, Paris, Phébus, 1997. Nous disposons aussi de quelques monographies, telle celle de Lucie Martin, *Premiers paysans des Alpes. Alimentation végétale et agriculture au Néolithique*, Rennes, Presses universitaires de Rennes, 2014.

3. Catherine Perlès, « Les stratégies alimentaires dans les temps préhistoriques » *in* Massimo Montanari et Jean-Louis Flandrin (dirs), *Histoire de l'alimentation, op. cit.* p. 29-46 ; Catherine Perlès, « Les origines de la cuisine. L'acte alimentaire dans l'histoire de l'homme » in *Communications*, vol. 31, 1979, numéro thématique : *La nourriture. Pour une anthropologie bioculturelle de l'alimentation*, p. 4-14.

Une table explosive

On s'imagine que parler d'alimentation préhistorique serait sans danger, mais ce domaine est polémique car il a des implications religieuses et politiques.

Comment admettre l'humanité des plus anciens hominidés sans remettre en cause certaines croyances qui justifient nos illusions et nos façons d'être. Les Églises n'ont longtemps pu admettre que l'humanité était bien plus vieille que ne le racontait la Bible, ni même que « l'homme descendait du singe ».

La science a longtemps cherché ce qu'elle souhaitait trouver, refoulant tout le reste. Ainsi lorsque Jacques Boucher de Perthes, simple fonctionnaire des douanes, démontre, en 1846, la contemporanéité d'outils de silex taillés par l'homme et d'ossements de grands animaux (in *Antiquités celtiques et antédiluviennes*), ses propos sur l'existence d'un homme « avant le Déluge » provoquent le courroux conjoint de l'Église et de l'Académie des sciences, laquelle mettra dix ans à admettre les faits, grâce aux savants anglais. Soutenir que l'homme du Neandertal ou que le plus vieil *Homo sapiens* savaient déjà ce que manger et boire veulent dire bouleverse nos certitudes établies. En 1879, la découverte de la grotte d'Altamira à Santander, avec son plafond peint d'une vingtaine de bisons, provoqua une nouvelle polémique en raison d'une lampe de pierre en forme de godet qui prouvait l'existence d'un éclairage et donc la possibilité de peindre au fond des grottes obscures. Le grand maître de la préhistoire, Émile Cartailhac (1845-1921), publie, en 1902, son « Mea culpa d'un sceptique » (in *L'Anthropologie*, tome 13, 1902, p. 348-354) reconnaissant officiellement l'art pariétal. Si les scientifiques ne cessent de reculer les grandes dates de l'humanisation alimentaire (maîtrise du feu, constitution des stocks, division de la société), il suffit de consulter les manuels scolaires pour constater que nous continuons à nous accrocher à une histoire plus idéologique qu'objective.

Comment admettre l'humanité des plus anciens hominidés sans constater que les grands invariants qui structurent nos rapports à l'alimentation ont peu changé et que nous n'avons toujours pas résolu le libre accès au banquet pour tous. Les questions posées croisent indéniablement les nôtres : quels sont les choix alimentaires à effectuer pour garantir à chacun le droit à l'alimentation ? Faut-il considérer les animaux comme des réserves de viande ou des partenaires ? Comment une minorité s'empare-t-elle des stocks alimentaires ou fait-elle de la table un vecteur d'inégalité ?

Déterminisme et choix alimentaires

L'alimentation préhistorique est le produit de la tension entre une série de déterminismes créant des possibilités parmi lesquelles des choix existent. Nos pratiques alimentaires ne sont pas si éloignées, sur certains plans, de celles des autres animaux : collecte individuelle ou de groupe, chasse personnelle ou collective, transport de l'aliment vers le gîte, modalités de transformation de l'état physique (découpage, broyage, prémastication), de l'état physico-chimique (séchage, pourrissement, cuisson, combinaison de denrées de base). Nous verrons qu'une des premières causes de notre différenciation est politique, dans la mesure où l'histoire de la table croise celle des inégalités. Le régime alimentaire est, bien sûr, largement dépendant du climat. Ainsi au paléolithique, à cause des glaciations, la végétation est rare, donc l'alimentation est principalement carnée. Le changement climatique du mésolithique va permettre une réorientation de l'alimentation vers les végétaux. Les préhistoriens sont cependant convaincus que depuis la nuit des temps les comportements alimentaires résultent aussi de choix construits. La préhistorienne Catherine Perlès a su montrer que, dès cette époque, l'alimentation est marquée par des choix culturels et que les options alimentaires, et même culinaires, de l'homme ont joué un rôle important dans la formation de la société humaine, ainsi : « L'espèce humaine est la seule à cuire ses aliments, d'une part, à en combiner les ingrédients, d'autre part [...] L'acte alimentaire fut autant un facteur d'homonisation qu'un critère de l'homonisation »[4].

On s'interdit de comprendre l'histoire de l'alimentation tant qu'on accepte l'opposition binaire construite *a posteriori* entre paléolithique et néolithique. Cette lecture ferme la possibilité d'entrevoir ce qu'auraient pu être d'autres évolutions, avec d'autres techniques, d'autres régimes alimentaires, etc. Il faut donc distinguer trois grandes périodes et la plus importante, au regard de la table, n'est ni le paléolithique ni le néolithique, mais bien le mésolithique. Cependant, nous devons accepter de partager momentanément la table des premiers hominidés, pour mieux comprendre les choix effectués.

---

4. Catherine Perlès, « Les origines de la cuisine » in *Communications*, vol. 31, 1979, numéro thématique : *La nourriture. Pour une anthropologie bioculturelle de l'alimentation*, p. 4-14.

L'alimentation au paléolithique

Le paléolithique peut être divisé en quatre périodes : archaïque (avant 2 millions d'années et jusqu'à 600000 ans BP[5]), inférieur (de 600000 ans BP à 300000 ans BP), moyen (de 300000 ans BP à 35000 ans BP) et supérieur (de 35000 ans BP à 9000 ans BP). On parle d'épipaléolithique de 9000 ans BP à 7000 ans BP et de mésolithique de 7000 ans BP à 5000 ans BP. L'expression « homme préhistorique » recouvre donc nécessairement des réalités alimentaires très différentes. Une vingtaine d'espèces d'hominidés se succèdent entre 2 et 2,8 millions d'années BP. Notre ancêtre le plus lointain est végétarien comme tous les grands anthropoïdes, mais, il y a un peu plus de trois millions d'années, des primates bipèdes (australopithèques, *Homo habilis*) apparaissent avec une dentition d'omnivore, ce qui indique une consommation accrue de viande. Ils utilisent des bâtons et des galets taillés pour la découpe. Cependant, Juan Luis Arsuaga explique, même si *Homo habilis* (2,5 millions d'années à 1,5 million d'années) est parfaitement adapté physiologiquement à un écosystème herbacé, qu'on peut douter d'une alimentation principalement végétarienne compte tenu du faible nombre de singes en Europe – signe d'une pénurie de ressources végétales. Les produits de la cueillette ne sont abondants, en effet, que durant l'automne[6]. Marc Groenen nuance cette thèse, car si *Homo ergaster* (il y a environ deux millions d'années) est un grand consommateur de gibiers, il se nourrit, également, de fruits, de baies, de racines ou de tubercules[7]. Ses comportements alimentaires comportent déjà des préférences, certains animaux sont principalement exploités pour leur viande (cervidés), d'autres pour leur fourrure (ours). S. Boyd Eaton rappelle que vers 40000 ans BP trois espèces coexistent : Neandertal en train de s'éteindre, l'homme de Florès déjà condamné, et *Homo sapiens*, notre lointain ancêtre, le dernier venu[8]. Ces hominidés partagent beaucoup de choses mais mangent différemment. Les

---

5. « BP » : abréviation anglaise pour *Before Present*, soit, en français, « avant le présent » (abrégé en AP). Cette abréviation est utilisée dans divers domaines (anthropologie, archéologie, climatologie…) pour désigner les âges exprimés en nombre d'années comptées vers le passé à partir de l'année 1950 du calendrier grégorien. Cette date a été fixée arbitrairement comme année de référence et correspond aux premiers essais de datation par le carbone 14. La datation avant J.-C. (av. J.-C.), après J.-C. (apr. J.-C.), pour nommer les années, les siècles et les millénaires selon l'année supposée de la naissance de Jésus-Christ telle qu'elle fut évaluée au VIe siècle, sera utilisée dans les chapitres suivants comme étant la norme habituelle.

6. Juan Luis Arsuaga, *Le Collier de Neandertal. Nos ancêtres à l'ère glaciaire*, Paris, Odile Jacob, 2001, réimpr. Paris, « Poches Odile Jacob », Odile Jacob, 2004.

7. Marc Groenen, Introduction à la préhistoire, Paris, Ellipses, 2009.

8. Stanley Boyd Eaton, Marjorie Shostak et Melvin Konner, *The Paleolithic Prescription: A Program of Diet and Exercise and a Design for Living*, New York, Harper & Row, 1988.

Néandertaliens ont ainsi un régime principalement carné, mais on ne sait pas si ce régime est dû au climat ou à la signature comportementale de cette espèce. *Homo sapiens,,* qui arrive en Europe vers 30000 ans BP, a tout de suite un régime alimentaire diversifié, principalement carné mais avec beaucoup de poissons. La signature biologique d'*Homo sapiens* est d'être un omnivore. Claude Fischler joue donc joliment avec les mots en parlant d'« homnivore »[9].

Les premiers âges du paléolithique

Par rapport à l'homme de Neandertal, *Homo sapiens* possède une ossature plus fine, des hanches plus étroites, il a donc besoin de beaucoup moins d'énergie. Paradoxalement, cette fragilité devient un atout, notamment sur le plan des stratégies alimentaires. Mangeant moins mais pensant beaucoup, *Homo sapiens* peut organiser autrement son approvisionnement végétal et carné, créer des stocks, imaginer des techniques sophistiquées de conservation, apprendre à jouer avec le feu, réaliser des mélanges et des assaisonnements toujours plus précis. L'alimentation n'est pas seulement la satisfaction d'un besoin physiologique, mais l'une des principales occasions d'utilisation des mains, de coordination des mouvements. Ainsi, elle occasionne l'invention des premiers outils, à commencer par le bâton à fouir et le gourdin, puis les premiers récipients, sous forme de trous creusés dans la terre ; elle suppose aussi un éveil des capacités d'observation et d'analyse, la mémorisation des produits comestibles ou indigestes, des meilleurs moments et des meilleurs lieux de cueillette ou de chasse ; elle suppose enfin de développer des stratégies collectives de cueillette ou de chasse, puis bientôt de stockage… et, naturellement, elle est à l'origine des conflits.

Le paléolithique supérieur

Homo sapiens, qui nous est anatomiquement identique, est d'abord carnivore puisque le climat est trop froid pour lui permettre une alimentation végétale. Cette longue période est celle du développement de la chasse (notamment celle des grands troupeaux d'herbivores : bœufs, bisons, chevaux, rennes), ce qui suppose une grande familiarité avec les troupeaux exploités par l'homme et, déjà, une sorte de semi-domestication pour le renne et le cheval. Ces chasseurs coopèrent donc pour organiser de « grandes chasses collectives ». La règle du partage gouverne fondamentalement ce monde de chasseurs, car « un chasseur ne consomme pas son

---

9. Claude Fischler, *L'Homnivore*, Paris, « Poches Odile Jacob », Odile Jacob, 2001.

propre gibier » (Pierre Clastres)[10]. Margaret Conkey a émis l'hypothèse que de grands rassemblements de nombreuses communautés se tenaient en des sites centraux pour la chasse et que, durant ces épisodes, étaient organisés des rituels religieux basés sur l'abondance du gibier mais aussi de grands festins, car on ne pourrait autrement expliquer les très grandes quantités de viande qui y étaient stockées, avec des accumulations denses d'ossements, de restes de festins, avec des objets, comme des cuillers en bois d'animal, ou en ivoire ou en os[11]. Alain Testart ajoute que si l'accès à la nourriture ne pose effectivement pas de problème, en revanche, la question de sa conservation est beaucoup plus épineuse. La solution imaginée est celle du don... et du contre-don entre groupes. Il s'agit de donner lorsqu'on en a trop et de recevoir, en retour, lorsqu'on en manque[12]. Marshall Sahlins avait calculé que les stocks alimentaires sont devenus si importants, dès l'époque des chasseurs-cueilleurs nomades, qu'ils représentent au moins une année de consommation vivrière, en plus de celle de l'année en cours[13].

Une alimentation diversifiée

Cette période est aussi celle d'une grande activité de pêche en mer et en eau douce, de récolte de coquillages, de consommation d'oiseaux et d'œufs. Le climat permet aussi de cueillir des plantes sauvages, comme des mousses, des lichens, des fruits, mais aussi quelques céréales sauvages[14]. On s'accorde pour reconnaître que les communautés ont déjà un degré très élevé de maîtrise des ressources alimentaires, grâce à une excellente connaissance de la faune et de la flore environnantes et à une technologie végétale efficace. Cette période du paléolithique supérieur est considérée comme une sorte d'âge d'or, avant la période très difficile du début du postglaciaire (8000 et 7000 ans BP) qui présente des difficultés d'approvisionnement en viande, car les forêts couvrent désormais les

---

10. Pierre CLASTRES, « L'arc et le panier » in *L'Homme*, vol. 6, n° 2, 1966, p. 13-31.
11. Margaret W. CONKEY, Beyond *Art: Pleistocene Image and Symbol* (édité avec Olga SOFFER et al.), California Academy of Sciences/University of California Press, 1997.
12. Alain TESTART, *Les chasseurs-cueilleurs ou l'origine des inégalités*, Paris, Société d'ethnographie (université Paris X-Nanterre), 1982, réimpr. sous le titre *Le communisme primitif : économie et idéologie*, Paris, Maison des Sciences de l'Homme, 1985.
13. Marshall SAHLINS, *Âge de pierre, âge d'abondance. L'économie des sociétés primitives* [« Stone Age Economics »], trad. (anglais) Tina Jolas, préface de Pierre Clastres, Paris, « Bibliothèque des Sciences humaines », Gallimard, 1976.
14. Maria Luisa MIGLIARI et Alida AZZOLA, *La gastronomie de la préhistoire à nos jours*, Paris, Éditions Atlas, 1979 ; Marylène PATOU-MATHIS, *Mangeurs de viande de la préhistoire à nos jours*, Paris, Perrin, 2009 ; Gilles DELLUC, Brigitte DELLUC et Martine ROQUES, *La nutrition préhistorique*, Périgueux, Éditions Pilote 24, 1995.

---

anciennes terres nues (steppes) et provoquent la disparition des rennes ainsi qu'une forte diminution des bœufs et chevaux. Certes, on chasse, au lieu des sangliers, des cerfs, c'est-à-dire des animaux qui aiment la forêt, mais ils sont plus solitaires et réduisent l'approvisionnement en rendant les « grandes chasses » de type Solutré plus souvent improductives. Les groupes humains ont donc des effectifs plus réduits en raison de ces nouvelles contraintes alimentaires, mais ils restent en interaction constante, échangeant ce qu'ils ne peuvent stocker.

Manger des symboles

Je partage l'avis selon lequel ces hommes sont déjà pleinement humains. Ces communautés, qui font déjà société en raison de leur niveau d'organisation, vivent centrées sur les questions alimentaires et sexuelles. On préfère généralement gloser sur les outils sophistiqués des hommes préhistoriques et leurs grandes réalisations, comme les mégalithes, oubliant cependant les autres formes culturelles plus anodines et devenues invisibles. Ainsi, Juan Luis Arsuaga a montré que la question de l'identité (de l'ethnicité, pour utiliser sa formule) est déjà présente en raison de l'importance accordée à la parure qui dit beaucoup sur la place de chacun(e) au sein de la société. Cela signifie que l'appartenance au groupe allait bien au-delà de l'aspect purement biologique et s'organisait autour de symboles partagés. Précisément, l'alimentation préhistorique remplissait ces deux conditions : manger, c'est se nourrir biologiquement, mais aussi anthropologiquement, car les humains, pour aussi loin que nos connaissances permettent de remonter dans le temps, mangent toujours des symboles. En effet, manger des symboles n'est pas le monopole des temps modernes. Certes, nous manquons de preuves tangibles, mais il a bien fallu une très longue histoire antérieure pour que toutes les religions se mettent à peu près en même temps à bricoler des systèmes de représentation alimentaire. Comment expliquer autrement l'universalité (dans une extrême diversité) des systèmes d'interdits alimentaires, sauf à postuler une intervention divine ? Je m'en remettrai davantage à ce que montre l'art pariétal ou rupestre.

Chasseurs ou charognards ?

L'homme fut toujours, selon Juan Luis Arsuaga, davantage un chasseur qu'un charognard, même si l'homme moderne aime tellement pouvoir penser l'inverse, façon de dénier leur humanité à ses ancêtres préhistoriques et de lui en assurer le monopole. Ce charognage d'appoint n'est d'ailleurs pas si « bête et méchant », car il repose sur une observation fine des comportements des prédateurs, comme le mouvement des rapaces dans le ciel afin d'intervenir au bon moment pour voler l'animal (encore chaud et parfois même vivant) aux fauves et aux rapaces. On constate l'importance de l'activité de charognard par la présence simultanée de traces de découpes humaines et de traces de morsures animales. On sait aussi que lorsque le fossile est complet, c'est que l'homme s'est emparé de tout le corps de l'animal ; mais lorsque manquent certains ossements, on peut supposer alors une commensalité involontaire avec les animaux. Ce charognage se fait de trois façons : par la découverte hasardeuse d'un animal mort naturellement ; par l'arrachement d'un gibier à ses prédateurs avant qu'ils ne l'achèvent ; par la consommation des restes d'un festin animal. On sait aussi que si les prédateurs s'attaquent, d'abord, à des animaux affaiblis, les humains chasseront toujours, avec une préférence étrange, des animaux adultes. Le développement des techniques de chasse (propulseur du javelot et de l'arc) va transformer l'équilibre homme/gibier et renforcer la place de la chasse. Son efficacité provoque la disparition de nombreuses espèces (parmi le gros gibier). Les chevaux eurent la chance d'avoir un statut autre que seulement alimentaire.

La cueillette est-elle féminine et la chasse masculine ?

Pourquoi, dans les sociétés de chasseurs-cueilleurs, est-ce généralement la femme qui cueille et l'homme qui chasse. La réponse traditionnelle est connue : la chasse exige beaucoup de mobilité alors que la fonction reproductrice de la femme impose davantage d'immobilité. Alain Testart a montré que cet argument ne tient pas puisque les femmes participent à certaines formes de chasse pour le gibier que l'on peut déterrer à l'aide d'un bâton à fouir, assommer à la hache ou enfumer. Les femmes participent également au rabattage, alors que l'homme est à l'affût, donc immobile. En conséquence, Testart soutient la thèse que ce n'est pas de la chasse que les femmes sont exclues, mais de l'usage d'un certain type d'armes (tranchantes ou de jet).

Il existe donc un pôle masculin, celui de la percussion, du lancer linéaire (hache, herminette), de la percussion lancée ponctiforme (javelot, flèche, poignard), et un pôle féminin, celui de la percussion posée et diffuse (broyeur, meule à grains, etc.). Les gestes mixtes sont également féminins : percussion ponctiforme mais posée (bâton à fouir, aiguille à coudre), percussion lancée mais diffuse (pilon, battoir), percussion linéaire posée (racloir, grattoir, couteau). Selon Alain Testart, c'est « l'idéologie du sang » qui prohibe l'emploi par les femmes des armes de jet ou des outils tranchants, car il y aurait incompatibilité entre le sang menstruel et le sang animal[15]. Empêcher tout contact entre ces deux substances serait le fondement de la division sexuelle du travail chez les chasseurs-cueilleurs.

Stocker

Le stockage est apparu comme la seule façon d'assurer la soudure entre deux périodes de chasse et de cueillette et ainsi de faire face à la peur du manque. N'ayant pas la capacité d'hiverner comme d'autres animaux, l'homme invente des solutions non biologiques à l'hiver, donc de nature politique. Le stockage des denrées végétales et animales est l'un des grands enjeux de la préhistoire. Les progrès commencent bien avant la sédentarisation (fût-elle provisoire), car les chasseurs-cueilleurs nomades stockent dans des lieux qu'ils savent fréquenter à nouveau plus tard. Comment ne peut-on pas être admiratif devant leur ingéniosité ? Dessiccation par séchage au soleil, congélation dans des terres ou des eaux gelées, salage, enrobage de graisse, d'argile, de miel, de sucs de divers arbres, utilisation d'herbes ayant une fonction fongicide et antibactérienne, etc. Ces méthodes témoignent de bonnes connaissances dans le domaine des mécanismes de pourrissement alimentaire et des façons d'y faire échec. Les hommes du paléolithique sont aussi des spécialistes de la fermentation acide (produits alimentaires conservés dans des fosses creusées dans la terre) : ces solutions sont consommées sous forme de soupes, de bouillies ou de galettes. Cependant, le ventre restera pendant longtemps le principal récipient de stockage, expliquant l'alternance entre des périodes de frugalité et de bombance.

Assaisonner

L'assaisonnement change foncièrement le statut de l'alimentation. Il transforme les ingrédients en aliments et instaure la cuisine, entendue justement comme l'art des mélanges et de la composition des contraires. L'assaisonnement témoigne d'une recherche du bon goût, donc du plaisir. Les hommes préhistoriques font un grand usage des condiments et autres assaisonnements, mais aussi des matières grasses et du sang animal. Anticipant sur l'analyse des tables mésopotamiennes, soulignons que les préparations restent toujours très simples au sein des sociétés de chasseurs-cueilleurs. Sans doute parce que, comme nous le verrons, la grande cuisine suppose, avant même des moyens techniques, une division inégalitaire de la société. J'insiste cependant sur le fait que les technologies

---

15. Alain Testart, *Essai sur les fondements de la division sexuelle du travail chez les chasseurs-cueilleurs*, Paris, « Cahiers de l'homme », Éditions de l'École des Hautes Études en Sciences Sociales (EHESS), 1986.

---

de préparation des aliments sont aussi importantes que les technologies d'élevage ou agricoles. Je voudrais, avant d'aller plus avant, aborder la question des récipients, car on croit souvent que la méconnaissance de la poterie et de la céramique aurait ralenti l'invention de la cuisine. L'homme n'a pas eu besoin de maîtriser la poterie : il a utilisé des creux de rochers, des coquillages, des peaux de bêtes, des trous creusés dans la terre, des écorces d'arbres. Il a utilisé des crânes et des os. Plus tard, il emploiera les intestins des animaux et confectionnera des poches de cuir. Il perfectionnera sans cesse ces technologies, en apprenant à travailler les os, en rendant ses récipients toujours plus étanches et inaccessibles aux rongeurs, en enduisant d'argile les trous dans la terre, plus tard, lorsqu'il maîtrisera le feu, en les assainissant, en brûlant du bois à l'intérieur. Ces techniques « archaïques » de stockage continueront à être utilisées parallèlement à d'autres plus perfectionnées (poterie/céramique).

Cet usage très ancien des récipients (né de l'imagination humaine) explique la place que prendra la symbolique du chaudron (l'un des premiers mythes). Songeons au chaudron d'abondance et au chaudron d'immortalité... Le chaudron est ce qui permet de cuisiner, et donc d'accéder à la belle vie. Il est associé au ventre de la mère, où l'homme retourne pour renaître. Plus tard, la magicienne Médée, ayant démontré aux filles de Pélias qu'on pouvait rajeunir un bouc en le faisant bouillir, les incitera, par vengeance, à faire de même avec leur vieux père qu'elles plongèrent alors dans l'eau bouillante d'un chaudron, bain qui ne rendit pas sa jeunesse à Pélias, mais qui le tua ! Dans de nombreuses cultures, le chaudron ne deviendra l'ancêtre du cercueil que parce qu'il fut auparavant le signe de la commensalité.

L'amour du gras

Les hommes du paléolithique savourent particulièrement le gras, bien au-delà du besoin physiologique de compenser un régime trop carné. Sans doute savaient-ils déjà que le gras est le support du goût, donc du plaisir. Thierry Tillet est un spécialiste de la nourriture grasse des chasseurs-cueilleurs. Après avoir recensé les sources de matières grasses (dont l'utilisation des cervelles et le fractionnement des os), il s'interroge sur le fameux « bouillon gras » que beaucoup de préhistoriens qualifient de lointain ancêtre de la cuisine[16]. Si la fracturation des os est une certitude, le

---

16. Thierry TILLET, « Les bouillons gras du Paléolithique : un exemple de comparatisme ethnographique critiquable » *in* Sophie ARCHAMBAULT DE BEAUNE, *Chasseurs-cueilleurs : comment vivaient les hommes du Paléolithique supérieur – méthodes d'analyse et d'interprétation en préhistoire*, CNRS Éditions, 2007, p. 89-96.

bouillon gras n'est que probable. Certains auteurs, comme Adam Maurizio (université de Varsovie, 1931), soutiennent que la fermentation acido-lactique fut le premier plat inventé, celui duquel seraient nées ensuite toutes les autres préparations culinaires[17]. De la fermentation acido-lactique au pain, ce ne serait qu'une affaire de délai.

Toutefois, pourquoi fracturer les os pour en extraire de la moelle alors que seulement 6 ou 7 % de la graisse s'y trouvent, contre 93 à 94 % dans les parties molles ? La seule réponse tient à la nécessité de ne pas laisser perdre la moindre graisse. Tout était prétexte à utiliser de la graisse soit pour mieux conserver les aliments (certains peuples enveloppaient les graines de graisse animale), soit pour mieux les apprécier (on les enduisait juste avant de les consommer).

Cuire

L'homme n'a pas eu besoin du feu pour manger chaud (ou tiède) : il a pu, grâce à son activité de charognard, consommer des chairs encore tièdes ; il a aussi utilisé des pierres chauffées au soleil pour réchauffer et cuire ses aliments. De vieux mythes, comme celui du peuple Chilouk, racontent que les hommes se réservaient le dessus des aliments chauffés au soleil, laissant le dessous aux femmes (la cuisine romaine réservera parfois le chaud à la bonne société)[18].

Les préhistoriens ne cessent d'avancer la date de maîtrise du feu (vers 600000 ans BP). Certains pensent même qu'elle remonte au-delà du million d'années. Ce qui est certain, c'est que nos images d'Épinal dans ce domaine sont tristounettes face à une histoire infiniment plus riche et souvent particulièrement étonnante. Si nous sommes certains de l'ancienneté de la maîtrise du feu, il est cependant très difficile de savoir à quoi il servait au juste, car ce ne fut pas nécessairement d'abord pour le chauffage et la cuisson, mais peut-être pour divers rituels. Quoi qu'il en soit, le feu est parfaitement maîtrisé vers 350000 ans BP. Les travaux d'Isabelle Théry-Parisot ont permis de mieux cerner cette question et de préciser quels combustibles étaient utilisés pour allumer les divers feux[19]. Il existait en effet des foyers différents selon qu'il s'agissait de cuire des aliments, de fumer les viandes ; certains foyers étaient équipés de conduits

---

17. Adam Maurizio, *Histoire de l'alimentation végétale depuis la préhistoire jusqu'à nos jours*, Paris, Payot, 1932. Sur le même thème, Philippe Marinval, *l'alimentation végétale en France du Mésolithique jusqu'à l'âge de fer*, centre régional de publication de Toulouse, CNRS, 1988.
18. Catherine Perlès, *Préhistoire du feu*, Paris, Masson, 1977.
19. Isabelle Théry-Parisot, *L'économie des combustibles au Paléolithique*, CEPAM, *Dossiers de documentation archéologique*, n° 20, Paris, CNRS Éditions, 2001.

---

d'aération permettant des apports en oxygène, donc des combustions plus rapides. Jacques Collina-Girard[20] insiste sur les technologies de la production du feu : il n'existe que deux façons de procéder, par percussion ou par friction, mais dans les deux cas l'étincelle doit tomber sur un produit très inflammable : les hommes préhistoriques utilisaient de l'amadou tiré d'un champignon. Les spécialistes incitent à la prudence et à ne pas sombrer dans une interprétation utilitariste et simpliste, car les techniques ne se limitent pas à leur fonction utilitaire et font système avec tous les autres aspects de la vie. Il est ainsi probable que la production du feu a été assimilée symboliquement à un acte sexuel ritualisé, comme l'atteste le choix de personnes de sexe opposé selon la manière choisie pour faire le feu, ou celui de techniques différentes selon que des hommes ou que des femmes sont en charge de la production du feu (Marcel Otte[21]). L'Église catholique ne s'y trompera pas : elle interdisait, encore au VIIIe siècle, d'allumer des feux sauvages par bois frottés (l'*Indiculus superstitionum et paganiarum*), après le concile de Leptines en 743, convoqué par l'oncle de Charlemagne. L'idée même de frottement avait de quoi déplaire… comme nous le verrons. On utilisa aussi, dès le paléolithique, des briquets de pyrite ou de marcassite. Les préhistoriens insistent sur le fait que la maîtrise du feu ne signifie pas seulement savoir le produire, mais aussi savoir le contrôler selon ses objectifs. Non seulement on distingue des feux ramassés, conservés, transportés, fabriqués, mais les foyers attestent d'une bonne connaissance des moyens d'améliorer la combustion et le tirage, en jouant sur le combustible ou la ventilation.

Nous ne devons surtout pas avoir une vision misérabiliste de la cuisson : grillade sur des pierres calcinées, rôtissage (broche en bois vert), eau chauffée avec des pierres ardentes jetées dans un trou creusé et enduit de glaise, poche de cuir (intestins ancêtres du chaudron), cuisson à la vapeur obtenue en faisant tomber de l'eau, goutte à goutte, sur des pierres brûlantes, etc. Cette maîtrise du feu n'a pas seulement servi à faire cuire de la viande mais a permis de faire des soupes, des bouillies, des purées, des galettes… Ces « soupes » préhistoriques, confectionnées avec des ingrédients variés, allaient des soupes acides aux soupes douces. Adam Maurizio s'extasiait devant elles : « Et quelle richesse ne trouvons-nous pas dans ces temps reculés de la cueillette, quelle abondance d'espèces, quelle variété dans la préparation des mets. » Avec l'usage contrôlé de la cuisson se

---

20. Jacques Collina-Girard, « Feu par percussion, feu par friction. Les données de l'expérimentation » in *Bulletin de la Société préhistorique française*, vol. 90, n° 2, 1993, p. 159-176.
21. Marcel Otte, *L'évolution des gestes techniques de la Préhistoire*, Bruxelles, Éditions De Boeck, (avec la contribution de Pierre Noiret), 2010.

développe toute une technologie culinaire : on cuisine des aliments avec une croûte dure et un intérieur plus mou.

Autant je me méfie de la thèse qui explique la naissance de la commensalité par la seule maîtrise du feu, autant je suis convaincu qu'elle a joué un rôle essentiel dans l'évolution et la spécialisation des formes religieuses. Homère explique comment les premiers hommes ont su transporter le feu dans des cavernes où il était beaucoup plus facile de le conserver. Il fut également entretenu dans le creux des arbrisseaux ou au moyen de certaines plantes, comme les férules, dont les tiges contiennent une moelle consumable. Durant toute l'Antiquité, ces tiges serviront d'ailleurs à son transport (« férule », *ferula* en latin, de *fero*, verbe signifiant « porter »). Le culte du feu eut très vite ses rites, ses prêtres et prêtresses. Durant l'Antiquité, ce « feu sacré » sera conservé dans les temples.

La perte du feu est une angoisse commune à tous les peuples. De terribles châtiments sont réservés aux vestales négligentes par des peuples qui pourtant maîtrisaient la production du feu et pour lesquels sa perte n'avait plus d'importance matérielle, mais qui continuaient à condamner à mort, en mémoire de l'époque où l'extinction du feu était un malheur. La lampe éternelle dite « du saint sacrement », qui brûle encore aujourd'hui dans les églises, est tout ce qui reste finalement de cette institution primitive.

Instaurer des biens communs

La pratique de la commensalité est généralement renvoyée à la maîtrise du feu. Les communautés déjà existantes se seraient rassemblées autour du foyer. Avant même d'évoquer l'hypothèse de banquets végétaux froids, bien antérieurs, je pense qu'une autre lecture du lien entre feu et communauté est possible puisqu'on peut penser que c'est justement la fondation d'un foyer (commun et permanent) qui va cristalliser la notion abstraite de communauté et faire passer l'humanité du stade de la meute à celui de la société. En effet, la notion de communauté civique (ou politique) n'a pu s'élaborer qu'à partir de pratiques très concrètes, comme l'organisation des grandes chasses, le stockage des denrées, leur redistribution, l'entretien du feu, la commensalité.

De la même façon que le feu a joué un rôle essentiel dans l'évolution et la spécialisation des formes religieuses, le foyer a joué un rôle similaire dans l'évolution et la spécialisation des formes politiques d'organisation des groupes. On peut donc admettre l'importance du foyer comme matérialisation de la notion abstraite de communauté, sans pour autant lui reconnaître une dimension exclusive. Il est probable que le langage, les tatouages, les maisons communes, les sociétés secrètes participent aussi à cette fonction politique d'agrégation. Il faut cependant reconnaître que ce foyer commun a le grand mérite de représenter tous les foyers (ceux des différentes familles) sans s'assimiler à aucun. Les spécialistes notent que sa gestion requerra vite une spécialisation fonctionnelle. Peu importe que cette fonction, initialement partagée, soit devenue le monopole d'un personnel penchant davantage du côté religieux. Ce personnel, chargé d'une mission collective, d'un service public, fut presque toujours des femmes, des prêtresses, spécifications religieuses et féminines. Non seulement nos lointains ancêtres mangeaient et ne s'alimentaient pas simplement, mais ils le faisaient déjà de façon politique, au sens où ils ont découvert très vite la nécessité de reconnaître des « amis » et des « ennemis » en choisissant avec qui accepter ou refuser de manger (comme on se plaît à définir aujourd'hui, tristement, la politique), mais aussi, à cette occasion, en construisant entre eux un « quelque chose » qu'ils savaient leur être commun et qu'ils devaient partager. La cuisson fut donc un acte institutionnel tout autant que culinaire, d'autant plus que la commensalité n'ira pas sans l'invention d'autres usages collectifs. Marcel Otte note que dès le paléolithique supérieur les instruments de musique abondent : instruments à corde, à percussion, à vent (flûtes en os)[22], fabriqués dans leur grande majorité en matière végétale. Comme on ne connaît pas de sociétés humaines pratiquant la musique sans qu'il y ait ni danse ni chant, on peut également admettre que le feu ne va pas sans ces instruments et ces activités. Le mésolithique verra ainsi se développer la danse pourvoyeuse de fertilité, car ses mouvements, assimilés à ceux de l'univers, réveillent les forces enfouies.

L'alimentation au mésolithique

Cette deuxième période bénéficiant d'un climat beaucoup plus clément, les ressources se diversifient, le régime alimentaire devient davantage végétal. Cependant, les études isotopiques montrent que les hommes du mésolithique de la façade atlantique continuent à manger surtout du poisson, des coquillages et du gibier. Ce sont ces *Homo sapiens* du mésolithique qui vont développer la néolithisation sur une période de quatre mille ans (à partir de 8000 ans BP). Le caractère inégalitaire des communautés se renforce certes, mais la règle du partage gouverne encore les relations jusqu'au néolithique. Ces *Homo sapiens* du mésolithique sont

---

22. Marcel OTTE, *La Préhistoire*, Bruxelles, « Université », Éditions De Boeck, 2009 ; Marcel OTTE et Marylène PATOU-MATHIS, « Comportements de subsistance au Paléolithique moyen en Europe » in *Paléo*, vol. 4, n° 1, 1992, p. 29-34.

en fait les derniers chasseurs-cueilleurs. Des villages (semi-)sédentaires remplacent progressivement les campements. On voit apparaître, aux côtés des fosses, les premiers silos et greniers.

La domestication animale

Jacques Cauvin distingue deux grandes phases dans la domestication[23]. Tout commence par la domestication animale, qui concerne d'abord le chien vers 10000 ans BP, puis 3 000 ans plus tard, la chèvre et le mouton, puis encore beaucoup plus tard, le bœuf, le cochon, le cheval et l'âne. Les thèses explicatives de la domestication animale sont multiples : il y aurait eu longtemps coopération/commensalisme entre le loup et les hommes, puisque le loup tuait et l'homme consommait les restes, puis le loup (chien) aurait été intégré dans la communauté des hommes, jusqu'à en faire partie. Ces chiens (puis d'autres animaux) auraient donc été d'abord des biens de prestige, c'est-à-dire des biens permettant à certains d'asseoir leur pouvoir sur les autres. La domestication du chat, beaucoup plus tardive, aurait eu également deux objectifs : limiter la présence des rongeurs et oiseaux, nuisibles aux récoltes, et devenir un nouvel animal de prestige/de compagnie en complément du chien. Jean-Denis Vigne note que cette domestication animale qui s'étend sur plusieurs siècles, voire sur plusieurs millénaires, n'a pas été systématique[24]. Certains peuples n'ont jamais dépassé la domestication du seul chien. Jean-Pierre Digard avance une explication : la domestication n'aurait été rendue possible à plus grande échelle que par le changement de la conception des hommes de leur place au sein de la nature, puisqu'en produisant des animaux, ils produisaient également de la domestication, donc du pouvoir sur l'animal[25]. Daniel Helmer ajoute que cette volonté de se démarquer du milieu naturel est attestée par l'absence de croisement domestique/ sauvage, comme si cette pratique était devenue subitement infamante, comme celle du charognage[26].

---

23. Jacques CAUVIN, *Naissance de l'agriculture*, Paris, CNRS Éditions, 1998.

24. Jean-Denis VIGNE, « Exploitation des animaux et néolithisation en Méditerranée nord-occidentale » *in* Jean GUILAINE, Claire MANEN et Jean-Denis VIGNE (dirs), *Pont de Roque-Haute (Portiragnes, Hérault). Nouveaux regards sur la néolithisation de la France méditerranéenne*, Toulouse, Centre d'anthropologie (Archives d'Écologie préhistorique), 2007, p. 221-301.

25. Jean-Pierre DIGARD, *L'Homme et les animaux domestiques. Anthropologie d'une passion*, « Le temps des sciences », Paris, Fayard, 1990, réimpr. 2009.

26. Pierre BONTE, Anne-Marie BRISEBARRE, Daniel HELMER et Sidi MAAMAR (dirs), *Anthropo zoologica – Domestications animales : dimensions sociales et symboliques – Hommage à Jacques Cauvin*, Publications scientifiques du Muséum, Paris, vol. 39 (1), 2004.

La domestication animale, bien que provoquant un protoélevage, ne modifie pas la vie semi-nomade, mais elle a en revanche des effets importants sur les techniques de découpe (donc la cuisine) et la taille des animaux, conséquence d'une sélection des bêtes les moins dangereuses et du confinement des troupeaux. Ainsi, la consommation de viande proviendra longtemps de l'élevage et de la chasse, d'importance variable selon les lieux et les moments. Les façons de cuisiner les viandes ne sont cependant pas les mêmes, symptôme de ce besoin de différencier toujours plus les deux domaines. Les bêtes semi-nomades sont plutôt traitées (coupées et cuisinées) comme celles d'élevage, sans que rien dans leurs caractéristiques animales le justifie. Nous voyons déjà se profiler l'opposition gibier/élevage qui marquera notre histoire, sans qu'on sache quelle signification y était alors attachée. Ce protoélevage a deux autres conséquences : une surconsommation des jeunes animaux pour bénéficier du lait de leurs mères, et des mâles pour assurer la survie des reproductrices.

La cueillette des mollusques et crustacés

La cueillette des crustacés et mollusques de roche (bigorneaux, patelles, berniques, moules) ou de sable (clovisses, couteaux) se fait de façon intensive grâce à un outillage simple mais suffisant, comme des galets taillés pour détacher les coquillages des rochers et les couper en deux. La pêche en rivière et en mer se fait désormais au moyen de petites embarcations. De nouvelles techniques de pêche apparaissent, comme l'empoisonnement des cours d'eau, avec du laurier-rose, de la férule, de la malherbe, du bouillon-blanc, etc., ou la pêche des gros poissons avec des harpons faits avec des cornes de cervidés.

La domestication végétale

La domestication de quelques variétés végétales suit celle des animaux, mais sans que cela débouche, non plus, sur une sédentarisation complète. En effet, ces premiers cultivateurs choisissent de continuer à être des cueilleurs, tout comme les premiers éleveurs continuent à être des chasseurs. L'agriculture n'est donc pas préférée immédiatement, d'autant plus que les techniques de cueillette ne cessent de progresser : la cueillette n'est plus seulement opportuniste mais devient intensive au regard des quantités de graminées sauvages stockées dans les silos et les greniers, et l'homme ne cesse de découvrir de nouvelles « herbes » comestibles ou d'apprendre comment les rendre davantage comestibles ou meilleures.

Nous verrons plus loin grâce aux travaux de préhistoriens comme Jacques Cauvin que le passage effectif au néolithique ne sera pas l'œuvre de ces chasseurs-cueilleurs indigènes, mais de colons qui apporteront avec eux non seulement le mode de vie sédentaire mais leurs propres espèces animales et végétales qu'ils cultiveront[27].

La commensalité végétale

La table du mésolithique est donc toujours une table de chasseurs-cueilleurs, mais dans laquelle la dimension végétale reprend davantage d'importance. Cette protoagriculture est suffisante pour modifier la lecture de la fécondité. Ce qui devient premier, ce n'est plus l'opposition entre les animaux et les humains, mais entre eux deux et la terre. Le schéma de la fécondité, d'animal et sexuel, va être davantage associé à la fertilité, donc aux semences. La cueillette constitue par excellence un moyen de production écologique. Elle est tout à la fois une activité économique et politique, car elle suppose de transformer un espace en territoire, bref, de définir des zones de cueillette et des modalités de propriétés collectives et, en conséquence, d'établir des règles de bons usages – la cueillette suppose de la réflexion pour choisir les endroits et les bons moments. Maurice Godelier rappelle qu'elle n'est pas forcément vécue comme un travail, puisque dans de nombreuses langues de ces peuples le mot « travail » et les représentations qui lui sont liées n'existent simplement pas.

Nous sommes malheureusement aveugles à ce que fut la civilisation végétale. Déjà parce qu'elle a laissé bien peu de matériaux pour les préhistoriens. Ensuite parce qu'elle est la plus éloignée de nos schémas de fonctionnement. Il est donc fort probable que nous sous-estimons les savoirs liés au monde végétal ainsi que l'outillage végétal que ces hommes durent inventer. L'historien et biologiste Adam Maurizio sera de nouveau notre guide. De nombreux indices autorisent à penser que le cueilleur n'est guère plus individualiste que le chasseur : d'abord parce que l'être humain est un être social dans toutes ses activités ; ensuite parce qu'on a retrouvé des preuves de l'existence de stocks de graines qu'un seul individu n'aurait pu constituer et dont il n'aurait eu aucune utilité ; enfin parce que la civilisation du végétal a pris place entre deux périodes d'alimentation carnée, en raison des fluctuations climatiques. Comment l'habitude de chasser collectivement n'aurait-elle pas influé sur les modes de collecte intensive des denrées végétales ? Un tropisme culturel fait considérer spontanément la civilisation végétale comme inférieure et empêche d'accepter la thèse d'une cueillette collective suivie d'une consommation tout aussi collective, d'autant plus que les végétaux sont travaillés soit pour les rendre

---

27. Cf. *infra* les développements sur ce que les préhistoriens nomment « le grand exode ».

---

comestibles lorsqu'ils ne le sont pas directement – par des lavages prolongés à l'eau courante afin d'éliminer des substances toxiques ou afin d'hydroliser l'amidon si le produit est trop amer –, soit pour les consommer plus facilement grâce à des techniques, tels le tranchage, le séchage, le rôtissage, la fermentation, soit encore pour les rendre meilleurs grâce aux mélanges, aux assaisonnements, à la cuisson plus ou moins forte ou rapide.

L'existence d'un banquet végétal est donc beaucoup plus qu'une hypothèse, parce que le partage est d'abord une nécessité à l'égard des enfants, des malades, des handicapés, des vieillards, avant d'être un plaisir ou une obligation. Je parle bien de banquet, car non seulement il y a échange (les céréales qui feront la suite de l'histoire de l'alimentation sont toutes importées), mais ces végétaux ne sont presque jamais consommés à l'état brut, mais concassés, broyés, séchés, grillés, mâchés, mélangés entre eux, bref, cuisinés. Ces mélanges signifient bien que l'on cherche à réaliser de véritables plats de végétaux. Comment ne pas penser, avec Adam Maurizio, que cette alimentation végétale est le contexte de l'invention de la bouillie, mère de toutes les cuisines à venir : « La bouillie fait passer tout à fait à l'arrière-plan le grillage. L'aliment végétal grillé n'a pas de descendance, alors que la bouillie, telle qu'elle est sortie des soupes de céréales pratiquées à la pierre chaude, conduit tout droit au pain. Avec elle apparaît dans la culture du sol une modification extrêmement riche de conséquences : la culture à la houe. L'homme pour qui la bouillie est devenue une alimentation régulière et quotidienne cesse d'être un ramasseur de plantes. Il fait sa bouillie avec des végétaux qui, cultivés à la houe, furent les prédécesseurs des céréales fournies plus tard par notre agriculture »[28].

Jacques Barrau et Alice Peeters ont construit toute une grammaire de l'alimentation végétale. Premier principe : plus la plante est sauvage, plus le mode de préparation est complexe, car il faut éliminer ce qui est toxique ou déplaisant[29]. Ces préparations sont consommées en soupe, bouillie, purée et galette. *A contrario* avec l'agriculture : les plantes cultivées n'exigent plus de préparations aussi savantes et complexes. Deuxième principe : les progrès technologiques en matière de préparation des végétaux ont précédé et de loin ceux en matière de domestication/production. Cette civilisation du végétal comprend enfin un outillage biodégradable,

---

28. Adam Maurizio, *Histoire de l'alimentation végétale depuis la préhistoire jusqu'à nos jours*, *op. cit.*
29. Jacques Barrau et Alice Peeters, « Histoire et préhistoire de la préparation des aliments d'origine végétale, les techniques d'utilisation de ces aliments chez les cueilleurs et les cultivateurs archaïques de l'Australasie » in *Journal de la Société des océanistes*, vol. 28, n° 35, 1972, p. 141-152.

souvent à usage unique : des végétaux épineux servent de râpes, d'autres de tamis ou de récipients.

Les festins du mésolithique

Cette longue période est celle de l'invention de nouveaux types de festins. Aux banquets des chasseurs-cueilleurs rassemblés pour de « grandes chasses » ou à l'occasion d'échanges d'aliments entre communautés différentes, succèdent, avec le développement des inégalités, des festins de compétition et, avec la naissance du culte des ancêtres, les premiers festins funéraires. Ces deux types de festin sont emblématiques des sociétés transégalitaires dans lesquelles le principe de la propriété privée est progressivement reconnu.

Les festins de compétition des sociétés transégalitaires

Les sociétés transégalitaires naissent au sein des plus riches communautés de chasseurs-cueilleurs. Brian Hayden[30] (à qui j'emprunte ce concept) recense les facteurs qui favorisent cette mutation : l'abondance de ressources alimentaires, le stockage de ces denrées, l'existence de biens de prestige notamment alimentaires, le début de la sédentarisation avec l'élevage et l'agriculture, l'existence de « sociétés secrètes » liées à l'invention de l'agriculture, l'organisation des festins de compétition et funéraires, etc. Parmi les premiers marqueurs de hiérarchisation sociale, on trouve donc de nombreux objets de cuisine, comme des cuillers en bois, en ivoire, en os, autant d'ustensiles honorifiques qui ne sont d'ailleurs pas conservés avec précaution, mais volontairement brisés lors de repas d'un nouveau type : « La destruction d'objets de prestige est attestée dans les festins de compétition [...] au cours desquels les participants surenchérissaient dans l'étalage de dons en richesses, ce qui pouvait donner lieu au bris ou à la destruction volontaire d'objets de valeur tels que plaques de cuivre ouvragées, couvertures et autres symboles de richesses. »

On assiste également à l'invention de banquets discriminatoires, ouverts seulement à une fraction des membres du groupe. Brian Hayden fait des grottes les plus richement ornées des lieux de réunion de sociétés secrètes réunissant une partie privilégiée de la communauté (les plus riches ? les meilleurs chasseurs ? les premiers à maîtriser les semences ?). Il semble que cette mutation des pratiques de commensalité puisse être mise en rapport avec le passage de la chasse à l'élevage et de la cueillette à l'agriculture, avec

---

30. Brian Hayden, *L'homme et l'inégalité. L'invention de la hiérarchie dans la Préhistoire*, Paris, « Le passé recomposé », CNRS Éditions, 2008.

le besoin d'initiation, c'est-à-dire de transmission des savoirs et savoir-faire. Ces sociétés secrètes, de type chamanique, empruntent en effet le thème de la renaissance, caractéristique d'une société centrée sur le monde végétal.

Que faire des stocks alimentaires ?

Depuis quelques décennies, les préhistoriens comprennent autrement la question du développement des inégalités au sein des sociétés préhistoriques. Les travaux de Brian Hayden confortent l'intuition que c'est autour des enjeux alimentaires que s'est organisée la division de la société. Ils permettent d'opposer les sociétés simples de chasseurs-cueilleurs, dans lesquelles n'existent aucune accumulation de richesses et aucune hiérarchie, et les sociétés complexes qui, ayant la capacité de tirer un surplus de leur environnement et faisant ce choix, créent des stocks alimentaires : « La cause majeure de l'intensification de la production de nourriture dans les sociétés transégalitaires n'est ni le manque de nourriture ni la pression démographique, mais bien plutôt la génération de davantage de surplus pour obtenir du pouvoir, de la richesse et des avantages de survie. »

Nous croisons les analyses d'Alain Testart sur les stockages de grandes quantités de nourriture qui, lorsqu'elles deviennent la propriété de quelques familles, se transforment en signe de richesses et en source de divisions : l'une des stratégies les plus universelles pour obtenir du pouvoir est, en effet, selon les anthropologues, la conversion de tout surplus en « biens de prestige ». Ces biens de prestige ne sont pas seulement l'occasion d'identifier une chefferie mais de dire qui au sein du groupe a droit de prendre part au banquet. Ces deux phénomènes sont cependant liés, car ce sont bien ces nouveaux chefs qui vont faire de la possession de ces biens de prestige un facteur indispensable pour être admis à égalité au sein de cette société divisée qui s'invente. Les familles pauvres sont obligées de s'endetter lourdement pour rester politiquement viables, selon la formule de Hayden, c'est-à-dire pour exister : « Se servir des surplus de nourritures pour créer des dettes contractuelles réciproques et pour forger des alliances puissantes était l'un des moyens les plus universels d'acquérir des avantages politiques et économiques dans des sociétés transégalitaires, et même au sein de sociétés plus complexes. Les festins assurent la sécurité et témoignent de l'étendue du pouvoir, cependant ils sont très coûteux et nécessitent beaucoup de travail, peut-être un de leurs traits les plus intéressants pour les chefs ambitieux. Comme l'usage de dons que pratiquaient les sociétés de chasseurs-cueilleurs les plus simples pour tisser des liens sociaux et conclure des alliances, les festins (qui au début n'étaient sûrement que des manifestations d'échange collectif) pouvaient être facilement transformés par des chefs audacieux en un moyen de s'approprier par la ruse les biens en surplus des participants et d'établir, dans les situations propices, des hiérarchies fondées sur la dette »[31]. Ces thèses sont confirmées par les travaux de Michel Dietler et d'Ingrid Herbich qui ont établi que ceux qui ne peuvent disposer de surplus se trouvent exclus des événements collectifs, comme les grands festins, et, donc, marginalisés.

Pourquoi accepter d'être exclu du festin ?

Deux conditions sont nécessaires pour ce passage à des sociétés transégalitaires : que la majorité accepte de travailler davantage pour constituer un surplus ; et qu'elle accepte aussi de céder le contrôle (d'une partie) du surplus à une minorité. Comment les banquets fraternels sont-ils devenus peu à peu discriminatoires ? Comment la majorité a-t-elle accepté d'être dépossédée ? Plusieurs thèses ont été proposées, nous les examinerons successivement.

La majorité aurait accepté d'être discriminée en échange d'une protection qui aurait d'abord été de nature magique (puis religieuse) avant d'être guerrière. Brian Hayden émet ainsi l'hypothèse d'un « leurre structurel » de la part des chefs, qui auraient abusé les autres membres : c'est en monopolisant la consommation des premières boissons fermentées, condition d'un accès privilégié au surnaturel qu'on finit par s'emparer des meilleurs morceaux. Tout est bon pour instituer la division et marquer sa supériorité sur les autres : « Les chefs se battent aussi à qui aura les plus gros fruits et les plus gros légumes pour démontrer la supériorité de leurs aptitudes magiques »[32]. Les tabous alimentaires, progressivement institués, sont également utilisés pour renforcer le pouvoir des chefferies, car la transgression des interdits est frappée d'amendes, payables aux chefs de villages, et, s'il leur est impossible de payer, les pauvres se trouvent réduits en esclavage et à la merci des chefs. Brian Hayden insiste donc sur le fait que les « progrès » qu'apporteront les domestications animale et végétale se trouvent détournés au profit des chefs : « Toutes les activités majeures de développement des élites ou des protoélites étaient basées sur la production et l'utilisation des surplus, qu'ils soient destinés à donner des festins, des présents, des dots, à conclure des alliances, des échanges, à acquérir des objets de prestige où à toute autre activité »[33]. Les banquets n'ont donc pas été rendus possibles par l'augmentation des stocks et le développement des

---

31. Brian Hayden, *L'homme et l'inégalité. L'invention de la hiérarchie dans la Préhistoire, op. cit.,* loc. cit., p. 60.
32. *Id., ibid.,* p. 66.
33. *Id., ibid.,* p. 32.

inégalités, ils ont directement contribué au développement des inégalités et donc à l'accroissement des stocks.

Lindsay Falvey fraye une autre piste en parlant d'une pyramide socio-économique inversée. Ceux qui n'avaient pas droit initialement au festin devaient être une infime minorité (captifs, trop pauvres…), sinon jamais la division sociale n'aurait été acceptée.

D'autres font remarquer qu'il aurait fallu beaucoup de temps pour que l'immense majorité, qui faisait initialement partie des élites, se retrouve exclue du festin.

Mary Douglas fait de ce premier mouvement d'exclusion l'origine de la pauvreté moderne.

Antonio Gilman explique ce consentement à la spoliation par la lourdeur des investissements réalisés par les premiers agriculteurs (semi-)sédentaires. Ceux-ci étaient désormais liés à leur terre, donc plus vulnérables, et ils se seraient trouvés empêchés de fuir devant ces chefferies. Une petite minorité aurait ainsi profité de l'état de faiblesse lié à la sédentarisation.

Kim Tremaine explique l'émergence de l'inégalité par le fait que les surplus alimentaires auraient été utilisés à des fins d'instauration de hiérarchies institutionnelles (de nature politique, guerrière ou religieuse). Cette thèse est aussi celle de Jeanne Arnold qui explique que c'est le contrôle politique sur des gens extérieurs à la famille nucléaire qui est en cause, car maîtriser ou contrôler les ressources alimentaires, ou échanger des objets de prestige, est le meilleur moyen d'exercer une domination sur d'autres.

Toutes ces thèses ont en commun de balayer le modèle fonctionnaliste pour faire de l'existence du surplus, non pas la conséquence, mais la cause du développement des inégalités humaines et de la division de la société. Parmi ces fonctionnalistes, les tenants de la thèse démographique expliquent que l'inégalité serait la conséquence d'une trop forte pression démographique qui aurait rendu impossible de continuer à se déplacer et aurait contraint à se sédentariser, et donc à accepter de nouvelles techniques dont la domestication végétale puis animale, et finalement – comme un mal nécessaire –, la domination politique. D'autres avancent la thèse d'une acceptation de la division par la nécessité d'une réponse rapide face à des menaces d'invasion d'autres peuples ou à la suite de catastrophes naturelles. Dans ces deux cas la communauté aurait finalement investi certains individus d'un pouvoir hiérarchique de façon à pouvoir agir plus efficacement. Ces thèses ne sont pas défendables, car, d'une part, il n'existe pas de seuil critique de population au-dessus duquel la sédentarisation serait inévitable, et, d'autre part, la population africaine, bien que tout aussi importante, n'a connu le développement de l'inégalité que beaucoup plus tardivement…

Je préfère en rester à l'idée que les humains, qui n'avaient pas beaucoup divergé du reste du monde animal dans leur comportement alimentaire durant les deux premiers millions d'années, ont développé à la fin du paléolithique la capacité à transformer les surplus de nourritures en source de division politique. Ce qui est nouveau, ce n'est pas tant l'existence de surplus, car nous avons vu l'importance des opérations de stockage dans les périodes antérieures, que l'utilisation des surplus comme objets de prestige, c'est-à-dire de pouvoir. Ce qui est nouveau, c'est la conversion des surplus de nourritures en système de dettes. J'avoue que cette thèse du « triple A » de Brian Hayden me semble éclairante. « Triple A », car ces chefs sont avides, agressifs et accumulateurs… Ce type de personnalité pathologique existerait dans toutes les sociétés, et, comme le souligne Hayden, 90 % des problèmes viennent de ces 10 % d'humains qui suivent leur propre intérêt au détriment de la communauté.

La production agricole des nourritures, qui succède à la cueillette, ne bouleverse pas ce schéma mais permet à terme de produire des niveaux de surplus toujours plus importants, créant ainsi l'opportunité – d'autres compromis auraient été possibles – de développer les inégalités, les chefferies et bientôt les proto-États et les premiers États comme en Mésopotamie. La naissance des sociétés inégalitaires n'est pas la conséquence de transformations dans la façon de produire mais un choix de société parmi d'autres. Les stocks auraient pu continuer à être gérés collectivement, les banquets auraient pu demeurer fraternels au lieu de devenir discriminatoires. La naissance des sociétés inégalitaires est donc un choix qu'a longtemps refusé l'humanité bien que les techniques qui allaient être utilisées pour scinder les groupes existaient déjà. Ces techniques étaient simplement en jachère, car on ne voyait pas l'utilité de les exploiter davantage dans le cadre de sociétés égalitaires. Elles ne seront donc véritablement utilisées qu'au fur et à mesure que l'inégalité croîtra. Le facteur politique (de l'histoire de l'alimentation) prime ici sur le facteur naturel ou technique. Le facteur décisif n'a pas été la production de nourritures par l'élevage ou l'agriculture, mais l'appropriation des stocks par une minorité. Si Brian Hayden a raison, on comprend qu'il puisse conclure : « Je considère l'émergence des sociétés transégalitaires en général (et les sociétés complexes de chasseurs-cueilleurs en particulier) comme la mutation la plus importante entre la première apparition de chasseurs-cueilleurs humains il y a deux millions d'années et l'avènement de la technologie industrielle et nucléaire. La production de nourriture par l'agriculture et l'élevage, dans laquelle on a cru voir le développement majeur de la préhistoire humaine, doit plutôt être considérée comme un simple sous-produit d'un développement plus fondamental lié aux sociétés transégalitaires, c'est-à-dire l'émergence de surplus réguliers qui ont entraîné la compétition et les avantages basés sur l'économie et les hiérarchies socio-économiques. »

Les festins funéraires

Les humains vivent en colonie pour d'autres raisons que les autres espèces d'animaux sociaux, parce qu'ils ont le culte des morts et croient en la nécessité de sépultures. Selon Lewis Mumford[34], les cités des morts sont au moins aussi anciennes que celles des vivants, et Jacques Cauvin[35] a établi un lien entre la fabrication des premiers tombeaux – ceux des chefs – et l'appropriation héréditaire de parcelles. Le glissement progressif du chasseur à l'éleveur et du cueilleur à l'agriculteur va modifier fondamentalement le rapport des hommes du mésolithique à la mort. Le paysan ne côtoie plus la mort de façon constante comme le chasseur et se rapproche du cycle végétal, qui est celui de l'éternel recommencement. Mircea Eliade a établi un lien entre ce cycle végétal (celui de la résurrection annuelle) et les spéculations religieuses naissantes sur la résurrection humaine. L'homme du mésolithique se met à penser à sa survie, d'abord sous la protection de la « grande mère » (divinité féminine), puis sous celle d'autres divinités. Toujours selon Eliade, le culte des ancêtres est aussi à mettre en rapport avec l'allongement des lignées, donc avec l'augmentation de l'espérance de vie. Une fois tout cela posé, nous pouvons donc mieux comprendre la naissance des premiers festins funéraires : ils sont à mettre au même niveau que les déformations du crâne réservées aux seuls chefs, voire à leurs enfants, signe non plus seulement d'une hiérarchie mais d'une hiérarchie héréditaire. Le culte des ancêtres est donc à mettre en rapport avec ces formes particulières de division de la société que sont l'accès restreint au surnaturel (qui se traduit notamment par l'avènement d'une caste religieuse) et l'accès restreint – et même coûteux selon Brian Hayden – aux sociétés secrètes des sociétés transégalitaires. Cette période est celle de gigantesques festins dont témoignent la grandeur des foyers et aussi l'importance des restes fauniques de toute nature. Ces festins sont l'occasion de nouveaux comportements spécifiques, par exemple, des os écrasés de façon spéciale, des concentrations de dents de sangliers, des têtes humaines cuites dans

---

34. Lewis MUMFORD, *La Cité à travers l'histoire* [*The City in History*, 1961], Marseille, Agone, 2011.
35. Jacques CAUVIN, *Naissance de l'agriculture, op. cit.* ; Jacques CAUVIN, *Naissance des divinités. Naissance de l'agriculture. La révolution des symboles au Néolithique*, Paris, « Empreintes », CNRS Éditions, 1994, rééd. Paris, Champs/Flammarion, 1998.

des foyers, des sacrifices (notamment de chiens, et aussi vraisemblablement d'humains, esclaves et femmes) et de cannibalisme.

L'évolution des représentations, prélude aux transformations alimentaires
Entre 200000 ans et 150000 ans BP, les tablettes peintes ou gravées surreprésentent les figures animales (et humaines) et ignorent totalement le monde végétal. Cette longue période est emblématique d'une période d'alimentation carnée. Cependant, les mêmes tablettes s'ouvriront aux représentations végétales juste avant que l'humanité ne modifie son régime alimentaire. La marginalisation des animaux dans l'alimentation s'accompagne donc de celle des représentations zoomorphiques dans l'art pariétal et sculpté : les spécialistes notent que si les animaux figurent toujours, ils changent de statut : le taureau n'est plus figuré pour son utilité concrète, mais en tant que puissance virile et c'est à ce titre qu'il est encore sacrifié. Le mésolithique a donc bouleversé les rapports entre humains et animaux. Il semble que l'accompagnement l'emporte sur la mise à mort systématique : le chien est un compagnon et un gardien avant d'être une proie ou un chasseur, le porc est autant un auxiliaire de salubrité qu'un animal de boucherie. Cette tension, perceptible dès cette époque, traverse l'histoire de l'Antiquité : l'animal est-il d'abord un partenaire qui assure la garde, l'hygiène, le vêtement, le transport, la traction, l'engrais, ou une réserve de viande ?

Jacques Cauvin a bouleversé les analyses traditionnelles en expliquant que le passage à l'agriculture ne fut pas la réponse à une situation de pénurie liée à l'évolution climatique, ni, bien sûr, la conséquence d'une explosion démographique, mais le résultat de ce qu'il a nommé « la révolution des symboles », phénomène bien antérieur à la domestication[36]. C'est cette mutation, située entre 10000 ans et 9500 ans BP, qui expliquerait la domestication et non l'inverse : ainsi la domestication de la chèvre, puis du mouton, ne résulte pas de choix alimentaires mais d'un désir de domination. L'art des chasseurs-cueilleurs, qui est surtout zoomorphe et repose sur une bipartition du règne animal avec un classement en deux classes sexuées, ne manifeste (et pour cause) aucun début de hiérarchisation entre des divinités. Le nouvel art pariétal, qui retient quasi exclusivement des représentations féminines, inclut une hiérarchie dont la déesse-mère devient la clé de voûte. Ces Vénus, toujours représentées avec une hypertrophie du bassin, des seins et des organes génitaux,

---

36. Jacques CAUVIN, *Naissance des divinités, naissance de l'agriculture. la révolution des symboles au Néolithique, op. cit.*

sont davantage du côté de la célébration de la fécondité (donc de la renaissance) que de la sexualité humaine/animale. La transformation des images mentales est également très nette avec la représentation des mains, puisqu'il s'agit toujours de mains de femmes, de mains gauches, de mains à quatre doigts, symbole même de l'humanité laborieuse, celle du début de l'élevage et de l'agriculture. Cette thèse signifie que lorsque l'humanité s'est mise à manger, de préférence de la viande d'élevage, ce n'était pas par souci d'efficacité, ni même par facilité, encore moins par goût, mais parce que cela lui permettait d'assouvir son désir de domination. Cette thèse signifie aussi que lorsque l'humanité s'est mise à manger, de préférence des céréales cultivées, ce n'était toujours pas par souci d'efficacité, ni même de facilité ou de goût, mais parce que cela lui permettait aussi de faire vivre une autre représentation du vivant. Ainsi, l'importance accordée aux déesses-mères, à l'aube de la protoagriculture, renvoie aux thèses de Lewis Mumford sur la dimension matrilinéaire de ces communautés. Mumford relève que les premiers villages du mésolithique sont placés sous le double signe du foyer (du feu) et de la mère, avec, notamment, la thématique de l'enclos protecteur et le sens de l'hospitalité (accueillir, protéger, nourrir). Les emblèmes de ces villages relèvent d'ailleurs d'une symbolique féminine, avec une préférence pour les formes arrondies (maison, four, silo, citerne, grenier, tombeaux, etc.) en rappel du thème de la fécondité. Un mythe grec, bien postérieur, raconte que le premier moule pour fabriquer du pain aurait été réalisé à partir de l'empreinte prise sur le sein d'Aphrodite. Mumford suit la même évolution des techniques au mésolithique : les outils des chasseurs ont des arêtes vives (pics, flèches, haches), alors que ceux des premiers pasteurs/agriculteurs ont des formes arrondies (pierres polies, auges en pierre, poteries, puisards, maisons, greniers, etc.). Toutefois, Lewis Mumford nuance en notant que la vie quotidienne reste centrée sur la nourriture et le sexe, la subsistance et la procréation. J'ajoute volontiers la parole.

Le développement de l'agriculture, et donc d'une alimentation végétale, coïncide avec l'assimilation de la femme à la terre puis à l'alimentation. Cette perception propre au néolithique fait contraste avec ce que représentait la femme au paléolithique. À cette période, la femme était identifiée, selon Pierre Lévêque, à une forêt peuplée de gibiers, c'est pourquoi la chasse était vue comme une possession sexuelle, de là l'assimilation de la blessure à la vulve, de là aussi le fait de considérer la mort d'une femme, lors d'une attaque animale, comme une possession sexuelle, avec comme conséquence extrême la croyance que le sacrifice de femmes permettait d'amadouer les fauves[37]. La femme du néolithique est identifiée à la terre (et donc à ses rythmes). Les préhistoriens ont établi un parallèle entre l'invention de l'élevage et de l'agriculture et, d'une part, le développement des liturgies et rituels et, d'autre part, l'émergence d'un nouveau corps spécialisé de prêtres/prêtresses. C'est notamment de cette époque que date le mythe du « premier inventeur » : le panthéon grec dit quel dieu, ou quelle déesse, a donné aux hommes le blé, l'olivier, le figuier, le cheval, le vin, le feu. Ces grands mythes remontent au néolithique.

Sacrifices et offrandes

La végétalisation du mésolithique se traduit par de nouveaux rites – les offrandes – censés assurer le renouvellement de la nature. L'humanité ne cessera plus jamais d'offrir des aliments et des boissons non plus seulement aux autres humains, mais aux divinités. Comment ne pas voir un parallèle troublant entre l'avènement de cette générosité envers les dieux et celui des banquets toujours plus discriminatoires entre humains ? Comme si les humains perdaient en partage ce qu'ils donnent aux dieux. Certains auteurs ont noté que l'offrande instaure un temps différé correspondant à celui de l'agriculteur et du pasteur, et non à celui du chasseur-cueilleur. Le principe des offrandes change la signification du sacré puisqu'elles ne s'inscrivent plus dans la logique du don et du contre-don, mais dans la soumission. Les polémiques entre préhistoriens n'ont pas manqué sur la signification des offrandes : forme autodestructrice ou promesse d'abondance. Ce schéma se reproduira avec les puissants auxquels les villages concéderont une part importante du surplus alimentaire, en échange de leur protection.

La table du néolithique

En 1925, Gordon Gilde propose le concept de révolution néolithique : la sédentarisation aurait permis de développer l'agriculture et l'élevage. La cause de cette rupture aurait été des changements climatiques qui, en raison notamment de la sécheresse, auraient obligé à recourir aux semis[38]. Depuis, cette explication classique de la révolution néolithique est remise en cause. Cette vision linéaire de l'évolution des façons de s'alimenter, avec le passage de la chasse et de la cueillette à l'élevage et à l'agriculture, ne

---

37. Pierre LÉVÊQUE, « Contribution à une théorie historique de la production de la pensée religieuse dans les sociétés du Paléolithique et du Néolithique », *Dialogues d'histoire ancienne*, vol. 7, n° 1, 1981, p. 53-92.
38. Jean ZAMMIT, « Les conséquences écologiques de la néolithisation dans l'histoire humaine », in *Bulletin de la Société préhistorique française*, vol. 102, n° 2, 2005, p. 371-379.

correspond pas à l'histoire mais est conforme aux grands dogmes de la société industrielle.

On doit à Alain Testart d'avoir proposé, en 1982, une nouvelle vision dans laquelle la révolution néolithique n'est ni une révolution, ni néolithique, parce qu'existaient déjà des sociétés de chasseurs-cueilleurs sédentaires, parce que ces sociétés pratiquaient un stockage alimentaire important, enfin, parce que ces sociétés non agricoles maîtrisaient des techniques (comme celle de la poterie ou du repiquage) qui ne seront mobilisées que bien plus tard. Marc Groenen a établi la preuve que cette sédentarisation existait dès la fin du paléolithique en étudiant certaines pathologies de la colonne vertébrale, mais aussi, en recensant des structures d'habitat trop impressionnantes pour des nomades, comme des maisons fabriquées avec 150 squelettes de mammouths. Testart estime que ces chasseurs-cueilleurs, sédentaires et stockeurs, représentent plus de la moitié des sociétés connues, bref, la révolution des techniques de stockage a été aussi importante que celle de l'agriculture. Les récolteurs de céréales sauvages ne sont devenus des céréaliculteurs que parce qu'ils maîtrisaient les techniques de récolte, de transport, de séchage, de stockage, de broyage des graminées sauvages. De même, les chasseurs ne sont devenus des éleveurs que parce qu'ils maîtrisaient les techniques nécessaires à la gestion des troupeaux.

Le grand exode

L'homme a vécu pendant la quasi-totalité de son histoire grâce à la chasse et à la cueillette. L'agriculture existe seulement depuis 10 000 ans, soit 500 générations. Ce passage à l'agriculture n'avait donc rien d'obligatoire et il fut d'ailleurs mis en œuvre, principalement par des groupes venus de l'est du continent. Jacques Cauvin qualifie de « grand exode » la phase de diffusion, à partir du Proche-Orient, des modes de vie liés à la domestication des espèces végétales et animales. Ce terme d'exode est fort juste car il s'agit bien d'un déplacement de populations venues coloniser les communautés humaines indigènes. On sait aujourd'hui que ce ne sont pas ces groupes qui se sont convertis à l'agriculture. C'est pourquoi ni les premières céréales cultivées ni les premiers animaux d'élevage ne résultent de la domestication de variétés ou de races locales. Une longue période de cohabitation entre ces deux cultures et ces deux types d'alimentation va se mettre en place avec des influences réciproques. Cependant, la population indigène, restée attachée à la chasse et à la cueillette, va être progressivement marginalisée économiquement et politiquement. Testart en donne comme signe la disparition des petites maisons de chasseurs-cueilleurs au profit des grandes maisons des agriculteurs et des éleveurs. Cauvin montre également que ce « grand exode » s'accompagne du développement des maisons rectangulaires, alors que les formes arrondies ne sont plus réservées qu'aux maisons communautaires et aux sanctuaires religieux. Les offrandes ne proviennent plus des produits de la chasse mais de l'élevage. La chasse existe bien toujours, mais d'abord au titre de biens de prestige, ce dont témoignent les dépôts d'objets élaborés avec des matières issues d'animaux sauvages, et notamment du cerf, animal déjà le plus valorisé. Isabelle Sidéra[39] nous met cependant en garde en indiquant que « ce transfert d'univers de la chasse, du matériel à l'idéel, constitue la périphérisation de cette activité dans le temps et dans les esprits », autrement dit, l'exaltation de la chasse ne signifie pas le retour à la chasse et aux chasseurs, car « cette exaltation est plutôt la construction des éleveurs » que celle des chasseurs. Nous retrouverons ce phénomène pendant des millénaires avec le roi chasseur : « L'adoption généralisée des attributs issus de la sphère sauvage signerait un double phénomène d'appropriation par les éleveurs, de symboles, de vertus, de valeurs exaltées par une culture en partie étrangère à la leur, en même temps qu'une première fusion des cultures mésolithique et néolithique. » Ce constat signifie que cette période est celle d'une intégration progressive des chasseurs-cueilleurs au sein de la civilisation pastorale. Ils vont en effet remplir une fonction de médiation et de protection envers d'autres tribus, bref, les ex-chasseurs commencent à se métamorphoser en guerriers. Isabelle Sidéra note qu'il n'y a pas dissolution de ce vieux monde non seulement parce que ce processus d'acculturation s'échelonne sur plusieurs siècles, mais parce qu'en même temps qu'ils se métamorphosent pour remplir une nouvelle fonction, ces anciens chasseurs devenus guerriers conservent des habitats différents et une alimentation différente.

Du côté de l'élevage

Les animaux consommés par les nouveaux venus sont désormais systématiquement domestiqués, tels le porc, la chèvre, le mouton, le chien. L'étude des restes fauniques montre qu'ils maîtrisent parfaitement la démographie des troupeaux, en préférant un abattage des mâles plutôt que des femelles et en décidant de choix d'abattage en fonction des âges et selon les espèces. Les chèvres connaissent un pic de consommation entre zéro et 2 mois. Pourquoi tuer des chevreaux de lait sinon pour pouvoir utiliser le lait de leurs mères ? Le second pic de consommation concerne des

---

39. Isabelle Sidéra (dir), avec la collaboration d'Emmanuelle Vila et de Philippe Erikson, *La chasse. Pratiques sociales et symboliques*. Paris, « Colloques de la Maison Archéologie & Ethnologie René-Ginouvès », Éditions de Boccard, 2006.

chèvres de réforme. Jean-Denis Vigne[40] formule l'hypothèse selon laquelle l'exploitation de laiteries était peut-être le premier objectif des premiers éleveurs, car en termes de viande l'élevage n'apporte aucun avantage sur la chasse, plus diversifiée et plus simple. Cette hypothèse iconoclaste repose sur des arguments techniques incontestables : on peut égoutter du caillé sans poterie, avec une vannerie ou un simple tissu. Comme le précise le chercheur, on exploite le lait, dès 5000 ans BP, en Ardèche, c'est-à-dire bien avant la pseudo-révolution des productions secondaires... Le préhistorien montre également que dès cette époque les techniques bouchères sont savantes : les animaux sont découpés en quatre grands quartiers : la tête, les membres antérieurs, le dos et l'arrière-train. La tête est ensuite redécoupée pour séparer la gorge de la tête. Les membres antérieurs sont également redécoupés pour isoler jambons et jambonneaux et évacuer les phalanges terminales. Le dos est redécoupé pour retirer les deux longes, pour tronçonner la colonne vertébrale et récupérer les côtes. Si la découpe des grands quartiers est grossière, celle de demi-gros est beaucoup plus fine, elle n'est pas réalisée avec les mêmes outils, ni peut-être par les mêmes personnes. Les modes de cuisson sont variés : grillage, rôtissage, four en pierre, pierres chauffées jetées dans de l'eau contenue dans des récipients, comme des outres de peau, etc. Certains morceaux sont systématiquement grillés ou rôtis (tête, gorge, cuisses) alors que d'autres ne le sont jamais. Comme le constate Vigne, nous sommes donc en présence d'habitudes culinaires structurées et qui, sans doute, ne datent pas du néolithique mais lui sont très antérieures.

Au regard de l'importance de l'outillage et des objets ordinaires tirés du monde animal (poinçons, grattoirs, manches des herminettes, masses, anneaux pendeloques, confectionnés au moyen d'os longs, de dents, de côtes, de ramures de cerfs, etc.), donc de la complexité des technologies de traitement des matières osseuses des bovidés et des suidés, il n'est pas possible d'exclure que pour certains espaces la consommation de viande n'ait été qu'un sous-produit et non la finalité première. Cette hypothèse expliquerait la remise en cause de la hiérarchie des animaux : les bovins et les ovins perdent la qualité de ressources privilégiées. Il semble qu'on puisse dater de cette époque le fait que le porc devienne l'aliment carné par excellence, alors que les autres animaux servent à tout le reste. Le mouton est ainsi destiné, d'abord, à l'industrie osseuse et au textile. L'animal change

---

40. Jean-Denis VIGNE, « Préhistoire du Cap Corse : les abris de Torre d'Aquila, Pietracorbara (Haute-Corse). La Faune » in *Bulletin de la Société préhistorique française*, vol. 92, n° 3, 1995, p. 381-389.

progressivement de valeur, c'est vivant qu'il est valorisé en raison du travail qu'il peut accomplir et des produits laitiers dont il est la source.

Une des conséquences de cette exploitation multiforme du monde animal est que l'homme n'apparaît plus comme un élément parmi les autres, contrairement à la représentation caractéristique des chasseurs-cueilleurs. Cette période est celle du début des représentations hiérarchisées du monde : l'humanité est plus proche de la divinité que les (autres) animaux, les animaux sont au-dessus des plantes et le monde minéral est en bas de l'échelle. L'homme se donne ainsi le droit de dominer et de s'approprier les animaux. La chasse, qui avait décliné au début du néolithique, revient en force non pour une raison alimentaire, mais comme signe de puissance qui témoigne de l'existence des inégalités sociales. Ces dernières s'expriment aussi à travers les modes de préparation : la cuisson indirecte qui permet des préparations plus raffinées sera bientôt préférée à la cuisson directe, certains morceaux deviendront plus nobles.

Du côté de l'agriculture

L'agriculture n'est pas une façon de poursuivre la cueillette par d'autres moyens. Elle bouleverse fondamentalement les façons de manger. Chez les derniers chasseurs-cueilleurs, la cueillette est suffisamment organisée et savante pour avoir permis d'accéder aux « secrets » des cycles de la fertilité. Le cueilleur sait, mieux que le chasseur, que les plantes sont soumises aux cycles saisonniers, à l'éternel recommencement (sauf mauvaise année). Le monde végétal est autant remercié pour ses dons que le règne animal, et le mangeur végétal sacrifie des graines et des herbes tout comme le mangeur de viande sacrifie des graisses, des viscères et des os.

Les premières cultures viennent d'Anatolie, elles ont traversé le détroit des Dardanelles, la mer Égée, les Balkans, avant de parvenir en Gaule. Les huit plantes à l'origine de l'agriculture sont toutes originaires du Proche-Orient : engrain (petit épeautre), amidonnier, orge, lentilles, erse (ou ers), pois, lin, pois chiches. Les techniques de conservation s'adaptent au nouveau mode de production : grains séchés ou grillés dans des fours avant même le stockage, utilisation de jarres en terre cuite en complément des greniers et silos, ou simplement des trous creusés dans le sol et enduits d'argile puis soumis au feu pour conserver une bonne défense contre l'humidité, les rongeurs et certains insectes. Les paysages se transforment, un milieu végétal ouvert est créé, de nombreuses haies sont plantées pour protéger les parcelles du vent, ce qui permet également de manger davantage de baies et d'oiseaux. Le recul de la forêt, au moyen d'un important défrichement par le feu, conduit à l'éloignement d'une partie importante du gibier, notamment du plus gros. Ces premières modifications des pratiques alimentaires vont en appeler une autre : alors que le chasseur consomme assez de sel en mangeant de la viande, tout comme le pasteur en buvant le sang des bêtes ou leur lait (fromage), la cuisson des végétaux élimine le sel des denrées et met donc en danger la santé. Alors l'agriculteur utilise du sel de mer, du sel gemme à fleur de terre, des efflorescences salées, etc., apprenant ainsi à mieux assaisonner. Certaines nouvelles pathologies, comme les caries dentaires, témoignent d'une augmentation de la consommation de sucre et d'une baisse des graisses. Une nouvelle grammaire du goût se met en place, facilitée par l'importance des échanges dont témoignent l'importance des groupements de huttes, les nombreux chemins et l'existence de stations artisanales importantes. Les villages qui se développent ne dépassent pas encore 200 habitants, mais ils sont en relation les uns avec les autres et échangent leurs savoir-faire. Certes, les techniques sont encore rudimentaires mais parfaitement adaptées : bâton à fouir (bâton droit taillé en pointe, parfois brûlé et pourvu d'un crochet), houe en bois de cerf ou en bois d'arbre, araire de bois, pic en silex, etc. La charrue viendra un peu plus tard, d'abord sans roues puis avec, d'abord sans soc en fer puis avec.

Les festins du néolithique

Ces premiers villages se sont dotés d'institutions collectives comme les maisons communes aux formes arrondies, comme les rues, les places, les puits, les greniers communautaires, l'autel, etc. Les conseils des anciens existent partout, forme obligatoire de pouvoir et de transmission des savoirs dans des sociétés encore totalement orales. Nous avons une idée des usages des chefferies à travers, par exemple, les représentations des banquets des divinités qui commencent à apparaître. De grands festins, durant plusieurs jours, continuent donc à se développer, mais nous ne sommes plus dans une logique égalitaire car, comme le souligne Testart, don et échange s'opposent aussi clairement qu'acte gratuit et acte payant[41]. Testart montre que le potlatch commence à saper les mécanismes du partage. Il suppose l'appropriation individuelle ou groupale de biens pour l'accumulation de richesses destinées à être échangées dans ce cadre. Le potlatch, en réduisant l'échange à une lutte entre chefs, fait naître une hiérarchie et divise la société de façon plus ou moins durable et importante. Le potlatch, selon Testart, est une transformation du principe de dépossession par le partage

---

41. Alain TESTART, *Critique du don. Études sur la circulation non marchande*, Paris, Syllepse, 2007 ; Alain TESTART, « Échange marchand, échange non marchand » in *Revue française de sociologie*, vol. 42, n° 4, 2001, p. 719-748.

en principe de dépossession par une appropriation privée. Claude Lefort rejoint cette thèse en montrant que le potlatch est lié à un pouvoir de contrainte par le mécanisme de la reconnaissance de l'autre par son autre.

Le bilan alimentaire de la néolithisation est finalement assez contradictoire. Déjà l'humanité manque de disparaître en raison des pandémies dont la propagation est facilitée par la sédentarisation en gros villages ; la diversité alimentaire se réduit, tant du côté animal que végétal, puisque dès que des communautés maîtrisent suffisamment l'élevage et l'agriculture, elles « désapprennent » assez vite tout ce qui permettait de vivre de chasse et de cueillette, non seulement les produits comestibles ou la façon de les rendre tels, mais également les technologies, notamment végétales, qui furent les leurs. Les humains vont découvrir avec le néolithique qu'on peut passer sa vie à travailler, car la productivité de la chasse et de la cueillette est bien meilleure, et que chacun n'aura plus automatiquement sa place au banquet. Comme le dirait Jacques Rancière, les sans-parts vont devenir majoritaires.

Vers les sociétés protohistoriques

Ce survol des tables préhistoriques devrait nous guérir contre toute perception d'une évolution linéaire : la table du paléolithique s'interpénètre avec celle du néolithique, qui elle-même se prolongera jusqu'à nos jours : la chasse et la cueillette n'ont pas disparu avec les domestications animale et végétale ! Nous pouvons penser avec Lewis Mumford et Brian Hayden que les anciens chasseurs, un temps marginalisés, ont fini par l'emporter sur les premiers paysans en devenant la base du nouveau pouvoir royal et religieux. Cette mutation marque le passage des sociétés matrilinéaires aux sociétés patriarcales, au moyen de ce que l'historien nomme « la force virile ». Lewis Mumford précise que les chasseurs ne sont pas des guerriers et que l'invention de la figure du guerrier est spécifique au mode de vie agricole et pastoral. Les anciens chasseurs sont devenus les protecteurs armés des premiers villages d'agriculteurs et d'éleveurs contre les grands fauves, puis contre les autres humains. Ils construiront des forteresses à proximité des villages, développeront l'armement. De protecteurs des villages, ils en deviendront les maîtres. Ce chasseur, devenu roi, est celui qui inventera la haute cuisine dans ses palais. De la même façon que les chasseurs feront les futurs guerriers, il est probable qu'une fraction des cueilleurs (avec la dimension médicinale et religieuse) et des éleveurs (avec l'activité pastorale) donneront le clergé spécialisé, prélude à la naissance de religions beaucoup plus formalisées, centralisées, hiérarchisées. Mumford insiste sur les prédispositions mentales que fait naître l'activité pastorale et qui seront mobilisées, beaucoup plus tard, par la caste des prêtres. L'image du pasteur et de son troupeau fait mémoire jusqu'à aujourd'hui. Le dieu familial sera, certes, très long à disparaître, mais il finira par céder la place à un dieu devenu appropriable par une caste polythéiste, puis monothéiste. De son côté, le berger, devenu prêtre, développe la « cuisine du sacrifice ».

Cette période est celle du retour aux figures masculines, au culte du taureau comme élément viril, au goût pour l'armement, d'abord en rapport avec la chasse, puis sans rapport avec elle, mais dans une ambiance guerrière, c'est enfin, la grande époque du développement des confréries secrètes. La chasse qui avait beaucoup régressé fait un retour en force à la fin du néolithique. Elle est maintenant l'emblème d'une aristocratie naissante qui bientôt se réservera le monopole des armes et, au moins, celui du grand gibier. L'alimentation carnée prendra, pour longtemps, sa dimension de force.

Deuxième service : La table mésopotamienne

Le voyageur qui m'a accompagné au long de ces centaines de milliers d'années a déjà dans ses chaudrons quelques repères sur la façon dont nos lointains ancêtres concevaient l'alimentation et sur ce qu'ils mangeaient. Le survol des tables mésopotamiennes aura un statut différent, car nous en savons beaucoup plus sur les usages et les mœurs de cette période. Au regard des récits qui nous sont parvenus, nous devons admettre que les civilisations mésopotamiennes savaient ce que manger peut vouloir dire. Cette civilisation va durer trois millénaires (vers 3400 ans av. J.-C. à 200 apr. J.-C). La question alimentaire croise celle de la création des cités-États, dès le IVe millénaire av. J.-C., avec la naissance de nouvelles idéologies politiques sur l'alimentation. Il me semble que nous n'avons pas encore assez cuisiné cette période pour lui faire rendre tout son jus en matière de relations entre alimentation et politique. Sargon, souverain fondateur de l'empire d'Akkad (vers 2779-2334 av. J.-C.), se fait nommer roi, alors qu'il était le grand échanson de Zabata, roi d'Ur, grâce à une crise de régime autour d'une réforme des rituels d'offrandes alimentaires.

Indéniablement, la table babylonienne constitue un grand bond en avant, non pas parce que les Mésopotamiens seraient devenus subitement plus gourmets, pas même parce qu'ils disposeraient de davantage de ressources, mais parce que cette période scelle l'apparition du pouvoir absolu. La table mésopotamienne, c'est d'abord la politique faite cuisine et inversement. On connaît la fameuse formule de Samuel Noah Kramer : « L'histoire commence à Sumer. » J'ajouterais : le séparatisme alimentaire des puissants débute à Sumer.

L'instauration des premières cités-États

Certes, cette période est beaucoup plus brève que la précédente, mais suffisamment riche pour qu'un voyageur beaucoup moins pressé que nous puisse établir des variations savoureuses d'une cité-État à une autre. Il existe des différences alimentaires notables entre l'empire d'Akkadie, les dynasties d'Ur, Sumer, Babylone, et l'Égypte qui sera dégustée dans le chapitre suivant. Comment le passage du pouvoir des assemblées de chefs de famille à une monarchie très vite centralisée et autoritaire a-t-il été possible ? On l'explique couramment comme la conséquence de la constitution d'une ligue des premières cités-États, avec délégation de pouvoirs à un seul individu, dénommé le « grand homme », qui serait ensuite passé de la désignation par l'assemblée des notables à l'élection directe par les dieux (donc le clergé). L'hypothèse d'un « Roi-Prêtre » cumulant initialement les deux fonctions est aujourd'hui abandonnée, et mieux vaut penser en termes de distinction des fonctions et donc des pouvoirs, même si nos critères laïques sont inopérants. Bien sûr, le dosage des pouvoirs est différent selon les cités-États, mais nous assistons partout à une séparation physique du palais et du temple, et nous constatons alors que seuls les temples et les tombes sont construits en pierre, alors que les palais continueront à l'être en bois, moins prestigieux. Alors que la cité-État met fin à l'autosuffisance alimentaire, les princes et le clergé vont s'approprier respectivement les greniers et les marchés de distribution. L'appropriation des biens concerna d'abord les biens communs... Ainsi les greniers, propriété collective, devinrent propriété d'État, puis, avec l'appropriation de l'État par les souverains, ils seront les biens personnels des souverains. La constitution des premières cités-États aboutit également-ment à un renforcement et à une transformation du rôle traditionnel des temples et de leur personnel, lequel va en effet s'approprier les circuits de distribution alimentaire. Le marché est d'abord intégré physiquement aux temples, puis leur personnel prend directement en charge l'approvisionnement, le stockage et la distribution des denrées contre, bien sûr, la perception d'une taxe plutôt lucrative. Les temples fonctionnent donc comme des sortes de grands magasins. L'augmentation de la population aboutit à un transfert de ces activités à un personnel laïque, et donc à l'essor des corporations liées au commerce. Cette époque est aussi celle de l'apparition de places publiques vouées au marché alimentaire et désormais intégrées au sein des quartiers populaires.

Nous irons, à l'essentiel, en cherchant à établir en quoi l'instauration des premières cités-États a permis de développer un séparatisme alimentaire.

Que sait-on de la table mésopotamienne ?

Quatre auteurs seront nos guides pour déguster les tables mésopotamiennes. Nous devons à Jean Bottéro une bonne connaissance des techniques culinaires qui ont marqué le IIIe millénaire de la civilisation mésopotamienne. L'historien insiste sur le passage à la cuisson indirecte humide, c'est-à-dire sur la généralisation du bouillon gras, une technologie culinaire qui, parce qu'elle implique une préparation préalable de la nourriture, permet de développer une véritable gastronomie, d'autant qu'elle intègre de nombreux ingrédients[42]. Notre autre guide est Francis Joannès qui a surtout insisté sur les analogies entre l'alimentation des élites, celle des rois, et la nourriture des dieux[43]. Banquets royaux ou sacrés témoignent d'une même volonté de démarcation à l'égard de la cuisine du peuple, passant pour cela d'une cuisine féminine à une cuisine masculine. Notre troisième guide est naturellement Jack Goody, car l'anthropologue anglais est le premier à avoir pensé aussi intimement la relation entre la naissance d'une « haute cuisine » et le développement des inégalités sociales. Plus une société est divisée, plus les arts de la table se développent dans le cadre d'une véritable mise en scène, mise en signe des relations de pouvoir[44]. Peu importe que ce pouvoir soit essentiellement de nature politique ou religieuse, économique ou culturelle, car la grammaire reste la même. Notre dernier guide sera Liliane Plouvier, historienne de la gastronomie, pour son analyse des tablettes de la Yale Babylonian Collection qui contiennent les premières recettes culinaires connues remontant à la cour d'Hammourabi[45].

J'ai eu envie de croiser les recettes de ces quatre guides pour voir jusqu'où ce métissage pouvait nous conduire en termes d'histoire de l'alimentation. J'insiste sur le fait que cette histoire n'est pas univoque, puisqu'à la magnificence au sommet répondent d'autres politiques, dont on parle moins, comme le système des rations ou des « champs

---

42. Jean Bottéro, *La plus vieille cuisine du monde*, Paris, Louis Audibert éditeur, 2002.

43. Francis Joannès, « L'alimentation des élites mésopotamiennes : nourriture du roi, nourriture des dieux » in *Pratiques et discours alimentaires en Méditerranée de l'Antiquité à la Renaissance.* Actes du XVIIIe colloque de la Villa Kérylos à Beaulieu-sur-Mer, les 4, 5 & 6 octobre 2007, « Cahiers de la Villa Kérylos », vol. 19, n° 1, Paris, Académie des Inscriptions et Belles Lettres, 2008, p. 23-38. Pour une approche globale de la période voir Françis Joannès, *Les premières civilisations du Proche-Orient*, Paris, « Atouts Histoire », Belin, 2006.

44. Jack Goody, *Cuisines, Cuisine et Classes*, trad. (anglais) Jeanne Bouniort, Paris, Centre Georges Pompidou, Centre de création industrielle 1985.

45. Liliane Plouvier, « À la table du roi Hammurabi de Babylone d'après les tablettes de la Yale Babylonian Collection » in *Actes du XVe congrès mondial de l'Union internationale des sciences préhistoriques et protohistoriques (UISPP)*, Oxford, Archeopress, vol. 34, 2010, à lire à l'adresse : http://www.oldcook.com/histoire-cuisine_mesopotamie

alimentaires ». La table palatiale concerne donc autant les puissants que leurs serviteurs. On constate d'ailleurs que les premiers rois hésitaient entre un discours sur le bon roi nourricier de son peuple et les qualités d'un roi guerrier et chasseur. Cette fonction nourricière et protectrice est partagée avec les temples, car le haut niveau des offrandes et sacrifices permet de constituer un second réseau de distribution alimentaire particulièrement bien organisé. En effet, après les rituels, les offrandes sont réparties selon des règles très strictes entre le personnel des temples et celui de l'administration des palais. Le petit peuple bénéficie aussi, régulièrement, de ces redistributions. Paradoxalement, augmenter le volume des offrandes (on sait qu'elles dépendent de chaque dieu même si les divinités mangent toujours beaucoup plus que les humains), c'est accroître les capacités de redistribution. Jean Bottéro insiste sur le risque d'anachronisme à parler d'un clergé, car tout est religieux, c'est pourquoi mieux vaut s'en tenir à une distinction fonctionnelle pouvant mobiliser les mêmes notables, au palais ou au temple. Cette dimension religieuse s'exprime déjà par l'importance des prophéties et des divinations : le foie des animaux sacrifiés est observé avant chaque grande décision politique, comme lors des déclarations de guerre ou des alliances. Son importance apparaît aussi dans l'inventaire des terres appartenant aux temples soit qu'elles proviennent des dons du roi, soit qu'elles résultent d'achats sur leurs ressources.

Une économie palatiale, une alimentation palatiale

Le régime politique de Babylone est un système de droit divin très particulier. Bien que le roi soit membre d'une lignée royale, il devait malgré cela être également élu par les dieux (ce qui atteste du rôle essentiel du clergé), puis accepté par le peuple (grâce aux amnisties pour dettes alimentaires). Le gouvernement du royaume est fondé sur la notion de « maison royale », ce qui atteste évidemment d'une conception patrimoniale de l'État puisque (presque) tout est censé appartenir au roi, mais marque aussi le début de notions plus abstraites, comme celles de service du roi ou de service de l'État et d'intérêt général. Chaque roi n'est pas défini par lui-même mais par rapport à la/sa capitale (on parle, par exemple, du roi de Babylone). Les décisions essentielles sont prises au sein d'un Conseil qualifié de « secret ». Le personnel gouvernemental comprend la famille royale, puis les « grands serviteurs » du roi, ses ministres (vizirs) accompagnés de « scribes du secret » (d'où le nom de secrétaire). Chaque roi possède divers palais, y compris au sein même de sa propre capitale. On prend d'ailleurs l'habitude de qualifier de palais tout lieu que le roi habite. Il me semble y avoir une sorte de contraste entre la réalité qui fait (encore) largement du roi un roi nourricier et ses représentations officielles qui le figurent en guerrier ou, simple variante du même motif, en chasseur… Si (presque) toute l'économie est de type palatial, son organisation repose, en premier lieu, sur ce que je qualifierai de « politiques alimentaires ».

Un débat divise les spécialistes sur la place effective de la propriété privée, aux côtés des « grands organismes » (que sont les temples et les palais), mais Jean-Pierre Vernant me semble convaincant, lorsqu'il explique : « La vie sociale apparaît centrée autour du palais dont le rôle est à la fois religieux, politique, militaire, administratif, économique. Dans ce système d'économie palatiale, le roi concentre et unifie en sa personne tous les éléments du pouvoir, tous les aspects de la souveraineté. Par l'intermédiaire de scribes, formant une classe professionnelle fixée dans la tradition, grâce à une hiérarchie complexe de dignitaires du palais et d'inspecteurs royaux, il contrôle et réglemente minutieusement tous les secteurs de la vie économique, tous les domaines de l'activité sociale […] On ne voit pas qu'il y ait de place, dans une économie de ce type, pour le commerce privé »[46].

La table du peuple

La civilisation mésopotamienne, avec la naissance des cités-États, va introduire (élargir et banaliser) une coupure qui dure encore de nos jours entre l'alimentation des puissants et celle du reste de la population. Ce séparatisme des puissants est organisé matériellement et légitimé idéologiquement : en effet, une part importante de la population travaille au profit des temples et des palais ou dans le cadre des grands travaux diligentés par les élites. Ces travailleurs sont rémunérés en nature, avec des rations mensuelles d'orge et d'huile, dont le volume dépend du sexe, de l'âge, et de la fonction. Ces rations sont suffisantes sur le plan alimentaire mais politiquement clivantes. Le peuple bénéficie aussi de redistributions plus diversifiées faites par les temples.

Le système des rations et des champs alimentaires

L'économie est de plus en plus administrée à partir du IIe millénaire av. J.-C. avec de grands domaines agricoles appartenant soit aux palais, soit aux temples. Une partie importante de l'alimentation dépend donc des puissants. Ces derniers ont également mis progressivement la main sur les

---

46. Jean-Pierre VERNANT, *Les origines de la pensée grecque*, Paris, Presses universitaires de France, 1962.

structures de stockage, dont les silos à grains qui sont déjà suffisamment grands pour assurer l'alimentation de plus de 20 000 personnes durant une année. Les productions agricoles disponibles proviennent soit des terres dont le palais est devenu propriétaire et qu'il confie à des entrepreneurs « privés » en échange d'une redevance fixe appelée *biltum* (payable pour partie en nature et pour partie en argent), soit d'un autre système qui consistait pour le roi à attribuer des parcelles (« champs alimentaires ») à des particuliers contre une prestation de service qualifiée d'*Ilkum* (service militaire, travail artisanal, etc.) ou de *sukussum* (« champs de subsistance »)[47], désignation qui s'explique par référence à l'autre mode possible de rétribution par le palais, à savoir l'octroi de rations. Les cités-États disposent donc de deux façons de subvenir aux besoins des différentes catégories de population (notamment urbaine) qu'ils emploient : soit le système des rations, soit celui, plus novateur, des champs alimentaires.

Bénéficient des rations : les soldats, bien évidemment, mais aussi les personnels administratifs, techniques, domestiques des palais et des temples. Ces rations dépendent de la fonction, du sexe et de l'âge de chaque serviteur. À la fin du IIIe millénaire la ration d'orge est de 2 litres par jour pour un homme, 1 litre pour une femme et 0,3 et 0,6 litre pour un enfant ou un vieillard. Des bols de trois types de contenance servent aux distributions standards. Les spécialistes ont recensé beaucoup de conflits autour des attributions de ces rations, notamment lors des opérations militaires les plus lointaines. Ainsi, lors du siège de la ville de Larsa, les soldats protestent, car ils ne reçoivent pas d'huile, le pouvoir leur propose à la place du sésame, ce qu'ils refusent.

Le système des champs alimentaires répond-il à ces dysfonctionnements ? Ce qui est certain c'est que le gros des troupes est bientôt rémunéré, à l'instar des autres serviteurs, selon ce système en contrepartie du service militaire accompli. Toute une administration composée de géomètres et de scribes est chargée de gérer ces « champs alimentaires » : les surfaces allouées oscillent entre 6 et 36 hectares, selon la nature des services rendus (ouvrier ou haut dignitaire). Les bénéficiaires de ces champs peuvent les cultiver eux-mêmes ou les faire cultiver par un fermier contre un loyer (en nature et en argent). Ces champs alimentaires ne peuvent être vendus, et, en cas de cession illégale, la tablette qui matérialise l'acte juridique est simplement brisée, la parcelle rendue à son propriétaire d'origine, et l'argent perdu par l'acquéreur. Ces « champs

---

47. Voir *Le système palatial en Orient, en Grèce et à Rome*. Actes du colloque de Strasbourg (19-22 juin 1985), Edmond Lévy (éd.), « Travaux du centre de recherche sur le Proche-Orient et la Grèce antique », université des sciences humaines de Strasbourg », 1987.

alimentaires » comprennent des terres, des vergers et des maisons. Il est interdit de les démembrer pour doter sa fille ou pour en faire un douaire dont jouira l'épouse survivante.

Une alimentation diversifiée

Jean Bottéro et Cécile Michel[48] rappellent que parvenir à nourrir le peuple en quantité et en qualité suffisantes constitue le signe d'un bon pouvoir. L'alimentation populaire est assez diversifiée même si elle repose, comme nous le verrons, sur le duo nourriture panifiée/eau, puis nourriture panifiée/bière. Nous connaissons assez bien la table mésopotamienne grâce aux nombreux contes qui nous sont parvenus et à la littérature gourmande. On y apprend que la misère consiste à manquer de pain, de bière et de viande. Contrairement aux riches marchands et aux notables, le peuple mange, en principe, agenouillé devant un grand plat dans lequel chacun se sert à la main. Il dispose d'une vaisselle assez diversifiée (cuillers, couteaux, plats, pots, plateau tenu sur un trépied, etc.) réalisée en bois, roseau, argile, métal, etc. Les Mésopotamiens du peuple utilisent différentes variétés de céréales (orge surtout, mais aussi blé et épeautre) servant à la confection de farine, de semoule, de gruau, de pâtisserie, de bière, et, bien sûr, de pain. On compte jusqu'à 200 types de pains à croire la richesse du vocabulaire. Certains pains contiennent du levain, des épices, des fruits, du miel, etc. On consomme aussi de l'huile, du mil, des fèves, des grains de sésame, des oignons, des aulx, des légumes comme des poireaux, et des fruits (dattes, grenades, pommes, figues, pistaches, raisin, etc.). On mange aussi des « pâtisseries » comme des cakes, des pains d'épice, des gâteaux fourrés de dattes, de pommes, de figues, de miel, etc. La viande et le poisson sont plus rares, même s'il faut différencier selon les époques. On consomme du bœuf, du mouton, des oies, des canards, des pigeons, des tourterelles, mais aussi, surtout les plus pauvres, du porc. C'est d'ailleurs dans ce contexte qu'on voit apparaître une diabolisation progressive du porc, d'abord associé à de mauvais présages dans la littérature divinatoire, puis considéré par le clergé comme « sale, stupide et symbole d'impureté rituelle » – une condamnation qui le poursuivra jusqu'à l'Ancien Testament. Ces troupeaux de porcs, consommés par le peuple, appartiennent au palais.

---

48. Cécile MICHEL, « L'alimentation au Proche-Orient ancien : les sources et leur exploitation » in *Dialogues d'histoire ancienne,* Supplément n° 7, 2012, p. 17-45, numéro thématique : *L'histoire de l'alimentation dans l'Antiquité. Bilan historiographique* – Journée de printemps de la SOPHAU, 21 mai 2011.

Le duo nourriture panifiée/eau

J'ai déjà dit que la table mésopotamienne, bien que très variée, est fondée sur le couple nourriture panifiée/eau, puis, plus tard, nourriture panifiée/bière. Un même idéogramme sumérien (comme en égyptien) signifie pain et nourriture. J'ai préféré ne pas attribuer directement à la Mésopotamie le couple pain/bière compte tenu de la place que tient encore l'eau dans l'écriture et l'imaginaire. Le signe qui indique le fait de boire est le pictogramme de l'eau et pas celui de la bière, lequel renvoie davantage du côté de la joie, de la civilisation. L'eau peut être d'ailleurs aromatisée, ce qui permet de proposer des « infusions », des « décoctions » et des « eaux mouillées de jus de fruits » (grenades, raisins). On oppose ainsi deux types de boissons, celles dites « naturelles » et celles fermentées ; mais parmi les boissons « naturelles », on se heurte au statut du lait, considéré autant comme un aliment que comme une boisson. Les Mésopotamiens, notamment les Babyloniens, boivent beaucoup de bière, mais avec (encore) le sentiment d'accéder à une boisson d'exception. La bière de base est d'ailleurs dénommée « liquide enivrant », ce qui semble témoigner de son statut spécifique et sans doute assez exceptionnel. Ces bières sont fabriquées à partir de multiples céréales, ce qui permet d'obtenir des produits très variés (bières rouges, noires, blanches, « douces », « très douces », « de bonne qualité », « de qualité supérieure », etc.). On trouve même des bières coupées d'eau (à moitié, au tiers ou au quart), ce qui correspond à une extension de la consommation tout le long de la journée, plutôt qu'à un sous-produit destiné aux plus pauvres. Au départ, les bières sont des préparations domestiques dont l'excédent est commercialisé. Bientôt apparaissent les premières « Maisons de la tavernière », signe du caractère encore domestique de la boisson, qui se transformeront, plus tard, en « Maisons des taverniers », signe de sa dédomestication. La consommation s'y fait au moyen d'un chalumeau (c'est-à-dire une grande paille) qui permet de puiser la boisson dans une grande cuve, située au centre de la pièce. Jean Bottéro permet d'approcher le statut de cette boisson en Mésopotamie lorsqu'il écrit que « la bière pouvait offrir à l'antique population [...] une sorte d'idéal de bouche, de source de pur plaisir, à la portée de (presque) tous ».

Alimentation naturelle ou artificielle

Les Mésopotamiens ne classent pas les aliments à notre façon et lorsqu'ils semblent s'en approcher, c'est le moment où ils en sont le plus éloignés. Ainsi la vraie opposition, comme le rappelle Bottéro au sujet de *L'Épopée de Gilgamesh*, passe entre une alimentation naturelle, produite hors de toute intervention humaine, et une alimentation artificielle élaborée par l'homme. Cette seconde alimentation est préférée car correspondant à la vie civilisée. Je pense que c'est pour cette raison que le pain et la bière sont devenus inséparables, car « issus de l'intervention et des efforts de l'homme ».

Les Mésopotamiens usent d'une comparaison avec la sexualité pour mieux faire comprendre ce qui distingue les aliments des nutriments en opposant l'accouplement bestial, donc naturel, avec une femelle, et le vrai amour avec une femme de la ville, experte et lascive (*sic*). La bière, contrairement à l'eau, n'est pas une production naturelle ; c'est donc à ce titre et non pas, comme on l'écrit souvent, en raison de sa consistance épaisse qu'elle relève davantage du manger (donc du fabriqué) que du boire. Le premier principe de la table mésopotamienne est, en effet, de fabriquer ses aliments, et par conséquent de les cuire, car la cuisson est une fabrication, sauf pour quelques crudités (mais peut-être sont-elles déjà cuites par le soleil ?). En réalité, la cuisson est le grand enjeu, car incorporer des aliments non cuits est sans intérêt. Faute de bois, les Mésopotamiens utilisent du naphte (affleurement de pétrole que l'on trouve dans cette région du monde) et du charbon de terre. Jean Bottéro, après avoir rappelé l'opposition de principe entre cuisson directe (par rôtissage, grillade ou torréfaction pour les graines) et indirecte, fait de l'invention de la cuisine indirecte à l'eau (ou à l'humide) la grande spécificité. Cette cuisson indirecte fait que la vraie cuisson, pour un Mésopotamien, se fait dans une marmite, avec de l'eau grasse, éventuellement après une pré-cuisson rapide dans un chaudron. Ce bouillon gras est le plus souvent confectionné avec du gras de mouton (sans doute aussi avec du porc). Bottéro a identifié 36 additifs qui permettent de jouer sur les goûts et substances, « ce qui implique un raffinement assez étonnant du goût et milite en faveur d'une cuisine recherchée, et, par conséquent, d'une authentique gastronomie ». La viande salée et séchée est cuite dans ce type de bouillon. Les Mésopotamiens consomment aussi une sorte de saumure faite de poissons et de sauterelles, extrêmement salée et en partie décomposée (nous verrons plus loin la place du *garum* dans la table romaine). Enfin, Bottéro évoque l'usage d'une cuisson indirecte à sec, dans des fours, grâce à l'utilisation de plats en céramique, ce qui permet d'obtenir une nourriture cuite et moulée dont les Mésopotamiens sont friands.

Les occasions de banqueter ne manquent pas… même pour le peuple, qu'il s'agisse des banquets de mariage dans lesquels la mariée et sa famille mangent les vivres offerts par l'époux et sa parenté qui scellent l'union, ou qu'il s'agisse des festins offerts par les rois ou les notables.

La table des dieux

Les hommes ont été créés pour servir les dieux, aussi doivent-ils leur construire des maisons (les temples), du mobilier (sacré), leur tisser des vêtements et des parures et, bien sûr, leur donner à manger et à boire. Chaque dieu possède ses propres temples, ses propres statues, ce qui démultiplie d'autant le volume des offrandes quotidiennes ou exceptionnelles. On offre aux divinités quatre repas quotidiens comprenant des produits laitiers (beurre, fromage), du pain, de la semoule, du gruau, de la viande grillée ou rôtie, accompagnée d'huile et d'aromates, de condiments, des fruits (dattes, pistaches, grenades), des pâtisseries, des boissons fermentées, etc.

Cinq types de bières d'orge au moins sont fabriqués par les brasseurs des temples. Chaque statue consomme l'équivalent de plusieurs centaines de personnes. On n'offre aux dieux que ce qui est réputé le meilleur, donc ni porc ni chèvre. Chaque dieu possède ses propres interdits, l'un le mouton, l'autre le bœuf. Le boucher sacrificateur, chargé d'égorger les animaux en vue de préparer les repas fait partie des membres les plus importants du personnel religieux. Il pratique la mise à mort – aussitôt recueilli, le sang de l'animal est projeté sur les portes des temples –, découpe l'animal en morceaux jetés dans une marmite pour faire un ragoût, et le fait cuire en récitant des prières. Les divinités reçoivent de vrais repas permettant ainsi leur redistribution. Nous savons déjà que la rémunération du personnel des temples (une fraction importante de la population urbaine) se fait de trois façons, soit une ration d'entretien, soit une part sur les distributions des offrandes, soit un « champ alimentaire ». Ce personnel mange donc, peu ou prou, comme les statues des divinités. Petit bonus, le boucher est attributaire des peaux qu'il gratte avec son couteau. Gros bonus, les fonctions religieuses les plus nobles sont généralement héréditaires, les autres sont souvent vendues sous forme de prébendes… lucratives. La distinction des fonctions religieuses et profanes ne correspond pas à nos critères : ainsi les balayeurs sont des religieux, car ils purifient les locaux.

Cette table des divinités nous apprend beaucoup sur l'alimentation ordinaire. En premier lieu, parce que les aliments offerts aux dieux constituent de véritables repas qui nourrissent le personnel des temples, puisque les offrandes ne sont pas brûlées, comme lors des sacrifices sous forme d'holocaustes, mais distribuées. Ensuite, parce que ces repas divins obéissent aux mêmes règles protocolaires que celles utilisées pour le souverain, sa cour et les notables, à tel point que Bottéro qualifie le service des dieux de « transfert sublimé de l'étiquette de la cour, elle-même généreuse amplification du *modus vivendi* ordinaire ». Cependant, j'insisterais sur le décalage qui existe entre les préparations. La table des dieux est bien moins raffinée/cuisinée que celle des puissants... On pourrait s'en tirer en expliquant que les dieux apprécient le grillé, car ils aiment les odeurs, alors que les hommes civilisés doivent manger bouilli, mais je crois plutôt à une explication bassement matérielle : les divinités ne consommant pas les préparations, elles doivent rester simples pour faciliter la redistribution, qui peut d'ailleurs avoir lieu plus tard et ailleurs... J'ajoute surtout que les textes organisant les offrandes prévoient que celles-ci doivent être adaptées à la richesse de l'individu et à la situation agricole, notamment en cas de disette : dans ce cas, les dieux sont mis automatiquement à la diète, avec 1 litre de bière et du pain... Les temples ont, enfin, une obligation d'assistance entre eux en cas de difficulté de ravitaillement. Ils ont même une obligation envers le palais.

La table des puissants

La Mésopotamie est réputée pour la magnificence de ses banquets. Je ne résiste pas à la gourmandise de reprendre la description du fameux banquet offert par le roi d'Assyrie pour l'inauguration de son nouveau palais : « Le plus gigantesque de ces banquets fut celui qu'offrit Assurnarsipal II (883-859 av. J.-C.) après l'achèvement du palais de Kalhu en conviant 69 574 personnes à un festin qui dura dix jours. La liste des victuailles consommées couvre plusieurs dizaines de lignes et énumère des quantités gigantesques : 1 000 bœufs gras, 14 000 moutons, 1 000 agneaux, plusieurs centaines de diverses sortes de cervidés, de la volaille, dont 20 000 pigeons, 10 000 poissons, 10 000 gerboises, 10 000 œufs, sans compter des milliers de cruches de bière et d'outres de vin. D'énormes quantités de pains, de paniers de légumes et de fruits ainsi que de condiments sont également citées et soigneusement détaillées, montrant que toutes les ressources de l'empire avaient été mises à contribution »[49]. Les experts se disputent sur le caractère réaliste de tels banquets. Ainsi Eva Miller, de l'université d'Oxford, estime que « ce nombre si élevé semble impossible et était certainement une exagération grandiloquente typique du roi ». Elle ajoute cependant que : « Malgré tout, c'est un bon indice qui laisse présumer que les luxueux

---

49. Francis JOANNÈS, « La fonction sociale du banquet dans les premières civilisations », in Jean-Louis FLANDRIN et Massimo MONTANARI (dirs), *Histoire de l'alimentation, op. cit.*, p. 55.

festins publics pour la foule figuraient parmi les caractéristiques possibles des événements royaux »[50]. L'essentiel est donc ailleurs.

Ces descriptions montrent assez que si ces premières cités-États font incontestablement du neuf, elles le font avec du vieux. Rien de comparable n'aurait été possible sans les acquis des périodes précédentes. Il fallait bien que des formes de commensalité politique aient déjà été expérimentées pour qu'elles puissent (si vite) atteindre une telle perfection. En outre, le caractère extravagant de ce banquet ne doit pas occulter la régularité des festins. Comme l'écrit Jean Bottéro, ce qui compte, c'est « la prise en charge par le roi à cette occasion festive du manger et du boire de son peuple » ; l'historien rappelle que ces festins avaient quelque chose d'institutionnel, ils ne relèvent pas d'une libéralité du monarque. Ils sont nécessaires dans l'exercice normal de sa charge pour tout bon souverain.

La vie des palais est donc rythmée par l'organisation de banquets soit pour commémorer des événements ou célébrer des dates légendaires, soit à l'occasion des visites que les princes et dignitaires se font régulièrement, soit même à l'occasion des dîners diplomatiques entre délégués des cités-États. Les chroniques sont particulièrement bavardes en ce qui concerne les visites d'ambassadeurs, d'abord itinérants puis demeurant sur place tant que leur mission n'est pas pleinement accomplie, et enfin de plus en plus en résidence. Le protocole est très strict : accueil aux portes de la ville, première remise de cadeaux qui vaut accréditation auprès du roi, hébergement dans des maisons d'hôtes, transfert au palais, introduction auprès du roi, nouvel échange de cadeaux, participation au banquet en

---

50. *The Banquet Stele of Assurnasirpal II records the ninth century Neo-Assyrian king's renovation of the city of Kalhu (modern-day Nimrud), which he made his capital. It boasts of the lavish palace and gardens he built, the restoration of temples, and the resettlement and rejuvenation of surrounding towns. The 'banquet' moniker derives from its most unique claim : that in 879 BC, Assurnasirpal II celebrated his new capital with a lavish feast at which he served 69574 people – male and female, local and foreign envoy –with an obscene amount of meat, poultry, vegetables, and alcohol. This number seems impossibly high, and was likely a typically bombastic royal exaggeration. All the same, this is good evidence that luxurious mass public feasting was one possible feature of royal events. (Eva Miller, University of Oxford).* « La stèle du banquet d'Assurnasirpal II témoigne de la rénovation par le roi du IXe siècle néo-assyrien de la ville de Kalhu (de nos jours Nimrud), dont il a fait sa capitale. Elle vante le palais et les jardins somptueux qu'il a contruits, la restauration des temples, et la relocalisation et le rajeunissement des villes aux alentours. Le surnom « banquet » provient de sa revendication la plus remarquable : en 879 av. J-C., Assurnasirpal II aurait célébré sa nouvelle capitale avec un festin somptueux qu'il aurait servi à 69 574 personnes, hommes et femmes, représentants locaux et étrangers, avec une quantité obscène de viande, volailles, légumes et alcool. Ce nombre si élevé semble impossible et était certainement une exagération grandiloquente typique du roi. Malgré tout, c'est un bon indice qui laisse présumer que les luxueux festins publics pour la foule figuraient parmi les caractéristiques possibles des événements royaux. » (Eva Miller – cdli.ox.ac.uk/wiki/doku. php?id=banquet_stela_assurnasirpal_ii, traduction d'Ariane Bischoff Batma).

    Une histoire politique de l'alimentation. Du paléolithique à nos jours

fonction du rang et/ou de l'importance du roi. Le palais de Mari, avec ses 3 000 pièces sur une surface de 25 000 mètres carrés et ses centaines de cuisiniers, échansons, serveurs, est pensé pour ces rituels. Les spécialistes comme Joannès s'accordent sur le fait que les banquets déjà abondants au IIIe millénaire deviendront pléthoriques au IIe millénaire.

La cité-État, c'est d'abord l'organisation de banquets à destination des élites. Cependant, cette commensalité ne se suffit pas à elle-même, il fallait qu'elle ait lieu dans le respect de règles strictes, mais aussi dans la « bonne humeur ». Ensuite, la cité-État, c'est l'organisation de grands banquets à destination du peuple. Celui qui détient et est légitime à exercer le pouvoir est celui qui distribue. Les banquets durent des jours et nourrissent des dizaines de milliers de sujets. Cette table des puissants va reposer sur l'écriture d'une nouvelle grammaire concernant sa conception, ses recettes, ses récits de banquets, enfin ses rituels.

Une cuisine qui crée un séparatisme

Les historiens ont tiré le maximum des fameuses tablettes de la Yale Babylonian Collection, traduites par Bottéro et analysées par Liliane Plouvier. On peut, certes, se contenter de recenser admirativement l'ensemble des mets cités, mais l'essentiel, c'est que jamais une telle cuisine n'eût été possible sans une véritable razzia sur les ressources alimentaires de toute la région et sans l'organisation d'un vaste système d'importations. Des milliers de serviteurs sont ainsi chargés uniquement d'approvisionner la table du grand roi dont les sujets ont l'obligation de lui remettre, lors de ses déplacements, des sommes très importantes qui lui permettent d'organiser, en retour, des banquets grandioses. Jamais, non plus, une telle cuisine n'eût été possible sans un personnel hautement qualifié, sans de véritables spécialistes de la table : cuisiniers (maîtres queux), boulangers, bouchers, ordonnateurs de repas, échansons, domestiques, etc. Ces maîtres queux sont regardés, nous dit Plouvier, comme possédant un don particulier. Ils sont hors du commun car ils remplissent une fonction hors du commun. On devient cuisinier au terme d'une longue initiation auprès des plus grands. Bottéro cite certains contrats d'apprentissage d'une durée de quinze mois et rappelle que la profession de cuisinier figure parmi les plus honorables, ce qui justifie que les représentants de ce corps de métier aient le statut de prêtres. La « maison de la reine » compte, aux VIIIe et VIIe siècles avant notre ère, 400 cuisiniers, 400 pâtissiers, 220 échansons, 300 domestiques pour le service, etc. Ce dispositif va permettre de créer une cuisine qui, avant même d'être meilleure, doit être différente de la cuisine ordinaire, celle des roturiers. On mangera alors des mets différents, servis autrement, consommés d'une autre manière, et tout cela est mis au service d'un séparatisme social. Ainsi, si la cuisine ordinaire est le lot des femmes, celle du roi est faite par des hommes. Seule exception, même dans le palais, la fabrication du pain et de la bière reste une activité féminine, car les produits sont trop communs pour être masculins (moudre le grain est une activité de femmes ou de prisonniers). L'alimentation est donc féminine lorsqu'il s'agit simplement de nourrir, elle devient masculine lorsqu'elle sert à dire et à produire du séparatisme social. La gastronomie est placée au cœur de l'univers palatial, pas seulement parce qu'elle sert à glorifier le souverain, mais comme une modalité de son pouvoir.

Une littérature gourmande au service du pouvoir

La Mésopotamie, parce qu'elle pousse beaucoup plus loin que les sociétés transégalitaires précédentes la division sociale et le séparatisme des puissants, invente avec la table des puissants tout un nouveau discours sur la table. Ce discours fera d'ailleurs date puisqu'il continue à courir pendant des millénaires. L'idéal est celui d'une alimentation frugale et simple mais régulière et suffisante. On fait ainsi l'éloge du soldat en campagne (*sic*)… métaphore significative alors que ce modèle correspond à celui des premières armées permanentes. Cette nouvelle figure du soldat (archer et cavalier) apporte une esthétique nouvelle et conduit à une nouvelle façon de concevoir le corps, donc aussi à une nouvelle façon de l'alimenter. Cet idéal d'alimentation frugale et simple est cependant compensé par la valorisation des excès lors d'événements exceptionnels. Je ne pense pas, contrairement aux thèses habituelles, que ce système d'alternance s'explique principalement par la peur du manque. Cette stratégie de l'excès va de pair, en l'espèce, avec la division de la société. Il ne s'agit plus seulement de faire bombance, mais de développer un raffinement des mets et de payer le roi pour qu'il finance, en retour, ces excès. Nous possédons suffisamment de descriptions des grands banquets de cette époque pour avoir une idée assez juste des pratiques et enjeux politiques. Ce premier mariage des mots et des mets sert avant tout à dire le pouvoir. Ce langage passe par des rituels, des codes, des façons de s'asseoir, d'être servi, de manger, etc., mais aussi par une première littérature gourmande. Liliane Plouvier, historienne de la gastronomie, a bien vu qu'il faudra attendre l'âge d'or de la Grèce antique pour voir refleurir une telle littérature culinaire. Pourquoi donc cette exception durable dans l'environnement méditerranéen ? Je ne pense pas que cette particularité soit une affaire d'intérêt ou de gourmandise plus ou moins importants selon les peuples ou les époques. Cette littérature gourmande renaît, en Grèce, au moment où le banquet devient une façon, non pas seulement de dire mais de faire la citoyenneté, comme les fastes alimentaires babyloniens sont aussi une manière, non seulement de dire, mais de faire le pouvoir absolu.

Une cuisine des mélanges

Cette table royale, avec son séparatisme social revendiqué, avec son personnel masculin spécialisé, avec son nouveau discours alimentaire, est aussi une cuisine différente, une cuisine plus raffinée, une cuisine beaucoup plus chère qui se dote d'un emblème : être une cuisine reposant sur des mélanges. Le mélange d'éléments liquides et solides (plus que des éléments solides entre eux, ou, avec des épices, condiments ou aromates) crée une cuisine faite de soupes et de bouillies plus ou moins épaisses. Le *mu* (ou *me*) royal (« potage ») ne renvoie pas tant à une spécialité culinaire, ni même à un épisode à part entière du repas, qu'à une vision du cosmos (selon Liliane Plouvier). Le statut du mélange ne dit pas la même chose qu'en Grèce. Alors qu'en Grèce le mélange du vin et de l'eau est un rappel du geste politique, il témoigne ici de la dimension de la dualité du monarque, car si toute la souveraineté appartient à une divinité qui la délègue à un roi, celui-ci, bien qu'il soit (encore) humain, est son représentant sur terre, il agit en son nom. Liliane Plouvier rappelle que le mot *mu* qui rentre dans la quasi-totalité des recettes royales est l'abréviation de *muhaldim*, qui signifie « queux ». Le *mu* est donc un mets qui, parce qu'il résulte d'un mélange – geste important suffisamment compliqué pour être réservé aux seuls hommes (les maîtres queux) –, fait de la table royale une table totalement unique. Cette cuisine royale est également inséparable d'une extrême maniaquerie en matière d'hygiène : les denrées sont lavées plusieurs fois, la vaisselle sans cesse récurée, les mains sont obligatoirement propres, les vêtements changés, etc. Liliane Plouvier insiste sur le fait que cette contrainte de propreté sert à dire et à faire qu'un élément (vêtement, personne, aliment) devienne noble.

La dernière tablette babylonienne est largement consacrée à la description des préparations spectaculaires, ces « pâtisseries » qui préfigurent, nous dit Liliane Plouvier, les pièces montées du Moyen Âge et les vol-au-vent de Carême, désignés ainsi « car ils partent à la conquête des airs, telle la tour de Babel ». Babylone est justement l'inventrice des tours à étage, symbole de pouvoir. La « pâtisserie » babylonienne réunit donc les deux dimensions du pouvoir : la dimension religieuse puisque les gâteaux sucrés furent d'abord des offrandes exceptionnelles avant d'être des douceurs pour les humains ; la dimension politique puisque la tour à étages est l'emblème même du pouvoir.

Les rituels de table

Les Mésopotamiens mangent ordinairement assis par terre en posant les plats sur de petits plateaux portatifs, eux-mêmes déposés sur des trépieds bas. La table royale va donc se démarquer de cette façon de faire ordinaire en inventant d'autres dispositifs : les personnes les plus importantes ont droit à une chaise, parfois à un fauteuil, et les autres mangent assises sur des tabourets ou par terre. Le rituel prévoit la façon de s'habiller, de se laver les mains, chaque convive reçoit une fiole avec de l'huile parfumée dont il s'oint au début et à la fin du repas, etc. Des brûle-parfums sont disposés entre les tables afin de rappeler le caractère religieux de tout banquet, puisqu'ils tiennent lieu de fumigations de produits alimentaires et odorants dans les temples. Le rituel prévoit aussi qui peut parler et le nombre de fois qu'il faut obligatoirement s'incliner en entrant, en sortant, lors de chaque rencontre. Les convives, répartis en groupes selon leur statut, reçoivent collectivement un certain nombre de victuailles qu'ils doivent se partager. Ces victuailles varient en quantité et qualité selon la position hiérarchique de chaque groupe. Le repas comprend toujours de la viande grillée et en ragoût accompagnée de galettes de pain, de légumes, de semoules, de fruits et de pâtisseries. Les repas sont arrosés avec de la bière (très exceptionnellement avec du vin). Ces banquets deviendront toujours plus luxueux au cours du Ier millénaire av. J.-C., avec une augmentation du nombre de convives et de plats préparés, avec une vaisselle de plus en plus abondante et coûteuse… Le roi mange seul, séparé des autres nobles. Une démarcation est parfois tracée avec de la farine, afin de le séparer, et donc de le distinguer, des autres convives. Ce procédé aura son prolongement dans le domaine religieux avec l'usage qui veut que l'on cache la divinité derrière un voile de tissu lorsqu'elle mange. Le roi mangera longtemps assis sur un fauteuil (trône) devant une table. La pratique du banquet couché se développe cependant, à partir du VIIe siècle av. J.-C. Ce nouveau rituel a pu s'imposer facilement, car tout le mobilier existait déjà. Le lit est en effet un symbole de pouvoir dans de nombreuses cultures. Les archives royales de Mari disposent de deux mots pour désigner « le lit pour dormir » et « le lit de jour ». Ce « lit de jour » porte le roi durant ses activités. Manger couché est un signe de pouvoir absolu, à tel point que si le roi mange couché, la reine est agenouillée à ses pieds, mais ne peut s'allonger. Le rituel royal accorde une grande importance à la détention de coupes. Le roi tient ordinairement une coupe dans ses mains lors des audiences. Lors des banquets, il boit à la santé de chacun de ses hôtes auquel il offre une coupe. Posséder le plus grand nombre possible de coupes est un signe de pouvoir. Enfin, le rituel accorde une grande importance à la détention de tapis. Certains tapis ne peuvent être foulés que par des pieds royaux...

La période babylonienne

La période dite « babylonienne » (1792-1595 av. J.-C.) correspond à la domination de la ville de Babylone et de l'État constitué autour d'elle sur Sumer et Akkad. Hammourabi, principal artisan de cette puissance babylonienne, opère à partir de son palais de Mari et crée la première grande puissance militaire de l'époque. Son armée compte plusieurs dizaines de milliers de paysans-soldats. Les successeurs d'Hammourabi continueront son œuvre (y compris de destruction des villes concurrentes) et reprendront l'image suméro-akkadienne du « bon roi » garant de l'approvisionnement et du bien-être de son peuple. Babylone hérite des formes étatiques suméro-akkadiennes mais renforce plusieurs éléments, qui croisent notre histoire politique de l'alimentation, tant par la pratique des banquets au sommet que par des politiques novatrices de distribution alimentaire, les fameuses rations et les « champs alimentaires » dont le mécanisme permet d'entretenir une armée de paysans-soldats ayant l'obligation de s'entraîner militairement. La rémunération des autres corvées obligatoires se fait aussi en nature : 10 litres d'orge par jour, et jusqu'au double pour certaines corvées plus lourdes.

En échange de sa soumission, le peuple va bénéficier de la protection du palais. Ainsi se met en place, dans le Code d'Hammourabi, la notion d'appartenance exclusive à un territoire, celui d'une ville, celui d'une cité-État. Chaque individu non pris en charge par le réseau dense des solidarités familiales est secouru par les temples et autres institutions palatines. La population qui ne bénéficie pas de rations suffisantes se trouve souvent dans des situations difficiles au moment de la soudure entre deux moissons. Elle est alors obligée de solliciter des prêts de subsistance versés en orge (ou parfois en argent) et doit en rembourser le capital assorti d'un taux d'intérêt. Les temples ne sont pas les derniers à prêter des grains aux plus pauvres sur la base d'un taux d'intérêt de référence dénommé « taux de Samias », du nom du dieu de la Justice, taux fixé cependant à... 33 % par an d'orge en plus ! Cette rapacité des riches engendre une explosion des cas de servitude pour dettes. Le phénomène est assez important pour justifier des mesures d'annulation des dettes, prises par les rois notamment au moment de leur désignation. Ces édits d'annulation prévoient même des sanctions pour les prêteurs récalcitrants, comme le versement d'indemnités compensatrices aux esclaves pour dettes, jusqu'au sextuple du montant, voire la peine de mort contre le riche.

Les temples comptent parmi les plus gros propriétaires terriens, en raison des donations royales aux divers dieux pour bénéficier de leur protection, mais aussi parce qu'ils achètent de nombreuses terres sur leurs propres fonds, travaillées par des esclaves (notamment pour dettes) et des paysans « libres », mais attachés juridiquement aux terres acquises par les temples.

La Mésopotamie méritait ce détour dans le cadre d'une histoire politique de l'alimentation, car elle est la première région à avoir connu, dès 9000 av. J.-C., la néolithisation, l'urbanisation, l'étatisation et la naissance de l'impérialisme. La Mésopotamie est, pour toutes ces raisons, la région qui, la première, poussera le plus loin le séparatisme alimentaire des plus riches et fera ainsi naître non seulement une « haute cuisine », caractéristique des sociétés inégalitaires, mais une idéologie alimentaire politique qui défendra le principe d'une alimentation simple et frugale pour le peuple, compensée soit par les excès des puissants, soit par les excès que les puissants offrent aux humbles, grâce à l'accaparement des ressources, et parfois même aux systèmes d'impôts. La Mésopotamie est aussi la région qui, tout en détruisant certaines anciennes politiques alimentaires par, entre autres, la privatisation des greniers, inventera de nouveaux instruments comme les rations et les champs alimentaires, et qui fera naître aussi la figure du paysan-soldat, laquelle marquera l'histoire.

Troisième service : La table égyptienne

L'Égypte est la première civilisation à avoir conçu sa table comme un langage. Un même hiéroglyphe signifie « manger » et « parler » : « je mange » veut dire « je parle ». Ainsi la table est-elle structurée comme un langage, mais si « manger » veut dire « parler », alors « manger » veut dire aussi « connaître » compte tenu de l'importance de la pensée magique (« quand dire c'est faire ») en Égypte. Les égyptologues ont assez dit qu'en Égypte antique tout est symbole pour ne pas prendre au sérieux le fait que sa table soit davantage pétrie de symbolisme que celles antérieures. Toutefois, Il ne s'agira pas de trouver un sens secret à ces symboles, mais de constater leur existence et de tenter d'en comprendre la raison d'être[51].

La table égyptienne est bien sûr tributaire des tables mésopotamiennes. Il n'est pas besoin de choisir ici entre les deux thèses concurrentes, c'est-à-dire entre un réseau de comptoirs et de colonies mésopotamiennes établis en terres indigènes dans le cadre d'un protoempire économique, et une colonisation de peuplement agraire, avec des circuits d'échange entre le centre et la périphérie.

Une table tributaire du pouvoir

L'Égypte se caractérise par son dirigisme étatique : le pharaon est maître du pays et de tout ce qui s'y trouve mais il se dit responsable de sa prospérité. Dans l'Ancien Empire, le pharaon est propriétaire de toutes les terres (même si on assiste progressivement à la naissance de la propriété privée), ce qui implique un important système de corvées

---

51. Nous renvoyons aux ouvrages de Pierre TALLET, *La Cuisine des pharaons*, Arles, « L'Orient gourmand », Sindbad Actes Sud, 2003, et de Madeleine PETERS-DESTÉRACT, *Pain, bière et toutes bonnes choses... L'alimentation dans l'Égypte ancienne*, Monaco, « Champollion », Éditions du Rocher, 2005.

pour entretenir ces biens et aussi une importante administration pour les recenser et les gérer, les troupeaux sont ainsi dénombrés tous les deux ans, et le pharaon fait construire de nombreux greniers et silos à céréales qu'il fait inspecter.

Cette civilisation profondément inégalitaire voit même se développer un véritable séparatisme social de la part de ses élites tant sur le plan religieux (puisque la religion de l'élite est monothéiste et celle du peuple polythéiste) que sur le plan de son alimentation conçue comme un langage exprimant, notamment, la supériorité des élites et le respect qui leur est dû par le peuple. Ce dernier se trouve coincé entre la bastonnade, qui est la sanction la plus fréquente, et la perception d'une ration alimentaire, du pain et de la bière, en quantité suffisante : il n'y a pas de famine et peu de sous-alimentation, hors mauvaises périodes. Cependant, la peur du manque est structurelle, comme en témoigne la Bible (Ge. 41. 28-36) : « Ainsi, comme je viens de le dire au Pharaon, Dieu a montré au Pharaon ce qu'il va faire. Voici que viennent sept années de grande abondance dans tout le pays d'Égypte. Sept années de famine les suivront ; et l'on oubliera au pays d'Égypte toute cette abondance : la famine réduira le pays à rien. Après cela on ne pourra plus rien remarquer de l'abondance dans le pays, tellement cette famine sera accablante. Si le rêve s'est répété deux fois au Pharaon, c'est que la chose est arrêtée de la part de Dieu, et que Dieu se hâtera de l'exécuter. Maintenant que le Pharaon découvre un homme intelligent et sage, et qu'il l'établisse sur le pays d'Égypte. Que le Pharaon agisse et qu'il nomme des fonctionnaires sur le pays, pour lever un cinquième (des récoltes) de l'Égypte pendant les sept années d'abondance. Qu'ils rassemblent tous les vivres de ces bonnes années qui vont venir ; qu'ils fassent, sous l'autorité de Pharaon, des réserves de froment et de vivres dans les villes, et qu'ils en aient la garde. Ces vivres seront en dépôt pour le pays, en vue des sept années de famine qu'il y aura dans le pays d'Égypte, afin que le pays ne soit pas consumé par la famine. »

Nous verrons comment le pouvoir égyptien inventa différentes politiques pour parvenir à juguler la perspective programmée des vaches maigres. Nous verrons, notamment, comment il développera un système de rations alimentaires pour compenser son appropriation de (presque) tous les biens.

Un État centralisé au service d'une caste prédatrice
L'Égypte ancienne, qui compte entre 3 et 7 millions d'habitants, fait exception : alors que les autres cités-États en resteront à ce stade

d'organisation, l'État égyptien se construira selon un système unitaire et centralisé[52]. Au dessaisissement du peuple répond, progressivement, celui des principautés au profit d'un pouvoir de plus en plus personnel. Comprendre cette évolution est indispensable pour appréhender la situation alimentaire du pays[53].

Le terme de pharaon vient d'une expression qui signifie « grande maison ». Il désigne, d'abord, le palais, puis la personne même du pharaon puisque le palais est censé être là où se trouve le roi, y compris lors de ses déplacements. Le pharaon n'est pas un dieu, mais le représentant des dieux sur terre, il est l'incarnation d'Horus et le fils du dieu solaire Rê… Le pharaon n'est plus seulement un représentant de l'autorité divine, il représente toute la communauté. Il s'approprie l'ensemble des biens communs qu'il gère comme des biens personnels, d'où la fondation de nouvelles capitales en fonction de ses propres intérêts, d'où ses domaines réservés, ses terres, mais aussi l'appropriation personnelle de secteurs comme l'impôt ou la gestion des greniers.

La société égyptienne tout entière constitue la propriété du pharaon : 100 000 personnes participent ainsi à l'édification de la grande pyramide. On perçoit l'ampleur de cette économie parasitaire au regard de la vitesse de réalisation de ces grands travaux compte tenu des moyens techniques existants. Les pyramides et les capitales sont réalisées du vivant du pharaon, alors qu'il faudra des siècles pour achever les cathédrales, quelques millénaires plus tard.

Toute la société est conçue dans l'intérêt unique des classes dirigeantes. L'Égypte ne connaît pas initialement de noblesse terrienne mais seulement une noblesse de fonctions : chefs religieux, chefs militaires et hauts fonctionnaires. Officiellement, ces groupes ne sont pas héréditaires, mais ils se reproduisent. Il n'est pas exagéré de parler, à leur propos, d'un véritable séparatisme social[54].

Bien sûr, ce fonctionnement nécessite un renforcement de la centralisation. Le pouvoir se dote ainsi de nouvelles structures comme la charge de vizir, dès la IVe dynastie, chargée d'assurer la justice, les finances, les archives. Il porte également le nom de « maire du palais » (que nous retrouverons en Gaule), car il assure le commandement militaire de

---

52. Joseph G. MANNING, « Irrigation et État en Égypte antique » in *Annales. Histoire, Sciences Sociales*, 57e année, n° 3, 2002, p. 611-623.
53. Ciro F. CARDOSO, « Les communautés villageoises dans l'Égypte ancienne » in *Dialogues d'histoire ancienne*, vol. 12, n° 1, 1986, p. 9-31.
54. Bernadette MENU, *Recherches sur l'histoire juridique, économique et sociale de l'ancienne Égypte* préface de Joseph Mélèze-Modrzejewski, Versailles, 1982.

la citadelle. Le pharaon s'occupe en fait du militaire et du religieux, reléguant l'administration courante au vizir, à ses fonctionnaires et aux nomarques (chefs des provinces). Le régime évolue d'abord vers des formes plus religieuses, au point de reconnaître le pharaon comme un (presque) dieu détenant le monopole de l'immortalité. Les systèmes de distribution (pas seulement alimentaire) passent alors progressivement sous la coupe du temple, c'est-à-dire des religieux, et ce n'est que tardivement que des places publiques vouées au marché verront le jour. Dans les cités primitives, l'approvisionnement, le stockage et la distribution se font dans les temples avec la participation de leur personnel religieux. Les prêtres, qui s'assurent ainsi le monopole de ce service, perçoivent une taxe. Le palais se réservant la police, la prison, la caserne, l'administration fiscale. On comprend dès lors l'importance que prendront les interdits alimentaires. On comprend aussi ce mélange détonant entre religion et sociopolitique. Certes, le porc n'est pas interdit de consommation mais simplement de temple, c'est-à-dire qu'il ne peut faire l'objet de sacrifice. Le porc n'est pas perçu comme un animal répugnant, mais il est rattaché comme d'autres espèces au dieu Seth, meurtrier d'Osiris, et à ce titre coupable d'avoir blessé l'œil du dieu Horus ; de plus, sa consommation reste trop populaire pour être légitime…

L'idéologie égyptienne

Les Égyptiens furent de « grands idéologues », auteurs de nombreuses chroniques, véritables biolégendes à la gloire du pharaon et des principaux notables. Cela dit, et parce qu'il faut bien limiter son sujet, seule la période pharaonique sera véritablement abordée, et peu la période gréco-romaine. Cette civilisation s'épanouit durant trois mille ans, sous trois Empires successifs : l'Ancien Empire (2700-2190 av. J.-C., IIIe à VIe dynastie) le Moyen Empire (vers 2060-1785 av. J.-C., fin de la XIe dynastie et XIIe dynastie) et le Nouvel Empire (vers 1580-1085 av. J.-C., XVIIIe à XXe dynastie), entrecoupés par de longues périodes d'instabilité (dites « périodes intermédiaires »), de crises de pouvoir et de divisions du territoire.

L'Égypte demeure un pays avant tout agricole, grâce aux crues du Nil et le pouvoir accordera toujours une grande importance à l'exploitation du sous-sol, ce qui n'empêche pas de considérer les paysans et les cuisiniers comme des bêtes de somme. L'agriculture est irriguée, mais l'irrigation reste naturelle pour l'essentiel. L'orge est la céréale des terres inondées, le blé celle des terres plus sèches. Une des spécificités de l'Égypte, c'est l'importance des domaines funéraires, ces fondations dont la production sert au culte funéraire du roi ou des nobles.

Chacune des 38 (puis 42) régions (nomes) est placée sous l'autorité d'un officier délégué du pouvoir central (le nomarque), fonction à la fois civile et religieuse. Bien que cette charge ne soit pas héréditaire, les historiens relèvent la présence de grandes dynasties familiales. Peu à peu, ils sont remplacés par des fonctionnaires, soumis directement à l'autorité du vizir, qui administrent des territoires beaucoup plus petits que les nomes.

Le pharaon parle (et lui seul) à la déesse Maât, grande régulatrice de l'ordre cosmique, qui fait chaque matin renaître le soleil, et chaque soir le fait disparaître derrière l'horizon ; c'est aussi elle qui, chaque année, fait déborder le Nil afin qu'il donne une terre fertile. Le pharaon communique avec elle à travers ses rêves, grâce à l'intercession des prêtres, mais aussi en respectant des règles de vie[55]. L'alimentation doit être conforme à ce que dictent la coutume et le rite. Tout est prescrit : le nombre de repas, les mets possibles, la façon de manger. Le pharaon ne peut déroger aux règles, sinon les dieux mécontents pourraient infliger des malédictions au pays. Il est donc le garant de la normalité, c'est-à-dire d'une égyptianisation des modes de vie, notamment alimentaires. Cette égyptianisation est obligatoire et vitale pour tout étranger captif ou de passage. Les prisonniers de guerre, tout en étant marqués au fer rouge, reçoivent un nom égyptien. Les enfants des notables étrangers pris en otage sont placés dans des nurseries royales et éduqués de façon à devenir des fonctionnaires. Toujours au titre de l'égyptianisation, le temple des juifs sur l'île d'Éléphantine a été détruit parce que les juifs procédaient à des sacrifices de moutons, un interdit pour les Égyptiens en raison de la place du bélier dans leur religion.

Un système de compensation au pouvoir prédateur

Ce pouvoir prédateur mettra en place un système de compensation non pas par bonté d'âme ou générosité comme veut le faire croire son idéologie officielle, mais parce qu'aucun régime ne peut vivre sans compromis social. Le pharaon est défini comme celui qui multiplie les biens, celui qui sait donner. Il distribue des terres aux dignitaires, aux fonctionnaires royaux, aux membres de sa famille, à ses amis, etc. Il effectue des dons considérables aux temples, il octroie des terrains à ses soldats, il permet que les paysans cultivant la terre au profit de l'État ou des temples soient propriétaires du petit bétail, du petit matériel et d'une fraction des récoltes, il multiplie les distributions alimentaires, lors des grandes fêtes en son honneur et des cérémonies religieuses dont le calendrier rythme l'année. Les chroniques

---

55. Max GUILMOT, « L'espoir en l'immortalité dans l'Égypte ancienne du Moyen Empire à la basse époque » in *Revue de l'histoire des religions*, vol. 166, n° 1, 1964, p. 1-20.

racontent que Ramsès III (1186-1154 av. J.-C.[56] fait distribuer 441 000 poissons et 126 250 volailles lors d'une grande fête qui dura plusieurs jours. Le pharaon Niouserrê (vers 2420 à 2389 av. J.-C., Ve dynastie) organise, vers 2400 av. J.-C., un repas pour 1 600 convives[57].

Mais pour compenser la dépossession des terres et faire face à la « grande peur » qui reste celle du manque, les pharaons et les nomarques durent aller encore plus loin et prendre en charge l'alimentation d'une large partie de la population laborieuse en lui garantissant une ration alimentaire stable. Le roi expropriateur et accapareur se métamorphose ainsi en roi nourricier. Le pharaon maître du blé devient responsable de la construction de silos. On le montre faisant l'inspection des magasins du temple accompagné des prêtres. Le pharaon Amenemhat III (1843 ou 1842 à 1797 av. J.-C., XIIe dynastie) se voudra un modèle du bon roi nourricier : « Il n'y avait personne d'affamé en mon temps. Quand les années de famine vinrent, je labourais tous les champs [...] gardant mon peuple vivant et lui fournissant suffisamment de nourriture [...] Je donnais à la veuve autant qu'à celle qui avait un mari. Je ne favorisai pas le grand au-dessus du petit dans tout ce que je donnai. » Le pharaon Khéti explique à son fils la raison de cette générosité : « Un pauvre peut devenir un ennemi, un homme qui vit dans le besoin peut devenir un rebelle. On calme une foule qui se rebelle avec de la nourriture ; quand la multitude est en colère, qu'on la dirige vers le grenier. »

Si la figure du bon roi nourricier peut être utile pour faire tenir le peuple tranquille, les élites égyptiennes lui préfèrent l'image d'un roi guerrier et même chasseur. On exalte sa force physique, il doit régulièrement faire preuve de son endurance. Son éducation est sportive parce qu'elle est avant tout guerrière puisque le pharaon a une double mission : celle de veiller au respect du culte des dieux, et celle d'étendre sans cesse le territoire de l'Égypte tout en le préservant du chaos. Les Égyptiens se pensent en effet comme les garants de l'ordre du monde (Maât est la déesse de l'Ordre, de l'Équilibre du monde, de l'Équité, de la Paix, de la Vérité et de la Justice). L'étranger n'est pas seulement un Barbare (au sens gréco-romain) qu'il faudrait contenir, mais un danger vital qu'il faut combattre et anéantir. Cette visée impérialiste a des finalités économiques, mais d'abord politiques. Faire la guerre c'est la seule façon de maintenir l'ordre contre les forces du mal. En atteste la montée en puissance progressive du thème des neuf arcs, c'est-à-dire des

---

56. Quand des dates suivent les noms des pharaons, ce sont celles de leur règne.
57. Marie-Ange BONHÊME et Annie FORGEAU, *Pharaon, les secrets du pouvoir*, préface de Jean Leclant, professeur au Collège de France, Paris, Armand Colin, 1988, réimpr. 1997.

populations soumises au pouvoir absolu du roi. Exterminer ses ennemis est une nécessité, c'est pourquoi la pensée égyptienne est facilement pessimiste, et pas seulement durant les périodes intermédiaires. Face à ce pessimisme structurel, les Égyptiens bricolent deux systèmes de défense : les banquets sont l'occasion d'afficher une joie de vivre et la construction monumentale permet aux pharaons de défier le temps. Un pharaon est donc un bâtisseur, mais un bâtisseur de tombes (les fameuses pyramides), puis un bâtisseur de temples solaires, lorsque le dieu Rê prendra de plus en plus d'importance au sein du panthéon et de la politique.

Le principe politique de la ration alimentaire

L'Égypte antique va pousser très loin le principe de la ration alimentaire : elle augmente le nombre des ayants droit tout en accroissant son volume. Cet approvisionnement concerne d'abord les fonctionnaires, les soldats et tous ceux qui effectuent des corvées au service du pharaon ou des nomes. Elle s'étend, progressivement, au-delà des différences de statuts juridiques de la main-d'œuvre (travail indépendant, domestique, obligatoire, contractuel), car tous les sujets du roi sont en quelque sorte à un moment donné ses employés. Le principe de la corvée obligatoire pour tous et rémunérée par un système de rations est la conséquence directe des politiques de « grands travaux » (irrigation, planification agraire, urbanisation, construction de monuments). Ce système de ration est parfaitement codifié selon le statut social de chacun. La ration quotidienne pour un ouvrier travaillant pour les grandes constructions du pharaon est de 10 pains (1 kilo) et 1 mesure de bière, pour un sous-chef de chantier de 100 pains et de 3 mesures de bière et pour un chef de 200 pains et de 5 mesures de bière. Ils reçoivent en plus des légumes, du poisson, de l'huile, de la graisse, et même du bois. Il existe aussi des rations-types pour les fonctionnaires, pour les soldats, les personnels des temples et ceux du palais. Je qualifie de « politique » ce système de ration, au sens où il est la contrepartie de l'organisation même de la société égyptienne. Cette ration, composée de pain et de bière, ne constitue pas un minimum vital. Ce n'est pas davantage une affaire de goût, mais bien une affaire d'État !

Ce système prolonge la tradition de la ration développée en Mésopotamie. Mais la table égyptienne étant conçue, de part en part, comme un langage, ce « pain-bière » doit être aussi un discours, celui de la soumission au système. La ration alimentaire, le pain-bière, est structurante d'un rapport politique. Elle crée une dette du nourri envers celui qui le nourrit, une dette qui n'est pas alimentaire, économique, sociale, mais littéralement anthropologique. Le nourri dépend de son nourricier, ce dernier cachant ainsi qu'il l'a d'abord dépossédé. La ration alimentaire égyptienne n'a donc rien de commun avec les systèmes de distribution qui seront mis en place en Grèce, mais surtout à Rome. La ration alimentaire n'est pas un droit du citoyen, mais un devoir du dominant. Certes, l'Égypte antique ne connaît presque pas l'esclavage, mais parce qu'elle a son propre mécanisme d'assujettissement dont le pain/bière est la contrepartie. Que ce système de ration corresponde à une économie non encore monétarisée, dans laquelle l'échange se mesure souvent en grains, n'épuise pas sa logique propre, tout comme le salaire actuel n'est pas seulement la contrepartie d'un travail fait, mais également la forme que prend un lien de subordination. Le système de la ration est pensé pour irriguer (presque) l'ensemble de la société, car dans la mesure où elle est trop importante pour être totalement consommée par celui qui en bénéficie ainsi que par sa famille, elle va se retrouver, pour partie, sur le marché où elle approvisionnera la catégorie des non nourris, bien qu'assujettis. Ce système est beaucoup plus structurant que les distributions alimentaires auxquelles procèdent régulièrement les temples et, parfois, le palais. Voilà pourquoi c'est contre les retards dans la distribution de la ration et non contre les bastonnades que le peuple invente ce que nous nommons la grève.

Les chroniques évoquent plusieurs épisodes de crises sociales sous Ramsès III. Le scénario est toujours le même : la population quitte son travail, mais aussi ses villages dans lesquels elle doit en principe rester enfermée, et se rend avec femmes et enfants dans les temples où tous sont hébergés et nourris. La résolution du conflit passe par une distribution supplémentaire de vivres. Les choses ne sont donc jamais aussi univoques que les puissants le souhaitent. Le principe même de la ration (par son caractère intrinsèquement collectif) crée un corps politique, avec son système d'institutions *ad hoc* et la prénotion de droits, non pas individuels, c'est-à-dire fondés sur des relations de sujétion, mais collectifs, dont la transgression provoque une réaction collective. Les ouvriers interpellent le pharaon et le vizir en tant qu'autorités politiques et non morales. Le scribe Amennakht écrit : « An 29, deuxième mois de l'hiver, jour 10. En ce jour l'équipe a passé les cinq postes de contrôle de la nécropole en disant : "Nous avons faim ! 18 jours sont déjà passés dans ce mois", et les hommes allèrent s'asseoir à l'arrière du temple funéraire de Menkhéperrê [Thoutmosis III] »[58]. La conciliation ayant échoué, les ouvriers maintiennent leur grève et font rédiger une nouvelle déclaration par le scribe :

---

58. Cité par Robert Paris, « Égypte : la première grève connue de l'histoire », site Matière et Révolution, 3 février 2011, à lire à l'adresse : http://matierevolution.fr/spip.php?article1901

« Si nous en sommes arrivés à ce point, c'est à cause de la faim et de la soif ; il n'y a plus de vêtements, ni d'onguents, ni de poissons, ni de légumes ; écrivez au pharaon, notre bon seigneur, à ce propos, et écrivez au vizir, notre supérieur, pour que les provisions nous soient données ! »

Le choix des élites contre le « pain-bière »

Les notables n'ont de cesse de se démarquer du pain-bière populaire. Cette tradition est si importante pour les Égyptiens qu'ils se souhaitent « pain et bière » en mot de bienvenue. Deux stratégies vont être développées. Le vin commence à être valorisé au sein des élites au détriment de la bière, comme plus tard le blé (donc le pain de blé) et le riz (donc le pain de riz) remplaceront l'ordinaire du pain d'orge. Les pharaons profitent des conquêtes militaires pour déporter des spécialistes de la vigne, depuis les territoires conquis, puis ils introduisent la culture du blé dur (*Triticum durum*) à la place de l'orge. L'historien Joseph G. Hanning note que « l'échelle de l'entreprise est à la hauteur (ou peu s'en faut) de la construction des pyramides, près de deux mille ans auparavant, mais dans un but entièrement différent ». Ce blé, planté d'abord dans les domaines « modèles » du IIIe siècle av. J.-C., c'est-à-dire dans des terres allouées par le pharaon à des colons, ex-militaires, en échange des services rendus, est ensuite généralisé au point que l'Égypte devient le grenier à blé de l'Antiquité gréco-romaine. Cependant, ces blés (importés probablement d'Éthiopie) ne permettent pas, en raison de leurs variétés (durs et vêtus), de faire un pain correspondant à nos critères, mais plutôt des galettes plates.

Le pays du pain

L'Égypte antique est restée célèbre pour avoir développé la culture du pain. Le pain est symbolisé par Akhet qui désigne la première saison du calendrier milotique (dont le premier jour correspond à la crue du Nil – ainsi Akhet symbolise les inondations et la fertilité). Le pain correspond au premier jour de l'année, emblème du recommencement. Le pain conique est l'image même du don, donner signifiant ici « partager », avec une idée de division, de portions. Le négro-égyptien donne aussi comme signification au pain blanc, la pureté et le bébé (enfantement). Des pains blancs de forme pyramidale étaient déjà utilisés dans des rituels de l'Ancien Empire pour signifier la renaissance du monarque en tant que dieu. Ce pain dit « bnbn » à la forme conique allongée est le signe de la transmission. Le pain est considéré comme le symbole de la vie éternelle et de la résurrection. La « maison du pain » est synonyme de vagin. Les textes mettent en avant le pain blanc en tant qu'instrument assurant sa place au défunt au côté de Rê. L'Égypte a donné naissance, avec le blé tendre, au vrai pain levé (panification). Les céréales engrangées dans des silos sont sous la surveillance des scribes. Le « directeur des greniers » veille à fournir, au jour le jour, du grain aux boulangers pour la fabrication du pain et de la bière (ou du « pain-bière »). On consomme surtout des pains à base d'orge et, quelquefois, de blé (amidonnier). Les pains ont des formes très variées (plats, ronds, carrés, ovales, coniques), avec ou sans empreinte volontaire des doigts, avec une cavité centrale servant d'écuelle pour la garniture (des œufs par exemple, ou des légumes), avec plusieurs compartiments pour les repas élaborés des festivités. Certains sont épicés, farcis de dattes, de figues, de graines de lotus, au miel. Fabriqués d'abord sous forme de galettes puis façonnés à la main sous la forme de cylindres (doigts ?), ils sont cuits dans des moules qu'on brise pour en extraire le pain. Les récipients ne servent donc qu'une seule fois.

La bière

Hérodote définit les Égyptiens comme des buveurs de bière ignorant le vin. En réalité, il n'en est rien, mais on ne peut nier que la bière constitue la boisson commune, à tel point que le même mot sert à désigner la bière et tout liquide[59]. Sa consommation n'est pas ou peu ritualisée, ce qui ne signifie pas qu'elle n'a pas une charge symbolique, puisqu'elle a une dimension sacrée. Elle fut inventée par le dieu Rê pour sauver les hommes de la colère de la déesse lionne Sekhmet. Rê fit verser sur le sol 7 000 cruches de bière que la déesse sanguinaire prit pour du sang et but jusqu'à en devenir ivre… Selon d'autres traditions, elle est un don d'Osiris, un composé d'orge et d'eau.

La bière est consommée quotidiennement, car fabriquée de façon domestique. Elle est bue à tout moment de la journée, au travail, comme dans les tavernes. Ces « brasseries » sont très surveillées par la police du pharaon, on y boit la bière en la puisant directement dans la cuve avec un chalumeau.

Il existe plusieurs dizaines de variétés de bière, comme la bière *heneket*, fabriquée dans tous les foyers, ou la bière *seremet* élaborée à partir d'un mélange d'orge, de froment et de dattes. Les cruches de bière sont enduites d'argile non pas pour assurer l'étanchéité (car la bière ne se conserve pas), mais pour lui permettre de se clarifier. La bière courante est la brune.

---

59. Pierre TALLET, « Une boisson destinée aux élites : le vin en Égypte ancienne » in *Pratiques et discours alimentaires en Méditerranée de l'Antiquité à la Renaissance*. Actes du XVIIIᵉ colloque de la Villa Kérylos à Beaulieu-sur-Mer, les 4, 5 & 6 octobre 2007, « Cahiers de la Villa Kérylos », vol. 19, n° 1, Paris, Académie des Inscriptions et Belles Lettres, 2008, p. 39-51.

La blonde est davantage réservée aux fêtes. Les Égyptiens, buveurs de bière, sont moqués par les Grecs et les Romains. Pline l'Ancien s'offusque : « La bière n'est pas trempée dans l'eau comme le vin », et il ajoute : « Funeste industrie du vice ! On a trouvé le moyen de rendre l'eau enivrante… » Il est vrai qu'existent des bières avec une teneur d'alcool élevée, mais l'ivresse n'est admise communément que chez les personnes âgées.

Le vin contre la bière

Les Égyptiens consommaient une grande variété de boissons : de l'eau, des bières, des jus de fruits (grenade, raisin, caroube, anis), de l'hydromel (eau et miel), des liqueurs (grenade), etc. Cependant, le vin va occuper la place de la boisson noble, dès lors qu'il devient la boisson destinée aux élites (Pierre Tallet). La perception de la bière, pourtant boisson nationale, devient alors négative. L'égyptologue précise : « Ce n'est pas un hasard si le lieu de dépravation, où l'on boit mal et en mauvaise compagnie, est régulièrement appelé « maison de la bière », [alors que] le vin, au contraire, s'insère dans de nombreuses métaphores transmises par le corpus contemporain des chants d'amour […] procédant à une véritable ritualisation du désir »[60]. On chante donc le vin dans toute la poésie amoureuse de l'Égypte ancienne : « Prends, bois et fais un jour heureux » ; « Le vin vient et s'unit à l'or, il submerge ta maison de joie ! Grise-toi jour et nuit et ne cesse de le faire, sois heureux sans souci pendant que les chanteurs et les chanteuses se réjouissent et dansent pour te faire un beau jour de fête. »

Les Égyptiens distinguent les vins non pas selon leur terroir mais selon leurs techniques de fabrication : vin rouge, vin blanc, vin noir, vin sucré, vin *paour* (piquette obtenue par un re-trempage du moût après un premier pressage et destinée au personnel domestique), vin aromatisé avec des figues séchées, vin cuit, etc. Hérodote précise qu'existe un vin à base d'orge. On indique aussi le nom du vignoble, celui du maître vigneron, la date de fabrication, la qualité : vin bon, très bon, mélangé, vin doublement bon, etc. Les spécialistes soutiennent que les procédés de vinification sont connus depuis 4500 av. J.-C, mais que la boisson est alors réservée aux prêtres, même si tout le monde pouvait en boire à volonté durant les fêtes de la pleine lune. Le vin est donc associé au domaine sacré. Chaque temple possède des plants de vigne. Le temple d'Amon-Rê sous Ramsès III compte plus de 500 vignobles différents.

Pierre Tallet rappelle que le vin est initialement une boisson pour les funérailles et note la présence de jarres à vin sur le matériel funéraire des

---

60. *Id., ibid.*

tombes princières de la période de Nagada III (dernière période de formation de l'État égyptien autour de 3300 av. J.-C.). Dans des tombes plus récentes, on a trouvé jusqu'à 7 000 jarres de vins d'importation (4 500 litres). Cette culture du vin est encouragée comme marqueur de pouvoir. Les zones de culture de la vigne suivent ainsi la localisation du pharaon : d'abord sur la branche occidentale du delta, tant que Memphis est la capitale, puis sur la branche orientale après les changements successifs de capitale : « La vigne y fut donc plantée par la volonté du roi pour satisfaire les plus grands consommateurs de ce produit, le pharaon et son entourage, ainsi que les principales fondations cultuelles établies dans la cité » (Pierre Tallet). Les sceaux portés sur les bouchons d'argile fermant les amphores sont la marque de propriété de plusieurs pharaons, principaux propriétaires viticoles. L'égyptologue donne aussi l'exemple d'un haut fonctionnaire de la IIe dynastie dont la tombe énumère la possession d'abondants vignobles. Il note que les scènes de fabrication du vin apparaissent une centaine de fois sur les tombes pharaoniques contre seulement deux fois pour des scènes de brasserie. La vigne, symbole du renouveau, est associée aux dieux notamment à Osiris, dieu de la Résurrection humaine, longtemps privilège du seul pharaon. La production du vin permet en outre de différencier une « bonne ivresse » (celle du vin, celle des notables) : « Apporte-moi 18 coupes de vin, vois, je veux m'enivrer, mon intérieur est sec comme de la paille », d'une « mauvaise ivresse » (celle de la bière, celle du peuple) comme en témoigne ce récit dénigrant l'ivresse provoquée par la bière : « On me dit que tu négliges la pratique de l'écriture et que tu t'adonnes au plaisir. Tu traînes de taverne en taverne. La bière t'enlève tout respect humain ; elle égare ton esprit. Tu es comme un gouvernail brisé, qui ne sert à rien. Tu es comme une chapelle privée du dieu, semblable à une demeure sans pain. On t'a rencontré occupé à sauter un mur. Les gens fuient devant tes coups dangereux [...] On t'apprend à chanter au son de la flûte, à dire des poèmes au son du double hautbois, à chanter "pointu" au son des harpes, à réciter au son de la cithare ! Te voici assis dans la taverne, entouré par les filles de joie. Tu désires t'épancher et suivre ton plaisir [...] Te voici face à une fille, inondée de parfum, une guirlande de fleurs autour du cou, tambourinant sur ton ventre. Tu vacilles et tu bascules à terre, tout couvert d'immondices. »

L'ivresse des élites est assimilée à une possession, à un rite d'initiation permettant de communiquer avec les dieux. La couleur du vin rappelle ainsi celle du sang, contrairement à celle de la bière, décidément vulgaire. Le vin « deux fois bon de l'oasis » permet d'accéder à la divinité, mieux que la prière. C'est pourquoi, lors de la grande fête d'Hathor, déesse de la Beauté, de la Musique et de l'Amour, chacun pouvait librement succomber à l'ivresse. On oppose cependant là encore la « bonne ivresse », voisine de l'ivresse sacrée connue dans les temples, accompagnée de rêves et de visions, à la « mauvaise ivresse », celle de la bière populaire, celle de l'ivrogne, inutile, car sans rêves. D'autres boissons fermentées comme le populaire vin de dattes (dattes macérées dans de l'eau) ou le vin de palme permettent d'atteindre l'ivresse, d'autant plus que leur teneur en sucre est renforcée sans qu'on sache s'il s'agissait de garantir une meilleure conservation ou un taux d'alcool supérieur. Ces boissons correspondent à un usage festif incluant musique et danse. Les spécialistes notent que les femmes buvaient autant que les hommes. Le vin est bu au moyen d'une paille et d'un filtre pour enlever les herbes et aromates. L'ivresse, initialement apanage des prêtres, puis associée aux funérailles, change progressivement de sens en étant désormais associée à la joie. La « bonne ivresse » est donc, dans le contexte égyptien, un signe de puissance et de pouvoir : montrer sa joie fait partie des prérogatives des puissants.

Nourrir les dieux, nourrir les morts, nourrir les vivants

L'Égypte, plus que toute autre civilisation, est fondée sur une triple obligation : nourrir les dieux, nourrir les morts, nourrir les humains. On pourrait être tenté (beaucoup d'auteurs le sont) de comprendre cette centralité de l'alimentation comme un legs d'un passé (pas si lointain) ou manger était incertain. Je crois que d'autres explications sont possibles, comme la place particulière qu'occupe l'alimentation dans son rapport au langage, particularité à mettre peut-être en rapport avec la place de l'écrit, longtemps monopole de l'État. Je rappelle que si les Égyptiens aiment la table et aiment parler de table, les notables affichent un grand mépris pour les jardiniers, les paysans et les cuisiniers : « Quant au jardinier qui transporte la grande perche, ses épaules sont accablées comme par le grand âge ; son cou présente un énorme gonflement purulent, il passe ainsi la matinée à arroser les légumes, le soir ce sont [d'autres] plantes, après que, à midi, il a travaillé au verger ; lorsqu'il arrive le temps du repos, il est mort. Le renom de cette profession est qu'elle est la plus difficile de toutes [...] Le travailleur des champs [le paysan] se plaint plus que la pintade, et ses cris sont plus forts que ceux du corbeau. Ses doigts sont enflés, chargés d'une excessive puanteur. Il se fatigue près des marais, de sorte qu'il est brisé. Il se sent aussi bien que peut se sentir un homme parmi les lions ; la souffrance est son lot, car la corvée est souvent triplée. Lorsqu'il revient chez lui, le soir, la marche l'a rompu [...] On n'appelle pas un paysan un homme... »[61].

Alors que la Grèce est le berceau de la philosophie (sans sous-estimer la richesse de la pensée négro-égyptienne plus ancienne), car cette nouvelle forme de pensée correspond aux besoins de savants acquis à la démocratie qui se sont emparés de cette discipline pour combattre l'irrationalité, l'Égypte apparaît comme le parangon de la pensée magique : ainsi, la magie est-elle considérée comme un héritage divin et le pharaon comme le magicien suprême capable de mobiliser les forces divines par la parole et l'image et par l'ingestion de certains aliments/boissons (ainsi que par d'autres procédés). Il existe ainsi des formules magiques pour (presque) tout : pour se prémunir des serpents, pour chasser les maladies, pour guérir des infirmités, pour se procurer de la nourriture et des boissons, pour repousser la faim et la soif.

Nourrir les dieux

Dans son rapport au religieux, l'alimentation occupe une place unique en Égypte, comme elle aura en Grèce une place unique dans son rapport au politique. Elle est en effet un moyen essentiel de se faire entendre des dieux. Tout est donc prescrit, du nombre de repas aux types de consommation. L'alimentation doit être conforme à ce que dictent la coutume et le rite. Hérodote juge que les Égyptiens ont des mœurs à l'inverse des autres hommes. Plutarque émet la même opinion, ajoutant que seuls les habitants de Lycopolis mangent du mouton, puisque le loup, considéré, par eux, comme un dieu, les mange. Les interdits changent selon les époques et les lieux, mais, surtout, certains interdits ne sont valables qu'à un moment de l'année et pas pour tout le monde.

---

61. Les passages extraits de l'*Enseignement de Khéty*, connu sous le titre moderne de *Satire des métiers*, concernent d'abord Meskhenet, la déesse des Naissances : elle prédestine l'enfant à une profession littéraire. Puis, après un court extrait de l'*Hymne au Nil*, vient la série des différents métiers avec un commentaire sur leurs inconvénients. « [...] Le fabricant de nattes dans l'atelier, il est plus misérable qu'une femme, il a les genoux dans l'estomac, sans air à respirer. S'il perd une journée, sans tisser, il est battu de 50 coups de lanières, il donne un pot-de-vin au portier pour qu'il le laisse sortir à la lumière du jour [...] Le conducteur de caravane part à l'étranger après avoir légué ses biens à ses enfants, par crainte du lion et de l'Asiatique [...] Il rentre chez lui, abattu, après que son trajet l'a rompu. Sa maison n'est que de tissu et de briques, il ne se détendra pas... » Cette énumération décourageante se termine par l'éloge du métier de scribe qui évoque l'incontestable supériorité de cette profession « [...] car c'est lui qui commande. Si tu connais l'écriture, ceci est plus utile pour toi que [tous] les autres emplois que j'ai placés devant toi. Vois !... » (trad. Piankoff) – La *Satire des métiers* est un texte datant du Moyen Empire (XIIe dynastie), voir à son propos et sur la tablette où il se trouve le site du musée du Louvre : http://www.louvre.fr/oeuvre-notices/tablette-d-eleve-scribe

---

Le temple, grâce à ses rituels, parvient à mettre la main sur une partie importante des denrées, tout comme le palais a mis la main sur les terres. Ces puissants, qui se sont assuré le monopole du dialogue avec les dieux (les temples ne sont pas des lieux de recueillement pour les fidèles mais des lieux d'habituation des dieux que les religieux seuls accompagnent dans leur vie), ont la conviction de détenir un savoir supérieur à celui des gens du commun, puisque si le peuple est entretenu dans le polythéisme, les élites sont monothéistes en ce sens qu'elles croient en un dieu unique qui apparaîtrait sous des aspects variés.

L'alimentation est sacrée au cœur des temples (mais aussi du palais). Chaque repas est considéré comme une offrande divine. Le prêtre, rasé et circoncis, est soumis à une obligation de pureté : ablutions deux fois par jour et deux fois par nuit, respect d'obligations alimentaires très strictes, etc. Il existe de nombreux tabous alimentaires, comme l'interdit de manger l'animal dans lequel s'incarne la divinité principale de la région (plus d'une quarantaine d'espèces dont le mouton, la brebis, le chien, le chat, le taureau, le crocodile, le babouin, les bovins, le lion, la gazelle, différents oiseaux et poissons, etc.). Certains poissons sont d'ailleurs fort peu consommés en raison de leur rôle néfaste dans le cycle d'Osiris (au membre viril dévoré par les poissons). Les choses sont cependant plus complexes, car certains aliments interdits dans certains contextes religieux sont autorisés, pour certains, dans la vie ordinaire. Ainsi, alors qu'il ne peut même pas y avoir de représentations du porc dans un contexte funéraire, sa viande est très consommée par le peuple. Hérodote note que cet animal est pourtant à ce point impur que si un Égyptien est frôlé par un porc, il doit aussitôt se purifier en se baignant dans le Nil. Les porchers sont tout simplement interdits d'accès aux enceintes sacrées des temples. La consommation des bovins est en principe interdite, mais en réalité, c'est principalement la tête de la vache ou du bœuf qui doit être jetée dans le Nil, en prononçant des formules rituelles pour attirer sur elle les malheurs. Hérodote indique que par analogie se développera une méfiance envers la tête de tous les animaux. Selon les spécialistes, cet interdit sur la vache est un emprunt tardif à d'autres religions. La déesse Hathor est ainsi adorée sous forme d'une vache et symbolise l'amour et la joie et, par extension, la procréation. Isis, déesse-mère, est également, représentée par une vache blanche… totalement taboue, certes, mais, lors de certains rituels, on distribue sa viande au peuple. Le mouton, comme le porc, est interdit pour les prêtres, mais sa consommation est possible une fois par an, lors des sacrifices offerts à la lune et à Osiris. Certaines espèces de poissons sont, durant certaines périodes, interdites, et de toute façon les notables rejettent cet aliment jugé trop populaire. Le neuvième jour de chaque mois, le peuple mange un poisson devant sa porte, tandis que les prêtres opèrent un holocauste (poisson consumé par le feu). L'oignon est interdit pour les prêtres, car cette plante croît encore alors que la lune (œil d'Horus) s'affaiblit. Les fèves sont parfois interdites, tout comme le lotus rose, plante sacrée qui orne la coiffure du dieu Néfertoum et servit de berceau au jeune Horus, le soleil levant. Lors de la mort du pharaon ou de ses chiens, les prêtres sont également interdits de grains et de blé.

Nourrir les morts

La question de la mort hante la civilisation égyptienne plus que les autres. Une des dernières cérémonies accomplies par le prêtre sur la momie du défunt consiste à lui rendre, symboliquement, l'usage de ses sens en touchant son visage au moyen d'une herminette. Ce rite, dit d'« ouverture de la bouche », permet au mort de retrouver la parole, de manger et de boire. À défaut, la mort, normalement considérée comme une simple étape, serait définitive[62]. La survie du mort ne dépend donc pas que de l'embaumement et de la momification. Outre la parole resti-tuée symboliquement selon le rituel, il faut également que la descendance se souvienne du défunt en prononçant son nom et en lui apportant des nourritures et boissons[63]. C'est pourquoi, on dépose dans sa tombe ou son tombeau des victuailles très nombreuses : pichets de vin ou de bière, pains et gâteaux, volailles, etc. Ce rituel connut deux grandes formes success-sives : tout d'abord un service d'offrandes funéraires classiques, au terme duquel les aliments étaient consommés par les personnels du temple et/ou redistribués au peuple ; puis ce service d'offrandes devint symbolique, au sens où des milliers de petits récipients miniatures remplacèrent les milliers de plats réels. Lors du rituel de l'ouverture de la bouche, sont énumérés tous les aliments nécessaires, offrant ainsi des dizaines de milliers d'aliments virtuels… Cette magie repose sur l'idée que la parole possède une puissance de création. Elle s'appuie aussi sur la puissance des images, avec l'usage des pancartes (tableaux des mets laissés dans des tombeaux aux côtés des figurines). Ces mêmes dispositifs fonctionnent au sein des temples funéraires familiaux, dénommés « châteaux des millions d'années », avec étalage de nourriture.

---

62. Max GUILMOT, « Les lettres aux morts dans l'Égypte ancienne », in *Revue de l'histoire des religions*, vol. 170, n°1, 1966, p. 1-27.
63. *Id.*, « La signification des métamorphoses du défunt en Égypte ancienne » [d'après les Textes des Sarcophages, un corpus de textes funéraires s'échelonnant de 2200 av. J.-C. environ à 1800 av. J.-C] in *Revue de l'histoire des religions*, vol. 175, n° 1, 1969, p. 5-16.

Je vois deux dangers dans l'interprétation de ces rituels mortuaires. Le premier est de considérer les repas des vivants à l'image de ces offrandes : on ne mange pas communément comme on nourrit les morts, d'autant plus que des figurines puis des pancartes ont remplacé les mets véritables. Le second danger serait de sous-estimer l'impact de ces rituels sur la table. Il n'est certes pas possible, au sujet de l'Égypte, de parler d'une « cuisine des sacrifices », comme Vernant et Detienne le feront pour la Grèce, mais cette cuisine des offrandes mortuaires aura des impacts sur la vie ordinaire. Ainsi, le simple fait de remplacer les aliments par leurs représentations, d'abord sous la forme de figurines (en bois ou en pierre) puis de listes d'offrandes, renforce indéniablement la conception de la table comme acte de langage. Les Égyptiens poussent très loin ce qu'on nomme une parole performatrice. La cuisine mortuaire repose sur le principe du « quand dire c'est faire ». L'idée que la cuisine des morts doit être suffisante, diversifiée et bonne finit par rejaillir sur la conception même de l'alimentation des vivants, qui finiront par manger comme les morts, les morts mangeant comme les vivants. Ne sous-estimons pas davantage les savoir-faire des cuisiniers rattachés aux temples et les retombées dans l'alimentation profane. Ces influences réciproques sont d'autant plus fortes que les Égyptiens eux-mêmes revendiquent ces passages constants du sacré au profane. La dimension mortuaire apparaît également dans l'usage de (se) rappeler, lors des bons repas, le caractère mortel des humains : cela se fait au moyen de statuettes, de discours, de jeux (comme l'ancêtre du jeu de dames) : « Au cours des réunions chez les riches Égyptiens, après que le repas est terminé, un homme porte à la ronde une figurine de bois dans un cercueil, peinte et sculptée à l'imitation très exacte d'un mort, mesurant en tout environ une coudée ou deux ; il montre cette figurine à chacun des convives en lui disant : "Regarde celui-là et puis bois et prends du plaisir, car une fois mort, tu seras avec lui" »[64].

Nourrir les vivants

Les humains ont été créés pour s'occuper des dieux et des morts, il est donc logique qu'ils se nourrissent également pour pouvoir subvenir à leurs tâches. Ce principe n'est finalement pas si éloigné de celui de la ration politique. Mais de ce principe, on pouvait envisager une table austère, frugale, végétarienne, or l'Égyptien passe pour être un gros mangeur et amateur de bonnes choses. Dans *Le Conte du paysan éloquent* (IXe dynastie),

---

64. Cité par Bertrand PINÇON, *L'Énigme du bonheur. Étude sur le sujet du Bien dans le livre de Qohélet*, Leiden, « Supplements to Vetus Testamentum » [119], Brill Academic Publishers, 2008.

Khoun-Inpou, l'homme bafoué, reçoit en compensation 10 pains et 2 cruches de bière par jour. Avant d'évoquer la dimension symbolique de la table égyptienne et la question des festins royaux, il est essentiel de rappeler que l'alimentation quotidienne ne se réduit pas au fameux « pain-bière » de la ration politique. Les Égyptiens mangent trois repas par jour : le petit déjeuner dénommé le « lavage de bouche », puis un repas vers midi, et le repas principal, le soir. Ils ont d'abord mangé assis ou accroupi devant une natte en jonc en signe d'humilité et de respect devant la table (la position la plus respectueuse était de se tenir accroupi sur un talon, un genou relevé devant soi) ; puis assis sur une chaise devant une table haute.

Les compléments au « pain-bière »

En réalité, les Égyptiens mangent beaucoup plus diversifié que le « pain-bière ». Ils consomment déjà beaucoup de poissons, mais aussi des produits du potager. Avant de décrire plus en détail la diversité alimentaire, notons que pour l'Égyptien, manger c'est « pain-bière », tout le reste est autre chose ! Manger dépend de l'État, les autres aliments sont davantage personnels. Le « pain-bière » des plus pauvres est complété ordinairement d'ail et d'oignon. Le sel est distribué à la population, assez régulièrement, sous forme de pain et est surtout utilisé comme moyen de conservation des aliments dans des bocaux. Le grand problème c'est le manque de bois en quantité suffisante pour la cuisson. Pour y pallier, des politiques d'importation du bois sont mises en œuvre via les routes maritimes du Levant, d'où l'invention du charbon de bois pour les réchauds et braseros. On utilise comme combustibles des déchets végétaux et des bouses de vaches. On a trouvé ainsi des dépôts de bouses dans quelques tombeaux de notables. On utilise des pierres exposées au soleil ou la chaleur directe du soleil, il en résulte que les Égyptiens mangent souvent cru, sauf naturellement le pain et la viande.

Le potager

La légende veut que le dieu Osiris ait enseigné l'agriculture aux Égyptiens pour leur faire perdre la coutume de se manger entre eux. Isis aurait donné l'usage du froment et de l'orge en les distinguant des autres plantes sauvages.

L'Égyptien se veut, d'abord, un mangeur d'herbes nous dit Madeleine Peters-Destéract[65]. L'agrostis, plante herbacée, a la réputation

---

65. Madeleine PETERS-DESTÉRACT, *Pain, bière et toutes bonnes choses... L'alimentation dans l'Égypte ancienne, op.cit.*

 Une histoire politique de l'alimentation. Du paléolithique à nos jours

de pouvoir fournir une nourriture suffisante pour nourrir toute la population égyptienne. Parfois, les Égyptiens tiennent à la main une touffe de ces herbes lorsqu'ils s'approchent des autels. Les scènes de moissons sont toujours décrites de façon heureuse, avec présence de musique et de chants. Cette prédilection pour le végétal porte en réalité sur l'orge et le blé. L'orge constitue la céréale de base (car résistante à la salinisation lors des crues du Nil), même si les Égyptiens cultivent deux variétés de blé (l'engrain et l'amidonnier). Elle est d'ailleurs offerte en grande quantité aux dieux et distribuée gratuitement au peuple, notamment sous Horemheb (dernier pharaon de la XVIIIe dynastie, vers 1323-1295 av. J.-C.). Il semble cependant, selon les spécialistes qui citent, en cela, Hérodote, que les Égyptiens font un grand usage des plantes sauvages, notamment des plantes des marais, comme les lotus (plantes très diversifiées) dont toutes les parties sont comestibles, toute l'année, sans nécessiter beaucoup de travail. Hérodote parle de « pain de lotus » mais également de « pain de papyrus ». On consomme beaucoup de soupes et de bouillies (avec des céréales moulues ou en grains).

Les Égyptiens affectionnent également l'agriculture potagère sur la base d'une division des parcelles en tout petits carrés afin de permettre une irrigation contrôlée. Outre l'oignon, aliment populaire par excellence, la liste des légumes est très riche : concombres, courgettes, oignons, haricots, poireaux, pois chiches, lentilles, fèves, laitues, aulx, asperges, céleris, choux, navets, radis, artichauts, salades (laitues), persil, cresson, endives, calebasses, aubergines, etc., mais aussi des plantes aromatiques et condimentaires : aneth, anis, cannelle, coriandre, cumin, genièvre, laurier, marjolaine, menthe, etc. L'accès aux fruits est davantage réservé aux élites : noix de palmier, dattes, jujube, fruits du sycomore, *Persea*, figues, raisins, caroubes, grenades, melons, pastèques, etc. Seules les dattes et les figues (sèches ou fraîches) sont consommées dans toute la société, elles servent aussi à confire des viandes et à aromatiser des boissons.

L'importance du gras et du sucré

Les historiens ont relevé l'importance du gras et du sucré en Égypte ancienne. Les Égyptiens surconsomment de la graisse et ne cesseront jamais de diversifier les sources d'approvisionnement (graisses animales, beurre, huiles végétales, olives, etc.). Ces corps gras sont utilisés autant comme procédé de conservation que comme « exhausteur » de goût. Manger gras, c'est d'abord accéder à la gourmandise. C'est donc affirmer sa qualité humaine, exhiber sa réussite sociale. La distribution d'huile (et probablement d'autres sources de graisse) fait parfois partie de la ration politique.

Le « pain-bière », complété de graisse, constitue la ration idéale que le roi nourricier devrait assurer à l'ensemble de ses sujets. Incontestablement, les huiles entrent dans la composition des rations de base d'une partie de la population : les scribes ont droit à de l'huile, les messagers et les porteurs d'étendard reçoivent une précieuse ration d'huile d'olive… L'État a donc mis en place des dispositifs de collecte et de stockage des matières grasses. Les huiles utilisées sont nombreuses (de sésame, de radis, d'olive, de coloquinte, de noix de *Moringa*, de ricin). Certaines constituent un monopole d'État (huile de coloquinte). Toutes ces huiles ne s'équivalent pas socialement, ainsi l'huile d'olive (aussi utilisée pour l'éclairage) est considérée comme la plus noble.

Les sucres font partie des compléments au « pain-bière ». On consomme beaucoup de sucre de certains fruits (dattes, figues, raisins, caroubes, etc.). La production de miel est strictement réglementée par l'administration royale. On consomme volontiers des jus de fruits et du raisiné (jus de fruit chauffé). Le sucre renvoie à la gourmandise, mais à travers une médiation religieuse. Le sucré, c'est d'abord ce qui plaît aux dieux, par exemple les gâteaux : les gâteaux sont des offrandes, ils deviendront des cadeaux.

La consommation du poisson

Le poisson est naturellement une ressource extrêmement consommée en raison de la présence du Nil, mais aussi de l'importance des marais. Cette ressource est suffisamment abondante pour être assimilée par les notables à une consommation populaire, donc vulgaire, à moins que ce ne soit parce que sa consommation est strictement interdite à tout individu sacralisé. Les Égyptiens maîtrisent de nombreuses techniques de pêche : poissons piégés dans des nasses, au moyen d'éprouvettes, avec des filets collectifs, des hameçons (invention de la canne à pêche probablement au Moyen Empire), poissons de rivière empoisonnés avec certaines herbes toxiques, etc. Les poissons (carpes, perches, mulets, poissons-chats, tilapias, etc.) peuvent être consommés frais, parfois mêmes crus, mais, le plus souvent, ils sont séchés (le poisson est ouvert par le dos, vidé de ses entrailles, parfois fortement salé, puis séché au soleil). Les scribes comptabilisent scrupuleusement les poissons pêchés, car le produit de la pêche est partagé entre les fonctionnaires, le propriétaire et les pêcheurs.

La consommation de viande

La consommation de la viande est assez massive en Égypte, où elle n'a pas le statut de viande de sacrifice qu'elle prendra dans le contexte gréco-romain[66], mais tout le monde ne peut manger n'importe quel animal ou n'importe quel morceau.

La consommation de viande est réduite pour les pauvres par le manque de ressources. Elle est encadrée aussi par un système d'interdits extrêmement complexe. Nous avons déjà évoqué le cas spécifique de la viande de porc qui, bien que déclaré impure, est consommée par le peuple, mais non par le riche qui ne s'abaisse pas non plus à consommer du chameau, ou même du bœuf. Le chameau est la dernière viande achetable lorsqu'on est très pauvre. Le bœuf est la viande populaire par excellence, puisque délaissée par les élites. En principe, ni le cheval, ni l'âne, ni le chien, ne figurent sur la table égyptienne. On capture, en revanche, des animaux sauvages que l'on engraisse dans des enclos (gazelles, oryx, antilopes, hyènes, lièvres, hérissons, souris). La basse-cour est particulièrement appréciée : oies, canards, grues, poules et coqs, pigeons, etc. Les Égyptiens gavent oies et grues mais on ne sait pas s'ils font du foie gras. D'importants élevages d'oiseaux sont implantés pour la production d'œufs. Les Égyptiens consomment aussi des oiseaux aquatiques (sarcelles, canards, cailles, grues).

L'abattage des grands animaux donne lieu à un cérémonial. Le premier geste du boucher est de découper la patte avant, morceau de choix pour les repas funéraires, puis la tête est tranchée et conservée avec sa peau et ses cornes pour figurer sur les tables d'offrande. Le boucher découpe ensuite les autres morceaux (cuisses, côtelettes, jarrets, abats, etc.). Après l'abattage, une procession apporte les morceaux de choix au temple (un prêtre porte la tête, un autre le cœur et les côtes, un dernier le *khépesh*, la patte avant). La viande est consommée en la faisant d'abord bouillir dans une eau souvent aromatisée, puis préparée à base de sauce. Alors que les volailles sont toujours rôties, les autres viandes ne semblent jamais grillées, sauf dans les contextes religieux et donc mortuaires. La viande est conservée dans des amphores avec de la graisse animale, ou séchée, salée, épicée, fumée, elle peut être mise à la saumure ou au miel. Des lanières très finement découpées sont mises à sécher au soleil ou dans des fours. Ces conserves de viande ont la réputation d'être particulièrement épicées, mais il est probable que le but est aussi hygiénique que diététique puisque les Égyptiens, utilisant certains aromates pour la momification, ont acquis d'excellentes connaissances sur leurs propriétés antiseptiques et bactéricides.

---

66. Youri VOLOKHINE, *Le porc en Égypte antique : mythes et histoire à l'origine des interdits alimentaires*, Liège, Presses universitaires de Liège, 2014.

Moins courante qu'en Mésopotamie, la consommation de viande est devenue un bien de luxe, mais aussi une denrée politique utilisée lors des distributions alimentaires effectuées par les temples et le palais. Le gouvernement a très vite mis en place une comptabilité, essentiellement dans un but fiscal, d'abord sur le gros bétail, puis sur le petit. Cette moindre consommation de viande de boucherie est compensée par l'accès aux ressources piscicoles. Viandes et poissons sont toujours accompagnés de légumes, mangés crus ou mijotés dans de l'huile, du beurre ou de la graisse d'oie et de veau. La cuisine est très épicée (sel, sésame, genièvre, coriandre, fenugrec, cumin noir, poivre, sarriette, pavot, menthe poivrée, autres herbes aromatiques), mais les aspects religieux et médicaux ne sont pas absents de ce choix gustatif, puisque les épices servant à la momification ont une dimension sacrale et que les Égyptiens leur prêtent, en outre, des vertus médicinales et sexuelles.

Les produits laitiers sont également largement consommés : le lait est conservé dans des cruches en terre cuite, fermées avec des bouchons en terre ou en herbe. Le lait (de vache, de brebis, de chèvre, d'ânesse) concerne les adultes comme les enfants. Il est également conservé sous forme de beurre, de crème, de fromages. Le lait caillé est courant dans l'alimentation du peuple. Il figure dans les tombes, car censé rendre les chairs des défunts plus saines.

Les Égyptiens ont la réputation de n'avoir pas développé une haute cuisine : ils mangeaient beaucoup mais simplement... Ce jugement me semble hâtif. Certes, l'Égypte se caractérise par une réduction des modalités de cuisson : peu de grillades, un large refus de la friture (sauf pour la pâtisserie), mais il est fait un grand usage du rôti ou de la cuisson humide, ce qui permet de jouer sur les aromates et les condiments et d'ajouter des corps gras. Je crois aussi que cette thèse sous-estime l'importance des manières de table et de la dimension symbolique au profit du seul contenu de l'assiette. Comment expliquer sinon que les bouchers, aux techniques précises et fines de découpes, avec un vocabulaire de la viande bien établi, forment, aux côtés des prêtres, une corporation assez fermée et semble-t-il bien organisée, bénéficiant d'une reconnaissance sociale.

Une cuisine des symboles

On insiste beaucoup sur la place qu'occupaient les scribes au sein du pouvoir égyptien, d'abord par leur maîtrise de la numération et de la comptabilité, ensuite et surtout par leur quasi-monopole de l'écriture obtenu au moyen d'un coup de force qui consista à imposer une écriture savante et complexe. Pour cette raison, la civilisation égyptienne demeure une civilisation fondée sur l'oralité (ce que ne seront pas les civilisations grecques et romaines). J'ai déjà dit que les Égyptiens étaient de grands idéologues cherchant à dépasser les autres civilisations dans la construction de biolégendes à leur propre gloire.

Cette attirance pourrait expliquer, en partie, la place accordée à la symbolique. Je prendrai un seul exemple : alors que notre symbolique est largement de nature ternaire, les Égyptiens développent une symbolique de la dualité, avec la haute et la basse Égypte, avec la couronne blanche et la couronne rouge du pharaon, avec le Trésor public dénommé « la double maison de l'argent », avec la création du « double grenier », avec l'opposition de la « terre noire » (vallée alluviale) et de la « terre rouge » (Sahara), avec le binôme pain/bière, etc. Cette symbolique binaire se retrouve dans toute sa grammaire de la table, avec une série d'oppositions, cru et cuit, chaud et froid, ration et non-ration, etc. L'Égypte n'a certes pas inventé la dimension symbolique de la table mais, plus qu'ailleurs, elle en a fait un instrument de domination théocratique. On aurait tort de penser cette production symbolique de façon maîtrisée, d'abord parce que la religiosité des puissants n'est pas celle du peuple, ensuite parce que leur alimentation ne sera jamais (et même de moins en moins) identique. On connaît beaucoup mieux la production symbolique des puissants que celle des simples gens, mais rien n'autorise à penser qu'elle n'existait pas.

Cette dimension symbolique de la table (dont l'Égypte n'est pas l'origine) est une des caractéristiques de l'alimentation humaine : on mange aussi des signifiants. Nous pouvons penser qu'existaient davantage de symboles alimentaires que nous ne sommes en mesure de le savoir aujourd'hui. Le choix des produits, celui de la découpe, du mode de cuisson, de présentation, les types d'aromatisation, la façon de manger, tout ceci signifiait quelque chose, y compris pour le peuple qui savait lire sa table (et en partie celle des autres) aussi aisément qu'il « lisait » le Nil ou qu'il interprétait ses rêves. Une difficulté tient à leur gestion différente de la nôtre des rapports entre sacré et profane. Ainsi le lotus, emblème majeur de l'Égypte antique, objet d'une vénération absolue, est pourtant consommé, sur plusieurs modes, de façon désacralisée. Cette consommation concerne chacun de ses éléments : rhizome, tige, graines. Les fleurs de lotus sont aussi utilisées dans le cadre des festins, dans le but d'embaumer, de fleurir la salle, et de sacraliser les convives et le repas.

Prenons au sérieux le fait qu'un même hiéroglyphe signifie « manger » et « parler ». Si « manger, c'est dire », donc faire, manger prend une tout autre signification. On peut avancer que les Égyptiens ont pressenti le lien entre les deux oralités quelques millénaires avant les pères de la psychanalyse. Le repas égyptien est à cet égard un repas particulièrement bavard… Il parle de la situation de chacun, il parle aussi de la société et des relations de pouvoir. Il est impossible d'établir une différence entre une symbolique religieuse et politique, déjà en raison du caractère double du pharaon, aussi en raison de la puissance économique du temple, enfin parce que les symboles eux-mêmes sont ambivalents : mi-sacré, mi-profane, mi-religieux, mi-politique… Manger, c'est parler ; c'est donc connaître. On mange la loi, on l'incorpore. Cette obligation ardente s'étend à la personne du pharaon, obligé de manger certains morceaux, réveillé au milieu de la nuit pour manger et être bien portant.

Les Égyptiens inventent de nombreux symboles alimentaires : le pain comme symbole de la vie éternelle et le vin comme symbole de l'humanisation. Le mangeur égyptien n'est pas un consommateur libre sur un marché libre. Il mange ce qu'il doit manger selon son statut, selon sa fonction, selon les événements, selon le contexte, selon le calendrier, probablement selon son sexe. Il existe ainsi des dizaines de pains différents par leur forme, par leur goût, par leur couleur, etc. Cette diversité exprime tout autre chose qu'un choix. Ces pains ne peuvent pas être consommés n'importe quand, n'importe comment, n'importe où, ni même par n'importe qui ou avec n'importe qui. Ce codage de la table est, dans le contexte culturel de l'Égypte antique, beaucoup plus structurant et impératif au fur et à mesure que l'on s'élève au sein de la hiérarchie sociale, que l'on se rapproche de la personne du monarque. Le pharaon n'est vraisemblablement pas le plus « libre » dans son alimentation.

Le festin n'est pas un banquet

L'extrême inégalité sociale va permettre de développer une cuisine sophistiquée (abondance et rareté des mets et personnels spécialisés). Le personnel chargé de la préparation des repas du pharaon est composé de fonctionnaires : bouchers, pâtissiers, brasseurs, boulangers, scribe-intendant, etc. Le souci de perfection existe autant côté salle que côté cuisine. Il est difficile de distinguer ce qui serait de l'ordre de l'esthétique ou du symbolique. Ainsi les fleurs de lotus, qui servent à embaumer, font souvent office de nappe, mais elles constituent aussi une promesse de rajeunissement après la mort. Comment interpréter les guirlandes de fleurs autour des jarres de vin ? Comment comprendre la prédilection pour le bouilli et la place de la marmite, tout à la fois symbole féminin (la marmite, à l'origine, était un trou creusé dans la terre) et premier cercueil ? L'opulence même de la table égyptienne se veut un des emblèmes du pouvoir. La table du souverain se doit d'être la meilleure…

mais cela doit être entendu de plusieurs façons, compte tenu du caractère magique de l'alimentation.

Les repas festifs sont l'occasion de jouer, mais, à l'instar des aliments, ces jeux sont codés, non seulement ils expriment quelque chose, mais ils peuvent le réaliser. Le jeu du semet (ancêtre de notre jeu de dames) symbolise la traversée du monde souterrain. Celui qui gagne la partie réussirait la pesée du cœur et surmonterait donc tous les obstacles pour renaître dans l'au-delà. Les jeux de balle sont nombreux mais la balle représente l'œil d'Apophis, serpent-démon que le roi frappe avec une batte assimilée à l'œil de Rê… il s'agit donc de chasser les forces du mal…

Cependant, le festin égyptien remplit bien peu une fonction politique, même lorsque ce sont les pharaons eux-mêmes qui organisent de grands repas. La table égyptienne assure à chacun de quoi manger et boire, mais elle ne met jamais au cœur de sa réflexion ou de sa pratique la question politique du partage. En premier lieu, parce que le festin n'est pas un banquet, puisque les convives ne sont pas (et pour cause) des citoyens. Ensuite, parce que la table ne doit surtout pas dire l'égalité (pas même l'égalité dans la différence), mais la hiérarchie. Enfin, parce que ce n'est jamais au corps politique (à la dimension politique), mais au corps biologique, au corps religieux, à la rigueur hédoniste, que le festin s'adresse.

Le festin ou la mise en scène de la réjouissance

Les Égyptiens ne partagent pas une idéologie sacrificielle et doloriste : il n'y a rien à expier, il n'y a donc pas de rachat nécessaire à base de privations. Ce goût pour les réjouissances a aussi un fondement beaucoup plus politique. Le pharaon et l'ensemble des puissants doivent prendre du bon temps, car la joie de vivre est le signe même de leur réussite et de leur élection divine. Le bonheur apparent parle beaucoup plus que la seule exhibition des richesses. La table se doit alors d'être non seulement savoureuse, belle, mais joyeuse. On aurait tort de prendre à la lettre les appels à la frugalité de certains papyrus : « Si tu es convive à un banquet de quelqu'un de plus important que toi, accepte ce qu'il te donnera quand cela aura été placé devant ton nez. Tu ne dois regarder que ce qui est devant toi […] » ; « Si tu t'assois en société, déteste le pain que tu désires, c'est un court instant à se maîtriser. La gloutonnerie est de la bassesse, on montre du doigt à cause de cela. Un bol d'eau étanche la soif. Une bouchée de verdure affermit le cœur […] »[67]. Si tu t'assois

---

67. *Instructions pour Kagemni.* Cet enseignement compose les deux premières planches du Papyrus Prisse. Ce texte du Moyen Empire (XIe dynastie ?) est attribué au vizir Kagemni (voir Bibliothèque nationale de France, Cabinet des médailles [02/071]).

en compagnie d'un glouton, ne mange qu'après que sa faim est passée. Si tu bois en compagnie d'un ivrogne, ne te sers qu'une fois son envie assouvie. Ne t'agrippe pas à la viande à côté du vorace. Accepte quand il te donne »[68].

Il ne faut pas confondre ce discours avec un quelconque régime minceur, mais comme une condamnation d'une débauche dont nous n'avons plus idée : le festin est l'occasion d'un étalage de richesses, dont le fameux épisode des perles que Cléopâtre fait fondre dans du vinaigre n'est qu'un symptôme. La recherche de la modération en toute chose est le signe d'un jeu constant des élites avec la démesure (ce dont témoigne la construction des pyramides).

L'organisation des réunions mondaines

Je crois que c'est Madeleine Peters-Destéract qui emploie le terme le plus juste en parlant de réunions mondaines, car il s'agit avant tout de se réunir entre personnes de la bonne société et d'éblouir (dans le respect de la hiérarchie). Cette réunion mondaine est un discours, et déjà un discours de pouvoir car l'agencement est conçu pour exhiber (le respect dû à) la hiérarchie ; c'est aussi un discours sur le pouvoir, avec la joie de vivre qui sied aux puissants. Banqueter est tout un art : « Se tenir à table était manifestement un art complexe, régi par des conventions sociales très rigides, empreintes d'un grand respect de la hiérarchie, et dans lesquelles s'incarnait tout le système social de l'ancienne Égypte »[69].

La division se dit par des mets différents mais surtout par la façon de s'asseoir. La participation à la réunion mondaine est l'occasion d'une mise en scène : il y a ceux qui sont assis par terre, ceux qui disposent d'un tabouret, ceux qui s'assoient sur une chaise, ceux qui ont droit à un fauteuil, ceux dont le fauteuil est recouvert d'une peau de félin, ceux qui ont droit à des coussins, etc. le pharaon mange séparément. Le vizir également. Il y a des repas d'hommes et des repas de femmes, bien qu'ils puissent manger ensemble. Les codes à respecter sont précis : les soins du corps sont obligatoires avant le repas, cette obligation est davantage une contrainte de purification qu'un souci hygiénique, même si les Égyptiens sont réputés, alors, pour leur extrême propreté. Un repas doit toujours être associé à la réjouissance, mettre en scène sa joie de vivre est une obligation qui ne relève pas de la bienséance mais d'un statut politique. Ces réunions mondaines se font en musique avec un orchestre type de trois instruments

---

68. *Id.*
69. Pierre TALLET, *La Cuisine des pharaons, op. cit.*

(harpe, double flûte, tambourin). Les convives participent au spectacle en frappant des mains en cadence.

Cette mise en scène du bonheur est beaucoup plus savante qu'on ne le suppose : il ne s'agit pas, par exemple, de paraître plus heureux qu'un supérieur. Les réjouissances et leurs manifestations doivent être ajustées au statut social. La présence d'un supérieur oblige à en rabattre, celle d'un inférieur à surjouer. Le puissant « triste » n'est en quelque sorte pas digne d'être chef/roi. Le domestique enjoué ne tient pas sa place et ne fait pas preuve de respect. Le premier signe de la réjouissance est le port obligatoire du collier floral. Les hommes abandonnent la tenue liée aux autres activités pour revêtir un pagne recouvert d'une jupe longue transparente. Les femmes portent de longues robes à bretelles et des perruques tenues au niveau du front par une couronne ornée de fleurs. Elles ont les oreilles percées de grands anneaux. Leur maquillage est particulièrement élaboré et soigné, ainsi que leurs parfums. Le corps se trouve contraint dans ses mouvements par l'obligation de se tenir comme il convient (selon son rang), par l'obligation de se vêtir de façon adaptée, par la tradition qui veut que l'on tienne, à la main droite, une fleur de lotus, que l'on s'enivre de son doux parfum, la main gauche posée sur la poitrine.

Cet hymne au lotus peut être compris de deux façons simultanément. Le lotus est tout d'abord le symbole de la renaissance quotidienne de l'astre sacré : en effet, il se cache sous l'eau durant la nuit pour s'épanouir à chaque lever de soleil ; il est donc promesse d'un éternel recommencement, d'une longue vie. La présence de la fleur de lotus exprime ainsi cette contrainte de réjouissance, elle mobilise tous les sens : elle est belle, elle embaume, elle est tenue à la main, elle pourrait même être mangée. Ensuite, le lotus est l'emblème, beaucoup plus profane, des nymphéacées, ces végétaux aquatiques dont les différentes variétés sont très largement consommées. Le lotus hérite de ce double statut contradictoire : Il est l'emblème du jardin potager (donc de la néolithisation) alors qu'il renvoie davantage à la période de la cueillette. La laitue lui sera finalement préférée comme symbole de la virilité. Elle est également (contrairement au lotus) le produit du travail humain... Pierre Tallet rappelle que beaucoup de ces banquets conservent un caractère funéraire puisque le défunt reste présent, par le truchement de sa statue, avec une table abondamment garnie de victuailles placée devant lui...

Ces réunions mondaines ne sont jamais un prétexte à philosopher. Les Égyptiens ont un bon sens que l'on pourrait qualifier de pratique. Par exemple, ils ont des connaissances en matière d'astronomie beaucoup plus limitées que les Babyloniens, parce qu'ils n'ont conservé que ce qui leur est utile. Ils se moquent de posséder une connaissance encyclopédique en matière de sciences naturelles mais sont, en revanche, d'excellents agronomes. Ils s'intéressent peu à la métaphysique, contrairement aux civilisations antiques. L'Égypte compte peu (ou pas) de philosophes, mais des moralistes, comme le vizir Ptahhotep ou le pharaon Aménémopé (991- ? av. J.-C., XXIe dynastie) : l'idéal de vie qu'ils donnent est celui de l'équilibre, de la modération en toute chose, alimentaire bien sûr, mais aussi sexuelle. La table des puissants oscille ainsi entre une obligation de frugalité et une contrainte de réjouissance, alors que la table du pauvre invente, avec le mécanisme politique de la ration, un système de répartition qui ne doit rien à la bienveillance des riches.

Ces caractéristiques plus politiques que religieuses créent une table qui fait dire à Hérodote que les Égyptiens aiment tout ce que les autres peuples détestent. Il faut prendre au sérieux ce sentiment d'étrangeté qu'il s'agisse du « pain-bière », de la question du porc, de l'absence de partage au sens grec, d'une dimension symbolique où les symboles concernent les aliments eux-mêmes et non pas le partage alimentaire, et, notamment la circulation grecque du vin et de la parole. L'alimentation concerne les dieux, les rapports de chacun aux dieux, les rapports de chacun à soi, mais bien peu les rapports des uns avec les autres, si ce n'est, bien sûr, pour exprimer les relations de pouvoir et de soumission. L'alimentation est en effet un vecteur de pouvoir dans tout ce qu'il peut avoir de brutal, avec une cuisine surabondante, sophistiquée, volontiers magique…

Le moment est venu de quitter l'Égypte mais son histoire continue. Son époque hellénistique se caractérisera par une baisse de la culture de l'orge, alors utilisée comme fourrage et non plus avant tout pour nourrir le peuple. L'Égypte deviendra ensuite le grenier à froment de l'Empire romain. Cette prédominance du pain de froment sera caractéristique des Orientaux. Maïmonide explique qu'on doit cuire le pain de froment quand celui-ci est tout à fait mûr, mais bien avant qu'il ne commence à se gâter. On ne doit pas employer la farine épurée, mais la passer au crible pour éliminer les particules qui produisent de l'aigreur. Le riz, longtemps aliment de luxe, deviendra la deuxième céréale prédominante en Égypte au milieu du Xe siècle apr. J.-C. Ibn Koutaiba cite, au IXe siècle, le philosophe Al-Asmaa (828) disant : « Le riz blanc avec du beurre fondu et du sucre blanc n'est pas un mets de ce monde. »

Quatrième service : La table grecque

La table grecque ne se réduit pas au banquet, mais *deipnon* (repas) et *symposion* (qui désigne le moment où on boit ensemble) sont au cœur de la production politique de la société. Le politique, au sens grec, n'apparaît réalisé que dans la démocratie athénienne du Ve siècle, qui instaure une innovation radicale dans l'histoire de l'humanité : l'individu s'identifie totalement, pour la première fois, à son statut de citoyen. Sa participation à l'instance politique suffit à définir son identité personnelle et communautaire et subordonne toutes les autres formes de représentation. Quelles en sont les conséquences en termes de politiques alimentaires ? Cette innovation permettra un renouveau des politiques frumentaires sur la base notamment d'une autre interprétation des crises alimentaires : la famine n'est plus un châtiment divin d'une faute individuelle ou collective exigeant l'expulsion des coupables comme condition de l'apaisement des dieux, mais le signe de comportements injustes soumis à une appréciation morale collective.

La table comme partage

La Grèce antique est une confédération de cités-États dont l'histoire s'écoule sur plusieurs siècles : il y a donc des variations et des ruptures au sein de sa conception de la table mais, pour l'essentiel, sa grammaire reste identique. Si nous devons la conception de la table comme langage à la civilisation égyptienne, la Grèce généralisera la conception de la table comme partage. De la même façon qu'un même hiéroglyphe signifie « manger » et « parler », un même mot, *dais*, signifie « manger » et « partager » avec une connotation d'obligation. Il existait d'ailleurs un terme, *monophagein*, pour signifier « manger seul ». Manger seul, c'est manquer à sa dimension de *zoon politikon* (« animal civique »), c'est ne pas être pleinement civilisé et... ne pas vraiment manger. Peu importe ce qu'on partage, puisque l'essentiel c'est le partage lui-même. Le vocabulaire de nombreuses langues témoigne du caractère devenu quasi universel de cette conception de la table : copain ou compagnon, celui avec qui je partage le pain ; ami, celui avec qui je partage le sel (l'esprit).

La table du zoon politikon

La table doit donc être partagée, mais il existe plusieurs façons de partager. On connaît l'importance de cette question dans la philosophie grecque, avec l'opposition d'Aristote entre la justice redistributive et la justice commutative. Le repas grec est bien toujours un langage mais un langage du partage, avant d'être une langue faite de symboles alimentaires (comme le pain ou le vin). La table grecque est d'ailleurs beaucoup plus pauvre sur le plan culinaire que les tables mésopotamiennes et, bien sûr, romaines, car sa finalité est ailleurs. L'alimentation de la Grèce antique est déjà bien connue du public, grâce aux travaux de nombreux historiens dont Jean-Pierre Vernant et Marcel Detienne[70]. Nous devons aussi à Pauline Schmitt Pantel une copieuse analyse du banquet[71]. Cependant, nous consacrerons une première approche au repas ordinaire, car la question alimentaire grecque ne saurait être réduite à celle des banquets. Évidemment parce que tout le monde ne banquette pas et que, sauf exception, les femmes, les enfants, les esclaves en sont exclus ; ensuite, parce que deux des trois repas quotidiens se prennent sous une autre forme que celle du banquet.

L'importance des repas, pour les Grecs, n'est pas seulement physiologique, diététique, gastronomique, philosophique, mais elle est également politique. On mesure bien l'importance qu'ils accordaient à leur table en comparant la richesse de leur vocabulaire dans ce domaine à la grande pauvreté du nôtre : des dizaines de termes spécifiques différencient les types de banquets : *dais* est le repas partagé, *xenia* est le repas donné ou reçu dans le cadre de l'hospitalité, *eranos* est le repas où chacun apporte sa contribution, *euochia* est le repas qui apporte de la joie[72], etc. On remarquera d'ailleurs que cette richesse exprime beaucoup plus la diversité des

---

70. Jean-Pierre Vernant et Marcel Detienne, *La Cuisine du sacrifice en pays grec*, Paris, Gallimard, 1979.
71. Pauline Schmitt Pantel, *La Cité au banquet*, Paris-Rome, Publications de l'École française de Rome, 1992. Lire aussi son inventaire de l'historiographie existante : Pauline Schmitt Pantel, « Les banquets dans les cités grecques : bilan historiographique » in *Dialogues d'histoire ancienne*, Supplément n° 7, 2012, p. 73-93, numéro thématique : *L'histoire de l'alimentation dans l'Antiquité. Bilan historiographique* – Journée de printemps de la SOPHAU, 21 mai 2011.
72. Pauline Schmitt Pantel, *La Cité au banquet, op. cit.*

façons de pratiquer la commensalité que celle du contenu de l'assiette, sans doute parce que la table est avant tout pour les Grecs un instrument politique, mais plus seulement pour les chefs (comme dans les tables méso-potamiennes ou égyptiennes), mais aussi pour le *dèmos* puisque participer au banquet, c'est devenir citoyen ; cela vaut, en quelque sorte, comme carte d'identité et d'électeur. L'alimentation grecque est donc, de part en part, celle du *zoon politikon*. Les deux premiers principes visent à assurer la (re) production de la société en édictant des lois somptuaires et en organisant des distributions.

Les lois somptuaires

La Grèce antique, comme l'ensemble des grandes civilisations, adopte des lois somptuaires visant à brider l'exhibition du luxe, notamment alimentaire. Ces pratiques ostentatoires datent des premières sociétés transégalitaires. Nous avons déjà évoqué ces festins de compétition et l'évergétisme antique. Deux sortes de mesures seront prises dans l'histoire pour juguler ces compétitions : soit des lois visant à renforcer l'homogé-néité du groupe aristocratique, voire à interdire à certains riches de l'être plus que le roi, soit des lois prises contre l'aristocratie pour répondre à un souci de partage ou pour éviter un clientélisme excessif qui pourrait menacer la démocratie. Périandre, tyran de Corinthe, interdira de façon générale tous les plaisirs. Solon, législateur d'Athènes, prendra des mesures contre le goût excessif du luxe : il interdit d'immoler un bœuf lors des funérailles, il interdit aux femmes de sortir de chez elles avec plus de trois vêtements, d'emporter des vivres et boissons pour plus d'une obole et dans une corbeille grande de plus d'une coudée, afin de restreindre l'abondance lors des banquets par écots…

Les distributions alimentaires

La question du blé forme le souci majeur de la plupart des gouver-nements au point que le système politique grec n'abandonnera jamais la responsabilité de l'approvisionnement à l'initiative privée. Aux moyens traditionnels de transport et de conservation sont ajoutées des politiques de financement des stocks par les riches, d'abord de façon exceptionnelle, puis de façon permanente. Les cités grecques prennent ainsi l'habitude de procéder à des distributions gratuites en cas d'abondance, puis de famine, et enfin de façon quasi systématique. Ainsi des lois interdisent-elles de vendre du blé en dehors du territoire des cités pour éviter les spéculations. Après la famine de 329 av. J.-C. qui voit flamber le prix des céréales, Athènes décide d'une souscription destinée à financer régulièrement l'acquisition de blé ; à Samos, après 246 av. J.-C., les riches citoyens reçoivent la mission d'acquérir du blé de façon durable afin de pouvoir financer, au besoin, des distributions gratuites.

La cuisine de survie de Philon de Byzance

La cuisine dite « de survie » est bien sûr le parangon de l'intervention de la collectivité dans le domaine de l'alimentation. Elle nous permet de comprendre certains enjeux politiques. Philon de Byzance, architecte grec du IIe siècle av. J.-C., est l'auteur d'un traité de poliorcétique, composé de cinq titres dont le dernier concerne l'alimentation en situation de crise extrême lorsqu'une ville forte est attaquée et assiégée[73].

Premier principe : la nourriture et la boisson y sont définies comme des biens publics. « Il convient de déposer les biens publics dans des maisons particulières, mais [seulement] pour les articles peu susceptibles de corruption, par exemple l'orge grillée, le blé en bottes, le pois chiche, le lupin, l'ers (espèce de lentille), le sésame, l'hippaque ou fromage au lait de jument, le pavot pour la composition de médicaments, le millet, des pains de blé rouge. » Il est utile aussi de déposer dans les maisons particulières des oignons marins et d'autres, et d'en cultiver autour de la ville, tout le long des murailles, afin que, en employant la recette d'Épiménide, les citoyens ne souffrent pas dans les moments de disette : « Après avoir fait cuire les oignons, et les avoir coupés très menu, on y mélange un cinquième de sésame, environ un quinzième de pavot, et l'on broie le tout ensemble, en y ajoutant du miel de la meilleure qualité, puis l'on en fait des pastilles de la grosseur de fortes olives. Si l'on prend une dose de cette composition vers les 2 heures, et une autre vers les 10 heures, on n'aura point à craindre de souffrir beaucoup de la faim. »

Deuxième principe : il faut multiplier les techniques de conservation. Philon de Byzance cite la conservation de vesce torréfiée ou bien pétrie avec des olives, car par ce moyen, elle devient incorruptible, des foies conservés avec le fiel (excepté ceux des porcs), salés et séchés à l'ombre. Il recommande aussi de conserver, à destination des citoyens aisés, des viandes stockées en suspension, les unes dans la lie de vin, les autres dans le sel…

---

73. Charles-Émile Ruelle, « L'alimentation en temps de siège chez les anciens » in *Comptes rendus des séances de l'Académie des Inscriptions et Belles-Lettres*, 14e année, 1870. p. 307-315.

Troisième principe : Philon recommande de réquisitionner des professionnels par décret, dont des cuisiniers. Il recommande aussi de creuser des silos d'une profondeur de quatre doigts, de les recouvrir d'un enduit composé d'argile mêlée avec du marc d'olive et de la paille hachée qui « seront des magasins excellents pour recevoir les provisions susdites, lorsqu'elles auront subi une dessiccation complète. Le froment une fois introduit, il faut enfoncer à la partie centrale et faire entrer jusqu'au goulot une bouteille de vinaigre le plus acide, puis on mettra sur le tout une couverture faite avec des briques recouvert encore d'un enduit. De cette manière, les provisions seront à l'abri de la putréfaction ». Philon indique encore un autre moyen de préserver le blé de la corruption : c'est, après avoir fait une espèce de litière avec de la paille, de l'étendre tout autour des silos, puis la recouvrir d'un lit argileux, d'y mettre les approvisionnements et enfin d'y jeter du foie de cerf desséché et coupé par petits morceaux » [...] Quand on veut approvisionner une ville, il faut que ce soit au moins pour une année. Il faut faire les achats à l'époque où les denrées sont au plus bas prix, puis, après un certain laps de temps, on consomme les provisions anciennes, et l'on emmagasine de nouveau par précaution contre les cas de siège ou de disette... »

Les repas collectifs obligatoires

De nombreuses cités grecques iront beaucoup plus loin que les traditionnelles lois somptuaires ou l'organisation régulière de distributions de denrées, gratuites ou non, en instaurant le principe d'un repas collectif. Les modalités diffèrent d'un lieu et d'un moment à un autre mais restent voisines. Ces banquets obligatoires constituent, aux yeux des Grecs, une forme particulière d'organisation politique de la cité, une des formes de la *politeia*. La présence quotidienne aux repas communs, l'*andreion* en Crète, le *syssition* à Sparte, s'inscrit dans les obligations requises pour accéder à la citoyenneté et à la conserver. Selon Éphore (historien du IVe siècle av. J.-C.), fréquenter pour le jeune garçon, fils de citoyen, ce que les Crétois appellent les *agélés,* est un signe d'intégration dans le groupe des citoyens, comme en témoignent les cadeaux que reçoit le jeune Crétois au sortir de l'adolescence : à côté d'une panoplie qui confirme son nouveau statut de défenseur de la cité, un bœuf et une coupe le consacrent comme banqueteur[74].

---

74. Éphore *in* STRABON, *Géographie*, X, 4, 21, cité par Pauline SCHMITT PANTEL, « Les repas grecs, un rituel civique » *in* Jean-Louis FLANDRIN et Massimo MONTANARI (dirs), *Histoire de l'alimentation, op. cit.*, p. 159.

Les banquets spartiates

La situation de Sparte est la mieux connue : on attribue à Lycurgue, législateur mythique, la décision d'avoir imposé des banquets quotidiens obligatoires : « Il obligea les citoyens à manger tous en commun, et à se nourrir des mêmes viandes, des mêmes mets réglés par la loi. Il leur défendit de prendre chez eux leurs repas, sur des lits somptueux et devant des tables magnifiques ; de se mettre à la merci des pâtissiers et des cuisiniers ; et de s'engraisser dans les ténèbres, comme des animaux gloutons. C'est, en effet, corrompre à la fois son esprit et son corps, c'est lâcher la bride à toute sensualité et à toute débauche, et, par suite, se faire un besoin de longs sommeils, de bains chauds, d'une oisiveté continuelle, et, en quelque sorte, d'un traitement journalier de malade. C'était là un grand point ; mais un plus grand résultat encore, ce fut d'avoir mis les richesses hors d'état d'être volées… » (Plutarque).

Ces repas communs visent deux objectifs : ce sont, d'abord, des repas publics, c'est-à-dire des repas pris aux yeux de tous, afin que cette publicité soit la condition d'un réel partage et d'une transparence des modes de vie. L'opacité de la table est vue comme un manquement à toute société digne de ce nom. Ces repas communs sont aussi, obligatoirement, des repas simples et frugaux. Ce refus de l'abondance et du luxe est la condition d'une bonne éducation. Cette frugalité est également considérée comme suffisante par beaucoup. Ces banquets spartiates constituent le prototype du banquet aristocratique, puisqu'ils sont réservés aux seuls mâles adultes et membres de l'élite. Pour y être admis, le jeune Spartiate, âgé de 20 ans, doit passer les épreuves de la *krupteía* (« cryptie »), c'est-à-dire vivre seul, en pleine campagne, sans aide extérieure. La sélection ne cesse pas là, puisque pour être admis, il faut encore que le jeune homme soit accepté par ceux avec qui il va devoir partager la table : chacun des membres du *syssition*, qui en comprend une quinzaine (selon Plutarque, dans sa *Vie de Lycurgue*), vote avec une boulette de pain déposée solennellement dans une urne portée sur sa tête par un esclave. Si une seule de ces boulettes est écrasée, la candidature est impitoyablement rejetée. Ce système allie, sous les traits du cercle fraternel, des dimensions politiques et amicales, mais aussi guerrières puisque les tentes utilisées lors des campagnes militaires regroupaient aussi 15 soldats.

La table spartiate choisit de mêler les âges, afin que les plus jeunes soient instruits par l'expérience de leurs aînés. Le repas est frugal afin d'être davantage bavard. Les banquets sont des moments d'éloquence : on raconte de belles actions. Les textes fixent la quantité exacte de nourriture et de boisson par convive. Chacun apporte sa quote-part mensuelle, appelée *phidite*, composée de 77 litres d'orge, de 39 litres de vin, de 3 kilogrammes de fromage, de 1,5 kilogramme de figues et de 10 oboles pour pouvoir acheter la viande qui est partagée après le sacrifice. Le principal plat servi est un brouet noir composé de porc, de sel, de vinaigre et de sang. Chacun boit modérément et rentre chez soi sans lumière, car « il faut s'habituer à marcher hardiment et sans peur des ténèbres de la nuit ». La portion de terre allouée à chaque Spartiate et cultivée par les hilotes devait permettre à chacun de pouvoir apporter son écot, sans souci de richesses. Ajoutons qu'il est interdit de manger chez soi avant de venir au banquet. Cette institution provoquera la révolte des riches et une série de manifestations. On connaît la fameuse scène qui voit Lycurgue obligé de s'enfuir de la place publique. Cette organisation renvoie au fonctionnement oligarchique de la cité, puisque seuls les membres de l'aristocratie âgés de plus de 60 ans exercent un réel pouvoir à travers ce qu'on nomme « la Gérousie », équivalent spartiate du Sénat.

Les banquets crétois

La situation crétoise est différente, puisque même les enfants banquettent. Ils mangent entre eux, assis à même le sol, et assurent le service des adultes. Ils sont nourris aux frais de l'État. Chaque adulte apporte un dixième de sa récolte. Une femme assure la responsabilité de chaque groupe de convives et doit attribuer, selon les textes, les meilleurs morceaux à ceux qui se sont distingués à la guerre ou par leur sagesse. Ces banquets se tiennent dans deux bâtiments : l'un réservé aux Crétois, l'autre aux étrangers, et lorsqu'il n'existe qu'un unique bâtiment, les tables doivent être obligatoirement distinctes. Chacun bénéficie d'une part égale, les plus jeunes reçoivent une demi-part de viande. Les orphelins ont droit à une part entière, à l'exclusion des aliments épicés. Sur chaque table se trouve une coupe remplie d'un vin préalablement coupé d'eau. Après le repas, chacun boit une autre coupe de vin toujours coupé d'eau. Les enfants ont leur propre cratère[75]. Ces agapes terminées, vient le moment des délibérations et des décisions sur les affaires communes.

Plutarque, adepte de la répartition géométrique, loue Lycurgue de l'avoir instaurée à Sparte et condamne Solon, partisan de la répartition arithmétique. Dans d'autres cités de Laconie, dont Sparte est la capitale, chacun apporte de quoi manger, mais en respectant les quantités fixées par la loi (orge, vin, fromages et figues). Aristote critique, dans son livre *La Politique*, le système spartiate car, selon lui, les frais devraient être pris

---

75. Dans l'Antiquité grecque, le cratère était un récipient dans lequel on mélangeait le vin et l'eau. Voir *infra* les développements à propos du cratère dont la signification symbolique en faisait bien plus qu'un simple récipient.

en charge intégralement par le Trésor public. Pour Aristote, la finalité politique du banquet doit être de permettre davantage de démocratie, or le système par écot engendre moins de démocratie, puisque celui qui ne peut payer ne peut banqueter, donc se retrouve privé de sa citoyenneté. Cette finalité politique ne va pas sans influer sur les choix culinaires eux-mêmes : le plat typique des *syssities* (repas communs obligatoires) est le *cycéon*, une préparation intermédiaire entre la boisson et la nourriture, faite de gruau d'orge allongé d'eau et de vin, et additionnée d'herbes et d'aromates ; il est, aussi, parfois, réalisé avec du fromage de chèvre râpé et de l'oignon.

Alimentation sacrée contre alimentation ordinaire ?

Comment présenter la table grecque sans tomber dans les travers habituels ? Le premier risque est d'opposer trop rapidement les repas sacrés aux repas ordinaires, à la façon du grand historien du XIXe siècle Fustel de Coulanges. Jean-Pierre Vernant explique que cette opposition n'a pas de sens (et ne peut en avoir) dans la cité grecque où existent des formes et des degrés différents de sacralité, plutôt qu'une polarité entre le sacré et ce qui serait profane. Chaque repas, fût-il ordinaire, est déjà sacré par la simple commensalité. Prolongeons cette mise au point de Vernant par la mise en garde de Paul Veyne qui appelait à relativiser la dimension religieuse des banquets grecs, puisqu'on sacrifiait et banquetait dans les temples, comme on se rendait, tout aussi banalement, aux jeux sportifs, pourtant eux aussi dédiés aux divinités. Comme l'écrit Veyne, la dimension religieuse est si intimement mêlée au quotidien qu'elle peut l'être sans manquement, mais également sans intensité. Des amis achètent ensemble un animal (le plus souvent un porc) qu'ils vont sacrifier au temple, en laissant bien sûr le cuissot droit aux prêtres. Ils peuvent ensuite emporter la viande pour la consommer chez l'un d'eux, ou choisir de manger sur place, dans une salle disponible au sein des temples. Le banquet est conçu pour rendre hommage aux dieux sans rien attendre d'eux. D'abord, parce que l'âge d'or de la commensalité entre les dieux et les hommes est définitivement révolu ; ensuite, parce que « les dieux sont de puissants étrangers qui vivent leur vie, ont leur vie à eux, vivent pour eux-mêmes et s'intéressent plus ou moins à l'humanité. Il en est d'eux comme il en est des grands de ce monde : on s'adresse à eux pour les honorer, pour les remercier ou pour leur demander quelque chose »[76].

---

76. Paul VEYNE, *Le pain et le cirque. Sociologie historique d'un pluralisme politique*, Paris, « L'Univers historique », Éditions du Seuil, 1976.

La question de la frugalité

La table grecque se pense en rupture avec la civilisation mésopotamienne. La gourmandise est jugée comme une des causes principales de la décadence. La table perse constitue un repoussoir, un contre-modèle, mais aussi un héritage que les Grecs transmettront *nolens volens* aux Romains, qui, eux, l'apprécieront. Cette rupture doit être bien comprise, car si la table grecque partage avec les tables mésopotamiennes et égyptiennes les mêmes ingrédients de base, elle les fait fonctionner tout autrement, dans le cadre d'une autre grammaire. La table grecque reprend les mêmes mets, mais sa triade est différente puisqu'elle instaure la primauté du pain, de l'huile d'olive et du vin. Elle adopte, de même, la forme du banquet couché, mais en lui donnant un autre sens. La table grecque se montre frugale pour mieux être politique. Ainsi Platon nourrit sa république idéale avec quelques aliments simples : « Ils auront du sel évidemment, des olives, du fromage, des oignons et ces légumes cuits que l'on prépare à la campagne. Pour dessert nous leur servirons même des figues, des pois et des fèves » (*La République*, 372c). Cette frugalité n'est pas d'abord la conséquence des conditions climatiques, mais celles de choix politico-philosophiques qui conduisent à exclure le luxe. La gourmandise est considérée comme un signe de mollesse orientale.

Le Romain Plutarque, dans *Les Symposiaques*, exprimera une critique acerbe des modalités politique du partage au sein du banquet grec en opposant entre eux les principes de mise en commun de la nourriture et de partage égal. Il règle son sort, rapidement, à la première formule car, avec la mise en commun, « le glouton se fait un ennemi de qui ne peut suivre et demeure en arrière ». Le partage égal est certes un gage de justice et de simplicité, mais la division de la viande avec tirage au sort des portions détruit la communauté : il y aurait autant de dîneurs que de dîners, mais de convives point (*sic*). Plutarque conteste également le fait de donner la même quantité à chacun, car cette mesure pour qui a besoin de peu est trop grande, et pour qui a besoin de plus, trop petite (*sic*). Cette égalité arithmétique, chère aux Grecs, serait donc celle des repas de soldats : « On y meurt de faim et de soif… » Plutarque choisit la raison géométrique, mais ce partage moins rude ne serait plus possible en raison du développement du goût du luxe : « C'est avec le luxe que le partage égalitaire se perdit car impossible de diviser des gâteaux, des soufflés, des sauces et tous ces jus et épices » ; « On céda donc à la gourmandise, à la recherche de la volupté, donc on abandonna le partage égalitaire des mets » ; « Celui qui rétablit l'usage de la répartition fait revivre en même temps la frugalité. » Un Grec ne pourrait mieux dire : le partage, quelle qu'en soit la forme, suppose d'en rester à une table simple.

Les manières de table

Les Grecs mangent trois fois par jour : un petit déjeuner composé de pain trempé dans du vin pur avec, parfois, des figues, du fromage et des olives. Un deuxième repas, au début de l'après-midi, en principe frugal et froid. Cette obligation de manger froid et, en principe, uniquement des restes, s'explique par le fait que cette collation consommée en solitaire ne doit pas être une source de plaisir. Elle ne doit satisfaire que les seuls besoins du corps biologique. Le *zoon politikon* (être social) n'est donc pas (ou peu) concerné par ce repas de midi. Le troisième repas est essentiel puisqu'il se partage dès la nuit tombée. Lui seul bénéficie du nom de *deipnon* car il satisfait la dimension politique des humains. Les hommes mangent d'abord, puis les femmes et les enfants. Les esclaves servent les hommes, sinon ce sont les femmes et les enfants. Un Grec mange ordinairement assis, sauf pour les banquets où il mange couché. La vaisselle est abondante : écuelles en terre cuite, en métal, même si on utilise le plus souvent des galettes de pain faisant fonction d'assiette. Les Grecs mangent avec les doigts, mais disposent d'un couteau et d'une cuiller. Des morceaux prédécoupés de pain permettent de saisir la nourriture. Des morceaux de pain sont utilisés pour s'essuyer les doigts et les lèvres.

La farine d'orge contre le pain de blé

Déméter, déesse des Moissons, est l'une des déesses les plus aimées, car mère nourricière. Les céréales constituent la base de l'alimentation (orge, épeautre, blé dur)[77]. Les Grecs se présentent comme des mangeurs de pain, mais la réalité est autre. Le blé restera longtemps plus un symbole politique qu'une réalité, et c'est l'orge, parfois mélangée avec du froment, mangée sous forme de *maza* (« galette plate ») et non de pain, qui constitue véritablement l'aliment de base. Les Grecs sont des mangeurs d'orge, face aux Romains mangeurs de bouillie. L'orge est réduite en gruau, donc moulue pour en faire une farine grossière. Homère définit ainsi les humains comme des « mangeurs de farine » (d'orge). Platon veut en faire, dans *La République*, la base de l'alimentation humaine. Le serment de fidélité à la patrie des jeunes Athéniens est cependant porté à la terre où « poussent le blé, la vigne et l'olivier ». Les céréales sont servies avec des légumes (choux, épinards, oignons, laitues, radis, lentilles, fèves, etc.). Cette complémentarité obligatoire entre le « pain » (d'orge) et ses compléments permet de mieux comprendre le statut réservé au luxe. Si seul le « pain »

---

77. Marie-Claire AMOURETTI, *Le pain et l'huile d'olive dans la Grèce antique. De l'araire au moulin*, Annales littéraires de l'université de Besançon, Paris, Les Belles Lettres, 1986.

(fût-il une galette d'orge) constitue l'aliment indispensable, cela renvoie ses compléments (légumes, légumineuses) du côté du luxe ; mais attention, cela ne signifie pas que ce luxe soit superflu, dans la mesure où c'est lui qui permet de manger le nécessaire qui, sans lui, serait insipide. Ce luxe-ci est donc un bien dans la mesure où il vient fortifier le nécessaire. La recherche du plaisir alimentaire se trouve ainsi (re)légitimée, sitôt exclue. On mange toujours par et avec plaisir, non seulement parce qu'on ne mange pas seul et qu'on choisit ses convives, mais parce qu'on mange des légumes.

Le statut de la viande

La nouvelle triade alimentaire (blé, huile d'olive et vin) exclut la viande. Ce qui ne signifie pas qu'elle soit moins importante que dans les tables mésopotamiennes, mais que son statut politico-juridique est différent. Massimo Montanari explique que la viande est encore plus indissociable de la logique de sacrifice dans le monde grec que dans le monde romain[78]. La consommation de la viande est donc faible, car liée aux sacrifices sanglants. Les historiens estiment à deux kilos la consommation annuelle d'un Grec. Aux yeux des Grecs, un mangeur de viande est un Barbare, de même un buveur de lait. Je n'oublie pas les sectes pythagoriciennes et orphiques qui refusent de manger de la viande en raison de leur foi dans la métempsychose et, surtout, en raison de leur refus de la répartition comme fondement de la société.

Manger de la viande est complexe

La consommation de viande est une chose complexe pour un Grec. En premier lieu, parce qu'il lui faut différencier les types de viande selon qu'il s'agit de viande de sacrifice ou de boucherie, d'animaux non sacrifiés ou non sacrifiables. En second lieu, parce que les bouchers qui interviennent ne sont pas les mêmes (*mageiros*, *opsopoios* et *deipnopoios*) et ne font pas les mêmes gestes. Le *mageiros* est le seul à être sacrificateur, boucher et cuisinier. Il intervient donc principalement dans le cadre des sacrifices publics. Son activité est hautement ritualisée et requiert des gestes très précis. Les animaux restés en dehors du circuit du sacrifice (reconnus impropres après l'immolation, ou morts naturellement et, en principe, non consommables), atterrissent dans un autre circuit, avec ses propres bouchers, ses propres règles.

---

78. Massimo Montanari, *La Faim et l'Abondance. Histoire de l'alimentation en Europe*, Paris, Éditions du Seuil, 1998.

Le sacrifice animal reste exceptionnel et sa vocation est d'abord de resserrer les liens de la communauté avec les dieux mais aussi avec les institutions. La cuisine du sacrifice repose sur un double interdit : celui de sacrifier le bœuf, compagnon de travail de l'homme, et le mouton, en raison de sa laine. Les bovicides sont d'ailleurs condamnés aussi sévèrement que les homicides. Le bœuf est considéré en effet comme un animal plus ou moins humain. Lorsqu'un bovicide est nécessaire, il est entouré de rituels de purification. Les Grecs peuvent, en revanche, sacrifier (donc consommer) la vache. On le voit, ce système d'interdits est contraire à celui en vigueur en Égypte, puisque les Égyptiens interdisaient le sacrifice de la vache, mais rendaient possible celui du bœuf et des veaux. Hérodote note d'ailleurs que jamais un(e) Égyptien(ne) n'aurait embrassé un(e) Grec(que) sur les lèvres, en raison de cette consommation de vache sacrée. Le second interdit, portant sur la consommation de toute viande provenant d'un animal non tué par des humains, dit l'impossible commensalité avec les animaux. Le partage de la viande n'est donc possible qu'entre humains (civilisés). Ces animaux tués autrement reçoivent d'ailleurs des appellations différentes. L'homme ne peut se faire charognard sans remettre en cause son humanité. La question de l'hygiène (celle de la trans-mission des maladies par commensalité) est très secondaire par rapport à ce souci anthropologique.

Le sacrifice est aussi un acte politique

Sacrifier, explique Vernant, est un acte religieux, mais aussi politique parce qu'il repose sur un partage entre les dieux et les hommes, puis entre les hommes. Cette thèse se vérifie au niveau des techniques de découpe bouchère qui servent à dire le type de société politique à laquelle on aspire. Le sacrifice est politique parce qu'il sert à dire la société et, en conséquence, ses divisions. Il est en effet suivi du partage, donc dépend des choix de partage effectués : partage égalitaire ou inégalitaire, égalité dans le respect des différences ou pas. Plusieurs régimes (politiques) de découpe ont existé simultanément. L'égalité dans la différence peut être dite par le système des morceaux choisis ou par celui des doubles ou triples rations accordées à certains magistrats. L'idéal égalitaire conduit au tirage au sort des morceaux, ou mieux, à la fricassée, qui repose sur des morceaux (rendus) interchangeables par la découpe. Cette prédilection pour l'idéal démocratique de la fricassée est renforcée par le fait que sa préparation se marie bien avec le recours au bouilli, plus civilisé aux yeux des Grecs que le rôti lui-même, davantage que le grillé. La fricassée satisfait donc à la fois aux contraintes de démocratisation et d'humanisation.

Le sacrifice est politique parce qu'imposant la redistribution des restes, il ne dit pas seulement l'égalité/inégalité mais fonde des politiques alimentaires. Les restes sont en effet, sauf rituel exceptionnel de l'hécatombe, beaucoup plus importants que la part des dieux. Pour les sacrifices ordinaires, cette part divine peut être de quelques poils ; pour les grands sacrifices, elle comprend les viscères, le sang, les os, la graisse. Les sacrifices donnent à manger au peuple. Les courants conservateurs n'auront d'ailleurs de cesse de vouloir les maintenir dans des limites étroites en dénonçant la possibilité ainsi offerte au peuple d'accéder, grâce à cette générosité, à des plaisirs illégitimes et dangereux. Certains spécialistes, comme Michael H. Jameson, qualifient ces sacrifices d'« antiéconomique », car il aurait été beaucoup moins coûteux pour la société grecque de nourrir le peuple uniquement avec des céréales. Cette thèse mérite d'être prise au sérieux, même si cet « antiéconomisme » est sans doute le prix à payer pour permettre l'invention de la démocratie. Dire que le peuple a le droit de manger de la viande, c'est défendre le droit du peuple aux bienfaits du sacrifice. La question économique est cependant réinscrite au cœur des sacrifices car si, pour les sacrifices privés, on utilise surtout des porcs (animal le moins cher), si, pour ceux des temples, ce sont surtout des brebis, ce n'est que pour les sacrifices royaux qu'on utilise des bovins.

Le statut du fromage

On présente souvent les Grecs anciens comme des mangeurs de fromage. Ce peuple d'éleveurs, plus que d'agriculteurs, aurait dû développer cette façon de consommer du lait, afin de pouvoir le stocker et le conserver malgré le climat. Les Grecs fabriquent de gros fromages de formes rondes et compactes avec du lait de brebis, de vache, de jument, d'ânesse, de bufflonne, de chèvre. Beaucoup d'interdits sur le fromage de chèvre existent car si le sacrifice de chèvres est possible à Sparte, il est prohibé partout ailleurs. Les rites ordinaires de purification comprennent souvent en plus de l'abstinence sexuelle, celle de la consommation de viande de chèvre et de fromage de chèvre. La professeure québécoise Janick Auberger, spécialiste du lait dans la Grèce antique, ajouterait volontiers que les Grecs sont des mangeurs honteux de fromages, car, même si la fabrication du fromage apparaît comme une première étape permettant de faire du lait, ce produit non civilisé, tout juste bon pour les enfants, un aliment semi-civilisé, il conserve cependant quelque chose de son origine[79]. Le lait n'est certes pas mauvais en soi puisqu'il a été, jusqu'à la

---

79. Janick Auberger, « Le lait des Grecs : boisson divine ou barbare ? » in *Dialogues d'histoire ancienne*, vol. 27, n° 1, 2001, p. 131-157.

perte définitive de l'âge d'or, l'aliment divin par excellence (avec le miel), mais depuis que les humains ne mangent plus avec les dieux, depuis qu'ils font société, c'est-à-dire depuis qu'ils vivent du produit de leur travail, le lait est devenu animal et barbare. Janick Auberger explique que le lait, associé au miel tant que dura l'âge d'or, est désormais lié au sang. Selon Aristote, si le sperme est du sang cuit par l'homme, le lait est du sang non cuit par la femme, car elle n'est pas assez chaude. Le lait est donc responsable des tempéraments mous et efféminés. Janick Auberger rappelle que l'analogie entre le sang et le lait signifie aussi que la coagulation du lait en fromage équivaut à la naissance de la chair humaine. Le christianisme reprendra cette analogie à sa façon en pensant le fromage comme produit d'un enfantement, comme mystère de l'incarnation. Janick Auberger soutient donc que la seule chose qui rende le fromage digne d'un Grec, c'est d'être obligatoirement mélangé avec autre chose de façon rituelle : « C'est la recette, le produit élaboré et le rituel [...] qui transforment l'aliment vulgaire en mets raffiné [...] Se repaître de fromage frais sans nul autre accompagnement que du lait brut, c'est vivre à l'état primitif, comme un nomade paresseux, quelle que soit la qualité du produit séché sur les claies. »

Le fromage n'est donc l'alimentation de l'homme civilisé que s'il s'accompagne de rituels et, parmi eux, le mélange indispensable avec d'autres denrées. Il entre ainsi dans la composition du *cycéon*, cette bouillie liquide reconstituante faite de vin, de farine et de fromage de chèvre râpé. Il est mangé avec du pain ou des olives. On fabrique des pains et des gâteaux avec du fromage. Le fromage peut aussi être offert en cadeau à la condition qu'il soit associé à un autre aliment. Il peut être une offrande, mais dans la mesure où il est frais et pur ; il est alors sacrifié avec du miel et de la farine dans des rites d'initiation des enfants.

Janick Auberger poursuit en notant que non seulement le fromage est recherché comme substitut à la viande, mais que les Grecs ont posé une véritable « équivalence générale » entre la viande et le fromage. Nous découvrons ici une dernière fonctionnalité du fromage accompagné d'autre chose, puisqu'il devient « le symbole même d'une frugalité satisfaite » (Auberger). Comme il est surtout utilisé râpé, la râpe à fromage est devenue pour cette raison l'instrument de la frugalité, donc de la maîtrise de soi. Janick Auberger note toutefois que fromages et fromagers constitueront toujours un ressort comique assez constant chez les Grecs : une façon de ridiculiser la démocratie athénienne, signe d'un manque d'ambition généralisé. Aristophane se moque ainsi d'une démocratie de petits marchands de fromage (*sic*).

Le statut de la pâtisserie

La Grèce donne une nouvelle occasion d'interroger le statut de la pâtisserie. Homère ne met sur la table des héros que des viandes, propres à tenir le corps et l'esprit en bon état, mais il exclut totalement la pâtisserie fine. Plutarque fournit peut-être une explication en faisant des gâteaux, mais aussi des soufflés, des sauces et des épices, le signe de l'oubli de la frugalité. Les Grecs sont pourtant des amateurs de gâteaux et pas seulement lors des sacrifices. Les gâteaux ne sont pas affaire de gourmandise, mais de discours. Les gâteaux sont à la fois divins, c'est-à-dire des offrandes faites aux dieux, et « royaux », c'est-à-dire des emblèmes du pouvoir politique et de sa puissance. Les gâteaux ont toujours servi, aussi, à développer des symboliques sexuelles. Les premiers gâteaux semblent avoir été de simples icônes en pâte : gâteaux dotés de protubérances représentant les parties sexuelles, avec des organes génitaux pour le culte de Priape ; et gâteaux de forme circulaire, donc de sexe féminin. Parmi les offrandes, les Grecs accordent une place particulière aux gâteaux puisqu'ils ont repris la coutume d'en substituer aux victimes véritables. Athénée évoque la filiation de l'Égypte antique avec des rituels qui consistent, lors des sacrifices humains, à couvrir les victimes de pâtisseries et de poussins. La pâtisserie n'est donc pas un domaine culinaire comparable aux autres, c'est pourquoi elle échappe à la compétence des cuisiniers pour être dévolue exclusivement à des femmes dénommées des *deemiourgoi*. Elles utilisent la symbolique des saveurs (miel, fromage, céréales diverses) et des formes. Le vocabulaire utilisé change selon la nature et la fonction de chaque gâteau. Un gâteau étant toujours cuit, il se situe d'emblée du côté de la civilisation. À ce titre, l'offrande de gâteau n'a pas la même signification que celle de graines. Un gâteau flatte la gourmandise autant par les yeux, le nez que par la bouche. Nourriture des dieux, symbole de richesse et de pouvoir, il deviendra, progressivement, nourriture des puissants, mise en signe de leur puissance.

Les banquets, principale source de plaisir

Le *symposion* constitue la principale source de plaisir des citoyens grecs. Pauline Schmitt Pantel sera notre principale guide pour présenter les banquets : « Tout repas est *symposion*, donc tout banquet a une dimension religieuse. » Le fait de manger certains aliments et de boire certaines boissons met en jeu les rapports entre les hommes et les dieux, mais aussi entre les hommes. On sait déjà qu'existent deux partages successifs pour les viandes : un premier partage entre les hommes et les dieux (os et graisses brûlés sur l'autel) puis un second partage entre les hommes, qui s'effectue selon diverses modalités politiques faisant jouer à la fois les principes de hiérarchie et d'égalité. Tout repas rappelle donc, d'une part, le temps où hommes et dieux vivaient et mangeaient ensemble et, d'autre part, la séparation définitive entre les mondes des dieux et des humains. Conséquence : les hommes sont désormais les seuls à devoir se reproduire et donc à mourir, donc aussi à consommer des aliments. Chaque repas rappelle ainsi la place respective du divin, de l'humain et du bestial. Comme l'analyse Pauline Schmitt Pantel, manger et boire sont des actes qui, en eux-mêmes, n'ont guère d'intérêt pour les Grecs, puisque l'important selon eux c'est le type de rapports qui s'instaurent autour de la nourriture et de la boisson prises en commun. On croise ici la thèse de Jean-Pierre Vernant : la commensalité est presque toujours le fondement de la communauté. Si Pauline Schmitt Pantel permet de comprendre que les banquets grecs ne sont ni une survivance tribale ni un emprunt au modèle militaire, mais un élargissement et une institutionnalisation des pratiques aristocratiques, les Grecs des premiers siècles de notre ère ne comprendront plus le repas partagé comme le fondement de la vie civique et en feront une simple affaire privée. L'iconographie dit beaucoup sur les enjeux politiques qui ont accompagné la généralisation des usages alimentaires propres aux élites aristocratiques. En se démocratisant, les banquets ont perdu progressivement les emblèmes de la vie aristocratique comme le cheval (une statue équestre témoignait d'une position sociale élevée) et le chien (de chasse). La disparition de ces emblèmes aurait pu être un signe d'amollissement, c'est pourquoi les Grecs inventèrent d'autres dispositifs pour maintenir leurs valeurs. Le banquet est une affaire trop sérieuse pour être laissé à l'initiative de chacun. On reproche à Aristippe, philosophe du plaisir, de trop aimer faire la fête. Ce à quoi il répondra : « On la fait bien en l'honneur des dieux » : autrement dit, c'est bien parce que les dieux prennent plaisir à voir les hommes faire ripaille en leur honneur qu'il ne s'agit pas d'opposer le sérieux et le futile, mais de distinguer entre différentes façons de faire la fête, en demeurant sérieux. Le refus de la mollesse condamne tout relâchement des corps et des débats.

Opposition du deipnon *et du* symposion

Pauline Schmitt Pantel a montré que le banquet a pris plusieurs formes différentes depuis qu'il n'est plus une modalité de la sociabilité aristocratique. La principale caractéristique, c'est qu'on ne peut opposer les banquets privés, religieux et politiques car tout est à la fois politique, religieux et amical. Le banquet sert généralement à dire la citoyenneté, c'est-à-dire la participation. Les citoyens banquettent, certes, avec plaisir, mais ils banquettent toujours selon des règles précises, et hors la présence des non-citoyens, qui peuvent être invités à un repas dénommé *xenia*, mais jamais au *deipnon*. En effet, l'hospitalité n'est pas celle d'un repas, mais d'un sacrifice d'hospitalité qui crée un nouveau lien : on devient hôte de la cité ou d'une personne. Ces différents types de banquets ont en commun de reposer sur l'opposition structurante du *deipnon*, moment consacré à la consommation des aliments, et du *symposion*, destiné à la circulation de la parole grâce au vin. Cette grammaire du banquet n'a de sens que reporté à la conception même de l'humanité depuis sa séparation d'avec le monde des dieux. Le *deipnon* est davantage une contrainte qui correspond aux besoins alimentaires. Le *symposion* apparaît comme une consolation de la condition humaine.

Qui participe au banquet ?

La première grande question est de déterminer qui prend part au banquet. Il convient ici de distinguer les banquets aristocratiques qui, relevant de la vie privée, réunissent des personnes partageant le même mode de vie. Ces banquets aristocratiques réunissent donc, dans une certaine équivalence, des hommes adultes portant la barbe, des jeunes gens imberbes et quelques femmes. Les convives sont étendus, seuls ou par deux, sur des lits garnis de couvertures et de coussins.

Les banquets démocratisés, au contraire, mobilisent un public hétérogène, des individus qui n'ont de commun que leur citoyenneté mais qui diffèrent par leurs modes de vie, leur richesse. Ces banquets démocratisés réunissent ordinairement trois types de convives : l'hôte et ses proches, ses amis, et des personnages nommés « parasites ». Beaucoup de banquets se tiennent sans femmes, même si elles font parfois une apparition. Celles qui apparaissent couchées sur les lits avec les convives masculins, vêtues d'un simple *chiton* ou d'un *himation* ou même entièrement nues sont des hétaïres.

Les parasites

Parasitein est un geste habituel au sein des sanctuaires religieux, bien avant que Solon n'étende le dispositif aux banquets : il crée un tour de rôle et précise qu'un citoyen ne doit pas participer trop souvent (signe d'avidité) ni refuser de se rendre au banquet (mépris de la communauté). Ce système va progressivement prendre de l'importance dans d'autres contextes : des citoyens doivent à tour de rôle *parasitein* et des cités envoient des *parasitoi* (« parasites ») pour une durée d'un an pour les représenter auprès d'autres villes. Les Grecs apprendront cependant très vite à distinguer selon les parasites. Le parasite *adoxos* est celui qui n'a pas de *doxa*, celui qui parasite sans gloire. Le parasite valorisé, selon Pauline Schmitt Pantel, est celui qui est plus familier de la fumée des autels que du fumet des cuisines. Les *parasitoi* sont des personnages officiels : ils sont choisis, leur mandat dure une année. Il faut une double ascendance athénienne, posséder des biens et avoir une vie honorable. Ce sont donc des magistrats qui ont d'abord des fonctions religieuses : ils participent aux sacrifices, mais surtout, ils mangent « aux côtés de… » Pauline Schmitt Pantel soutient que cette mise en place d'une commensalité par délégation constitue la naissance du système représentatif lui-même : « Nous touchons le début du processus qui va de plus en plus abstraire la définition de la citoyenneté de la pratique de la nourriture en commun. »

L'adoption du banquet semi-couché

Les plus vieux banquets se tenaient assis en accordant une grande importance à la nature du siège (simple tabouret, chaise, fauteuil, trône, etc.). On doit à Jean-Marc Dentzer une savoureuse histoire du *Motif du banquet couché dans le Proche-Orient et le monde grec du VIIe au IVe siècle av. J.-C.*[80] Le banquet couché apparaît dans le monde grec et étrusque au tournant du VIIe au VIe siècle : il devient, à l'instar de la chasse, une manifestation du pouvoir royal. La position couchée est d'abord considérée comme un privilège des rois : le lit est un emblème de pouvoir, comme le trône, et le roi reçoit couché. Alexandre le Grand traite des affaires soit sur son trône soit sur son lit d'argent. La Grèce, en empruntant ce dispositif oriental, lui donne cependant progressivement une autre signification, puisque ce sont tous les convives qui vont banqueter couchés, signe de leur mise en équivalence générale. Cette adoption ne va pas sans susciter de nombreuses réactions négatives : les cyniques refusent de s'allonger et mangent debout, en signe de simplicité et de frugalité. Athénée voit dans le banquet couché un signe de mollesse, donc de décadence, bref un cadeau empoisonné des Orientaux aux Grecs. Le banquet assis reste donc considéré comme spontanément plus noble ; manger couché est en principe interdit aux femmes, enfants et esclaves, c'est-à-dire à tous ceux que leur identité conduit déjà naturellement à la mollesse. Ainsi, à la cour de Macédoine : un jeune homme, pour manger couché, doit d'abord tuer un sanglier avec un épieu sans utiliser de filet.

---

80. Jean-Marc DENTZER, *Le motif du banquet couché dans le Proche-Orient et le monde grec du VIIe au IVe siècle avant J.-C.*, Paris-Rome, « Bibliothèque des écoles françaises d'Athènes et de Rome », n° 246, Publications de l'École française de Rome, 1982.

Le deipnon

Luciana Romeri explique que, pour les Grecs, le besoin de nourriture empêche toute aspiration à un état de perfection divine, puisque les dieux ne mangent pas de pain, ni ne boivent de vin[81]. Les hommes ne peuvent que remplacer le nectar et l'ambroisie des dieux. La nourriture c'est donc ce qui lie l'homme à son état d'éternel affamé. La bouche n'est pas seulement du côté du mal, car elle peut aussi faire du bien. Ce qui fait le plus de mal, c'est l'homme de besoin (alimentaire) ; ce qui fait le plus de bien, c'est l'homme de parole : « L'intérêt de la question n'est pas tellement que la parole soit bonne ou mauvaise, mais que la langue soit bonne en tant qu'elle sert la parole et mauvaise en tant qu'elle sert la nourriture »[82]. La nourriture, parce qu'elle renvoie à l'ordre du besoin, serait la dimension politique, alors que la parole, parce qu'elle sert l'ordre du bien, serait la dimension philosophique. L'appareil digestif est lui-même double : la première partie, disposée entre le diaphragme et le cou (donc plus proche du divin) est la source du courage ; la seconde partie, située au-dessous du diaphragme, correspond à la partie désirante de l'âme mortelle, celle de l'appétit. Le banquet grec aurait donc comme grand enjeu de « tromper sa faim », c'est-à-dire, explique Luciana Romeri, d'aménager le besoin de nourriture dans un temps le plus limité possible, de tempérer ce besoin au moment de sa satisfaction, de délaisser les nourritures solides trop nourrissantes, de préférer à la viande des aliments moins gras, tels les soupes, les légumes, les poissons, etc. Ces prescriptions actualisent les principes de frugalité et de simplicité. Beaucoup de banquets se tiennent ainsi sans viande car le sacrifice animal est exceptionnel. Athénée relativise cette double contrainte en relevant que les poissons et pâtisseries constituent l'apogée du banquet, car ils permettent aux amphitryons d'exhiber leur savoir-faire et celui de leurs domestiques en matière culinaire.

Le personnel en charge des banquets est important. Outre le symposiarque, Athénée évoque la fonction des *trapezopoioi*, différente de celle des cuisiniers : ils tiennent les lampes prêtes, arrangent les lits de table, surveillent le bon déroulement du repas. Ils n'ont en revanche aucun pouvoir sur la cuisine. Manger est certes de peu d'importance, mais les Grecs accordent cependant à cette satisfaction des besoins (trop) humains une certaine attention. Ainsi Athénée fait-il parler des cuisiniers dans son livre sur les banquets : l'un veut avoir la liste des convives pour adapter le repas aux goûts de chaque peuple. Aux Rhodiens, il faut donner

---

81. Luciana Romeri, « Philosophes entre mots et mets. Plutarque, Lucien et Athénée autour de la table de Platon » in *L'Antiquité classique*, vol. 75, n° 1, 2006, p. 420-422.
82. *Id.*, *ibid.*

un grand silure sur une sauce bien chaude et cuit au court-bouillon. Aux Byzantins, il faut tout arroser d'absinthe, saler fortement et larder d'ail pour compenser la grande quantité de poissons qu'ils mangent, ce qui les remplit de « saburre visqueuse et de pituite ». Aux anciens, il faut une alimentation spécifique qui ouvre l'appétit, comme des cigales ou des raves macérées dans du vinaigre avec de la moutarde.

Le symposion

Le *symposion* est consacré à la circulation de la boisson et de la parole. Une série de rituels marque une séparation ferme avec le moment du *deipnon*. Les serviteurs nettoient les tables et le sol tandis que les convives se ceignent la tête de guirlandes, de couronnes de fleurs ou de feuilles. Le *symposion* commence par une libation de vin pur (seul cas où l'on peut servir du vin pur) et un péan à Apollon que chantent tous les convives. Le *symposion* obéit à des règles strictes dont le choix d'un meneur de jeu, dénommé le « symposiarque ». Platon explique qu'il convient de choisir un symposiarque qui soit réfractaire aux emportements et donc capable de veiller à la préservation de l'amitié. Le vin est réservé aux hommes et, selon Platon, à ceux qui ne sont plus jeunes. Comme l'écrit Pierre Boyancé, dans son étude consacrée à Platon et au vin[83], pour les Grecs, dire que le vin contient du feu n'est pas une simple métaphore mais l'expression d'une réalité physique avec laquelle il convient de transiger. Les jeunes, jusqu'à 18 ans, ne doivent pas « faire couler le feu par-dessus le feu », les jeunes adultes, jusqu'à 40 ans, peuvent goûter le vin avec réserve, l'ivresse est donc réservée aux seuls hommes âgés de plus de 40 ans. Le vin est obligatoirement coupé d'eau dans un grand cratère (récipient). Une loi de Zaleukos (législateur mythique de Locres) punit de mort qui boit du vin pur… sauf prescription médicale.

Le statut politique du mélange

Ce mélange obligatoire se fait aux deux tiers ou trois cinquièmes d'eau. Pierre Boyancé insiste sur le fait que ce n'est pas parce que le vin est fortement alcoolisé qu'on le mélange avec de l'eau, mais parce qu'il faut un mélange, puisqu'il préside toujours à l'alliance des dieux avec la cité et les hommes. Le mélange du vin et de l'eau est ainsi rapporté à un mythe relatif à Dionysos, celui de son éducation par les Nymphes. Dionysos, c'est le vin ; les Nymphes, c'est l'eau. Le vin tempéré par l'eau c'est Dionysos

---

83. Pierre Boyancé, « Platon et le vin » in *Bulletin de l'Association Guillaume Budé*, n° 4, *Lettres d'humanité*, vol. 10, décembre 1951, p. 3-19.

corrigé par ses nourrices. Platon explique aussi que l'âme du monde se constitue par un mélange, celui du même et de l'autre. Héphaïstos, le dieu des Forgerons, le dieu du Feu, est celui qui préside aux alliages des métaux en fusion, donc à leur mélange. Pierre Boyancé assigne cependant un statut ouvertement politique au mélange : « C'est qu'il n'est pas facile de concevoir que l'État doit être un mélange analogue à celui qui se fait dans le cratère, où les buveurs rempliront leurs coupes. La folie du vin qu'on y a versé bouillonne, mais quand elle a été corrigée par la sobriété d'un autre dieu que le sien, alors grâce à cette heureuse alliance, elle donne lieu à un breuvage excellent et bien tempéré. » On sait l'importance de cette catégorie du mélange en philosophie.

Le symposiarque fixe le mélange, mais aussi le nombre de coupes à vider. Le principe est qu'on apporte successivement trois cratères : le premier est bu en l'honneur des dieux, le second en l'honneur des héros, le dernier en l'honneur des humains. Chaque cratère remplit un grand nombre de coupes. Le vin est donc sens de la mesure, sens du mélange, symbole même du politique.

Le statut politique du cratère

Le cratère est tout à la fois la nouvelle urne pour les cendres mortuaires, depuis environ le VIe siècle av. J.-C., et l'objet rituel de la consommation des vins. Le chaudron, qui servait autrefois de cercueil, est devenu le signe du repas en commun à base de viande, donc de banquet sacrificiel longtemps privilège de l'aristocratie guerrière détentrice du pouvoir politique, militaire, religieux. Le cratère n'est donc pas simplement un vase permettant de réaliser un mélange eau/vin, car compte tenu du statut politico-philosophique du mélange et de la démocratisation du banquet, il est devenu l'emblème d'un régime politique, celui de la *civitas*, de la *polis*, celui de la démocratie (même limitée), alors qu'il était initialement le symbole d'une simple réunion entre familiers et amis. Le cratère est devenu le signe d'une société réconciliée avec elle-même, le signe de la recherche de l'apaisement des passions, de l'harmonie dans le groupe. Il est ainsi le symbole du bon fonctionnement du banquet et donc de la cité. Le banquet est un substitut à l'agressivité et un acte d'amitié et d'amour. Le *symposion*, comme le banquet, va devoir répondre alors à la question politique par excellence qui est celle de la nature du partage et de l'égalité. Le symposiarque devra tenir compte de ce que chacun ne supporte pas le vin de la même façon, en conséquence le mélange, autrement dit le partage, dépendra de chacun. Le principe du banquet, du pot commun, n'impose pas le partage absolu. Les Grecs répondront à leur façon, en rappelant que l'amant ne se partage pas, même au sein du banquet. Le privé est donc ce qui ne se partage pas. Chacun a droit à sa place au banquet (égalité) et à sa courtisane (inégalité).

Le vin comme « pro-logue »

Le *symposion* est l'occasion de consoler les simples mortels par la parole. J'aime beaucoup la définition que donne Luciana Romeri du vin comme « pro-logue », comme avant-goût de la parole entendue de la façon la plus large. Ainsi, boire sans chanter ou ne rien dire en levant la coupe constituent une grossièreté. Chez Platon aussi, le vin est toujours associé à la parole. Le *symposion* n'est cependant pas un lieu de bavardages inutiles, de paroles légères. Chaque convive peut prendre la parole pour évoquer des sujets plus ou moins graves, même si on parle, en principe, d'affaires sérieuses, comme des questions philosophiques et politiques, mais aussi poétiques, puisque rien n'est plus sérieux pour un Grec que la poésie. C'est en effet le poète qui, en accordant ou non l'éloge, décide de la valeur d'un exploit, guerrier de préférence, et reconnaît donc le statut de héros, de grand homme. La poésie est donc un art politique puisqu'un homme vaut ce que vaut son *logos*, un *logos* qui doit être dit, chanté ou récité devant le groupe des égaux. Jean Defradas s'interroge alors sur les divinités qu'il convient de convoquer selon la nature des mérites : exploit militaire, sportif, intellectuel, diplomatique, etc. Dionysos, dieu du Vin, qui pour les Grecs est réellement présent lors des agapes, est évidemment de tous les banquets, de tous les hommages. Pierre Boyancé, s'interrogeant sur le statut de l'ivresse lors des banquets, rappelle que « les Grecs ne connaissaient guère d'autres paradis artificiels que celui-là ». Le vin est donc le breuvage de la liberté et de la diminution du contrôle. Nous ne devons pas entendre cette ivresse à la façon des modernes : il ne s'agit pas de perdre la maîtrise de soi pour oublier ses problèmes et la réalité. Platon nous met sur la voie en mettant en relation le vin et les danses des bacchantes : « Toute danse de caractère bachique mime des personnages en état d'ivresse » ; « le vin a donc été donné par Dionysos pour susciter les danses extatiques des mystères. » Le vin est donc bien un phénomène divin. Boire du vin se fait sous le signe de Dionysos, donc des valeurs que ce dieu promeut. Chez Platon, Dionysos est en même temps symbole du vin et de l'enthousiasme[84].

La table grecque, pas seulement les banquets, porte très haut la conviction que la cuisine comme la politique, c'est l'art de la composition des

---

84. Roland MAY, « Les jeux de table en Grèce et à Rome » in *Bulletin de l'Association Guillaume Budé*, n° 1, mars 1995, p. 51-61.

contraires. C'est pourquoi le vin, mélangé obligatoirement avec de l'eau, fut historiquement une boisson plus politique que la bière. Il fut donc considéré comme la boisson démocratique par excellence. C'est pourquoi aussi le plat national grec antique est cette soupe, semi-liquide, qui prend des noms différents, comme le *cycéon*, selon les cités et les époques. Le fromage n'est donc bon qu'accompagné toujours d'autre chose. La table grecque, pas seulement les banquets, porte aussi très haut la conviction que la cuisine comme la politique, c'est l'art du partage, donc de l'égalité. C'est pourquoi on ne choisit pas nécessairement ses commensaux, car partager avec des proches, avec des amis, est moins fort que partager avec des parasites. C'est pourquoi la découpe de la viande est aussi importante, car la fricassée en rendant équivalents tous les morceaux rend équivalents tous les hommes. Ce principe d'équivalence n'est cependant jamais absolu, de la même façon qu'Aristote différencie l'égalité arithmétique et géométrique, les symposiarques mélangent l'eau et le vin dans le respect des différences. Reste une angoissante question : le maximum d'égalité entre les convives exige-t-il, toujours, d'en demeurer à une table nécessairement simple et frugale ? Les Romains, qui sont déjà des obsédés de la table, pensent, eux, que quitte à devoir partager, autant partager de bonnes choses… mais il s'agit là d'une autre page de l'histoire politique de l'alimentation, donc d'un nouveau service.

Cinquième service : La table romaine

La table romaine est l'héritière des tables égyptienne et grecque dans la mesure où elle est largement structurée comme un langage et un partage, même si elle donne un sens radicalement différent à ces notions fondatrices[85]. L'essentiel est bien toujours de partager, car l'être humain est un être social, et manger seul serait manquer à cette dimension anthropologique, mais ce commensalisme se fait désormais entre amis et non plus entre citoyens. L'amitié n'a pas de fonction politique comme les Grecs le souhaitaient. Le *convivium* romain reste une affaire privée, contrairement au banquet grec, parce que les Romains ne partagent pas la conception grecque de la politique. Le citoyen grec est cet homme inclus dans des structures de participation civiques, civiles et militaires. La citoyenneté romaine ne sera jamais celle d'une communauté accomplie et autosuffisante selon la formule d'Aristote. La *civitas* selon la conception romaine n'est donc pas l'équivalente du *zoon politikon* grec. Les Romains ne mangent pas comme les Égyptiens et les Grecs, la hiérarchie des mets est différente et si la table romaine est aussi bavarde que la grecque, elle ne dit rien des rapports de pouvoir qui s'établissent autour des repas mais parle beaucoup plus des spécificités des produits. Les Romains sont davantage obsédés par les aliments que par ce qui s'échange à table.

---

85. Même si je suis responsable des éventuelles bévues, je suis redevable de l'approche développée par Florence Dupont, « Grammaire de l'alimentation et des repas romains », et par Mireille Corbier, « La fève et la murène : hiérarchies sociales des nourritures à Rome », deux articles que l'on trouvera *in* Jean-Louis Flandrin et Massimo Montanari (dirs), *Histoire de l'alimentation, op. cit.* Pour une vision générale de la table romaine, voir : Inês de Ornellas e Castro et Joël Thomas, *De la table des dieux à la table des hommes. La symbolique de l'alimentation dans l'Antiquité romaine*, Paris, L'Harmattan, 2011 ; Nicole Blanc et Anne Nercessian, *La Cuisine romaine antique*, Grenoble, Éditions Glénat, 1992 ; Jacques André, *L'Alimentation et la cuisine à Rome*, Paris, Éditions C. Klincksieck, 1961, rééd. 1981 ; et, *in* Jérôme Carcopino [1939], *La vie quotidienne à Rome à l'apogée de l'Empire*, Paris, Hachette, 1963 (cent dix-septième mille), les pages désormais classiques consacrées à la *cena*, p. 304-318.

La table et la sécession sur l'Aventin

Cette « chosification » et cette privatisation relatives de la table n'empêchent pas que Rome saura développer des politiques alimentaires afin de défendre l'approvisionnement de l'*Urbs* et aussi une conception de la table. Les politiques romaines dans ce domaine tiennent dans quatre principes que l'esprit juridique latin transformera en lois : lois somptuaires et frumentaires, textes en matière de distributions gratuites ou de fixation de tarifs maximums.

On s'interdit de comprendre ce qui se joue durant plusieurs siècles sous ces grands principes, si on ne remonte pas au début de la République. Cette période est marquée par la lutte des plébéiens contre les patriciens, quand il fut question de remettre en cause les discriminations dont le peuple était victime, jusqu'au moment où la plèbe décida de faire sécession et de se retirer sur la colline de l'Aventin. Résultat de la sécession : elle obtient la création de tribuns de la plèbe chargés de défendre ses intérêts (vers 494-471 av. J.-C .) et l'adoption de la loi des Douze Tables qui reconnaît l'égalité de tous devant la loi. Ce corpus social marque aussi un début de laïcisation. Praticiens et prêtres ne se reconnaîtront jamais vaincus et useront de la jurisprudence pour défendre un système inégalitaire qui deviendra, au fil du temps, toujours plus oligarchique, jusqu'à l'Empire. Ils sont aidés en cela par les guerres qui enrichissent les plus riches et appauvrissent les pauvres. À la quasi-disparition des couches moyennes au sein de la plèbe répond l'augmentation du nombre d'esclaves en raison des conquêtes militaires. Les Gracques, Tiberius et Caius, vont tenter de reconstruire une classe moyenne de paysans, afin de sauver la République et d'éviter que la plèbe ne devienne l'enjeu d'ambitieux consuls démagogiques, comme Pompée ou César.

La conception romaine de la table

Rome a sans cesse besoin de se réinventer une table qui distingue sa civilisation des peuples barbares et des autres civilisations qu'elle respecte comme celle de l'Égypte et surtout de la Grèce.

Le pulmentarium

Les Romains inaugurent un nouveau triangle alimentaire : à l'hellénique « pain, huile d'olive et vin » succède la trilogie « pain, compléments du pain et vin ». Cette notion de compléments du pain, le *pulmentarium*, est centrale et complexe[86]. Elle est centrale car ces compléments du pain composent l'essentiel du repas, du point de vue calorique, mais également en termes de satisfaction. Elle est complexe car c'est le *pulmentarium* qui, aux yeux des Romains, rend le pain plaisant, donc comestible. Une partie des débats porte sur son contenu car chacun ne peut prétendre au même *pulmentarium* selon son statut social. Le *pulmentarium* de l'homme libre n'est pas celui de l'esclave ni du soldat, il n'est pas davantage celui du travailleur, notamment du travailleur de la terre. La base est pourtant sensiblement toujours la même : légumes, huile, sel, vinaigre, parfois des olives, et du *hallec* (ou *allec*) qui est un résidu de chair de poisson provenant de la fabrication du *garum* (dont nous parlerons plus tard). On retrouve avec le *pulmentarium* le principe de la ration emblématique des sociétés antiques.

Avec ce principe, Romains enrichis ou appauvris mangeront longtemps globalement les mêmes produits, seulement en quantité différente. La dualisation de la société conduira cependant à la dualisation de la table. Non seulement en termes de contenu mais aussi de pratiques et de rituels. Le *convivium* devient le foyer de la sociabilité aristocratique, ce qui provoque un raffinement de la table, tandis que la *popina* (« taverne ») devient le repaire des milieux populaires car elle leur permet de manger cuit et chaud : « une vulve de truie dans une taverne bien chaude », écrit Juvénal (*Sat.*, XI, 79-81). Le chaudron, dans lequel mijote le ragoût qui accompagne le pain, devient donc l'emblème du bon plaisir de la plèbe. Les enrichis n'assumeront jamais totalement ce divorce car ils se veulent un peuple de paysans et de soldats. Ils vont développer toute une idéologie centrée sur la frugalité et la simplicité, c'est pourquoi ils regarderont toujours le *prandium*, ce repas plus simple de midi « si lestement expédié qu'il n'était besoin, ni de dresser la table avant (*sine mensa*), ni de se laver les mains après (*post quod non sunt lavandae manus*) »[87], comme préférable à la *cena*, ce repas du soir qui, parce qu'il est pris entre amis, devient certes *convivium*[88], mais qui a l'inconvénient sur le plan moral d'être souvent beaucoup trop copieux). La table romaine ne repose pas seulement

---

86. L'étymologie même du mot *pulmentarium* fait débat. À la lecture de l'article de Mireille Corbier « La fève et la murène... », on comprend que si Pline l'Ancien et Varron faisaient remonter le mot à l'époque où les céréales étaient consommées en bouillie et proposaient une étymologie formée sur le mot *puls* (« bouillie de farine »), des philologues modernes (par ex., Isidore de Séville, VIIe siècle apr. J.-C.) font dériver *pulmentarium* de *pulpa*, c'est-à-dire la « viande » qui entre dans la préparation d'un plat, comme l'ont remarqué N. Blanc et A. Nercessian, in *La Cuisine romaine antique* (voir page 224 de l'*Histoire de l'alimentation*).
87. Jérôme CARCOPINO, *La vie quotidienne à Rome à l'apogée de l'Empire*, op. cit., loc. cit., p. 305.
88. Des auteurs anciens avaient inventé une étymologie rattachant le *convivium*, ou « dîner entre amis » (Cicéron le définit comme « prendre place à table entre amis, parce qu'ils ont une communauté de vie »), au grec *koinon* qui signifie « en commun ».

sur ce nouveau triangle (pain, vin et *pulmentarium*) mais sur une série d'oppositions binaires. Les Romains, contrairement à d'autres peuples, sont convaincus qu'on pense mieux à travers des couples qu'au moyen de distinctions ternaires ou même de gradations. L'opposition chaud/froid est plus facile à penser que les variations du tiède, et celle du cuit et du cru est plus simple à mettre en œuvre que des degrés différents de cuisson.

Les pecudes et les fruges

La table romaine repose d'abord sur l'opposition des *fruges* et des *pecudes*[89]. Les *fruges* ne sont pas tant les produits de la terre que ceux de la terre cultivée, avec les légumes verts, les raves, les tubercules, les choux, les cardons, les salades, les poireaux, les navets, les carottes, les bulbes, l'ail, les oignons, etc. Les *pecudes* regroupent les différentes viandes.

Notre opposition du végétal et du carné est d'un maigre secours pour comprendre cette classification. L'historienne Mireille Corbier a établi que les enjeux sont d'abord politiques[90]. Les *fruges* sont en effet du côté de la civilisation car ils dépendent des modalités d'occupation des terres et des types d'activité. L'élevage se trouve dévalorisé par rapport à l'agriculture, car plus sauvage. Les choses ne sont cependant jamais aussi simples avec les classements des Romains. Non seulement ils différencient politiquement et philosophiquement les végétaux par rapport aux produits carnés, mais toutes les viandes ne se valent pas, et les végétaux pas davantage, certains valent en effet plus que les autres : les Romains distinguent les fruits de la terre, selon qu'ils proviennent des jardins ou des terres labourées.

Le jardin (potager, vignes, vergers) constitue les terres les plus civilisées, car définitivement conquis sur les terres sauvages : ses produits peuvent donc être consommés crus, c'est-à-dire en réalité « cuits » par le soleil (*cocta*), partiellement ou complètement. Ainsi les légumes et les fruits ne sont jamais considérés comme crus lors de leur récolte.

Les terres labourées (*arua*) sont moins civilisées, puisque reconquises chaque année par les labours, donc leurs produits – céréales (*frumentum*), légumes à cosse (*legumina*) – sont plus crus que les légumes et les fruits, il faut donc obligatoirement les faire cuire.

---

89. Florence Dupont, « Grammaire de l'alimentation et des repas romains », art. cit. *in* Jean-Louis Flandrin et Massimo Montanari (dirs), *Histoire de l'alimentation, op cit.*
90. Mireille Corbier, « Le statut ambigu de la viande à Rome » in *Dialogues d'histoire ancienne*, vol. 15, n° 2, 1989, p. 107-158 ; *id.* « La fève et la murène : hiérarchies sociales des nourritures à Rome », art. cit., *in* Jean-Louis Flandrin et Massimo Montanari (dirs), *Histoire de l'alimentation, op. cit.*

Les *pecudes*, qui concernaient initialement les seules viandes d'élevage, désignent par extension toutes les viandes, car les Romains n'ont jamais fait de grande différence entre l'élevage et la chasse, au point de constituer des réserves d'animaux sauvages. Les *pecudes* sont du côté des forêts, des terres incultes, c'est-à-dire de la sauvagerie (y compris de la sauvagerie nécessaire). Cette sauvagerie n'est pas à bannir mais à encadrer, à socialiser. Les *pecudes* sont d'ailleurs nécessaires puisqu'ils sont à la base des sacrifices sanglants, donc du religieux, mais aussi de la *cena* et particulièrement des banquets.

Le cru et le cuit

On a beaucoup glosé sur la haine du cru chez les Romains sans assez insister sur le fait que l'opposition du cuit et du cru ne coïncide pas avec la nôtre[91]. L'enjeu n'est pas en effet diététique ou culinaire mais culturel et politique. Le cru renvoie du côté du sauvage, parfois même de la barbarie. Le cuit est tout ce qui est civilisé. Une salade est ainsi toujours cuite, non pas seulement parce qu'elle serait cuite (*cocta*) par le soleil mais parce qu'elle résulte du travail agricole. Jean-Pierre Vernant résume l'affaire avec son sens de la synthèse : « Le pain est à la plante sur pied (le blé vivant) et à la farine (morte mais encore crue) ce qu'un plat de viande cuisinée est à la bête sur pied (l'animal vivant) et à une pièce de chair sanglante (morte, mais non encore cuite). Dans cet état de transition entre la nature et la culture (farine, viande crue) reste une impureté qui rend intouchable ce à quoi on a enlevé la vie, ce qu'on a tué, sans lui donner sa pleine forme de mets humains. » Le cru n'est donc pas mauvais en soi, notamment sur le plan gustatif, il peut même être nécessaire au soldat. C'est davantage dans la tête qu'il a mauvais goût puisqu'il éloigne du civilisé. On comprend dès lors la préférence romaine pour le bouilli, car le bouilli est plus cuit que le rôti qui l'est lui-même davantage que le grillé. On se souvient de la condamnation des Huns par le poète et militaire romain Ammien Marcellin (330-v. 395) car ils mangent leur viande à peine échauffée sous la selle de leurs chevaux.

Le chaud et le froid

Les Romains préfèrent les *fruges* aux *pecudes* et le cuit au cru, mais ils affectionnent aussi davantage le froid que le chaud. Manger froid renvoie à deux vertus. Le froid est déjà le statut du *prandium* donc du repas de l'homme actif. Le froid est aussi le refus de tout amollissement, donc de

---

91. Florence Dupont, « Grammaire de l'alimentation et des repas romains », art. cit. *in* Jean-Louis Flandrin et Massimo Montanari (dirs), *Histoire de l'alimentation, op cit.*

la décadence. Manger froid s'accommode en outre fort bien avec le fait de manger debout, rapidement, et si possible uniquement des restes du repas de la veille. La législation romaine interdit même parfois de manger chaud. C'est le cas des soldats, lors des campagnes militaires, qui perdent le droit de couper leur vin avec de l'eau chaude ; c'est le cas aussi du simple citoyen qui, lors de certains événements comme des deuils publics, n'a plus le droit d'acheter des plats chauds. Caligula interdira la vente d'eau chaude dans certaines occasions. La société a besoin parfois de s'interdire tout ce qui pourrait l'affaiblir.

Le mou et le dur

Les oppositions du cru et du cuit, du chaud et du froid croisent celle du mou et du dur. Le sauvage est représenté par les *pecudes*, or le sauvage est mou. Il faut entendre, par ces deux termes – le dur et le mou – « moins une consistance sensible au toucher qu'une cohésion interne plus ou moins forte. En effet, on comprendrait mal pourquoi le navet bouilli ou la laitue seraient plus durs qu'un cuissot de sanglier. Est dur ce qui ne risque pas de se défaire, ce qui est compact ; est mou ce que menace de façon imminente une désagrégation en éléments hétérogènes, comme une sauce qui tourne. La culture durcit ; la sauvagerie amollit »[92]. Le sauvage est donc naturellement lié à la *cena*, c'est-à-dire au luxe et au gaspillage. Les *pecudes* d'ailleurs ne nourrissent pas le corps mais le purgent, l'amollissent. Yves Roman explique que *mollitia* (« mollesse ») est un concept majeur dans la civilisation romaine, qui se retrouve dans deux importants dossiers : celui de l'alimentation et celui du sexe et de l'érotisme[93]. Son approche est féconde car loin de rabattre l'opposition sur des préférences organoleptiques (comme on le fait souvent), il montre le fondement politique de cette opposition. D'ailleurs, ce classement ne renvoie pas à notre propre taxinomie puisque l'on sait que, pour un Romain, une viande est toujours plus molle qu'une salade. Le mou, c'est par extension tout ce qui n'est pas autonome donc aussi tout ce qui peut rendre dépendant : les femmes, l'homosexualité passive, la passion amoureuse, mais aussi la situation des travailleurs dépendants (ceux dont la vie dépend d'un salaire ou de l'encaissement d'un chiffre d'affaires commercial). Le dur, c'est

---

92. *Id., ibid.*, p. 208-209.

93. Yves ROMAN, « Le mou, les mous et la mollesse ou les systèmes taxinomiques de l'aristocratie romaine » in *Pratiques et discours alimentaires en Méditerranée de l'Antiquité à la Renaissance*. Actes du XVIIIe colloque de la Villa Kérylos à Beaulieu-sur-Mer, les 4, 5 & 6 octobre 2007, « Cahiers de la Villa Kérylos », vol. 19, n° 1, Paris, Académie des Inscriptions et Belles Lettres, 2008 p. 171-186.

tout ce qui fait l'autonomie, c'est donc le propre de l'aristocrate. Aussi, « le citoyen, parce qu'il était un mâle, parce qu'il était un Romain, ne pouvait s'abandonner à la mollesse. Le faire, c'était devenir dépendant de ses plaisirs, quels qu'ils fussent, un Grec en somme [...] Nul ne pouvait ni ne devait, s'il entendait être un homme d'État, dépendre de son estomac, de sa femme, de ses partenaires sexuels, de ses plaisirs. Par la négative, par le refus de la mollesse, l'aristocratie romaine signifiait ses idéaux »[94]. On comprend le choix de Curius Dentatus, consul en 290 av. J.-C., qui, recevant des hôtes, mange des raves de son jardin, à peine cuites, signe de leur dureté et donc de sa propre dureté. On comprend les résistances au passage de la bouillie au pain, puisqu'une céréale moulue change obligatoirement de statut : en devenant morte, elle passe automatiquement du dur au mou, donc du romain au moins romain. On retrouve là l'exception du lard qui, dur déjà du vivant du cochon, durcit encore lors de sa préparation (dessiccation et salage) alors que le sanglier devenu mou une première fois lors de sa mort, l'est aussi du fait de sa cuisson. Toute cuisson est donc dangereuse puisqu'elle est amollissante. On suivra encore Yves Roman lorsqu'il établit un lien entre l'amour du dur et l'idéologie politique d'une autosuffisance fondée sur le jardin et la petite propriété agricole : les Romains nomment cet état idéal *paupertas*, une situation de pauvreté qui n'a rien de commun avec la misère (*inopia*) qui affaiblit, puisque, au contraire, en rendant autosuffisant, elle renforce la puissance du citoyen propriétaire, capable grâce à son champ ou à son jardin de nourrir sa famille au quotidien. Sa principale vertu est d'ailleurs d'empêcher de sombrer dans la démesure. Ce combat constant contre la mollesse explique pourquoi les légionnaires sont de gros consommateurs de porc, qu'ils perçoivent dans leur ration, car la dureté que donne le lard doit permettre de résister à l'effort, à la douleur, à la tentation. On laissera Yves Roman conclure en soutenant que « la *mollitia* était ainsi liée à la vie facile, à la Grèce, au luxe. C'était d'abord un manque de « masculinité sociale », englobant tout à la fois les homosexuels passifs, les amateurs de toutes ces choses grecques relevant ou non du sexe, de la *gula*. Leur *mollitia*, procédant d'un abus déréglé des plaisirs, leur ayant définitivement fait perdre leur statut de mâle romain, d'homme responsable »[95].

---

94. *Id., ibid.*
95. *Id., ibid.*

À chacun selon son statut social

Cette grammaire de la table explique que chacun a l'obligation de manger selon son statut social. L'exclusion de la viande caractérise certes le repas populaire mais d'autres restrictions portent sur le gras, le cuit et le chaud. La plèbe mange ordinairement des aliments maigres, crus et froids. On n'explique pas ces restrictions par des considérations médicales tenant à la personnalité du mangeur, comme on le fera tard avec le système des humeurs[96]. Le Romain qui change de statut accède à une autre alimentation. Le paysan devenu soldat ne peut plus se contenter d'une nourriture servile, c'est pourquoi sa ration comporte obligatoirement de la viande de porc. Le soldat romain subit d'autres interdits comme d'acheter des plats cuisinés, couper son vin avec de l'eau chaude, posséder comme ustensiles de cuisine autre chose qu'une broche, une marmite de cuivre et une coupe.

Les politiques alimentaires romaines

L'État romain se reconnaît le droit d'intervenir en matière alimentaire, signe qu'il sait qu'on ne mange pas impunément et que tout repas engage la société. On peut penser que si la République puis l'Empire ont dû inventer tant de politiques alimentaires, c'est déjà en raison du gigantisme urbain de Rome. La cité, forte de 800 000 à 1,2 million d'habitants, ne peut vivre en autosuffisance et elle doit importer massivement d'Égypte et d'Afrique du Nord[97]. L'enjeu est bien de mettre la capitale à l'abri des crises alimentaires en inventant des politiques et des institutions à la hauteur de la difficulté. Ces politiques alimentaires concernent la production, la razzia, le stockage, la distribution, le contrôle, et même la consommation et l'organisation des repas. Mireille Corbier note que cette intervention du pouvoir politique fut suffisamment forte pour unifier les modes de nourriture, au moins au niveau de la plèbe citoyenne, domiciliée à Rome et au sein de l'armée, car ces deux catégories dépendaient directement de l'État pour leurs approvisionnements. Notons que les traités d'agronomie qui font alors florès consacrent de longs développements aux questions de conservation et de stockage des denrées, car il ne servirait à rien de savoir cultiver si les récoltes étaient massivement perdues. Les Romains vont

---

96. Éric BIRLOUEZ, *La santé par l'alimentation de l'Antiquité au Moyen Âge*, Rennes, Éditions Ouest-France, 2013.

97. « D'Espagne provenait les saumures avec lesquelles on assaisonnait les œufs ; de Gaule les charcuteries ; de l'Orient, les épices ; et de toutes les contrées de l'Italie et de l'univers, les vins et les fruits ; pommes et poires, figues de Chio, citrons et grenades de l'Afrique, dattes des oasis, prunes de Damas » (*in* Jérôme CARCOPINO, *La vie quotidienne à Rome à l'apogée de l'Empire, op. cit., loc. cit.*, p. 314).

naturellement hériter de techniques souvent anciennes, mais ils font de cette nécessité vertu en consommant principalement des conserves, donc des produits dont la couleur, la texture, le goût, ne sont plus naturels. Les végétaux sont conservés dans du vinaigre ou de la saumure, les viandes sont salées et fumées, les fruits stockés dans du vin, du miel, etc. Manger un aliment naturel est moins valorisé qu'un produit dénaturé.

Les lois somptuaires

On peine à comprendre la raison et la portée des lois somptuaires car il ne s'agit pas tant de restreindre le luxe que de défendre une conception de la table. Durant plusieurs siècles, Rome va faire triompher deux principes : le refus d'une surconsommation ostentatoire de produits, notamment carnés, et la défense de la libre consommation de produits issus de la terre cultivée. La loi Flavius de 161 av. J.-C., qui limite les dépenses par banquet, ne concerne en réalité ni l'épeautre ni les légumes. Un Romain peut donc manger beaucoup mais uniquement s'il mange à la romaine (des légumes et des céréales). Les premiers textes visant à restreindre les excès datent de la loi des Douze Tables, il s'agit donc bien d'une loi obtenue sous la pression de la plèbe mobilisée. Une dizaine d'autres lois seront progressivement édictées, sous la République et l'Empire, sans compter de très nombreux textes spécifiques. On a souvent dit que cette succession de textes était soit la preuve de l'inefficacité de ces lois, soit le signe que ces lois avaient une dimension incantatoire et non réelle. Les travaux de Marianne Coudry permettent de porter un jugement différent : ces textes se succèdent, certes, mais avec une compétence territoriale toujours plus grande puisqu'ils ne concernaient, initialement, que les citoyens de Rome et qu'ils finiront par s'étendre à toute l'Italie ; ces textes élargissent également les sanctions aux personnes invitées et plus uniquement à ceux qui les reçoivent, ils augmentent enfin le champ des interdictions. Ainsi, alors que les premières lois limitaient simplement le nombre des convives, les suivantes modulent les dépenses, selon les jours ordinaires ou de fête, restreignant ou interdisant certains mets en certaines occasions plus qu'en d'autres. D'autres textes fixent le principe du repas dit « centenaire », car ne dépassant pas 100 as, d'autres encore déterminent un prix maximum pour une série de denrées rares ou limitent la participation des magistrats aux banquets privés, etc. Les poulardes, les chevreaux, et, surtout, les oiseaux exotiques, sont interdits. Rome n'autorise pas non plus la consommation de poules non engraissées et limite à 20 talents l'achat de viande fumée pour un repas de fête, etc.

Ces lois somptuaires ne sont pas adoptées ni appliquées sans vive polémique. Il est intéressant de relever que beaucoup sont le résultat de plébiscites. Certaines propositions sont d'ailleurs repoussées par le législateur, comme l'obligation de manger porte ouverte ou l'interdiction d'utiliser de la vaisselle en or. L'inspiration de ces lois est sans doute grecque, avec l'exemple des textes de Solon limitant le nombre de convives pour les banquets funéraires, mais alors que les Grecs parlent surtout de vêtements, les Romains consacrent l'essentiel de leur législation à réprimer le luxe de la table, davantage en raison (me semble-t-il) de l'importance qu'ils lui accordent plutôt que des excès.

Les historiens s'accordent, depuis 1981, pour dire, avec Guido Clemente, que l'objectif de ces lois somptuaires est politique et non pas moral(iste), puisqu'il s'agit d'inventer une législation qui permette une régulation de l'aristocratie. La finalité est d'abord d'empêcher le développement du clientélisme : ainsi, en cas de transgression, une interdiction de briguer un poste de magistrat jusqu'à dix ans peut être prononcée, et, en cas d'achat de voix ou de votes, le coupable peut être banni à vie. Un censeur, chargé de l'application de ces textes, dispose d'une force de police qui peut aller vérifier le contenu des tables, notamment lors des banquets. La liste des coupables d'infractions est publiée avec parfois des amendes. Marianne Coudry a su montrer que, contrairement aux affirmations de beaucoup, ces lois résultent d'un travail législatif pointilleux puisque les maximums de dépenses autorisées suivent les évolutions des prix[98]. L'historienne note que les opposants à ces lois changeront d'arguments : au départ, ils fustigeaient le principe même de ces lois, puis ils contesteront leur efficacité avant de soutenir que, malheureusement (?), il ne serait plus possible de s'opposer au caractère désormais inéluctable du développement du luxe. Cette dernière argutie sera celle de l'empereur Tibère expliquant qu'on ne peut aller contre les raffinements du palais nés de l'imagination et de l'intelligence. Ces lois tomberont en désuétude sous l'Empire malgré la tentative de Julien.

La cuisine des subterfuges et des métamorphoses

Les riches Romains ne cesseront jamais de tricher avec les lois somptuaires. On a pu opposer, d'une part, la cuisine des métamorphoses, dont l'objectif est de jouer avec les interdits, puisqu'elle propose des mets autorisés en leur donnant l'apparence, la forme, le goût, d'aliments

---

98. Marianne Coudry, « Loi et société : la singularité des lois somptuaires de Rome », *Cahiers du Centre Gustave Glotz*, vol. 15, n° 1, 2004, p. 135-171.

(provisoirement) interdits, et, d'autre part, la cuisine des supercheries, qui donne l'apparence et le goût de mets autorisés à des produits interdits. On se doute que les motivations ni les sanctions ne sont identiques, mais ces deux stratégies permirent cependant de réaliser des progrès considérables dans le domaine des technologies culinaires[99]. On remplace les huîtres, par exemple, par des compositions à base de champignons, on substitue à la chair de poisson du foie d'agneau, de la volaille ou de l'artichaut. Pétrone décrit une belle supercherie : « Toutefois pour découper le sanglier, on ne vit pas venir le « Découpe » qui avait mis en pièces les volailles, mais un immense barbu [...] ; il sortit son couteau de chasse et frappa fortement le ventre du sanglier : de l'ouverture s'envolèrent des grives. Il y avait là des oiseleurs, tout prêts avec leurs roseaux enduits de glu, qui eurent vite fait d'attraper les oiseaux voltigeant à travers la salle à manger » (Pétrone, *Satiricon*, 40, trad. de Pierre Grimal). Athénée rappelle l'exploit d'un cuisinier ayant présenté un cochon entier, moitié bouilli, moitié rôti et, de plus, farci. Apicius explique que cette cuisine des métamorphoses transforme des aliments de telle façon qu'« à table, personne ne reconnaîtra ce qu'on mange ». Le cuisinier de Trimalcion fait d'une vulve de truie un poisson, du lard un ramier (Pétrone, *Satiricon*, 70), d'un jambon une tourterelle. Les Romains aiment jouer avec les codes, en mélangeant animaux domestiques et sauvages, animaux cuisinés, donc morts, et lâchers d'oiseaux vivants. Ainsi, lors du repas de noce du jeune empereur Caracalla avec Plautille, fille du préfet du Prétoire, en 202, on servit des plats de deux manières : *basilikôs* et *barbarikôs*, à la mode romaine (de la viande cuite) et à la mode barbare (de la viande crue et des animaux vivants).

La cuisine romaine des mélanges, contrairement à la grecque, repose sur une excellente connaissance des saveurs, des consistances, bref, du goût. Les Romains différencient sept saveurs, soit deux de plus que nous aujourd'hui : salée, sucrée, acide, amère, piquante, aqueuse et aromatique. La saveur aqueuse est celle des concombres, l'aromatique celle des céleris. Les Romains connaissent bien la distinction entre la perception au niveau des papilles et la perception rétronasale, et même s'ils privilégient cette dernière, ils savent satisfaire la première. Les sensations du palais ne sont jamais délaissées même si elles sont fugaces. Le bon cuisinier est celui qui sait jouer des complémentarités, ou au contraire, des oppositions entre toutes ces notes. Sénèque prend position contre les mélanges, signes, selon lui, de mollesse et de décadence. Le philosophe stoïcien dénonce la longue

---

99. Nicole BLANC et Anne NERCESSIAN, *La Cuisine romaine antique, op. cit.* ; Pierre DRACHLINE (avec Claude PETIT-CASTELLI), *À table avec César*, Paris, Éditions Sand, 1984.

marche vers la saveur unique résultant de ces mélanges constants qui font que tout finira par avoir le même goût.

Les cuisines des subterfuges et des métamorphoses sont des cuisines des mélanges. On pourrait donc être tenté d'en faire des variantes du principe grec, mais ce serait ne pas voir tout ce qui les différencie foncièrement. La cuisine romaine accentue certes le mélange des contraires mais en lui attribuant une dimension culinaire, voire artistique sinon ostentatoire, mais absolument pas politique.

Les distributions alimentaires

Il faut tordre le cou à l'antienne sur la perversité qu'auraient introduite les distributions alimentaires d'abord payantes puis gratuites, vilipendées sous l'expression de *panem et circenses* (« du pain et des jeux ») tirée de la satire de Juvénal. Ce poète est connu pour s'en prendre davantage aux esclaves affranchis, à la plèbe, aux efféminés, aux Grecs, qu'aux empereurs... Paul Veyne a réhabilité ces pratiques en notant que loin d'alimenter le populisme et la démagogie, elles correspondent au plus haut degré de politisation possible[100]. Dans une économie non encore totalement monétarisée et avec un État ne bénéficiant pas des infrastructures actuelles, distribuer en nature de quoi vivre est en effet le chemin le plus court pour permettre à chacun de vivre. Plus intéressant serait de relever que ces distributions (gratuites ou pas), la quasi-disparition des famines, l'opulence des aristocrates, reposent sur le pillage des territoires conquis, sur le blé importé jusqu'à Rome depuis l'Afrique du Nord. Nous aurions tort de penser que ces distributions seraient la continuation de l'évergétisme : les riches « patrons » ont certes l'habitude de distribuer des aliments (*sportules*) à leurs « clients » sous forme d'argent ou de paniers-repas. Ces distributions vont être également totalement émancipées du religieux. Ce n'est d'ailleurs qu'à cette double condition qu'elles deviennent systématiques puisque, ne relevant plus de l'aumône, elles changent de statut juridico-politique pour s'inscrire désormais dans une logique des droits.

Les riches Romains n'auront de cesse de résister à la prise en charge de l'approvisionnement par les cités et de dire leur préférence pour l'évergétisme « qui désigne la générosité manifestée par des particuliers pour le bien de la communauté »[101]. D'ailleurs, ce système ne régresse

---

100. Paul Veyne, *Le pain et le cirque, op. cit.*
101. Peter Garnsey, « Les raisons de la politique : approvisionnement alimentaire et consensus politique dans l'Antiquité » *in* Jean-Louis Flandrin et Massimo Montanari (dirs), *Histoire de l'alimentation, op. cit.*, p. 245.

---

pas avec le système des distributions. Il faudra que Rome fixe des règles pour refréner la (fausse) générosité des riches, par exemple instituer un tour de rôle pour permettre à chaque aristocrate de prouver sa générosité sans entretenir pour autant le soupçon de clientélisme. L'instauration de la grande loi frumentaire de Caius Gracchus en 123-122 av. J.-C. constitue donc avant tout un mauvais coup contre l'aristocratie. Les frères Tiberius Sempronius Gracchus et Caius Sempronius Gracchus, les Gracques, tribuns de la plèbe, ont un vrai programme politique qui ne se réduit pas à la distribution mensuelle d'un boisseau de blé à prix réduit aux citoyens pauvres. Ils tentent d'organiser un changement profond de la société notamment par le biais d'une réforme agraire (avec une loi limitant la propriété terrienne et prévoyant la redistribution des terres aux plus pauvres, avec la fondation de 12 colonies de 3 000 hommes choisis parmi les plus pauvres). En 123 av. J.-C., Tiberius Gracchus ne pose pas seulement un nouveau principe en instaurant la régularité des distributions, il attribue aussi au peuple (en tant que législateur) l'autorité en la matière à la place du Sénat et des magistrats. Caius Gracchus fait construire ensuite de nombreux greniers. Ce blé, qui dorénavant appartient au peuple, provient soit de la dîme, soit des achats effectués par l'État. Cette loi n'a pas eu seulement vocation, comme beaucoup d'autres lois romaines, à témoigner, mais sera appliquée. Des pages ne suffiraient pas pour rendre compte de toutes les tentatives des plus riches pour se libérer de l'obligation collective en organisant eux-mêmes banquets et redistributions, et, ceci, de la fin du IIe siècle av. J.-C. au début du Ier siècle apr. J.-C. Ce conflit sur la conception d'une bonne société durera trois siècles. L'Empire poursuit sur ce point l'aventure républicaine en officialisant l'allocation céréalière et même en l'élargissant progressivement à d'autres produits, tout en maintenant le principe du monopole d'État. L'institution de l'annone est réorganisée à plusieurs reprises, notamment sous Auguste : 200 000 citoyens romains résidant à Rome bénéficient alors des distributions de céréales, distributions suffisamment régulières et abondantes pour permettre de vivre normalement, et même de revendre un surplus.

Les Romains n'inventent pas ce système *ex nihilo*, mais à partir de multiples expériences. Athènes avait fait face à la terrible famine de 329 av. J.-C. grâce à des distributions de blé. L'île de Samos avait même constitué un système permanent financé par les riches contribuables. Nous pourrions aussi citer d'autres exemples, en Égypte, et même en Mésopotamie. Ce qui est nouveau, avec le système romain, c'est à la fois son ampleur, son idéologie et, surtout, le fait qu'il ne concerne plus des périodes de crise alimentaire ou d'abondance, comme l'avait fait la Grèce, mais devient systématique. Avant la mise en place de ce système annonaire, le Sénat faisait déjà épisodiquement distribuer des céréales dès les premiers siècles de l'histoire romaine. Puis, à partir du IIIe siècle av. J.-C., ce sont les édiles qui rassemblent le blé et organisent des ventes à prix modéré en cas de difficultés de ravitaillement. Le coup de génie de Caius Gracchus résulte d'un examen lucide de la situation de Rome. Il prend acte des transformations apparues dans les conditions économiques du marché de Rome, désormais approvisionné par les contrées provinciales, il prend acte également du développement urbain considérable de Rome[102]. Caius Gracchus pose donc le principe révolutionnaire qu'il appartient de droit au gouvernement de veiller à l'approvisionnement de la cité : « Le soin du ravitaillement apparaît, pour la première fois, à Rome, comme une responsabilité publique constante que doit assurer le gouvernement de la République [...] À la pratique des distributions extraordinaires, la loi frumentaire de Caius Gracchus substitue donc l'engagement d'assurer la réalisation de distributions régulières à tous les citoyens romains. Ce n'est que postérieurement à Caius Gracchus qu'interviendront des mesures visant à fixer un nombre précis de bénéficiaires et à limiter ainsi, à l'intérieur du corps des citoyens, le nombre des ayants droit »[103]. Je rappellerai que les distributions ne sont pas gratuites alors, mais moins chères. L'objectif est avant tout d'éviter les gaspillages habituels en raison d'arrivages massifs désordonnés, incapables donc d'être stockés. Le système de distribution gratuite, imaginé par Caius Gracchus, est particulièrement bien organisé : seuls y ont droit une partie des citoyens mâles adultes, domiciliés à Rome. L'État élabore une liste d'ayants droit et la maintient dans des limites strictes. Caton en 62 av. J.-C. puis Claudius en 58 av. J.-C. octroient le droit au blé à presque toute la plèbe. César, en 46 av. J.-C., réduit le nombre de bénéficiaires de 320 000 à 150 000[104]. Ces distributions ne seront pourtant jamais remises en cause et elles concerneront peu à peu d'autres denrées comme l'huile, le sel et le porc. Ainsi, en 367 apr. J.-C., 317 333 personnes bénéficient des distributions de viande de porc. Ces distributions sont l'objet de conflits pour les supprimer ou les augmenter : Claudius est ainsi pris à partie par la foule qui le bombarde de croûtons de

---

102. Henriette Pavis d'Escurac, *La préfecture de l'annone, service impérial d'Auguste à Constantin*, « Bibliothèque des Écoles françaises d'Athènes et de Rome », Publications de l'École française de Rome, 1978.
103. *Id., ibid.*
104. *Id., ibid.*

    Une histoire politique de l'alimentation. Du paléolithique à nos jours

pain. Septime Sévère laisse, à sa mort, dans les greniers abritant le blé de l'État, des réserves d'un volume équivalent à sept années de distributions gratuites, preuve que le système fonctionnait bien[105]. Ces distributions gratuites ne supprimeront jamais l'évergétisme, les libéralités privées, car sa finalité diffère. En 28 av. J.-C., Octave fait distribuer une quadruple ration de blé ; en 23 av. J.-C., Auguste finance, sur ses propres deniers, 12 distributions de blé à la plèbe.

La fixation des tarifs

L'édit du maximum, publié par l'empereur Dioclétien, en 301, est le troisième type de politiques alimentaires. Il fixe les tarifs des principales denrées en vente sur les marchés. Il généralise en cela des pratiques anciennes. Pendant la Révolution française, les Conventionnels s'en souviendront avec la loi sur le maximum (1793).

La légende d'Apicius

Apicius est un cuisinier de biolégende dont le nom sert autant à idéaliser qu'à diaboliser la table romaine. Il importe peu qu'Apicius ait effectivement vécu et qu'il soit l'auteur du fameux *De re coquinaria*, le seul grand livre de recettes de l'Antiquité romaine qui nous soit parvenu[106]. Certains font l'éloge d'Apicius car il aurait su dépoussiérer la table romaine grâce notamment à ses emprunts à la tradition grecque. Le modèle grec que semble défendre Apicius est en fait celui d'une Grèce romanisée, mais romanisée par un Empire déjà décadent (soumis aux bons plaisirs des riches). Le nom d'Apicius reste encore aujourd'hui attaché à quelques hauts faits (ou méfaits) alimentaires, comme l'affrètement d'un navire pour aller chercher des crevettes réputées meilleures en Libye, mais, déçu par leur taille, l'équipage rentre bredouille. Pline évoque également au sujet de cette « grande cuisine » romaine, les ragoûts de crêtes de coq arrachées sur l'animal vivant, mélangées avec des pattes d'oies. Beaucoup, comme Sénèque, n'auront

---

105. Catherine VIRLOUVET, « La consommation de céréales dans la Rome du Haut-Empire [Les difficultés d'une approche quantitative] » in *Histoire & Mesure*, vol. 10, n° 3-4, 1995, numéro thématique : *Consommation*, p. 261-275.

106. Bruno LAURIOUX, « Cuisiner à l'antique : Apicius au Moyen Âge » in *Médiévales*, vol. 13, n° 26, 1994, numéro thématique *Savoirs d'anciens*, p. 17-38 ; Bruno LAURIOUX, « Athénée, Apicius et Platina. Gourmands et gourmets de l'Antiquité sous le regard des humanistes romains du XVe siècle » in *Pratiques et discours alimentaires en Méditerranée de l'Antiquité à la Renaissance*. Actes du XVIIIe colloque de la Villa Kérylos à Beaulieu-sur-Mer, les 4, 5 & 6 octobre 2007, « Cahiers de la Villa Kérylos », vol. 19, n° 1, Paris, Académie des Inscriptions et Belles Lettres, 2008, p. 389-407 ; Jacques ANDRÉ, *Apicius. L'art culinaire. De re coquinaria*, Paris, C. Klincksieck, 1965.

de cesse de dénoncer « toutes les monstruosités d'un luxe qui, dégoûté de la pièce entière, choisit certaines parties de l'animal, délaissant tout le reste, tels les plats de langues de flamants roses ». Ce qui est en cause, pour les détracteurs d'Apicius, ce n'est pas le gaspillage des denrées (au sens économique), mais une déperdition du sens de la table. Beaucoup rendent donc Apicius responsable de la décadence romaine, donc de la perte de sa tradition culinaire. Au 1er siècle apr. J.-C., le poète Martial écrit une oraison funèbre fort critique : « Tu avais déjà, Apicius, sacrifié deux fois 30 millions de sesterces à ta gourmandise, il t'en restait encore une bonne dizaine de millions. Ne pouvant te faire à une situation qui représentait pour toi la faim et la soif, tu as avalé – suprême breuvage – une coupe de poison. Jamais Apicius, tu ne te montras plus gourmand. » L'empereur Tibère, entendant faire œuvre de pédagogie politique, se fait servir (en le faisant savoir), lors des grandes cérémonies, les restes de la veille ou « simplement » un demi-sanglier, en déclarant qu'il a les mêmes qualités qu'un sanglier entier.

Julien l'Apostat

La figure de Julien est plus surprenante dans un ouvrage consacré à l'histoire politique de l'alimentation parce qu'il fut empereur et non pas cuisinier, mais aussi parce qu'il est surtout (mal) connu pour avoir abjuré sa foi chrétienne. Julien l'Apostat propose une nouvelle articulation entre la frugalité et l'abondance, en prônant et en pratiquant la frugalité privée et l'abondance publique. Julien reprend en cela une vieille tradition que l'Empire a oubliée. L'aristocrate parfait est celui qui sait sacrifier pour le bien commun. Je crois que c'est également sur ce terrain qu'il faut chercher à comprendre le zèle sacrificateur de Julien plutôt que de dénoncer son hypothétique folie. Ce qui est certain, c'est que les soldats de Julien seront obèses à force de manger de la viande. Notre chance, c'est que Julien n'a pas seulement beaucoup sacrifié, il a aussi beaucoup écrit sur le sens même du sacrifice. Il tient le sacrifice inutile pour les dieux immatériels, mais indispensables pour les dieux de la région sublunaire qui ont la charge de protéger les hommes dans leur nation. Le dieu juif est ainsi le dieu matériel en charge de cette nation. Le sacrifice sanglant est indispensable du point de vue politique, selon Julien, car il permet de construire une nation à travers la distribution des viandes sacrifiées.

Que mangent les Romains ?

L'alimentation romaine est structurée autour de deux grands moments : le repas de midi dénommé le *prandium* et le repas du soir le *convivium*[107]. Manger véritablement, pour les Romains, c'est manger froid, dur et des *fruges*, mais ils se livrent le soir à des repas où la viande, le chaud et le mou occupent une place centrale. Nulle contradiction pourtant puisque ces deux repas ne remplissent pas la même fonction et ne s'adressent pas aux mêmes organes. Le repas à base de viande, de mets chauds et mous, s'adresse à la *gula*, qui n'est pas assimilable à la seule gourmandise, car elle est un organe situé entre la gorge et l'œsophage. Alors que le *prandium* a pour objectif de nourrir le corps, ce qui implique qu'il repose sur des *fruges*, sur des plats froids et des mets qui endurcissent, la *cena* ne vise pas à nourrir le corps mais à le purger, ce qui suppose qu'elle parvienne à l'amollir préalablement.

Le prandium

L'idéal de vie romain, tant du point de vue individuel que collectif, c'est l'action, donc le repas du Romain actif ne peut être que le *prandium*. Ce repas est valorisé car frugal, végétarien, froid et idéalement constitué de restes. C'est pourquoi le Romain est par excellence un mangeur de légumes. Le soldat est, lui, un mangeur de pain car le pain est symbole de la citoyenneté. On peut ainsi s'essayer à établir un parallèle entre le banquet grec, symbole de la citoyenneté, et le pain romain, symbole du « paysan mobilisable », donc de la citoyenneté. On retrouve la tension entre la symbolique du geste et la symbolique des mets. Ce pain, symbole politique, devient, avec la christianisation, un symbole religieux. Mais qu'est-ce qu'une une action digne d'être citée aux yeux des Romains ? Les philosophes répondent : les métiers de soldat, de paysan et de politique, bref tout ce qui retient éloigné de chez soi, tout ce qui contraint au *prandium*.

---

107. Florence Dupont (*in* « Grammaire de l'alimentation et des repas romains », art. cit.) reprend l'opposition classique de la *cena* et du *prandium* et cite la tension entre *cena* et *convivium* : « Les Romains connaissent deux types de repas opposés, la *cena* et le *prandium*. La première réunit des hommes qui se tiennent toujours couchés (s'il y a des femmes, elles sont traditionnellement assises) en un lieu couvert – maison, portique ou jardin surmonté d'un *velum* ; un groupe social bien défini – famille, clientèle, amis du même âge, collège professionnel ou sacerdotal, voisins – partage les plaisirs de la table à l'occasion d'une fête. Le nombre est limité à une dizaine de convives, mais on peut multiplier les salles à manger. Si les banqueteurs peuvent se limiter aux habitants d'une ferme – un paysan, sa femme, ses fils, ses brus, ses petits-fils, quelques valets de ferme –, la *cena* reste toutefois une fête, malgré un luxe limité ; elle n'est jamais inscrite dans la quotidienneté. Quand elle prend des dimensions importantes, la *cena* peut s'appeler *convivium*. »

Un mangeur de céréales en bouillie

Le Romain n'est pas initialement un mangeur de viande mais de céréales. La bouillie fut longtemps l'emblème de la table romaine (bouillie d'orge à l'origine) car emblème de la frugalité et de la civilisation (travail de la terre).

On distingue trois âges : celui des bouillies, des galettes sans levain et celui du pain. Ce changement est essentiel sur le plan culinaire et symbolique, même si la vie, privée et publique, restera rythmée par des rituels céréaliers. Le roi mythique Numa Pompilius, en fondant le rituel religieux de Rome, aurait accordé en effet une place centrale aux offrandes de céréales. Les vestales, gardiennes du temple où brûle le foyer de l'*Urbs*, préparent donc la *mola salsa*, une composition sacrée faite de farine grillée et salée. Le bornage des propriétés se fait aussi (symboliquement) avec des offrandes de bouillies et de gâteaux (recettes spécifiques). La jeune mariée, gardienne du foyer, reçoit un gâteau de farine. Varron, écrivain et savant romain, qui s'intéresse à l'agriculture, défend l'association de la bouillie à l'idée même de civilisation car « s'agissant d'aliments, rien de plus vieux que la bouillie », donc manger de la bouillie, comme les Romains, c'est s'inscrire dans la très longue durée. Cette bouillie traditionnelle, faite de céréales (orge, blé, froment), est relevée avec des herbes, de l'huile d'olive, du fromage de chèvre, du miel, des œufs. Elle est parfois accompagnée de viande, mais plus souvent encore, de poisson. Ce dispositif ne disparaît pas avec l'adoption du pain, à partir du IIIe siècle av. J.-C., car il est toujours accompagné de légumes (choux, poireaux, concombres…).

L'adoption du pain

La bonne société est à l'origine du passage de la bouillie aux galettes sans levain puis au pain. Le pain emporte avec lui une dimension essentielle puisqu'il devient le symbole de la commensalité comme l'atteste la fameuse scène où César fait punir un esclave pour avoir servi des pains non identiques. Servir des morceaux de pain différents, c'est commettre une faute sociale, c'est ne pas respecter la commensalité, donc transgresser le sens même du repas. Cela ne signifie surtout pas qu'existait un seul type de pain, bien au contraire. Les boulangers préparent des dizaines de pains exprimant des sens différents. Ces pains diffèrent selon leurs farines, leurs formes, leurs goûts, leurs couleurs, leurs odeurs, etc. Le premier message est bien sûr de type social. Tout le monde ne peut se payer un pain blanc, confectionné avec de la fleur de farine. Les domestiques mangent du pain fait avec de la farine mélangée à du son. Il faut cependant tenir compte des messages associés aux formes, aux couleurs, aux épices. Le *pistor*

(« boulanger ») maîtrise parfaitement ces codes, par exemple concernant la présence de miel, d'anis, de cumin, etc. Je ne reviendrai pas sur la difficulté du travail du boulanger relevé par tant d'auteurs. J'insisterai sur le fait que le travail des céréales (produit pourtant valorisé) est un travail d'esclaves ou de femmes, comme si celui (celle), chargé(e) de nourrir (car les céréales sont le symbole même de la nourriture) devait être dominé(e).

La Rome aristocratique débattra sans fin de ce passage des bouillies de céréales à la panification, rendu possible par l'abandon de l'épeautre au profit des blés nus. La caractéristique du Romain n'est-elle pas d'être un mangeur de bouillie ? Certains philosophes et des agronomes, comme Varron, refusent pour eux-mêmes et la société ce passage au pain, symbole de l'hellénisation (enviée ou décriée), donc marque d'une perte identitaire, de mollesse. Cette mutation a un effet sur l'équilibre alimentaire car, au détriment des céréales considérées comme moins nobles et lucratives que le vin, les Romains renforceront la place de la vigne, notamment autour des villes. L'empereur Domitien interdit, en 92, (sans succès apparent) de planter des vignes dans et autour de Rome, pour défendre les potagers et les champs.

Des mangeurs de légumes en conserve

Les Romains se veulent des mangeurs de bouillies de céréales et de pain, mais leur consommation de légumes et de légumineuses est tout de même considérable. L'idéal de vie de chaque citoyen est de disposer d'un potager, car manger des légumes et des légumineuses, c'est rappeler son origine paysanne. Les Romains mangent sensiblement les mêmes légumes que nous, mais ils en font un usage différent puisqu'ils consomment principalement des conserves. Les techniques de conservation sont variées, mais toutes ont pour conséquence de modifier les caractéristiques organoleptiques des denrées sans que cela gêne les Romains, qui préfèrent les produits modifiés. Les légumes sont conservés en saumure, au vinaigre, dans de l'absinthe mélangée à de l'eau, mais aussi séchés, pilés, grillés, etc. Les Romains se nourrissent donc de fèves, de lentilles, qui constituent aussi la nourriture du soldat car censées donner de la force, de salades, de poireaux, d'ail et d'oignon, de panais, de carottes, de choux, d'asperges, de concombres, d'artichauts, etc. J'accorde une importance à part à la salade (la laitue bien sûr, mais pas seulement) car si les Romains sont des mangeurs de salade, c'est parce que, pour eux, elle symbolise l'herbe, donc le monde végétal. Manger de l'herbe retrouve, chez les Romains, une légitimité perdue chez les Grecs. Les salades sont ordinairement consommées au début du repas (avec les œufs). Elles sont mangées à la main, simplement trempées dans une écuelle de sauce. Les Romains font également un grand usage des légumineuses. Ces denrées sont le support de symboliques alimentaires : les fèves sont la nourriture du travail(leur) manuel, car les Romains, qui aiment jouer avec l'étymologie (souvent de façon erronée), expliquent que les fèves, *fabae* viennent de *faber* qui veut dire « fait avec art », « ingénieux » et par extension « ouvrier », « artisan »[108]...

Des olives à l'huile d'olive

Des olives, conservées par saumurage, sont servies en complément du pain (l'accès aux différentes variétés d'olives dépend du statut social), mais les Romains utilisent, comme toutes les tables méditerranéennes, l'huile d'olive, comme principale source de matière grasse. Cette huile a un goût profondément dénaturé en raison de ses conditions de stockage. L'étanchéification des jarres en terre cuite est réalisée avec de la cire ou des gommes. L'huile, la plus grossière, destinée à l'éclairage, sert aussi à l'alimentation des pauvres. L'édit de Dioclétien distingue trois types d'huile : l'huile verte de première pression, la meilleure, mais totalement inaccessible au commun des mortels ; l'huile de seconde qualité coûte la moitié de l'huile verte mais est réservée aux gens aisés ; l'huile ordinaire coûte le quart de la valeur de l'huile verte mais reste trop onéreuse pour beaucoup. Il existe donc des sous-produits, des huiles de deuxième ou troisième pression. Si certains se vantent de reconnaître les meilleures huiles à leur pureté, beaucoup les aromatisent avec des herbes pour les rendre comestibles.

Épices et condiments

Les Romains ne mangent pas seulement pour vivre ainsi qu'en témoigne leur grand usage des condiments, signe de la recherche du goût, donc du plaisir. À côté de l'ail, condiment du pauvre, la table romaine est parfumée avec du céleri, de la coriandre, du laurier, de la livèche, de la menthe, de la moutarde, du cumin, de la myrrhe, de l'oignon, de l'origan, du persil, de la sarriette, du thym, du fenouil et, bien sûr, avec le fameux *garum*, emblème de la cuisine romaine. Ce produit ne date en réalité que des derniers siècles de l'histoire romaine.

Le *garum* est une solution semi-aqueuse, composée de trois couches d'intestins de poissons mis à macérer avec des herbes sèches. Ce produit

---

108. Mireille Corbier note également cette étymologie approximative mais ô combien révélatrice : « Certains mets – et surtout les légumes, tels que la fève ou la bette – n'y sont que nourritures de pauvre ou d'« ouvrier » (un jeu de mots justifié par le rapprochement de *faba*, « fève » et de *faber*, « ouvrier » (in *Histoire de l'alimentation, op. cit.* p. 215).

a donc un goût très prononcé et sert à assaisonner les plats. De véritables fabriques à *garum* proposent des produits très différents. Les connaisseurs savent distinguer les différentes recettes et en parlent allègrement. Le plus précieux est celui de Carthagène fait avec des intestins de maquereaux. On retrouve à la base de sa recette le principe du mélange, cher aux Grecs, et celui des couches successives, si chères aux Romains. Anticipant sur les développements, je pense que la symbolique est autre puisque le mélange renvoie à des grands invariants du monde politique, alors que le principe des couches superposées est signe d'abondance, de générosité. Le bouquet aromatique romain est très diversifié mais plus qu'un subtil équilibre des saveurs, les convives aiment retrouver des tonalités dominantes. Certains expliquent ce goût par le caractère principalement végétal de leur alimentation mais l'histoire comparative montre que rien n'est systématique dans ce domaine : parfois, des peuples dont l'alimentation est largement végétale utilisent fort peu de condiments, et inversement. La recherche du goût n'est pas unanimement partagée par tous, ni surtout le goût (très romain) pour la confusion des saveurs souvent sous la dominante de l'une d'elles… L'usage du *garum* est tel qu'il concurrence le sel, en sachant que le *garum* est lui-même concocté en salant fortement des entrailles. Le *garum* n'aura cependant jamais un statut politique véritable, c'est pourquoi il ne figure pas dans les distributions (gratuites) de denrées, alors que le sel y sera aux côtés du pain, du vin et de l'huile.

Plutarque qualifie le sel de complément indispensable « sans lequel rien n'est comestible », « car comme les couleurs ont besoin de lumière, les saveurs ont besoin de sel pour exciter la sensation, sinon leur contact est lourd au goût et écœurant ». Le sel est donc à la fois le principal agent de conservation (légumes, viande, poisson) et l'emblème de la recherche du goût. Les Romains enrichis feront également un grand usage d'épices exotiques, comme le poivre et le gingembre. Cette recherche d'un excès de goût par l'assaisonnement ne fait pas l'unanimité. Ainsi, le poète comique et philosophe Plaute proteste vertement : « Moi, je ne vous assaisonne pas un dîner comme les autres cuisiniers qui vous servent tout un pré en assaisonnement de leurs plats ; qui prennent les convives pour des bœufs et leur présentent des herbes qu'ils accommodent avec d'autres herbes. Ils y mettent de la coriandre, du fenouil, de l'ail, du persil ; ils y ajoutent de l'oseille, du chou, de la poirée et des blettes ; ils y délayent une livre entière de suc de silphium ; on pile de la moutarde, affreuse drogue, qui ne se laisse pas piler sans faire pleurer les yeux des marmitons. »

La bonne question n'est finalement pas d'apprécier (ou non) les assaisonnements pratiqués par les Romains, mais de noter leur importance, signe, d'une part, de la recherche du goût et du plaisir, et, d'autre part, de leur volonté de dénaturaliser les mets. Autrement dit, même si nous pouvions cultiver les mêmes variétés à partir des semences trouvées dans les fouilles, même si nous les cuisinions de la même façon, les préparations ne nous parleraient plus mentalement. Rien ne semblait en effet meilleur qu'un produit issu de l'agriculture (et non de la cueillette), pourvu qu'il soit transformé au point de ne plus le reconnaître. Les épices et condiments, considérés comme une ressource publique, sont massivement stockés par les autorités. Ainsi César déstockera plusieurs centaines de tonnes de silphium pour financer la guerre civile.

Le statut de la pâtisserie

La pâtisserie perd progressivement son caractère religieux initial même s'il s'agit toujours de faire des gâteaux le plus ressemblant possible à des animaux : on réalise, par exemple, de nombreux oiseaux avec de la pâte de froment. La désacralisation de la pâtisserie fait le bonheur des petits marchands ambulants et la profession de pâtissier *(dulciarius)* s'éloigne du temple. Les anciens substituts offerts en sacrifice sont devenus des gourmandises, mais les principaux ingrédients restent les mêmes, comme, bien sûr, le miel. On évoque souvent le caractère roboratif de cette pâtisserie mais sans assez s'interroger sur la signification de ces alternances de couches de semoule et de fromage dans une croûte en pâte. L'analyse de ce type de gâteau (*placenta*) aide pourtant à comprendre la signification des compositions. Ce *placenta* est confectionné, au départ, dans un cadre religieux, soit à domicile, soit acheté chez un pâtissier spécialisé, le *placentarius*. Ce gâteau, obligatoirement de grande taille, est destiné à être découpé en carrés. Cette pâtisserie, composée avec de la pâte en feuilles, est symbole de richesses et de fécondité. Le mot de *placenta*, devenu le nom générique de tous les gâteaux, est concurrencé progressivement par celui de *dolcia* (idée de douceur). Caton donne une recette de *placenta* dans son *De agricultura* : il s'agit principalement de farine et de fromage de brebis en couches superposées. Cette cuisine à base de différentes couches (*placenta*/plats de poisson et de viande/*garum*) est une promesse de fécondité et de fertilité.

Le miel est le dernier produit qu'il nous faut évoquer, en soulignant son statut ambigu, à la fois produit offert en sacrifice et, à ce titre, ingrédient de base de la pâtisserie, mais aussi produit d'usage courant. On retrouve du miel (presque) partout : dans les boissons, comme aliment, comme procédé de conservation… L'édit de Dioclétien distingue trois types de miel et sanctionne les nombreuses falsifications, comme l'adjonction d'eau ou d'amidon. Les Romains utilisent beaucoup de miel en boissons : vin miellé (*mulsum*), bière miellée, eau miellée, sans oublier l'hydromel (eau miellée exposée au soleil pour fermenter). S'interroger sur la place du miel, c'est s'interroger aussi sur le statut du sucré. On a beaucoup dit qu'il serait la contrepartie d'une table aux saveurs brûlantes, notamment durant l'Empire, avec un usage extravagant du poivre. On peut penser aussi que le miel renvoie à la fascination des Romains pour les ruchers, comme modèle de société, avec des abeilles laborieuses et frugales.

Bouilli, rôti, mijoté

Beaucoup d'auteurs justifient la préférence des Romains pour le bouilli par son caractère plus économe, tout en relevant par ailleurs les gaspillages considérables qu'occasionne la « grande cuisine » romaine. Ce choix du bouilli a donc probablement d'autres justifications : la première est celle donnée par Varron qui, en établissant une chronologie des modes de cuisson successifs, note que l'humanité est passée de l'âge de la grillade, à celui du rôti, et, enfin, du bouilli faisant ainsi l'impasse sur le mijoté. Les Romains respectent globalement ce principe de civilisation, même s'ils en débattent beaucoup moins que les Grecs et s'ils n'hésitent pas à faire bouillir la viande avant de la faire rôtir, procédé devenu classique, qui constitue cependant une transgression des séquences chronologiques. Retenons principalement, avec Marcel Detienne, que la supériorité reconnue au bouillon sur le rôti n'est pas d'abord d'ordre culinaire mais culturel. Les Romains apprécient cependant également la cuisine mijotée (cuisson lente avec le plus souvent une sauce) comme l'atteste l'abondance des couvercles et autres couvre-plats et des cocottes pour des ragoûts. Les morceaux de viande mis à mijoter sont généralement d'abord grillés au four. Lévi-Strauss, après avoir adopté plusieurs versions du modèle triangulaire culinaire (le cru, le cuit comme transformation culturelle du cru, le pourri comme transformation naturelle du cru) avec trois méthodes de préparation (rôtir/bouillir/fumer) correspondant aux trois pôles du triangle culinaire, l'élargira d'un troisième axe, celui de l'huile, pour former un tétraèdre rôti/bouilli, fumé, frit. Lévi-Strauss s'intéressera de plus en plus aux cuissons mixtes et à des modalités de cuisine plus complexe. L'apologiste chrétien Arnobe écrira que la viande grillée est à moitié cuite. Manger bouilli, c'est donc pour un Romain manger plus civilisé et cultivé. L'autre raison, c'est que le bouilli s'adapte parfaitement aux stratégies culinaires qui fondent les cuisines des métamorphoses ou des subterfuges. Le bouilli permet de réaliser des compositions beaucoup plus complexes, il donne au cuisinier la possibilité de disposer de l'animal en entier et donc, par exemple, de pouvoir le farcir plus facilement ou d'y cacher d'autres mets. Une dernière raison plus triviale est avancée dans la mesure où le choix du bouilli serait la conséquence obligée des salaisons, bouillir des quartiers de porc salé constitue indéniablement la façon la plus simple de les utiliser. Florence Dupont écrit (*in* « Grammaire de l'alimentation et des repas romains », art. cit.) : « Le triangle culinaire de Lévi-Strauss, appliqué aux produits alimentaires des Romains, montre que les animaux comestibles se répartissent sur un axe allant du plus cru au plus pourri, du plus dur au plus mou, du lard à l'huître. L'huître, molle, humide et froide est déjà si corrompue que bien des hommes l'absorbent brûlante (rôtie) et poivrée, quitte à s'abîmer gravement le foie et l'estomac. Le lard, la viande grasse du porc durcie par dessication (salage, séchage, fumage), est la seule chair animale susceptible d'être conservée et mangée bouillie. »

Le statut politique des légumes

Les Romains sont donc des mangeurs de céréales, de légumes et de fruits, mais non pas par nécessité, non pas de la même manière et pour les mêmes raisons que nous. Manger des céréales, des légumes et des fruits, c'est être civilisé. Les Romains qui aiment ces produits n'auront de cesse d'élargir les gammes de végétaux disponibles, grâce aux conquêtes, au commerce et à l'agronomie. Les agronomes romains occupent une place d'autant plus éminente que chaque Romain, notamment chaque aristocrate, se veut un agronome amateur pour qui il convient de posséder un jardin et des terres agricoles et de les cultiver soi-même. Jacques André a bien vu cette perception politico-philosophique des denrées végétales, signe non seulement de la civilisation mais de la propriété[109]. Les Romains se disputent sans fin sur les caractéristiques des produits, notamment des nouveaux qu'ils font importer depuis leurs colonies. Un même produit, comme le chou par exemple, peut être adulé pour des raisons différentes. Lélius (Caius Laelius) en fait l'éloge parce qu'il est pythagoricien et végétarien. Caton l'Ancien, le plus important agronome de l'Antiquité romaine, en fait lui aussi l'éloge car il y voit le symbole de la frugalité. Il propose même des dizaines de recettes tout en concédant sa préférence pour un chou consommé presque nature. Il fait de la perte de la frugalité une cause de décadence, donc de mollesse.

---

109. Jacques ANDRÉ, *L'Alimentation et la cuisine à Rome*, *op. cit.*

La table romaine est initialement moins carnée que les tables égyptienne et grecque, car si la consommation de viande ne va jamais de soi dans les civilisations antiques, elle va encore moins de soi dans la civilisation romaine. La viande a un statut ambigu : elle est à la fois un danger dans une société agricole et le signe de la réussite sociale, économique, mais aussi politique. C'est déjà pourquoi une large part de la population est interdite de viande, car sa consommation est jugée dérogatoire à son statut social et à ses besoins. C'est le cas des esclaves, des pauvres et, d'une façon générale, des ruraux. C'est le cas aussi des femmes enceintes et des enfants en bas âge. La viande peut être d'autant plus réservée aux élites qu'on sacrifie moins qu'en Grèce (et de moins en moins) et que cette viande est redistribuée aux seuls sénateurs ou vendue au bénéfice du Trésor public, donc non offerte au peuple. Quant à la viande issue des sacrifices privés, elle appartient à ceux qui les offrent.

Les Romains classent les animaux, mais bien autrement que nous. Ils distinguent les animaux selon leur lieu de vie, dans les eaux, sur terre ou dans les airs. Le cheptel est celui habituel (vaches, bœufs, moutons, chèvres, etc.), mais avec une préférence très marquée pour des animaux très robustes. Sans doute la volonté de ne pas distinguer la viande de boucherie et de la chasse explique-t-elle, au moins en partie, cette préférence pour de grands animaux. Cette confusion entre élevage et chasse conduit parallèlement à élever le gibier dans des enclos (*Leporaria*, terme venant de *lepus*, « lièvre »), notamment des sangliers, des chevreuils, des cerfs, des lièvres, et à construire des volières pour les grives, tourterelles, pigeons, ortolans, cailles, perdrix… Ces animaux, élevés de façon semi-sauvage, sont nourris différemment selon les goûts recherchés : ainsi un sanglier peut-il être nourri exclusivement avec des farines ou des glands, selon les intentions gustatives du propriétaire.

La viande dans la Rome républicaine

La viande, même consommée par la bonne société, est de mauvaise qualité car il s'agit principalement de bêtes de réforme. Les témoignages littéraires abondent, qui établissent que les Romains ne sont pas des amateurs de viande. Pétrone écrit qu'aucune viande n'a de saveur plaisante en soi. Ce serait simplement l'art du cuisinier qui, en la dénaturant, la rendrait acceptable. La viande est consommée généralement très cuite et cuisinée en sauce. Ce débitage en morceaux n'a pas le même statut politique qu'en Grèce : il s'agit simplement ici de rendre comestible ce qui autrement ne le serait pas. On a beaucoup écrit sur l'attirance de la farce et des abats utilisés en farce, sans suffisamment noter que c'est déjà une façon d'euphémiser la viande. Il ne faudrait surtout pas s'imaginer que les Romains étaient végétariens, car s'ils mangent peu de viande de boucherie, ils dévorent le porc et les volailles.

La viande de porc

Le porc n'est presque pas une viande pour les Romains ou du moins pas une viande comme les autres. Il constitue déjà en soi un aliment. Il peut donc être consommé largement puisqu'il est naturellement « cuit » et « dur ». Pline ajoute un argument culinaire : aucun animal ne fournit plus d'aliments à la gourmandise : sa viande présente environ 50 saveurs, tandis que celle des autres n'en donne qu'une. Cette thèse ne me convainc que très partiellement car elle semble justifier *a posteriori* un choix déjà effectué. Le porc est en effet le seul animal élevé exclusivement pour la boucherie. Son exceptionnalité est plus profonde que ses caractéristiques organoleptiques. Les morceaux les plus recherchés sont la vulve et la tétine de truie. On peut en offrir en cadeau, en proposer à deux reprises au cours d'un même banquet. L'encyclopédiste Macrobe en fait le prototype même du repas luxueux. Cette prédilection pour les bas morceaux (féminins) a une connotation sexuelle. Les Romains consomment également des testicules de taureau mais sans leur accorder la même importance.

Le poulailler romain

Le poulailler romain est très diversifié : poulets, pigeons ramiers, canards, colombes, grives, oies, poussins, pintades, paons, flamants, bécasses, perdrix, faisans, etc. Cette énumération mélange volontairement volailles domestiques et sauvages, car les Romains, dans ce domaine comme dans d'autres choisissaient de mélanger les genres. Les volailles sauvages capturées sont parquées et bien souvent engraissées. On engraisse les oies mais aussi les pigeons, les faisans… et on les engraisse avec ce qu'il y a de meilleur, comme des figues ou des mélanges de fleur de farine. Les Romains réagirent aux lois qui interdisaient de consommer des poules (pour privilégier les œufs) en apprenant à châtrer les coqs pour en faire des chapons. La consommation d'œufs est considérable dans toute la société. On a vu que les œufs (autant de canes, de paonnes que de poules) sont consommés le plus souvent en entrée (lors du moment nommé *gustatio*), leurs coquilles devant être immédiatement brisées après consommation pour empêcher qu'un mauvais esprit ne les utilise pour jeter un sort.

La viande dans la Rome impériale

La Rome impériale est beaucoup plus carnivore que la Rome républicaine, même si l'Église, triomphante depuis la conversion de Constantin au IVe siècle, regarde avec prudence toute consommation de viande, potentiellement diabolique puisque issue de sacrifices à des faux dieux, donc à des démons. Ce changement de régime alimentaire ne concerne que peu les masses populaires. D'abord pour des raisons financières : la plèbe a de moins en moins les moyens d'acheter de la viande en raison de l'affaiblissement des couches moyennes ; ensuite parce que ce régime alimentaire plus carné suscite des tensions sociales, en raison de l'accaparement des terres au profit de l'élevage.

Le passage à une alimentation plus carnée ne se justifie pas seulement par une pratique de distinction sociale, mais par le souci de développer des valeurs davantage en conformité avec les nouveaux impératifs idéologiques, qui sont ceux de la Rome impériale, c'est-à-dire son esprit guerrier, donc carnassier. La chasse se trouve ainsi valorisée mais en tant que préparation à la guerre. Elle a une valeur éducative car elle forme au courage et à la hardiesse mais elle a aussi une valeur religieuse car elle interfère avec des thèmes funéraires. Les Romains copient les chasses helléniques et créent une vénerie importante. Les chevreuils, jusqu'alors privilégiés, cèdent, sous l'Empire, la place aux sangliers, ces derniers présentent des caractéristiques physiologiques et symboliques plus exploitables dans le cadre de la spectacularisation de la table. Une loi somptuaire du début du IIe siècle av. J.-C. avait déjà tenté d'en réduire la consommation lors des grands festins mais manifestement sans succès.

Le poisson

Contrairement à la viande de boucherie, largement exclue de la table populaire, le poisson est particulièrement présent grâce aux marchés de poissons organisés indépendamment des autres marchés, mais aussi sous la forme d'*hallec* (ou *allec*, des résidus de chair de poisson provenant de la fabrication du *garum*) et de *garum*.

Des amateurs de fromage

Le fromage occupe une place importante dans la table romaine. La civilisation commence pour les Romains avec le fromage car il repose sur le travail humain (et accessoirement assure des réserves). En revanche, boire du lait reste, plus encore que manger de la viande, un comportement barbare, indigne d'un romain civilisé.

Que boivent les Romains ?

On dit que Rome était une civilisation du vin, c'est en dire trop ou pas assez. Les Romains boivent du vin et savent le boire, mais pas à la façon des Grecs. Les Romains distinguent quatre types de vin. La *calda*, le vin au sens actuel du terme, toujours consommé dilué d'eau et, en principe, d'eau chaude ; la *posca* qui est un vin piqué, mais pas encore au stade de la vinaigrification, boisson destinée initialement aux soldats mais qui deviendra celle des travailleurs ; la « piquette », faite avec du vinaigre dilué au dixième, est la boisson de la plèbe, la *lora*, fabriquée en passant de l'eau sur le marc après pressurage, d'abord réservée aux esclaves durant les trois mois qui suivent les vendanges, sera achetée par le petit peuple, notamment en raison de son faible coût. La consommation moyenne de vin (toutes catégories confondues) est estimée à 1 hectolitre par personne et par an, sachant que le vin est strictement interdit aux femmes sous peine de mort, car accusé d'être responsable de l'enfantement de monstres. Les Romains boivent donc beaucoup de vin, mais pas à la façon des Grecs car ils n'en font pas la base du *convivium*, ni des Égyptiens car ce n'est pas une boisson réservée à la seule aristocratie.

Le vin accompagne tous les moments de la journée grâce notamment aux tavernes (*tabernae* et *popinae*). Le vin fait partie intégrante de l'alimentation, au-delà de son apport calorique : il sert à « mouiller » le pain consommé lors du petit déjeuner (*jentaculum*), il fait souvent partie du *pulmentarium*, auquel chacun a droit y compris les esclaves. Caton leur concède, par exemple, trois quarts de litre de vin par jour. La plèbe exigera longtemps que le vin fasse partie des distributions gratuites. L'empereur Auguste, interpellé par la foule, refuse de prendre en charge le vin pour faire face à la pénurie. Suétone lui prête la réponse suivante : « Mon gendre Agrippa, en construisant plusieurs aqueducs, a suffisamment pourvu à ce que personne n'eût soif » (Suétone, *Aug.*, 42, 1). Le vin est finalement intégré aux distributions gratuites mais seulement à partir du IIIe siècle apr. J.-C. Je ne suis pas certain que le mélange eau/vin relève, dans la Rome antique, du même statut qu'en Grèce, même si les Romains lui accordent (au moins) la même importance. César juge ainsi les Gaulois « barbares » parce qu'ils boivent leur vin pur, et qu'on peut être sanctionné pour n'avoir pas coupé son vin. Le statut du mélange romain renvoie au contrôle de l'ivresse et surtout à celui du luxe.

Le cérémonial du vin est complexe pour des raisons pratiques et culturelles. Le vin est naturellement épais, il faut donc le filtrer grâce à des passoires. Il est également obligatoirement coupé d'eau (si possible chaude mais parfois froide), cette eau est elle-même souvent « préparée » afin d'être purifiée. On la fait ordinairement bouillir puis, parfois, elle est mise à refroidir dans un bain de neige grâce aux produits vendus par les marchands de glace. Martial rappelle (*Épigrammes*, XIV, 117) qu'il ne faut pas « boire de la neige, mais de l'eau que la neige a glacée, c'est une invention de notre soif ingénieuse ». Le vin est surtout bu en dehors du repas, à l'exception du vin miellé et aromatisé consommé avec les hors-d'œuvre. La consommation du vin à la fin du repas est la plus importante et se produit régulièrement au moment de la *comissatio* « un festin avec musique et danse suivi d'une promenade en cortège pour reconduire un des invités et recommencer la fête », laquelle peut aller jusqu'à l' « orgie », autre sens du mot *comissatio*. Un esclave tient le rôle dévolu, lors du *symposion* grec, au symposiarque. Les Romains utilisent des bouilloires spécifiques pour conserver l'eau chaude, tout au long d'un repas, grâce à un compartiment à braises au centre du récipient.

La conservation du vin dans des jarres enduites de poix ou de résine modifie le goût du liquide... et pas à son avantage. Par ailleurs, beaucoup de vins romains sont fumés car conservés au-dessus des cuisines, or les fumées de cuisson transpercent la paroi poreuse des amphores en terre cuite. En outre, les Romains ne reculent pas devant certains mélanges curieux, comme le vin allongé d'eau de mer. Plus classiques sont les vins aromatisés dont ils font un grand usage (vin miellé, vin aux épices, vin de violettes, vins de roses, etc.). Dans la classification des vins, les Romains opposent les vins jeunes aux vins vieux, mais un vin est dit vieux dès qu'il dépasse un an. On boit cependant des millésimes vieux de plusieurs dizaines d'années. La vinification antique est plus efficace que celles des siècles suivants grâce à l'application d'un enduit de poix bouillante qui stérilise les récipients/amphores et à l'emploi de bouchons en liège ou d'opercules en terre cuite qui autorisent les échanges gazeux. Pour conclure, il faut constater que les Romains ne reconnaissent pas au vin une valeur comparable à celle de la table grecque et boivent au moins autant d'hydromel et de bière que de vin, lequel est utilisé massivement en cuisine, pour la confection des sauces.

Le convivium

Le terme de *convivium* insiste sur l'objectif d'une convivialité amicale[110]. Le *convivium* romain n'est ni la réunion mondaine égyptienne ni le

---

110. Konrad Vössing, « Les banquets dans le monde romain : alimentation et communication » in *Dialogues d'histoire ancienne*, Supplément n°7, 2012, p. 117-131, numéro thématique : *L'histoire de l'alimentation dans l'Antiquité. Bilan historiographique* – Journée de printemps de la SOPHAU, 21 mai 2011.

banquet grec. Il obéit cependant à des règles tout aussi contraignantes[111]. Rappelons que le *convivium* est un « anti-*prandium* » car il s'adresse à des organes différents. Nous allons voir cependant que la *cena* est passée progressivement d'une réunion amicale à un nouveau dispositif où chacun rivalise de richesses, au point de remettre en cause les notions de don et de contre-don.

L'organisation du convivium sous la République

La *cena* comprend trois grands moments. La *gustatio* permet de servir les hors-d'œuvre, le plus souvent des œufs, de la salade, des légumes, des poissons en saumure, plus rarement des crustacés, le tout arrosé d'un vin miellé (*mulsum*) : « Mon intendante m'a apporté des mauves laxatives et les richessess variées dont se pare mon jardin, la laitue aplatie et le poireau à sectionner en tranches, sans oublier la menthe flatteuse ni la roquette qui porte à l'amour. Des œufs coupés menu couronneront des anchois sur un lit de rue, et il y aura des tétines de truie relevées par de la saumure de thon » (Martial, X, 48). Chacun aura déjà compris que le principe de la *gustatio* est de ne servir que des plats froids. Le deuxième moment est celui des *primae mensae* (ou « premier service ») avec les viandes, les poissons rôtis ou bouillis, toujours accompagnés de légumes : « Un chevreau soustrait à la dent d'un loup féroce, des côtelettes grillées, des fèves et de jeunes choux verts. À cela s'ajoutera un poulet ainsi qu'un jambon qui a déjà survécu à trois repas » (Martial, X, 48). Le troisième moment est celui des *secondae mensae* (ou « second service ») au cours desquelles on offre des fruits, des olives, des graines de lupin et autres mets salés, parfois des gâteaux, du vin, qui peut certes accompagner tout le repas mais qui encadre surtout l'entrée et l'après-repas : « Quand vous n'aurez plus faim, je vous servirai des fruits mûrs, un flacon de Nomentum débarrassé de sa lie et qui atteignit deux fois trois ans sous le Consulat de Frontin (98 apr. J.-C.) » (Martial, X, 48).

Alors que les Grecs se devaient de parler de choses sérieuses et donc d'être vêtus de façon elle aussi sérieuse, les Romains vont délaisser la toge (vêtement réservé aux affaires et à la vie publique) pour passer une tunique légère et élégante (*cenatoria*), voire des déguisements amusants. Plusieurs pratiques visent d'ailleurs à exclure les discussions sérieuses, particulièrement l'usage obligé de tenues vestimentaires différentes de celles utilisées pour conduire des affaires ou faire de la politique, la présence des femmes

---

111. André Tchernia, « Le *convivium* romain et la distinction sociale » in *Pratiques et discours alimentaires en Méditerranée de l'Antiquité à la Renaissance*. Actes du XVIIIe colloque de la Villa Kérylos à Beaulieu-sur-Mer, les 4, 5 & 6 octobre 2007, « Cahiers de la Villa Kérylos », vol. 19, n°1, Paris, Académie des Inscriptions et Belles Lettres, 2008, p. 147-156.

à égalité avec les hommes, le bon goût qui consiste à exclure les propos concernant les affaires ou la politique, la pratique qui consiste à égayer la totalité du festin en faisant jouer des instruments à vent par des esclaves. Ce corps d'esclaves, spécialistes des banquets, peut être comparé à celui des « parasites » grecs, mais sans la dimension politique qui leur était attachée.

On se rend au repas à la sortie des thermes, c'est-à-dire à la fin de la huitième heure en hiver, de la neuvième en été. C'est l'horaire adopté par Pline le Jeune (*Correspondance*, III, 1, 8-9) et par Martial, qui donne rendez-vous à son ami Iulius Ceralis, à la huitième heure pour l'emmener dîner chez lui, après le bain (Martial, *Ép.* X, 52). On se déchausse avant de s'allonger, on se rince également les mains. Les lits (*lectus*) sont placés en forme de « U ». Le dispositif classique est de trois lits de table à trois places chacun (*triclinia*). On peut ajouter ensuite des multiples de trois. Cette limitation du nombre de convives ne répond pas aux mêmes objectifs que dans le cadre des banquets grecs : on se souvient que le banquet grec fonde la citoyenneté sur l'amitié, il est donc possible de parler à son propos de politiques de l'amitié mises au service de la citoyenneté et de la cité. Les convives doivent se choisir en gage d'amitié. Le festin est un *convivium*, sa finalité ne dépasse pas le cadre privé. La table romaine, à cause des parvenus, a fait de la convivialité un luxe. La plèbe, sauf peut-être la plèbe moyenne (sous la République), ne dispose plus des conditions matérielles permettant de recevoir (pas d'espaces suffisamment grands, pas de lits de table, pas de domestiques, pas de mets coûteux). Comment savoir en revanche si la convivialité des tavernes ne satisfaisait pas les désirs de la plèbe ? Que sait-on de la convivialité dans les *popinae* ? Sans doute les plébéiens y trouvaient-ils quelque plaisir si l'on en croit Juvénal dont on a rappelé plus haut qu'il décrivait l'un d'entre eux se délectant du fumet « d'une vulve de truie dans une taverne bien chaude » (*Satires*, XI, 79-81).

Les Romains (plus encore que les Égyptiens et les Grecs) accordent une importance considérable aux règles de préséance. L'ordre de préséance sur les lits va toujours de droite à gauche, la dernière place du lit du bas (celui de gauche) étant réservée au convive le plus modeste. Avec deux exceptions cependant, la place d'honneur est la troisième du lit central et l'hôte occupe la première place du lit de gauche, donc juste en face de l'invité d'honneur. Le *convivium* romain n'épouse donc qu'en apparence la figure du cercle fraternel. On mange nécessairement appuyé sur le coude gauche – ce qui permet de bloquer la partie gauche du corps (partie féminine) – et avec les doigts, mais en n'utilisant en principe que deux doigts de la main et en ne se salissant que la première phalange, il est d'usage de jeter à terre les reliefs du repas pour nourrir les puissances de la terre et les âmes des morts. Le balayage ne se fait (contrairement au banquet grec) qu'après le départ des convives.

Ce rituel évoluera avec l'adoption du lit de table personnel mais sans bouleverser les rituels. Le maître d'hôtel, qui restera longtemps un « maître d'autel », puisque le profane et le religieux s'entremêlent, veille au respect des procédures. La table romaine (le meuble) pouvait être ronde ou carrée, il s'agit en principe d'un meuble à trois pieds galbés ayant la forme de pattes d'animaux, la table est toujours recouverte d'une étoffe riche, on y entrepose la vaisselle et quelques mets. Cette table occupe la place centrale dévolue dans le banquet grec au cratère, signe d'un glissement de la boisson vers les nourritures et, à travers elles, de la bouche à la *gula*.

La figure de Lucullus

Lucius Licinus Lucullus (v. 115-v. 57 av. J.-C.) est encensé dans toutes les histoires gourmandes. Cet homme d'État et général romain détesté par ses troupes est pourtant représentatif de toutes les dérives de la table romaine, ami de Cicéron et de Sylla, chef du courant conservateur opposé aux Gracques. Ces hommes ont pour adversaires les *populares* qui militent pour la suppression des dettes des paysans pauvres, le partage des terres, les distributions de denrées. On gardera simplement de lui la maxime « Lucullus dîne chez Lucullus » qui signifie faire un repas somptueux à son domicile, sans avoir d'invités, donc en violation de toutes les règles habituelles de la commensalité romaine. Lucullus, c'est « l'anti-*convivium* » par excellence.

L'organisation de la cena *sous l'Empire*

La fin de la République est l'âge d'or des grands festins (IIᵉ siècle av. J.-C.)[112]. Les Romains remplacent le discours sur la frugalité et la simplicité par un autre sur l'abondance et le luxe. La table gagne en prouesses ce qu'elle perd en partage. Sa symbolique se métamorphose. Les symboles ne sont plus avant tout de nature philosophique, mais servent à dire la puissance, donc restent politiques. Ils disent la richesse, l'opulence, donc le pouvoir, un pouvoir économique. Le *convivium* romain ne sert plus à dire la convivialité amicale mais à exprimer des relations de clientélisme et de rivalité ostentatoire. Il échappe à la logique du don et du contre-don car il n'est tout simplement plus possible de rendre à égalité, les plus riches n'acceptant pas de se limiter ou de se restreindre.

---

112. Konrad Vössing, « Les banquets dans le monde romain : alimentation et communication », art. cit.

  Une histoire politique de l'alimentation. Du paléolithique à nos jours

On multiplie sous l'Empire les lits de table, le nombre de convives, car la pratique de la convivialité amicale cède du terrain aux pratiques ostentatoires. On multiplie le nombre de plats et de services et, ce faisant, on allonge la durée de la *cena*. Nous avons un témoignage clair du déclin du festin romain dans le fait que les femmes qui n'y participaient que de façon décalée, en restant assises sur des chaises, accèdent au lit de table, et donc aux discussions. Je ne crois pas qu'on puisse dire qu'elles imposèrent leur présence, car elles ne sont admises que parce que la *cena* perd sa dimension politique et parce que de nombreux usages interdisent de parler de choses sérieuses. La participation des femmes n'est pas le prélude à des orgies mais d'abord le symptôme d'une privatisation, puis d'une stratégie ostentatoire. On a suffisamment insisté sur la débauche de luxe qui concerne la salle à manger, le décor, la vaisselle, les lits de table, la table, les plats, le linge de table (qui concerna d'abord le lit lui-même), les esclaves (qui doivent être beaux, jeunes, efféminés, vêtus de vêtements luxueux) pour en rester à l'essentiel. Au cours du premier siècle le lit à une place (*stibadium*) remplace celui à trois places. On a parlé d'une recherche de confort mais mieux vaudrait mentionner la perte de la signification du lit de table. L'abandon du *triclinium* (« lit à trois places ») est la marque de l'abandon du modèle grec. Par abandon, il ne faut pas comprendre le résultat d'une réflexion, mais le délaissement d'un usage qui ne parle plus. Pline le Jeune dresse un tableau des débauches de luxe, auxquels cette substitution du lit à une place au lit à trois places donne naissance : « Le *stibadium* de marbre blanc est ombragé par une treille, supportée par de petites colonnes, également de marbre ; du lit de table, comme si le poids de celui qui vient d'y prendre place la faisait jaillir, des tuyaux versent de l'eau qui tombe sur une dalle creusée et que retient ensuite un bassin de marbre finement travaillé, qui, grâce à un invisible mécanisme, reste plein sans déborder. Le plateau des entrées et les plats lourds se déposent sur le rebord, les plats légers flottent de-ci, de-là, sur des présentoirs en forme de barques et d'oiseaux » (Pline le Jeune, V, 6, 36-37). Chaque lit peut faire l'objet d'un long et coûteux travail en ébénisterie et orfèvrerie. Certaines tables valent le prix d'un domaine agricole. On différencie toujours plus la vaisselle de table (destinée à être utilisée) et celle d'apparat (qui repose sur le présentoir). On prend aussi l'habitude de réduire les découpes en cuisine afin de pouvoir jouer avec la cuisine des métamorphoses (et éventuellement des super-cheries) et faire jaillir des bêtes présentées entières, des oiseaux vivants, devant les yeux des convives, et, afin de jouir du spectacle de découpes toujours plus extraordinaires. Cette fonction de découpeur donnera plus tard naissance à celle d'écuyer tranchant. On construit toujours plus de *triclinium* (ici *triclinium* (plur. *triclinii*) signifie « salle à manger ») d'été en plein air, on les installe le plus souvent à côté d'une fontaine, mais certaines salles à manger sont installées dans des grottes (pour jouer avec la mythologie), les lieux sont magnifiquement décorés avec des fresques, des natures mortes, des mosaïques sur le sol, etc. Les motifs, généralement alimentaires, sont autant d'invitations à jouir, d'abord par la vue, des mets qui sont proposés comme on jouit des paysages. Nous ne devons pas lire ces scènes (fresques ou mosaïques) comme des distractions, car les Romains croyaient encore dans la toute-puissance des images. Paul Veyne a raison d'affirmer que cette imagerie signifie deux choses : « Voilà quelle vie fut la leur » et « ainsi faudrait-il vivre car la vie est courte ». On retrouve là le sentiment qu'il faut être conscient de son caractère mortel pour être pleinement heureux ; mais alors qu'Égyptiens et Grecs usaient de figurations morbides, les Romains exposent de préférence la vie belle. On donne des spectacles avec des reconstitutions surtout allégoriques qui peuvent faire référence à l'invité d'honneur ou aux mets qui seront servis : on reproduit des scènes de chasse pour du gibier, des scènes de pêche pour du poisson. Ces représentations peuvent mobiliser beaucoup de figurants.

Cette cuisine du luxe est pensée pour prendre le contre-pied de la tradition. C'est une façon pour les riches de faire sécession en inversant les codes. Puisque la cuisine romaine est une cuisine économe, la cuisine du luxe doit être une cuisine du gâchis. Mireille Corbier décrit cette opposition entre la « grande cuisine », cuisine du gaspillage, et une cuisine populaire qui récupère tout[113]. C'est à cette époque que les Romains généralisent la serviette, mais il ne s'agit pas du morceau de tissu servant à s'essuyer les mains, car l'usage du rince-doigts présenté régulièrement par les serviteurs est systématique, mais d'un morceau de tissu permettant d'emporter les reliefs du repas. Cette pratique témoigne de la survivance de la tradition d'offrir des cadeaux aux convives (allant des mets jusqu'aux esclaves qui ont assuré le service) et c'est aussi une façon de réintroduire l'évergétisme, officiellement encadré par les lois romaines. Les parasites (cette fois au sens moderne) manquent désormais de mesure. Ainsi le poète Martial dénonce vertement leurs abus : « Tout ce qu'on te sert, tu l'escamotes de droite et de gauche : pointes de tétines de truie, côtes de porc, coq de bruyère servi par deux, demi-mulet et loup entier, filet de murène et cuisse de poulet, pigeon arrosé de son jus, tout cela vient s'engouffrer dans ta serviette toute trempée et tu la remets ensuite à ton jeune esclave pour

---

113. Mireille Corbier, « La fève et la murène : hiérarchies sociales et nourritures à Rome », art. cit.

la porter chez toi. Quant à nous, nous restons à table sans avoir plus rien à y faire. Si tu as quelque vergogne, rends-nous le dîner ; ce n'est pas pour demain que je t'ai invité » (*Ép.*, II, 37).

Pétrone, dans le *Satiricon*, montre Trimalcion proposer, lors de son banquet, que l'on place une table par convive en signe de profanation de ce qui fut toujours la règle de partage. Toutefois, on ne sait pas si la remise en cause de la commensalité a pu aller jusque-là, ou si cet exemple est le produit de l'imagination cruelle de Pétrone envers les parvenus. La présence symbolique d'une table unique ne signifie pas que tous les convives soient reçus à égalité de traitement. Pour être bien servi, tout dépend en fait de la place accordée sur les lits et des consignes donnés aux esclaves. Le bon usage veut que l'on ne se saisisse que des morceaux déposés juste devant soi. La répartition des plats (des meilleurs aux moins bons morceaux) suit celle des places. La pratique d'emmener son propre esclave pour aider à son service personnel corrige, à la marge, cette asymétrie fondamentale.

Haute cuisine et mépris des cuisiniers

La richesse de la batterie de cuisine des riches demeures est connue, elle concerne tous les ustensiles nécessaires pour les divers types de cuisson : les poêles et sauteuses pour frire et faire sauter, les plats à four pour rôtir, les marmites pour bouillir, sans oublier tout le nécessaire pour broyer (mortier, filtres), décorer (moules), couper et saisir…

Plus se diversifient les modes de cuisson (griller, braiser, sauter, rôtir, mijoter, bouillir), plus les savoir-faire des *coquus* (« cuisiniers », plur. *coquii*) augmentent, plus la cuisine devient riche, moins les personnes chargées de préparer ces sublimes repas sont considérées ! Premier indice de ce changement, lorsque la cuisine migre du centre de la maison (où le même foyer servait à faire les offrandes aux divinités et aux ancêtres et à préparer les repas) vers des dépendances malsaines, non aérées, non équipées de système d'évacuation des fumées. Deuxième indice de ce changement avec la création de la profession de *coquus* au service des puissants, chargés certes de faire une cuisine d'apparat mais qui se trouvent décriés. Ainsi Cicéron (*De Officiis*, livre I) condamne tous les métiers de bouche sans exception. « Tous les artisans s'adonnent à un vil métier, l'atelier ne peut rien comporter de bien né et les moins acceptables sont les métiers qui sont au service des plaisirs (*quae ministrae sunt voluptatum*) : mareyeurs, bouchers, cuisiniers, pâtissiers, pêcheurs […] » C'est le philosophe grec Athénée, embauché par les empereurs romains, qui tentera de réhabiliter la cuisine et les cuisiniers… Athénée rappelle que le fondement de la cuisine se trouve chez Épicure et Démocrite, bref que le cuisinier est autant celui qui fait rôtir la viande des sacrifices, que celui qui fait renoncer à la viande crue, bref, c'est un civilisateur.

Il existe donc un paradoxe romain : aucune civilisation avant Rome n'a porté si loin les arts culinaires mais aucune n'a autant méprisé les cuisiniers. Pourquoi cette détestation du *coquus* ? Pourquoi si peu de livres de cuisine ? Pourquoi en faire un travail d'esclave ou de femme ? Jack Goody nous aide à comprendre ce paradoxe[114]. La « grande cuisine » ne peut aller sans mépris de classe (auquel échapperont quelques grands chefs). Les Romains aiment rapprocher étymologiquement *coquus* et *cuculus*. Le cuisinier (*coquus)* évoque le *cuculus* (« coucou ») au sens d'imbécile, de fainéant mais aussi de galant. Les coucous ne prennent pas soin de leur progéniture c'est pourquoi ils n'ont pas besoin de vivre en couple comme d'autres oiseaux et ils ont donc une réputation d'infidélité, de passivité, bref de falsificateurs. Le *coquus-cuculus* est donc volontiers à rapprocher de l'*adulterio* en ce qu'il est faux et trompeur… La décadence (qui est la grande peur romaine bien avant les invasions barbares) est toujours considérée comme une importation de la mollesse attribuée aux vaincus et dont témoignerait leur pratique alimentaire, d'où la crainte devant « l'invasion » des cuisiniers et pâtissiers grecs, syriens, égyptiens… c'est-à-dire orientaux. La formation d'écoles de cuisiniers romains ne plaît pas davantage. Ainsi Columelle proteste (et il n'est pas le seul) contre cette innovation : « Nous avons des écoles de rhéteurs, de géomètres, de musiciens ; j'en ai vu où l'on enseignait les professions les plus viles, comme l'art d'apprêter les mets, de les rendre plus friands, d'ordonner un repas somptueux […] » Sénèque évoque les fourneaux des dissipateurs (*sic*) qui attirent la jeunesse alors que les écoles de philosophie se vident. Le réquisitoire tient en un mot : le refus de la mollesse, c'est-à-dire de l'abêtissement des corps et des esprits provoqués par la cuisine. Selon Pline, le *coquus* assure par définition une « vile profession », son art serait exercé surtout par des esclaves spécialisés dans l'art d'engloutir la fortune de leur maître. Martial dresse le portrait de ces cuisiniers malmenés : « Qui, dis-le moi, a été assez inhumain, qui donc a eu envers toi aussi peu d'égards pour faire de toi, Théopompe, un cuisinier ? Se peut-il qu'on ose défigurer ce visage par la suie d'une cuisinière enfumée, que l'on souille cette chevelure par des graisses du foyer ? Où trouver plus digne que toi de tenir les coupes à boire et les cristaux ? Quelle main, en préparant le falerne, lui donnera plus de saveur ? Si pareille fin attend les serviteurs doués d'une beauté divine, que Jupiter

---

114. Jack Goody, *Cuisines, Cuisine et Classes, op. cit.*

se dépêche d'employer Ganymède comme cuisinier. » Tout (ou presque) est dit : pas une civilisation qui accorda tant d'importance à la table et si peu aux cuisiniers…

Il fallait donc bien que ce petit monde de la cuisine soit tombé bien bas pour que le grammairien grec Athénée de Naucratis se sente obligé d'intervenir : « Du cuisinier au poète, point de différence : l'art pour l'un comme pour l'autre naît de leur esprit. » Il fait la part belle aux cuisiniers grecs, citant Mithaikos et son traité de viande sicilienne, Chrisippe de Tyane et son traité de boulangerie, Diphilos de Siphnos et son régime pour ceux qui sont en bonne santé et pour les malades, etc. Il fait aussi l'éloge des produits au naturel… à la grecque. La critique sous-estime trop son fameux ouvrage *Les Deipnosophistes* (ou *Le Banquet des hommes sages*) qu'il rédige à la demande de l'empereur Marc Aurèle. Quinze livres composent ce traité, trop vite qualifié de simple compilation, alors qu'il aide à comprendre la mutation entre l'imaginaire de la table grecque et la table romaine, alors qu'il montre où passe la rupture sans pouvoir le dire. Le *Satiricon* de Pétrone poursuit cette critique en racontant un banquet chez un riche parvenu, Trimalcion, esclave affranchi[115]. Alors que les banquets grecs sont des programmes à accomplir qui relèvent d'un principe utopique, le *Satiricon* expose ce qu'il advint d'une société décadente. Trimalcion incarne, comme l'écrit Simon Byl, la non-citoyenneté absolue, puisque Trimalcion est l'exemple de l'homme privé de philosophie et de politique. Cette critique est celle de l'argent qui s'échange contre tout.

---

115. Émilie GÉRARD « Le *Satiricon* de Pétrone : la caricature picaresque » in *Vita Latina*, n° 157, 2000, p. 39-47 ; Robert BEDON, « Pétrone, *Satiricon*, XXX : le *dispensator* Cinnamus » in *Bulletin de l'Association Guillaume Budé*, n° 2, juin 1996, p. 151-166.

Sixième service : La table gauloise

La Gaule préhistorique connaît entre le mésolithique et le néolithique un renouvellement de sa population avec une immigration importante des hommes au crâne court (brachycéphales) et au poil brun venus de l'Est. Il n'y a pas de continuité ethnique entre les chasseurs-cueilleurs que nous avons quittés dans le chapitre consacré à la table préhistorique et ces premiers agriculteurs des âges du bronze puis du fer. Il n'y a pas davantage de continuité dans leur conception de l'alimentation et leurs façons de s'alimenter. La situation est d'autant plus complexe que les premières colonies grecques datent du premier âge du fer tout comme l'immigration massive des Celtes. Chaque peuple migrant apporte ses propres traditions culinaires et manières de table.

Le second âge du fer, celui de la conquête par les Galli, d'où le nom de Gaule, marque le début de l'exploitation systématique des terres pour l'agriculture. Pourtant, alors qu'ils maîtrisent parfaitement les techniques d'agriculture et d'élevage, les Gaulois demeurent encore largement des chasseurs et des cueilleurs, provoquant ainsi l'incompréhension des autres peuples.

Cette époque est celle des premières véritables villes réparties entre une soixantaine de peuplades ayant chacune son territoire, son lieu fortifié, sa chefferie. Ces villes fortes sont reliées grâce à un important réseau routier, ce qui permettra plus tard à Jules César de traverser la Gaule aisément.

Nous avons tous en tête une série d'images d'Épinal comme celles des grands festins gaulois que nous devons à la série des albums d'Astérix. L'album *Astérix aux jeux Olympiques* est porteur d'une part de vérité… Les athlètes grecs doivent se contenter d'une olive car l'essentiel est de partager, et peu importe ce qu'on partage, les Romains soignent leur alimentation et veillent au respect des règles diététiques et les Gaulois, eux, font ripaille. Confronter cette imagerie aux connaissances historiques est de peu d'intérêt car l'objectif de ces images n'est pas de refléter précisément la réalité. Les tables gauloises sont, à l'image des différentes tribus, nécessairement plurielles, mais de cette diversité naîtra, paradoxalement, une certaine unité. Deux mots caractérisent les banquets gaulois : clientélisme et gaspillage. De quoi offusquer Grecs et Romains qui s'effraient aussi de l'habitude, qu'ils méprisent, qu'ont les Gaulois de consommer leur vin pur, sans le couper d'eau.

Les grands banquets gaulois

Les voyageurs grecs et romains ont fait part de leur étonnement devant les pratiques de table des Gaulois dont les règles leur semblaient bien étranges. Le philosophe Posidonios d'Apamée (135-51 av. J.-C.) rapporte que le prince Luern, roi celte des Arvernes dont le règne se situe au milieu du IIe siècle av. J.-C., « faisait parfois enclore un espace de 12 stades carrés avec des cuves remplies de boissons d'un grand prix et de telles quantités de victuailles que, plusieurs jours durant, chacun pouvait librement entrer dans l'enceinte et user des mets qui y étaient préparés et qu'on servait à tout venant sans interruption ». Ce récit est loin d'être isolé. L'historien Phylarque, citant Athénée, rapporte qu'« un Celte très riche fit publiquement la promesse de traiter tous les Celtes pendant une année, et il tint sa promesse de la manière suivante : dans les lieux du pays les plus favorables du point de vue des voies de communication, il établit des stations le long des voies principales ; entouré de palissades de roseaux et d'osier, chaque emplacement pouvait contenir quatre cents hommes et même plus, l'aménagement était prévu pour les foules qui devaient déferler des villes et villages environnants. On y trouvait de grands chaudrons que, dans son projet, il avait pris soin de faire forger au cours de l'année précédente par des artisans appelés d'autres cités. Un grand nombre de bœufs, porcs, moutons, et beaucoup d'autres bestiaux, furent abattus chaque jour. Des foudres de vin furent apprêtés, ainsi que de grandes quantités de farine d'orge mondé » (Athénée, *Les Deipnisophistes*, 34, 150)[116].

On ne peut rendre raison de ces grands banquets qu'en prenant le temps de comprendre le fonctionnement politique et religieux des Gaules.

---

116. Matthieu Poux. « Espaces votifs – espaces festifs. Banquets et rites de libation en contexte de sanctuaires et d'enclos » in *Revue archéologique de Picardie*, vol. 1, n° 1, *Les enclos celtiques* – Actes de la table ronde de Ribemont-sur-Ancre (Somme), 2000, p. 217-231, *loc. cit.* p. 218.

Une société aristocratique

La Gaule indépendante est formée d'une soixantaine de peuples largement autonomes les uns des autres, chacun ayant son propre Sénat, sa propre administration, son assemblée civique, ses magistrats, son clergé. Chaque tribu est divisée en clans et ces derniers regroupent plusieurs familles. Chaque territoire est donc occupé par un peuple et forme un État séparé, certes membre d'une confédération mais la faiblesse du lien est telle que l'unité de la Gaule est sans cesse remise en cause par des rivalités et des conflits. Les Gaulois expérimentent des régimes politiques variés, allant de la démocratie à des royautés électives, en passant par des régimes aristocratiques dans lesquels les chefs sont élus par les seuls nobles et les druides.

Chaque année, une réunion des différents États désigne le « peuple patron », chargé d'organiser les futures rencontres, donc les banquets, pour résoudre certains différends juridiques et, éventuellement, pour créer une armée commune afin de faire face militairement à un envahisseur. L'appel légal à combattre ne peut être ignoré et, en cas de refus, le récalcitrant est puni par la perte du nez, des oreilles ou des yeux. Le dernier arrivé au lieu du rassemblement, en cas de mobilisation, est systématiquement mis à mort. Ces déclarations de guerre et ces mobilisations sont accompagnées d'agapes.

Le clientélisme gaulois

Les grands banquets gaulois qui étonnent tant les étrangers sont à mettre en rapport avec ce fonctionnement politique et notamment le clientélisme qui demeure la principale caractéristique de cette société fondée sur l'honneur. Les Gaulois sont souvent les clients de riches « patrons » qui, en échange de leur soutien politique, doivent leur assurer une protection constante. L'urbanisation, déjà bien engagée, semble avoir bouleversé les conditions traditionnelles de clientélisme puisque si les clients ruraux restent dépendants d'une famille, ce qui signifie que ce clientélisme est héréditaire, les clients urbains ne sont engagés que vis-à-vis d'une personne, ce qui fait que leurs enfants retrouvent leur totale liberté sauf à conclure un nouveau pacte. Certains riches « patrons » entretiennent des clientèles de plusieurs milliers d'individus qui, en temps de paix, constituent leur cortège et les accompagnent lors de divers événements, notamment à l'occasion des grands banquets, et qui, en cas de conflit armé, sont astreints à devoir les soutenir militairement.

Des relations de clientélisme existent également entre petits et grands États gaulois, puisqu'un petit État peut se mettre sous la protection d'un plus grand en échange de sa vassalité et du versement d'un tribut régulier. Les individus comme les États rivalisent donc en générosité pour accroître leur crédit, ce qui exige le respect de la parole et une générosité en matière alimentaire. Même les vergobrets, magistrats suprêmes désignés pour un an, qui exercent un pouvoir absolu puisqu'ils disposent du droit de vie et de mort sur leurs administrés, n'échappent pas à cette obligation d'évergétisme politique alimentaire.

Beaucoup de Gaulois sont donc « clients » de puissants mais également membres de confréries professionnelles (artisanales, culturelles) ou religieuses. Cette structuration, sous forme de cercles concentriques complexes, donne lieu à de grands banquets qui sont l'occasion de rivaliser dans deux domaines : tout d'abord en générosité, qui, avec l'art de la guerre, est constitutive de l'honneur ; ensuite, en éloquence, puisque tout se règle lors de joutes oratoires. Ces duels oratoires sont largement la spécificité des banquets gaulois. Le vainqueur est désigné par des clameurs et par le bruit des armes entrechoquées. Les charges sont confiées à tous les niveaux de la société (de la *domus* à la *civitas*) à ceux qui régalent les autres et parlent le mieux...

L'encadrement par des chefferies

La société gauloise comprend trois grandes classes sociales : celle des aristocrates, grands propriétaires terriens ou hommes d'armes (cavaliers), celle des hommes libres, et celle, enfin, du clergé qui compte elle-même trois corps : les druides, qui intercèdent auprès du monde divin et naturel, disent le droit, rendent la justice et sont maîtres de l'enseignement philosophique et physiologique ; les ovates (ou vates), autrement dit des devins chargés de l'exercice du culte et de la célébration des sacrifices, qui pratiquent également les augures ; les bardes, poètes et chanteurs, chargés d'entretenir la mémoire des généalogies, de transmettre les traditions nationales, de constituer et de préserver les récits des exploits guerriers, d'écrire et de chanter les hymnes sacrés accompagnés d'une musique elle aussi sacrée (puisque la harpe est l'instrument divin par excellence).

La population est donc fortement encadrée par ces chefferies diverses. J'insisterai sur l'existence de la classe équestre héréditaire, issue des anciens chasseurs, et qui est largement à l'origine de la civilisation des *oppida*, ces villes fortes caractéristiques de l'âge du fer gaulois au moment du passage des villages primitifs (de 50 à 200 habitants) aux agglomérations. Ces *oppida* sont le berceau d'un art de vivre, et donc de manger, à la gauloise. La ville gauloise est une ville enclose, une ville trop petite pour intégrer toute la population urbaine, une ville portant le nom de son peuple, contrairement aux villes romaines (et gallo-romaines) qui seront toujours des villes ouvertes. Aussi, malgré une urbanisation assez tardive, les Gaules comptent au moins 150 *oppida* qui exhibent, depuis le second âge du fer, leurs enceintes, leurs tours, leurs bastions, symboles de pouvoir sur les territoires alentour, mais aussi leurs chapelles, leurs lieux de réunion, leur importante statuaire. Il existe des *oppida* chefs-lieux qui dominent d'autres *oppida* (beaucoup de chefs-lieux changeront de nom aux IIe et IIIe siècles, telle Lutèce, qui deviendra Paris).

La religion des Gaulois

Les druides, considérés comme les descendants des anciens dirigeants théocratiques, bénéficient d'un pouvoir considérable puisqu'ils sont grands prêtres, magiciens, devins, magistrats, et, parfois, grands électeurs. Ils sont exonérés d'impôt et échappent à la mobilisation générale en cas de guerre. Ils ont le pouvoir d'excommunier, c'est-à-dire d'interdire de sacrifice. Cette mort sociale est souvent accompagnée de mort physique, car il n'est pas prévu de sanctions pénales à l'encontre de quiconque a blessé ou même tué un Gaulois excommunié. Les druides ont en charge l'éducation des jeunes aristocrates : cet apprentissage se fait en récitant par cœur un nombre considérable de vers et en apprenant à observer la nature, puisque c'est elle qui est censée dévoiler l'avenir.

La religion gauloise est polythéiste, tout comme les religions égyptienne, grecque ou romaine, mais ses dieux sont, depuis le IIe siècle av. J.-C., de nature anthropomorphique. La multiplicité des cultes locaux n'empêche pas, en outre, l'existence d'une hiérarchie céleste avec quelques grands dieux dont Taranis, dieu du Ciel et de l'Orage. Ce monde divin, avec ses divinités féminines, reste très proche de la nature, avec ses bois et ses montagnes sacrés, avec ses arbres qui marchent, ses pierres qui tournent, etc. On pourrait penser qu'avec de tels cultes naturalistes, qui créent une interdépendance de tous les êtres vivants, végétaux compris, la religion et la société gauloises seraient restées figées dans des conceptions dépassées, mais les Gaulois ont développé en même temps une conception de l'immortalité de l'âme qui les situe dans ce registre bien en avant des autres religions. Ce dogme est sans rapport avec toute idée de punition ou de récompense. Je ne rentrerai pas dans le débat pour savoir si les doctrines philosophico-religieuses des druides étaient proches de celles de Pythagore, mais je noterai qu'en religion comme en politique, les Gaulois détonnent sacrément dans le paysage.

L'évergétisme gaulois

Nous pouvons maintenant retrouver nos Gaulois en train de banqueter. Les historiens notent que les enclos font généralement quelques dizaines, au plus quelques centaines de mètres, donc très loin des dimensions soulignées par Phylarque et Posidonios (12 stades carrés équivalent à 800 mètres de côté). On banquette en plus petit comité, même si parfois certains enclos beaucoup plus grands constituent une sorte de répétition des grands sanctuaires religieux. Ces enclos sont généralement implantés sur les voies de communication, ce qui témoigne de la volonté de permettre des rencontres (donc des alliances) entre communautés voisines, ou entre État-patrons et États-clients…

L'organisation des enclos

L'archéologue Matthieu Poux propose une analyse éclairante de ces banquets[117]. Pourquoi fabriquer en effet des enclos pour organiser des réjouissances puisque, après tout, ces manifestations pourraient aussi bien se dérouler en terrain ouvert, propre à favoriser cette ouverture de la fête « à tout venant » ? Il s'agit bien, selon Matthieu Poux, d'une mise en scène volontaire et savante. Mise en scène de la collectivité puisque l'enclos est une façon de faire cercle. Tout enclos représente un *tenemos* au sens étymologique du terme (du grec *temnein*, « couper ») puisque « le but premier de ce type de structure était sans doute de marquer une stricte distinction entre sphère quotidienne et festive, mais aussi entre monde profane et sacré » ; « L'enclos marque une frontière au-delà de laquelle l'ensemble des biens consommés ou sacrifiés appartient prioritairement à la divinité ou à la puissance invitante […] Toasts, libations, sacrifices […] délibérations, jeux et combats rituels ont une signification qui va bien au-delà de la simple distraction. »

Cette mise en scène de la coupure entre la communauté et le reste du monde ne va pas cependant sans créer une division au sein même de la communauté. Les convives sont en effet disposés en une série de cercles concentriques, autour de l'hôte, du plus riche et puissant aux plus pauvres et dépendants. Ces privilèges accordés aux notables au sein même du banquet sont relevés par les témoins de l'époque mais aussi attestés par les travaux des chercheurs. Matthieu Poux parle d'un enclos dans l'enclos pouvant accueillir une trentaine de personnes. Les enclos sont conçus à usage unique et ne servent donc pas longtemps, malgré la lourdeur de

---

117. Matthieu Poux, « Espaces votifs – espaces festifs. Banquets et rites de libation en contexte de sanctuaires et d'enclos », art. cit.

     Une histoire politique de l'alimentation. Du paléolithique à nos jours

l'investissement nécessaire en temps et en matériaux (nécessité d'aplanir le terrain, de monter les palissades, de creuser les fossés). Ces enclos de forme quadrangulaire sont orientés sur les points cardinaux. Matthieu Poux ajoute que la mise en scène concerne aussi les aliments et boissons puisque leur regroupement sous forme d'amas, au fond des fossés, ou le long de l'enceinte des sanctuaires, s'inscrit dans un cadre cérémoniel : « Ces traitements sont l'expression d'un rapport bien particulier à l'acte d'alimentation ou de boire, quittant le domaine physiologique pour celui du rituel ». Ainsi, des dépôts d'amphores volontairement brisées et incinérées, à l'exclusion de toute autre catégorie de céramique. En revanche, il ne semble pas qu'existe de découpe bouchère atypique même si on constate des modalités de consommation différentes selon les espèces : pour le porc, il s'agit surtout des têtes, des côtes, des épaules et jambons, à l'exception des pieds ; pour les moutons, ce sont davantage les côtes, les épaules, les gigots, mais ni les têtes ni les pieds… La consommation des boissons est également très ritualisée notamment celle des vins, puisque cette libation, obligatoirement collective, a toujours lieu au centre du péribole. Les quantités d'amphores représentent un volume de plusieurs hectolitres.

L'obligation de gaspiller

Matthieu Poux attire l'attention sur l'importance des reliefs de toute nature. La puissance d'un chef se mesure aux quantités de mets et de boissons qu'il peut offrir mais aussi et surtout à l'importance des restes et des gaspillages. J'insiste : on ne jette pas seulement ce qui n'a pas été consommé, on jette volontairement des aliments et des boissons non destinés à la consommation ! Patrice Méniel insiste également sur l'importance des sacrifices durant le second âge du fer et même au début de la période romaine : une partie importante des animaux tués ne sont pas consommés ni destinés à l'être[118] : la consommation implique en effet une désarticulation et un désossage contrairement à l'inhumation directe dans laquelle les os sont intacts. Ces animaux sacrifiés sont issus massivement du cheptel domestique (très peu de lièvres, de renards, de poissons) : les porcs, moutons, chèvres, chiens, sont découpés à des fins bouchères, alors que bœufs et chevaux ne sont pas ou peu consommés. La volaille est quasi absente des sanctuaires et des banquets alors qu'elle entre dans l'alimentation ordinaire.

Semblable système de clientélisme, avec les gaspillages qu'il suppose, n'est possible que parce que la Gaule est alors un territoire

---

118. Patrice MÉNIEL, *Les sacrifices d'animaux chez les Gaulois*, Paris, « Les Hespérides », Éditions Errance, 1992.

exceptionnellement riche. Elle est en avance sur les autres pays en matière d'agriculture, ce dont témoigne la facilité d'approvisionnement pour les armées de Jules César. Certains spécialistes, comme Michel Py et Stéphane Verger, soutiennent que c'est précisément ce système de clientélisme qui a servi de moteur au développement économique des Gaules[119], car il exigeait d'apprendre à mobiliser des ressources considérables afin d'être à la hauteur des attentes.

Des banquets aux fonctions politiques

Les banquets gaulois ne sont pas seulement des lieux d'évergétisme et de gaspillage, ils remplissent également une fonction politique bien particulière. Nous verrons que s'il s'agit bien de faire de la politique – c'est-à-dire de (re)définir des rapports de force et des alliances, voire de poursuivre des débats –, mais sous une autre forme ou en parlant d'autre chose, il est toutefois strictement interdit de parler de politique de façon directe. On fera donc de la politique à travers des joutes et des duels oratoires ou physiques. Athénée écrit ainsi dans *Les Deipnosophistes* que « les Celtes, quelquefois, au cours du repas, se battaient en combat singulier. En effet, étant excités et munis de leurs armes, ils engagent tout d'abord un combat imaginaire et finissent par en venir aux mains les uns avec les autres et parfois jusqu'aux blessures ; et parfois même, irrités par ces dernières, si (leurs proches) qui se réjouissent (de la scène) ne les arrêtent pas, ils vont jusqu'à s'enlever la vie ». Nous retrouvons dans cette description le rôle essentiel des clients des chefs. Ces duels, verbaux ou physiques, qui opposent les chefs ou parfois leurs clients, mais en leur nom, ne sont pas seulement une belle occasion de se distraire mais ils contribuent à redéfinir sans cesse les rapports de force et les alliances. Manger ensemble est donc inséparable de ce travail de division politique. Comme l'analyse Stéphane Verger : « La société gauloise telle que la décrivait Posidonios ou telle qu'elle transparaît au travers des *Commentaires* est caractérisée par une redéfinition constante des rangs relatifs des grands personnages qui sont à sa tête : nul n'est à l'abri d'un revers irrémédiable dans une assemblée, d'un défi, d'un meurtre par ruse, qui remettent en question sa place dans le jeu complexe de l'honneur et du prestige. C'est cette image que donne le banquet gaulois tel qu'il est

---

119. Michel Py, *Culture, économie et société protohistoriques dans la région nîmoise*, 2 vol., Paris-Rome, École française de Rome, 1990 ; Stéphane Verger, *Rites et espaces en pays celte et méditerranéen. Étude comparée à partir du sanctuaire d'Acy-Romance (Ardennes, France)*, Rome, « Collection de l'École française de Rome – 276 », École française de Rome, 2000.

présenté par Posidonios, d'après Athénée (*Deipnosophistes* IV, 152b-c). D'un côté, les convives y sont placés selon un ordre de préséance très précis, en fonction de leurs qualités héritées ou acquises : "Lorsqu'ils dînent en assez grand nombre, ils s'asseyent en cercle, le plus important au milieu, comme un chef de chœur, qui l'emporte sur les autres par son habileté guerrière, sa naissance ou sa richesse. L'hôte se met à côté de lui, puis de chaque côté les autres selon leur rang". » Mais d'un autre côté, cet ordre précis est instable et susceptible à tout moment de donner lieu à une renégociation : « Autrefois, lorsqu'on servait un arrière-train, le plus important prenait le gigot ; si quelqu'un s'y opposait, [les rivaux] se levaient et se battaient en duel à mort »[120].

Si tout se termine donc par des banquets et des bagarres à la façon d'Astérix, nous ne devons pas nous laisser abuser par la nature des propos échangés. On pourrait penser que ces derniers sont d'autant plus l'occasion de grands déballages que les réunions politiques préalables sont strictement encadrées. On a beaucoup dit, reprenant en cela le jugement méprisant des Grecs, que les Gaulois étaient les champions de l'éloquence lors des assemblées populaires, une éloquence codifiée faite de métaphores et reposant sur un langage figuré. Il faut surtout insister sur le fait que les Gaulois ont l'obligation d'écouter dans un silence absolu chaque orateur et que les récalcitrants sont rappelés vivement à l'ordre par des magistrats spécialisés, car ils ne doivent témoigner bruyamment leur accord ou désaccord qu'à la fin du discours. Mais les historiens rappellent également qu'il est interdit de parler des affaires publiques en dehors des assemblées populaires régulières et contrôlées, à tel point que les voyageurs ont l'interdiction d'évoquer les situations des autres États gaulois avant d'en avoir obtenu l'autorisation de la part des magistrats. De même, lors de la réunion annuelle qui se tient dans le territoire des Carnutes, les délégués des différents États prêtent serment de conserver le secret absolu sur les délibérations qui vont avoir lieu, sous peine de mort.

Les banquets funéraires

Les Gaulois, comme beaucoup d'autres peuples, ont développé leur aptitude à banqueter à l'occasion des banquets funéraires des chefs et des humbles. Pourtant, on peut, en croisant les analyses, suggérer que ces grands festins gaulois ne résultent pas tant, comme chez les autres peuples,

---

120. Stéphane VERGER, « Société, politique et religion en Gaule avant la Conquête », *Pallas*, n° 80, 2009, numéro thématique : *Rome et l'Occident, IIᵉ siècle av. J.-C. au IIᵉ siècle apr. J.-C.*, p. 61-82.

du culte des ancêtres, mais directement de la croyance très précoce dans l'immortalité de l'âme, déjà brièvement évoquée (cf. *supra*, § « La religion des Gaulois »). Le philologue Erwin Rohde (1845-1898) soutenait déjà que cette croyance ne pouvait être le prolongement du culte des âmes des ancêtres car « l'immortalité de l'âme suppose nécessairement sa nature divine, or une telle nature induit inévitablement une forme d'égalité entre hommes et dieux »[121]. L'archéologue Jean-Louis Brunaux ajoute que cette croyance n'a pu se développer que dans des sectes philosophiques vivant en marge de la société or, depuis l'expansion du druidisme aux IIIe et IIe siècles av. J.-C., les druides sont organisés en confréries, certains pensent même à connotation pythagoricienne[122]. Les banquets funéraires gaulois ont donc un statut très particulier compte tenu des « visages de la mort et du mort en Gaule celtique » (Jean-Louis Brunaux). Jules César parle, dans son *Bellum Gallicum* (la *Guerre des Gaules*), de funérailles magnifiques et somptueuses eu égard au degré de civilisation qu'il reconnaît aux Gaulois. Les Gaulois méprisent d'autant plus la mort qu'ils croient en leur immortalité. Aristote faisait de ces guerriers gaulois, partant nus au combat et faiblement protégés par leurs armes, l'exemple même d'êtres déraisonnables : « Parmi ceux qui dépassent la mesure, il y a celui qui n'a peur de rien, celui-là n'a pas de nom particulier [...] Ce serait un fou ou un insensible, celui qui ne craindrait ni le tremblement de terre ni les flots déchaînés, comme le font les Celtes, à ce qu'on dit » (*Éthique à Nicomaque*, III, 7, 7). Les chercheurs ont établi l'importance du suicide au sein de la civilisation gauloise. Les Gaulois affichaient un certain mépris de la dépouille humaine ; lors des combats, les cadavres des ennemis, et même ceux des Gaulois, ne sont pas inhumés. Les crânes et les os longs sont transformés en trophées ou en objets usuels. Autre paradoxe : on trouve beaucoup d'ossements de chiens dans les sépultures alors que le chien est un animal considérable chez les Gaulois, Jan de Vries en fait même un des cinq animaux sacrés de la religion celte[123]. Le chien est d'ailleurs lié aux cultes de l'eau guérisseuse et de l'abondance agricole. Le chien est qualifié d'esprit du blé par F. Jenkins[124]. On tue ainsi le chien de la moisson dans certaines régions de l'est de la Gaule.

---

121. Erwin ROHDE, *Psyché, le culte de l'âme chez les Grecs et leur croyance en l'immortalité*, Paris, Payot, 1928.
122. Jean-Louis BRUNAUX, *Les religions gauloises. Rituels celtiques de la Gaule indépendante*, Paris, Éditions Errance, 1996.
123. Jan DE VRIES, *La religion des Celtes*, Paris, Payot, 1963.
124. F. JENKINS, « The Role of the Dog in Romano-Gaulish Religion, Bruxelles, *Latomus*, 1957, p. 60-76.

Une situation alimentaire originale

Les Gaulois sont réputés aimer « bien manger » et boire avec excès. Les repas se prennent ordinairement assis à table, sur des bancs, avec des galettes, du fromage, de la charcuterie, du bœuf grillé mais surtout avec beaucoup de porcs et de moutons. Ils boivent de la cervoise et de l'hydromel. Ils maîtrisent de nombreuses techniques de conservation et stockent dans des greniers, des silos, des fosses, des sacs, des paniers, des caisses, des tonneaux, des vases. Ces *dolia* contiennent de 40 à 120 litres de liquide ou de grains. Les silos ne dépassent pas 1 mètre afin de réduire le risque de fermentation. Les céréales, les glands et les légumes y sont isolés du sol par un lit de paille. Les Gaulois savent assurer un drainage efficace et créer des cheminées d'aération. Les stocks représentent l'alimentation d'au moins une année. Ce stockage est généralement collectif et réunit plusieurs familles à la fois. Les cuisines sont équipées de fours, souvent de très faibles dimensions. Les Gaulois utilisent beaucoup de vannerie, de récipients en terre et en céramique, ils disposent de bouteilles, d'écuelles, de bols, de gobelets, de vases, de pots, tant pour la cuisson, la préparation, la présentation que pour la consommation. La présence de nombreuses faisselles atteste la fabrication de fromages.

Des Gaulois encore cueilleurs et chasseurs

Les Gaulois du néolithique moyen (entre 3500 av. J.-C. et 2500 av. J.-C.) conservent des modes de vie qui combinent l'agriculture, l'élevage et des survivances de mode de vie plus anciens (cueillette parfois intensive, chasse, pêche). La cueillette se poursuit largement en dépit du nombre de plantes cultivées depuis le second millénaire avant notre ère, notamment celle des glands et des noisettes. Les glands sont très riches en tanin, leur amertume doit donc être supprimée. Pour cela, après que la peau a été enlevée, les glands sont bouillis puis grillés sur des plaques recouvertes d'argile ou au contact de pierres chaudes, ensuite ils sont moulus, mélangés à de la farine de céréales pour confectionner des galettes ou des sortes de pains.

De nombreux poissons et crustacés (palourdes, coquilles Saint-Jacques, moules, bigorneaux, oursins, crabes, etc.) sont pêchés en mer et en rivière. Les Gaulois sont restés également des chasseurs en raison de l'importance des forêts : le petit gibier représente jusqu'au tiers des restes dans les ossuaires. Chasser le grand gibier est certes une activité essentielle de l'aristocratie gauloise (au temps de l'indépendance puis sous Rome), mais Arrien note, dans son traité de cynégétique, qu'elle ne vit pas de la chasse et y cherche simplement un plaisir et, ajouterai-je, une éducation militaire.

Les Romains prennent appui sur les riches

Les inégalités sociales et par conséquent les différences en matière d'alimentation s'accroissent au fur et à mesure que l'exploitation de grands domaines agricoles rend l'élevage secondaire, non seulement parce que l'élevage est plus facilement communautaire (avec la pratique des pâtures communales), mais parce que Rome prend appui sur ces grands propriétaires et les récompense[125]. C'est déjà d'eux dont parle l'empereur Claude lorsqu'il déclare vers 47 : « Déjà les mœurs, les arts, les alliances les confondent avec nous : qu'ils nous apportent aussi leur or et leurs richesses plutôt que d'être seuls à les posséder ! » La solution sera d'en faire, en 212, des citoyens romains à part entière. Conséquence : les notables des villes se mettent à imiter le mode de vie romain et se rendent dans leurs *villae* campagnardes pour y chasser, mais même les notables des campagnes adoptent le style de vie romain, n'hésitant pas à faire détruire leur ancienne maison pour se loger à la romaine. C'est le début de l'habitat dispersé, contraire à l'habitat gaulois regroupé. Ces notables adoptent aussi la cheminée à la place du foyer qui enfumait la pièce.

Du côté de l'agriculture

Les Gaulois sont réputés être, au moment de l'indépendance puis de la conquête, d'excellents agriculteurs. Ils bénéficient d'une véritable supériorité. Supériorité des outils car ils sont les maîtres dans l'art de travailler les métaux et savent en tirer des instruments de travail (couteaux, faucilles, serpes, faux, houes, araires, herses, socs de charrues, etc.). Supériorité des techniques culturales car ils utilisent la fumure des sols, la rotation et les associations de cultures, ils sont aussi les inventeurs des charrues et des moissonneuses. La Gaule est donc autosuffisante en grains et même exportatrice, même si son économie reste principalement vivrière pour des raisons culturelles. L'agriculture est fondée sur le blé et l'orge (puis le millet et l'avoine) et ce n'est que progressivement (et tardivement) que les Gaulois cultiveront des légumineuses comme des pois, des fèves, des féveroles, des lentilles et des plantes oléagineuses comme le chanvre, le lin, le pavot, la cameline. Les plantes potagères sont assez proches des nôtres : oignons, choux, navets, panais, aulx, carottes, salades, orties et herbes diverses. Ces végétaux sont consommés en salade, en soupe ou ajoutés aux bouillies populaires. Les Gaulois consomment beaucoup de fruits et baies sauvages (prunelles, pommes, merises, framboises, fraises, prunes,

---

125. André LOYEN, « Résistants et collaborateurs en Gaule à l'époque des Grandes Invasions » in *Bulletin de l'Association Guillaume Budé*, n° 4, *Lettres d'humanité*, vol. 22, 1963, p. 437-450.

raisins, baies de sureau, groseilles, noisettes, glands). Le pain est réservé aux membres de l'aristocratie.

Du côté de l'élevage

Les Gaulois ne sont pas seulement d'excellents agriculteurs mais ils sont aussi éleveurs. L'élevage sera toujours aussi important que l'agriculture, ce qui constitue déjà une anomalie au regard des critères des Grecs et surtout des Romains. Dès l'âge du bronze, les animaux ne sont plus utilisés seulement pour leur viande mais pour le transport, la monte, la traite et leurs sous-produits. Le bœuf est à la fois un animal de trait et de viande bouchère ; le lait de vache est massivement utilisé pour fabriquer des fromages et du beurre ; les chiens ont pu être consommés comme substitut des porcs, avec les mêmes découpes ; les chevaux ne sont pas (ou plus) consommés ni employés dans l'agriculture, depuis qu'ils sont utilisés pour la guerre et les cérémonies de prestige. L'élevage concerne le bœuf, le porc et les ovicaprinés (moutons et chèvres). Les Gaulois élèvent cependant beaucoup moins de chèvres que de moutons. En dehors des banquets, la volaille est prisée autant pour ses œufs que pour sa viande. Les Gaulois, qui ont une forte attirance pour le sel, l'utilisent pour les salaisons (viande conservée dans de grands saloirs en terre cuite) et la charcuterie dont ils sont les meilleurs spécialistes aux dires des Romains. Varron proclame que les Gaulois font les charcuteries les « plus grasses et les meilleures de toutes ». Les animaux gaulois ont été sélectionnés jusqu'à devenir très petits, donc dociles, correspondant mieux à une consommation de type familial. Rome apportera ses bestiaux, ses boucheries et sa façon de consommer la viande[126].

Que boivent les Gaulois ?

La bière (cervoise) est la boisson traditionnelle, mais il ne faut surtout pas croire que fabriquer de la bière soit plus simple que la vinification. La bière, en effet, contrairement au vin, ne peut jamais fermenter spontanément. La base de fermentation est un malt de grains d'orge germés, grillés et réduits en poudre. Les Gaulois préfèrent la bière d'orge (qui a beaucoup

126. Sébastien Lepetz, « Effets de la romanisation sur l'élevage dans les établissements ruraux du nord de la Gaule : l'exemple de l'augmentation de la stature des animaux domestiques » in *Revue archéologique de Picardie,* n° 11, 1996, numéro thématique : *De la ferme indigène à la villa romaine. La romanisation des campagnes de la Gaule,* p. 317-324 ; Pierre Jaillette, « *Fert... pecuaria gallus. Le bétail en Gaule romaine tardive.* Inventaire des données littéraires » in *Revue archéologique de Picardie,* vol. 1, n° 1, 2003, numéro thématique : *Cultivateurs, éleveurs et artisans dans les campagnes de Gaule romaine,* p. 249-261.

d'amidon) et parfois de froment. Ils fabriquent des bières aromatisées notamment au miel. Le *kourmi* est une bière brassée avec de l'orge, la *cervesia* est faite avec du blé (ou de l'épeautre), la *korma* est une bière de blé additionné de miel. Les Gaulois brassent des bières très diverses et utilisent la mousse comme produit de beauté pour le visage des femmes. La fabrication de la bière est devenue quasi industrielle avec une véritable division du travail : l'essentiel se fait à la campagne (nettoyage, trempage, germination, touraillage, préparation du malt), puis la bière est terminée à proximité immédiate des villes[127]. Les Gaulois consomment des alcools de fruits sauvages comme la prunelle, dont le sucre est suffisant pour permettre une fermentation du jus.

Les Gaulois ne sont pas des buveurs de vin, bien qu'existent des vignes sauvages et même cultivées depuis le VIIe siècle av. J.-C., sans doute à l'initiative des colons Grecs. Ils n'en boivent donc que de façon exceptionnelle et ils en boivent comme on boit de la bière ou de l'hydromel, non mélangé d'eau. Les Gaulois ont en revanche une attirance pour les vins aromatisés, parfumés à la rose, à l'absinthe, avec du poivre, du miel, des vins colorés au safran, etc. Le vin ordinaire est très âcre (on parle d'ailleurs de *picatum vinum* ou « vin poissé ») en raison du traitement des amphores avec une couche de résine, et aussi parce que les Gaulois ne reculaient pas devant le fait d'ajouter cette poix (de cyprès, de pin, de mélèze, de lentisque, de térébinthe) au vin lui-même. Ils ont la réputation de boire beaucoup et de ne pas fuir l'ivresse.

La destruction du clergé druidique

On retient de la défaite d'Alésia en 52 av. J.-C. la reddition de Vercingétorix. On oublie que ce fut la plus grande bataille de l'Antiquité avec 300 000 combattants engagés. On tait aussi que cette défaite est due à la trahison d'une partie des chefs gaulois et de leurs peuples dont les Eduens et les Arvernes : environ 100 000 soldats gaulois ne prirent pas part au combat[128]. On a beaucoup dit que la civilisation gauloise aurait disparu en quelques décennies, en raison de ses divisions et de la faiblesse congénitale que représentait le système druidique avec sa tradition orale,

---

127. Fanette Laubenheimer, Pierre Ouzoulias et Paul Van Ossel, « La bière en Gaule. Sa fabrication, les mots pour le dire, les vestiges archéologiques : première approche » in *Revue archéologique de Picardie*, vol. 1, n°1, 2003, numéro thématique : *Cultivateurs, éleveurs et artisans dans les campagnes de Gaule romaine*, p. 47-63.
128. Joël Le Gall, Le siège d'Alésia... en 1985 [Conférence prononcée à Paris, le 31 janvier 1985], in *Bulletin de l'Association Guillaume Budé*, n° 1, mars 1986, p. 8-21.

puisque, dès son interdiction par Rome, il n'aurait plus pu assurer l'ossature de la société. Il est exact que les Romains voulaient la disparition du clergé gaulois car il était le principal obstacle à la politique d'assimilation nécessaire à la *pax romana*. Les résistances sont pourtant nombreuses malgré la collaboration des élites, comme en témoigne l'assassinat du notable carnute Tasgétios, placé à la tête de la Gaule par César, et la persistance des cultes naturalistes gaulois[129].

La romanisation de la Gaule

La rencontre gallo-romaine se fait en deux temps : à partir de 120 av. J.-C., la romanisation de la Gaule méridionale, puis, à partir de 50 av. J.-C., la romanisation rapide des trois Gaules. La situation est donc très différente selon les Gaules : la Gaule narbonnaise (dans le sud de la France) est très romanisée au moment de la conquête, mais elle est également soumise aux influences grecques car la colonisation romaine a été précédée par cinq siècles de colonies grecques.

La romanisation s'accélère sous Auguste. Lyon devient la capitale administrative des Trois Gaules. Auguste crée le conseil fédéral des Gaules qui se réunit, chaque 1er août, sur la colline de la Croix-Rousse. Les délégués des 60 cités y participent pour présenter les vœux et les doléances à Rome. Le pouvoir impérial prend largement appui sur les notables locaux. La romanisation de la Gaule est financée par le vol des trésors de l'Égypte. Claude poursuivra la politique d'Auguste, d'autant plus qu'il est né à Lyon, en 10 av. J.-C. Il parvient au pouvoir en 41 apr. J.-C. et exercera son *imperium* pendant treize ans.

La romanisation de la Gaule, au cours du Ier siècle apr. J.-C., marque la naissance d'une nouvelle civilisation gallo-romaine en raison non pas d'un changement de population (l'« armée d'occupation » compte 100 000 soldats), mais de l'acculturation de la noblesse gauloise, largement collaboratrice. Bénéficiant de la pacification des conflits entre les cités gauloises, du développement du commerce et des cités à la romaine, c'est-à-dire non fortifiées, de la construction de monuments imposants comme les théâtres, les amphithéâtres, les hippodromes, les thermes, les ponts et aqueducs, des possibilités aussi de faire carrière au service du colonisateur puis de l'Empire romain, après que ce dernier a accordé la citoyenneté romaine aux Gaulois, les aristocrates gaulois vont devenir

---

129. Paul Marie Duval, *Travaux sur la Gaule (1946-1986)*, Paris-Rome, Publications de l'École française de Rome, n° 116, 1989, chapitre : « Autour de César, 2, La déformation historique dans les commentaires, d'après Michel Rambaud », p. 139-161.

les propagandistes des styles de vie romains. Ils n'adoptent pas seulement le latin mais l'agriculture avec la création des grands domaines (*villae*), le recul de la forêt, la mise en valeur des landes, l'essor de la vigne, et, dans le Languedoc, de l'olivier et du figuier, la transformation du cheptel au profit d'animaux romains de grande taille. Ils adoptent même les pratiques de table (notamment le lit de table et le vin). La romanisation aboutit à un clivage entre la nouvelle alimentation des élites et celle du peuple des campagnes. À la place de la bouillie de froment et d'orge et des viandes bouillies ou rôties, la bonne société se met à consommer des gros pains ronds, symbole de la richesse, des viandes assaisonnées, davantage de fromage et des fruits de mer. Le préfet des Gaules, Ausone, fut un grand amateur d'huîtres.

Ausone, architecte de la romanisation

L'administration romaine va venir se substituer au système politique gaulois et à la civilisation gauloise grâce à la collaboration de la majorité des élites et au soutien de certains peuples gaulois déjà largement romanisés. Decimus Magnus Ausonius dit Ausone (309-394) est le symbole de l'ascension des notables gaulois, une ascension conçue comme une stratégie de classe. Son grand-père maternel, Arborius, est l'un des maîtres de Constantin, son père est médecin et préfet, son fils sera nommé proconsul d'Afrique, préfet d'Italie, puis préfet du Prétoire des Gaules – toute sa famille monopolisera les postes les plus élevés de l'Empire d'Occident. Ausone, professeur à l'université de Bordeaux, poète à succès, précepteur du jeune prince Gratien en 364, devient, en 378, lorsque ce dernier accède au trône, préfet des Gaules. Parmi une vingtaine d'ouvrages, il écrit le *Livre des Églogues*, véritable doctrine d'une vie bonne selon la culture gauloise et accorde une large place à l'alimentation[130].

Les conséquences de la romanisation sur la consommation de viande

Les Romains n'ont pas seulement apporté avec eux les boucheries urbaines mais aussi la primauté du bœuf, lequel est considéré comme un compagnon de travail. Les Gallo-Romains à la tête de grandes exploitations agricoles à la romaine ont besoin d'une nouvelle force de travail, ce qui va modifier l'alimentation carnée. Cette période est celle des conflits

---

130. Robert Étienne, « Ausone et la forêt » in *Annales du Midi : revue archéologique, historique et philologique de la France méridionale*, vol. 90, n°138-139, 1978, numéro thématique : *Hommage à Philippe Wolff*, p. 251-255 ; Charles-Marie Ternes, « La sagesse grecque dans l'œuvre d'Ausone » in *Comptes rendus des séances de l'Académie des Inscriptions et Belles-Lettres*, 130e année, n° 1, 1986, p. 147-161.

d'usages entre Gaulois traditionnels, davantage amateurs de caprins, et Gallo-Romains défenseurs des bœufs. Caprins et ovins s'opposent par leur fonction et leur régime alimentaire : le bœuf a besoin de fourrage vert, issu des prairies à la belle saison, et de fourrage d'appoint en hiver. Il faut donc lui réserver de bonnes terres. Le mouton se contente au contraire de pâturer les friches, il se nourrit de chaumes après la récolte et accepte la paille que le grand bétail apprécie peu. La chèvre est encore moins difficile, mais rare (une chèvre pour 20 moutons). Sébastien Lepetz et Véronique Matterne ont étudié la transformation de l'élevage et de l'alimentation entre la fin de l'indépendance gauloise et le début de l'époque gallo-romaine[131]. On sait qu'en Gaule la domestication des espèces animales, à partir du néolithique, a eu pour conséquence une diminution de la taille des animaux : la stature des bœufs, chevaux, moutons, porcs, n'a cessé de décroître. Mais la période gallo-romaine voit apparaître des bêtes bien plus grandes : les bovins romains sont de 20 % plus grands environ que les espèces gauloises. Selon les chercheurs cette évolution ne s'est pas faite à partir des souches indigènes, mais à travers l'importation de races beaucoup plus solides. Cette augmentation concerne également la taille des caprins et des porcs. Un cheptel avec des animaux de petite taille correspond à un choix délibéré, celui d'un abattage familial, avec ses propres techniques de découpe. On sait d'ailleurs que d'autres régions, comme la Bretagne (nom de l'Angleterre d'alors), résisteront aux importations de troupeaux selon ces standards romains. On peut se contenter de mettre en avant l'enseignement des agronomes latins, comme Varron, Caton et Columelle, et leur choix d'animaux plus grands et plus forts, mais ce serait ne pas voir les implications purement alimentaires de ces choix. L'importation d'animaux romains impose, en effet, de manger à la romaine : les Gaulois passent de leurs types d'abattage, de découpe et de cuisine, à d'autres manières de faire. Systématiquement, la viande est proposée désormais en petits quartiers car elle est consommée sous forme de ragoût, sans préférence pour les morceaux. Cette viande est d'ailleurs vendue à prix unique (selon les types d'animaux). En 30 apr. J.-C., l'édit du maximum fixe le prix pour chaque espèce, mais n'établit pas de différences de tarif entre les diverses pièces de viande. Martine Leguilloux a analysé ce lien entre l'urbanisation et la création de boucherie, le type de découpe et la cuisine sous forme de ragoût en insistant sur le fait qu'au fur et à mesure que s'impose ce

---

131. Sébastien Lepetz et Véronique Matterne, « Élevage et agriculture dans le nord de la Gaule durant l'époque gallo-romaine : une confrontation des données archéologiques et carpologiques » in *Revue archéologique de Picardie*, vol. 1, n° 1, 2003, numéro thématique : *Cultivateurs, éleveurs et artisans dans les campagnes de Gaule romaine*, p. 23-35.

modèle romain, de nombreuses espèces domestiques et sauvages gauloises ne sont plus consommées[132]. Par exemple, dans la région de Marseille, on se contente désormais de sept types d'animaux. Les petits ruminants, ovins et caprins, deviennent majoritaires, alors que porcs et bovins se font beaucoup plus rares, et que le petit élevage (volailles et lapins) ainsi que la faune sauvage (cervidés et sangliers) disparaissent presque. L'abattage porte sur de nouvelles races et se fait plus tardif (animaux adultes), car les troupeaux ont avant tout pour objectif de produire des matières premières (laines, cuir) et non plus de la viande de boucherie. Les Gaulois vont se mettre à manger les bêtes réformées de l'élevage lainier. Les bovins sont consommés adultes après réforme des travaux de charroi. La seule exception concerne le porc, élevé uniquement pour la viande. Les équidés abattus après réforme ne sont en principe pas consommés.

L'augmentation de la taille des animaux répond avant tout aux besoins de laine, de cuir, de travail (traction), à la base des nouvelles productions agricoles et artisanales. L'augmentation de la taille des moutons répond aux besoins en étoffe des notables. On emploie le bœuf dans les productions céréalières et vivrières. Comme l'a montré Sébastien Lepetz, les préceptes d'élevage romains sont tournés exclusivement vers la production d'animaux de traits et de labour[133]. Columelle estime que le mouton doit tenir la première place car il protège grâce à sa laine de la violence du froid, d'où l'amélioration de sa qualité. Ainsi s'explique la faible présence de la chèvre, alors que sa viande est bonne, que son lait est excellent, qu'elle a une grande capacité d'adaptation aux milieux difficiles. Je ne suis donc pas convaincu par la thèse qui veut qu'on ait adopté les races romaines en raison de l'augmentation démographique gauloise, même si effectivement les « grosses » bêtes sont plus économiques, puisqu'un animal de 1 000 kilos consomme moins que deux de 500 kilos, exige moins de travail paysan, génère moins de pertes et de déchets lors de l'abattage, etc. L'enjeu est surtout d'approvisionner les nouvelles classes urbaines enrichies !

La romanisation de la table gallo-romaine illustre donc merveilleusement l'impact des choix politiques en matière d'agriculture, et donc d'alimentation. À l'époque romaine, les mammifères domestiques fournissent la plus

---

132. Martine LEGUILLOUX, « À propos de la charcuterie en Gaule romaine : un exemple à Aix-en-Provence (ZAC Sextius-Mirabeau) » in *Gallia*, vol. 54, n° 1, 1997, p. 239-259 ; *id.*, « Note sur la découpe de boucherie en Provence romaine » in *Revue archéologique de Narbonnaise*, vol. 24, n° 1, 1991, p. 279-288.
133. Sébastien LEPETZ, « Les restes osseux animaux du sanctuaire gallo-romain de la forêt d'Halatte (commune d'Ognon, Oise). Vestiges sacrificiels et reliefs de repas ? » in *Revue archéologique de Picardie*, vol. 18, n° 1, 2000, numéro thématique : *Le temple gallo-romain de la forêt d'Halatte (Oise)*, p. 197-200.

grande partie de la viande consommée alors que les animaux sauvages n'en représentent plus que 3 %. Dans les sites urbains, le porc atteint 50 % alors que dans les agglomérations plus réduites on trouve d'abord du mouton, et, dans les zones rurales, du bœuf (des animaux de réforme).

Les conséquences de la romanisation sur la consommation végétale

La romanisation va aussi modifier les variétés de plantes alimentaires. Si dans le nord de la Gaule on en reste à la culture de l'amidonnier, dans le sud, les blés à grains nus, de type froment, supplantent les blés vêtus (de type épeautre et amidonnier). Le traitement des céréales à grains vêtus est plus long, plus complexe, si l'on souhaite les consommer sous forme de pain et non plus de bouillies. Les céréales doivent être battues à plusieurs reprises pour obtenir du grain propre. « La substitution de la culture du blé froment à celle de l'amidonnier [...] dès le début de la période romaine montre que ces choix de cultures ne dépendent pas d'habitudes alimentaires »[134]. Les villes deviennent des réserves de grains pour des céréales panifiables. On assiste aussi au développement des légumineuses, y compris dans les structures de stockage. La culture du seigle apparaît. Bref, les céréales dominent toujours, mais on constate un début de transformation des modes de consommation.

De la même façon que le maintien de la foi naturaliste clandestine explique que l'établissement du christianisme se soit avéré beaucoup plus tardif en Gaule que dans d'autres régions de l'Empire – ce qui obligera les évangélisateurs à mener une lutte féroce, jusqu'au VIe siècle, alors que d'autres régions, telle l'Irlande, qui jouera un rôle dans l'évangélisation de la Gaule, sont déjà totalement christianisées –, la romanisation des mœurs alimentaires, qui n'a concerné que la « bonne société », n'a jamais été assez forte pour mettre à bas l'ancienne grammaire gauloise de la table. Celle-ci surgira à nouveau dès l'effondrement de l'Empire romain. Nous verrons alors un nouveau mariage se réaliser entre traditions gauloises, gallo-romaines et barbares.

---

134. Sébastien LEPETZ et Véronique MATTERNE, « Élevage et agriculture dans le nord de la Gaule durant l'époque gallo-romaine : une confrontation des données archéologiques et carpologiques », art. cit.

Septième service : La table mérovingienne

Ce chapitre aurait pu s'intituler « la table barbare » tant ce qualifi-catif colle à cette période, qui court du ve au viie siècle, c'est-à-dire de la fin de l'Empire romain d'Occident au changement de dynastie et donc à Charlemagne[135]. On identifie souvent cette époque à une phase de régression tant dans les domaines architecturaux, économiques, agricoles, culturels, que politiques. Cette vision des choses est dénoncée désormais pour ce qu'elle est : un parti pris forgé notamment par les Carolingiens pour justifier leur coup d'État. Nonobstant les guerres, les razzias, les destructions volontaires de récoltes et de matériels, cette période est plutôt une époque d'abondance et de diversification des approvisionnements dans le domaine de l'alimentation[136].

Les Mérovingiens aiment manger, ils mangent même beaucoup, mais autrement que les Gallo-Romains et que les Francs, nouveaux maîtres du pays. Ces élites barbares sont des buveurs de bière et de gros mangeurs de viande, notamment celle de grands quadrupèdes domestiques et, si possible, sauvages. Ils mangent assis devant une table (une planche posée sur des tréteaux) à la façon non pas des citoyens gallo-romains, mais des femmes et des esclaves. Ils aiment manger en nombreuse compagnie, contrairement aux Romains ; ils partagent également leurs repas avec leurs épouses et leurs enfants ; bref, ils mangent, aux yeux de l'aristocratie gallo-romaine et des premiers chrétiens, mais pour des raisons différentes, comme des Barbares et des païens. Chez les Mérovingiens, on sait que l'organisation des banquets constitue, avec la chasse, un rituel politique majeur puisque

---

135. Alain Dierkens et Liliane Plouvier, *Festins mérovingiens*, Bruxelles, Le Livre Timperman, 2008.

136. Bernadette Cabouret, « D'Apicius à la table des rois "barbares" » in *Dialogues d'histoire ancienne*, Supplément n° 7, 2012, p. 159-172, numéro thématique : *L'histoire de l'alimentation dans l'Antiquité. Bilan historiographique* – Journée de printemps de la SOPHAU, 21 mai 2011.

---

le roi étant itinérant, c'est l'occasion pour lui de réunir l'aristocratie dont il tire son pouvoir. Les Mérovingiens vont devoir, dans le territoire de la France actuelle qui compte alors environ 10 millions d'habitants, inventer une nouvelle culture de table, acceptable par eux-mêmes, l'aristocratie gallo-romaine et l'Église.

Ces trois siècles connaissent deux grandes phases qui se chevauchent. La première phase est celle d'un retour plus large à la cueillette et à la chasse en complément des cultures et de l'élevage, ce qui permet au « populi » (j'appelle ainsi le « petit peuple », par opposition aux puissants) d'accéder à une alimentation suffisante et diversifiée. La deuxième phase est celle d'un compromis entre les nouveaux et les anciens maîtres, qui aboutit, à travers de nouvelles pratiques de table, à renvoyer le populi du côté de la barbarie et les puissants du côté du civilisé. Les « barbares », ce ne sont plus ceux qui mangent de la viande et boivent du lait, mais ceux qui sont incultes et vivent de l'*incultum* (forêt, marais et landes)[137]. Nous verrons s'agiter quelques personnages comme Ausone (dont nous avons déjà parlé), Sidoine Apollinaire, Anthime (ou Antime), Vinidarius, tous convaincus de la nécessité de réformer la table pour donner aux Mérovingiens une assise politique. Beaucoup de ceux qui écrivent sur l'alimentation sont soit des hommes politiques de premier plan, soit des proches des rois et empereurs. Durant ces deux siècles, la table franque va se doter d'une idéologie dont certains marqueurs resteront ceux des Français (presque) jusqu'à nos jours.

Pas de dualisation initiale de la table

J'aimerais insister sur l'absence durable de dualisation de la table en raison de l'importance numérique, mais aussi idéologique, des paysans-guerriers. Cette classe, dite des « libres du roi », composée de petits et moyens propriétaires terriens, membres de l'armée royale, conservera un poids politique très important jusqu'au début de l'époque carolingienne, qui verra son effondrement dont les causes majeures sont le développement de la grande propriété, la mutation progressive des libres en assujettis et la formation d'une caste militaire dont seront exclus les paysans. En outre, tout sera fait pour empêcher le populi d'exercer des activités sylvo-pastorales. Les puissants accaparent petit à petit les forêts et déboisent massivement, s'approprient le gros gibier et finiront par renvoyer le populi

---

137. Fabrice GUIZARD-DUCHAMP, « Les espaces du sauvage dans le monde franc : réalités et représentations » in *Actes des congrès de la Société des historiens médiévistes de l'enseignement supérieur public*, vol. 37, n° 1, 2006, p. 117-129, numéro thématique : *Construction de l'espace au Moyen Âge : pratiques et représentations.*

aux produits de la terre (céréales, légumineuses). L'alimentation évoluera et deviendra davantage végétale, même si on continue à manger de la viande tant que la chasse au petit gibier restera légale.

Le contexte politique mérovingien

On ne peut comprendre les mutations de la table durant ces siècles en faisant l'impasse sur le contexte politique qui résulte des grandes migrations et de l'effondrement de l'Empire romain générant une nouvelle alliance entre anciens et nouveaux maîtres, mais aussi entre royauté et chrétienté.

Cette dynastie mérovingienne, qui va modifier la conception gallo-romaine de la table, doit son nom à Mérovée, père et grand-père mythique de Childéric et de Clovis, tous deux rois des Francs. Clovis est le réel fondateur de la dynastie, parce qu'il arrive au pouvoir au moment où disparaît l'Empire romain d'Occident et en raison de ses victoires militaires, en 486, contre le « romain » Syagrius dont le « royaume » s'étendait de la Somme à la Loire, puis en 507, à Vouillé, en Poitou, contre le roi des Wisigoths Alaric II, qu'il tue au tout début de la bataille. Cette mort rapide est interprétée par ses troupes, très croyantes, comme un « jugement de Dieu » et les Wisigoths cessent le combat. L'armée d'Auvergne, venue soutenir les Wisigoths, est laminée et le fils de Sidoine Apollinaire, qui la conduisait, meurt au cours des combats.

Entre-temps, Clovis, en bon stratège politique, s'est fait baptiser chrétien nicéen, en 496, à Reims, par l'évêque Remi qui sera son éminence grise. Il n'est pas le premier roi barbare à se convertir, comme le veut la légende, mais le dernier, puisque tous les autres rois et peuples germains sont devenus des chrétiens, mais ils ont choisi l'autre camp, celui des chrétiens arianistes. Clovis et les Francs sont les seuls à avoir conservé la vieille religion allemande et à entretenir le culte d'Odon, mais mieux vaut, aux yeux de Rome, être païens qu'hérétiques, comme les Wisigoths et les Burgondes qui habitent la Gaule. Certes, la conversion de Clovis a facilité la conquête franque auprès des évêques en quête de soutien militaire et politique après l'effondrement de l'Empire romain, mais la masse des Francs Saliens reste fidèle à ses dieux et à sa table.

C'est le concile d'Orléans, en 511, qui va sceller l'alliance de Clovis, des élites gallo-romaines et de l'Église. Clovis reconnaît les privilèges des puissants, c'est-à-dire l'existence d'une société inégalitaire avec des lois qui différencient les « libres » des « non-libres » et des demi-libres, et, parmi les « libres », les *optimates* (« meilleurs ») ou *nobiles* (« nobles ») et les « médiocres », selon leur proximité avec le roi, mais aussi selon l'ampleur de leurs propriétés foncières. Clovis reconnaît les droits de l'Église nicéenne contre l'Église arianiste. En faisant ce choix, il adopte le christianisme dans sa version impériale, ce qui lui confère, ainsi qu'à sa descendance, une nouvelle sacralité en échange de sa mission de défendre l'Église et d'assurer l'ordre dans le royaume. Face à la défaillance du politique, les évêques se sont emparés de bien des tâches temporelles, comme le ravitaillement, l'irrigation, les fortifications, etc. Les fils de Clovis poursuivront cette politique de bonne entente avec une Église qui obtient en contrepartie l'immunité (c'est-à-dire l'interdiction faite aux juges de se saisir d'une affaire impliquant l'Église), ainsi que le droit exclusif de prêcher. La conversion au christianisme ne sera véritablement achevée qu'au VIIIe siècle.

Vers l'unité politique de la Gaule

Grâce à Clovis et à ses successeurs, les Francs vont réaliser l'unité politique de la Gaule. Ils prennent appui sur une armée particulièrement puissante (avec notamment son corps d'élite : les antrustions), sur l'Église dont l'importance et le poids augmentent, et sur l'héritage de l'Empire romain, des terres nombreuses mais aussi quelques grands palais, ruraux ou urbains, comme ceux de Braine, de Berny-Rivière et de Brennacum, situés dans l'Aisne, mais surtout Attigny, résidence royale achetée par Clovis dans laquelle une ébauche d'administration « nationale » élabore les actes de gouvernement. Ces palais sont aussi des lieux d'apparat qui permettent de réunir des conciles. Pendant deux siècles et demi, l'institution des conciles est en effet confisquée par les Mérovingiens qui en font un des principaux outils de la royauté pour exercer leur autorité, tandis que les structures étatiques restent embryonnaires[138].

On reçoit dans ces palais tout ce qui compte dans ce pays en devenir et les ambassades étrangères que l'on souhaite impressionner par des banquets. Les terres agricoles attachées aux palais fournissent l'essentiel de la subsistance. En effet, la Gaule n'existe presque plus au moment où les Francs bataillent. À l'exception du centre du Massif central qui se revendique encore de l'Empire, les Burgondes, les Wisigoths et d'autres peuples se partagent les dépouilles. Les Wisigoths ont franchi les Alpes en 412, venus d'abord comme hôtes et soldats de l'Empire en échange de terres dans le sud-ouest de la Gaule. Ils ont, dans un premier temps, troqué le glaive contre la charrue, mais ont repris les armes. Les Francs ont reçu la mission de protéger la province de Belgique. À ces affrontements constants

---

138. Voir Odette PONTAL, *Histoire des conciles mérovingiens*, Paris, CNRS, Éditions du Cerf, Institut de Recherche et d'Histoire des Textes, 1989.

entre peuples barbares pour s'emparer de davantage de terres, chacun avec le soutien et la légitimité de sa propre Église, s'ajoute le fait qu'une partie importante de la population a littéralement fait sécession, notamment dans le Sud, sur le modèle du mouvement des Bagaudes[139] qui menace le pouvoir des nobles en revendiquant davantage d'égalité. Ces vagabonds forment des bandes armées fortes de plusieurs milliers de personnes, leur chef, un médecin du nom d'Eudoxius se réfugiera chez les Huns[140].

Les Francs Saliens, un peuple élu

Les Francs se veulent un peuple différent des autres puisque choisi par Dieu. Ils aspirent à bénéficier d'une royauté différente mais aussi d'une culture différente dans laquelle la chasse et la table occupent une place de choix. L'État franc ne diffère pas seulement de l'Empire par l'étroitesse de son territoire mais par sa conception du pouvoir et donc sa pratique de la politique. Le système gallo-romain, fondé sur le culte du droit, est remplacé par le système germanique, où la royauté est fondée sur le seul « bon plaisir » du roi. Les Francs Saliens reconnaissent la prééminence d'une famille royale dont les hommes portent une chevelure blonde, longue et flottante, interdite aux autres. La perte de cette chevelure prive d'ailleurs de l'état princier[141] : la reine Clotilde, veuve de Clovis, préfère voir deux de ses trois petits-fils étranglés, sur ordre de leurs oncles, plutôt que de les voir vivre avec les cheveux coupés et donc sans possibilité d'accéder au trône un jour. François Gaulme voit dans l'attachement à cette chevelure un mythe solaire, comme dans le rituel d'inhumation sur un char (ou sur une roue de char). Le fameux char à bœufs est le symbole de l'expression

---

139. « La "Bagaude" fut, dans la première moitié du Vᵉ siècle, un fait marquant et un épisode parmi d'autres du déclin de l'Empire romain. Le mouvement social, aux débuts indiscernables, perceptible surtout vers 415-418, affecta principalement les pays de l'ouest gaulois. Il est considéré très généralement par les historiens modernes comme une succession récurrente de troubles ruraux, une suite de soulèvements paysans exaspérés par les exactions des "puissants », des grands propriétaires et du fisc impérial » (H. MARTIN, « Réflexions sur les Bagaudes », *Annales de Normandie*, vol. 49, n° 1, 1999, p. 78-79).

140. Nous savons peu de chose sur ce médecin : Bruno POTTIER (« Peut-on parler de révoltes populaires dans l'Antiquité tardive ? » [Bagaudes et histoire sociale de la Gaule des IVᵉ et Vᵉ siècles], *Mélanges de l'École française de Rome – Antiquité*, 123-2,| 2011, p. 433-465) écrit : « Le médecin Eudoxius a pu devenir le chef d'une communauté dissidente des Bagaudes, quelle que soit sa nature, en allant jusqu'à se séparer de l'Empire et rallier Attila. » Voir aussi Jacques ANNEQUIN et Juan Carlos SÁNCHEZ LÉON, « Les sources de l'histoire des Bagaudes » in *Dialogues d'histoire ancienne*, vol. 23, n°2, 1997, p. 175-176 ; André LOYEN, « Résistants et collaborateurs en Gaule à l'époque des Grandes Invasions » in *Bulletin de l'Association Guillaume Budé, Lettres d'humanité* n° 22, décembre 1963, p. 437-450.

141. Jean HOYOUX, « *Reges criniti*. Chevelures, tonsures et scalps chez les Mérovingiens » in *Revue belge de philologie et d'histoire*, vol. 26, n° 3, 1948, p. 479-508.

solaire de la royauté. Les historiens spécialistes de la germanité ont développé le concept de modèle « ethno-génétique » qui, au cœur du processus de formation des peuples, place la royauté au centre. Le peuple n'existe qu'en s'agrégeant autour d'elle. Le roi mérovingien est donc obligé de faire un grand circuit après son élection. Il parcourt le pays dans une voiture attelée à des bœufs conduits par un bouvier. C'est dans cet équipage qu'il quitte le palais pour tout ce qui importe, comme se rendre au « plaid », l'assemblée publique annuelle de son peuple, comme rencontrer d'autres rois, comme se rendre à de grands banquets. Régine Le Jan explique que ce chariot tiré par des bœufs renvoie à de très anciens rites de fécondité : les peuples du Nord rendaient un culte à Nerthus, représentant la déesse-mère qui, chaque année, quittait son île dans un char tiré par des génisses[142]. Le char à bœufs est donc indissociable du clientélisme que développeront les Mérovingiens en distribuant des terres aux nobles, mais surtout à l'Église. Les Francs reprendront aux Germains un autre rituel d'élévation des rois avec l'intronisation, laquelle fera disparaître l'élévation sur le bouclier (autre symbole solaire) au VIIe siècle. L'expression de « rois fainéants », qui servira plus tard à désigner les Mérovingiens, est due à Éginhard (ou Einhard), le biographe de Charlemagne, qui l'invente pour justifier la prise de pouvoir illégitime par les Carolingiens. On caricature ces rois qui n'auraient pensé qu'à manger et à boire. Cette disqualification morale s'accompagne d'une déchéance physique puisqu'on les représente comme des « monstres », en expliquant que des poils courent tout le long de leur épine dorsale, à l'image des porcs (*sic*).

Moins pittoresque est le prologue de la loi salique, fondement du système juridique franc, qui soutient que Dieu est à l'origine de la race des Francs. Le roi des Francs serait donc plus proche de Dieu, c'est pourquoi on s'adresse à lui en l'appelant « Seigneur ». À partir du VIe siècle, toute la Gaule s'identifie au royaume franc : les relations politiques et religieuses se nouent désormais sur le plan national. Cette période est celle du passage de la royauté guerrière à la royauté territoriale, puisque ces rois vont devoir apprendre à exercer leur autorité sur des peuples différents, imitant en cela le modèle impérial romain. La fragilité de ce système est le mode de succession avec partage des territoires entre les fils du roi. Cette dynastie va donc connaître deux grandes phases de déclin : celle de l'affaiblissement du pouvoir central qui suit le partage, en 613, du royaume entre les quatre fils de Clotaire Ier qui avait su, comme son père Clovis, sauver l'unité nationale tout en

---

142. Régine LE JAN, « La sacralité de la royauté mérovingienne », *Annales. Histoire, Sciences Sociales*, 58e année, n° 6, 2003, p. 1217-1241.

préservant l'autorité des différents rois locaux ; celle, après 613, du déclin de la royauté avec la révolte des nobles. En effet, le système mérovingien a repris l'organisation territoriale en comtés qui existait dans l'Empire romain. Cette faiblesse constitutive de la dynastie mérovingienne l'obligera sans cesse à transiger entre plusieurs civilisations ou plusieurs cultures, ce dont témoignent notamment les compromis en matière d'alimentation.

Le début de la christianisation

L'Église joue un rôle central sous la dynastie mérovingienne en choisissant de s'allier avec le seul peuple non chrétien, les Francs Saliens, pour mieux combattre ce qui reste du paganisme gaulois, mais surtout les chrétiens arianistes wisigoths et burgondes[143]. Cette Église nicéenne va mettre sa lutte contre le paganisme au second plan pour se consacrer à sa guerre totale contre l'arianisme, autre courant chrétien, alors dominant en Gaule, fondé sur la pensée d'Arius (256-336). L'Église arienne défend la thèse selon laquelle le fils n'est pas de la même substance que le père, il témoigne donc de Dieu mais n'est pas lui-même Dieu. Elle soutient la primauté du concile général sur le pape et le respect des décisions des conciles. Elle rejoint, en revanche, beaucoup de forces religieuses jugées orthodoxes en prônant un ascétisme intégral et un rigorisme absolu, ce qui la conduit à réprouver l'acte sexuel, même dans le mariage, et à prôner une frugalité alimentaire très éloignée des pratiques gallo-romaines et barbares. Les rois wisigoths sont très pieux et se laissent diriger par leurs propres évêques. Les victoires militaires de Clovis vont sonner le glas de l'arianisme gaulois. L'évêque de Poitiers va ainsi pouvoir rétablir l'unité du corps épiscopal gaulois. Mais sitôt l'arianisme vaincu, le combat reprend contre le paganisme indigène. L'Église détruit ou détourne les chapelles et les temples païens, fait la chasse aux laraires domestiques, les œuvres d'art gallo-romaines sont systématiquement brisées, enfouies dans des fosses, précipitées dans des puits, des rivières, etc. Elle reprend la lutte contre la consommation de viande issue des sacrifices. Le paganisme vaincu, l'Église nicéenne poursuivra l'anéantissement du paganisme en détournant ses lieux, ses objets de culte, en faisant, par exemple, des autels des

---

143. Martin HEINZELMANN, « L'aristocratie et les évêchés entre Loire et Rhin, jusqu'à la fin du VIIe siècle » in *Revue d'histoire de l'Église de France*, vol. 62. n° 168, 1976, p. 75-90, numéro thématique : *La chritianisation des pays entre Loire et Rhin (IVe-VIIe siècle)* ; Stéphane GIOANNI, « Moines et évêques en Gaule aux Ve et VIe siècles : la controverse entre Augustin et les moines provençaux » in *Médiévales*, vol. 19, n° 38, 2000, p. 149-161, numéro thématique : *L'invention de l'histoire*.

bénitiers, ou en utilisant même des sarcophages pour y déposer ses saints. Cette Église gauloise victorieuse, faite de petites communautés locales groupées autour de leur évêque, compte dans ses rangs beaucoup de membres de l'élite cultivée et beaucoup d'anciens préfets gallo-romains. La « bonne société » se tourne vers elle qui semble seule héritière de l'Empire[144].

Le christianisme nicéen sort donc vainqueur du IVe siècle, mais dans les seules villes, et encore de façon ambiguë parce que les catéchumènes adultes (venant du paganisme) retardent au maximum la réception du sacrement qui a la vertu d'effacer tous les péchés commis auparavant. Les *rustici* sont considérés, eux, comme des païens attachés à leurs cultes païens. Les Mérovingiens vont donc poursuivre la christianisation de la Gaule, mais alors qu'elle avait commencé avec des Grecs et des Orientaux (la vallée du Rhône), ils vont soutenir, au Ve siècle, l'effort de saint Martin pour évangéliser les campagnes puis, au VIe siècle, ils font appel à la construction de monastères appliquant les principes du monachisme irlandais fondé sur la règle de saint Colomban venue remettre de l'ordre au sein d'une Église franque peu sainte. L'évêque Grégoire de Tours raconte que les évêques d'Embrun et de Gap « passaient la plupart de leurs nuits à festoyer et à boire ». Cette règle de saint Colomban, particulièrement rigide, repose sur un système de délation obligatoire et de punitions parmi lesquelles des privations alimentaires. Elle sera progressivement abandonnée, au siècle suivant, pour celle de saint Benoît. L'Église va s'attacher à christianiser les frairies et surveille particulièrement leurs banquets ainsi que les festins mortuaires jugés abominables. Dans ce domaine, on appelle à en finir avec les concessions faites lors de l'évangélisation. Trop d'agapes mortuaires étaient l'occasion de rites jugés païens. Les évêques le clament : le temps des compromis est maintenant fini.

Une entente entre l'Église et l'aristocratie sur le dos du peuple

Au début du IVe siècle le christianisme apparaît dans les classes urbaines moyennes et inférieures, alors que les masses paysannes et l'aristocratie restent païennes. Quand le christianisme triomphe, ces couches sociales qui l'ont porté sont en recul en raison notamment de la désurbanisation. L'Église choisit d'échapper à l'effondrement des superstructures du Bas-Empire en se désolidarisant des classes urbaines qui avaient assuré jusqu'alors son succès. L'aristocratie remplace ces classes moyennes au

---

144. Luce Pietri, « La Gaule chrétienne au IVe siècle » in *Vita Latina*, vol. 172, n° 1, 2005, p. 60-71.

prix de nombreuses déformations/distorsions, notamment en matière de « bonnes conduites ». Avec ce laminage des classes moyennes du ve au viiie siècle le fossé s'élargit entre la masse inculte et une élite cultivée appartenant à l'Église. Les chefs barbares, les évêques et abbés d'origine barbare adoptent le mode de vie « chrétien », condition de leur ascension sociale, mais en l'adaptant. La régression de la culture laïque se paie bientôt par un mépris du peuple. On voit d'ailleurs se développer des troubles sociaux de grande ampleur. Edward Thompson explique que les Bagaudes ne relèvent pas d'un banditisme ordinaire mais d'une révolte des paysans celtes contre l'élite romanisée et l'État. Ils représentent une tendance plus égalitaire au sein de cette période. On va assister dans la Gaule du haut Moyen Âge à un changement des frontières entre civilisés et Barbares. Le Barbare devient le peuple. Cette alliance entre anciens et nouveaux maîtres avec le soutien de l'Église et sur le dos du peuple s'exprime notamment par une nouvelle idéologie alimentaire.

Résistants contre « collabos » mais tous frugaux

La Gaule connaît, avec les grandes migrations qui déchirent son territoire, un conflit entre résistants et collaborateurs, à l'image de celui qui a opposé peu auparavant Dumnorix et Vercingétorix au druide Diviciacos, ami de César.

Beaucoup de Gallo-Romains sont convaincus que la fin du monde est proche et que la Gaule paie ses péchés. C'est le cas de Salvien (400-470), grand lettré, converti à l'ascétisme avec son épouse (chasteté dans le mariage, donation de ses biens à l'Église et aux pauvres, retraite dans un lieu propice à l'ascétisme). Il prend la défense des chrétiens wisigoths de Toulouse, mais aussi des Bagaudes, et dénonce la fornication intérieure que sont les spectacles. Il explique, dans *Le Gouvernement de Dieu*, que la chute de l'Empire romain correspond à un plan universel de Dieu afin de punir la décadence morale et de récompenser la pureté morale des Barbares, plus civilisés que les Romains. Il est convaincu que les Wisigoths de Toulouse font partie du plan de Dieu et qu'ils se rangeront sous la foi catholique une fois leur mission accomplie. Il prône une alimentation frugale conforme, à ses yeux, à la volonté de Dieu, mais aussi à la nécessaire repentance pour racheter les fautes des Gallo-Romains. À la question : « Pourquoi, si Dieu prend vraiment soin de ce monde, les braves gens sont-ils plus malheureux que les méchants ? Pourquoi les Barbares, qui sont des impies ou des hérétiques, triomphent-ils de l'empire chrétien ? » Salvien répond : « Vous vous plaignez de vos malheurs mais vous n'avez que ce que vous méritez. De quelque côté que l'on regarde, on n'aperçoit que lâcheté, cupidité, débauche [...], sur le plan social, ce ne sont que des mœurs de brigands : les pauvres sont dépouillés, les veuves gémissent, les orphelins sont opprimés. Le Romain est un loup pour le Romain [...] Dans l'adversité, au milieu des guerres et des combats, on ne pense qu'aux spectacles de cirque ou de l'amphithéâtre, qui ne sont qu'une fornication intérieure, une apostasie de la foi. On ne voit partout qu'impureté, orgies et débauches. » Salvien se voit en ennemi de l'hellénisme. Il explique que le roi des Vandales, Genseric, a supprimé en Afrique pédérastie et prostitution et obligé le Romain à être fidèle à sa femme. Il se rallie aux forces germaniques au nom du redressement moral. Mieux vaut, dit-il, vivre libre sous l'apparence de l'esclavage qu'être esclave sous une apparence de liberté. L'Église et les monastères collaboreront donc, dans un premier temps, majoritairement avec les Barbares. C'est le cas d'Avitus (395-456), noble arverne qui rejoint Théodoric II. Le roi des Wisigoths le fait nommer empereur romain d'Occident (455-456). Avitus est, par ailleurs, le beau-père de Sidoine Apollinaire (dont nous reparlerons). Lui aussi dénonce les excès de la chair et appelle aux privations alimentaires.

Du côté de la résistance, Majorien (420-461), recrée une armée et repousse les Wisigoths et les Burgondes. L'aristocratie gallo-romaine se rallie à lui. L'évêque de Tours, Perpetuus, attribue son succès à l'intercession religieuse. Majorien, militaire et législateur, introduit plus de justice et d'humanité et dénonce les dépravations des nobles. Il veut réduire le poids de l'Église en interdisant aux femmes de lui léguer leurs biens au détriment de leurs enfants et en proscrivant l'enfermement des jeunes filles dans des couvents. Il décède dans un attentat en 461. La vieille Gaule ne s'en relèvera pas. Le Nord notamment fait sécession et prend appui sur une force nouvelle : les Francs.

Ces résistants et « collabos », au-delà de tout ce qui les divise, partagent finalement une même vision ascétique de l'existence, une même condamnation des plaisirs de la chair et de la *gula*, bref, ils ont une dynastie d'avance puisque ce message sera davantage repris sous les Carolingiens que sous les Mérovingiens, poids de l'Église oblige.

Les Francs sauvent (provisoirement) la gourmandise

Liliane Plouvier écrit avec raison qu'on dispose pour la période mérovingienne « d'un corpus culinaire assez étendu et d'autant plus étonnant que, pendant les siècles suivants, la littérature gastronomique entrera en hibernation, à tout le moins en Europe chrétienne. Il faudra attendre le XIIᵉ siècle, voire le XIIIᵉ siècle, pour que soient conçus de nouveaux manuscrits donnant des recettes inédites »[145]. L'essentiel est peut-être ailleurs : dans la capacité de la société mérovingienne à se doter d'une identité politique dans laquelle le bon mangeur est d'abord un gros mangeur et même un mangeur de viande, et notamment de lard cru. Sidoine Apollinaire, malgré son décès en 486, est bientôt récupéré par les Francs, aux côtés de Vinidarius et d'Anthime pour construire une nouvelle conception de la table capable de prendre place dans leur idéologie politique.

Sidoine Apollinaire ou la défense de la voracité

Sidoine Apollinaire, homme politique et poète, est enfant de notables gaulois puisque son père et son grand-père furent préfets du Prétoire des Gaules[146]. Il bénéficie d'abord du soutien de son beau-père Avitus, un temps empereur romain d'Occident, avec lequel il fréquente la cour des rois wisigoths de Toulouse, puis se met au service de Majorien, l'assassin de son beau-père, en devenant son panégyriste. Après la chute de Majorien, il revient en Gaule et offre sa plume au nouvel empereur Anthémius (467-472), dont il devient aussi le panégyriste. Fuyant Rome, menacée par la famine depuis que les Vandales coupent l'approvisionnement en blé africain, il se retire de nouveau en Gaule. Il est bientôt nommé évêque nicéen de Clermont en 470. Il va s'illustrer en conduisant pendant trois ans avec son beau-frère Ecdicius, sénateur gallo-romain, une résistance militaire acharnée contre les troupes wisigoths. En 475, Clermont est finalement trahi par Rome qui préfère échanger l'Auvergne contre le départ des Wisigoths d'Arles et de Marseille. Il est emprisonné durant deux ans, puis libéré après avoir encensé les nouveaux maîtres. Il meurt en 486 sinon, sans doute, aurait-il fini par rallier Clovis, assassin de son fils.

Sidoine Apollinaire est un personnage trouble mais attachant parce qu'il sait que beaucoup se joue dans les pratiques de table des puissants qu'il fréquente. Il comprend que les banquets sont la principale structure permettant à la « bonne société » de continuer à régner dans cette période troublée. La table constitue donc, à ses yeux, un outil d'expression de l'identité des élites. Il expose une série de portraits de « bons » et de « mauvais » mangeurs dans le but d'aider l'aristocratie à se constituer en se démarquant du populi. La chercheuse Emmanuelle Raga développe

---

145. Liliane PLOUVIER, « L'alimentation carnée au haut Moyen Âge d'après le *De observatione ciborum* d'Anthime et les *Excerpta* de Vinidarius » in *Revue belge de philologie et d'histoire*, vol. 80, n° 4, 2002, numéro thématique : *Histoire mediévale, moderne et contemporaine* p. 1357-1369.
146. Françoise PRÉVOT, « Sidoine Apollinaire et l'Auvergne » in *Revue d'histoire de l'Église de France*, vol. 79, n° 203, 1993, p. 243-259.

une analyse féconde de ces portraits en montrant qu'ils déplacent la frontière entre « bons » et « mauvais » mangeurs, car elle ne passe plus entre Gallo-Romains et Barbares mais entre gens cultivés et incultes[147]. Une frontière sociale remplace la frontière ethnique. Ce critère recouvre aussi la distinction entre terres cultivées et incultes. Le Barbare gallo-romanisé tout comme le Gallo-Romain barbarisé constituent le prototype du « bon » mangeur contre celui du « mauvais » mangeur populaire. Sidoine Apollinaire va devoir cependant proposer des aménagements à la table des puissants pour la rendre conforme aux nouveaux impératifs. Il revisite, à nouveaux frais, l'opposition entre frugalité et abondance mais là où, par exemple, Julien opposait frugalité privée et abondance publique, il propose de marier l'alternance entre banquets fastueux exceptionnels et repas ordinaires sobres, avec l'impératif nouveau du jeûne lié à la christianisation. Emmanuelle Raga note la place éminente que Sidoine Apollinaire accorde également à la compensation de la « frivolité de l'art de banqueter » par des pratiques nobles comme des lectures ou conversations religieuses, ou du moins sérieuses. Le poète fait sienne la thèse de Symmaque, théoricien de l'identité romaine traditionnelle, qui soutient que l'aristocrate se rend coupable s'il laisse sa *virtus* infructueuse car « il ne suffit pas de posséder ce don précis », il faut encore participer à la course aux fonctions publiques, recommander ses amis, entretenir l'*amicitia*, développer son propre talent littéraire et encourager celui des autres, bref, l'aristocrate doit vivre sa vie d'aristocrate... Il doit donc également banqueter mais avec les compensations qui s'imposent. Emmanuelle Raga estime que ce qui est en jeu derrière ce discours, c'est la défense et la promotion d'une véritable solidarité de classe entre puissants. Je suis beaucoup moins d'accord lorsqu'elle écrit que cette position ne serait pas motivée par une hostilité envers les classes « inférieures » puisque celles-ci ne constitueraient en aucun cas un danger quelconque pour l'élite. Ce mépris s'affiche pourtant dans de nombreux textes, y compris de Sidoine Apollinaire qui qualifie ces milieux populaires de « mangeurs d'oignons » ; cette époque est aussi celle où l'Église avance de nouvelles thèses plutôt hostiles au *populi*, c'est enfin celle où les Bagaudes menacent le pouvoir des riches. Je pense donc que même si Sidoine Apollinaire manque encore de mots pour le dire (ils viendront plus tard, notamment avec la théorie de la tripartition sociale), son amour de l'aristocratie est proportionnel à son mépris du *populi*. Il faut bien qu'aristocratie et peuple soient deux pôles antagonistes pour pouvoir justifier les agapes communes des anciens et des nouveaux

---

147. Emmanuelle RAGA, « Bon mangeur, mauvais mangeur. Pratiques alimentaires et critique sociale dans l'œuvre de Sidoine Apollinaire et de ses contemporains » in *Revue belge de philologie et d'histoire*, vol. 87, n° 2, 2009, p. 165-196.

maîtres. Comment, autrement, un noble gallo-romain pourrait-il se sentir plus proche d'un chef barbare que d'un paysan gallo-romain ou que d'un paysan barbare ? Apollinaire se fait donc le chantre du convivialisme sur le dos du populi. La seule façon, selon lui, de sauver le pouvoir de l'aristocratie convertie au christianisme est de lui permettre de participer aux banquets de classe. Raga note que la condamnation des banquets luxueux et la valorisation du jeûne par la religion chrétienne sont en contradiction avec l'idéal aristocratique, sauf à pratiquer le jeûne entre les banquets et à compenser les nourritures terrestres par des nourritures spirituelles (récitation ou lecture de textes). Raga note que Sidoine Apollinaire insiste sur la participation aux banquets et non sur le mariage, ni même sur l'accumulation de richesses, signe que la « participation au banquet de classe serait l'activité la plus aristocratique pour l'élite sénatoriale ». Lorsque Sidoine Apollinaire évoque les banquets organisés par Théodoric II, en 455, avec interdiction de parler, sauf pour dire des choses vraiment sérieuses…, ce qu'il dit des Wisigoths hérétiques convient parfaitement à Clovis et à Rome ! Sidoine Apollinaire apporte une réponse de classe à la christianisation en évoquant le sénateur Vectius, gros consommateur de nourritures carnées mais qui compense par l'absorption simultanée de nourritures spirituelles : « Entre-temps, c'est la lecture assidue des Livres saints qui lui permet, pendant les repas, d'absorber plus souvent de la nourriture spirituelle ; il lit et relit fréquemment les psaumes, il les chante plus fréquemment encore et par cette nouvelle manière de vivre, il réalise le type parfait du moine, non sous le capuchon mais sous le manteau du grand Seigneur […] » Sidoine Apollinaire avance donc deux manières de concilier les contraintes contradictoires des mondes aristocratique et religieux qui marqueront durablement l'histoire française. De son côté, l'Église devra réaliser d'autres compromis(sions) en autorisant, par exemple, ses évêques à participer aux banquets de classe, lieux réels du pouvoir, même s'il leur faut aller jusqu'à s'abstenir de manger de la viande lors des jours maigres.

Le culte de la viande selon Anthime

Les nouvelles élites peuvent donc être de « bons » mangeurs en participant aux banquets de classe mais peuvent-elles continuer à dévorer de la viande[148] ? Plusieurs grands auteurs de l'époque vont s'attacher

---

148. Martine Leguilloux, « Alimentation et élevage à Marseille au Ve siècle après J.-C. d'après les études de faunes » in *Méditerranée*, vol. 82, n° 3, 1985, p. 85-92, numéro thématique : *Les origines de Marseille. Environnement et archéologie* ; Gaëtan Congès, Martine Leguilloux et Françoise Brien-Poitevin, « Un dépotoir de l'Antiquité tardive dans le quartier de l'Esplanade à Arles » in *Revue archéologique de Narbonnaise*, vol. 24, n° 1, 1991, p. 201-234.

à répondre positivement. Anthime est un médecin grec (fin du ve et début du vi^e siècle), banni de Byzance sous Zénon, en 478, pour avoir conspiré contre le Goth Théodoric Strabon. Il se réfugie en Italie auprès du roi des Goths, Théodore le Grand, qui l'envoie comme ambassadeur auprès de Thierry Ier, roi des Francs et fils de Clovis (qui règne de 511 à 534). Il lui écrit un traité culinaire : *De observatione ciborum*. Peu importe quelles étaient ses intentions car cet ouvrage va prendre une signification dans l'histoire qu'il ne pouvait absolument pas prévoir. Anthime inaugure, selon Liliane Plouvier, une nouvelle discipline, celle de la cuisine médicale qui connaîtra son apogée au bas Moyen Âge. Il serait le créateur des œufs à la neige, des quenelles soufflées, de la mousseline de brochet. On oubliera beaucoup de ses inventions jusqu'à leur redécouverte. L'essentiel me semble être le fait qu'Anthime écrit un « livre carnivore », mais il le fait de façon diplomatique, en débutant par le pain et en concluant par le raisin (donc, potentiellement, par le vin). Je pense, qu'au-delà de ses mérites culinaires ou médicaux, l'ouvrage d'Anthime est d'abord un livre politique : il romanise et barbarise tout à la fois la table mérovingienne pour la rendre partageable par les nouveaux et anciens maîtres sous l'égide de l'Église. En parlant d'un livre de compromis acceptable par des Barbares, Carl Deroux est dans le vrai, mais ce livre devait l'être aussi par des Gallo-Romains et l'Église[149]. Cet ouvrage comprend, outre sa préface, 91 chapitres. Le pain est certes donné comme l'aliment central, position politiquement correcte, mais le livre présente cependant sept chapitres concernant le porc. Carl Deroux relève qu'Anthime a inséré un chapitre relatif à trois boissons (la cervoise, le vin miellé et l'hydromel, le vin d'absinthe) entre ceux sur le lard et les rognons de porc. Il explique ce classement bizarre par le fait qu'un Grec ne pouvait que rapprocher l'usage barbare du lard cru et ces boissons dont deux au moins (cervoise et vin d'absinthe) sont typiques des coutumes gauloises ou franques. Anthime choisit, à la romaine, de ne pas différencier les animaux de boucherie et le gibier et de les présenter de façon anarchique : vache, mouton, agneau, sanglier, cerf, faon, chevreuil, porc, cochon de lait, bœuf, salaisons de viande de vache et de bœuf, lièvre, lard, rognons de porc, estomac de bœuf et de mouton, vulve de truie, tétine de truie, gras-double, foie de porc, etc. Il réhabilite la vache, mais uniquement de réforme, et la soumet à une triple cuisson : elle doit être blanchie, cuite à la vapeur et enfin rissolée. L'enjeu n'est pas

---

149. Carl Deroux, « Anthime, un médecin gourmet du début des temps mérovingiens » in *Revue belge de philologie et d'histoire*, vol. 80, n° 4, 2002, numéro thématique : *Histoire mediévale, moderne et contemporaine*, p. 1107-1124 ; Liliane Plouvier, « L'alimentation carnée au haut Moyen Âge d'après le *De observatione ciborum* d'Anthime et les *Excerpta* de Vinidarius, art. cit.

de ramollir les chairs mais de les « durcir ». Anthime consacre plusieurs chapitres aux volailles en distinguant les oiseaux domestiques ou engraissés en captivité et évoque deux préparations : les quenelles de poule ou de poulet et une sorte d'ébauche des œufs à la neige. Il traite ensuite des poissons et des mollusques puis des légumes (mauves, bettes, poireaux, choux, laitues, céleris, poireaux, etc.) et des légumineuses. Il poursuit sa lettre par les laitages et conclut avec les fruits (coing, pomme, poire, prune, pêche, cerise, etc.). Anthime fait une nouvelle fois preuve de diplomatie en montrant que si les Francs boivent du lait aigre, ils boivent aussi du vin, façon de dire que l'opposition entre les buveurs de lait – qui seraient du côté de la barbarie – et les buveurs de vin – donc du côté de la culture – ne tient pas. Il considère cependant le lait comme une friandise (*melchia*) et déconseille le lait cru, sauf s'il sort tout juste du pis et est encore chaud.

Carl Deroux ajoute que la lettre d'Anthime témoigne de l'utilisation en cuisine de boissons comme le vin, l'oxymel et la *posca*, de condiments comme le sel, la saumure, le vinaigre, le *garum*, l'*hydrogarum* (*garum* à l'eau), d'épices comme le poivre, la racine de costus, le gingembre, le clou de girofle, etc. Anthime porte un jugement négatif sur le *garum*, encore très utilisé à l'époque mérovingienne, indispensable à toute cuisine raffinée. Carl Deroux justifie Anthime par le fait que le *garum* peut faire penser à de la pourriture, ce qui ne peut cadrer avec sa conception de la digestion (opposée à une autre l'analysant comme putréfaction et non comme cuisson). Il y aurait donc, chez Anthime, un interdit diététique à manger de la pourriture. Fidèle aux enseignements des Anciens, il recommande le bouilli mais finit par admettre le rôti à feu doux en raison des préférences des nouveaux maîtres. Il insiste sur l'importance de la cuisson, convaincu que la digestion (donc la santé) commence à la cuisine. Carl Deroux note que « l'idée n'est pas neuve, mais la radicalisation qu'Anthime fait subir au principe qui veut que la digestion commence à la cuisine le conduit à donner à cette dernière une place à laquelle les autres médecins ne nous ont pas habitués ». Il accorde, par exemple, de longs développements à la cuisson des œufs : il demande qu'on les cuise dans de l'eau froide à feu doux, et en remuant précautionneusement pendant la cuisson à l'aide d'une spatule, par crainte que l'œuf ne soit trop cuit à l'extérieur et pas assez à l'intérieur. Anthime commet cependant trois transgressions qu'il sait être majeures, mais indispensables au succès de l'entreprise : il soutient que le lard peut remplacer l'huile d'olive à la façon des Francs, que le lard peut être mangé cru (malgré sa préférence pour lui substituer le lard bouilli) et que la cervoise et l'hydromel sont des boissons nobles. Le médecin diplomate fournit ainsi le cadre idéologique dont ont besoin les élites pour accroître leur consommation de viande : la viande est un moyen d'acquérir de la force, elle est la nourriture des puissants. Le banquet mérovingien est l'occasion de manger beaucoup de viande.

Le culte de la viande de porc selon Vinidarius

Un autre ouvrage, de cette époque, prolonge cette réhabilitation de la viande. Il témoigne qu'un banquet mérovingien est d'abord le partage d'un cochon. Les *Excerpta* (*Extraits*), attribués à Vinidarius, constituent la dernière partie du livre d'Apicius (début VIᵉ siècle), mais la langue et le style sont différents. On sait peu de chose sur lui sinon qu'il serait un Ostrogoth de naissance noble. Son ouvrage permet de réaliser 31 recettes, mais il s'agit surtout de viandes en sauce et de poissons en sauce. Sur 17 recettes de viande, 7 concernent exclusivement le porc et les 10 autres se répartissent entre l'agneau, le chevreau, le poulet, les tourterelles, les perdrix et le lièvre. Les *Excerpta* consacrent également 13 recettes au poisson (rascasse, germon, surmulet, murène, sole, langouste). Liliane Plouvier parle de « modernité culinaire » : Vinidarius reprend en effet chez Apicius ce qu'il y a de mieux comme les sauces émulsionnées du type mousseline et sa recette de mayonnaise, il propose de nouvelles sauces, notamment une crème anglaise, et serait même peut-être l'inventeur de la sauce tartare. Sans développer ouvertement une critique du *garum*, il introduit à sa place le verjus, jus de raisin immature donc très acide. J'aimerais cependant insister plutôt sur l'importance des plats à base de porc : cochon de lait à la coriandre, cochon de lait sauce au vin, cochon de lait mariné, porc en sauce, porc au thym, porc grillé, etc. Cette centralité du cochon dans la table mérovingienne ne peut s'expliquer uniquement par la présence de grandes forêts de chênes. Le cochon est l'emblème de la forêt, laquelle n'est plus le symbole de la barbarie. Il est même devenu l'unité de mesure pour les échanges à la place des grains. Cette période est celle du retour des légendes sur la régénération du Grand Cochon. Massimo Montanari note que « les légendes de ces peuples attribuent d'ailleurs à la perpétuelle régénération du Grand Cochon le même rôle magique et propitiatoire que les rites de fertilité des peuples méditerranéens à la Grande Mère la Terre »[150]. Ce culte du cochon, notamment sauvage, renvoie à une nouvelle lecture de l'opposition nature/culture qui suppose une partie sauvage et une partie domestiquée. Cette partie sauvage déshumanisée est l'empire d'une énergie vitale, sacrée et surhumaine, celle que seul le chasseur peut

---

150. Massimo MONTANARI, « Romains, Barbares, chrétiens : à l'aube de la culture alimentaire européenne », in Jean-Louis FLANDRIN et Massimo MONTANARI (dirs), *Histoire de l'alimentation*, *op. cit.*, p. 279-282, *loc. cit.* p. 281.

acquérir par son activité, celle aussi qui permet d'établir une analogie entre le roi et l'animal sauvage et qui nous dit que ni l'animal ni le roi ne sont subordonnés à quiconque si ce n'est à Dieu.

Que mangent les Mérovingiens ?

La nouvelle culture dominante est davantage de type sylvo-pastoral qu'agraire. La table mérovingienne va bénéficier grâce à cela d'un véritable enrichissement et élargissement de la gamme des produits végétaux et carnés. Il faudra attendre la fin du Moyen Âge pour retrouver une période aussi carnivore. La forêt a repris ses droits et les paysages sont marqués par des enclosures car une loi « barbare » stipule que tout champ ouvert constitue un bien commun. Il faudra attendre le XIIIe siècle pour assister à un vaste mouvement de « désenclosure » avec la montée des communautés villageoises. Cette période est celle d'une grande diversité des productions car non seulement la Gaule, mais chaque « pays » vit en régime quasi autarcique.

Le quadrilatère céréales/viande/lait et beurre/cervoise

La table mérovingienne semble reprendre à son compte le triangle blé/huile d'olive/vin, mais il s'agit en réalité d'une concession apparente faite à l'Église. Ces ingrédients sont intégrés au sein de la culture chrétienne où ils sont le symbole du sacrifice intervenu une fois pour toutes avec la crucifixion. Ils sont donc la justification du refus des sacrifices sanglants : il n'est plus nécessaire de sacrifier, d'autant plus que les sacrifices étaient offerts à des démons. Les Mérovingiens vont abandonner, dans les faits, le triangle gallo-romain (le pain/l'huile/le vin) pour le quadrilatère viande/céréales/lait et beurre/cervoise. On a déjà assez insisté sur la primauté de l'animal sur le végétal et notamment sur l'importance des viandes de boucherie et du gibier. Ils mangent cependant surtout du porc, les autres animaux de boucherie sont plutôt destinés à d'autres fonctions comme la traction ou les sous-produits. Le lard cru, et non plus la vulve ou la tétine, constitue le plat mérovingien par excellence. On a pu parler de transgression au principe de supériorité du cuit sur le cru, mais c'est oublier que le porc est considéré comme déjà cuit.

La consommation de charcuterie reste importante au sein de la noblesse. Les Mérovingiens ne différencient pas les saucisses selon leur origine animale mais en fonction de leurs formes (saucisses, saucissons, cervelas) et de leurs épices. Précisément, ils affectionnent les saucisses très épicées mais également les rillettes, les têtes de porc, les épaules salées ou fumées, etc. Leur viande est souvent salée ou fumée, probablement pour des raisons de conservation. Cette viande est consommée en bouillie avec des céréales, des légumes ou des légumineuses. Les nobles mangent plutôt de la viande rôtie ou grillée. L'usage veut alors qu'on fasse rôtir les pièces assez loin du feu (compromis avec le bouilli ?). Les spécialistes notent que les bouchers maîtrisent les techniques de découpe puisqu'on trouve peu d'esquilles et que les articulations sont intactes.

Les Mérovingiens bénéficient également d'une basse-cour abondante, ils continuent à engraisser les oies mais consomment aussi des poules, des coqs, des paons, des faisans. Les Mérovingiens sont des amateurs de gibier et notamment des grands gibiers. Les nobles consomment les produits de la chasse noble, c'est-à-dire du cerf (considéré comme le roi des forêts), du chevreuil, du sanglier, du héron, du faisan, etc. Le populi se contente du petit gibier : lièvres au collet, oiseaux au filet ou à la glu. Les poissons d'eau douce et de mer sont très consommés notamment les jours maigres que l'Église commence à bien imposer : le poisson est surtout consommé salé et séché. Le hareng est très apprécié.

Les Mérovingiens consomment beaucoup de lait caillé et de fromages, surtout de chèvre et de brebis, car les vaches sont utilisées pour d'autres fonctions. Autre changement majeur : le beurre et le lard remplacent largement l'huile, dont l'usage ne disparaît pas pour autant car on utilise encore mais autrement de l'huile d'olive dans le Sud et de noix dans le Nord.

Du côté des céréales, les puissants se tournent vers des blés riches et le pain blanc, alors que les paysans font toujours le choix de « manger beaucoup » et de façon plus sécurisée, plutôt que de « manger bien » selon les critères des riches. Ils préfèrent des blés pauvres mais aux meilleurs rendements, comme le seigle, l'épeautre, le sarrasin, l'avoine et, dans le Sud, l'orge et le mil. Les Mérovingiens aisés ajoutent systématiquement à leur pain des graines de lin, d'anis, de carvi, de pavot. Le pain blanc est réservé aux très riches, le pain de méteil (blé et seigle) est le pain ordinaire de la bonne société et le pain d'orge est consommé par les mêmes milieux les jours de jeûne. Au sein des milieux populaires, cette période se caractérise par une baisse de la consommation des galettes sans que le pain ne se généralise. Cette dualisation est d'autant plus marquée après le VIIe siècle que le roi Dagobert fait, en 630, de la mouture un droit féodal, c'est-à-dire qu'il rend obligatoire de moudre son grain au moulin banal (qui relève de la bannière du seigneur local), avec versement d'une redevance en nature ; dans les villes, comme à Paris, les meuniers reversent une dîme à l'évêché. Ces choix fiscaux sont une des raisons expliquant le maintien, pendant très longtemps, de la soupe et de la bouillie (de mil et de châtaignes, par exemple), car elles n'imposent pas de recourir aux moulins et aux fours banaux. Le populi préfère donc des bouillies de céréales, du bouillon de viande et du lait caillé.

Les Mérovingiens restent d'excellents jardiniers d'autant plus qu'aucun impôt ne frappe les potagers. Les légumes et légumineuses sont donc nombreux : raves, fèves, navets, haricots doliques, pois chiches, gesses, citrouilles, navets, choux, poireaux, carottes, panais, salades, etc. Les nobles possèdent un verger offrant pommes, poires, cerises, prunes, figues, noix, amandes, raisins, etc., tandis que le populi se contente de baies sauvages. La cuisine mérovingienne aime mélanger les épices et utilise beaucoup d'herbes aromatiques et comestibles. Les sauces sont liées avec du miel. On utilise également beaucoup de miel dans les farces qui accompagnent les viandes. Les Mérovingiens, qui plantent beaucoup de vignes, consomment globalement les mêmes boissons que les Gallo-Romains, ils aiment beaucoup le vin, notamment les vins aromatisés et ont adopté le vin d'absinthe, apporté par les Barbares. Ils boivent également beaucoup de cervoise. La cervoise est fabriquée avec du brai (une variété de blé) et parfois de l'avoine. L'orge ne l'emportera que plus tard comme céréale et pour la boisson. On commence à (re)fabriquer de la bière avec du houblon. Les auteurs de l'époque ont souvent considéré que les Grandes Invasions avaient renforcé le penchant pour l'alcool et l'ivresse à tous les niveaux de la société. De la fin du VIe siècle au IXe siècle, tous les conciles stigmatisent la consommation de vin.

L'alimentation populaire dominée par l'incultum

L'alimentation populaire échappe en partie au choc des grandes migrations grâce à l'importance de l'*incultum* qui compense les destructions massives. Les Gallo-Romains puis les Mérovingiens opposent le monde des cultures (terres conquises sur la nature) à celui de l'*incultum* (forêt, landes et marais). On doit à Fabrice Guizard-Duchamp une étude sur les espaces du sauvage chez les Francs[151]. Cet univers sauvage est certes depuis long-temps anthropisé, ce qui explique que la nature est une réalité culturelle et politique avec ses droits d'usage. Le sauvage, c'est plus que l'*incultum* et l'*incultum* est davantage que la forêt. Le sauvage n'a pas le même statut selon les milieux sociaux ou religieux. Pour le populi, l'*incultum*, c'est ce qui pourvoit en produits du sauvage, du gibier, petit et grand, des glands, des noisettes, des baies, des fruits des ronces, des plantes et herbes comestibles

---

151. Fabrice Guizard-Duchamp, *Les terres du sauvage dans le monde franc (IVe-IXe siècle)*, Rennes, Presses universitaires de Rennes, 2009.

et aromatiques, des champignons, des poissons, etc. Ces produits de la cueillette, de la chasse et du braconnage sont alors vitaux. Pour l'Église, le sauvage, c'est d'abord le lieu des démons et du paganisme. Les chrétiens préfèrent l'axe vertical qui joint la terre et le ciel et qui distingue les reptiles, les autres animaux, les humains, puis les anges. Le sauvage est réhabilité s'il devient l'équivalent du désert et permet la rencontre avec Dieu. Pour les puissants, le sauvage, c'est le territoire de la « chasse noble » dont la codification se fera progressivement, pour s'achever au IXe siècle autour de la figure du roi chasseur et avec l'interdiction faite au peuple de pratiquer la chasse. Les activités sylvo-pastorales vont donc se trouver progressivement marginalisées en raison de leur concurrence avec les nouveaux besoins des puissants dont témoigne, par exemple, la création de réserves forestières au VIIe siècle à leur seul usage. Le roi ne se réserve plus seulement la mise à mort de certaines bêtes sauvages pour s'en approprier la force magique, comme encore au VIe siècle, il doit devenir le maître absolu de la forêt pour s'approprier sa puissance sacrée. On voit se multiplier les forêts royales et les nobles suivront le mouvement.

Vers le changement de dynastie et de table

L'affaiblissement du pouvoir mérovingien s'explique par la personnalité de certains rois mais surtout par la régression de la culture laïque face au renforcement du pouvoir de l'Église, notamment des évêques, par la désorganisation matérielle et mentale que provoque la montée en puissance des musulmans, avec le blocus de la Méditerranée, avec le déplacement du centre de gravité géopolitique vers le Nord et l'Est, vers les pays germaniques, avec l'affaiblissement de villes comme Marseille, par une économie de moins en moins sylvo-pastorale. Tous ces facteurs contribuent à la montée en puissance des « maires du palais », d'abord simples intendants, chargés notamment de l'approvisionnement, puis personnages centraux de l'État franc. L'histoire du changement de dynastie et du passage de la table mérovingienne à la table carolingienne est d'abord celle d'une famille, les Pippinides, grands aristocrates d'origine germanique, qui assurent les fonctions de maire du palais des rois mérovingiens. Pépin de Landen (Pépin l'Ancien) est un noble extrêmement riche, maire du palais d'Austrasie, allié d'Arnoul, évêque de Metz. Son fils Pépin II de Herstal (680-714) remplit les mêmes fonctions mais en bénéficiant d'une concentration des mairies. Le fils de Pépin de Herstal, Charles (714-741) – plus tard surnommé Martel – est le « principal ministre », l'« unique majordome » de Thierry III. Il reçoit le titre de duc et de prince des Francs et bénéficie du soutien des missionnaires. Il développe une politique de clientélisme auprès des nobles en distribuant massivement les terres du roi mais aussi celles de l'Église... Cette montée en puissance des maires du palais est en fait la traduction d'un rééquilibrage du pouvoir entre le roi et les grandes familles aristocratiques. Après la mort de Thierry III, en 737, Charles oublie de rendre le pouvoir. En 741, Charles Martel commit l'erreur de partager le royaume entre ses deux fils, Carloman et Pépin (le Bref), et les conquêtes territoriales de Charles furent bientôt remises en cause au point que ses héritiers crurent bon, en 743, de replacer sur le trône le dernier descendant de Clovis, un certain Childéric III. Vers 746-747, Carloman devenu moine, Pépin le Bref se trouve renforcé dans sa fonction, même si la fraction légitimiste (promérovingienne) s'oppose violemment à lui. Il cherche et obtient alors une alliance avec la papauté et le parti ecclésiastique dont l'animateur est le prêtre Fulrad (chapelain du maire du palais). Pépin le Bref relègue le roi mérovingien dans un couvent et s'empare de la couronne, légitimant ainsi le pouvoir de fait exercé par sa famille depuis trois quarts de siècle. Il obtient le soutien de Rome grâce à Fulrad et envoie une délégation auprès du pape Zacharie pour lui demander ce qu'il faut faire des rois qui n'ont de royal que le titre. La réponse programmée du pape est claire : il faut élever au trône ceux qui exercent effectivement le pouvoir. Les nobles entérinent la décision et Pépin est élu roi selon l'usage, c'est-à-dire élevé sur le pavois, lors d'une assemblée au champ de mars en 751. Il se fait cependant oindre par l'archevêque Boniface et consacré par les évêques gaulois selon le commandement du pape. Cette usurpation du pouvoir provoque cependant quelques troubles populaires. Le pape demande bientôt en retour le soutien de Pépin lors de la tentative d'invasion de la Ville éternelle par les Lombards. Il se réfugie même en 753 dans le royaume franc. Pépin le Bref, respectant le vieux protocole de Constantin, se fait son écuyer sur une partie du trajet pour témoigner de sa dépendance à l'égard du pape. Il en profite pour se faire sacrer une seconde fois, donnant à son pouvoir un autre fondement légitime que l'élection par les nobles du royaume. Il fait sacrer en même temps ses deux fils. La royauté médiévale, à la fois sacerdotale et laïque, était née dans ces cérémonies toutes nouvelles[152]. Tout est donc prêt pour inventer une nouvelle table.

---

152. Pour l'aspect historique de ce paragraphe, voir [Collectif], *Histoire de France pour tous les Français*, tome 1 : *Des origines jusqu'à 1774*, Paris, Hachette, 1950, le chap. IV par Édouard PERROY, « L'empire carolingien », p. 61-63.

Huitième service : La table carolingienne

Bien sûr, le changement de dynastie ne provoque pas une rupture brutale dans l'alimentation de la noblesse, et encore moins dans celle du peuple, car dans ce domaine il faut souvent des centaines d'années, parfois même des milliers, pour changer de pratiques. Nous présenterons davantage des archétypes correspondant au projet carolingien. Deux périodes doivent être distinguées : celle qui va (presque) jusqu'à la fin du long règne de Charlemagne (771-814) et qui se caractérise par la tentative d'inventer des politiques alimentaires ; celle qui se confirme avec le fils de Charlemagne, Louis le Pieux, et se poursuit avec son petit-fils, Charles le Chauve, et qui se caractérise par la victoire des courants religieux rigoristes les plus intransigeants. Cette période, connue sous le nom de « renaissance carolingienne », voit l'abandon du projet de Charlemagne d'être un grand roi nourricier et se traduit par la grande faiblesse de l'État. La puissance publique se retire pour laisser la place à la charité et au caractère inéluctable du plan de Dieu, qui appelle simplement à davantage de prières et de discipline au moyen des pénitentiels[153]. Cette haine de la chair, de la matière, donc non seulement de la gourmandise mais du ventre qui existait déjà sous Charlemagne de façon contenue, va se déployer avec les derniers Carolingiens.

Les deux périodes évoquées ci-dessus – le règne de Charlemagne proprement dit et la « renaissance carolingienne » – marquent le passage d'une théocratie impériale à une théocratie épiscopale qui, chacune, impose sa propre table. Cette période carolingienne constitue un grand moment pour l'Église mais un mauvais moment pour la table, notamment celle du peuple. Ce constat est d'autant plus cuisant que le bilan aurait pu

---

153. Cyrille VOGEL, « La discipline pénitentielle en Gaule des origines au IXᵉ siècle : le dossier hagiographique (suite et fin) » in *Revue des sciences religieuses*, tome 30, fasc. 2, 1956, p. 157-186.

être différent si certains dogmes religieux n'avaient pas sapé les prétentions de Charlemagne à réinventer des politiques alimentaires.

On ne peut comprendre la christianisation de la table carolingienne sans évoquer le fonctionnement de la théocratie impériale. Cette époque est finalement beaucoup plus préoccupée par les reliques que par les questions de ravitaillement et d'alimentation. On dénonce avec une fougue croissante les prétendus abus de la *gula* mais les clercs et les nobles multiplient les abus nés du culte des reliques. Alcuin de Tours, principal conseiller de Charlemagne, s'en fera l'écho.

La table carolingienne à l'âge de la théocratie impériale

La christianisation de la table n'aurait pas été possible sans le choix de l'Église de faire alliance avec les nobles contre le petit peuple, notamment celui des villes qui avait pourtant fait son propre succès. L'Église ne cessera jamais d'asseoir son pouvoir autant en se mettant au service des Carolingiens qu'en utilisant cette nouvelle dynastie. Elle profite d'abord de la faiblesse qui marque les débuts des Carolingiens face à des légitimistes mérovingiens, furieux et toujours à la manœuvre, pour se rendre indispensable, notamment en 754, quand le pape Étienne IV, venu en Gaule pour renouveler le couronnement de Pépin et sacrer en même temps ses fils, satisfaisait le vœu de Pépin en interdisant aux fidèles de choisir un roi en dehors de leur descendance. Cette monarchie sacerdotale dura deux siècles pendant lesquels l'Église assura leur légitimité aux rois carolingiens en approuvant leur couronnement et en sacrant leurs fils et futurs monarques du vivant de leur père. En contrepartie – il fallait bien payer l'appui de la papauté et la délivrer des Lombards, qui menaçaient Rome –, Pépin mena deux campagnes (754 et 756) en Italie pour conjurer le danger lombard. Cet échange de bons procédés fit qu'à la mort de Pépin, en 768, Charles, surnommé le Grand, dont nous avons fait Charlemagne, et Carloman II, sacrés en 754 aux côtés de leur père, avaient chacun leur royaume. L'hostilité entre les frères ne prit fin qu'avec la mort de Carloman II, en 771, permettant à Charlemagne de s'emparer de son trône et de sauver ainsi l'unité du royaume. Son long règne de quarante-trois ans pouvait commencer.

Une nouvelle alliance avec l'Église

Charlemagne, sachant son pouvoir doublement contestable par les derniers Mérovingiens et les descendants de son frère Carloman, choisit une nouvelle fois de faire alliance avec l'Église en devenant avant tout l'élu de Dieu (et de Rome) avant de l'être des nobles. Charlemagne veut réaliser le grand dessein de saint Augustin et construire politiquement un ordre inspiré de la Jérusalem terrestre. Charlemagne est indéniablement sincèrement chrétien, il assiste à la messe chaque matin, il participe si possible aux autres offices, il porte au cou un reliquaire censé contenir des cheveux de la Vierge (même si l'emblème de son pouvoir politique reste la ceinture qu'il porte, comme tous ceux qui détiennent alors une charge publique, et dont la garniture, pour ce qui le concerne, est une vraie œuvre d'art). Charlemagne hésite, un temps, entre être le gardien des corps, un nouveau roi nourricier, et celui des âmes, principe qui l'emporte car, selon ses mots, la vie est courte et le moment de la mort incertain. Il se dit désigné pour guider le peuple chrétien vers son salut. Cette notion de « peuple chrétien » est essentielle car elle signifie qu'il lui faut prendre appui sur des traditions nécessairement « nationales », notamment dans le domaine alimentaire, tout en les présentant toujours comme conformes aux préceptes religieux de l'Église. Conséquences : il cléricalise l'État franc, donne à ses conquêtes un petit air de guerres de religion, mélange sans cesse dans les textes de droit les affaires de l'empire et celles de l'Église. Le droit pénal carolingien de 785 est ainsi particulièrement sévère prévoyant des condamnations à mort pour paganisme, pour crémation des défunts, pour culte des bois et des arbres, des sources et des fontaines, pour pillage des églises ou non-observance du jeûne de Carême.

Charlemagne est fait empereur par le pape Léon III le 25 décembre 800, dans la basilique de Latran. Mais si Pépin doit totalement son couronnement à Rome, le pape fait de Charlemagne l'empereur qu'il est déjà largement dans les faits… Charlemagne aurait donc eu une puissance suffisante pour s'émanciper de l'Église, mais la chance de Rome tient dans le projet géopolitique de Charlemagne qui reste la restauration chrétienne de l'ancien Empire romain. Cette civilisation carolingienne est une civilisation de la Bible et le politique lui-même reste tributaire des enseignements sacrés. Grands lecteurs de la Bible, notamment de l'Ancien Testament, les Carolingiens vont chercher à réformer entièrement la société selon ses prescriptions, y compris bien sûr sur le plan alimentaire.

Un État aux mains des religieux

Les Carolingiens, dans leur souci de christianisation forcée, vont modifier profondément le fonctionnement de l'État franc en remettant en cause les mécanismes hérités des Mérovingiens. Alors que les Mérovingiens s'entouraient de nombreux laïques, les Carolingiens ne font venir au sein du palais que des clercs, assurant ainsi pour plusieurs siècles la prééminence de l'Église sur la société. Alors que les fonctions locales (ducs et comtes) et palatines étaient séparées, Pépin le Bref choisit de les rapprocher, dès son avènement, ce que confirme Charlemagne, afin de mieux imposer ses vues. Charlemagne, après un voyage en Italie, abandonne les dernières méthodes mérovingiennes de gouvernement en faisant de la cour non plus un lieu de prestige et de grands banquets, mais un véritable organe de décision et de contrôle de l'exécution des décisions. Charlemagne fait construire sur les 20 hectares du palais d'Aix-la-Chapelle une grande salle d'apparat (*Aula Regia*) pouvant accueillir, pour des plaids (*placita*) ou des banquets, jusqu'à un millier de personnes. Cette théocratie impériale ne verse pas cependant dans l'absolutisme car Charlemagne sait avoir besoin de l'aristocratie. Il consulte les nobles régulièrement : chaque année, il convoque le plaid qui, prenant le nom de « concile général », réunit les comtes, les évêques, les abbés, les vassaux, les fidèles, tout un beau monde que les textes quali-fient de *populus*, faisant ainsi de cette minorité le peuple franc à la place des millions d'anciens paysans-guerriers. Charlemagne défend aussi les évêques, y compris contre les archevêques, car ils lui sont indispensables lors des plaids et parce qu'il a besoin des serviteurs de Dieu pour les affaires du siècle. Eux seuls, en effet, sont capables de discipliner le petit peuple. Charlemagne est cependant conscient de la fragilité de son système, c'est pourquoi il étend à tout homme libre âgé de 12 ans le serment de fidélité au roi remis en vigueur par Pépin. Seuls y échappent les moines qui observent la règle de saint Benoît. Charlemagne dispose d'environ 500 comtes et 800 évêques pour christianiser la Francia occidentalis (ou Francie occidentale), auxquels il adjoint ses *missi dominici* (les « surveillants du maître ») qui vont toujours par deux (un clerc et un laïque) pour contrôler les nobles. En effet, par l'histoire de sa propre famille Charlemagne ne connaît que trop bien le poids des trahisons, c'est pourquoi, bien que sachant s'entourer des grands intellectuels de l'époque (Clément d'Irlande (750-818), Pierre de Pise (744-799), Théodulf d'Orléans (750-821), Alcuin de Tours (733-804), Charlemagne dirige cette élite avec le souci de donner une réponse à la question de Juvénal, *Quis custodiet ipsos custodes ?* (« Qui surveille les surveillants »), et se nomme *episcopus episcorum* (« l'évêque des évêques »). Il refuse également la nomination d'un Patriarche de l'Église franque. Il explique, dans le capitulaire *de Villis* (812), « que l'on ne fasse pas maires des hommes trop puissants, mais plutôt des gens de médiocre impor-tance. Ils sont fidèles. » La fin du règne de Charlemagne est cependant marquée par une montée en puissance des clercs et par la création de très nombreuses églises privées, créées par de riches propriétaires terriens embauchant des prêtres. Ces églises privées, aux ordres des puissants qui les possèdent, deviendront le réseau des paroisses chargées d'encadrer les ruraux. Charlemagne, tout en critiquant parfois le pouvoir temporel croissant de l'Église et en demandant aux évêques de s'occuper des âmes, généralise, avec le capitulaire de Herstal de 779, le principe de la dîme, toujours pour compenser les spoliations de Charles Martel dont avaient profité les puissants et que paieront donc les petits.

Une armée chrétienne

Charlemagne en bon roi des Francs est d'abord un chef de guerre : il dirige l'armée franque, forte de plusieurs milliers d'hommes, devenue officiellement chrétienne, ce qui sous-entend, pour les soldats, l'obligation de porter la croix, de suivre les offices, l'interdiction de consommer de la viande durant certaines périodes. En raison de l'interdiction du pillage dans des terres chrétiennes, chaque soldat a l'obligation de venir avec trois mois de « vivres de marche » qu'il doit, en principe, montrer lors de chaque mobilisation. Mais ce système fonctionnant mal, Charlemagne, tout en maintenant l'interdiction du pillage, généralise les réquisitions payées. Les animaux vivants accompagnent donc le déplacement des troupes. En 811, Charlemagne conduit une campagne contre l'ivrognerie. Le soldat ivrogne est excommunié et condamné à ne boire que de l'eau jusqu'à ce qu'il soit convaincu de son indignité. Charlemagne interdit également de demander du vin à un autre soldat.

La christianisation de la table

Cette petite France chrétienne qui se donne pour mission d'évangéliser des populations jugées encore païennes, notamment sur le plan alimentaire, va s'inventer de nombreuses légendes pour justifier, d'abord à ses propres yeux, le pouvoir coercitif qui est le sien. Ces biolégendes reposent sur une conception centraliste et hiérarchique de la conversion de la Gaule qui va devenir très rapidement la matrice d'un centralisme dans bien d'autres domaines. Cette légende est celle de saint Denis, évangélisateur de Paris au Ier siècle, dont les compagnons auraient eux-mêmes fondé les évêchés. Cette légende est celle du baptême de Clovis qui aurait marqué l'entrée de la France dans le plan de Dieu, avec le mythe développé par Éginhard, le mémorialiste officiel de Charlemagne, d'une colombe qui aurait apporté du ciel le saint chrême, la sainte ampoule, garantissant ainsi aux évêques de Reims l'exclusivité du pouvoir de sacrer et faisant du roi franc un roi différent des autres monarques[154].

---

154. Cette sainte ampoule fut détruite le 8 octobre 1793, pendant la Révolution française, voir Gustave LAURENT, « Le Conventionnel Rühl à Reims. La destruction de la sainte-ampoule », *Annales historiques de la Révolution française*, 3ᵉ année, n° 14, mars-avril 1926, p. 136-167.

La Francie occidentale, devenue ainsi l'autre Terre promise, celle dans laquelle la foi chrétienne serait plus pure et plus profonde, adopte alors une série de signes symboliques comme les lys de la Vierge. Ce royaume exceptionnel des lys doit manger bien sûr de façon différente des autres peuples, mais manger de façon chrétienne[155]. Cette exceptionnalité « française », fille aînée de l'Église, va se payer au prix d'une répression de ses coutumes notamment alimentaires. Le peuple de la Francie occidentale devra abandonner le régime carnassier et la cervoise dont il était si fier et adopter un nouveau triangle alimentaire reposant sur le pain, le vin et le « companage » (*companagium*), c'est-à-dire les compléments du pain, le plus souvent des légumes et condiments divers. Cette conversion se paiera non seulement par des restrictions liées à l'alternance des jours gras et des jours maigres interdisant de manger de la viande, des œufs, des graisses animales, des produits laitiers, mais aussi par l'interdiction de boire du vin, entre 100 et 200 jours par an, selon les moments et les régions. Ces restrictions concernent bien sûr le Carême, les 40 jours précédant Pâques, les jeûnes des quatre-temps, le mercredi, vendredi et samedi de la semaine marquant le début de chacune des quatre saisons, les « vigiles » (*vigilia*), c'est-à-dire les veilles des fêtes religieuses, alors innombrables avec les saints patrons des villages et des professions, mais également tous les vendredis, jour d'abstinence et non de jeûne, puisque seule la viande est prohibée. Jusqu'au VIIIe siècle, durant les périodes de jeûne, aucune prise alimentaire n'est en principe autorisée avant le seul repas de la journée qui se tient, normalement, après le coucher du soleil. Les périodes de crise alimentaire conduisent à braver les interdits (consommation d'aliments réputés immondes et même cannibalisme)…

La répression des modes d'alimentation populaire
L'Église aura beaucoup de difficultés à imposer son nouveau régime alimentaire tout comme l'empire carolingien aura aussi des difficultés pour imposer sa réforme agricole. Ce peuple, qui avait pour coutume de manger quatre fois par jour, devra apprendre à se contenter souvent d'un seul et unique repas ; ce peuple, qui avait l'habitude de manger diversifié, en raison des potagers mais aussi de l'importance de la cueillette, devra se faire à une alimentation plus monotone en raison de la suprématie du pain. On répète que le pain ayant remplacé progressivement la viande d'animaux sauvages, la céréaliculture aurait progressé au détriment des forêts et

---

155. Les fleurs sans pistil sont considérées comme féminines, les trois pétales figurent la triple virginité : l'anneau qui les réunit évoque le jardin clos. Le lys est sans tige car conçu sans intervention humaine (*in* Colette Beaune, *Naissance de la nation France*, Paris, Gallimard, 1985).

des landes, mais aussi des marécages largement asséchés. Certes, mais c'est ne pas voir qu'avec la « petite chasse », le peuple des campagnes assurait davantage son autonomie qu'avec les céréales, tout en partageant une alimentation carnée avec les puissants, même si elle était différente (petite et grande chasse) ; c'est ne pas voir non plus que les céréales nécessaires à la fabrication du pain sont fragiles et qu'il suffit d'une mauvaise récolte pour manquer de nourriture ; c'est ne pas voir également que cette révolution agricole carolingienne profite d'abord aux puissants car elle permet de développer l'élevage et le froment, cette céréale noble dont les pauvres ne voulaient pas en raison de son faible rendement et qu'ils ne cultivaient que pour nourrir les riches et le fisc… Cette révolution agricole, qui commence juste avant le XIe siècle et s'achève au XIIIe, se traduira finalement par une baisse de la production – malgré l'augmentation de la productivité –, par la fin des paysans libres et l'essor du servage, par la différenciation de la table que légitimeront l'Église et le corps médical… Ne croyons pas que cette révolution se soit faite sans résistance. Non seulement les paysans continueront à défendre les anciens usages, mais ils résisteront à certains changements de technologies comme le passage de la faucille à céréales (pourvue de dents) à la faux, car cette dernière tellement plus productive est d'abord cause de gaspillage, le choc brutal sur les tiges faisant perdre beaucoup de grains.

Les nouveaux pénitentiels

L'Église et le pouvoir carolingien ont les moyens d'imposer la christianisation de la table qui profite d'abord aux plus riches. Ils jouent sur la contrainte et sur la peur. Jacques Le Goff a attiré l'attention sur ces véritables institutions de propagande que furent les monastères, les chancelleries, les prédicateurs, les orateurs ou les hérauts. J'aimerais insister sur le rôle central dans le domaine de la répression des mœurs alimentaires de la discipline pénitentielle. Cette période est en effet celle de la mise en place du système des confessions fondées sur des interrogatoires, conduits par les prêtres, permettant de sanctionner des comportements anodins jugés déviants. Cette nouvelle pratique pénitentielle, inventée en Grande-Bretagne et en Irlande au Ve siècle, d'abord dans un cadre monachiste, se répand en Francie occidentale par l'intermédiaire des moines irlandais avec l'aval des nobles. Le rôle du prêtre consiste à appliquer une pénitence tarifée, ce qui impose, d'une part, d'obtenir un aveu, donc une confession plus explicite et, d'autre part, une liste des manquements qu'il convient de châtier. Le peuple se trouve ainsi étroitement surveillé dans tous les domaines que le pouvoir juge important, comme l'interdiction des cultes païens ou l'obligation de respecter les jours maigres mais aussi le jeûne de Carême. L'Église a conservé la hantise de la consommation de viandes consacrées à d'autres divinités car, de son point de vue, le repas païen structure la religion païenne. Le capitulaire *De partibus saxoniae* (785) condamne la coutume païenne de manger de la viande sacrifiée et institue la peine de mort contre ceux qui refusent le jeûne quadragésimal et mangent de la viande « au mépris du christianisme » (*pro despectu christianitatis*). En Francie occidentale, on se contente souvent de prononcer des jeûnes supplémentaires, d'interdire toute consommation de viande pour des durées variables mais qui peuvent atteindre plusieurs années, on pratique aussi les châtiments corporels et les amendes. L'Église prône enfin le « pèlerinage expiatoire », né en Irlande, et l'introduit sur le continent au VIᵉ siècle en même temps que le système de la pénitence tarifée… Les pénitents flagellants prendront cependant la suite des pénitents pèlerins dès le début du XIIIᵉ siècle, car alors l'Église juge les pèlerinages dangereux en raison de la promiscuité physique qu'ils imposent. L'Église pose un principe simple : à péché public, pénitence publique ; à péché occulte, pénitence occulte. Une même faute est ainsi susceptible d'être sanctionnée différemment selon la notoriété des faits.

Les pénitentiels tracent donc une nouvelle frontière entre le pur et l'impur. Ils font presque toujours état d'interdits alimentaires et énoncent des sanctions en cas de transgression. L'historien Pierre Bonnassie recense, entre le VIᵉ et le IXᵉ siècle, sept types d'interdits concernant les aliments jugés immangeables, abominables et immondes[156]. Ces interdits se rapportent à des produits carnés. Le végétal est considéré comme pur conformément à l'idéal végétarien de l'Église. Ces interdits concernent les chairs d'animaux qualifiés impurs par leur nature même (chien, chat, rat), manger leur viande vaut en principe 40 jours de pénitence, les chairs d'animaux immolés aux divinités païennes, les chairs d'animaux souillés par un contact sexuel avec l'homme (ils doivent être abattus et leur viande donnée aux chiens), les chairs d'animaux ayant mangé de la chair d'homme ou bu du sang humain (porcs, poulets), les aliments souillés par un contact quelconque avec un animal déjà partiellement dévoré par des animaux, les aliments insuffisamment cuits (trois jours de pénitence pour celui qui en consomme sans le savoir, sept jours dans l'autre cas), les chairs des charognes (tout animal non tué par l'homme est en effet considéré comme immonde). Ces interdits religieux de l'époque carolingienne ignorent donc le plus

---

156. Pierre BONNASSIE, « Consommation d'aliments immondes et cannibalisme de survie dans l'Occident du haut Moyen Âge » in *Annales. Économies, Sociétés, Civilisations*, 44ᵉ année, n° 5, 1989. p. 1035-1056.

souvent ceux de la Bible. On recourt aussi à des fictions : la salaison (macération dans la saumure) purifie la viande des tares originelles et des souillures qui ont pu l'entacher. Les deux principaux tabous restent bien sûr le sang et le sperme. Le grand enjeu reste l'élimination des cultes sacrificiels et les pratiques hippophagiques.

Une période de miracles alimentaires

Cette période de répression des mœurs alimentaires populaires est aussi celle où se multiplient les récits de miracles… alimentaires. Dieu utilise en effet la nourriture comme instrument de communication. Cette profusion de légendes est à mettre en rapport avec les débats de l'époque sur la présence réelle du Christ dans l'eucharistie. On répète, jusqu'au sommet de l'Église, des histoires de miracles dans lesquelles des reclus se nourrissent, pendant des années, avec une hostie. Pierre le Vénérable raconte dans *De miraculis* qu'un homme simple mais pieux, enfermé pendant un an dans une mine après un éboulement, est retrouvé vivant grâce à un pain miraculeux trouvé chaque jour que sa femme allumait un cierge à son intention. Les scènes de multiplication des pains ou de transformation de l'eau en vin constituent, nous dit Massimo Montanari, une des formes « normales » de l'intervention divine dans la vie quotidienne, réalisées le plus souvent par l'intermédiaire de pieux personnages.

Banquets chevaleresques et repas des ermites

Cette période de christianisation, marquée par la répression de la table populaire, voit parallèlement fleurir toute une série de représentations valorisantes sur les banquets chevaleresques et sur l'alimentation des ermites. Chrétien de Troyes a établi le lien entre chevalerie et sociabilité chrétienne. Nous devons à Anita Guerreau-Jalabert une description savoureuse de la table du Graal à travers l'analyse d'une série de récits qui semblent opposer banquets chevaleresques et repas des ermites[157]. Ces deux types de repas s'opposent certes entre eux mais s'opposent, selon moi, d'abord au repas populaire ; lui seul renvoie, sans aucun espoir d'être sauvés, les « mauvais mangeurs » populaires du côté de la barbarie. Le triangle érémitique est composé de pain, d'eau et de végétaux, alors que le banquet chevaleresque repose sur le pain, la viande et le vin. Le pain est donc le seul aliment commun aux deux triangles, mais comme le note Guerreau-Jalabert, ce n'est pas le même pain, puisque le pain chevaleresque est un produit pur

---

157. Anita Guerreau-Jalabert, « Aliments symboliques et symbolique de la table dans les romans arthuriens (xiie-xiiie siècles) » in *Annales. Économies, Sociétés, Civilisations*, 47e année, n° 3, 1992, p. 561-594.

alors que le pain érémitique est un produit extrêmement grossier, noir et râpeux, fait non de froment, mais d'orge et d'avoine, et qui doit être obligatoirement consommé sous forme de bouillie, donc trempé d'eau. On le constate, les ermites mangent mal et leur alimentation les renvoie au stade de la cueillette, mais ils sont cependant sauvés, au point d'être confondus avec tous les religieux, dans la mesure où leur régime alimentaire traduit non pas l'idée de barbarie mais celle de pauvreté et d'abstinence, caractéristique de leur état. L'alimentation chevaleresque est certes marquée par sa dimension carnivore, mais comme le sel et le vin sont nécessairement présents dans leurs agapes, ces éléments christianisent leur table comme la foi civilise la forêt.

Manger « franc-chrétien » au temps de Charlemagne

Cette période est celle d'une transition entre, d'une part, les tables de l'Antiquité et de la période mérovingienne, et, d'autre part, celles du modèle clérico-féodal. Le peuple continue à manger beaucoup, hors périodes de disette et de famine, mais il mange de moins en moins diversifié et de moins en moins « noble ». De nouveau, le système cherche à exclure les humbles de la forêt, des landes et des marais, c'est-à-dire de la « petite chasse », de la pêche et d'une large cueillette. Ils possèdent souvent un potager, aussi bien dans les villes que dans les campagnes, qui les approvisionne en légumes verts (et quelquefois en légumineuses), mais déjà le pain remplace la viande, et ce pain, qui était donné comme le complément de tout le reste, devient l'élément central. Cette dégradation est cependant limitée par une représentation de la société qui ne distingue pas encore ceux qui travaillent, de ceux qui combattent et de ceux qui prient, mais ceux qui travaillent, du clergé séculier et du clergé régulier. Cette classification, avec une frontière qui passe à l'intérieur du monde des clercs, renvoie tout le reste de la société du même (mauvais) côté et réduit les capacités à penser une dualisation de la table sur la base du seul état social.

Du côté des puissants

Charlemagne est tout le portrait d'un vrai roi franc : excellent cavalier, grand chasseur, bon (c'est-à-dire gros) mangeur. Il prend habituellement un seul repas par jour au milieu de l'après-midi, signe qu'il succombe déjà au modèle clérical qui s'impose. On lui sert habituellement cinq plats dont obligatoirement un de grande venaison (prestige et force guerrière et sexuelle obligent). Cette viande est bien sûr rôtie à la broche, comme il se doit pour un roi. Les chroniqueurs ne lui connaissent paradoxalement qu'un seul défaut : il boit assez peu. Il préfère, comme toute son époque, les vins blancs très acides. Charlemagne, même s'il privilégie la compagnie de quelques intimes, sait que l'organisation de grands banquets est indispensable non seulement à sa charge, mais également à l'organisation même du pouvoir. Sa table est conçue comme un moment important de sa diplomatie. Les banquets à sa cour sont naturellement des banquets carnivores, sauf jours maigres et jeûnes qu'il respecte et fait respecter scrupuleusement, d'autant plus que la privation de viande est une sanction courante pour les nobles qui ont démérité, en particulier sur les champs de bataille. L'étiquette prévoit que les commensaux de l'empereur occupent une place à table déterminée en fonction de leurs mérites. L'utilisation du service dit « à la française » permet de marquer des relations d'asymétrie puisque les convives ont à portée de main, selon leur place, des mets de qualité et en quantité différente. Banqueter ensemble peut donc signifier boire des boissons et manger des mets différents les uns des autres. Chaque banquet obéit à un protocole particulièrement rigoureux tant dans l'aménagement de la salle, la préparation des plats et l'organisation du service. (Nous évoquerons l'ensemble de ces éléments dans le prochain chapitre.) J'insiste simplement ici sur la cléricalisation des banquets carolingiens puisque, en raison de la thèse déjà évoquée des compensations à la *gula*, les repas sont en principe silencieux, avec lecture de textes sacrés de grands ouvrages religieux (notamment des extraits de *La Cité de Dieu* de saint Augustin), de biolégendes dynastiques et écoute de musiques et chants sacrés. Nous retrouvons une des grandes spécificités de la haute cuisine, la présence d'un personnel nombreux, qualifié et toujours masculin : les maîtres queux, rôtisseurs et autres confiseurs qui officient en cuisine, le panetier en charge de la préparation des nappes, des tranchoirs et de la nef des puissants[158], l'écuyer tranchant chargé de faire les découpes en salle et de réserver les meilleurs morceaux aux personnages les plus importants (comme la tête et le cou des volatiles), l'échanson chargé du service des vins, du mélange eau/vin à la discrétion des convives, mais aussi de l'utilisation de la « corne de licorne » (en fait, extraite de la défense d'un narval) supposée détecter les poisons.

La christianisation de la table n'est donc pas un obstacle aux grands banquets, même sous Louis le Pieux ou Charles le Chauve, pourtant assez bigots. Un des anciens élèves de l'Académie palatine, Ermold le Noir,

---

158. La « nef des puissants » désigne en orfévrerie la nef de table, qui est un petit réceptacle ornemental destiné à contenir les objets au service du maître de maison : couteau, cuillers, sel et épices.

évoque ainsi le festin organisé à la cour de Louis le Pieux pour le baptême du roi Harold : « Pendant ce temps on apprête les ressources de la maison impériale, mets divers et vins de toute espèce. Pierre, chef des panetiers, et Gunzo, chef des cuisiniers, s'emploient activement à disposer les tables. Ils y placent des serviettes de laine blanche et rangent les mets dans des plats clairs comme le marbre. L'un s'occupe du pain, l'autre des viandes, et l'on voit des vases d'or placés devant chaque plat. Un autre officier, Otho, dirige et stimule les échansons, préparant des vins purs et épais [...] Les Danois admirent le festin, le mobilier de l'empereur, ses officiers. »

Du côté du peuple

La table populaire commence sous les Carolingiens à perdre certains attributs de la table mérovingienne. Elle restera certes longtemps relativement carnée, mais le bœuf commence à détrôner le porc tandis que dans le Midi les moutons et brebis conservent leur place[159]. Les produits de la cueillette et du potager demeurent essentiels mais la céréalisation marque cependant des progrès considérables. Nous pourrions dire en forçant le trait qu'on passe de la viande au pain. Un nouveau triangle pain-vin-companage (tout ce qui accompagne le pain) remplacera bientôt le triangle mérovingien céréalo-carnassier, avec beurre, lait et cervoise. Alors qu'on expliquait encore que le pain servait à accompagner tout le reste, c'est ce reste qui va désormais accompagner le pain devenu central. Le pain est toujours associé au vin car consommé avec lui : on trempe en effet des morceaux de pain dans du vin le matin. Le pain est également consommé en soupe le soir puisqu'on verse un bouillon de légumes, exceptionnellement de viande, sur une tranche. Ce terme de pain doit être entendu de façon générique, car s'il désigne, pour la bonne société, le pain au sens actuel, il désigne communément pour les humbles des galettes ou des bouillies. On fabrique, mais plus pour longtemps, son pain à la maison, lorsque les puissants n'imposent pas encore la banalité des moulins et des fours (qui appartiennent au seigneur et pour l'usage desquels le paysan paie une redevance), mais on choisit de consommer de l'orge, du seigle, de l'épeautre, du millet, du sarrasin, de l'amidonnier, de l'avoine même, et de ne cultiver du froment que pour approvisionner les puissants : les propriétaires des domaines fonciers en exigent dans leur redevance. Les compléments du pain proviennent des potagers ou de la cueillette et exceptionnellement de l'élevage, de la chasse, de la pêche. Les légumes

---

159. Frédérique AUDOIN-ROUZEAU, *Ossements animaux du Moyen Âge au monastère de La Charité-sur-Loire*, Paris, Publications de la Sorbonne, 1986.

frais sont les mêmes qu'aux périodes antérieures avec cependant une nette préférence pour les choux et les oignons suivis des poireaux, des raves, des navets, des épinards, des panais, etc. Les légumes secs sont très appréciés notamment les fèves, les lentilles, les pois chiches, les vesces et les gesses. On se nourrit encore de légumes sauvages comme le pissenlit, le cresson, l'asperge, les herbes alimentaires et aromatiques (thym, sauge, laurier), on cueille des champignons mais aussi des escargots et divers mollusques, on mange des fruits et baies sauvages et notamment des fruits secs comme des glands, noix et noisettes. La consommation de viande a commencé à diminuer et, à l'exception du porc, il s'agit de bêtes de réforme (brebis, chèvres, bovins). L'abattage du cochon permet de manger de la viande fraîche en début d'hiver et de consommer le reste sous forme de salaisons. Les pauvres ne mangent pas de volailles, elles sont monopolisées par les riches. La table populaire reste nourrissante avec des rations de 4 000 à 6 000 calories par jour, soit le triple de la norme actuelle, mais la proportion de pain dans ces calories ne cesse d'augmenter. On mangera bientôt 1 ou 2 livres de pain par jour, et beaucoup plus du faux pain de millet que du pain de froment. La table populaire devient plus monotone et surtout précaire car les récoltes de blés sont toujours incertaines.

On voit ainsi se renforcer une dualisation de la table entre pauvres et riches, au fur et à mesure que les couches sociales moyennes disparaissent. Ce phénomène concerne aussi bien les villes que les campagnes. Les banquets de confrérie auraient pu permettre, même occasionnellement, de rapprocher les deux régimes alimentaires, mais l'Église va user de son pouvoir pour les contrôler et les restreindre. L'eau reste la principale boisson consommée. Elle sert aussi bien sûr à la confection des potages et autres bouillies. La « bonne eau » ne doit avoir aucun goût, aucune odeur, aucune couleur. Elle n'est cependant pas appréciée car considérée comme la boisson des enfants, des femmes, des plus pauvres, des esclaves… Boire de l'eau est aussi un signe de punition : un capitulaire carolingien condamne les soldats à ne boire que de l'eau s'ils ont fait preuve de lâcheté au combat, un pénitentiel de Colomban condamne à l'eau et au pain, en cas de faute grave. Ces sanctions peuvent durer plusieurs années.

Les banquets de confrérie (entre le populi et les puissants)
Toute activité professionnelle est en principe encadrée à l'époque carolingienne par une guilde : le métier (maîtres, compagnons, apprentis) reçoit ainsi ses statuts d'une autorité municipale ou royale. Ces guildes se doublent d'une confrérie qui groupe les seuls maîtres et assurent à la fois des services religieux et d'entraide entre leurs membres, sans intervention

des évêques. Cette période aurait donc pu être marquée par les banquets de confrérie, le *potatio*, banquet annuel tenu à la fête du saint patron de la profession, et les banquets universitaires, tenus pour l'obtention des diplômes (dont déjà le baccalauréat), si l'Église n'avait pas choisi de les condamner, tout comme elle avait déjà auparavant condamné les repas mortuaires jugés propices aux rituels païens. Cette fois, l'Église avance comme prétexte la défense de l'ordre public car le cadre chrétien de la parenté spirituelle serait utilisé, dans ces banquets, de manière à contester l'assise même de la société chrétienne, c'est-à-dire son caractère hiérarchique et la volonté de Dieu à laquelle on ne peut se soustraire. Charlemagne avait d'ailleurs interdit, en 779, comme l'Église, les serments prêtés entre membres car on ne peut prêter serment qu'aux seules autorités. Le système tentera de mettre la main sur les guildes après le XIᵉ siècle.

Ces banquets de confrérie, organisés au moins une fois par an, sont obligatoires pour leurs membres qui ne peuvent s'abstenir d'y participer au point que même en cas d'empêchement majeur de l'un d'eux une délégation porte le repas à son domicile. On ne peut mieux dire qu'il s'agit bien en partageant la table de partager un sentiment de confraternité qui n'a pas besoin de l'Église pour se maintenir. Le banquet de confrérie permet une redistribution à soi-même (à d'autres soi-même), ils affirment ainsi leur caractère éminemment égalitaire, d'autant qu'y étaient servies toutes sortes de nourritures, même celles traditionnellement réservées aux puissants.

Boire « franc-chrétien » : le vin français contre la bière anglaise

L'époque carolingienne va apporter une nouvelle règle à la grammaire de la table française avec l'éloge du vin français contre la mauvaise bière anglaise. L'empire carolingien doit (presque) tout à l'Angleterre et à Alcuin[160]. Alcuin instruit le clergé via une rédaction claire des homéliaires, le sacramentaire grégorien, etc. La religion n'est pas tant une affaire d'adhésion intérieure qu'une pratique extérieure et de conformité à la loi (religion biblique, religion juridique). L'objectif est de façonner un même peuple quel que soit le pays : le *populus christianus*. Charlemagne, c'est la *christianitas*, la société des croyants unis sous un même chef dans la volonté commune de réaliser le royaume de Dieu sur terre.

---

160. Jean CHÉLINI, « Alcuin, Charlemagne et Saint-Martin de Tours » in *Revue d'histoire de l'Église de France*, vol. 47. n° 144, 1961, p. 19-50 ; Samuel LOEWENFELD, « Une lettre inédite d'Alcuin » in *Bibliothèque de l'École des Chartes*, vol. 42, 1881, p. 8-11 ; René MARTIN, « *Vinum dulce, gloriosum...*, le thème du vin dans la poésie latine médiévale » in *Bulletin de l'Association Guillaume Budé*, *Lettres d'humanité*, n° 49, décembre 1990, p. 356-370.

Alcuin Albinus Flaccus (Alcuin de Tours), moine anglo-saxon (vers 735-804), que l'on présente souvent comme le précepteur de l'Occident, principal conseiller de Charlemagne, fondateur et directeur de l'École du palais d'Aix-la-Chapelle en charge de la formation des enfants des nobles du royaume destinés à remplir de hautes fonctions, sera notre principal guide, en raison de ses prises de position particulièrement polémiques sur les boissons enivrantes[161].

Au moment de ces débats, Alcuin dirige l'abbaye Saint-Martin de Tours, que lui a confié Charlemagne en 796, procédé alors classique pour attribuer un revenu aux grands intellectuels/idéologues du régime (Fridegise lui succède en 804 et sera chancelier de Louis le Pieux). Notre moine anglo-saxon va prendre part au débat qui oppose alors l'archidiacre Pierre de Blois et Robert de Beaufeu. Ce dernier estime que la bière est à l'origine du caractère libéral et généreux des Anglais, ce que conteste Pierre de Blois qui juge que tous les maux qui caractérisent les Anglais seraient dus à elle. Alcuin, après avoir rappelé que l'abstinence est certes préférable, choisit les Français « buveurs de vin » contre les Anglais « buveurs de bière », choix de la France chrétienne contre l'Angleterre païenne. Alcuin multiplie ainsi les lettres contre l'ivrognerie des Anglais et leurs mauvaises habitudes à table : l'ébriété, et particulièrement la leur, est comme la bouche des enfers ; la *gula*, et particulièrement la leur, est la porte de tous les vices. Pour Alcuin, les Anglais se rapprochent des païens par leurs mœurs de table, leur comportement, leurs vêtements, leur pilosité, leur poésie, etc. Alcuin repousse les Anglais en dehors de la chrétienté car ils ressemblent aux païens. Les Anglais et les païens partagent un certain nombre de pratiques. Les Anglais et les païens sont des ivrognes, buveurs de bière, contrairement aux Francs et aux Romains qui seraient de tempérants buveurs de vin. Les Anglais sont également des mangeurs de viande de cheval, signe même du paganisme. Alban Gauthier ajoute qu'Alcuin utilise Gildas pour expliquer que ne pas se conduire en bons chrétiens, c'est faire pire que les païens. Alcuin est lui-même un buveur de vin, il fonde ce choix dans les textes bibliques (Livre des Chroniques, Cantique des Cantiques, Proverbes et récit des noces de Cana). Le vin, dit-il, est justifié par la Bible car c'est le liquide de l'eucharistie, contrairement à la bière, liquide indigène que les conciles et les synodes insulaires doivent, sans cesse, proscrire pour la célébration de la messe. En effet, la bière est devenue une boisson païenne depuis le milieu du VIIe siècle. Alcuin ne craint pas l'association du festin et du

---

161. Alban Gautier, « Alcuin, la bière et le vin » : comportements alimentaires et choix identitaires dans la correspondance d'Alcuin », in *Annales de Bretagne et des Pays de l'Ouest*, tome 111, 2004, p. 431-441.

vin, ses poèmes en témoignent, par exemple, la description de la cour de Charlemagne où le vin coule en abondance. Il est donc normal de boire, d'ailleurs aucune règle monastique n'interdit en Occident la consommation de vin. La bière est non romaine, non chrétienne, non légitime, donc vernaculaire, païenne et populaire. Alcuin dénonce finalement une triple confusion : entre chrétiens et païens, entre clercs et laïques, entre culture savante seule légitime et culture vernaculaire illégitime. Je suis moins Alban Gauthier lorsqu'il estime que l'agenda d'Alcuin est la définition d'une identité religieuse et non nationale. Certes, cette question sera plus forte au XIIᵉ siècle au moment de la conquête normande, mais elle mobilise justement des schèmes préalablement fixés. Alcuin fait donc bien du vin un élément du ciment national alors en gestation. Nous verrons durant la seconde période carolingienne la construction de l'identité nationale s'adosser cette fois à la haine de la table germanique.

Qu'est-ce que l'ivresse ?

Charlemagne, Louis le Pieux puis Charles le Chauve prendront de nombreux capitulaires pour combattre l'ivrognerie des soldats et du peuple. Grégoire de Tours réserve de longues lettres à la question de l'alcoolisme. Il est difficile de savoir ce qui relève de la réalité ou des besoins d'une idéologie de trouver des moyens simples d'opposer « bons » et « mauvais » chrétiens. Les consommations d'alcool sont en effet importantes dans les monastères. Benoît d'Aniane prévoit 3 litres de vin par jour pour les chanoinesses ou 2 litres de vin et 2 litres de bière. Il pose aussi une équivalence entre l'eau et la cervoise et permet donc d'en boire librement. Saint Thomas d'Aquin condamne certes dans sa *Somme théologique* (XIIIᵉ siècle) l'ivrognerie mais reste toutefois très tolérant : il multiplie les cas où l'ivresse ne constitue pas un péché, parce que le buveur ne savait pas que la boisson était si forte, ou parce qu'il ignorait sa propre faiblesse face au vin. Saint Thomas d'Aquin ajoute même que celui qui s'abstient au point de nuire à sa santé commet une faute... Pierre Abélard (1079-1142) s'inscrit dans cette tradition en rappelant que « selon que le vin tiré de son fruit est pris avec ou sans mesure, il fait connaître à l'homme le bien ou le mal. »

L'échec des politiques alimentaires de Charlemagne

Les rois carolingiens sont les principaux propriétaires terriens de la Francie, en raison des anciennes propriétés de l'Empire romain passées d'abord aux Mérovingiens, puis à leur propre dynastie, et en raison des conquêtes militaires et des achats de domaines par le palais.

Les règles imposées sur leurs propres domaines influent sur l'alimentation de beaucoup, d'autant plus que les propriétés de l'Église, second propriétaire terrien, et celles des nobles, reçues des Mérovingiens et de Charles Martel suivent les mêmes normes. Charlemagne va tenter d'imposer à travers ses capitulaires et autres règles de droit une conception nouvelle de l'alimentation, dans laquelle l'agriculture reprend le pas sur la chasse et l'élevage et les céréales cultivées sur la cueillette (herbes et baies). Charlemagne utilise d'abord les anciens mécanismes mérovingiens. En 744, il fixe les prix des blés et ceux des différents pains « en temps d'abondance comme de cherté ». L'avoine est la céréale de référence, l'orge vaut le double de l'avoine, le seigle le triple, le froment le quadruple. Pour un denier, on peut avoir 12 pains de froment, 15 pains de seigle, 20 pains d'orge ou 25 pains d'avoine. L'État achète des céréales qu'il stocke dans les greniers fiscaux et revend le double du prix ordinaire en période de crise frumentaire. Face à la disette de 779, Charlemagne ordonne aux nobles de pratiquer des aumônes. Il développe également une politique pour relancer les potagers. Tout ce qui y est produit échappe ainsi aux prélèvements fiscaux. Le capitulaire *De villis* qui traite d'économie et d'agriculture rend obligatoire d'y cultiver des fèves sèches et des pois chiches pour assurer la soudure entre deux récoltes de céréales. On recense administrativement toutes les céréales, herbes comestibles, fruits, etc. On dénombre dans les propriétés du palais plus de 200 espèces de poires. On peut citer quelques autres textes, comme le capitulaire contre la disette, adopté en 805, et qui comprend à la fois des mesures de précaution effectives comme l'interdiction d'exporter des vivres, et des actes de dévotion comme l'obligation d'implorer la miséricorde de Dieu. Un capitulaire de 806 pose le principe que chaque grand doit nourrir ses pauvres, mais plus qu'une obligation mise à la charge des prélats et des comtes, il s'agit de restreindre la mendicité et surtout d'interdire aux manants d'aller mendier en dehors de leur comté. Charlemagne interdit également de fouler aux pieds le raisin et impose de travailler proprement, il rend obligatoire l'utilisation des tonneaux cerclés de fer, etc.

On peut donc mettre au crédit de Charlemagne un véritable renouveau de l'agriculture. Il introduit trois innovations majeures qui auront des retombées dans le contenu de l'alimentation de cette période : l'assolement triennal, le marnage de la terre (l'addition de marne, c'est-à-dire d'un mélange de calcaire et d'argile pour amender la terre, vieille pratique abandonnée depuis la fin de l'Antiquité), l'utilisation du collier à armature pour les chevaux permettant de remplacer le bœuf. L'empereur romain Théodose avait interdit de faire tirer à un cheval plus de 500 kilos de peur qu'il ne s'étrangle, en raison de la fragilité bien connue de son cou… Ces politiques carolingiennes donnent, dans un premier temps, des résultats importants, comme en témoigne le glissement assez rapide de la consommation populaire de viande à celle du pain. Ces mutations ne vont pas d'ailleurs sans conflits d'usages en raison des défrichements, de la mainmise des nobles sur les forêts, marais, etc. Les *missi dominici* rapportent les nouvelles tensions autour de la remise en cause des droits de glanage, d'affouage, de glandage. Peu après 800, le système carolingien va abandonner le projet de retour au modèle du roi nourricier, avant même que ne se développe celui du roi chasseur. Les historiens notent un abandon complet des politiques de gestion du risque alimentaire, dès 806, non pas parce que l'État franc n'aurait plus la capacité d'intervenir en raison de l'effondrement de ses structures, mais de l'apogée des courants religieux obscurantistes. Cet « échec de Charlemagne », pour reprendre la formule de François Louis Ganshof, est la conséquence d'une certaine « christianisation » faite de mépris de la matière, de la damnation des humains, prélude au passage d'une théocratie impériale à une théocratie épiscopale.

Un nouveau modèle clérico-féodal va se mettre en place, avec comme nouveaux décideurs non plus l'empereur et le palais, mais les archevêques, les évêques, les abbés, les princes, les comtes, bref, toute une nouvelle classe, notamment seigneuriale, qui trouve son propre intérêt à interpréter autrement les situations de famine. La crise alimentaire n'est plus ainsi la conséquence d'événements naturels et de l'incurie du pouvoir temporel, mais une sanction divine. Pierre Toubert note qu'il n'existe pas, à cet égard, de différence de comportements entre seigneurs laïques et ecclésiastiques, ni entre villes et campagnes. La seule réponse au risque alimentaire se situe désormais dans le champ idéologique de l'aumône qui relève désormais du simple devoir de *caritas* et non plus du devoir d'État.

La conception de la table à l'âge de la théocratie épiscopale

Cette seconde période de la dynastie carolingienne est celle d'une régression dans de nombreux domaines, notamment dans celui de l'alimentation ordinaire. Le modèle, conçu initialement pour la seule vie monastique, va inspirer le discours et les mesures prises à l'encontre de l'ensemble de la société, puisque les monastères, modèles de la perfection religieuse, sont aussi considérés comme le socle politique de l'État. Cette dérive explique « l'échec de Charlemagne », qui, après le décès d'Alcuin, laisse son fils Louis (le Pieux), alors sous l'emprise du moine Benoît d'Aniane, donner un caractère obscurantiste à toute sa politique. Ce passage d'Alcuin à Benoît d'Aniane marque une montée en puissance d'une théologie rigoriste et ascétique (qui ne concerne pas seulement les moines) mais se traduit par l'abandon des politiques visant à garantir un approvisionnement alimentaire populaire suffisant.

Aux politiques interventionnistes de l'empire, Louis le Pieux, puis son fils, Louis le Chauve, substituent l'aumône, allant cependant jusqu'à interdire aux prêtres de vendre les biens de l'Église pour les œuvres, et jusqu'à expliquer que la sous-alimentation et la famine font partie du plan de Dieu auquel les hommes ne peuvent se soustraire sauf à se réformer sur le plan spirituel. On misera bientôt sur de nouveaux mouvements comme celui de « la paix de Dieu » qui insiste sur la confession des fautes des puissants à l'égard de l'ordre divin, plutôt que sur des mesures de production, de stockage et de distribution alimentaires à prix maximum. Ce nouveau cours s'impose d'autant plus aisément que se renforcent des courants prônant le mépris pour le corps et la matière, donc nécessairement pour l'alimentation. Cette période est celle où se déploie une nouvelle conception des péchés capitaux faisant de la *gula* (la gourmandise) l'un des sept péchés capitaux que beaucoup estiment être, avec l'histoire de la pomme d'Adam et Ève, le fondement même du péché originel.

Les monastères donnés en modèle

Nous aurions tort de prendre les déviations ultérieures dans le domaine de la table pour la réalité de l'époque : la vie monastique, donnée comme la plus parfaite, est faite de restrictions notamment sur le plan alimentaire. Les monastères ne sont pas, contrairement à ce qu'ils deviendront, des endroits où l'on mange mieux qu'au sein du reste de la société et notamment du peuple. Être moine, c'est obéir à une règle stricte, or les règlements, et plus encore les usages en vigueur, sont particulièrement sévères en ce qui concerne la table. Les restrictions portent sur les quantités, les qualités et les horaires des repas, au-delà des périodes de jeûne. La règle de saint Benoît, qui se généralise sous l'influence des Carolingiens, interdit toute consommation de viande, sauf pour les malades ; certains monastères interdisent même les légumes accommodés au gras. Les moines n'ont droit en général qu'à deux repas frugaux. La collation du matin (en principe du pain et du vin) est souvent interdite. Le pain blanc est réservé aux malades et les moines se contentent d'un pain grossier composé de froment, d'orge, d'avoine, de mil, de vesces. Ils sont interdits de poivre et de cumin, alors très consommés. Ils consomment des œufs mais très peu de poissons, bien qu'ils soient autorisés, et encore moins de volailles. L'Église s'interrogera longuement sur le statut des volailles. Leur consommation est totalement interdite par le concile d'Aix-la-Chapelle de 816 avant qu'un autre, l'année suivante ne l'autorise huit jours par an. Les *pulli volatilia* apparaissent en effet comme un mets de luxe puisqu'elles coûtent beaucoup plus chères que la viande de boucherie. En revanche, aucun problème pour que l'Église reconnaisse sans contestation que la queue du castor, parce qu'elle trempe dans l'eau (presque) toujours, équivaut à un poisson.

L'époque n'est plus tant aux miracles alimentaires qu'aux histoires de vignes rendues volontairement stériles en raison de l'aspersion d'eau bénite par des moines plus pieux que d'autres et aux punitions divines pour les clercs qui ne respectent pas le jeûne. Ainsi, « lors d'un repas chez l'évêque Prix de Clermont, trois convives, qui s'abstiennent de manger de la viande, sont la risée de tous les autres commensaux. La salle s'effondre et seuls les trois abstinents ou *paetitentes* sont sains et saufs...[162] » Le modèle monastique est certes donné comme spécifique puisque les Carolingiens considèrent que la société est composée de trois états différents, celui des moines, celui des autres clercs (prêtres, évêques, etc.) et celui des laïques (sans différencier les paysans des combattants, en raison de la figure du paysan-guerrier, héritée des Mérovingiens). Ce régime alimentaire monacal est donné progressivement en exemple non seulement aux clercs, mais également aux laïques, notables et petit peuple. La condamnation de la matière ne vaut pas en effet uniquement pour les seuls moines et chacun, clercs ou laïques, doit s'inspirer d'eux pour se restreindre. Cette dialectique entre la spécificité religieuse et le modèle qu'elle constitue n'est pas assez prise en compte. C'est pourtant elle qui explique que la table des puissants, et notamment (nous le verrons) celle des Grands d'Espagne – l'Espagne est alors la puissance dominante –, devienne aussi frugale et que les riches ne mangent plus que deux fois par jour, contrairement au peuple qui continue à prendre quatre repas quotidiens.

Le péché de gourmandise

La christianisation de la civilisation franque va se traduire par une multiplication des interdits. Certaines restrictions prévues initialement pour les moines vont déborder les monastères. L'introduction des péchés capitaux, leur nouveau classement et leur interprétation vont influer grandement sur la conception de la table populaire mais aussi sur celle des élites[163]. L'Église fait encore une fois du neuf avec du vieux. Les Assyriens

---

162. Cyrille VOGEL, « La discipline pénitentielle en Gaule des origines au IXᵉ siècle : le dossier hagiographique » in *Revue des Sciences Religieuses*, vol. 30, n°1, 1956, p. 1-26.
163. Florent QUELLIER, *Gourmandise, histoire d'un péché capital*, Paris, Armand Colin, 2010.

---

et Babyloniens avaient déjà imaginé que les vices humains étaient l'œuvre de sept grands démons animaux. Clément d'Alexandrie fait de la truie le signe de la gourmandise, bien avant l'Église. Ce lien entre la liste des vices et un bestiaire est logique, car les animaux étant liés à la terre, à la chair, bref à la matière, ils représentent donc tout ce qui empêche l'âme de s'élever. L'idée d'un péché de gourmandise naît au sein des communautés érémitiques établies dans le désert égyptien. Vers 365, le moine Évagre le Pontique liste huit vices par lesquels le diable parviendrait à s'emparer des moines. La gourmandise est la première de ces tentations, la luxure la deuxième. On trouve ainsi déjà à l'œuvre le couple *gula/luxuria* qui marquera tant le monde chrétien jusqu'à nos jours. Un autre moine, Jean Cassien, reprend, vers 420, cette liste des huit vices et la transmet aux monastères d'Occident. Dans son *Système des vices*, il accorde toujours la première place à la gourmandise, car ce serait le vice le plus ancien dont découlent tous les autres. Il parle de *gastrimargia*, de folie du ventre. Ce vice charnel n'est pas accidentel car il s'explique par la corporéité même de l'homme. La règle monastique doit donc brider la *gula* en limitant le nombre de prises alimentaires, en définissant les horaires, en précisant quantités et qualités des rations.

La répression des pratiques alimentaires existe certes depuis l'époque mérovingienne et l'introduction de l'alternance des jours gras et des jours maigres, mais elle va surtout s'amplifier durant la seconde période carolingienne en prenant appui sur une liste proposée en 604 par le pape Grégoire. Encore faut-il préciser que dans son esprit cette nouvelle liste correspondait aux dangers liés à la vie cénobitique de l'Occident et non pas aux modes de vie de l'ensemble des fidèles. Il reprend les sept vices et ajoute l'orgueil. Ce n'est donc qu'avec le nouveau système pénitentiel tarifé et l'adoption de la confession (donc bien avant le principe de son obligation annuelle promulguée par le concile de 1215), qui s'appuie sur un questionnement précis, que l'Église demande aux prêtres d'utiliser cette liste, renvoyant la *gula* en cinquième position. L'Église ne parle déjà plus de vices mais de péchés, car ce qui compte désormais, c'est l'acte et peu importent les mauvaises pensées. Anticipant sur les périodes à venir, nous pouvons préciser que la *gula*, qui désignait chez les Romains un organe et un plaisir, restera l'un des sept péchés capitaux. Au XIIIe siècle, Thomas d'Aquin, dans sa *Somme théologique* définit la gloutonnerie comme la somme de la démesure et du raffinement. Au XVe siècle, chaque péché capital possède désormais son animal emblématique : celui du péché de gourmandise est devenu le porc, qui, non seulement ne sait pas s'arrêter de manger, mais grogne en engloutissant ses aliments avant de se rouler dans son fumier, semblable aux goulus qui mangent et boivent avec démesure et sans raffinement. La question du porc, animal impur (*porcus diabolicus*) aux côtés du cheval (déclaré immangeable par le pape Grégoire III (731-741) et dont la viande est à nouveau consommable à partir d'une ordonnance de 1866 du préfet de Police de Paris) et du chien (très consommé en Allemagne), est réglée avec sa réhabilitation, lors de l'épidémie dite du « mal des ardents », avec le transfert des reliques de saint Antoine de Constantinople à La Motte-Saint-Didier. Les animaux sont toujours figurés en mouvement car ils se dirigent, comme les goulus, vers l'enfer. La solution imaginée va donc être de s'inspirer de la vie monastique – dans laquelle l'alimentation est totalement réglée – pour encadrer les façons de manger du commun. Je crois qu'on fait fausse route en pensant que du point de vue de l'Église le péché de gourmandise ne concerne que, ou même principalement, les riches et les puissants ; car derrière les dénonciations incantatoires, se met déjà en place une conception de la table en fonction du rang social qui justifie ces débordements. Le péché de gourmandise ne sera bientôt plus de trop manger mais de trop désirer.

Cassien distinguait trois formes de gourmandise qui avaient cours dans les monastères : anticiper l'heure du repas, se remplir la panse, rechercher les aliments les plus fins ou préparés avec le plus grand soin.

Grégoire le Grand (pape en 590) ajoute le fait de manger excessivement au regard de ses besoins, et, surtout, le fait d'absorber la nourriture sous l'aiguillon d'un désir beaucoup trop ardent. Il associe ainsi cinq vices à la gourmandise : la joie bête, l'obscénité, la perte de pureté, la loquacité excessive et l'affaiblissement des sens. Il dénonce particulièrement les chansons obscènes et propos blasphématoires. On voit ainsi poindre l'idée que c'est le désir qui constitue véritablement le vice de la *gula*, et non pas l'excès alimentaire en lui-même. Le noble peut manger beaucoup et même manger beaucoup de viande, sans que cela constitue un péché, puisqu'il le fait en raison des obligations liées à son état, donc conformément au plan de Dieu ; alors qu'un pauvre peut manger beaucoup moins, mais être cependant un pécheur s'il mange au-dessus de son rang, c'est-à-dire s'il envie la table des puissants.

Thomas de Chobham soutient qu'on ne peut imposer aux puissants et aux riches une diète trop dure et qu'il est même préférable d'organiser des pénitences de substitution, sous formes d'aumônes et de prières. Gerson ajoute qu'un roi en mangeant beaucoup, et notamment de la viande, ne commet pas un péché, mais en commet un en nourrissant, de manière trop abondante, ses serviteurs et les pauvres.

L'Église redoute davantage du côté des puissants l'association gourmandise, loquacité et luxure que les excès de table. Le péché de la langue (*sic*) est en effet injustifiable, même dans le cadre de sa conception inégalitaire de la société. Gilles de Rome s'en prend aux discours tenus dans les banquets des princes et propose à leur place de lire des textes, selon l'usage monastique. Il accepte cependant un compromis et suggère de lire, à la place des textes religieux, les coutumes du royaume, les gestes des grands anciens et les manuels d'instruction des princes. Ce qui importe progressivement, ce ne sont plus tant les quantités d'aliments absorbés par les puissants, ni même leur cherté, ce sont les bonnes manières de table. Vincent de Beauvois est chargé d'écrire un manuel d'instructions pour les enfants de Saint Louis.

Le péché de gourmandise est donc à géométrie variable et, pour les pauvres, il est le fait de désirer au-dessus de son état, de fréquenter les tavernes et de succomber à l'ivresse. L'ivresse est en effet pire que la gourmandise, car si la gourmandise est l'idolâtrie du ventre, l'ivresse est l'adoration du diable : « Les gens ivres sont les adorateurs et les prêtres du diable, qui prient dans son oratoire ou dans son temple, c'est-à-dire à la taverne ; ils l'adorent, le sanctifient et chantent. »

Louis le Pieux et Benoît d'Aniane : la généralisation de la haine du ventre
Le décès d'Alcuin de Tours, en 804, va produire une véritable rupture au sein du système idéologique carolingien en permettant aux courants les plus mystiques d'arriver au pouvoir et d'imposer un respect beaucoup plus important des prescriptions religieuses. Le seul enfant survivant de Charlemagne est Louis (778-840), roi d'Aquitaine, élevé dans le sud de la France, où la fraction superstitieuse de l'Église, combattue avec constance par Alcuin, est la plus forte. Le précepteur de Louis est Benoît d'Aniane (750-821), figure de prou de cette fraction rigoriste ; aristocrate germanique, réformateur du monachisme, bon connaisseur de la table et notamment des vins, puisqu'il fut l'échanson de Berthe au grand pied, il fonde en 774-775 un monastère sur ses propriétés d'Aniane dans lequel il veut vivre selon les traditions orientales (ascèse alimentaire, mendicité, mortifications, privations de sommeil, etc.). Son projet ne rencontre pas un franc succès, c'est pourquoi il adopte bientôt la règle de saint Benoît, tout de même plus souple. Son monastère essaime rapidement et il se rapproche à nouveau de Louis le Pieux. En 813, lorsque Charlemagne lui transmet sa couronne, Louis s'installe à Aix-la-Chapelle et fait venir Benoît d'Aniane à sa cour. Ils chassent les anciens proches d'Alcuin et souhaitent intégrer plus encore les monastères au cœur des institutions d'État. Louis lui confie leur

réforme afin d'en faire des instruments essentiels de son pouvoir. Benoît d'Aniane impose à tous la règle de saint Benoît et créé des postes de *missi monastici* (calquée sur les anciens *missi dominici* de Charlemagne) pour veiller à l'application stricte de ses décisions. En 817, il convoque avec Louis le Pieux un chapitre général de tous les monastères et prend plusieurs décisions : écoles réservées désormais aux seuls futurs moines, quasi-disparition du travail manuel dans un but de renoncement au monde et de séparation d'avec le monde profane, obligation de travailler à la conversion des païens, création de prisons dans les monastères, augmentation des offices et prières, etc. Il crée une école monastique centrale à Inden (monastère proche d'Aix-la-Chapelle) et chaque monastère de l'empire a l'obligation d'y envoyer deux moines pour s'y former. Cette période va renforcer les tendances rigoristes, sinon obscurantistes, existantes. Certains monastères interdisent de se laver car si la personne est dévorée par la vermine, il faut y voir un châtiment de Dieu. On a beaucoup dit que Benoît d'Aniane avait préparé l'œuvre de Cluny, c'est oublier qu'il a aussi préparé l'abandon du petit peuple à son triste sort et à la faim.

La condamnation du ventre

On comprend mieux cette période en consultant l'ouvrage intitulé *Le mépris du monde* (*De contemptu mundi*) du cardinal Lotario de Segni, le futur pape Innocent III, qu'il écrivit de 1190 à 1198. Ce texte n'est plus seulement un traité ascétique comme il en exista tant, car il témoigne d'une volonté de rabaisser tout ce qui relève du corps et de la matière. *Le mépris du monde* ne condamne plus uniquement les excès, mais, dans notre domaine, l'acte alimentaire lui-même. L'humanité n'avait pas nativement besoin de manger, puis elle ne mangea que pour satisfaire ses besoins naturels, puis elle succomba au péché de gourmandise. Ce traité reprend la thèse d'un des Pères de l'Église, saint Ambroise, qui soutient que l'invention de l'alimentation (le sixième jour de la Création) marque le passage d'un monde qui s'accroît à un monde qui se consume, bref, une régression dans la Création. Cette chute aurait été cependant limitée par l'interdit fait de manger les fruits de l'un des arbres de la Création. Le premier péché a donc bien été de gourmandise mais le mal était présent par l'existence du seul ventre. Ambroise écrit : « Et à peine la nourriture fut-elle introduite que commença la fin du monde » même si c'est « la gourmandise [qui] chassa du paradis terrestre l'homme qui y régnait. » Certes, Augustin rectifiera cette thèse en soutenant que ce qui est premier ce n'est pas la gourmandise, mais le sentiment d'autosuffisance, l'orgueil, la désobéissance, l'idée qu'on puisse se passer de Dieu. La société carolingienne reste cependant marquée par la thèse d'Ambroise d'où les représentations repoussantes de la *gula* que donne l'Église, d'où sa condamnation des excès alimentaires, d'où son combat contre l'ébriété entendue comme une forme plus particulièrement diabolique de la *gula*, d'où son dégoût devant tout ce qui est matière, nourriture et boisson, et sa conviction que l'humanité n'aura un jour plus besoin de s'alimenter. Alcuin, qui pourtant est loin d'être le plus rigoriste, exprime l'air du temps : « Ce que tu as mangé et bu hier est aujourd'hui de l'excrément [...] Voilà ce que sont nos voluptés : de l'excrément et de la pourriture. » Il cite saint Paul : *Non est regnum Dei esca et potus* pour rappeler le peu d'importance des nourritures et boissons pour le salut, signe du caractère irréconciliable du ventre, et pas seulement de la *gula*, avec le royaume de Dieu.

Louis le chasseur

Louis campe tout autant la figure du roi chasseur que celle du roi pieux. La seule chose qu'il refuse, c'est d'être un roi nourricier. Il va d'ailleurs restreindre progressivement les droits des petits sur les forêts et accroître ses propres domaines de chasse et ceux des nobles qui l'entourent. Éginhard, qui travaille à sa gloire après avoir travaillé à celle de son père, rappelle que la pratique de la chasse est un trait de culture des Francs..., sous-entendu des nobles et pas des paysans-guerriers. Ces chasses royales ne cesseront de se développer jusqu'à Louis VI avec une capture du gibier dont le but alimentaire n'est pas l'objectif principal. Cette chasse à la grande faune ne sera bientôt plus un entraînement guerrier et deviendra un simple rituel de cour réunissant le roi et les nobles. Louis le Pieux organise des festins en pleine forêt sans jamais oublier le faste. Il siège avec ses hôtes sur des fauteuils dorés alors que les autres chasseurs s'allongent sur l'herbe : « Bientôt les serviteurs apportent les chairs rôties des bêtes tuées à la chasse : une venaison variée couvre la table de l'empereur. La faim tombe ; ils portent les coupes à leurs lèvres, et à son tour la soif est chassée par le doux breuvage : le vin généreux réjouit ces cœurs hardis, et tous regagnent la cour avec entrain. »

Charles le Chauve et Hincmar de Reims : la fin des politiques alimentaires

Quand Louis le Pieux décède en juin 840, s'ouvre une période de troubles liés au partage de l'empire entre ses fils, Lothaire, Louis de Bavière et Charles d'Aquitaine. Après le traité de Verdun (843) Charles, outre l'Aquitaine, voyait son royaume de Francia occidentalis (Francie occidentale) s'augmenter de la partie ouest de la Bourgogne et de la Neustrie, jusqu'aux bouches de l'Escaut.

Charles se fait raser la tête en signe de soumission à Dieu, choisissant l'Église contre la tradition franque qui exigeait d'un roi qu'il ait les cheveux longs…, et devient Charles le Chauve. Alors qu'il vit dans un monde de symboles religieux, que l'Église ne cesse de répéter que la vie est fugitive et la mort éternelle, et qu'il respecte les règles alimentaires, il organise de grandes festivités pour les anniversaires royaux.

Charles le Chauve prend comme éminence grise Hincmar de Reims (806-882), archevêque de Reims (845-882), qui va développer une nouvelle théologie politique dont la première conséquence sera d'abandonner les pauvres à leur sort. Hincmar distingue les *pauperes*, les *ignobiles*, tout juste assurés de leur existence économique et légale, les médiocres, qui vivent de peu, puis les aisés et les *nobiles*, et enfin, les *proceres primores* et les sublimes. Cette vision de la société est une façon d'autoriser l'État à se retirer des dernières politiques alimentaires encore en place, tandis que l'Église, elle-même sous l'influence d'Hincmar, réduit fortement ses aumônes aux plus pauvres. Chacun remplit le plan de Dieu en restant à sa place sans changer l'ordre des choses. L'homme ne peut que subir son sort afin de mieux préparer sa vie future. Dieu est donné comme le seul maître de l'économie, intervenir serait contrarier sa volonté. L'ennemi n'est pas la richesse ni les inégalités sociales, mais l'accaparement qui conduit (les pauvres) à vouloir voler les biens d'autrui. L'envie est plus coupable que la richesse car contraire au désir de Dieu. Hincmar entend séparer les clercs des laïques pour bâtir une contre-société : il leur interdit de participer aux banquets collectifs et entend leur faire perdre le goût de la bonne chère, de la boisson et des plaisirs. Il sacralise les biens de l'Église, faisant des prêtres de simples usufruitiers, sans possibilité de les engager pour financer les bonnes œuvres caritatives.

La succession de Charles le Gros ou comment Guy de Spolète ne devient pas roi de Francie occidentale parce que trop piètre mangeur

Après la mort en 877 de Charles le Chauve (élevé au rang d'empereur par le pape en 875) et l'intermède de Carloman (877-884), Charles le Gros, fils de Louis le Germanique refait provisoirement l'unité de l'empire carolingien (884-887/888). Mais incapable, lâche, fourbe et brutal, Charles le Gros est déposé en 887 par ses propres sujets germaniques au profit d'un bâtard d'un de ses frères, Arnoul, suivis en 888 par les nobles de Francie occidentale qui allèrent chercher un roi hors la dynastie carolingienne. L'unanimité se fait pour repousser Arnoul, roi germanique prétendant au trône. Toutefois les nobles de Francie occidentale se divisent sur leur choix : trois candidats briguent le pouvoir. L'Église franque tente d'imposer Guy de Spolète, venu d'Italie, mais échoue. Une anecdote rapportée par Liutprand de Crémone, dans l'*Antapodosis*, mérite d'être citée, car elle témoigne des arguments choisis pour refuser Guy de Spolète[164]. Alors que l'évêque de Metz s'apprête à le recevoir pour le couronner roi des Francs et lui fait préparer de grands honneurs et un grand banquet à la hauteur de sa charge, il apprend la frugalité de Guy de Spolète et lui préfère donc Eudes, comte de Paris, farouche adversaire des Normands et bon mangeur, c'est-à-dire amateur de viande : « Il n'est pas digne de régner sur nous, celui qui se contente d'un vil repas de quelques sous. » Ce régime frugal est dit *contra naturam francorum*. Guy, apprenant la désignation d'Eudes, retourne en Italie et deviendra pape. L'évêque Foulque sacre, cependant, le 28 janvier 893, au jour anniversaire de la mort de Charlemagne, Charles le Simple, mais ce dernier, pour s'opposer à Eudes qu'il considère comme un usurpateur du titre, bien qu'il lui ait prêté serment de fidélité en 888, s'allie aux Normands, ce qui provoque la fureur de Foulque : « Le Dieu que vous irritez vous perdra rapidement. » La seule certitude des nobles de Francie occidentale est que, s'ils ne veulent pas d'un roi mauvais mangeur, c'est-à-dire pétri de culture gréco-romaine et non franque, ils ne veulent pas davantage d'un roi germain, gros mais mauvais mangeur. Liutprand de Crémone loue les vertus du *Rex francorum* en l'opposant au *Rex graecorum*, grand amateur de poireaux et d'oignons et buveur d'eau, affichant une sobriété et une humilité excessives pour être digne d'exercer le pouvoir…

Les Allemands, gros mais mauvais mangeurs

La haine de l'Anglais, buveur de bière, ne cèdera jamais un pouce durant cette longue période mais elle se conjugue maintenant avec une haine du Germain[165]. Cette période est celle de l'émergence d'une aversion durable entre les peuples français et allemands, même si son expression solidifiée ne verra le jour qu'au XIIe siècle. Un nouveau vocabulaire apparaît, déjà, qui oppose la Francie et la Saxonia, le *populus francorum* et le *populus saxonorum*. Nous n'en sommes pas encore aux propos prêtés au roi des Francs, Louis VI le Gros, à un envoyé de l'empereur Henri V : « Tpwrut [*sic*] Aleman », mais le terrain est prêt. Cette aversion a bien sûr un fondement linguistique, ce dont témoigne la violence entre jeunes dès

---

164. Massimo MONTANARI, « Valeurs, symboles, messages alimentaires durant le haut Moyen Âge » in *Médiévales*, n° 5, 1983, p. 57-66, numéro thématique : *Nourritures*, sous la direction d'Odile REDON.
165. Stephen MENNELL, *Français et Anglais à table du Moyen Âge à nos jours*, trad. (angl.) Thierry Detienne, Paris, Flammarion, 1987.

le IXe siècle. Elle se pare, cependant, d'un côté comme de l'autre, d'une dimension culinaire. Certes, les Allemands mangent beaucoup (donc comme les Francs) mais mal (selon les Francs). Ils sont des mangeurs d'orge, de choucroute et de babeurre (liquide restant après le battage du lait pour la fabrication du beurre). Ils consomment, monstruosité suprême, de la soupe au lait. Les Allemands reprochent aux Gaulois d'être trop gourmands et donc pécheurs. Ces réquisitoires manquent l'essentiel : il existe bien deux aires culturelles, deux façons différentes de manger. Alors que le banquet « français » distingue les potages (aliments cuits dans une sauce), puis les rôts et, enfin, les entremets ; les banquets « allemands » opposent les mets froids (salades, viandes et poissons bouillis, rôtis, fumés et pâtés) aux plats chauds et se concluent par des mets doux froids et chauds. L'organisation des banquets a aussi de quoi étonner les Allemands comme les Français. Du côté allemand, personne n'a le droit de se servir puisque le service est assuré par des domestiques et chaque convive accède ainsi aux mêmes mets, les plats se suivent et ne sont pas tous apportés en même temps.

La table carolingienne de la seconde période a posé les jalons d'une table pauvre pour les pauvres et d'une table riche pour les riches. L'aristocratie a adopté d'autres manières de table, toujours aussi luxueuses mais dans le nouveau respect des rituels compensatoires. L'alimentation du peuple est encadrée par de nouveaux capitulaires et l'Église a reçu avec joie la mission de surveiller les mœurs sexuelles et de table. Ainsi des règles souvent inventées pour discipliner les moines vont être imposées à toute la société au prix de quelques compromis. La grande idée novatrice c'est cependant que les estomacs des pauvres ne sont pas ceux des riches. Cette thèse est défendue au nom de la science, de la foi et de l'ordre.

Nous quittons la table carolingienne pour la table clérico-féodale au moment où l'Église ne se contente plus de lancer un interdit contre le lièvre considéré comme lubrique, hermaphrodite et homosexuel[166], mais se met aussi à écrire des traités d'alimentation populaire. Le premier est celui rédigé par Pierre d'Espagne, futur pape Jean XXI, sous le titre *Thesaurus pauperum* (*Trésor des pauvres*). Le futur pape explique que les viandes grossières, le pain de seigle, etc., correspondent mieux aux ventres des milieux populaires. On me rétorquera que les thèses médicales allaient dans ce sens, en soutenant que le travail étant non naturel, puisque sanction

---

166. Jean-Louis FLANDRIN, « L'alimentation et la religion pendant le haut Moyen Âge » *in* [Collectif], *Festins mérovingiens*, Bruxelles, Le Livre Timperman, 2008 ; Bruno LAURIOUX, « Le lièvre lubrique et la bête sanglante. Réflexions sur quelques interdits alimentaires durant le haut Moyen Âge », *Anthropozoologica*, 1988, p. 128-129.

divine, il produisait une forte chaleur et brûlait les mauvais aliments. Massimo Montanari précise cependant que Pierre IV d'Aragon, dans ses *Ordinacions*, indique que le vin qui a tourné, le pain moisi, les fruits pourris, les fromages rances… conviennent parfaitement aux aumônes rituelles faites aux pauvres.

Neuvième service :
La table clérico-féodale

Nous commençons à pénétrer dans un domaine plus familier, puisque les travaux sur la table du Moyen Âge et de la Renaissance sont nombreux et fort bien documentés, à l'exception des usages populaires de la table. Jean-Louis Flandrin et Bruno Laurioux ont largement écrit cette histoire, mais en s'intéressant à sa dimension sociale, régionale, culturelle, culinaire, technique même, peu à sa dimension politique. La table du Moyen Âge sert autant à créer les divisions de la société qu'à les représenter et mettre en scène.

Nous ne sommes pas seulement dans le domaine des images et des mises en scène mais dans celui d'un discours performatif. Les puissants, notamment les clercs et les médecins, créent la société en expliquant comment pauvres et riches doivent manger. Les ouvrages des historiens, notamment ceux de Bruno Laurioux, constituent une mine d'informations factuelles pour qui veut prendre au sérieux ce qui se joue à travers les diverses règles de la table féodale[167]. Il sera donc notre guide et nous

---

167. Ce travail se nourrit des travaux suivants même si je demeure seul responsable de l'analyse : Bruno LAURIOUX, Le *Moyen Âge à table*, Paris, Adam Biro, 1989 ; *id.*, *Manger au Moyen Âge. Pratiques et discours alimentaires en Europe aux XIVe et XVe siècles*, Paris, « Littératures », Hachette, 2002 ; *id.*, *Une histoire culinaire du Moyen Âge*, Paris, H. Champion, 2005 ; *id.*, *Écrits et images de la gastronomie médiévale*, Paris, « Conférences Léopold Delisle », Éditions de la Bibliothèque nationale de France, 2011 ; Catherine LANOË, Bruno LAURIOUX et Mathieu DA VINHA (dir), *Cultures de cour, Cultures du corps, XIVe-XVIIIe siècle*, Paris, Presses de l'université Paris-Sorbonne, 2011 ; Jean-Louis FLANDRIN et Carole LAMBERT *Fêtes gourmandes au Moyen Âge*, Paris, Imprimerie nationale, 1998 ; Éric BIRLOUEZ, *À la table des seigneurs, des moines et des paysans du Moyen Âge*, Rennes, « Histoire », Éditions Ouest-France, 2011 ; *id.*, *La santé par l'alimentation de l'Antiquité au Moyen Âge*, *op. cit.* ; Nelly LABÈRE, *Être à table au Moyen Âge*, Madrid, Casa de Velázquez, 2011 ; *Banquets et manières de table au Moyen Âge*, [Actes du XXIe colloque du CUERMA], Aix-en-Provence, CUERMA, université de Provence, 1996.

---

renvoyons le lecteur à ses ouvrages pour de plus amples informations. Toutefois, les historiens présentent trop souvent les tables populaires du point de vue des puissants (ce à quoi inclinent les sources disponibles), or les pauvres ne sont pas des « riches » auxquels ne manquerait que l'argent, ni des « nobles » sans honneur. Les humbles font des choix qui ne sont pas seulement des « choix du nécessaire », par exemple en refusant pour eux-mêmes le froment, car ils savent d'expérience que la céréalisation à outrance n'est pas bonne en termes de sécurité pour les petites gens. La table des humbles correspond à une autre richesse, à d'autres manières de manger et boire. Cette table est pourtant celle d'un apartheid social – j'emploie ce terme anachronique à dessein – justifié par des considérations religieuses et médicales.

Une dualisation de la table

La table clérico-féodale repose sur la fameuse théorie de la chaîne de l'être (qui conduit les nobles à préférer manger des oiseaux et à laisser les bulbes et les racines à ceux qui sont en train de devenir des serfs), mais cette thèse croise une autre théorie, celle des trois ordres énoncée par le pape Zacharie et reprise par l'évêque de Reims, Adalbéron, dans un texte exprimant le sens profond du ralliement inattendu de l'Église à Hugues Capet, trahissant ainsi ses alliés ottoniens, qui souhaitent reconstruire, à partir de la Germanie, l'empire de Charlemagne. Une nouvelle fois, l'Église et les puissants s'allient pour défendre leur pouvoir et ils le font en définissant des façons de manger. Il ne suffit plus pour être un « bon mangeur » de respecter le calendrier des jours maigres et des jours à viande (*sic*), il faut encore manger maigre ou gras, des légumes ou de la viande, selon le statut « social » défini par l'Église. Le populi, qui a déjà perdu le droit de manger carné selon ses propres coutumes, va devoir accepter de manger différemment de ces autres chrétiens que sont les puissants (clercs et seigneurs) en raison du choix de la céréalisation maximale et de la mainmise des nobles sur les forêts.

Nous verrons que cette nouvelle théorie élaborée à partir du IXe siècle, qui n'oppose plus les laïques aux clercs séculiers, d'une part, et aux clercs réguliers, d'autre part, mais qui distingue désormais « ceux qui prient », de « ceux qui combattent » et de « ceux qui travaillent » répond sans doute à de hautes considérations théologiques mais aussi aux intérêts bien pensés des puissants ! On aime insister habituellement sur tout ce qui distingue les tables des guerriers, des clercs et des laborieux, mais derrière ces différences secondaires, on constate que si la situation alimentaire de « ceux qui prient » et de « ceux qui combattent » s'améliore, la majorité de « ceux qui travaillent » subit une régression alimentaire, malgré l'ingéniosité que « ceux qui travaillent » mettent pour se nourrir et y trouver du plaisir.

Nous pouvons donc parler d'une véritable dualisation de la table correspondant à la fin des derniers « paysans libres », au développement du servage, à l'affaiblissement de la position des anciennes professions manuelles, à l'appropriation des terres – notamment des forêts, landes, marais, promus territoires de chasse par une petite minorité, et enfin à la concentration des habitats et des peuplements.

Cette évolution que résume le concept d'*incastellamento* (« enchâtellement ») conduit à la marginalisation des activités sylvo-pastorales jadis si importantes. Cette période, qui marque un recul des terres communes et des biens communs, comme les moulins ou les fours villageois, poursuit, en revanche, la politique de « grands travaux » en matière de déboisement, d'assèchement des marais, d'irrigation, mais aussi la mutation des techniques agricoles dont toutes ne sont pas profitables au plus grand nombre, comme l'adoption de la faux à la place de la faucille, comme aussi le fait, dans le cadre de la céréalisation, de privilégier le froment, ou, dans celui de l'élevage, de faciliter l'essor des grands troupeaux ovins grâce à la transhumance au mépris des anciens usages.

Le bilan effroyable que dénote la succession des périodes de disette et de famine est d'autant plus inacceptable que la société dispose déjà des ressources qui lui auraient permis de faire des choix alimentaires profitables au plus grand nombre.

Une évolution programmée

J'entends bien que l'Église va prendre appui sur des idéologies déjà existantes pour justifier l'extension du domaine des contraintes religieuses au-delà du carcan des jours maigres et des autres restrictions et interdictions. Nous avons vu comment le péché de gourmandise a fini par servir à dénoncer davantage les aspirations des gueux à manger mieux (au-dessus de leur état) plutôt que les gaspillages des nobles dans un contexte de pauvreté. J'entends bien aussi que le système politique a commencé à basculer bien avant l'élection d'Hugues Capet, en 987, c'est-à-dire avant que les nobles (les féodaux), qui exerçaient déjà le pouvoir, ne finissent par imposer comme roi l'un des leurs, avec le soutien explicite de l'Église. Déjà, parce que la féodalité prend véritablement naissance avec le capitulaire de Meerssen de 847, qui oblige chaque homme libre à se choisir « librement » un « senior » conformément à la vision inégalitaire défendue notamment par l'Église : « Nous voulons que chaque homme libre dans notre royaume reçoive pour seigneur celui qu'il aura lui-même choisi, soit nous-mêmes, soit un de nos fidèles. » Ensuite, parce que la désignation de Capet n'est possible que parce que depuis 888 la royauté est de nouveau élective en Francia occidentalis, signe de son déclin.

La théorie des trois ordres

Nous mangeons toujours en fonction des représentations de la société qui sont les nôtres. On ne peut donc changer la table sans modifier également notre cosmologie. Nous l'avons vu avec l'Égypte, la Grèce et Rome. Nous ne pouvons comprendre comment le système clérico-féodal est parvenu à modifier le régime alimentaire de 20 millions de « Français » sans détailler sa vision du monde, sa conception de l'ordre et donc du pouvoir[168]. Nous suivrons « bizarrement » cette histoire en partant du choix d'Hugues Capet contre Charles de Lorraine, choix imposé largement par l'archevêque Adalbéron de Reims, pourtant membre du « parti » ottonien, favorable au projet du Germain de reconstituer l'empire de Charlemagne, mais que l'Église a jugé trop « indépendant ». Cette période trouble est marquée par des discours en faveur d'un rétablissement de l'ordre, dans une société qui aurait perdu tout sens de la hiérarchie « naturelle » et divine. On fait ainsi aux Carolingiens le même procès qu'ils ont eux-mêmes instruit contre les Mérovingiens. Pour justifier ce « retour à la normale », on va prendre appui sur la théorie des ordres du pape Zacharie, c'est-à-dire sur une conception de la société distribuée en classes (qui ne sont nullement des classes sociales) et dont chacune a un statut bien défini dans le plan de Dieu, ce que ne cessera, d'ailleurs, de préciser la législation et les usages alimentaires.

Cette théorie des trois ordres succède à la répartition carolingienne entre moines, clergé séculier et laïques, élaborée à une époque où chaque « homme libre » est un guerrier. La nouvelle représentation distingue les *bellatores* (« ceux qui combattent »), les *oratores* (« ceux qui assurent la communication avec Dieu ») et les *laboratores* (« ceux qui travaillent »). J'insiste sur le fait qu'il ne s'agit nullement du point de vue de l'Église de faire une analyse de type sociologique, opposant, par exemple, hommes libres et esclaves ou pauvres et riches. Parmi les *laboratores*, on trouve des esclaves, des serfs, des artisans, de riches bourgeois et des banquiers extrêmement fortunés. Ce classement est davantage d'ordre ontologique, on pourrait même dire « essentialiste », puisqu'il s'agit de prescrire à

---

168. Auguste Dumas, « L'Église de Reims au temps des luttes entre carolingiens et robertiens (888-1027) », in *Revue d'histoire de l'Église de France*, vol. 30, n° 117, 1944, p. 5-38.

chacun une série de comportements conformes au plan de Dieu. Ce plan de Dieu a d'abord pour conséquence d'isoler plus encore les clercs du reste de la société et de permettre *in fine* une alliance (de classe) entre *bellatores* et *oratores*, largement issus des mêmes milieux sociaux et surtout d'imaginer un « Roi-Prêtre » alors qu'il n'était jusqu'alors que le représentant des paysans-guerriers dans l'ancienne représentation. On perçoit mal aujourd'hui à quel point cette représentation du pouvoir prenait à rebours les conceptions alors partagées par beaucoup. L'Église a dû batailler idéologiquement pour l'imposer, y compris parmi les *bellatores*. Nous avons avec le fameux poème d'Adalbéron au roi Robert un témoignage essentiel sur ce combat idéologique et sur ses conséquences en termes d'alliances. Nous verrons que si Adalbéron commence par parler théologie guerrière, il finit par parler cuisine.

Adalbéron, les trois ordres et l'alimentation

Adalbéron de Laon rédige, en 1025, son poème au roi Robert en introduisant dans la conception du pouvoir royal la théorie chrétienne de l'ordre social dont le pivot est sa vision de la royauté[169]. On présente parfois ce poème comme l'expression la plus complète en Occident de la nouvelle conception chrétienne du pouvoir royal. Ce poème est construit en trois temps : dans un premier mouvement, Adalbéron montre que le roi possède tous les attributs de la jeunesse (*juventus*), il est beau, il est fort, il a une grande énergie morale. Une nouvelle loi, celle des clunisiens promoteurs du mouvement de paix, a cependant mis le monde à l'envers, puisque les moines se sont transformés en *milites* et ont construit une armée de carnaval incapable de résister aux Sarrasins. La royauté a donc fait faillite dans sa fonction de guide de la jeunesse. La seconde partie du poème est un appel à prendre appui sur la sagesse (*sapienta*) dont le roi possède également les attributs. Il doit s'en servir pour reconstruire sa royauté à l'image de la Jérusalem céleste. La connaissance de la loi divine lui permet de maintenir les clercs à l'écart du monde des serfs. De même, la loi humaine lui prescrit de séparer la condition des nobles de celle des serfs. Le jeu de ces deux lois entraîne une division tripartite *oratores/bellatores/laboratores*, mais dans laquelle les *oratores* et les *bellatores* ont en commun de se distinguer des serfs. Dans la troisième partie, Adalbéron campe des portraits : le serf est renvoyé

---

169. Claude CAROZZI, « Les fondements de la tripartition sociale chez Adalbéron de Laon » in *Annales. Économies, Sociétés, Civilisations.* 33e année, n° 4, 1978, p. 683-702 ; Ferdinand LOT, « Une charte fausse d'Adalbéron, archevêque de Reims » in *Bibliothèque de l'École des chartes*, vol. 52, 1891, p. 31-45.

à la charrue ; les clercs, protégés de toute souillure, ne fendent plus la terre et ne se tiennent plus derrière le dos des bœufs. Ils ne sont ni bouchers, ni aubergistes, ni porchers, ni bergers. Ils ne criblent pas le blé, ils ne font pas davantage la cuisine. Tous ces métiers qui concernent l'agriculture et l'alimentation sont donnés comme impurs et donc réservés exclusivement aux serfs. L'acte de cuisiner est dévalorisé et représenté par une marmite graisseuse. La table est impure en raison de ses relations avec le monde animal. Aux aliments impurs, préparés par le serf et le cuisinier, s'oppose la nourriture sacrée, l'eucharistie, préparée par les clercs. Claude Carozzi note qu'il y a chez Adalbéron une plus grande tolérance à l'égard du monde végétal. Le clerc peut fréquenter la vigne, l'arbre, les jardins.

À chacun sa table !

Ce n'est bien sûr pas un hasard si Adalbéron, dans le texte qui justifie le ralliement de l'Église à Hugues Capet, finit par parler cuisine. En effet, il s'agit du plus court chemin pour illustrer les implications de la nouvelle vision du monde et de son ordre inégalitaire. Ce système de la tripartition sociale va se conjuguer avec la théorie de la chaîne de l'être pour définir une nouvelle grammaire alimentaire.

La nouvelle théorie de la chaîne de l'être
L'Église reprend et développe à sa façon la vieille idée que l'univers s'ordonne verticalement depuis Dieu et ceci jusqu'aux objets inanimés (minéraux). La hiérarchie des êtres dépend donc de leur milieu de vie. La création divine est composée de quatre éléments : le feu, l'air, l'eau et la terre. Ces quatre éléments sont supposés être disposés en cercles concentriques avec l'eau entourant la terre, l'air entourant l'eau et le feu entourant l'air. Cette théorie permet de comprendre la hiérarchie des aliments et donc leur distribution. La hiérarchie alimentaire céleste descend ainsi des oiseaux aux poissons puis des mammifères aux végétaux. La terre est l'élément le plus éloigné du Créateur : ce qui en provient se trouve tout en bas de la hiérarchie céleste, donc aussi de celle des aliments. Bruno Laurioux explique que cette grande chaîne de l'être justifie le mépris des puissants pour les légumes. Cette catégorie est cependant elle-même subdivisée : on trouve tout en bas les bulbes (ail, oignon, poireau, échalote), juste au-dessus les « racines » dont on consomme la partie souterraine (navets, raves, panais, carottes), puis les légumes dont les feuilles partent de la racine (salades, épinard) et, au sommet, ceux dont les feuilles partent de la tige (chou, pois).

Le classement des mammifères est aussi complexe : le gibier est bien sûr supérieur à la viande de boucherie, mais elle-même connaît des gradations subtiles, ainsi la viande bovine, initialement dépréciée, est cependant plus noble s'il s'agit d'un bœuf plutôt que d'une vache. On opère également des distinctions entre poissons en considérant ceux qui volent comme plus nobles. Les oiseaux occupent un niveau plus élevé mais en différenciant ceux qui volent le plus haut, ceux qui ne volent jamais très haut (poules et poulets) et ceux qui peinent à s'envoler (canards et oies). Le quatrième élément, celui du feu, interfère avec les modalités de cuisson : le Moyen Âge inverse la hiérarchie en valorisant la cuisson directe (par le feu), semi-directe (avec le rôti), puis indirecte (le bouilli).

Ainsi les milieux populaires, progressivement interdits de viande et même de poisson, devaient se contenter des pires végétaux et notamment d'un mauvais pain. Nous verrons qu'ils ne cesseront jamais de tricher notamment grâce à la cueillette et au braconnage. Les puissants conservent une alimentation principalement carnée, préférant le gibier d'eau et les volailles. Ils consomment également du porc, symbole de la séparation des chrétiens avec les juifs et les musulmans, mais comme il s'agit d'une viande (trop) populaire, on se met à différencier le lard cru et le lard salé. Les puissants consomment des légumes (les plus nobles) mais presque toujours en accompagnement d'un plat. Les jours maigres, ils mangent beaucoup de poisson, symbole du Christ (en grec ancien, le mot poisson *ichtus*, (ἰχθύς, *ikhthús*), est composé des premières lettres des termes composant la formule « Jésus-Christ fils de Dieu sauveur »).

Un discours médical favorable aux puissants
Les médecins considèrent que les maladies s'expliquent par des dérèglements entre les quatre humeurs qui parcourent le corps : le sang, la bile, la mélancolie et le flegme. Leur proportion respective définit la personnalité de chacun, sanguin, bileux, colérique et flegmatique. Un individu sanguin doit manger de la volaille car ces volatiles empruntent chaleur et humidité à l'air, leur milieu d'origine, or le sang est une humeur chaude et humide.

Que mangeait-on ?

Les historiens du goût, notamment Jean-Louis Flandrin et Bruno Laurioux, ont remis en cause l'idée d'une « Internationale culinaire » qui aurait homogénéisé la table entre le XIIIe et le XVe siècle. Il existe des préférences nationales qui travaillent même certains éléments communs comme l'attirance pour une table colorée. Les Français préfèrent par exemple les « graines de paradis » au poivre et le verjus au vinaigre. Laurioux note que les livres de recettes anglais, même écrits en français, sont indéniablement anglais, avec, par exemple, une grande utilisation de la bière en cuisine, des mets largement sucrés et un grand usage des couleurs contre le manger-blanc qui caractérise le « bon goût » français.

Une table très colorée

La grammaire de la table du Moyen Âge insiste sur l'importance de la couleur des aliments, on explique abondamment les techniques utilisées pour les colorer, mais sans dire suffisamment que, parmi toutes ces couleurs, « manger-blanc » est une préférence nationale alors que, par exemple, les Anglais, mais aussi les Germains, mangent plus colorés. Manger-blanc renvoie incontestablement au domaine des emblèmes comme la fleur de lys dont seule la fille aînée de l'Église, autrement dit la France, peut se prévaloir. Le blanc est un symbole de pureté mais aussi de paix. On le retrouve donc dans les aliments et le nappage. Ce manger-blanc est obtenu aussi bien par des colorants que par le choix de substances blanches comme le poisson à chair blanche, la viande de volaille, le riz, des amandes pilées déposées en plusieurs couches, du sucre (dont c'est le seul grand usage). La sauce verte est également très courante, mais sans jamais parvenir à détrôner le manger-blanc. On explique parfois que cette débauche de couleurs est une façon de conjurer l'angoisse collective : ces siècles sont en effet des siècles de grande peur, entretenue savamment par l'Église, mais il ne faut pas oublier que la théologie considère alors les couleurs comme un instrument essentiel pour s'élever jusqu'à la « lumière de Dieu ». Pour en rester au domaine alimentaire, si le blanc exprime la pureté, le vert évoque la fertilité, le noir la puissance, le jaune la sagesse, le doré et l'argenté le luxe et le faste, etc. La couleur blanche est rendue par de la mie de pain ou des amandes, le vert est obtenu avec du jus d'épinard, du vert de poireau, de l'oseille, du persil ou de la sauge, le jaune avec du safran ou du jaune d'œuf, le rouge avec du tournesol ou de la racine d'orcanette, le noir est donné notamment avec du pain brûlé, d'autres plantes colorent en bleu, en violet, etc. Nous serions étonnés de voir la couleur de certains plats : le gibier, symbole de puissance, est coloré en noir alors que les autres viandes sont en rose/rouge. On mélange aussi ces différentes couleurs avec des gelées dont on fait grand usage car on apprécie les couleurs brillantes.

La cuisine du Moyen Âge se caractérise par la recherche d'un goût extrêmement acide et épicé. Cette particularité est possible en raison de l'usage de sauces au vin épaisses, grâce à une liaison à base de mie de pain ou de jaune d'œuf et à l'importance des préparations farcies. On n'épice pas seulement les viandes et les poissons, mais aussi les potages, les entremets et les fruits, comme les poires au sirop avec de la cannelle[170]. Le goût va plutôt aux sauces peu grasses, contrairement aux légendes, mais très colorées. Le goût acide est donné par l'usage du verjus (suc extrait du raisin cueilli vert ou parfois de pommes sauvages), du vinaigre, parfois du jus de groseille. Cette attirance explique la préférence pour les vins blancs naturellement plus acides. La saveur forte est donnée par des épices : les spécialistes en recensent plus de 200, dont certaines surprenantes comme les sécrétions produites par les glandes sexuelles du castor. Les épices les plus consommées sont plus ordinaires, comme le clou de girofle, le poivre, la cannelle, la noix de muscade, le gingembre, le safran, l'anis, etc. Les Français utilisent beaucoup plus de maniguette que les autres peuples, non pas parce qu'ils aiment particulièrement son goût, mais parce que c'est le seul pays où les fruits de cette plante ont été dénommés « graines du paradis ». Ces graines sont l'épice de l'aristocratie alors que le poivre est délaissé car beaucoup trop populaire. Cette table aime particulièrement mélanger les épices, notamment la cannelle et le gingembre. L'étude des recettes montre un mépris du cumin. Le goût préféré, et donc dominant, est l'aigre-doux.

Les spécialistes se sont interrogés sur les raisons de cette attirance pour une table épicée. Tous rejettent la thèse qui voudrait que ce choix s'explique par la nécessité de camoufler le goût d'une viande en voie de décomposition, argutie qui traduit nos *a priori* idéologiques sur le passé. Certains estiment que c'est la part de rêve associée à l'exotisme et aux récits merveilleux qui fait de la cannelle, par exemple, une épice provenant du nid du Phénix, oiseau légendaire devenu symbole de la résurrection du Christ... D'autres expliquent cette préférence par la chaîne de l'être, puisque les épices provenant des régions chaudes et arides sont associées à l'élément « feu », supposé être le plus noble de la création.

J'aimerais revenir sur la polémique qui a opposé Maxime Robinson et Bruno Laurioux. Le spécialiste du monde arabe voit dans le grand usage des épices une importation du goût arabe, alors que l'historien de la table

---

170. Bruno Laurioux, « De l'usage des épices dans l'alimentation médiévale » in *Médiévales*, vol. 2, n° 5, 1983, numéro thématique : *Nourritures*, sous la direction d'Odile Redon, p. 15-31.

inscrit la cuisine médiévale, pas si exceptionnelle à ses yeux, dans le simple prolongement des traditions antiques. Cette attirance pour les épices orientales me semble s'expliquer par la thèse alors partagée que l'Orient est la région dans laquelle existait l'Eden. Manger épicé est donc un acte de foi, avant même d'être une préférence gustative, ou plutôt, on aime manger épicé car cela rapproche de l'alimentation imaginée du paradis terrestre. La seule nation où l'arabisation de la table est incontestable est l'Angleterre, qui a un goût très prononcé pour le sucre alors que cet ingrédient reste largement boudé sur tout le continent. La France ne découvre véritablement le sucre qu'au XVe siècle et en fait un usage différent : on commence à utiliser dans les sauces au vin de la sapa, un moût réduit de moitié, qui offre de grandes propriétés sucrantes.

On sait grâce aux travaux des céramologues comme Danièle Alexandre-Bidon que le Moyen Âge est sensible aux saveurs ajoutées par les contenants[171]. Le goût de fumé ou le goût de brûlé sont détestés au point de changer (casser) les pots qui ont pris ces odeurs. Le goût de chêne est recherché pour les potages, les poissons, le beurre, les fruits, le miel, le vinaigre. Le goût d'argile est recherché car ayant la même origine que le corps humain tiré de la glaise.

Une table trompeuse

La table clérico-féodale conserve le goût pour des produits non naturels, c'est-à-dire transformés. L'éloge du naturel n'apparaît qu'au XVIe siècle[172]. Une bonne table ne doit pas permettre d'identifier immédiatement le produit, qu'il s'agisse de légumes ou de légumineuses, de fruits, et naturellement de viande ou de poisson. Les cuisiniers jouent sur les couleurs et les épices, sur les modalités de cuisson et sur tout un art qui consiste à donner une apparence trompeuse aux produits, dans l'esprit de la cuisine des métamorphoses chère aux Romains antiques. Le grand attrait pour les pâtés et les tourtes s'explique par la possibilité d'y cacher des aliments et de leur donner des formes qui épousent par exemple celles d'un animal.

---

171. Danièle ALEXANDRE-BIDON, *Une archéologie du goût. Céramique et consommation (Moyen Âge – Temps modernes)*, Paris, « Espaces médiévaux », Picard, 2005.
172. Philippe MEYZIE, *L'alimentation en Europe à l'époque moderne*, Paris, « Collection U », Armand Colin, 2010 ; Alain DROUARD, *Les Français et la table : alimentation, cuisine, gastronomie du Moyen Âge à nos jours*, Paris, Ellipses, 2005.

Comment mangent les puissants

Alors que la table populaire s'appauvrit progressivement au cours du Moyen Âge, celle des puissants s'enrichit considérablement. Le grand principe est alors non seulement de manger plus et mieux que le petit peuple, mais aussi de manger davantage et mieux que ses pairs. La table est donc un langage de pouvoir au sein même de la bonne société, bien qu'elle le soit différemment parmi ceux qui détiennent seulement un patrimoine important et parmi ceux qui entretiennent des liens de vassalité. La noblesse représente environ 1 % de la population, le clergé 1 % et les *laboratores* (principalement des paysans) 98 %.

Le Ménagier de Paris

Nous avons une connaissance précise des mœurs alimentaires de la « bonne société » grâce à une série d'ouvrages, dont *Le Ménagier de Paris* écrit vers 1390 par un bourgeois âgé transmettant à sa jeune épouse des conseils pratiques et moraux sur la table[173]. L'auteur recommande à son épouse d'exclure les aliments trop coûteux comme certains oiseaux… car au-dessus de leur rang. Un repas au sein de la « bonne société » se doit certes de proposer des volailles mais toute une gradation existe entre celles des « petits riches » (poussins, poulets, chapons, coqs, poules, gélines, canards, pigeons, oies), celles des « moyens riches » (bécasses, pluviers, cailles, alouettes, grives, pies) et celles des « grands riches » voire des seigneurs (cygnes, hérons, paons, grues, cigognes, cormorans, butors, etc.). La table des riches se doit également d'exclure les fruits trop populaires comme les mûres, les châtaignes, les pignons de pin, les fruits de l'églantier, les fraises des bois, les fruits du sorbier, les alises, mais propose des prunelles, groseilles, framboises, noix et noisettes, et tous les fruits cultivés, comme les pommes, poires, merises, cerises, prunes, coings… et dans le Sud, les olives, amandes, pêches, abricots, figues, raisins, etc. L'auteur du *Ménagier* ajoute que « manger une fois par jour est une vie d'ange et deux fois une vie humaine ; mais manger trois ou quatre fois par jour ou plus, est une vie de bête et non de créature humaine ». Les possédants, respectueux de leur statut, c'est-à-dire de l'ordre divin, savent donc se restreindre, signe de leur relative oisiveté (car ils n'ont pas besoin de manger comme ceux qui travaillent), mais aussi de leur respect des bons usages. Ils s'abstiennent de petit déjeuner, dînent en fin de matinée et soupent au milieu de l'après-midi.

---

173. Le Ménagier de Paris, *traité de morale et d'économie domestique, composé vers 1393 par un Parisien pour l'éducation de sa femme*, Jérôme PICHON (éd), Bibliothèque de l'École des chartes, vol. 9, n° 1, 1848, p. 353-354.

On dénonce ceux qui ne respectent pas cette règle et ceux qui trichent habilement avec elle. Ces transgressions, venues des milieux marchands, finissent par atteindre la cour : Charles V (roi de France de 1364 à 1380), qui se lève vers midi et prend son premier repas à 17 heures, reste trois heures à table, puis soupe de nouveau abondamment de minuit jusqu'à 6 heures du matin. Ces manières de table sont la risée des cours étrangères : ainsi, on dénonce en Espagne ces Français qui mangent trois ou quatre fois par jour et qui n'hésitent pas à se faire vomir entre les repas pour pouvoir continuer à manger. Le grand moraliste catalan Francesc Eiximenis écrit même : « Maudite soit la terre dont les princes mangent le matin comme des enfants [...] Il doit suffire à chacun de manger deux fois par jour. »

Guillaume Tirel dit Taillevent

Guillaume Tirel (1310-1395), dit Taillevent, est l'auteur du célèbre ouvrage *Le Viandier*, témoignage des mœurs alimentaires des nobles[174]. D'abord maître queux du roi Charles V en 1373, il devient, en 1388, premier écuyer de Charles VI. Taillevent entend prendre ses distances avec le fameux traité d'Apicius qui reste la référence absolue. La cuisine qu'il propose est riche, abondante et épicée, conformément aux usages du temps, mais surtout dégagée des canons gallo-romains.

Le régime alimentaire aristocratique

Le régime alimentaire aristocratique français hérite de l'obligation de « manger beaucoup » mais ajoute l'interdiction de manger davantage qu'un membre d'un rang supérieur au sien. Une femme ou un enfant ne peut également manger ou boire davantage que son mari ou père. Des quantités de viande différentes sont prévues selon le statut des commensaux : un prince reçoit 2 livres de viande, les ducs et grands chevaliers une 1 livre,

---

174. *Le Viandier de Guillaume Tirel, dit Taillevent, enfant de cuisine de la reine Jehanne d'Évreux, queu du roi Philippe de Valois et du duc de Normandie, dauphin de Viennois, premier queu et sergent d'armes de Charles V, maistre des garnisons de cuisine de Charles VI [1326-1395] ; publié sur le manuscrit de la Bibliothèque nationale, avec les variantes des manuscrits de la bibliothèque Mazarine et des Archives de la Manche, précédé d'une introduction et accompagné de notes,* par le baron Jérôme PICHON,... et Georges VICAIRE. *On y a joint des pièces originales relatives à Taillevent, les reproductions de ses sceaux et de son tombeau, la réimpression de la plus ancienne édition connue de son livre, une édition nouvelle du plus ancien traité de cuisine écrit en français et une table des matières.* À Paris, se vend chez Techener, 1892. In-8°, LXVIII-480 pages. (Plus un feuillet supplémentaire, qui contient le texte d'une lettre de Philippe de Valois, du mois de novembre 1330.) ; Bruno LAURIOUX, *Le règne de Taillevent. Livres et pratiques culinaires de la fin du Moyen Âge*, Paris, Publications de la Sorbonne, 1997 ; *id.*, « Entre savoir et pratiques : le livre de cuisine à la fin du Moyen Âge » in *Médiévales*, vol. 7, n° 14, 1988, p. 59-71, numéro thématique : *La culture sur le marché.*

---

les simples chevaliers 1 demi-livre, les écuyers, chapelains et clercs un quart de livre, les serviteurs un huitième, etc. (Banquet offert à Humbert II, dauphin de Viennois, xive siècle.)

Les nobles, en dehors des banquets, mangent dans leurs appartements privés, signe de puissance et abandonnent la salle commune dénommée « tinel » aux domestiques. Ils aiment aussi déjeuner sur l'herbe, notamment à l'occasion des grandes chasses.

Les repas des nobles sont structurés autour de trois moments (potages, rôts et entremets) qui prennent des dimensions et significations différentes selon leur caractère privé ou public. On ajoute de nombreux autres services. J'insiste tout d'abord sur le fait que si les « viandes » ne sont pas nécessairement des « chairs », mais tout ce qui permet de vivre, les potages ne sont pas davantage des soupes, mais des plats préparés en pot, que les rôts ne sont pas nécessairement rôtis et que les entremets deviendront davantage des spectacles que des plats supplémentaires, servis entre les mets.

Le service à la française, un dispositif politique

Le service dit « à la française » consiste à séquencer le repas en apportant sur la table plusieurs plats différents, parfois des dizaines. Tous ces plats sont déposés et enlevés en même temps, ce qui suppose un personnel nombreux. Le principe veut que chacun ne puisse manger que les plats qui ont été déposés juste devant lui. Ce mode de service exige un plan de table rigoureux, car, bien sûr, les plats ne sont pas déposés de façon indifférente sur la table, mais en fonction du statut de chacun des convives et de sa noblesse[175]. Ce mode de service supprime toute idée de partage des plats, ce qui signifie qu'on peut banqueter ensemble tout en faisant des repas totalement dissemblables. Chacun n'accède ni aux mêmes plats ni aux mêmes quantités de denrées : le personnage le plus important se voit proposer un héron, par exemple, tandis que ceux situés juste au-dessous de son rang se voient servir un butor, tandis que les autres reçoivent un pluvier. La règle, on l'a vu, veut qu'on divise par deux les portions de viande chaque fois qu'on diminue d'un rang. Ce principe ne vaut pas pour les fruits et légumes.

Un repas chez les nobles

Ne pas partager son repas (même en mangeant dans des pièces séparées) est toujours vécu comme un échec social, aussi est-il d'usage de s'inviter

---

175. Jean-Louis Flandrin, *L'ordre des mets*, Paris, Odile Jacob, 2002.

mutuellement de façon très régulière. On ne peut d'ailleurs refuser une invitation, ni s'abstenir de la rendre durant trop longtemps. L'invitation à passer à table se fait ordinairement au son du cor, chacun se lave alors les mains : on les tend au-dessus d'un bassin et les domestiques versent l'eau d'une aiguière et présentent une serviette pour s'essuyer. Ce rituel du lavage des mains est obligatoirement répété à la fin du repas. On prend place en respectant le plan de table. Les femmes mangent souvent dans une pièce à part et sinon, sauf pour leur mariage, elles sont reléguées au bas bout des tables. Quatre personnages remplissent un rôle essentiel : l'écuyer de cuisine qui est le véritable ordonnateur du repas, une sorte de maître d'hôtel et d'intendant ; le panetier qui a la responsabilité des nappes, de la préparation des tranchoirs et du sel ; l'écuyer tranchant qui est obligatoirement un noble, chargé d'effectuer les découpes pour les principaux hôtes et de leur servir les meilleurs morceaux, comme les têtes et cous des volatiles ; l'échanson, responsable du service des vins et qui, à la table des princes, effectuent, avec le sommelier, les opérations d'usage, avec la « corne de licorne » (morceau de défense de narval) pour s'assurer que le vin n'est pas empoisonné.

Le premier service est constitué de fruits de saison accompagnés d'échaudés, c'est-à-dire de gâteaux élaborés à partir de pâte à pain et cuits dans l'eau bouillante, de mets salés comme des pâtés ou des saucisses, le tout accompagné de vins liquoreux comme du grenache, du malvoisie, du muscat, de l'hypocras (vin blanc aromatisé avec des herbes et des épices, comme de la cannelle, du gingembre et du poivre, et le plus souvent consommé chaud). Les fruits, aliments froids et humides, sont consommés en début de repas afin d'être cuits dans l'estomac, à l'exception des poires, des nèfles et des coings, servis en fin de repas, le plus souvent cuits dans du vin.

Le deuxième service est consacré aux potages, c'est-à-dire à des aliments cuits dans des pots, comme des viandes, du gibier, de la volaille, toujours servis accompagnés de légumes. On retrouve avec les potages le principe du mijoté caractéristique des tables antiques. Les spécialistes rappellent qu'on distinguait, parmi les potages, les brouets (viande cuite dans un bouillon) des « crétonnés » (morceau de lard cuit de façon à prendre une forme racornie).

Le troisième service est celui des rôts. Il convient ici de distinguer les jours dits « à viande » où l'on sert des viandes cuites à la broche, et, si possible, à la table des nobles, du gibier (d'eau), de grands volatiles ou de la volaille… et les jours maigres consacrés aux poissons de mer ou d'eau douce, servis bouillis, à la broche ou cuits au four. On parle de « service en confusion » pour la viande, lorsqu'on mélange différentes sortes de viandes présentées ensemble sur un grand plat.

Le quatrième service est celui des entremets, réalisations extraordinaires et/ou spectacles dans la salle (nous en parlerons plus en détail).

Le cinquième service est celui de la desserte, il s'agit de préparations sucrées à base de fruits, de compotes, de flans, de tartes, de crèmes, de beignets, etc. On propose également quelques fruits frais comme des poires ou des coings au vin, ainsi que des fromages et des fruits secs. Le dernier moment est qualifié d'« issue » : on sert de l'hypocras fait cette fois avec du vin rouge (le vin blanc ouvre les voies digestives alors que le vin rouge est réputé les fermer), accompagné de gaufres, de mendiants, etc. Des vins différents sont proposés tout au long du repas sans qu'il n'y ait aucune idée d'accords mets/vins (contrairement à l'Allemagne à la même époque). On apprécie les vins dorés au miel, les vins avec des clous de girofle, les vins cuits. La récitation des grâces conclut le repas. Les tables sont enlevées afin de libérer de l'espace pour danser (sauf les vendredis). L'amphitryon peut convier dans ses appartements privés une partie des convives pour le boute-hors (ou boutehors) consacré au partage d'un vin rouge épicé accompagné d'épices de chambre, comme le fenouil, l'anis, le gingembre, de fruits (comme des coings, des noix et noisettes), de confitures, de dragées…

L'art français du grand banquet

Le personnel chargé du service de cuisine du roi compte entre 50 et 100 personnes, selon les périodes et surtout les événements. La fonction la plus élevée est celle d'écuyer de cuisine, poste réservé à un aristocrate. On trouve ensuite des maîtres queux, des queux, des échansons et des sommeliers, des domestiques spécialisés, en salle et en cuisine. On distingue la « cuisine de bouche » destinée à la préparation des plats pour le roi et la cuisine du commun pour les autres convives.

Manger beau

L'art français du banquet va cependant bien au-delà du service des plats dit « à la française ». Déjà initié par les premiers écuyers de cuisine comme Taillevent, il sera largement codifié au XVe siècle à la cour de Philippe le Bon, duc de Bourgogne, par un autre écuyer de cuisine, Olivier de La Marche. Philippe le Bon a besoin, dans le cadre de sa stratégie de conquête du pouvoir royal, d'inviter et d'impressionner les grands électeurs du pays. Comme on ne peut guère faire mieux en matière de conception et de raffinement des mets, sans risquer de succomber au péché de *gula*, on joue sur tout ce qui entoure le repas : la décoration de la salle, tendue de dais et de tapisseries représentant des allégories, les tenues des personnes chargées du service, l'organisation de spectacles extraordinaires, des promenades avec visite du verger, des jeux (de billes, de boules, de dés, d'échecs, de cartes) ou des parties de chasse ou même des tournois dans la salle du banquet.

Cette évolution est logique dans une société qui repose largement sur l'art de la représentation. Jacques Le Goff parle de propagande exhibitionniste pour transformer les hommes en *subditi* (« sujets »). Cette société est une société de monstration avec ses exhibitions, ses supplices au pilori ou sur des estrades, ses entrées de villes, bref, tous les spectacles de propagande dont les banquets des nobles font largement partie. Manger bien, c'est donc d'abord manger beau, puisque tout ce qui est beau est supposé être bon.

Olivier de La Marche, le grand codificateur

Cet art français du banquet sera repris par de nombreux princes étrangers dont les rois d'Espagne, alors principale puissance politique. Cet art a été codifié par Olivier de La Marche, alors écuyer de cuisine de Philippe le Bon, puis maître d'hôtel et capitaine des gardes de Charles le Téméraire, duc de Bourgogne[176]. C'est lui qui aura la mission d'organiser les deux plus grands festins qui marqueront le XVe siècle : celui tenu en 1454 et connu sous le nom de « Banquet du vœu du faisan », dont l'objectif est de convaincre les nobles de lancer une nouvelle croisade (un héron est lâché dans la salle du banquet avec un faucon pour le tuer) ; et celui tenu en 1468 pour le mariage de Charles le Téméraire avec Marguerite d'York, avec sept salles à manger différentes présidées chacune par un proche du prince aidé d'un maître d'hôtel. Charles le Téméraire mange seul dans une pièce située juste à côté de la chapelle, tandis que son épouse mange avec les autres femmes, en compagnie de ducs choisis parmi les plus âgés. Olivier de La Marche est l'auteur en 1473 de *L'état de la maison* dans lequel il décrit l'art du banquet.

Une mise en scène des inégalités

Cette mise en scène du pouvoir joue sur d'autres procédés : existence de plusieurs salles à manger ; existence de plusieurs tables dans une même salle ; possibilité pour le principal personnage de manger seul à une table dans une pièce isolée, ou, dans la même salle tandis que les autres convives

---

176. *Mémoires d'Olivier de La Marche, maître d'hôtel et capitaine des gardes de Charles le Téméraire*, publiés, pour la Société de l'Histoire de France, par H. Beaune et J. d'Arbaumont, Paris, Librairie Renouard, 4 vol., 1883-1888.

 Une histoire politique de l'alimentation. Du paléolithique à nos jours

se répartissent sur plusieurs tables ; présence pour chaque table d'un « haut bout » et d'un « bas bout » permettant de marquer des gradations ; droit exceptionnel à une portion individuelle à la place de la ration pour deux ; droit au « service-couvert » (le plat arrive couvert devant le convive), ce qui permet de manger chaud, alors qu'on mange habituellement tiède compte tenu de l'éloignement de la cuisine de la salle de restauration pour éviter toute propagation d'incendie ; droit d'occuper un trône, un fauteuil, une chaise, ou même un banc individuel, plutôt que de partager, selon la coutume, un banc collectif ; présence d'un dais (tapisserie) derrière soi ; droit à un tailloir sous son tranchoir de pain ; gobelet personnel et non pour deux, etc.

Beaucoup d'autres procédés permettent de mettre en scène les relations de pouvoir en réservant certains objets ou moment de prestige. Ainsi la table réservée aux principaux hôtes est non seulement centrale mais repose sur une estrade. Un convive mange habituellement sur un tranchoir (grosse tranche de pain, souvent de forme arrondie, coupée dans un pain rassis de plusieurs jours acheté spécialement à cet usage) sur lequel on dépose viande, légumes et sauces, et qui est abandonné, à la fin du repas, pour être donné aux chiens de la maison ou aux pauvres. L'usage veut que ce tranchoir soit déposé pour les nobles sur un tailloir qui peut être composé de trois autres tranchoirs déposés en triangle, ou qui peut consister en une plaque en bois, en terre, en étain, ou en argent, avec des pierres précieuses. Les convives reçoivent habituellement un tranchoir pour deux mais une écuelle chacun. Le gobelet est partagé et le couteau est personnel. On harmonise les manches des couverts avec le calendrier liturgique : pour Carême, des manches d'ébène, pour Pâques, des manches en ivoire, pour la Pentecôte, les deux matériaux sont mélangés.

Précisons que, contrairement à une rumeur, les fourchettes (à deux ou trois dents) existent déjà, mais qu'une légende entretenue par l'Église veut qu'une princesse byzantine du xie siècle, Théodora Doukas, épouse de Domenico Selvo, doge de Venise (1071-1084), soit subitement décédée après en avoir utilisé une, signe manifeste et incontestable d'un châtiment divin pour l'utilisation de cet outil... Les historiens insistent sur la présence de la nef, objet monumental réservé aux grands personnages. Bruno Laurioux précise que cet objet en forme de navire peut atteindre le poids de 81 kilos et la hauteur de 90 centimètres, il est réalisé en or, en vermeil, en argent doré et décoré d'émaux ou de pierres précieuses. La nef contient les couverts, la salière et la serviette des nobles et leur permet d'y déposer, pour l'aumône des pauvres, tous les morceaux qu'ils ne désirent pas manger et qu'ils choisissent de ne pas donner aux chiens de la salle. J'aimerais citer encore les buffets et autres dressoirs qui permettent d'exposer à la vue des convives la vaisselle la plus chère et la plus rare, différente de celle utilisée pour le service.

L'absence de salle à manger permanente et de table sur pieds, loin d'être un handicap, introduit une flexibilité profitable à ces mises en scène. Les tables sont simplement dressées dans le lieu le plus approprié, selon la saison, le nombre, mais aussi la qualité des différents convives. Des plateaux sont déposés pour cela sur des tréteaux. Ces tables de fortune n'ont pas de valeur en tant que telle, d'autant plus qu'elles sont nécessairement couvertes par de grandes nappes. Ces dernières, faites en lin ou en chanvre, sont obligatoirement blanches et leur qualité témoigne de la richesse de l'hôte. Trois nappes sont souvent superposées pour faire référence à la Trinité et elles doivent descendre jusqu'au sol. Une longière est en principe ajoutée à la nappe du côté des convives, cette bande de tissu sert de serviette. Le sol dallé des pièces est, pour les grands festins, couvert de jonchées (herbes et joncs) et parsemé de fleurs odorantes.

Les entremets : des prouesses culinaires aux mises en scène spectaculaires

On ne comprend rien au principe des festins du Moyen Âge si on ne détaille pas les entremets. Ce moment « entre-les-mets » intervient juste après les rôts et repose soit sur des mets exceptionnels, soit sur des mises en scène de mets extravagants, soit sur des mises en scène dans lesquelles ces mets ont disparu pour ne conserver que le caractère extravagant et exceptionnel. Le Moyen Âge accorde une importance plus grande à la vue et à l'ouïe qu'au toucher et au goût.

Originellement, on peut distinguer trois types d'entremets : ceux qui restent en place durant toute la durée du banquet, par exemple les fontaines à vin ; ceux présentés sous forme de tableaux en rapport avec le thème du banquet ; ceux disposés sur les tables et qui sont changés à chaque service en fonction de son contenu. Toutefois, la généralisation des entremets fait que les banquets ne sont plus nécessairement des moments consacrés à boire et à manger, mais à regarder. On construit d'ailleurs des balcons pour que des spectateurs, non commensaux, puissent participer au banquet en regardant les entremets. La salle à manger est d'ailleurs organisée de façon à permettre à chacun de profiter des entremets, c'est pourquoi la table est disposée en « U » et les convives ne s'assoient que d'un seul côté. On manquerait l'essentiel à s'imaginer qu'il ne s'agit que de distractions plaisantes et amusantes. Les entremets servent à dire la puissance et le pouvoir de celui qui invite ou de ceux qu'on souhaite valoriser, et ils permettent aussi de passer des messages politiques plus efficacement. Les entremets se font volontiers non seulement propagandistes mais didactiques/pédagogiques. Nous aurons une idée assez juste de la tonalité de ces entremets en rappelant que Philippe Auguste (1165-1223, roi de 1180 à 1223), septième roi capétien, et son conseiller, le théologien Pierre Le Chantre refusèrent longtemps d'engager des jongleurs et des comédiens, pour finalement ne l'accepter qu'à la condition que ces jongleurs puis les trouvères chantent, chacun à leur façon, les faits et gestes des princes et nobles du royaume ainsi que les vies des saints pour l'édification du public. Gace Brulé, chanteur et poète le plus en vogue, figure parmi les bénéficiaires des rentes tirées des domaines du roi et anime certains grands festins. Souvenons-nous aussi de l'aversion de la monarchie française pour les jurons blasphématoires contrairement aux rois anglais : le coupable est condamné à une amende s'il est riche, ou plongé dans l'eau tout habillé s'il est pauvre. Cette aversion pour les jurons est à mettre en rapport avec celle de la *gula* : la bouche étant la principale source du mal. Quant aux vêtements, ceux masculins du xive siècle moulent le sexe et les femmes ont de profonds décolletés. Cette période est celle où l'on s'embrasse *bec à bec*.

Pendant longtemps, seuls les principaux convives ont droit à un entremets, d'abord simple plat comme des bouillies colorées, des œufs, des purées de légumes, puis plat plus recherché comme un civet de volaille ou des abats, ou encore véritable prouesse culinaire quand le plat se compose d'un cygne (ou d'une oie) revêtu de sa peau et de ses plumes. *Le Viandier* détaille cette préparation en vogue : le volatile est d'abord débarrassé de sa peau puis cuit, il est ensuite recouvert de son plumage, son bec et ses pattes sont dorés à l'or fin, un dispositif savant fait de fils et de tiges de bois donne l'impression que l'oiseau va s'envoler. En 1420, Amiczo Chiquart avait conçu, pour Amédée VIII de Savoie, un château dont les quatre tours servaient de support à quatre plats emblématiques ; au centre de la construction une double fontaine faisait jaillir du vin et de l'eau de rose.

Les entremets sont à l'évidence des signes de richesses et de pouvoir, c'est pourquoi le concile de Reims les interdit en 1304 (provisoirement) aux clercs. Ces entremets deviennent par la suite des mises en scène grandioses destinées à glorifier les principaux hôtes et à émerveiller les autres convives. On parle d'entremets « de peintrerie » pour désigner ces spectacles utilisant des automatismes, ou des acteurs, des musiciens, des chanteurs, des jongleurs, des acrobates, des cracheurs de feu, des trouvères, des troubadours, des montreurs d'animaux, etc. Bruno Laurioux insiste sur la dimension de propagande politique : il ne s'agit plus de venir partager un repas, d'ailleurs beaucoup ne mangent pas, mais un spectacle grandiose qui fera nécessairement mémoire. Cette pratique des entremets explique l'allongement considérable de la durée des banquets, ainsi celui organisé pour les noces de Charles le Téméraire dure neuf jours entiers. Les plus grandioses entremets sont d'abord l'œuvre de la cour de Bourgogne et d'Olivier de La Marche. Ainsi lors du fameux Banquet du vœu du faisan, La Marche conçoit 80 entremets mettant en scène les devoirs des nobles et justifiant la croisade. L'Italie sera au XVIIIe siècle le pays des plus beaux entremets en sucre sous forme de sculptures.

Du prince nourricier au prince prédateur

Certains justifient les excès des puissants par le fait que ne pouvant tout consommer ils permettaient une redistribution aux plus pauvres (on sait que le tranchoir finissait ainsi en aumône). On cite souvent Saint Louis accueillant à sa table 13 pauvres ainsi que la création du poste d'officier général chargé de collecter les restes. Cette période est pourtant davantage celle d'une redistribution à rebours, prenant sans cesse aux gens ordinaires pour donner aux puissants. Je ne referai pas ici le procès de la fiscalité féodale et des exemptions dont bénéficient nobles et Église. J'aimerais évoquer ces « cadeaux alimentaires obligatoires » dont bénéficient, de façon ordinaire, les seigneurs et les curés, et, de façon plus exceptionnelle, les princes de passage. On a beaucoup écrit sur l'importance des rituels d'accueil des souverains depuis l'*Adventus* impérial de la fin de l'Antiquité, on a beaucoup dit qu'ils servaient à exprimer symboliquement les idéaux de la communauté et à rompre avec la monotonie du quotidien, grâce aux grandes fêtes. Tout cela est vrai mais le coût de ces « entrées royales » représente jusqu'à 10 % des recettes fiscales annuelles qui passaient ainsi en cadeaux, notamment alimentaires, à l'aristocratie. Ce phénomène qui se développe avec la renaissance urbaine du XIIe siècle se prolonge, sous des formes différentes, jusqu'au XVIIIe siècle. J'aimerais insister aussi sur le fait que les processions qui allaient à la rencontre du roi étaient initialement uniquement laïques, sans aucune présence religieuse, mais que l'Église, parvenant à imposer sa présence aux côtés des prévôts des marchands, des échevins et autres officiers des hôtels de ville, puis, en tête, changera la nature de ces rituels. À l'origine, manifestations de défense des libertés locales, avec la mise en scène du pont-levis permettant l'accès à la ville d'abord fermée, puis ouvert après les réponses du roi aux questions posées par les représentants de la ville, les processions – tout comme les spectacles, représentations et banquets – perdront leur caractère profane pour afficher la fidélité au roi de France.

Quelques lois somptuaires insuffisantes

La France connaît, après le XIIIe siècle, de nouvelles lois somptuaires limitant le luxe excessif mais elles ne retrouveront jamais la portée qu'elles avaient sous l'Antiquité ou qu'elles acquièrent alors en Allemagne mais aussi en Italie. La France accepte plus volontiers les gaspillages lors des banquets de mariage, de funérailles ou entre amis. Bruno Laurioux cite cependant la décision des autorités municipales de Limoges d'interdire les « grandes et excessives dépenses faites aux couches et aux relevailles des femmes ». J'aimerais croire qu'aucune misogynie n'entache cette mesure particulière (un mois après la naissance, les femmes, jusqu'alors considérées comme impures, étaient de nouveau autorisées à pénétrer dans les églises et à faire la cuisine) car, au même moment, on constate une grande tolérance à l'égard des moines à qui, à travers la coutume – que l'on redécouvre – des dons pieux faits aux Fondations de monastères, on permet d'assurer des messes pour les morts en échange de repas (très) améliorés[177].

Le renouveau des politiques alimentaires

La période qui va de la seconde phase carolingienne au milieu du système clérico-féodal est marquée par la quasi-disparation des politiques alimentaires, avec la fin de la grande tradition d'intervention de l'État dans ce domaine. L'époque est à accepter l'humaine soumission au châtiment divin (*peccatis nostris exigentibus*)[178]. On remplace donc les politiques de stockage et de distributions alimentaires des surplus par des prières, des confessions, des processions, mais aussi par l'observation des phénomènes célestes exceptionnels (comme des comètes, des éclipses, des météores) censés annoncer, à travers des conjonctions astrales défavorables, les conséquences d'un jugement prévisible de Dieu. Les processions, les aumônes et les repentances étant insuffisantes pour assurer l'alimentation du peuple, on voit réapparaître très progressivement, dès le XIIe siècle, mais surtout aux XIIIe, XIVe et XVe siècles, des politiques dans divers domaines. On multiplie les capitulaires sur les denrées les plus susceptibles d'être avariées (comme les poissons), trafiquées (comme les viandes et les char-

---

177. Caroline BYNUM, *Jeûnes et festins sacrés, les femmes et la nourriture dans la spiritualité médiévale*, trad. (angl.) par C. Forestier-Pergnier et E. Utudjian Saint-André, Paris, Cerf, 1994.
178. Pierre TOUBERT, « Disettes, famines et contrôle du risque alimentaire dans le monde méditerranéen au Moyen Âge » in *Pratiques et discours alimentaires en Méditerranée de l'Antiquité à la Renaissance*. Actes du XVIIIe colloque de la Villa Kérylos à Beaulieu-sur-Mer, les 4, 5 & 6 octobre 2007, « Cahiers de la Villa Kérylos », vol. 19, n° 1, Paris, Académie des Inscriptions et Belles Lettres, 2008, p. 451-468 ; Thierry LESIEUR, « Modèle clunisien de la justice divine et mode de la rationalité » in *Cahiers de civilisation médiévale*. 46e année, n° 181, janvier-mars 2003, p. 3-21.

cuteries) ou les plus sensibles (comme le pain, le vin et les différentes boissons alcoolisées). On surveille particulièrement la pollution des eaux (sources et puits) mais d'abord en raison de la grande peur des empoisonnements (d'inspiration religieuse). La codification des métiers est aussi une façon d'assurer la qualité des produits alimentaires. Louis IX (Saint Louis) officialise en 1248 le métier de cuisinier en créant la corporation des rôtisseurs, chargés de la cuisson des volailles, des gibiers, des rôts et rôtis. Ce corps de métier est l'ancêtre de celui des maîtres queux. On oblige aussi à consacrer jusqu'au tiers des surfaces aux légumineuses susceptibles d'assurer la soudure entre deux récoltes céréalières déficitaires. On fixe le prix maximum de diverses céréales en période de crise. On multiplie aussi les puits publics ou privatifs, on crée des citernes permettant de recueillir l'eau par infiltration ou par drainage, on crée de nombreuses fontaines, même si les Parisiens ne disposent, par exemple, que de 1 à 2 litres d'eau par jour... Des villes, comme Provins en 1273, créent des systèmes de distribution d'eau à domicile, contre redevance, avec des canalisations créées et gérées par les municipalités.

Du côté des monastères

Alors que ce long Moyen Âge voit la dégradation de la table populaire, cette période est aussi celle d'une amélioration de l'alimentation du clergé séculier, mais aussi du clergé régulier soumis pourtant à des vœux de pauvreté, d'obéissance et de chasteté[179]. Le principe du repas collectif est maintenu, être exclu de la table commune est donc une sanction très grave prononcée contre un moine. L'ordre des Chartreux fait exception, car en fusionnant les contraintes des monastères et celles de l'érémitisme, il oblige les moines à prendre seuls leurs repas. Le réfectoire religieux est l'ancêtre de celui des institutions comme les écoles. La règle du silence s'impose dans le réfectoire ce qui oblige à parler avec les mains, tandis qu'on lit des textes sacrés. Une langue des signes est ainsi élaborée pour les moines.

Cet allègement des contraintes vient de loin, puisque l'adoption de la règle de saint Benoît, beaucoup plus souple que les autres, permet à l'abbé de multiplier les dispenses, une fois le principe de non-consommation carnée réaffirmé solennellement. Cette amélioration de la table monastique s'explique par l'origine sociale des moines souvent issus de

179. Aline ROUSSELLE-ESTÈVE, « Saint Benoît d'Aniane et Cassien. Étude sur la *Concordia Regularum* » in *Annales du Midi : revue archéologique, historique et philologique de la France méridionale*, vol. 75, n° 62, 1963, p. 145-160.

la « bonne société », aussi mangent-ils du pain de froment (comme les riches et les puissants) et non des succédanés du pain comme les pauvres ; ensuite, parce que tout en respectant formellement les restrictions, ils vont développer un raffinement dans les préparations, même s'il est, en principe, toujours strictement interdit qu'un moine se spécialise dans la fonction de cuisinier. Bernard de Clairvaux s'insurge ainsi contre les « dizaines de façons de préparer les œufs » en vigueur à Cluny, monastère phare de la chrétienté, et Pierre Abélard s'interroge sur le sens que peut avoir, lors des jours maigres, la consommation de poissons plus coûteux que la viande. La viande, d'abord servie aux seuls malades, est maintenant consommée par les moines « affaiblis » mais en dehors du réfectoire, elle sera ensuite admise lors des repas pour célébrer des fêtes ou de grands événements. Interdire la viande suppose déjà de s'entendre sur ce qu'on nomme la viande. Dès l'époque carolingienne, on soutient que saint Benoît n'a en fait interdit que les viandes des quadrupèdes et a donc autorisé celle des volailles et autres volatiles... On considère également que les oiseaux de mer et de rivière sont, comme les queues de castors, assimilables à du poisson... Les abats qui ne sont pas de la viande peuvent être consommés en pâtés ou tourtes. On avance également l'heure du repas unique à mi-journée d'octobre à Pâques et durant les périodes de jeûne, ce qui permet d'ajouter une collation le soir (le mot collation vient du nom des courtes conférences données par le moine Jean Cassien au ve siècle). On invente également le système des rations supplémentaires pour fêter des événements, des saints locaux ou répondre aux demandes de messes financées par des dons. Les « pittances » sont des rations supplémentaires servies pour deux moines tandis que les « générales » sont servies individuellement. Elles comprennent œufs, fromages et poissons...

Les banquets de paix

L'Église, à la fin du xe siècle, lance deux grands mouvements pour reprendre la main sur la société après ses propres errements. Tout d'abord, le mouvement de la paix de Dieu, assemblées de clercs et de nobles dans lesquelles les *bellatores* confient leurs péchés commis contre la paix entendue comme cohésion de la chrétienté[180]. Ces assemblées visent à réconcilier Dieu et son peuple afin d'éviter des châtiments comme les famines. Ensuite, l'autre mouvement, qui est celui de la trêve de Dieu interdisant

---

180. Dominique BARTHÉLEMY, « La paix de Dieu dans son contexte (989-1041) » in *Cahiers de civilisation médiévale*. 40ᵉ année, n° 157, janvier-mars 1997, p. 3-35.

---

de combattre durant la période du Carême et les dimanches. À la croisée de ces deux mouvements se développent les fameux « banquets de paix ». La volonté de Dieu est en effet supposée présider aux relations de paix soit que la paix obtenue relève d'un miracle tant les oppositions étaient estimées fortes, soit que Dieu ait fait directement intervenir des éléments naturels pour contraindre les belligérants. Des phénomènes météorologiques extraordinaires seraient à la base du succès des négociations de paix avec les Anglais ou entre princes français. Le diable intervient parfois pour empêcher la paix : il provoque un déluge ou la mort du négociateur.

Que mange le peuple ?

La situation diffère selon les régions, les moments et les conditions économiques mais il existe des caractéristiques communes que ne cessent de railler les puissants tout en les imposant et en les justifiant idéologiquement. Nous devons plus que tout éviter le piège du misérabilisme, car ce qui caractérise cette période n'est pas tant le manque qu'une succession de périodes d'abondance relative suivies de périodes de disette et de famine. Nous ne devons pas sous-estimer cependant l'ingéniosité des milieux populaires, fondée sur l'art de la débrouille et de la rapine.

Le peuple mange en moyenne quatre fois par jour mais des mets toujours plus semblables. Nous retrouvons en apparence le triangle pain/vin/« companage » (compléments du pain), mais il fonctionne différemment[181].

Manger c'est manger du pain

Tout est fait pour conduire le peuple à se nourrir principalement de pain, au point même d'identifier l'alimentation avec le pain. Mais, en même temps, on rend sa fabrication toujours plus coûteuse et difficile en accordant aux seigneurs le monopole des moulins (pour la farine) et des fours (pour la cuisson). La situation des villes est souvent différente, ne serait-ce que pour des raisons de sécurité : il est le plus souvent interdit de faire son pain à la maison. Sa fabrication est divisée entre plusieurs corps de métier : les blâtiers qui font commerce de blé ou de grains, les meuniers qui produisent la farine, les boulangers qui pétrissent la pâte et les fourniers qui cuisent le pain. Charlemagne avait déjà pris un capitulaire exigeant que chaque poste de boulanger soit effectivement occupé. Les pouvoirs publics

---

181. Louis STOUFF, *Ravitaillement et alimentation en Provence aux XIVe et XVe siècles*, Paris-La Haye, Mouton et Cie, 1970.

veillent donc aux grains (osons le dire !) : ainsi à Paris, les boulangers sont soumis à l'autorité du Grand panetier de France, officier royal chargé d'appliquer le statut de 1305. Parmi les obligations : celle de cuire le pain tous les jours, même le dimanche, jour obligatoirement chômé pour les autres métiers. La spécificité du métier de boulanger se marque également par la défense de fabriquer des gâteaux et de la pâtisserie.

Manger c'est donc manger du pain, et cela le restera durant des siècles, mais manger du pain c'est entretenir le lien de subordination féodale. Cette période invente ainsi une mise en échec du peuple à travers sa façon de manger. Le peuple contraint de manger du pain mange du mauvais pain et du faux pain (pain d'avoine).

Du vin à boire ou à manger

L'usage fait par le peuple du vin n'est pas conforme aux canons officiels des puissants : le vin déjà épais est davantage mangé que bu, puisque utilisé pour ramollir et rendre comestible un mauvais pain. Cet usage populaire du vin apporte d'ailleurs une part essentielle des calories. La production représente une consommation de 1 à 2 litres par jour et par habitant, sans tenir compte des consommations des femmes et des enfants. Peut-on cependant parler d'un échec de l'Église, mais également de la monarchie, dans leur volonté affichée de réduire l'alcoolisme ? J'avoue avoir quelques doutes sur l'effet des mesures prises contre l'alcoolisme car elles consistent davantage à maintenir un peuple pécheur qu'à l'amender. On notera d'ailleurs que les rations de vin prévues officiellement pour les marins, notamment ceux du roi, sont de 3 litres par jour et que Benoît d'Aniane, pourtant rigoriste, accordait généreusement 3 litres de vin par jour, ou 2 litres de vin et 2 litres de bière, aux chanoinesses.

Pourtant, l'État saura faire preuve d'efficacité durant cette longue période pour réguler la consommation d'autres boissons. La loi salique condamnait déjà ceux qui arrachaient les pommiers et les poiriers, au risque de réduire la consommation du cidre. L'augmentation de sa production au Moyen Âge tient d'ailleurs à un volontarisme qui prendra la forme de l'importation de nouvelles variétés de pommiers, plus productifs, depuis le Sud-Ouest et l'Espagne. Le cidre ne remplacera cependant la cervoise que pour des raisons politiques tenant au désir de préserver les céréales pour le seul pain. J'en profite pour rappeler qu'existent différentes catégories de cervoises, depuis celles à faible teneur en alcool jusqu'aux fortes et très fortes, mais aussi des cervoises au miel, à la marjolaine, au laurier, à la menthe, à la sauge, etc. Saint-Louis prendra plusieurs mesures interdisant de brasser la cervoise. Le premier traité sur le cidre, *De Vino et Pomaceo*, est publié en

1588 par Julien de Paulmier[182]. Différents cidres existent comme le pommé, cidre de pomme, et le poiré, cidre de poire. On recommence à peine à boire de la bière (en ajoutant du houblon à l'orge et au blé). Jean sans Terre ne fondera l'ordre du Houblon, signe de reconnaissance officielle de la bière, qu'au XIVe siècle, c'est-à-dire bien après que le conflit entre Francs et Anglo-Saxons ne porte plus sur le choix du vin contre la bière.

Des compléments du pain… sans viande

Les « compléments du pain » sont de plus en plus pauvres, avec de moins en moins de viande, jamais de volailles, presque plus de petits gibiers, et seulement les bas morceaux de bovins (des vaches de réforme) et du porc. La viande reste donc aristocratique, parfois pour des raisons différentes : il en va ainsi du gibier, symbole de puissance, donc réservé aux nobles, et de la volaille (domestique ou sauvage), jugée peu nourrissante, donc adaptée aux estomacs des nobles oisifs. Beaucoup ne mangent de la viande fraîche qu'au début de l'hiver, au moment où on tue le cochon et se contentent le reste de l'année de salaisons. Le petit peuple du Sud bénéficie d'une plus grande consommation d'ovins et caprins. Poissons de mer et de rivière arrivent sur les tables des plus humbles mais restent onéreux. Le peuple des villes mange du poisson de mer, surtout du hareng, nommé le « bled [blé] de la mer », très abondant, peu onéreux, et pouvant se conserver longtemps en étant fumé ou salé. Bruno Laurioux note qu'à partir du XIVe siècle une nouvelle technique de conservation, dénommée le « caquage » permet de consommer le hareng durant une année : vidé de ses viscères, il est tassé dans des tonneaux en alternance avec des couches de sel. On consomme d'autres poissons comme la morue, le saumon, le merlu, la truite, le brochet, la carpe, le maquereau, l'anchois, et, même, de la baleine, alors très fréquente sur le littoral. L'anguille est le poisson le plus apprécié. Le poisson a un statut ambigu car il est, à la fois, la « viande » des jours maigres et des pénitences mais aussi celle des fêtes, à l'exception de la morue et du hareng. Le poisson est frit ou préparé en rôts, en tourtes, en pâtés, macéré dans du vin ou du vinaigre, souvent accompagné de sauces à base de jus de fruits et d'épices ou de sauce aigre. Le lait est écarté, sauf dans le Nord-Ouest car entaché par l'idée qu'il s'agit d'un « aliment de pauvre », pas seulement économiquement, mais parce qu'il évoque la condition enfantine. L'époque reste aussi tributaire de la thèse d'Aldebrandin qui soutient que la nature du lait est voisine de

---

182. Voir l'édition proposée par la Bibliothèque nationale de France sur le site http://gallica. bnf.fr/ark:/12148/bpt6k378700n : *Traité du vin et du cidre* par Julien de Paulmier, *Docteur en la faculté de Médecine à Paris, à Caen chez Pierre Le Chandelier, 1589.*

celle du sang : il n'acquiert sa couleur blanche que dans les mamelles et transmet les caractéristiques de l'animal ou de la mère, c'est pourquoi il est interdit de nourrir un bébé chrétien avec du lait de Sarrasine. Le lait est donc consommé par le seul petit peuple sous diverses formes : frais, caillé, petit-lait, lait clair, égoutté, chaud, lait de vache miellé, soupe de lait avec des croûtons, etc. La consommation de beurre reste limitée, jusqu'à la fin du XVᵉ siècle car interdite pour des motifs religieux le tiers de l'année. Le beurre (toujours) salé est réservé aux seuls malades. L'opposition d'une France du beurre et d'une France de l'huile ne viendra que bien plus tard. On se moque d'ailleurs des Flamands « mangeurs de beurre » car ils en ajoutent dans la cervoise et le vin. Les riches utilisent de l'huile (d'olive) et les plus humbles n'en consomment pas ou se rabattent sur des huiles de noix, de lin, de chènevis, de cameline, etc. Les principales matières grasses restent donc le saindoux et le lard, sauf pour Carême où ne restent souvent que de mauvaises huiles. La consommation de fromage concerne désormais toute la société car on considère qu'il sert à faire descendre la viande au sein de l'estomac. On mange du fromage frais, gras, sec, râpé, pilé, haché, en tourtes, en flans, en farces, gratiné avec des herbes et des épices, etc. La « bonne société » délaisse le fromage de vache au profit du fromage de chèvre et de brebis. Le fromage, comme le pain, est marqué désormais du signe de la croix incisé sur sa croûte. Les œufs, au coût très faible, sont massivement consommés, cuits, braisés, frits, mollets, pochés, en civets, brouillés, en omelettes, dans des flans, gâteaux, tartes.

Des tavernes populaires

Non seulement les « gens de peu » font feu de tout bois pour s'approvisionner en quantité suffisante, mais ils cherchent aussi à prendre du plaisir en partageant de bonnes choses[183]. Les grands repas paysans qui rythment les événements de la vie attestent de cet intérêt. Le petit peuple des villes mange davantage de viande que celui des campagnes, y compris pour les repas de mariage composés parfois seulement de pain, de lait, d'œufs et de fromages. Les villes et les bourgs offrent de nombreux services de traiteurs permettant de s'approvisionner en pièces de viande rôtie, en pâtés, en tourtes (farcies avec du porc, des cailles, des alouettes, des bécasses, du saumon, des anguilles, etc.) et en gaufres, achetés pour être consommés immédiatement dans les tavernes servant uniquement des boissons. Les pâtés de viande et de poisson, alors très consommés, s'achètent chez les pâtissiers tenants boutiques ou auprès des « oublieux »,

---

183. Jean VERDON, *Boire au Moyen Âge*, Paris, « Pour l'histoire », Perrin, 2002.

des marchands de rue alors très nombreux. Beaucoup de ces tavernes sont issues, notamment dans le monde rural, des anciens fours collectifs dans lesquels les femmes cuisaient le pain et brassaient la cervoise. Ces fours ont été d'abord concédés en échange de leur entretien à de véritables professionnels qui les ont progressivement transformés en débits de boissons, plus rarement en restaurants. Paris compte, au XIVe siècle, 500 tavernes mais également des auberges. On sert avant tout du vin, de la cervoise et des cidres. Le métier de tavernier est l'un des rares au XIIIe siècle à être dépourvu de guilde, permettant à chacun de s'établir et d'exercer. La ville de Paris réglemente en 1268 le statut des cervoisiers et donc la qualité des produits. Étienne Boileau reproduit dans *Le Livre des métiers* la recette de la cervoise ordinaire, faite d'eau, d'orge, de méteil (mélange de blé et de seigle) et de « dragées » (un mélange de vesces, de lentilles et d'avoine). La corporation des charcutiers, organisée en 1476, a le monopole de la vente des saucisses, pâtés et boudinaille.

Les tables populaires ne souffrent donc pas d'insuffisance chronique, puisque les historiens rappellent que les rations caloriques « normales » atteignent le triple des nôtres, mais de précarité, voire d'extrême fragilité, en raison de la trop grande place accordée au pain, et au mépris (de la table) des humbles dont ils se démarquent en se moquant des bouffeurs d'aulx et de lard salé.

Face aux disettes et famines

Cette longue époque est marquée par des disettes et famines suffisamment régulières pour réduire de 20 à 10 millions la population française. Je n'ignore pas les conditions climatiques de ces périodes, mais leurs conséquences sont d'autant plus terribles que les choix agricoles imposés par les puissants/propriétaires ont fragilisé l'alimentation du plus grand nombre. Les ravages de la Peste noire de 1348-1351 s'expliquent par la sous-alimentation chronique qui résulte de ces politiques.

Pierre Toubert, étudiant les conséquences des famines et de la peste, montre que les feux orphelins et féminins représentent dans certaines vallées du Sud-Ouest 40 à 50 % des maisons, que la population inactive (vieillards, grands malades et infirmes, enfants de moins de 10 ans) atteint 30 %[184]. Le pouvoir féodal réagit par une augmentation de la fiscalité sur les foyers actifs tandis que les communautés villageoises développent le principe de solidarité. On multiplie au XIVe siècle des dispositifs d'assis-

---

184. Pierre TOUBERT, « Perception et gestion des crises dans l'Occident médiéval » in *Comptes rendus des séances de l'Académie des Inscriptions et Belles-Lettres*, 153e année, n° 4, 2009, p. 1497-1513.

tance alimentaire, d'abord dans les zones rurales, et d'abord à l'initiative de la population elle-même. Pierre Toubert note que l'après-peste aura ses déclassés et ses parvenus, puisque quelques riches, paysans ou pas, ont su tirer avantage du dépeuplement des campagnes pour agrandir leur domaine. Les inégalités sociales, loin de décroître, vont finalement connaître un nouvel essor.

Quel bilan établir ?

La polémique n'a jamais cessé entre ceux qui considèrent qu'une amélioration s'est produite entre les époques mérovingienne et féodale et ceux qui, au contraire, parlent de régression. Le pain moyenâgeux remplace certes la viande mérovingienne, mais ce pain est fait de céréales, ce qui fragilise l'alimentation, car il suffit d'une mauvaise récolte pour que les plus pauvres manquent de nourriture. La céréalisation engendre également des conflits pour l'attribution des meilleures terres, soit pour produire les céréales des pauvres (millet, mil, avoine) soit pour le froment des riches. Des conflits similaires existent au sujet de l'élevage intensif, notamment des ovins, qui, au mépris des anciens usages, entre en compétition avec eux et qui connaît un fort investissement de capitaux urbains à la recherche de profits importants et rapides. Des communautés villageoises intentent d'ailleurs de nombreuses actions contentieuses contre ces nouveaux « entrepreneurs pastoraux » qui, en généralisant le système de la transhumance, changent le rapport populaire entre les terres cultivées et incultes. Deux autres événements politiques, déjà évoqués, vont contribuer à détériorer l'alimentation des gens ordinaires, y compris en dehors des crises : l'interdiction dès le XIᵉ siècle des moulins domestiques, qui rend désormais impossible de faire sa farine à la maison tout en rendant trop coûteux l'utilisation des moulins dits « banaux », dont les seigneurs se sont assuré le monopole contre paiement d'une redevance (souvent en nature), et l'interdiction de faire cuire son pain ailleurs que dans le four seigneurial, également trop cher. L'autre événement qui contribue à dégrader l'alimentation des gens du commun est le renforcement des prétentions des puissants sur les produits de la forêt, des landes, des marais, des rivières et la réduction des communaux.

Le peuple va apprendre à développer des aliments de substitution comme des végétaux sauvages, comme du « pain de disette » fait avec des chatons de noisetier, des épis immatures, des racines de fougères, et parfois même, avec de la terre comme de l'argile mélangée à du son. On se tourne aussi vers les nourritures « immondes » (chiens ou rats). Certains chroniqueurs évoquent la consommation de la chair humaine, accusation qui a toujours le « mérite » de faire des victimes des disettes des coupables. Ainsi, vers 1032, le moine bourguignon Raoul Glaber évoque en ces termes la famine qui frappe en l'an 1000 : « Quand on eut mangé les bêtes sauvages et les oiseaux, les hommes se mirent, sous l'empire d'une faim dévorante, à ramasser pour les manger toutes sortes de charognes et de choses horribles à dire. Certains eurent recours pour échapper à la mort aux racines des forêts et aux herbes des fleuves. Une faim enragée fit que des hommes dévorèrent de la chair humaine… » Dommage que l'Église n'ait pas parlé de multiplication des pains et de miracles alimentaires, mais ait appelé à multiplier les processions et les repentances !

La cuisine de la Renaissance

Nous évoquerons avant de quitter le Moyen Âge une des légendes les mieux établies depuis des siècles selon laquelle le renouveau de la table française serait dû à l'Italie, et notamment au rôle joué par Catherine de Médicis venue d'Italie en France avec ses propres cuisiniers italiens. Tout commencerait donc en Italie avec le célèbre Platina (Platine), bibliothécaire au Vatican…

L'affaire Platine et son Honnête volupté

Les humanistes partent, au XVe siècle, à la redécouverte des ouvrages latins de l'Antiquité. Ils le font le plus souvent à la demande de l'Église, c'est ainsi qu'ils redécouvrent le traité d'Apicius, *De re coquinaria*, texte, on s'en souvient, promu sous les Carolingiens par Raban Maur, dit l'abbé Fulda, qui a fait ses études sous l'autorité d'Alcuin, et qui le communique à l'abbé Loup de Ferrières, élève de Raban et proche de Charles II le Chauve[185]. Le traité d'Apicius, si peu chrétien, tombe bientôt dans l'oubli et aurait pu ne jamais réapparaître sans Enoch d'Ascali alors en mission, à la demande du pape Nicolas V, dans les réserves de la bibliothèque du monastère de Fulda. L'ouvrage ne séduit pas le pape et il faut sa redécouverte quelques années plus tard par Giulio Pomponio Leto, le grand maître de l'Académie romaine, pour qu'il accède enfin à la notoriété… Cette redécouverte se fait cependant, en 1468, dans le contexte du complot contre le pape dont sont accusés les membres de l'Académie romaine et qui les conduit en prison où ils sont torturés. On les accuse notamment de manger de la viande en Carême, sous prétexte de vouloir vivre comme des Romains (toges, cultes païens, etc.). C'est dans ce contexte trouble qu'apparaît un personnage sulfureux, Bartolomeo Sacchi, dit « il Platina » ou « Platine », l'auteur du

---

185. Jacques ANDRÉ, *Apicius. L'art culinaire. De re coquinaria, op. cit.*

     Une histoire politique de l'alimentation. Du paléolithique à nos jours

plus important traité de cuisine du xvᵉ siècle, qui va révolutionner la table italienne[186]. Platine, né en 1421 à Piadena près de Crémone et décédé à Rome en 1481, ancien militaire, devient « abréviateur » auprès du pape Pie II, mais quand la Curie supprime cette fonction, il menace ouvertement de dénoncer cet acte de despotisme. Il se retrouve donc enfermé dans une prison vaticane à régime sévère pendant quatre mois. Le cardinal François de Gonzague obtient sa liberté et il devient membre de l'Académie romaine, fondée par Giulio Pomponio Leto, juste au moment où cette dernière est accusée d'être un groupe de libertins irreligieux, tramant des complots contre l'Église. Platine est de nouveau arrêté, torturé et enfermé au château Saint-Ange. Il est relâché en 1469, blanchi et embauché, en 1475, comme bibliothécaire à la Vaticane. Il publie et dédie bientôt au cardinal de Saint-Clément à Rome (1476) son célèbre *Opusculum de Obsonnis, Ac Honesta Voluptate et Valetudine* (*Le plaisir honnête et la bonne santé*), plus connu sous le nom d'*Honnête volupté*. Cet ouvrage de cuisine sera souvent réimprimé durant trois siècles mais souvent sous des titres différents. Platine a cependant bien compris les limites de sa liberté d'expression, c'est pourquoi il pondère son épicurisme par des thèses acceptables par l'Église. Il soutient ainsi que si le souci principal qui doit guider le cuisinier est de distribuer de la joie, de la santé et du bien-être, il convient cependant que chacun mange en fonction de son propre rang. Que les gens humbles se gardent de convoiter et de manger les mets qui font le bonheur des riches. Platine est en fait l'auteur qui a permis d'italianiser la table européenne en remplaçant les épices, par exemple, par du jus de citron ou d'orange, en revalorisant les légumes sans hésiter à citer 15 sortes de salades différentes. Il recommande l'été, de manger à l'extérieur, au printemps, de joncher les tables de fleurs, en hiver, de brûler des herbes odorantes, de servir les repas sur des nappes blanches immaculées, d'utiliser une vaisselle abondante et toujours propre ; il préconise de commencer le repas par des aliments crus, comme des fruits et de la salade, simplement assaisonnés d'huile et de vinaigre, il réhabilite le fromage en fin de repas pour fermer l'estomac, il indique que tout repas doit être accompagné de vin pour le plaisir et le salut, etc.

La légende de Catherine de Médicis

L'affaire semble entendue : Catherine de Médicis serait arrivée en France avec ses propres cuisiniers, elle aurait « italianisé la cuisine française ». Elle serait à l'origine de la Grande cuisine royale française qui

---

186. Bruno Laurioux, « Le prince des cuisiniers et le cuisinier des princes : nouveaux documents sur maestro Martino », *Médiévales*, n° 49, 2005, p. 141-154.

deviendra le fleuron de l'Europe. Les historiens ont depuis longtemps tordu le cou à cette fable dont Montaigne semble à l'origine. Montaigne porte d'ailleurs un jugement négatif qui ne deviendra positif que par la grâce d'un collaborateur de Diderot pour son *Encyclopédie*. La cuisine française de la Renaissance reste une cuisine moyenâgeuse, toujours très épicée, avec des sauces toujours épaisses car encore liées avec de la mie de pain, mais certes moins acides. La seule transformation importante concerne le sucre, beaucoup plus utilisé, à tel point que Jean Bruyerin-Champier, médecin de François Ier, en fait une critique acerbe dans son *De re cibaria*, publié en 1560, dans lequel il tente de valoriser une vie et une alimentation dite « plus naturelle ». La Grande cuisine française naîtra seulement au xvi siècle dans le respect des traditions « françaises. » Cette légende culinaire est une légende politique née deux fois : d'abord dans le contexte des guerres de Religion, puis afin de prendre appui sur l'Italie pour mieux se démarquer de l'Espagne de Charles Quint, puissance dominante en déclin. La France a besoin de s'inventer un ailleurs prestigieux, un pays phare, utopique, pour faire vivre ses propres traditions et les faire évoluer.

La table apparaît moins régionalisée au début qu'à la fin du Moyen Âge en raison, nous dit Laurioux, de la montée en puissance des spécificités locales. J'entends bien que tout régime féodal conduit à l'éclatement du territoire, mais je pense que ce renouveau de la diversité s'explique d'abord par les choix effectués face aux conséquences dramatiques de la double crise alimentaire et démographique qui caractérise cette période. Nous constatons, d'un côté, un net recul des terres labourées, un retour aux prairies naturelles, une avancée des forêts et des landes, et, d'un autre côté, davantage de petits gibiers, une redécouverte des ressources gratuites de la nature (cueillette et collecte d'escargots). On ne partage donc pas les mêmes ressources avec 10 millions de Français de moins, on mange autrement, avec d'autres nourritures. Le xvi siècle constitue donc effectivement un retournement avec une table plus carnassière. Fernand Braudel parle même d'une nouvelle Europe carnivore[187] à la fin du Moyen Âge, mais qui ne remettra jamais en cause la position du pain. Bruno Laurioux estime la consommation moyenne de viande par Français à 200 grammes par jour alors que celle du pain est de 1 kilogramme.

Cette amélioration de la table populaire semble devoir aussi s'expliquer par une crise de régime, avec des institutions féodales bousculées et un début de « déchristianisation » qui n'est peut-être que la possibilité de

---

187. Fernand Braudel, *Civilisation matérielle, Économie et Capitalisme, XVᵉ-XVIIIᵉ siècle*, tome 1 : *Les Structures du quotidien, in* chap. 3 « Le superflu et l'ordinaire : nourritures et boissons », § « L'Europe des carnivores », Paris, Armand Colin, 1979, p. 159-170.

moins faire semblant. Ce pouvoir, que les puissants perdent, est rendu temporairement (avant la victoire de la monarchie absolue) aux communautés villageoises qui retrouvent au moins partiellement les moyens de s'organiser, de résister aux spoliations des enrichis, mais profite aussi aux individus pauvres qui peuvent ainsi renouer avec des modes d'alimentation qui leur sont plus bénéfiques que le régime largement céréalier qu'on tente de leur imposer depuis si longtemps. Jamais cependant la primauté du pain ne sera remise en cause (avant la fin du XXe siècle). Manger reste manger du pain et peu importe, nous le verrons plus tard, avec quoi il est fait.

Dixième service :
La table de la monarchie absolue

Les ordonnances de Louis XIV pour le service de table inspireront beaucoup de monarchies étrangères avant d'être décriées par la Révolution et reprises avec zèle par l'empereur Napoléon. Cependant, l'État absolu ne s'est pas fait en un jour. Il résulte d'un long processus de deux siècles allant de François Ier à Louis XIV, puis Louis XVI. Norbert Elias a montré que le système de Versailles s'inspire aussi de la cour d'Henri III. Pourtant, nous verrons que l'époque de Louis XIV introduit une rupture dans les pratiques de table de la haute société pour des motifs politiques et non pour des raisons agricoles ou culinaires. La table de la monarchie absolue tient largement, d'une part, à sa capacité à se construire en toute indépendance vis-à-vis des tables étrangères et, d'autre part, au mythe troyen des origines de la noblesse, qui justifie qu'elle mange différemment du peuple. Nous verrons d'ailleurs que ce séparatisme des élites conduit le petit peuple à devoir se contenter d'une alimentation non seulement souvent insuffisante, mais malsaine, d'autant plus que le pouvoir choisit d'abandonner les mécanismes de régulation des marchés de grains et du pain au nom de la toute-puissance du marché, causant ainsi des disettes et provocant des émeutes.

Faut-il lésiner sur la table ?

Cette table qui se veut plus « naturelle » mais prétend défendre un nouveau « bon goût », fondé sur le culte de la raison, sur la recherche de la modération en toute chose, sur la géométrie et la symétrie, et non plus sur les excès obscurantistes, ne peut se comprendre en dehors du contexte des guerres religieuses qui ont saigné la France, en dehors aussi des idées de la Renaissance et de l'humanisme, en dehors enfin de l'affaiblissement du féodalisme et de la noblesse au profit du roi. Cette table est celle du passage d'une noblesse guerrière à une monarchie administrative symbolisée par le châtiment de la ville de Marseille, en 1660, avec le siège de la ville, l'élimination de la noblesse du Conseil de la ville au profit des nouveaux riches que sont les marchands. Cette table est aussi celle de la disparition de la conception morale de l'économie au profit des nouvelles doctrines mercantilistes. Nous voyons ainsi le capitalisme gagner du terrain. Nous avons avec *La Fameuse Compagnie de la Lésine, ou Alesne. C'est-à-dire la Manière d'espargner, acquérir & conserver* un merveilleux recueil de textes, daté de 1604, qui constitue un véritable manuel du parfait petit capitaliste et rentier. Ce texte passe en revue tous les aspects de la table avec un seul objectif : épargner, tout épargner, les poissons, les viandes, les salades, les couteaux, les cure-dents, etc. Le verbe lésiner deviendra même d'usage courant. La Compagnie de la Contre-Lésine, ou de la Marmite grasse, lui répond et oppose au code de l'épargne celui de la dépense, traitant entre autres de la gastronomie, du vin, des vêtements, de la chasse, etc.

Plutôt que de suivre la lente évolution de l'alimentation depuis la période clérico-féodale à son apogée sous Louis XIV, Louis XV et Louis XVI, nous irons à l'essentiel pour montrer que c'est bien pour des motifs politiques que la table se transforme, bien qu'elle le fasse à partir de ses propres traditions et non pas à partir d'une légendaire importation de la cuisine italienne via l'entourage de Catherine de Médicis (1519-1589), épouse d'Henri II et reine de France entre 1547 et 1589. La France de cette époque aura sa table gallicane, indépendante de celles des autres nations et de l'Église, et sa table « absolue » à l'image de son État.

Religion gallicane, table gallicane

Les rois de France, bien que « fils aînés de l'Église », n'auront de cesse, de Philippe le Bel (1285-1314) à Louis XIV (1643-1715), de faire que l'État dispose de son autonomie vis-à-vis de Rome grâce à la promotion d'une Église gallicane affichant ses particularités, y compris alimentaires.

Cette table gallicane s'édifie face à deux contre-modèles : l'anglais, symbole d'une table diabolique, et l'espagnol, emblème de tous les excès et de la soumission à l'autorité du pape.

Cette table « à la française » mobilisera un certain nombre de caractéristiques qu'elle empruntera à la Renaissance puis à l'humanisme des Lumières pour mieux se démarquer du modèle religieux.

L'Espagne dévote apparaît comme un contre-modèle, notamment sur le plan alimentaire. Nous avons vu que, sous Charles Quint, les Espagnols se moquaient des mœurs alimentaires françaises – souvenons-nous des propos du grand moraliste catalan Eiximenis : « Maudite soit la terre dont les princes mangent le matin comme des enfants [...], il doit suffire à chacun de manger deux fois par jour » –, mais ce sont désormais les habitudes espagnoles qui se trouvent ridiculisées à la cour de France. Peu importe que ce contre-modèle se construise au moment où l'Espagne adopte des rituels de table inspirés de Bourgogne, car son image reste associée au pieux Charles Quint (1519-1556), arrière-petit-fils de Charles le Téméraire. Or comme l'a montré Jeanne Allard, les tables de Charles Quint, d'Isabelle de Castille, de Ferdinand d'Aragon, sont marquées par la plus grande austérité, puisque le roi, image de Dieu sur terre, ne peut avoir de contact autre que d'étiquette : ainsi, il ne peut partager sa table (et encore qu'exceptionnellement) qu'avec des cardinaux. Le rituel le prive donc de « toute convivialité »[188].

Cette austérité est plus d'étiquette que de contenu, car Charles Quint et Philippe II souffrent de la goutte, liée à une grande consommation de poissons, de viandes, et, pour Philippe, de pâtisseries. Rompre avec les coutumes des Grands d'Espagne, c'est rompre avec la suprématie de l'Espagne, c'est se démarquer de son modèle politique et prendre position face à l'Inquisition. Peu importe que ce contre-modèle se constitue au Siècle d'or (1530-1640), c'est-à-dire précisément au moment où la puissance de l'Espagne décline. Manger différemment des Espagnols devient alors une obligation politique et même religieuse.

L'Angleterre apparaît comme l'incarnation du mal en raison de l'excommunication de son roi Henri VIII, en 1534, après son mariage avec Anne Boleyn, malgré le refus du pape d'entériner son divorce avec Catherine d'Aragon (pour ne pas déplaire à Charles Quint dont elle est la nièce), et, bien sûr, du triomphe de l'anglicanisme consistant à réduire le pape à sa fonction d'évêque de Rome, mais, surtout, en raison de la décapitation en 1649 de Charles Ier. Manger différemment des Anglais devient, dès lors, une obligation tant religieuse que politique.

---

188. Jean-Louis Flandrin et Jane Cobbi (dirs), *Tables d'hier, tables d'ailleurs*, Paris, Odile Jacob, 1999.

Une monarchie autonome, une table autonome

La table de la monarchie absolue est avant tout celle d'un État qui se libère de la tutelle de l'Église et entend faire de l'alimentation une affaire politique et économique avant d'être religieuse. Nous devons donc faire le détour par cette histoire pour mieux comprendre les soubassements de la nouvelle grammaire de la table qui se développe sous la monarchie absolue. En effet, il lui faut se défaire des excès de la table chrétienne, symboles de la soumission à Rome, tout en continuant à se revendiquer de la chrétienté et à combattre les juifs et les représentants de la « religion prétendument réformée » (RPR) qui rejettent la pratique individuelle du jeûne[189]. On inventera donc, en quelque sorte, le jeûne gourmand, histoire de dire qu'on est bien des chrétiens, mais des chrétiens gallicans, de bons et grands mangeurs pour mieux vénérer Dieu. Les frontières, on s'en doute, ne sont pas simples à tracer. Les champions du gallicanisme sont partagés entre ceux qui appellent, avec les encyclopédistes, à jeter les vieilles recettes… quitte à se retrouver sur les positions de la RPR et ceux qui entendent sauver l'essentiel du dogme. Ainsi le Père jésuite Guillaume-François Berthier, garde de la Bibliothèque royale, en charge de l'éducation du jeune Louis XVI, adversaire résolu de Voltaire et de Rousseau, s'oppose aux innovations qui conduisent à épouser les thèses de la « religion prétendument réformée » : « Il n'est pas raisonnable de faire une loi générale de l'abstinence et du jeûne, que le véritable jeûne est de ne donner au corps, que ce qui lui est nécessaire pour le maintenir en santé […] Toutes ces propositions […] la faculté de théologie les condamna toutes pour sa plus grande joie » (in *Histoire de l'Église gallicane dédiée à nos seigneurs du clergé*, par le P. Jacques Longueval).

Petite histoire du gallicanisme

Nous sous-estimons trop la violence des affrontements de l'époque pour pouvoir comprendre comment la table fut un enjeu si important, plus en France que dans d'autres pays. Cette histoire connaîtra deux acmés, sous Philippe le Bel au XIIIe siècle, puis sous Louis XIV au XVIIe. Ces deux rois modifieront les rituels (notamment de table) pour mieux dire leur gallicanisme.

---

189. Les protestants pratiquaient peu le jeûne alimentaire, à la fois pour se démarquer des dérives catholiques romaines et parce qu'ils rejetaient les pratiques d'autojustification. « Toute ma vie est pénitence », écrivait Luther, fermant ainsi la porte à toute pratique de pénitence. Ce débat sur le jeûne protestant est toujours d'actualité comme en témoigne le communiqué récent de l'agence de presse protestante Protest info : « Pas de jeûne plutôt qu'un mauvais jeûne ». (protestinfo.ch/201404046866/6866-le-jeune-chez-les-protestants-mieux-vaut-sabstenir-que-den-faire-une-penitence.html site).

Le roi Philippe le Bel s'oppose, dès 1296, au pape Boniface VIII en voulant taxer le clergé. En 1302, le pape délie les sujets du roi de l'obéissance et prépare son excommunication. Philippe le Bel convoque alors un concile des évêques de France pour condamner le pape, ainsi que des assemblées de nobles et de bourgeois (inventant la matrice des futurs états généraux). Il envoie même une troupe essayer d'arrêter le pape en Italie afin de le faire juger par un concile général. Philippe le Bel ne souhaite pas, contrairement à certains empereurs, concurrencer le pape, mais réaffirmer l'autonomie de l'État face à Rome car, comme le soutient Marsile de Padoue, célèbre théoricien politique italien hétérodoxe opposé à tout pouvoir terrestre de l'Église, le pouvoir du roi (de France ou d'ailleurs) vient du peuple, et non pas du pape. La première conséquence de ce conflit est, en 1307, la suppression de l'ordre des Templiers, symbole de la puissance terrestre (financière) de l'Église : Rome doit s'occuper de ses affaires ! La seconde est le grand schisme occidental (1378-1417) avec la nomination d'un pape à Avignon. La chrétienté se trouve alors dirigée par deux papes, avec deux réseaux d'évêques, de prêtres, de dîmes. Le palais des Papes d'Avignon sera le laboratoire d'une haute cuisine chrétienne. Certes, le concile de Constance, convoqué par l'empereur Sigismond en 1411-1418, réunifie l'Église qui n'en est pas moins affaiblie car elle doit faire le deuil de son projet d'un grand empire chrétien, elle se montre incapable même de mobiliser pour une nouvelle croisade et est obligée de signer des concordats avec les États dont l'autonomie se trouve, de fait, reconnue.

Quelques siècles plus tard, Louis XIV, en conflit avec le pape Innocent XI (pape de 1676 à 1689) sur la question de la prépondérance des conciles nationaux sur l'autorité pontificale, se souvient de cet épisode : il fait rédiger par l'évêque Jacques-Bénigne Bossuet les *Quatre Articles* (1682) qu'il fait adopter par une assemblée extraordinaire du clergé du royaume de France. On connaît la fameuse réplique du pape à l'ambassadeur de France qui lui présentait le texte : « Si les conciles sont supérieurs aux papes qui tirent leur pouvoir de Dieu, les états généraux devraient avoir loisir de formuler la même revendication à l'encontre du roi. » Cette formule, certes prémonitoire, est alors une tentative d'arracher un nouveau compromis historique entre l'Église de Rome et les puissants (comme sous Clovis, Charles Martel, Charlemagne…). Elle aboutit, d'ailleurs, à ce que Louis XIV retire les *Quatre Articles* en 1693 mais sans jamais remettre en cause les principes gallicans, le roi ayant même fait savoir au pape Innocent XII (pape de 1691 à 1700) que s'il n'acceptait pas la philosophie des *Quatre Articles*, il lui promettait des

« suites d'un pontificat pire que celui d'Innocent XI ». Cette papauté contestée ne pouvait qu'être affaiblie malgré le désir de ces divers courants de maintenir la pression sur le petit peuple, notamment à travers le respect des prescriptions concernant la vie ordinaire.

Peut-être faudrait-il dater de cette période le début de la « décléricalisation », et, même, de la « déchristianisation », mouvements qui deviendront encore beaucoup plus visibles au XVIII\ :superscript\: siècle, non seulement avec des auteurs comme Voltaire, Helvétius ou Diderot, mais avec le recul des vocations religieuses et, surtout, avec la baisse progressive de la fréquentation des églises. Quand on sait que le nombre de « non pascalisants » (ceux qui ne font pas leurs pâques) est estimé dans de nombreuses régions, comme le Sud-Ouest, à plus de la moitié de la population à la veille de la Révolution, que parmi les « pascalisants » tous ne suivent pas les prescriptions alimentaires de l'Église, on comprend qu'une autre conception ait dû/pu se développer. Le « bon goût » pour une table chrétienne suppose de respecter le calendrier des jours gras et maigres, des jeûnes, les pénitences alimentaires, le principe des aumônes, etc. Le « bon goût », hors de ce contexte, suppose de concevoir d'autres règles qui ne sont pas simplement des codes de politesse.

La question du (bon) goût

La question du (bon) goût travaille les XVI\ :superscript\: et XVII\ :superscript\: siècles en proie à des doutes existentiels : il convient en effet de compenser le recul des repères religieux simples pour ne pas dire simplistes par de nouvelles règles de civilité. On assiste ainsi à une profusion de traités de savoir-vivre, qui n'ont pas tous la réputation de celui qu'Érasme de Rotterdam publie en 1530, à l'âge de 73 ans, connu sous le titre *Manuel de savoir-vivre à l'usage des enfants*, autrement appelé *La Civilité puérile*[190]. Ce traité, écrit pour le jeune prince Henri de Bourgogne, consacre un long chapitre aux manières de table, aux bonnes façons de manger et de boire. On a cru pouvoir, à tort, en faire un simple traité de bonnes manières à destination de ceux qui souhaitent réussir au sein de la noblesse, parce que l'auteur recommande, par exemple, de poser les deux mains sur la table, de ne jamais les joindre, de ne jamais les poser sur des aliments ou sur sa poitrine, de disposer son verre et son couteau à droite de l'assiette, son pain et sa serviette à gauche, de se saisir de la viande avec seulement trois doigts de la main droite, etc. L'auteur, chanoine régulier de Saint-Antoine, auteur de nombreux libelles

---

190. Yveline Fumat, « La civilité peut-elle s'enseigner ? » in *Revue française de pédagogie*, vol. 132, n° 1, 2000, numéro thématique : *Évaluation, suivi pédagogique et portfolio*, p. 101-113.

---

dont le célèbre *Manuel du soldat chrétien*, de l'*Éloge de la folie* ou de *L'Institution du prince chrétien* (écrit pour le jeune Charles de Habsbourg, futur Charles Quint), est alors l'ami des plus grands intellectuels de son temps, par exemple de Thomas Moore dont il vécut l'exécution comme une tragédie personnelle, entretenant une correspondance assidue avec de nombreux princes. Il est utile de s'interroger sur les raisons qui ont pu conduire un personnage aussi central à prendre le temps de rédiger un traité de civilité. La réponse tient dans son grand projet de réforme de la civilisation chrétienne, afin de construire une Europe fondée sur la tolérance et la paix. Sa grande intuition concerne l'importance de l'ordinaire, du quotidien, donc aussi de la table, dans la construction d'une civilité humanisante. Le même esprit guide quelques années plus tard le protestant Claude Hours de Calviac, banni de France par Henri II en raison de ses convictions, qui, s'inspirant d'Érasme, écrit son propre traité de civilité puérile[191] en tentant, cette fois, de désamorcer les conflits entre peuples liés à l'étiquette (dans un souci d'interculturalité) : « Les Allemands mâchent la bouche close et trouvent laid de faire autrement. Les Français, au contraire, ouvrent à demi la bouche et trouvent la procédure des Allemands peu recommandable. Les Italiens procèdent fort mollement, et les Français plus rondement, en sorte qu'ils trouvent la procédure des Italiens trop délicate et précieuse. »

L'objectif d'Érasme comme de Calviac est de déplacer la frontière qui sépare les peuples pour l'établir entre le monde humain et animal, en proscrivant tout ce qui rapproche l'homme de la bête, comme lécher son écuelle, « lâcher son eau et son vent » à table, faire des bruits incongrus, etc. Nous sommes donc très loin des traités antérieurs, comme le célèbre ouvrage italien de la fin du XIIIe siècle, *Cinquante courtoisies de table* (*De quinquaginta curialitatibus ad mensam*), rédigé par Bonvesin della Riva, membre de l'ordre pénitent des Umiliati, prônant une vie de silence et d'obéissance frugale et austère… L'idéal de vie n'est plus le modèle du monastère. Pour la nouvelle école, au contraire, trop parler et ne pas parler à table constituent les deux faces d'un même péché, d'une même faute sociale. On pourrait citer, bien sûr, Rabelais (sans tomber dans le piège de croire qu'il défendait à travers ses personnages un mode de vie qu'il réprouvait). Rabelais (1483 ou 1494-1553), grand admirateur d'Érasme, n'est pas en effet rabelaisien ni gargantuesque, mais, proche des protestants

---

191. http://www.bvh.univ-tours.fr/Consult/index.asp?numfiche=591

---

dont il partage l'indignation contre certains abus de l'Église, il fait de la manducation un véritable mode de connaissance[192].

On pourrait citer aussi Montaigne (1533-1592) qui fait écrire sur les murs de sa bibliothèque la sentence de saint Paul : « Ne soyez pas plus sages qu'il ne faut, mais soyez sobrement sages. » Le philosophe, qui entend harmoniser le corps et l'esprit au moyen de l'âme, sait que cette harmonisation est difficile, même à table. Le corps (les sens) et l'esprit (la raison) étant des instruments imprécis, « il serait indispensable au plein fonctionnement de nos sensations gustatives d'augmenter l'incidence de l'âme, notre troisième outil, sur l'équilibre du corps et de l'esprit »[193]. Le chercheur en conclut que la logique de la table de Montaigne est celle de l'essai (comme en philosophie) : il s'agit de procéder par tâtonnement, par expérimentation. Nous sommes très loin des prescriptions définitives de l'Église destinées à discipliner l'âme par le corps. José Alexandrino de Sou za Filho, professeur de littérature, rappelle que lorsque Montaigne reçoit Henri de Navarre, futur Henri IV, ce dernier se passe du service de ses domestiques, y compris de son échanson. Il se fait philosophe en goûtant et en mangeant, comme Montaigne, avec la main.

Le choix de la « modération »

Ce choix du (bon) goût se défend déjà en revendiquant la modération en toute chose. L'ennemi n'est plus ici le barbare mais le sectaire. On ne peut comprendre ce parti pris qu'au regard de l'intransigeance de l'Église aux siècles précédents. Claude-Gilbert Dubois a bien vu en quoi ce discours vise bien au-delà de la table : « La restriction alimentaire fait partie de l'ensemble de l'appareil pénitentiel et flagellatoire qui consiste à vaincre la bête pour déployer ses ailes d'ange et à hypertrophier, par

---

192. L'ouvrage *Manger le livre* de Gérard HADDAD apporte des matériaux exceptionnels. Il montre, par exemple, que chez les enfants juifs l'apprentissage de l'écriture est lié à la notion alimentaire. Ainsi le petit juif trace des lettres sur une tablette qui sera recouverte de miel et que l'enfant léchera. Ainsi l'écriture se mange… Le livre se mange. Chez les chrétiens, l'hostie est le corps du Christ. Chez les marabouts, on guérit une personne en lui faisant avaler le nom de Dieu sur un parchemin dissout dans de l'eau. En Chine, l'idéogramme de l'écriture est celui d'un stylet posé sur la bouche. Manger c'est donc incorporer une histoire, des valeurs. Haddad relie ensuite Claude Lévi-Strauss à la lumière de cette hypothèse : le feu est le médiateur entre le cru et le cuit, mais aussi entre le soleil qui brûle tout et le pourri qui dévore. Le feu correspond à la culture, on en déduit donc que le feu c'est déjà le livre donc la parole qui correspond à la fonction paternelle. Haddad s'intéresse aussi à la figure de Dionysos et associe le terme de libation à *liber*, « le livre ».

193. Wim BOTS, « Montaigne, du boire et du manger », in *Le Boire et le manger au XVIᵉ siècle*, Actes du XIᵉ colloque du Puy-en-Velay, 9-11 septembre 2003, Publications de l'université de Saint-Étienne, 2004.

---

mesures concrètes, la culpabilité pour prendre horreur du péché lié à la condition humaine dont on sait pourtant qu'il est inguérissable. »

La table clérico-féodale a conduit, en effet, à martyriser sa nature en raison d'une véritable pulsion de mort qui nourrit une posture doloriste : cette époque est celle des flagellants (qui ont interdiction de participer à la vie publique) et du massacre des juifs, accusés de propager des maladies en empoisonnant puits et fontaines. Modérer non plus seulement les excès de la table, mais aussi ceux des prescriptions religieuses, c'est donc afficher une attitude compatissante. Cette posture est bien sûr opposée non seulement à celle des ultras mais aussi à celle des jansénistes qui développent une vision pessimiste du salut dans laquelle tout dérive de la malédiction d'Adam. Cette modération est, certes, très relative au regard des guerres d'agression de Louis XIV ou de sa politique religieuse contre les jansénistes et Port-Royal et contre la « religion prétendument réformée », dont la révocation de l'Édit de Nantes est le point d'orgue, obligeant à l'exil plus de 200 000 protestants. Cette morale du juste milieu, appliquée aux manières de table, passera, déjà, par la réhabilitation de la matière, donc de la nature.

Manger « naturel »

La condamnation de la matière, donc du corps, donc des aliments, a conduit à diaboliser aussi bien l'acte alimentaire que certains aliments. Les aliments des pauvres (racines et légumes) étaient naturellement moins chrétiens que ceux des riches, selon la « chaîne des éléments ». Le (bon) goût va donc réhabiliter la nature, et donc le naturel, en re-légitimant ce qui était dévalorisé. Le (bon) goût va être de manger moins transformé, donc moins épicé, moins mélangé, de préférer des saveurs plus douces, et, même, de manger des légumes et de multiplier les déjeuners sur l'herbe. Déjà, à la fin du XVIIe siècle, le célèbre cuisinier Robert fait la critique des épices et des excès de mélange. Nicolas de Bonnefons publie en 1655 *Les délices de la campagne*, véritable hymne à Dame nature. La palette des couleurs privilégie également les couleurs naturelles (avec des légumes verts, une viande rouge, un pain le plus blanc possible, etc.). On commence à moins mélanger sucré et salé et on déplace le sucré vers la fin du repas, on diversifie les modes de cuisson en fonction des pièces de viande afin de préserver les saveurs (certains morceaux sont braisés, d'autres cuits au four ou frits), on utilise davantage de matières grasses pour enrober sans masquer le goût (grâce à la généralisation de l'emploi du beurre qui passe du statut religieux d'aliment gras à celui d'aliment maigre), on adopte la casserole en cuivre rouge qui conserve bien mieux les caractéristiques organoleptiques des produits que l'ancienne marmite cul noir, on rejette les préparations très acides (comme des viandes mijotées dans un fond composé de vinaigre, de poireau, de céleri, de fenouil), on conserve moins légumes et fruits dans du vinaigre, mais davantage dans du sel ou du sucre, on assiste au recul du vin blanc acide au profit du vin rouge et même des vins gris et clairets, à la robe considérée jusqu'alors comme indécise, etc. Cette réhabilitation du naturel dans la cuisine, donc de la nature, est à mettre en rapport avec la pensée des physiocrates, mais aussi avec celle de Jean-Jacques Rousseau. La nature est bonne. La vie sociale est mauvaise. La médecine suivra en remplaçant la pratique de la saignée par l'idée d'une alimentation saine. Duhamel du Monceau explique ainsi, en 1759, que la plupart des maladies seraient dues à l'usage des viandes salées… donc à leur dénaturation.

Manger « rationnel »

Cette période est celle d'une rationalisation systématique des approvisionnements, des recettes avec des ouvrages qui commencent à ressembler aux nôtres, du travail en cuisine, du service, des spectacles, des manières de table… La légende de Catherine de Médicis contribue peut-être à refouler une autre révolution, qui marquera la table bien au-delà de la Renaissance. Ce qui est nouveau, ce n'est pas l'importation imaginaire de la cuisine italienne en France, c'est l'affirmation de la pensée rationnelle. La recherche de la symétrie est la grande caractéristique de cette époque, car une bonne table est surtout une belle table géométrique. Je pense que cette symétrie n'a pas d'abord une fonction esthétique mais correspond à une nouvelle intelligence de la table qui repose sur le mariage des mets et des mots, bref, sur la raison.

La recherche de la symétrie

La grande question aux XVIe, XVIIe et XVIIIe siècles concerne la disposition des plats sur la table. Le plan de table fut d'abord un plan des mets, qui concilie harmonie et symétrie dans le respect des exigences de la cour et de son strict cérémonial. Nicolas de Bonnefons, le valet de chambre du roi, auteur du célèbre ouvrage *Le Jardinier français*, apporte un éclairage sur le placement des mets : « Qu'il y en ait des forts et des faibles d'un côté, et de l'autre, à distance égale, autant qu'il se pourra, mélangeant si bien son service qu'il semble qu'il n'y ait point de plats doubles, par l'éloignement l'un de l'autre, et par le changement de côté » (Nicolas de Bonnefons, *Les délices de la campagne*, 1655). La symétrie de la disposition des plats est donc essentielle mais complexe à réaliser, d'autant plus que la table ne doit jamais rester vide : les plats retirés sont immédiatement remplacés, donc chaque service en comporte un nombre égal. Cette composition symétrique se fait obligatoirement autour d'« un plat du milieu » spectaculaire, lui-même entouré d'autres mets. Le « surtout », fabriqué en vermeil doré, remplacera, progressivement, ce « plat du milieu ». Chaque service dure entre un quart d'heure et une demi-heure.

Le choix de l'esthétique

L'analyse de Claude-Gilbert Dubois conduit du côté de l'esthétique. Il insiste sur le fait que « l'esthétique se fonde sur des bases mathématiques : celles de rapport et de proportionnalité. N'y aurait-il pas une sorte de nombre d'or pour régir la beauté de la table, comme il y en a pour déterminer les formes agréables à l'œil. Un menu s'établit comme s'érige un œuvre d'architecture destinée à la vie quotidienne, ni trop haute, ni trop massive, ni trop étroite, ni trop humble. Le terme qui convient est celui de seyant, qui s'associe au plaisant, c'est en somme l'union de l'utile et de l'agréable. Battista Platina, dans son ouvrage sur *Le plaisir honnête*, dit ainsi que *toute table se divise en trois tables* : il faut comprendre par là que tout menu se compose de trois plats principaux ou comporte trois services ; d'abord des mets légers (salades, confits sucrés, œufs, fruits). C'est ce que nous appelons d'un mot qui a aussi un sens architectural, une *entrée*. Vient ensuite le corps du logis, *la deuxième table* selon Platina, comprenant *potage* (pot-au-feu), à base de viande et légumes, ou poissons et rôtis. Enfin ce que nous appelons *dessert* (c'est la desserte ou la sortie, pour reprendre la métaphore architecturale) qui se compose de fromage et de fruits secs ». Claude-Gilbert Dubois ajoute : « Cette division ternaire répond à une des catégories les plus universelles dans la division de l'espace à trois dimensions, du temps (passé, présent, futur), de la logique (majeure, mineure, conclusion) et de la dialectique, et constitue la base des compositions pyramidales ou des portiques à trois arches, dont la centrale est la principale, et que l'on retrouve aussi bien dans l'arc de triomphe romain que dans les façades gothiques »[194]. Il ajoute que les repas à cinq plats ne sont qu'une variante du rythme ternaire, on retrouve, comme en architecture, la même continuité avec un supplément ornemental. Tout serait donc affaire de mesure autour des trois substances élémentaires : le pain, le vin, la chair.

---

194. Claude-Gilbert Dubois « À table au xvie siècle : les mets et les mots de la table » in *Le boire et le manger au xvie siècle*. Actes du XIe colloque du Puy-en-Velay, 9-11 septembre 2003, Publications de l'université de Saint-Étienne, 2004, p.11-29.

Le choix de la sécularisation

J'aimerais insister sur la dimension de sécularisation qui sous-tend la quête de symétrie. La symétrie, c'est l'éloge de la raison, du calcul, de la proportion, bref, de la géométrie, contrairement au choix de la démesure et de la déraison bigote. On se souvient de la fameuse maxime prétendument inscrite à l'entrée de l'Académie de philosophie fondée par Platon : « Que nul n'entre ici s'il n'est géomètre », et qui est un appel à développer sa capacité d'abstraction, à dépasser le stade des sensations qui nous maintiennent dans l'ordre du monde empirique et nous empêchent de nous élever jusqu'à la vérité. Je crois que si la table française des Lumières, dans ses versions monarchiques puis républicaines, fait de la pâtisserie le joyau de la « science de gueule », c'est bien parce que la pâtisserie est considérée comme une branche de l'architecture, elle-même fille de la géométrie, donc de la raison. Cette quête de la symétrie est un nouveau langage qu'il convient d'adopter en complément, ou en compensation, ou à la place, du discours religieux. L'époque est celle de la critique des mœurs alimentaires qui, au nom de la foi, conduisent les riches à s'alimenter les jours maigres avec des mets plus chers que les jours gras, à faire venir de toujours plus loin des denrées (comme des poissons) rares, donc coûteuses. Érasme ne s'y trompe pas, qui, dans l'*Éloge de la folie*, relativise le rôle attribué au jeûne et à l'abstinence par rapport à la charité. Michel Jeanneret permet de poursuivre cette analyse en insistant sur le mariage des mets et des mots[195]. Il rappelle tout d'abord que « l'étymologie commune de saveur et savoir promet les plaisirs du corps et de l'esprit [...] Les propos de table rendent au mangeur la propriété et la conscience de son plaisir ». Cette parole est codifiée puisqu'il faut éviter deux excès : *garrulitas*, le bavardage qui monopolise l'attention et *taciturnitas*, le laconisme qui jette un froid. Michel Jeanneret note ensuite qu'existent, dans les banquets, des convives précieux qu'il nomme les « gourmands grammairiens », ajoutant que « la scène symposiaque est pour la littérature un précieux allié : elle rend aux idées leur substance verbale, elle les restitue au monde de la saveur et du jeu ». J'ai envie d'oser un double parallèle avec les parasites grecs et avec le latin de cuisine. Michel Jeanneret constate enfin, qu'à l'époque, l'Allemagne et l'Italie sont en avance sur la France. Il parle d'« archi-banquet » pour ces organisations qui permettent la créativité, la performance verbale, les jeux de mots jusqu'à la grossièreté et la scatologie. Il définit ce banquet comme fête de la langue. Il lui oppose la *cena trimalchionis*, c'est-à-dire le

---

195. Michel Jᴇᴀɴɴᴇʀᴇᴛ, *Des mets et des mots, banquets et propos de table à la Renaissance*, Paris, Corti, 1987.

banquet fameux, certes, mais servi à des incultes. Le banquet symétrique serait donc un apprentissage de la conciliation des libertés du « barbare » et du savoir-vivre du « civilisé ».

Monarchie absolue, table absolue

Deux phénomènes majeurs caractérisent Versailles, l'absence de sujets religieux dans le décor et la disparition des cérémonies publiques. Les seuls sujets religieux se trouvent dans la chapelle, tandis que partout ailleurs les architectes et décorateurs puisent dans la mythologie et les divinités païennes pour mieux mettre en scène le culte de Louis XIV. Son emblème officiel est un soleil resplendissant, brillant sur la totalité du globe terrestre. L'intelligence politique du Roi-Soleil et de ses conseillers est d'avoir organisé la vie de cour de telle façon que tout se passe désormais à Versailles, en présence des seuls courtisans. Louis XIV n'a déraciné certes que 2 à 3 % de l'aristocratie pour la transplanter à Versailles (soit moins de 5 000 personnes sur plus de 200 000 nobles), mais l'impact de la cour sur les « gens de biens » est considérable, permettant de créer une cuisine *roïale et bourgeoise* selon le titre d'un traité.

La monarchie absolue « invente » la table absolue

La monarchie absolue en choisissant de centraliser à Versailles l'ensemble de la vie de la cour n'a plus à justifier ses propres excès comme l'attestent ses folles dépenses au moment même où les finances sont mauvaises, obligeant à augmenter les impôts. J'illustrerai la spécificité de la table de Louis XIV en évoquant la légende de la poule au pot d'Henri IV, puis la comédie-ballet écrite par Nicolas de La Chesnaye pour dénoncer les banquets[196].

L'histoire de la poule au pot du « bon roi » Henri

L'histoire de la poule au pot n'est qu'un élément de la légende henricienne toujours entretenue, aujourd'hui, par l'association Henri IV. Cette anecdote est la conclusion d'une conversation au Jeu de Paume entre Henri IV et le duc de Savoie. Le roi de France certifie qu'« il n'y aura point de laboureur en mon royaume qui n'ait moyen d'avoir une poule dans son pot » chaque dimanche. Souvenons-nous qu'un laboureur appartient alors à l'élite riche de la paysannerie. Cette légende du « bon

---

196. Barbara Ketcham-Wheaton, *L'Office et la Bouche*, Paris, Calmann-Lévy, 1994 ; Roland Jousselin, *Au couvert du Roi, XVIIᵉ-XVIIIᵉ siècles*, Paris, Éditions Christian, 1998.

---

roi », qui se développe dès 1590 pour renforcer sa légitimité historique au trône, intègre un corpus d'anecdotes, dont le « blanc panache » et la « poule au pot », dans un ouvrage publié peu après sa mort (*Histoire du Roy Henry le Grand* d'Hardouin de Beaumont de Péréfixe, 1662)[197]. La légende joue avec l'idée du retour au bon roi nourricier et substitue à l'image du « roi chrétien » celle d'un « monarque français à la fois galant et réputé pour ses bons mots. En 1722, Voltaire publie *La Henriade* en l'honneur du bon roi Henri et de la tolérance religieuse. Le portrait qu'il en dresse est celui d'un roi philosophe, d'un libre-penseur, d'un philanthrope, d'un véritable précurseur du siècle des Lumières. Le peuple peut d'autant plus s'identifier à son roi qu'il est présenté avec toutes les caractéristiques d'un gentilhomme campagnard (sa familiarité, son bon sens, son appétit proverbial, etc.). Cet éloge d'Henri IV sert aussi à magnifier Sully, ministre des Finances, emblème de la France rurale[198].

La Condamnation de Banquet

On perçoit mieux la spécificité de la table sous Louis XIV en relisant aussi *La Condamnation de Banquet*, texte écrit au XVIᵉ siècle par l'écuyer de cuisine Nicolas de La Chesnaye[199], conseiller spécial en ce domaine de Louis XI puis de louis XII. Cette pièce en deux actes est une comédie-ballet destinée à être dansée. Dans le premier acte, trois joyeux compères, Dîner, Souper et Banquet, offrent, chacun, un repas à des demoiselles, Gourmandise, Friandise et Accoutumance, accompagnées de Bonne-Compagnie, Passe-Temps, Je-bois-à-vous et Je-plaige-d'autant. Les hôtes ont demandé à un groupe de séides portant les noms de maladies qui frappent les gros mangeurs (Colique, Apoplexie, Goutte, Paralysie, Épilepsie, etc.) de frapper leurs invités au moment des deux repas. Les invités s'enfuient sauf quatre qui décèdent. Les trois compères sont donc poursuivis devant un jury, sous la présidence de dame Expérience assistée de Sobriété, Saignée, Clystère, Diète, etc. Remède prononce la sentence : Dîner et Souper sont acquittés car estimés indispensables à la vie, à condition qu'il y ait toujours six heures d'intervalle entre eux, Banquet, condamné à mort, est pendu.

---

197. René Gandilhon, « Henri IV et le vin », in *Bibliothèque de l'École des chartes*, vol. 145, n° 2, 1987, p. 383-406.
198. *La Légende d'Henri IV*. Actes rassemblés par Pierre Tucoo-Chala et Paul Mironneau, Pau, association Henri IV, J & D Éditions, 1995.
199. Nicolas de La Chesnaye, *La Condamnation de Banquet*, édition critique par Joëlle Koopmans et Paul Verhuyck, Genève, « Textes littéraires français », Droz, 1991.

Pour Louis XIV, l'abandon des rituels d'État traditionnels de ses prédécesseurs a bien sûr une finalité politique : il s'agit avant tout de nourrir un séparatisme social fondé sur la légende des origines troyennes de la noblesse française et sur le désir de créer un appareil d'État parfaitement centralisé. Ce projet politique conduit à définir un programme complet dans lequel chaque détail compte. La table joue dans ce concert sa propre partition.

Nous reviendrons sur l'ordonnancement de la table, les horaires fixes des trois repas quotidiens, la détermination des personnes admises au repas, de celles qui peuvent parler et à quel moment, etc. Rappelons seulement que 5 000 nobles peuvent assister ou participer au repas du roi ! J'insisterai davantage sur le volontarisme politique qui conduit la monarchie absolue à inventer une table « à la française », comme elle dispose déjà d'une architecture « à la française » avec Charles et Claude Perrault, de jardins « à la française » avec l'architecte et paysagiste André Le Nôtre, d'une musique « à la française » avec Lully, d'une peinture et sculpture « à la française » avec Charles Le Brun, d'une littérature « à la française » avec Jean Chapelain, de madrigaux et sonnets « à la française » avec Isaac de Benserade, de ses bals, ballets et feux d'artifice, de ses « grandes chasses »[200], etc.

La table bénéficie de la même attention que les autres domaines, avec la même intervention des conseillers spéciaux et du Conseil secret du roi. Colbert campe au centre de ce dispositif politique. La table, avec son rituel complexe destiné à produire avant tout de la hiérarchie, avec son décorum, avec la primauté du service sur la cuisine, constitue un programme idéologique servant à dire le caractère unique du pouvoir ; de même que le jardin, avec ses bosquets, ses labyrinthes de verdure, peuplé d'animaux de pierre, de statues, de fontaines, de cascades, pensé comme une parabole de l'autorité royale, avec Apollon siégeant au centre du Grand Bassin, et conçu pour attirer tous les regards des nobles ; de même que la galerie des Glaces dont le programme iconographique a été revu en une nuit par Charles Le Brun sur les recommandations du Conseil secret du roi... Cette propagande d'État à base d'un mécénat d'État est encadrée par de nombreuses académies, l'Académie de peinture et de sculpture fondée en 1648, la Petite Académie, en 1663, chargée des dispositifs de

---

200. Alain GUÉRY, « Versailles : le phantasme de l'absolutisme (note critique) » in *Annales. Histoire, Sciences Sociales*, 56ᵉ année, n°2, 2001, p. 507-517 ; Jean-Pierre NÉRAUDAU, « La mythologie à Versailles au temps de Louis XIV. Architecture, jardins et musique » in *Bulletin de l'Association Guillaume Budé*, n° 1, mars 1988, p. 72-85 ; Gérard SABATIER, « La gloire du roi. Iconographie de Louis XIV de 1661 à 1672 » in *Histoire, économie et société*, 19e année, n° 4, 2000, numéro thématique : *Louis XIV et la construction de l'État royal (1661-1672)*, sous la direction d'Olivier CHALINE et François-Joseph RUGGIU, p. 527-560.

représentations du roi, avec notamment les médailles, les statues équestres, l'Académie des sciences en 1666, l'Académie de France à Rome en 1666, l'Académie d'architecture en 1675, l'Imprimerie royale, les ateliers du Louvre, la manufacture des Gobelins, etc.

Le mythe troyen des origines de la noblesse

On s'interdit de comprendre les mutations de la table des puissants (et pas seulement de la cour) si on n'interroge pas les grands mythes politiques qui finiront par caractériser la monarchie absolue. Ces légendes sont des histoires auxquelles on croit véritablement et qui ont donc un pouvoir de création et d'ordonnancement du réel. Les puissants « français » sont fondés à manger et à boire tout autrement que les autres puissants européens, et aussi, naturellement, que le petit peuple, car ils appartiennent à un sang différent. Nous devons remonter, avec Colette Beaune, à la légende des origines troyennes des Francs, aux différentes versions qui en sont données entre le VIIe siècle et le XVIIe jusqu'à aboutir à la thèse d'une noblesse d'une race autre que celle du peuple[201].

Une première légende tirée de textes des VIIe et VIIIe siècles reconnaît une valeur exceptionnelle à l'ensemble du peuple franc : « Francion (ou Priam le jeune ou Anténor) et ses compagnons quittent Troie en flammes pour fonder la ville de Sycambria sur le Danube. À la demande de l'empereur Valentinien, ils exterminent les Alains, réfugiés dans les Palus Méotides, contre dix ans d'exemption de tribut. Refusant d'en reprendre ensuite le paiement, ils se retirent en Germanie et ne pénètrent en Gaule qu'au IVe siècle avec Marcomir et Pharamond. » Cette légende sert alors à justifier le prestige de la nation et d'argument contre la papauté ; elle justifie aussi les croisades pour récupérer le sol troyen ; elle explique, enfin, l'attachement des Francs à une autre civilisation avec, par exemple, la culture du beaucoup et du bien manger… Le problème politique que crée cette légende est que ce mythe ne concerne que les seuls Francs et non les Gaulois, donc cela laisse à penser que le peuple « français » n'est pas homogène. Le moine Rigord (1145-1209 ?), un des principaux fondateurs de l'idéologie monarchique française, propose donc une autre version : il suppose qu'une partie des exilés troyens aurait émigré en France, au IXe siècle av. J.-C., avec le duc Ybor ; ils auraient été rejoints, au IVe siècle apr. J.-C., par Marcomir

---

201. Colette BEAUNE, « L'utilisation politique du mythe des origines troyennes en France à la fin du Moyen Âge » in *Lectures médiévales de Virgile*. Actes du colloque de Rome (25-28 octobre 1982). Rome, Publications de l'École française de Rome, n° 80, 1985, p. 331-355.

et Pharamond. Les Gaulois seraient issus de la première migration et les Francs de la seconde, mais tous possèdent la même pureté ethnique. Jean Lemaire (1473-1524), bibliothécaire de la maison de Bourgogne, puis historiographe officiel de Louis XII (1462-1515), explique que les Gaulois, descendants de Noé, partis fonder Troie, seraient revenus sur le sol de la mère patrie. Cette légende trouve toute son utilité au moment où le pape s'oppose au roi dont la légitimité est contestée par les Anglais et où la noblesse française est battue sur les champs de bataille.

Cette réinterprétation du mythe troyen fait surgir, selon Colette Beaune, la notion de « nation française » en l'inscrivant dans une histoire remontant à Troie et mobilisant de grands personnages saints comme Denis, Clovis, Louis et Michel. Cependant, ce même mythe va finir par opposer la noblesse, porteuse du sang troyen, au peuple. Les nobles sont ainsi exemptés d'impôts à partir du XIVe siècle en raison de leur différence de sang. Le 29 mai 1418, une révolte ouvrait les portes de Paris aux bandes bourguignonnes alliées des Anglais. La chute de la ville est comparée à celle de Troie : le peuple parisien, comme celui de Troie jadis, aurait trahi son roi et sa noblesse, obligeant cette dernière à fuir, comme celle de Troie l'avait fait. Les Anglais sont donc la punition méritée des péchés du peuple dont il doit se repentir. Le divorce des élites avec le peuple est ainsi consommé.

Ce mythe est aussi utilisé pour revendiquer l'indépendance vis-à-vis du pape. L'argumentaire est défini lors du conflit du roi Philippe le Bel avec le pape Boniface VIII : l'indépendance originelle du peuple troyen justifie l'indépendance actuelle vis-à-vis de Rome. : Les Franci ne se sont jamais soumis et les Galli, même soumis, furent toujours en rébellion. Colette Beaune évoque aussi le rôle antianglais du mythe troyen : Anténor le traître troyen est l'ancêtre des Anglais qui ne sont qu'« une race mêlée capable de toutes les mauvaises actions ». Pour preuve, leur pratique du meurtre, leur abondance de bâtards, leur penchant pour la boisson et leurs manières immondes de manger. Ce mythe troyen suscite aussi toutes les curiosités alimentaires « orientales » puisque le site de Troie est imprécis, confondu avec ceux d'autres villes...

Le retournement des lois somptuaires

Le mythe de l'origine troyenne de la noblesse française justifie le retournement des lois somptuaires. En effet, la montée d'une bourgeoisie marchande menace directement le monopole aristocratique en matière de luxe. Qu'adviendra-t-il à la société si les enrichis peuvent manger ou s'habiller comme les puissants ? Les rois vont donc s'efforcer de conserver ou de recréer les distances sociales/biologiques. Ces nouvelles lois somptuaires ne visent donc plus à réduire les gaspillages des plus riches, mais à défendre les nobles contre les bourgeois. Les différences doivent pouvoir s'afficher dans le choix des étoffes, dans leur couleur, dans l'utilisation des métaux et des pierres précieuses. De François Ier à Henri IV, 11 édits somptuaires parlent de restreindre le luxe sous prétexte de diriger les capitaux vers les coffres de l'État au service « de Nous et de la chose publique ». L'ordonnance somptuaire de Philippe le Hardi, en 1279, traite des affaires de table, celle de Philippe le Bel, en 1294, concerne aussi le costume. Chaque classe possède sa loi, qu'elle ne peut violer sans encourir de fortes amendes. Le grand pacificateur des guerres de Religion et Chancelier de France, Michel de l'Hospital, avant d'être chassé par le courant ultracatholique, tente, par les lois de janvier 1563, de réglementer les boissons et les mets servis dans les auberges en imposant un menu type et en exigeant que chaque commune fasse exécuter la loi. Cependant, il existe beaucoup moins de lois somptuaires en France qu'en Allemagne ou en Italie. L'équipe de Neithard Bulst a recensé plus de 3 500 ordonnances somptuaires en Allemagne, et notamment des textes réglementant les fêtes données à l'occasion des mariages, des baptêmes et des funérailles[202]. Les documents comptables confirment que les amendes sont effectivement appliquées et qu'un personnel spécialisé est chargé du contrôle. L'objectif est de défendre l'ordre social en imposant un code de comportement qui assigne à chacun une place dans la hiérarchie sociale, y compris en incluant les marginaux, les prostituées, les délinquants, et même les adultérins, etc. Les pouvoirs publics n'ayant pas la possibilité de faire appliquer ces textes au domicile privé, il est fait obligation d'organiser publiquement ces banquets et on crée, dans ce but, des maisons spécialisées. Ces *Hochzeitshaüser* (« maisons de mariage ») seront particulièrement nombreuses aux XVe et XVIe siècles. Une ordonnance de Ratisbonne de 1661 interdit même formellement de faire réaliser des tableaux qui ne respecteraient pas dans les vêtements, le décor, les aliments présents, les prescriptions. Une autre ordonnance (Göttingen, 1340) indique que tous ceux qui perçoivent des aumônes de la ville perdent le droit de porter des souliers de couleur ou de manger certains mets. Nous ne devons donc pas nous laisser abuser par la condamnation des lois somptuaires par Voltaire qui explique en 1756 que toutes ces lois (notamment celles écrites entre 1572 et 1580) prouvaient surtout que le gouvernement n'avait pas toujours de grandes vues et qu'il parut plus aisé aux ministres de proscrire l'industrie que de l'encourager (in *Essais*

202. Neithard BULST, « Les ordonnances somptuaires en Allemagne : expression de l'ordre social urbain (XIVe-XVIe siècle) » in *Comptes rendus des séances de l'Académie des Inscriptions et Belles-Lettres*, 137e année, n°3, 1993, p. 771-784.

sur les mœurs et l'esprit des nations, et sur les principaux faits de l'histoire, depuis Charlemagne jusqu'à Louis XIII). Ce que le philosophe condamne c'est le caractère contre-productif de ces lois qui, loin de refréner les excès, suscitent le désir de vaines dépenses. Montaigne critique, en revanche, le faste et les extravagances, qu'il s'agisse du domaine alimentaire ou du vestimentaire (les braguettes). Il qualifie de fétichisme le choix d'une vaisselle trop chère, car, dans ce cas, la valeur financière dépasse la valeur d'usage au point de faire perdre l'utilité. Montaigne, dans ses *Essais*, use d'une fable pour expliquer que les objets trop chers corrompent les mœurs : « Ce que fit le Roy Cotys ; il paya libéralement la belle et riche vaisselle qu'on luy avoit présentée ; mais parce qu'elle estoit singulièrement fragile, il la cassa incontinent luy-mesme, pour s'oster de bonne heure une si aisée matière de courroux contre ses serviteurs »[203].

Les réserves de chasse

Le caractère prédateur de la noblesse apparaît également dans ses pratiques de grande et petite chasses. Les tendances, déjà esquissées au temps des Carolingiens et du féodalisme, se renforcent. Les pauvres sont systématiquement exclus des forêts et donc de la consommation du (petit) gibier. Les monarques sont les premiers à donner le mauvais exemple, comme Louis XI qui prend, en 1482, un arrêté interdisant toute chasse sur ses terres. Les chasses royales finissent même par empiéter sur les nécessités de l'agriculture, d'autant plus que les puissants ne reconnaissent plus les restrictions de chasse en fonction du calendrier agricole. Versailles, avant de devenir un domaine de 23 000 hectares sous Louis XIV, était déjà le domaine de chasse d'Henri IV puis de Louis XIII. Louis XIV chasse entre 110 et 140 jours par an ; Louis XV, trois fois par semaine ; selon Hippolyte Taine (in *Les Origines de la France contemporaine*, t. 1 et 2, *L'Ancien Régime*, 1875) Louis XVI, qui chasse 200 fois par an, abat, entre 1774 et 1787, 189 251 pièces et 1 274 cerfs[204].

Une nouvelle mise en scène des repas

Les rois mangent différemment du peuple et des autres nobles dans toutes les sociétés, mais cette spécificité peut se marquer de diverses façons selon le message que l'on souhaite communiquer. Le roi mange-t-il, par exemple, seul ou accompagné, et les convives sont-ils seulement des

---

203. MONTAIGNE, *Essais*, Livre III, chapitre X « De mesnager sa volonté », Paris, « Bibliothèque de la Pléiade », Gallimard, 1967, p. 992.
204. Grégory QUENET, *Versailles, une histoire naturelle*, Paris, « Sciences humaines », La Découverte, 2015.

---

spectateurs ou bien des commensaux ? Il a été montré que jusqu'au règne de Louis XIV, les règlements ont pour principal objectif d'instaurer et de faire respecter une distance entre le roi et ses sujets, nobles compris[205]. Il ne s'agit donc pas encore d'organiser une vie de cour comme à Versailles, mais d'instituer le roi. L'essentiel du cérémonial reprend donc, jusqu'à Louis XIV, les trois ordonnances d'Henri III, promulguées en 1578, 1582 et 1585, qui visent à maintenir une distance entre le roi et ses sujets, interdisant qu'on lui adresse la parole, qu'on s'appuie sur sa chaise, qu'on se tienne trop près. Des barrières sont installées pour mieux l'isoler. Cette distance imposée à l'égard du roi est ensuite introduite à l'égard de ses mets. Personne ne peut s'approcher de sa viande, souffler sur son vin, toucher son pain, etc. La crainte d'un empoisonnement existe, mais l'essentiel selon moi est bien de « sacraliser » la personne du roi en sacralisant son alimentation. Ses plats sont préparés par un personnel différent de celui qui cuisine pour la reine ou le dauphin, les rituels de table, parfois les mets, diffèrent. Le roi mange seul au centre de la pièce, dos à la cheminée, assis sur un fauteuil, il peut inviter les gens debout à s'asseoir sur des tabourets ou des pliants et les gratifier de quelques morceaux de ses plats.

La réglementation du cérémonial ne vise donc pas tant à assurer la représentation du pouvoir qu'à produire une organisation dans laquelle chaque geste, chaque posture, désigne la place, le statut et le pouvoir auxquels chacun peut prétendre. Cette thèse de Norbert Elias[206] est confirmée par l'ensemble des monographies historiques. Edward Shils insiste particulièrement sur le rapport entre la position de pouvoir et l'espace occupé[207] (qui est plus ou moins proche du centre). Cette répartition des convives indique à chacun la place qui est la sienne et les gestes à accomplir.

Tout est signifiant dans le cadre de ce cérémonial : la position par rapport au centre de la pièce, la distance à l'égard de la table et de la place du roi, le droit à occuper un siège ou à rester debout, le type de siège sur lequel on s'assoit selon son rang : tabouret, pliant ou fauteuil…

La généralisation d'une vie de cour permanente va modifier profondément cette scénographie car elle impose de définir avec qui manger (ou pas). La table du Roi-Soleil ne sert plus avant tout à instituer le roi mais les rapports de chacun avec lui, d'où la nécessité d'inventer un service qui

---

205. Claudine HAROCHE, « Position et disposition des convives dans la société de cour au XVIIᵉ siècle. Éléments pour une réflexion sur le pouvoir politique dans l'espace de la table » in *Revue française de science politique*, 48e année, n° 3-4, 1998, p. 376-386.
206. Norbert ELIAS [1969], *La société de cour*, Paris, « Champs essais », Flammarion, 2008.
207. Edward SHILS, *Center and Periphery : Essays in Macrosociology*, Chicago et Londres, University of Chicago Press, 1975.

permette de déployer toute une gradation. Avoir sa place ne suffit plus lorsque des centaines, parfois des milliers de personnes assistent au repas, encore faut-il savoir de quelle place il s'agit. Cette évolution se produit au moment où un nouvel objet fait son apparition sur la table : l'assiette. Elle n'est pas seulement une version modernisée du vieux tranchoir et de l'écuelle (même si elle remplace ces deux objets), mais une nouvelle manière de dire que l'essentiel est de déterminer qui a droit au banquet et à quelle part.

Je rapprocherais la substitution de l'assiette au tranchoir de celle du cadenas à la nef, le cadenas permet certes de déposer la serviette pliée en quatre et dessus le pain et les couverts, mais il ne comporte plus de compartiments pour les reliefs. Alors que le tranchoir rappelait encore l'obligation de partager avec les pauvres, puisqu'il leur était distribué à la fin du repas (ce à quoi Saint Louis veillera en édictant un règlement strict), l'assiette devient simplement le signe de l'inclusion dans l'une des sphères qui touchent au pouvoir. Claudine Haroche rappelle que le mot « assiette » vient de l'acceptation d'un convive assis à table[208]. L'assiette, qui signifiait donc au départ un statut, va désigner progressivement un ustensile qui permet à chacun de manger à la place assignée. L'assiette « rassemble ainsi en elle l'origine et la fonction des manières de table : la posture, la position, la disposition, l'instrument technique ». Saint-Simon décrit dans le détail le dîner du roi, le petit couvert, le rang de ceux qui étaient autorisés à y prendre part, le moment précis auquel ils devaient entrer, la position qui leur était assignée, le frère du roi présentant la serviette, etc. Il rappelle aussi comment Mlle d'Alençon, la nièce de Louis XIII, épouse du duc de Guise, se faisait servir par celui-ci, précisant le type de siège auquel il avait droit et la place qui lui était assignée.

L'organisation des offices de la maison du roi

Christophe Blanquie sera largement notre guide grâce à son étude des offices de la maison du roi[209]. La maison du roi rassemble les officiers domestiques qui servent le roi et qui sont placés sous l'autorité du Grand maître de France, chargé d'établir les quartiers des officiers, de recevoir le serment de ceux qui ne le prêtent pas directement auprès du roi. Cette charge de Grand maître a pris la suite de celle du Dapifère qui a succédé à celle de maire du palais. Les princes de Condé détiendront la

---

208. *Id.*, *ibid.*

209. Christophe BLANQUIE, « Dans la main du Grand maître [Les offices de la maison du roi, 1643-1720] » in *Histoire & Mesure*, vol. 13, n° 3-4, 1998, numéro thématique : *Varia*, p. 243-288.

---

charge de Grand maître de France de 1643 à la Révolution. Les officiers domestiques peuvent transmettre leurs charges avec l'agrément du Grand maître. On distingue 52 charges : 9 de maître d'hôtel au serdeau, 7 pour le « petit commun », 33 pour le « grand commun », 3 charges plus spécialisées (boulangers, pourvoyeurs et marchands de vin), ce qui représente au total 350 officiers (qui travaillent donc par roulement). Il existe, également, une charge concernant la « garde de la vaisselle extraordinaire »…

Sept offices concernent directement le roi (paneterie, « échansonnerie bouche » et « cuisine bouche »), les commensaux comprennent la « paneterie commun », « échansons communs », « cuisine commun », ainsi que la fruiterie et la fourrière. Le « petit commun » conserve le service du Grand maître et du chambellan, le « grand commun » le service de tous les officiers. Ces charges peuvent être transmises avec l'accord du Grand maître. Comme le mentionne Christophe Blanquie, « il n'y a point de petits offices chez le roi » : tenir une charge, même médiocre, c'est être officier dans la liturgie royale, dont chaque détail est précisé. Ainsi le règlement de 1681 définit la manière d'apporter les plats à la table du roi comme une procession lui donnant son caractère solennel : « La viande de Sa Majesté sera portée en cet ordre : deux de ses gardes marcheront les premiers, ensuite les huissiers de salle, le maître d'hostel avec son bâton, le gentilhomme servant panetier, le contrôleur général, le contrôleur de la bouche, le contrôleur clerc d'office et autres qui porteront la viande, l'escuyer de cuisine et le garde vaisselle, et derrière eux deux autres gardes de Sa Majesté qui ne laisseront personne approcher de la viande. » Les officiers de la maison du roi conservent leur charge, même lorsque le roi meurt, contrairement à ceux liés à la personne de la reine ou des princes. On peut donc estimer que la notion de continuité de l'État dérive, paradoxalement, des affaires de table. Le principe est énoncé par un édit d'Henri II de 1554 : « La Maison du Roy ne se rompt point, non plus que le Roy ne meurt point. Les officiers de la Maison du Roy sont transférés au successeur du prédécesseur. » Cette inamovibilité des officiers domestiques anticipe donc, comme le souligne Christophe Blanquie, sur la théorie des « deux corps mystiques du roi », d'où la transformation des offices domestiques en offices de la Couronne, d'où le fait que le Grand maître de France succède au Grand maître de la maison du roi. L'office domestique est donc bien au cœur de la construction monarchique, puisque la maison du roi est autant l'expression condensée du royaume qu'un miroir de la puissance du roi. Ces officiers constituent un prolongement du vieil usage qui veut que le roi soit servi par des nobles : « Lorsque celui-ci [le roi] s'assied, un prince du sang lui apporte sa serviette, à défaut un autre prince, ou en leur absence un officier de la Couronne. »

Le titulaire d'une « petite charge », dépendant d'un chef d'office, reçoit un « brevet de retenue » qui signifie que le roi « l'a retenu et retient en l'état de charge de… » Dès le serment qui vaut réception, l'officier prend son rang dans la maison du roi et reçoit les gages attachés à sa charge… Cette analyse de Christophe Blanquie peut être complétée par celle de Norbert Elias afin de comprendre la dérive du cérémonial vers des gestes fétichistes tels que celui qui veut que la reine, nue comme Ève, attende que la cérémonie de présentation de sa chemise soit achevée, ou cet autre qui voit les plats passer entre un si grand nombre de mains qu'ils parviennent froids.

Le service avant la cuisine

L'importance accordée au protocole fait que l'essentiel ne concerne plus les mets, donc la cuisine, mais l'organisation du service à table. Le vieux service de dos est donc abandonné au profit d'un service de face qui accroît son importance. Les domestiques n'ont plus pour consigne de s'effacer car ils participent au faste du pouvoir. Ce service de face permet de magnifier la distribution des plats et notamment les découpes de viande. Ce sera la grande époque des écuyers tranchants. Les ouvrages se multiplient pour décrire ce rituel. On a raison d'insister sur le fait que cette découpe spectaculaire de la viande, réalisée le plus souvent en l'air avec un couteau et une fourchette à deux dents, est une activité masculine longtemps assurée par un noble, puis par le serviteur le plus qualifié ou le maître de maison, mais il convient d'ajouter que cette découpe permet de répartir les morceaux de façon encore plus discriminatoire. L'adoption difficile de la fourchette au sein de la cour s'explique également par la défense du bon goût : manger avec les mains nécessite un savoir-faire important qui consiste à ne se salir que les premières phalanges de trois doigts de la main droite, sans jamais, par exemple, toucher les morceaux de ses voisins de table. La fourchette apparaît alors d'un usage beaucoup trop simple, trop « démocratique » pourrait-on dire, car ne permettant pas au noble de se différencier du gentilhomme et à ce dernier de ses domestiques. La France adoptera donc la fourchette bien après d'autres pays et pour des raisons médicales (la peur de la contamination par le toucher). Un compromis fera donc longtemps l'affaire : les morceaux sont saisis avec la fourchette dans le plat collectif, posés dans son assiette individuelle, puis mangés avec les doigts. On garde son chapeau sur la tête pour manger afin de pouvoir saluer chaque nouveau service, on est ainsi obligé de conserver son manteau, donc aussi son épée… La mise en scène du pouvoir s'alourdit au détriment d'une sociabilité joyeuse. Seule exception, les déjeuners sur l'herbe mais aussi le service du café, du thé ou du chocolat.

Une autre façon de marquer les inégalités consiste à différencier le service des vins selon le rang. Le règlement établi sous Henri III précise que les bouteilles ne doivent jamais être placées sur la table, mais disposées sur des dessertes, un gentilhomme se tient debout derrière le roi. Le vin est d'abord goûté par le premier médecin, puis par le sommelier et l'échanson pour vérifier son goût. On distingue quatre sortes de vin pour la table : le vin de bouche (pour la bouche du roi), le vin de table (pour les autres invités), le vin de suite (pour les valets), le vin commun (pour les domestiques). On fait vieillir le vin en le faisant passer sur des copeaux de hêtre un mois après sa fabrication.

Les honneurs sucrés

Le faste royal vaut pour les déplacements du roi. On connaît assez bien les usages grâce à la publication d'ouvrages qui relataient les conditions des réceptions, sitôt celles-ci faites. L'un détaille, par exemple, les conditions de la réception du roi à Metz, en 1744, avec la construction d'arcs de triomphe, avec des fontaines d'où coule du vin, avec la réalisation de portiques et de colonnes, avec des peintures de bacchantes, des bassins et jets d'eau, des feux d'artifice, des cadeaux, des banquets, etc. Des distributions de pain et de viande sont organisées. La mise en scène du pouvoir compte beaucoup plus que la stricte consommation de bouche. Ainsi lorsque Henri III visite Venise, la cité organise des festivités extraordinaires dans le but de le séduire et d'obtenir son soutien contre l'Espagne et l'Église. Cet épisode est révélateur, car la débauche de réalisations a une fonction spectaculaire puisque le roi français ne mange que des mets préparés par son propre cuisinier. Venise va donc faire étalage d'« honneurs sucrés »[210], c'est-à-dire de constructions en bois, en marbre, mais surtout en sucre, destinées à susciter l'émerveillement, à susciter la stupeur (*sic*), grâce à des allégories, des mythes qui sont autant d'allusions politiques. Ces sculptures en sucre, mais aussi en chocolat, ne cesseront pas de se développer sous la monarchie. Pour la réussite de ces festins, les puissants s'assurent la participation des plus grands artistes, Léonard de Vinci sera, un temps, surintendant des tables de Ludovic Le More, Titien au service de la famille d'Este.

Les marchés de pourvoierie

Les nobles ne mangent pas comme le peuple, ne serait-ce que parce qu'ils s'approvisionnent autrement. Pierre Couperie, dans un numéro des

---

210. Daniela AMBROSINI, « Les honneurs sucrés de Venise », in *Le boire et le manger au XVIe siècle*. Actes du XIe colloque du Puy-en-Velay, 9-11 septembre 2003, Publications de l'université de Saint-Étienne, 2004, p. 267-284.

Annales ESC de 1964, décrit l'institution centrale que furent les marchés de pourvoierie alimentaire : « La défiance éprouvée envers leurs serviteurs par les grands seigneurs du XVIe et du XVIIe siècle a suscité une série assez abondante de documents (dont) ceux des "Marchés de pourvoierie", passés devant notaire, par lesquels un pourvoyeur, à la fois entrepreneur et officier domestique, s'engageait à fournir un approvisionnement régulier de certaines denrées à des prix convenus à l'avance[211]. Ainsi étaient empêchées les escroqueries des domestiques majorant le prix de leurs achats [...] Ce système connut une grande extension : pâtisserie, vin, pain et farine, avoine [...], viande, rôtisserie, et poisson : chacun d'eux donne une liste de plus de 200 articles avec des prix correspondants. » Ces contrats stipulent l'obligation pour le pourvoyeur de suivre le noble dans ses déplacements et de lui fournir un certain nombre de denrées à un prix fixé d'avance. Pierre Couperie écrit que ce métier exigeait une grande compétence, beaucoup d'adresse, ainsi que des capitaux considérables. Cette activité est cependant particulièrement lucrative, ainsi le jour même de la signature du marché de 1659, le pourvoyeur du roi reçoit 30 000 livres pour ses frais de démarrage… L'horaire des livraisons est uniformément fixé pour permettre de faire face aux imprévus : le poisson doit être livré à 7 heures du matin entre le 1er octobre et le 1er avril, à 5 heures du matin le reste de l'année. La viande, consommée le soir, est livrée à 14 heures. Si les denrées sont de qualité défectueuse, le pourvoyeur ne reçoit qu'une somme inférieure ; si les denrées sont immangeables, les officiers achètent d'autres vivres aux frais du pourvoyeur. Ce système d'approvisionnement aura pour conséquence de faire connaître, voire de créer, les spécialités locales et régionales, comme les andouilles de Troyes, le cervelas de Bologne, le jambon du Pays basque et de Mayence, etc. La France commence d'ailleurs à être reconnue comme le pays des fromages depuis le traité de Gilles le Bouvier, héraut d'armes de Charles VII, qui publie vers 1450 le *Livre de la description des pays* précisant, pour chaque province visitée, ses paysages et ses productions naturelles et agricoles, notamment fromagères, qui constituent autant de richesses naturelles.

L'art des sauces

On a longtemps défini la nouvelle cuisine française comme la « cuisine italienne avec, en plus, l'art des sauces ». Nous savons que la thèse de l'importation en France de la cuisine italienne n'est qu'une légende, mais la

---

211. Pierre Couperie, « L'alimentation au XVIIe siècle : les marchés de pourvoierie » in *Annales. Économies, Sociétés, Civilisations*, 19e année, n° 3, 1964, p. 467-479.

---

transformation se fait effectivement en inventant un nouvel art des sauces, en délaissant les sauces épaisses à base de mie de pain ou de jaune d'œuf et en réduisant considérablement l'usage du goût acide. Les sauces commencent à prendre de l'importance dès le xviie siècle, mais surtout au xviiie siècle. François Marin (1739) dans ses *Dons de Comus*[212] propose une cinquantaine de recettes de sauces qu'il qualifie d'âme de la cuisine française. Dans sa *Suite des dons de Comus*, publié en 1742, il détaille 95 nouvelles recettes. Cette nouvelle cuisine, qui se développe dans le contexte de la philosophie des Lumières, fait un grand usage du vin de Champagne, qui restera l'emblème de la cuisine bourgeoise au xixe siècle. Voltaire disait du champagne, qualifié « d'écume pétillante », qu'il était l'image vivante de la France.

Peut-on inventer une cuisine roïale et bourgeoise ?

On mesure souvent le chemin parcouru en quelques années en comparant quelques livres : celui de Maître Chiquart, auteur de *Du fait de cuisine* composé pour Amédée VIII de Savoie en 1420 ; celui de Jean de Bockenheym (Johannes Bockenheim), auteur du *Registre de cuisine* (*Registrum coquine*, début du xve siècle) composé pour le pape Martin V ; ou la traduction, à la demande de Charles V, de l'ouvrage du franciscain Barthélemy l'Anglais *De proprietatibus rerum* (*Des propriétés des choses*) datant du xiiie siècle ; et les différents livres de la seconde moitié du xviie siècle. On a beaucoup dit que la médicalisation de la table, l'invention d'une nouvelle diététique, ont beaucoup aidé à son évolution, à sa rationalisation. Les conflits entre médecins et cuisiniers sont nombreux, les premiers prêchant la modération, les seconds s'évertuant à réaliser des prouesses gastronomiques parfois malsaines. Le journal de santé de Louis XIV, tenu par ses médecins, fustige, par exemple, l'abondance des plats responsables des troubles digestifs… J'aimerais insister sur un autre clivage : s'agit-il de créer une cuisine des nobles ou doit-elle être accessible aussi aux « bons bourgeois » ?

François Pierre, dit « La Varenne », écuyer de cuisine chez le marquis d'Uxelles, est l'auteur de l'ouvrage *Le Cuisinier françois*[213] (1651) qui comptera plus d'une quarantaine d'éditions en un demi-siècle. Il propose une cuisine qui rompt avec les cadres habituels en cherchant à rapprocher la table de l'aristocratie avec celle de la bourgeoisie fortunée. Pierre de Lune, également écuyer de cuisine, mais chez le duc de Rohan, publie en 1656 *Le Cuisinier* et *Le Nouveau et Parfait Maistre d'hostel royal*[214] qui s'inscrivent

---

212. http://gallica.bnf.fr/ark:/12148/bpt6k1108709.
213. http://gallica.bnf.fr/ark:/12148/bpt6k114423k.
214. http://gallica.bnf.fr/ark:/12148/bpt6k1339465.

dans la même veine. Pierre de Lune innove en osant, contrairement à La Varenne, ordonner son ouvrage selon les saisons et non selon le calendrier des jours gras et des jours maigres. La contre-attaque va venir à travers un ouvrage intitulé, *L'Art de bien traiter*, signé des trois initiales L.S.R. et publié en 1674[215]. Ce livre s'en prend vertement à La Varenne qu'il accuse de trahison (de classe) en voulant faire manger des bouillies de blé et des topinambours aux aristocrates (*sic*) ; il parle même des « absurdités et dégoûtantes leçons que le Sieur de Varenne ose donner ». La noblesse ne peut cependant arrêter l'histoire. François Massialot publie, en 1691, un nouvel ouvrage dont le principal intérêt réside dans son titre faussement anodin, *Le Cuisinier roïal et bourgeois*, belle manière d'en finir avec le privilège alimentaire de la noblesse.

Du côté du peuple

Le maître mot en matière d'alimentation populaire n'est plus seulement la précarité mais une insuffisance chronique qui, au moindre problème climatique, provoque des disettes. La peur de ne pas avoir assez à manger fait donc partie désormais du lot quotidien des humbles. Les causes sont multiples : déboisement, surcharge pastorale, prédominance du blé. Les puissants évoquent l'humaine soumission au châtiment divin (*peccatis nostris exigentibus*), certains rationalistes envisagent des phénomènes célestes exceptionnels (comme des comètes, des éclipses, des météores). Il faut attendre les Lumières pour mettre en cause les politiques.

De nombreuses monographies régionales décrivent l'alimentation populaire, rurale et urbaine, au cours de cette période assez sombre. La table populaire est alors caractérisée par sa mauvaise qualité et son extrême monotonie : un mauvais pain a remplacé largement la viande. Le peuple des villes accède davantage à la viande, mais il s'agit souvent de viandes impropres. Pendant des siècles, on a une autoconsommation de rebut selon la formule de Madeleine Ferrières[216] : on vend au marché ce qu'il y a de meilleur (pour pouvoir acheter des graines et quelques outils), par exemple les salaisons réussies, et on ne consomme que celles qui ont échoué et qui sont cause de nombreuses intoxications et décès. Les milieux populaires ne mangent pas le même pain que les bourgeois, ni le même pain que les domestiques des bourgeois. Le peuple mange un pain souvent mal cuit afin d'économiser le bois… Les céréales de base

---

215. http://gallica.bnf.fr/ark:/12148/bpt6k6565874p.
216. Madeleine FERRIÈRES, *Histoire des peurs alimentaires. Du Moyen Âge à l'aube du XXe siècle*, Paris, Éditions du Seuil, 2002, rééd. en poche « Points Histoire », 2006.

---

sont une farine de seigle allongée d'orge. En cas de pénurie, on ajoute de l'avoine. Cette soupe est consommée trois fois par jour, avec plus ou moins de sel selon le montant de la gabelle et les abus. On complète parfois avec des choux, des raves, des salades, des oignons, des carottes, des céleris. On consomme aussi des soupes faites avec de l'orge perlé, dont l'aspect rappelle le riz. Dans les autres occasions on ajoute un bout de lard. La consommation de porc est devenue très faible. Sauf exception, on ne mange plus de charcuterie car les porcs sont trop chétifs et le sel très cher amène à poivrer énormément la charcuterie. Le lait et le fromage manquent en raison de la faiblesse du cheptel et du manque de pâturages. Dans les campagnes, en guise de vin, on boit au mieux de l'eau rougie avec du « petit vin », alors que le peuple des villes boit 300 litres de vin par an et par personne. Aux XVIIe et XVIIIe siècles, l'Église s'en prend à nouveau aux repas funéraires, prévus dans de nombreux testaments et composés de pain, de viande et de vin, car ils sont toujours accusés d'entretenir une vision païenne de la mort.

La cohabitation sous le même toit de plusieurs générations est devenue la règle et tend à remplacer les contrats de mariage prévoyant l'obligation de fournir des aliments aux parents. Cette période, connue comme celle du grand enfermement des pauvres dans les hospices et prisons, voit la dégradation du système alimentaire dans les institutions : les historiens notent une baisse importante de la consommation de viande, même si la ration du soldat au XVIe siècle est encore de 212 grammes (cette diminution est donc plus tardive pour les institutions que pour le reste de la population), ainsi qu'une surconsommation de denrées séchées ou broyées, salées ou cuites, comparable aux pratiques de la population rurale ou urbaine. Lorsqu'elle n'est pas simplement remplacée par du pain, la viande consommée par le peuple est souvent avariée… Deux dossiers méritent donc un détour spécifique, celui du pain dit « à la Reine » et celui de la viande.

L'affaire du pain dit « à la Reine »

Pour des raisons politiques, le pain est devenu le principal aliment des Français avec presque un kilo et demi par jour et par personne. Et peu importe avec quoi il est fabriqué (de l'avoine, par exemple)… Le pain est donc le symbole des politiques alimentaires, mais aussi des inégalités sociales. Marc Bloch écrit : « À travers les siècles, point de critère de classe plus net que celui-là. » Le siècle des Lumières ne remet pas en cause cette suprématie du blé, même si on voit se multiplier les sociétés d'agriculture. Voltaire écrit en 1750 que « la nation se mit à raisonner sur le blé » ; Louis XV se dit très intéressé par les découvertes de Mathieu Tillet (membre de l'Académie des sciences) sur le champignon du blé. Le pain, toujours le pain.

C'est dans ce contexte qu'éclate, en 1668, l'affaire du pain dit « à la Reine ». Le corps des boulangers, délaissé sous les Mérovingiens et au début des Carolingiens, est devenu une profession extrêmement réglementée, davantage même que les bouchers. Il existe deux systèmes de distribution proposant trois types de pain. Ainsi, on distingue à Paris les boulangers publics des boulangers forains (venus de Gonesse et des environs), lesquels vendent deux fois par semaine un pain populaire, dit « pain de Gonesse ». Les boulangers publics proposent trois types de pain plus chers, le pain blanc de chapitre, le pain bis-blanc ou pain bourgeois et le pain bis ou de brode. La réglementation prévoit que les prix vont de un à trois. Les boulangers peuvent fabriquer d'autres types de pain (notamment du pain dit « à la Reine » consommé par les classes enrichies). Ce pain est fabriqué non pas avec du levain classique (donnant un pain peu aéré, donc lourd), mais avec de la levure de bière donnant un pain beaucoup plus gonflé, donc beaucoup plus léger et tendre. Ce levain sert essentiellement à fabriquer des petits pains : s'il s'agit simplement de petit pain salé, on parle de « pain mollet », si on ajoute du lait, on parle de « pain à la Reine » (en référence à Marie de Médicis). Cette affaire du pain dit « à la Reine » mobilisera longuement l'opinion publique en raison du procès intenté par les boulangers publics aux cabaretiers, qui achètent le pain auprès des boulangers forains. Les cabaretiers se défendent en expliquant que le pain des boutiques, c'est-à-dire le pain des boulangers publics, est fabriqué avec de la levure de bière et qu'il est néfaste. Ils se fondent sur un décret de La Reynie de 1669, motivé par un vote de la faculté de médecine contre l'usage de la levure, jugée malsaine. Les boulangers publics se défendent en expliquant qu'en 1670 le Parlement a rétabli la légalité de l'utilisation de la levure pour les petits pains.

La consommation de viande avariée

On met souvent au crédit de la monarchie absolue la multiplication des règles d'hygiène alimentaire. Ces règles existent, certes, mais pas pour tous ! Par exemple, la réglementation concernant la viande, denrée sensible.

Il existe, en fait, non pas deux ou trois circuits de distribution, comme on l'entend souvent, mais quatre, voire cinq circuits. Deux premiers circuits de boucheries s'adressent à la « bonne » clientèle : les « boucheries publiques », qui vendent du bœuf, du mouton, du porc et les « basses boucheries », qui proposent des viandes provenant d'animaux dits inférieurs (comme le cheval ou le bouc). Un troisième circuit, celui des triperies, détient le monopole des bas morceaux à usage du peuple. Le quatrième circuit concerne la commercialisation légale des viandes avariées. Ce marché est tout à fait officiel et possède sa propre réglementation et se trouve donc contrôlé. Les boutiques doivent arborer un drapeau blanc, notamment pour vendre du porc ladre : « Les porcs dont les chairs ne sont encore que sursemées de quelques grains de ladrerie peuvent être ramendez [...] Si les chairs ne sont pas encore corrompues, le sel peut en corriger la malignité, [...] la chair de porc sursemée sera mise au sel pendant quarante jours puis vendue dans un coin particulier des halles [signalé] par un poteau et un drapeau blanc » (Nicolas Delamare, *Traité de la police*, 1729, II). La viande reconnue totalement impropre est destinée aux prisonniers du roi sous Louis XI, ou jetée à la Seine sous Louis XIV, mais parfois distribuée aux pauvres ou dans les établissements de charité, dans le cadre de ce que nous pouvons considérer comme un cinquième circuit non commercial. L'abattage se faisant obligatoirement *intra muros*, des embouteillages d'animaux encombrent les rues, la viande doit être vendue sous quarante-huit heures maximum, l'affichage du sexe est obligatoire, car la viande mâle est considérée comme meilleure. En cas de fraude, les bouchers subissent des amendes et parfois des châtiments corporels.

Le paradoxe des révoltes frumentaires

La grande période de Versailles est d'abord celle des crises de subsistances (1693-1694 et 1709-1710) en raison d'une pénurie de blé, de seigle, d'orge. La seule crise de 1693-1694 fait 2 millions de morts. Elle est la plus grande catastrophe depuis des siècles. Elle s'explique, certes, par une sécheresse, mais aussi et surtout, d'une part, par la spécialisation à outrance dans la production du blé pour nourrir les riches et les villes, et, d'autre part, par l'abandon des politiques interventionnistes de l'État[217]. L'Église organise tout d'abord des processions pour implorer le pardon de Dieu puis, après la bonne récolte de 1694, l'archevêque de Paris ordonne que toutes les églises organisent des prières de quarante heures pour « rendre grâce à Dieu de la récolte de cette année qui répare abondamment la stérilité des deux dernières... » Le répit est de courte durée avec une nouvelle crise en 1709-1710.

On doit à Louise A. Tilly une bonne compréhension des crises de subsistances, mais surtout des révoltes frumentaires qui marqueront les

---

217. Cynthia Bouton, « Les mouvements de subsistance et le problème de l'économie morale sous l'Ancien Régime et la Révolution française » in *Annales historiques de la Révolution française*, n° 319, 2000, p. 71-100.

xviie et xviiie siècles jusqu'à la Révolution de 1789[218]. Louise A. Tilly explique que ce n'est pas dans la formule économique simpliste « disett e égale faim égale émeute » qu'il faut chercher l'explication des révoltes frumentaires depuis le xviie siècle, alors que les disettes disparurent plus d'un siècle avant les dernières révoltes, mais dans l'attitude non interventionniste de l'État et la prééminence donnée à la production de blé, que le peuple réprouvait. Les révoltes n'ont d'ailleurs pas lieu là où les prix sont les plus élevés, mais là où pour les besoins de la métropole, de l'armée, des grandes villes, l'approvisionnement devient une préoccupation.

Avant d'exposer la responsabilité des nouvelles doctrines comme le mercantilisme, il convient de reprendre les propos de Nicolas Delamare, d'abord commissaire aux grains, puis « grand policier » et auteur du célèbre *Traité de la police* de 1719 (sans cesse réédité jusqu'à la Révolution) consacré pour moitié au commerce des vivres : « La sûreté publique n'est jamais plus exposée que dans ces temps que l'on manque de pain ou que l'on peut n'en avoir qu'avec peine... » On distingue alors trois types d'émeutes : deux classiques, qui remontent à l'Antiquité, et l'autre, moderne conséquence de la libéralisation des marchés alimentaires, notamment de celui des grains. L'émeute de marché, version urbaine des révoltes frumentaires, est dirigée contre les boulangers dont les prix de vente sont trop élevés et le pain trop rare ; l'entrave, forme rurale des révoltes céréalières, consiste à empêcher les chariots et péniches chargés de grains de partir (au début du xviie siècle). La nouvelle forme est la taxation populaire qui consiste à s'emparer des grains ou des pains, à les vendre au « juste prix » et à payer le propriétaire.

Les grandes révoltes frumentaires ne se produisent pas au plus fort des crises alimentaires mais lorsque le pouvoir décide d'abandonner les politiques de protection des gens du peuple. Le système de réglementation du marché des céréales, d'abord modifié au xviie siècle, est en effet abandonné à la fin du xviie siècle. Auparavant, le grain devait être vendu sur des marchés ouverts et les boulangers et marchands ne pouvaient acheter qu'après que les consommateurs avaient pu s'approvisionner. Ainsi, le blé, une fois mis en vente à un prix donné, devait rester sur le marché jusqu'à sa vente totale. Le troisième jour, on pouvait le vendre à prix réduit. On ne devait ni acheter de blé sur pied ni en stocker dans des greniers (sauf les producteurs et consommateurs, mais pas les spéculateurs). Il était obligatoire de déstocker en cas de disette. On conservait ainsi en permanence

---

218. Louise A. Tilly, « La révolte frumentaire, forme de conflit politique en France », *Annales. Économies, Sociétés, Civilisations*, 27e année, n° 3, mai-juin 1972, p. 731-757.

une quantité suffisante de céréales soit en vente, soit en stock. Un système analogue fonctionne pour le pain dont les prix administrés doivent être affichés. Lors des disettes, la règle prévoit de réduire la quantité de pain sans que cela ait un effet sur le prix de vente. Des employés contrôlent le respect des textes.

Ce vieux système fondé sur la protection des consommateurs va être battu en brèche par la montée d'une nouvelle doctrine économique : le mercantilisme. Cette doctrine préconise en effet le transfert de la direction de l'économie des communes à l'État. Des tentatives de l'imposer ont échoué au xvie siècle, mais elles aboutissent, au siècle suivant, car le mercantilisme est devenu la contrepartie économique du centralisme politique de Louis XIV. Paris commande la fixation des prix de façon centralisée, même pour des marchés éloignés, comme Paris entend imposer un même droit.

Cependant, en 1709, le Conseil du roi débat une dernière fois de la nécessité de taxer les prix, mais l'enquête confiée à Nicolas Delamare conclut que l'ensemble des autorités y est opposé. À l'inverse de la taxation, la nouvelle théorie économique dominante postule que le « juste prix » ne peut être que celui du marché (c'est-à-dire celui de la rencontre de l'offre et de la demande) et qu'il convient de supprimer les règlements. Cette conception de l'économie est largement une émanation janséniste avec Pierre de Boisguilbert, ainsi que l'a démontré Gilbert Faccarello[219]. Choiseul promulgue les édits de 1763 et 1764 qui établissent la libre circulation des céréales à travers tout le royaume et qui ouvrent le commerce à tous sans nécessité d'enregistrement. Ces édits furent abrogés en 1770, comme le furent d'autres décisions semblables de Turgot en 1774-1775, à cause de la conjonction de plusieurs forces : mauvaises récoltes, opposition populaire accompagnée d'émeutes et opposition parlementaire[220]. Malgré l'abrogation, le mal est fait. On ne reviendra jamais à l'ancienne réglementation qui fixait les prix, interdisait, par exemple, les transferts de grains d'une région à une autre et obligeait les marchands spéculateurs à s'enregistrer pour pouvoir faire commerce de grains.

---

219. Gilbert Faccarello, *Aux origines de l'économie politique libérale : Pierre de Boisguilbert*, Paris, Éditions Anthropos, 1986. J'ajouterai, comme je l'ai montré dans *La face cachée du pape François* (Paris, Max Milo, 2016), la lourde responsabilité des Franciscains... On peut lire sur ce point l'étude magistrale de Giacomo Todeschini, *Richesse franciscaine. De la pauvreté volontaire à la société de marché*, trad. (ital.) par Nathalie Gailius et Roberto Nigro, Paris, « Verdier poche », Verdier, 2008.
220. Gilbert Faccarello, *Aux origines de l'économie politique libérale : Pierre de Boisguilbert, op. cit.*, p. 739.

 Une histoire politique de l'alimentation. Du paléolithique à nos jours

Turgot (1727-1781) est révélateur des contradictions des Lumières. Ce proche des physiocrates, ami de Diderot et auteur dans *L'Encyclopédie* de l'article consacré à la misère (« Ce sont les souverains qui font les misérables »), auteur d'une thèse sur le progrès de l'esprit humain, est nommé par Louis XVI secrétaire d'État à la Marine puis Contrôleur général des Finances. Au printemps 1775, il riposte aux émeutes de la faim et au pillage de boulangeries parisiennes en faisant pendre, place de Grève, deux prétendus meneurs, l'un âgé de 28 ans, l'autre de 16. C'est lui aussi qui fera détruire les châtaigniers, notamment dans le Limousin, pour leur substituer la culture de la pomme de terre, au nom des thèses physiocratiques[221].

Le principe d'une taxation des tarifs ne cessera plus jamais d'être une revendication populaire. Edward P. Thompson a proposé une analyse suggestive de cette période, en montrant comment cette nouvelle politique monarchique signe la fin de « l'économie morale des pauvres ». Les émeutes sont donc une façon de forcer le pouvoir à faire appliquer, ou à appliquer soi-même, les mesures traditionnelles : « L'apparition des révoltes frumentaires politisa le problème des subsistances et lui donna une dimension nationale. Ils s'inspirent dans la conscience populaire d'un modèle de ce que devrait être à ses yeux le fonctionnement économique. » La Révolution française n'est pas si loin, avec ses lois sur le maximum et ses projets de grand banquet fraternel.

---

221. Cf. le chapitre suivant consacrée à la table républicaine où il est question des théories des physiocrates.

Onzième service : La table républicaine

J'aurais aimé intituler ce chapitre la table révolutionnaire mais comme la réaction thermidorienne, le Directoire et le Consulat, qui succèdent aux grandes expérimentations révolutionnaires, ressemblent étrangement aux dernières années de la monarchie absolue, j'ai préféré parler de table républicaine car la Révolution, aussitôt passé le moment où elle tente de répondre par la taxation des denrées alimentaires aux besoins des plus humbles, notamment ceux du quart état[222] (qui ne sera jamais reconnu), va mettre ses pas dans ceux des courants, notamment les physiocrates, qui entendent libérer le marché et en finir avec les pratiques de table populaires.

Nous découvrirons par exemple que ce qui se joue dans la destruction des châtaigniers, déjà bien entamée sous Louis XVI par Turgot, et dans la généralisation des aliments de substitution, dans une direction pire encore

---

222. Ce terme fait référence au cahier de doléances du quatrième ordre, celui des pauvres journaliers, des infirmes, des indigents, rédigés au moment des États généraux de 1789 par Louis Pierre Dufourny de Villiers (1739-vers 1796) dit Dufourny. Ce révolutionnaire proteste contre l'exclusion des plus pauvres de la rédaction des cahiers de doléances. Le tiers état ne regroupait qu'une fraction du peuple puisqu'il fallait payer six livres d'impôts pour en être membre. En novembre 1789, Dufourny appelle à la fondation de « comités fraternels » réunissant à égalité ouvriers et pauvres. Il sera président du directoire du département de Paris après le 10 août 1792. Soupçonné d'être lié aux Indulgents (Danton, Desmoulins, Fabre…), il sera arrêté, Robespierre l'ayant fortement accablé le 16 germinal an II aux Jacobins. Libéré après le 9-Thermidor, il participe aux émeutes de la faim en germinal an III et est à nouveau arrêté après que Cambon l'eut accusé d'avoir trempé dans les massacres de septembre 1792. L'amnistie du 4 brumaire an IV lui rendit la liberté. Ce fut pour mourir peu de temps après. On trouve l'expression « quart état » (*vierde stand*) dans des textes antérieurs en langue néerlandaise. La formule de « quart état » est devenue célèbre avec le fameux tableau de Giuseppe Pellizza da Volpedo, terminé en 1901 et titré *Il Quarto Stato*, après que son auteur eut découvert ce terme dans la célèbre *Histoire socialiste de la Révolution française* de Jean Jaurès. L'ouvrage *Histoire de la langue française* publié en 1900 explique également que « parmi les composés formés d'un adjectif et d'un nom, reviennent usuellement "trois-points", pour désigner les francs-maçons et "quart état" le prolétariat ».

---

que celle qu'avait osé imaginer le même Turgot, est la conséquence de choix politiques qui feront des Français l'un des peuples les plus mal nourris ! On se paiera même le luxe d'une nouvelle disette et notre cheptel sera l'un des plus malades en raison de l'aveuglement des savants et des politiques… Un double postulat soutient leurs politiques : d'une part, l'idée que les pauvres ont un bon estomac et pas de goût, et qu'ils peuvent manger n'importe quoi, et, d'autre part, l'idée qu'il est bon qu'ils suent sang et eau pour pouvoir manger à leur faim plutôt que de compter, avec les châtaignes, sur un « arbre à pain » miraculeux.

Nous ne pouvons pas, en revanche, nous prononcer sur ce qu'aurait été la table révolutionnaire si la Révolution n'avait pas fini par dévorer ses enfants, Enragés, hébertistes, Indulgents, robespierristes, puis babouvistes, jusqu'au Directoire qui organisa la victoire de la bourgeoisie et du capitalisme.

Cette table républicaine est l'enfant des Lumières dans ce qu'elles ont de meilleur et de pire. Sur le versant positif, on croise l'idée que le bien-être du peuple est le critère ultime de jugement d'une société et que l'alimentation doit être bonne à penser, donc rationnelle, permettant ainsi de marier la République des ventres avec celle de la raison et du cœur, et, sur le versant négatif, on trouve le libéralisme économique appliquée au marché des grains et la foi béate dans la science censée nourrir 28 millions de Français.

Quand la Révolution rencontre la table

La période révolutionnaire présente aussi le mérite de rappeler qu'en France, si tout ne commence pas et ne finit par nécessairement par un bon repas, les questions d'alimentation ne sont jamais très éloignées des heures terribles. La mémoire collective, mêlant faits réels et biolégendes, ne cessera jamais d'entretenir le lien entre les questions alimentaires et révolutionnaires. On a voulu expliquer (trop rapidement) la Révolution par les mauvaises récoltes. On savoure l'image des 7 000 femmes et des 20 000 hommes de la garde nationale allant chercher à Versailles en octobre 1789 Louis XVI, Marie-Antoinette et le Dauphin, signe qu'ils croyaient encore que « le boulanger, la boulangère et le petit mitron » correspondaient effectivement toujours à la figure du bon roi nourricier. On n'oubliera jamais que lors du banquet des gardes du corps offert au régiment de Flandre, appelé de Douai par le roi pour intimider le mouvement populaire parisien, et tenu dans la salle de l'Opéra du château de Versailles le 1er octobre 1789, des officiers de la noblesse flétrirent la cocarde tricolore, un geste qui déclencha les insurrections des 5 et 6 octobre pour le respect du « signe sacré de la liberté française », mais surtout parce que le bruit courait que pour avoir du pain, il fallait soustraire Louis XVI à l'influence de la cour et le ramener à Paris.

Selon le récit légendaire prêté à Camille Desmoulins et repris par Alexandre Dumas dans son *Grand dictionnaire de la cuisine* (1873), Louis XVI est arrêté à Varennes car il prend du temps pour déguster des pieds de porc à Sainte-Menehould. Lamartine s'arrêtera sur la description du dernier banquet des Girondins dans la chapelle de la Conciergerie : « Le souper funéraire était dressé dans le grand cachot. Les mets recherchés, les vins rares, les fleurs chères, les flambeaux nombreux couvraient la table de chêne des prisons. Luxe de l'adieu suprême, prodigalité des mourants qui n'ont rien à épargner pour le jour suivant... le repas fut prolongé jusqu'au premier crépuscule du jour. Vergniaud placé au centre de la table le présidait avec la même dignité calme qu'il avait gardée la nuit du 10 août, en président la Convention.... Rien n'indiqua pendant longtemps, dans les physionomies et les propos, que ce repas fut le prélude d'un supplice » (Alphonse de Lamartine, *Histoire des Girondins*)[223]. Les six mois qui courent entre les émeutes des subsistances de février 1793, les journées des 9 et 10 mars, les insurrections des 31 mai et 2 juin, le mouvement sectionnaire d'août, les journées des 4 et 5 septembre, sont essentiels pour comprendre ce qui se joue autour de la question des subsistances avec les lois successives instaurant le « premier maximum » (4 mai 1793) et le « maximum général » (11 septembre 1793). Ce qui se joue, et c'est l'objectif de ces lois importantes, c'est d'établir le lien entre le prix des subsistances (et pas seulement le nécessaire) et le niveau des salaires, et c'est d'ébaucher ce qui aurait pu devenir un véritable service public de l'alimentation grâce au maillage du territoire par un réseau de greniers d'abondance, par la reconnaissance du droit de chacun à obtenir de quoi manger et vivre[224].

Ainsi aux heures les plus glorieuses mais aussi les plus sombres de la Révolution, les Robespierre, Danton, Saint-Just, Marat, Babeuf, ne cesseront jamais de parler d'alimentation ! Non pas qu'ils soient gourmets (à l'exception peut-être de Danton, sans doute plus gourmand que gourmet) mais ils savent que le sort de la Révolution dépend de sa capacité

---

223. http://gallica.bnf.fr/ark:/12148/bpt6k10495068

224. Pour une bonne et synthétique vue d'ensemble de cette question des subsistances, se reporter à l'art. « Subsistances » de Claude GINDIN dans le *Dictionnaire historique de la Révolution française* paru aux Presses universitaires de France en 1989 (voir *infra* les références précises pour ce livre).

à nourrir quelque 650 000 Parisiens et une armée révolutionnaire de un million de citoyens-soldats.

De la crise des subsistances à la Révolution

« Ils n'ont pas de pain ? Qu'ils mangent de la brioche ! » Cette célèbre formule, attribuée faussement à Marie-Antoinette, est considérée comme la justification de la Révolution et presque comme le signal de son déclenchement. Cette formule court cependant d'un pays à l'autre, puisqu'elle apparaît, dès le XVIᵉ siècle, en Allemagne et en Lettonie. Christine Shojaei Kawan et Véronique Campion-Vincent ont établi qu'elle sert à décliner trois types d'accusation : la bêtise ou l'ignorance lorsqu'elle met en scène des femmes, la cruauté outrageante lorsque les protagonistes sont des hommes, l'arrogance des puissants dans tous les cas[225]. Cette formule témoigne également de la fixation de la pensée sur la seule question du pain, une focalisation qui est davantage le produit d'une guerre idéologique qu'un simple constat en matière d'alimentation.

J'aimerais revenir sur la thèse développée par Guy Lemarchand : « La crise de 1789 n'est pas un coup de tonnerre dans un ciel serein, elle suit une montée des tensions diverses durant plusieurs décennies. » Contrairement aux légendes savamment entretenues, la Révolution n'est pas la conséquence d'une mauvaise récolte mais celle de mauvais choix politiques mûrement réfléchis. Guy Lemarchand, à qui nous devons une analyse brillante des troubles de subsistances, montre que ces troubles, qui se multiplient entre la fin du XVIIᵉ et le début du XVIIIᵉ siècle, sanctionnent, d'une part, les édits de 1763-1764 qui libéralisent le marché des grains, et, d'autre part, la saisie unilatérale des communaux par les hobereaux (fermeture de forêts, desséchement de marais, etc.)[226]. Cette politique n'a rien d'accidentelle puisqu'elle correspond, depuis le XVIIᵉ siècle, dans le cadre de la Contre-Réforme catholique, à la volonté des classes dirigeantes de limiter, voire d'interdire, les réjouissances populaires, carnavals, bals et autres rassemblements jugés dangereux. L'historien rejoint l'analyse de ses confrères Florence Gauthier et Guy Ikni qui écrivent qu'en voyant dans le mouvement populaire une agitation rétrograde, des historiens récents se sont laissé impressionner par les auteurs libéraux du XIXᵉ siècle,

---

225. Véronique CAMPION-VINCENT et Christine SHOJAEI KAWAN, « Marie-Antoinette et son célèbre dire. Deux scénographies et deux siècles de désordre, trois niveaux de communication et trois modes accusatoires » in *Annales historiques de la Révolution française*, n° 327, 2002, p. 29-56.
226. Guy LEMARCHAND, « Troubles populaires au XVIIIᵉ siècle et conscience de classe : une préface à la Révolution française » in *Annales historiques de la Révolution française*, n° 279, 1990, p. 32-48.

eux-mêmes héritiers des thèses des physiocrates : « Le petit peuple réclame purement et simplement le droit à la vie dans le cadre d'une vision optimiste des possibilités données par le milieu naturel et d'une conception égalitariste de la société »[227]. Les attentes du peuple sont donc précises : réglementer le commerce des grains et du pain afin de limiter les effets négatifs du développement de l'économie marchande. Comme l'analyse Guy Lemarchand, trois siècles d'émeutes frumentaires ont forgé une conscience politique : « Le personnel des émeutes de subsistances comme celui des troubles antifiscaux constituent avant la lettre une sans-culotterie : artisans, petits commerçants, manœuvriers, vignerons y sont en nombre. Par là s'est forgée au long des trois siècles d'Ancien Régime une tradition de lutte sociale et, surtout dans les villes, de mise en cause des pouvoirs, première étape vers une conscience politique qui prépare l'intervention populaire pendant la Révolution. Elle préfigure l'exigence soupçonneuse des foules de 1789 à 1794, de la taxation et de la saisie des marchandises par les autorités. Elle facilitera la formation des sociétés populaires rurales qui, à leur tour, étendront l'action populaire économique et politique, comme en Provence. »

Les façons de parler du pain sous la Révolution

La question du pain est consubstantielle à la Révolution. Les cahiers de doléances de 1789 accusent ainsi la vigne d'usurper les terres à blé. Le peuple a appris à opposer politiquement le vin au droit au pain pour tous. Cette thèse est un vieux débat puisque, déjà sous Louis XV, un arrêt du Conseil du 5 juin 1731 défendait « de faire de nouvelles plantations de vignes dans l'étendue des Provinces et Généralités du Royaume et de rétablir, sans la permission expresse de Sa Majesté, celles qui auront été deux ans sans être cultivées, à peine contre chaque contrevenant, de 3 000 livres d'amende et sous plus grande peine s'il y échoit ; laquelle permission ne sera accordée qu'au préalable le terrain n'ait été vu par les ordres de l'Intendant, pour connaître s'il n'est pas plutôt propre à une autre culture qu'à être planté en vignes ». Bien que cassé en 1759, cet arrêt réservant les terres aux céréales marque la progression de la propriété capitaliste et la mort de la figure du roi nourricier.

Nous savons déjà que l'égalité posée entre le pain et l'alimentation a été imposée au peuple des villes, mais surtout des campagnes, au détriment d'un autre régime alimentaire fondé sur la viande, d'autres céréales,

---

227. *Id., ibid.*, p. 40.

des herbes, les châtaignes. Comme les puissants réussissent souvent à imposer leur point de vue, le peuple d'abord hostile au « pain blanc des riches », fauteur de disettes, finira par en exiger et fera du « droit au pain » l'emblème de son combat. C'est cependant seulement du point de vue des dominants que les dominés réduisent leur pensée à leur estomac car, comme le prouve l'étude de Jacques Guilhaumou et Denise Maldidier consacrée aux affrontements politiques discursifs autour du pain[228], la façon de parler du pain clive la société. Les auteurs remarquent qu'alors que l'expression simple « Du pain ! » était le cri proféré par le peuple tout au long des émeutes de subsistances[229] qui jalonnent l'Ancien Régime, quelque chose de nouveau se noue autour des événements des 5 et 6 octobre 1789 puisqu'on revendique le pain et autre chose : « Du pain et à Versailles ! » est ainsi le slogan des femmes et des gardes nationaux en marche pour ramener le roi à Paris : « L'émeute des subsistances prend une forme nouvelle ; elle est inscrite dans l'espace politique révolutionnaire. Nous en voyons une autre manifestation dans le cri général jailli devant les grilles du château : "Du pain et la fin des affaires", où la demande de pain est associée à la dénonciation des ministres accapareurs. » L'assassinat du boulanger François, pendu et décapité place de Grève, le 21 octobre 1789, servira certes de prétexte à l'adoption de la loi martiale, signée par Louis XVI, mais son principe était en débat depuis les journées des 5 et 6 octobre car les puissants avaient bien perçu le sens profond de la révolte, tout comme Robespierre qui fustige cette mesure (c'est « immoler la liberté »). Les Jacobins s'opposent en revanche aux Enragés lors du débat sur la promulgation d'une loi sur les subsistances, chacun avec son propre slogan. Jacques Guilhaumou et Denise Maldidier écrivent : « L'affrontement s'organise autour de deux coordinations concurrentes : "Du pain et la loi" s'oppose à "Du pain et la liberté". Une délégation est reçue le 12 février 1793 : "On nous dit qu'une bonne loi est impossible […] Non, une bonne loi n'est pas impossible ; nous venons vous la proposer". » On assiste, en mars et septembre 1793, à la montée d'un

---

228. Jacques GUILHAUMOU et Denise MALDIDIER, « Coordination et discours. "Du pain et X" à l'époque de la Révolution française » in *Linx*, n° 10, 1984, numéro thématique : *Syntaxe & Discours*, p. 97-117.

229. *Id., ibid.*, p. 98 : « De 1789 à 1795, une série d'énoncés comportant la séquence "Du pain et X" balise des moments forts du processus révolutionnaire. Cette structure de coordination semble attester l'émergence de nouvelles significations dans le champ des discours révolutionnaires. C'est à travers la coordination que le cri traditionnel du peuple "Du pain" s'inscrit dans l'espace politique : "Du pain et à Versailles !" s'écrient les femmes le 5 octobre 1789 ; "Du pain et la liberté" précisent les Jacobins face à la montée révolutionnaire en 1793 ; "Du pain et du fer" revendiquent les partisans du Maximum (1793-1794) ; "Du pain et la Constitution de 1793" clament les sans-culottes parisiens devant les députés thermidoriens en 1795. »

nouveau mot d'ordre : « Du pain et du fer », qui accompagne cette fois la naissance du mouvement hébertiste. Ce sont les Jacobins marseillais qui traduisent ainsi la demande d'une armée révolutionnaire contre les accapareurs par ce nouveau mot d'ordre : « Il faut dire comme à Marseille : du pain et du fer aux sans-culottes et ça ira. » Le député Favre ajoute : « Il faut que le peuple de toute la république ait également du fer et du pain et qu'il jouisse de la tranquillité et du bonheur » (28 avril). Les partisans de la libre circulation lancent par la voix du député Philippeaux un contre-slogan : « Du pain et la Constitution, voilà la pétition de l'homme libre, du véritable républicain… Les Romains disaient *Panem et circenses*, du pain et les jeux du cirque » (4 mai). Le slogan « Du pain et du fer » est repris durant toute cette époque par Jacques Roux, leader des Enragés. Il est inscrit comme devise sur les bannières des sociétés populaires du Midi, réunies en congrès à Marseille : « Du pain et du fer, voilà l'union, l'ambition des vrais révolutionnaires ». Marat écrit le 21 février 1793 : « Le devoir des représentants fidèles du peuple n'est pas de pousser le peuple au désespoir par des alarmes exagérées pour le forcer à recevoir, à la fois, des fers et du pain. Leur devoir n'est pas seulement de donner du pain au peuple, comme de la pâture au plus vil des animaux. Les despotes aussi donnent du pain à leurs sujets… Nous, représentants de la nation, nous voulons, nous devons lui assurer encore la liberté, la paix, l'abondance qui sont le fruit des lois justes »[230].

Gracchus Babeuf et l'administration des subsistances

Les solutions pour approvisionner en pain les quelque 650 000 Parisiens varient donc selon l'adhésion aux thèses libérales ou socialistes sur le plan économique. Cette période est celle d'une redistribution constante des cartes politiques : ainsi Jean-Paul Marat, le rédacteur de *L'Ami du peuple*, se trouve dès février 1793 dépassé sur sa gauche par les Enragés, les hébertistes, les amis de Babeuf, comme Fournier l'Américain qui engage une polémique contre lui. Marat redoute en effet que la loi agraire ne conduise à l'égalité absolue et s'oppose au maximum contraire à ses convictions économiques libérales. Cette période est aussi celle d'une extrême confusion idéologique. Ainsi Camille Desmoulins dénonce le danger que la contre-révolution se fasse en bonnets rouges. Babeuf écrira au vitriol en février 1793 un pamphlet contre Marat (lequel l'avait fait libérer de prison en juillet 1790 alors qu'il avait été emprisonné en raison de son activisme contre les impôts indirects). Son texte, *Législation des sans-culottes*

---

230. *Id., ibid.*, p. 105-106 et p. 108-110.

ou la parfaite égalité, réclamation des droits des 24 millions d'hommes sur le 25e million, après avoir fait l'éloge du projet de Déclaration des droits de Robespierre dans la mesure où cette Déclaration reconnaît les droits véritables des humains, appelle à prendre au sérieux son article 17 pour réclamer de la société « tout ce qui est nécessaire à son existence heureuse ».

François-Noël Babeuf, qui prendra le pseudonyme de Gracchus Babeuf en 1794 en hommage aux Gracques initiateurs d'une réforme agraire dans la Rome antique, est célèbre pour avoir dirigé la « Conjuration des égaux » contre le Directoire aux côtés de Buonarroti, Sylvain Maréchal, Félix Le Peletier de Saint-Fargeau afin de réaliser la « parfaite égalité » et « le bonheur commun » au moyen de la collectivisation de l'économie et d'une démocratie politique directe. Babeuf est arrêté, le peuple tente de le libérer à deux reprises. Il est condamné à mort dans un contexte où venait d'être voté la peine de mort pour ceux qui faisaient l'apologie de la Constitution de 1793 et s'insurgeaient contre le Directoire. Babeuf tente de se suicider à l'annonce du verdict mais est guillotiné le 27 mai 1797. Il ne sera certes qu'un acteur secondaire de la Révolution, sauf dans le domaine de l'alimentation puisqu'il sera nommé secrétaire de l'administration des subsistances sous la direction de Garin, c'est-à-dire durant la période la plus critique de la Révolution sur le plan alimentaire, mais aussi durant les ultimes tentatives de faire véritablement du neuf avec les lois dites du « maximum ». Babeuf, qui prend ses fonctions mi-mai, juste au moment de l'entrée en vigueur de la loi du maximum (le « premier maximum ») votée le 4 mai 1793 par la Convention, est donc un témoin particulièrement bien placé pour comprendre les rapports de force. Le 27 septembre 1792, la Commune de Paris avait déjà fixé un prix de vente maximum pour certains produits, mais cette mesure s'avéra insuffisante. Aussi la Convention étendit-elle, le 4 mai 1793, à l'ensemble du pays la loi du maximum (sur les grains et les farines) qui était déjà en vigueur sur Paris espérant ainsi que cette harmonisation permettrait d'approvisionner la ville. Elle établit la taxation du prix des grains par département en fonction du prix moyen pendant les premiers mois de l'année, rend obligatoire la déclaration des quantités de grains détenues par les agriculteurs et leur commercialisation au marché et confie le recensement des stocks et les contrôles aux municipalités dotées d'un droit absolu de réquisition. Cette loi, qui s'avéra, elle aussi, insuffisante en raison des spéculations de la paysannerie aisée et de la dépréciation des assignats, a été littéralement imposée par les sans-culottes à la Convention, car contraire aux idées libérales des députés. Cette loi fut davantage une concession que beaucoup voulaient provisoire. Elle était cependant nécessaire pour calmer le peuple car la récolte de 1793 avait été bonne et rien n'expliquait cette situation de pénurie au milieu de l'abondance, sinon cette « grève des blés » menée par la paysannerie aisée qui avait vu son rôle croître sur le marché des grains grâce à l'abolition des droits féodaux et de la dîme et à l'acquisition des biens du clergé et des émigrés. Babeuf n'aura donc de cesse, depuis son poste à l'administration des subsistances, de dénoncer le véritable sabotage de la loi du 4 mai par des administrations locales qui préfèrent vivre économiquement en autarcie. Il multiplie les lettres de protestation adressées aux districts et aux départements concernés et rédige des rapports pour le Comité de salut public. Mais les dirigeants jacobins eux-mêmes hésitent encore à faire appliquer leur propre loi et il faudra les émeutes des 4 et 5 septembre 1793 pour qu'ils cessent leurs atermoiements et s'engagent dans la voie de la politique du maximum général.

Le mouvement sectionnaire d'août 1793

Durant l'été 1793, la situation alimentaire est toujours aussi dramatique malgré la loi. Le prix du pain est certes bloqué à 3 sous la livre mais la pénurie est générale en raison de la diminution puis de la quasi-cessation des livraisons de blé. Cette situation tendue impose de faire garder les boulangeries dès le 20 juillet. Le 26 juillet, la Convention adopte la loi sur l'accaparement et la spéculation (revendiquée depuis juin par Jacques Roux, leader des Enragés) qui condamne à mort les accapareurs qualifiés d'affameurs du peuple, mais les élites au pouvoir visent toujours l'abolition de la loi antilibérale du 4 mai... « Dès le 1er juillet 1793, le Comité de salut public et le Comité d'agriculture firent voter un décret qui autorisait les administrations des départements et des districts à faire acheter directement chez les particuliers et non plus sur les marchés comme le voulait la loi. Ce décret, qui était un coup très rude porté au maximum, fut voté sans débat. La même autorisation d'acheter en dehors des marchés fut donnée le 5 juillet aux administrateurs des subsistances militaires, et, le même jour, un nouveau décret leva toutes les interdictions d'exportation que les départements avaient promulguées, sous prétexte que leurs recensements n'étaient pas terminés. Dès lors, tout l'édifice de la loi du 4 mai s'écroulait »[231]. Le 9 août, la Convention accepte un plan de création de « greniers d'abondance » dans chaque département pour acheter les excédents.

---

231. Albert MATHIEZ, *La vie chère et le mouvement social sous la Terreur*, Paris, Payot, 1927 (rééd. en 2 vol., « le regard de l'histoire », Payot, 1973), chap. VII « La mort de Marat et le vote de la loi sur l'accaparement (juillet 1793) », § « Les décrets des 1er et 5 juillet 1793 », *loc. cit.*, p. 242-243.

Jean Jaurès, dans sa grande *Histoire socialiste de la Révolution française*, avait déjà signalé que les dirigeants de la Commune de Paris s'étaient ralliés « sans enthousiasme » au mouvement en faveur de l'établissement du maximum. Les historiens se sont longtemps divisés sur le sens à donner à la tentative de créer en juillet 1793 à côté du Conseil général une Union des sections parisiennes qui sera largement à l'origine du mouvement sectionnaire d'août 1793. Selon certains, comme Henri Calvet (qui étudiera le comité départemental de salut public[232]), il s'agit bien d'un authentique mouvement populaire des sans-culottes... Selon d'autres, comme Albert Mathiez, ce mouvement serait une manœuvre des modérés en lutte contre la politique révolutionnaire de la convention jacobine. Mathiez concède que l'histoire du mouvement d'août est « très embrouillée et confuse. Les personnages sont obscurs. Leurs actes sont mal connus et plus mal encore leurs intentions. C'est un flux et reflux continuel de pétitions, de manifestations, de troubles et d'intrigues »[233].

Sommes-nous pour autant autorisés à en conclure que ce mouvement sectionnaire d'août 1793 serait foncièrement « contre-révolutionnaire » ? Babeuf évoque, au début de la réaction thermidorienne, sa participation au mouvement sectionnaire (in *Du système de dépopulation*). Il accuse (certes à tort) : « Il a existé, en 1793, un plan sérieux de famine contre Paris... Les directeurs étaient ce Comité de salut public, Barère spécialement, le ministre de l'intérieur Garat et le maire Pache. » S'accordant (à tort ou à raison) le beau rôle, Babeuf ajoute : « Ceux qui déjouèrent ce complot furent Garin, administrateur des subsistances de la commune et moi... » On sait que les 48 sections de Paris nommèrent « une commission pour examiner quels pouvaient être les coupables auteurs de la disette que la cité était près d'éprouver [...] Je fis à la commission le rapport le plus développé, où je ne craignis point de dénoncer formellement et Pache, et Garat, et Barère, et tout le Comité de salut public ». Cette commission prit un arrêté plaçant Garin et Babeuf sous la sauvegarde des 48 sections de Paris et ordonna l'impression de son rapport. Babeuf prit donc une part active au mouvement d'août et il s'exprima notamment devant l'assemblée des commissaires des sections à l'Évêché. La thèse du caractère « rolandiste » du mouvement d'août ne tient pas... Le mouvement est effectivement

---

232. Bien qu'il n'existât officiellement qu'un seul Comité de salut public au niveau national, il semble que certains comités de surveillance, dont celui de Paris, choisirent également de se nommer « comités de salut public, voir Henri CALVET, *Un instrument de la Terreur à Paris : le comité de salut public ou de surveillance du département de Paris (8 juin 1793-21 messidor an II)*. Paris, Librairie Nizet et Bastard, 1941.
233. Albert MATHIEZ, *La vie chère et le mouvement social sous la Terreur, op. cit.*, chap. VIII, « L'agitation sectionnaire à Paris en août 1793. L'affaire Cauchois », p. 258-290.

bien parti de la section de Beaurepaire qui sera très vite accusée par les robespierristes d'être un repaire de modérés et de contre-révolutionnaires, mais c'est pourtant auprès d'elle (et non auprès de sa propre section des Champs-Élysées) que Babeuf, après son arrestation à la fin de 1793, cherchera un certificat de patriotisme capable de convaincre la police révolutionnaire de Paris de la droiture de son engagement révolutionnaire.

La Convention finira par céder aux revendications des Enragés lorsque la Commune fera défection sous la pression des sections en septembre 1793. Le mouvement sectionnaire était certes dirigé contre la Convention, le Comité de salut public et le maire de Paris, mais il n'avait rien de foncièrement contre-révolutionnaire. Ce mouvement sectionnaire d'août est d'ailleurs le prélude à celui de septembre.

Les journées des 4 et 5 septembre 1793

Ces deux journées parisiennes constituent une étape décisive dans la mise en place d'une politique de la terreur souhaitée par les sans-culottes et le peuple. Albert Mathiez qualifie d'ailleurs ces deux journées d'« inauguration de la terreur » et parle d'une offensive de l'avant-garde révolutionnaire hébertiste. Ces deux journées constituent une véritable revanche des sections contre la Commune et la Convention qui avaient prononcé le 25 août 1793 la dissolution de leur commission d'enquête sur les subsistances (Albert Mathiez, *La vie chère…* 1927, *op. cit.*, chap. X, « L'inauguration de la Terreur », § « Les conséquences, p. 337). Albert Soboul qualifie lui aussi ces deux journées « d'expression sans équivoque du mouvement populaire urbain, celui des sans-culottes ». Il ajoute : « L'origine ouvrière du mouvement est incontestable : il sortit des couches les plus prolétariennes de la sans-culotterie »[234]. Robespierre se porte pourtant encore dans un premier temps à la défense du maire de Paris, assiégé dans sa mairie, dès la journée du 4 septembre : « On assure que dans ce moment Pache est assiégé non par le peuple, mais par quelques intrigants qui l'injurient, l'insultent, le menacent… Les scélérats ont voulu égorger la Convention nationale, les Jacobins, les patriotes. » Pache et Robespierre se soumettront en fait à la volonté des sections parisiennes comme en témoignent deux décisions, celle du 11 septembre qui fixe le maximum à 14 livres le quintal pour toute la France et celle du 29 septembre dite « loi du maximum général » qui fixe les tarifs pour de nombreuses subsistances mais aussi pour les salaires. Cette loi fixe ainsi le maximum pour les prix de la viande

---

234. Albert SOBOUL, *Les sans-culottes parisiens en l'an II*, Paris, Librairie Clavreuil, 1958, p. 166 et p. 267, cité in Daniel GUÉRIN, « D'une nouvelle interprétation de la Révolution française », in *Annales. Économies, Sociétés, Civilisations*, 20ᵉ année, n° 1, 1965, p. 84-94.

fraîche, de la viande salée, du lard, du beurre, de l'huile, du poisson salé, du vin, du vinaigre, de l'eau-de-vie, de la bière, du bois de chauffage, tout en bloquant les salaires. Toute personne vendant ou achetant au-dessus du maximum est frappée d'une amende et son nom est inscrit sur la liste des suspects. Cette tentative d'économie dirigée eut d'abord des effets positifs sur l'alimentation, puis les paysans aisés se mirent à cacher les récoltes pour ne pas les vendre à bas prix. Un rationnement sera organisé dans les villes ainsi qu'un système de dénonciation.

Babeuf prend part aux journées de septembre comme au mouvement d'août. Il le fait cependant sans avoir de lien direct avec les leaders des Enragés[235]. La chute des Jacobins après le 9-Thermidor marque le triomphe du libéralisme et le retour à la « liberté économique » dès août et septembre 1794. La première conséquence sera l'envolée des prix, la chute de la valeur des assignats, la banqueroute[236].

Les insurrections de germinal et prairial an III
Le Comité de salut public élimine entre avril et juillet 1794 l'ensemble des porte-parole de la sans-culotterie parisienne, les Enragés puis les hébertistes, il licencie l'armée révolutionnaire et supprime la permanence des sections, il réduit autoritairement les salaires par un nouveau maximum publié le 5 juillet. Les ouvriers crieront « Foutu maximum » sur le passage de la charrette qui conduira le 10 thermidor, Robespierre, Saint-Just et Couthon, à la guillotine.

L'élimination des robespierristes va provoquer une nette dégradation de la situation alimentaire du tiers état et du quart état. Grace aux réquisitions et aux taxations (toutes les denrées avaient été taxées en septembre 1793 au prix de 1790 plus un tiers et les salaires à la valeur de 1790 plus un demi), le peuple de Paris mangeait à sa faim. Les thermidoriens renforcent aussitôt les mesures réactionnaires : ils abolissent définitivement le maximum le 24 décembre 1794, ils suppriment les clubs populaires et les indemnités

---

235. Babeuf, après thermidor, s'affiliera d'ailleurs au Club électoral qui tenait ses séances dans le bâtiment de l'Évêché, réunion des « survivants » du mouvement sectionnaire de l'an II, des Enragés, des hébertistes et de tous ceux qu'on nommera bientôt les babouvistes.

236. Voir Guy LEMARCHAND, art. « Maximum » *in* Albert SOBOUL, *Dictionnaire historique de la Révolution française*, Jean-René SURATTEAU et François GENDRON (dirs), Paris, Presses universitaires de France, 1989 ; Guy LEMARCHAND, « Troubles populaires au XVIIIe siècle et conscience de classe : une préface à la Révolution française », art. cit. ; Daniel GUÉRIN, *La lutte des classes ou la Première République, 1793-1797*, Gallimard, 1946, nouvelle éd. en 2 vol. revue et augmentée, « La Suite des temps », Paris, Gallimard, 1968 ; Georges LEFEBVRE, *Questions agraires au temps de la Terreur*, Calmann-Lévy, 1968.

---

des participants aux réunions de quartier, ils adoptent le 21 mars une loi dite de « grande police » punissant de la peine de mort ceux qui se déclareraient contre la Convention et inciteraient à l'insurrection, ils soutiennent la « Jeunesse dorée », les « ventres dorés », plusieurs milliers de jeunes gens de bonne famille qui, armés de gourdins et de cannes, répandent la terreur dans les rues en faisant la chasse aux « jacoquins » (jeu de mots avec Jacobins), en s'en prenant aux vendeurs des derniers journaux jacobins. Ces muscadins détruisent les bustes de Marat, objet d'un véritable culte populaire et dispersent ses cendres dérobées au Panthéon.

La mort de Robespierre et l'élimination de ses proches marquent donc le début d'une longue dégradation de la situation alimentaire. Le pain reste taxé à un prix abordable, mais il est introuvable. Les nouvelles autorités arguent de la mauvaise récolte de 1794 et du terrible hiver 1794-1795 qui interdit l'approvisionnement en grain depuis le Danemark et les Pays-Bas en raison des fleuves gelés, du blocage des ports, de l'état des routes et des vols alimentaires. Les sans-culottes dénoncent, eux, les « accapareurs » et les politiciens qui auraient noué un « pacte de famine » contre le peuple en libérant les prix à la demande des gros commerçants et des spéculateurs. Un décret du 24 décembre 1794 dispose, en effet : « Toutes les lois portant fixation d'un maximum sont supprimées. » Les prix des denrées augmentent beaucoup plus vite que les salaires. En quatre mois la livre de viande passe ainsi de 34 à 140 sous.

Cette période thermidorienne verra l'opposition entre les « ventres creux » et les « ventres dorés » se renforcer. Serge Bianchi rappelle que : « D'un côté prospère la nation des "ventres dorés", des "cochons gras" : ils mangent les produits de luxe, les brioches à 100 sous ; ils font la fête, et les cafés du Palais-Royal ne désemplissent pas. Tout ce qui rappelle le comportement égalitaire de l'an II est tourné en ridicule. Les bonnets rouges, les cocardes sont arrachées, le passage de carmagnoles (vestes courtes portées par les sans-culottes), de piques et de sabots soulève les quolibets [...] De l'autre côté souffre la nation des "ventres creux", la tribu des "maigres" »[237]. Comme le note encore Serge Bianchi, entre ces deux « nations », la Convention thermidorienne a fait son choix : « Certes, elle organise le rationnement et la distribution des subsistances par une « agence », pour éviter les troubles ; les indigents sont recensés et reçoivent des bons de viande et de pain, en fonction des bouches à nourrir. Mais les rations diminuent rapidement : en février 1795, un travailleur de force

---

237. Serge BIANCHI, « Ventres creux contre ventres dorés. Insurrections de l'an III » in *Gavroche*, n° 1, décembre 1981.

reçoit 2 livres de pain, un adulte 1 livre et demi par jour ; en mars, elles tombent respectivement à 1 livre et demi et 1 livre, puis à 500 grammes pour tout adulte. Pour compléter, l'"agence" fait distribuer un peu de riz (mais avec quel combustible le cuire ?) ou des pommes de terre, réputées alors ne convenir qu'aux seuls porcs. » Ces choix politiques en matière alimentaire ne pouvaient rester sans provoquer des émeutes populaires.

Le 1er avril 1795 (12 germinal an III) une manifestation spontanée éclate : des cortèges comptant bon nombre de femmes se forment à partir de Notre-Dame et de l'ex-Bastille et convergent vers les Tuileries où siège la Convention : « Vers 13 h 30, 20 000 manifestants sont massés devant l'Assemblée ; les tribunes sont envahies malgré le service d'ordre. L'occupation dure cinq heures. La foule défile en criant « Du pain ! du pain ! » et hue les Conventionnels »[238]. Le leader des insurgés, Van Heck, ancien commandant du bataillon de la Cité, montre à la tribune pour exposer les doléances des manifestants, il réclame du pain, la Constitution de 1793 et la libération des détenus politiques ainsi que le châtiment de Fréron et de sa Jeunesse dorée[239].

Les thermidoriens mobilisent la garde nationale dans les beaux quartiers, mais lorsque ces bataillons de « ventres dorés » parviennent à la Convention vers 19 heures, la foule s'est déjà dispersée. Dès le lendemain, Paris est mis en état de siège, le commandement de la force armée est confié à Jean-Charles Pichegru (1761-1804), un général qui avait offert ses services aux émigrés de Coblence mais avait été rejeté en raison de son origine sociale modeste et était devenu républicain par dépit : il sera désigné comme « sauveur de la patrie » pour sa répression de l'insurrection des 12 et 13 germinal, il trahira la République en 1797 en se vendant aux monarchistes pour 1 million de francs. Arrêté, jugé, il est condamné au bagne dont il s'évadera avant de participer à d'autres aventures avec l'armée catholique contre-révolutionnaire de Vendée, pour finir lamentablement, étranglé dans sa cellule du Temple le 5 avril 1804.

---

238. *Id., ibid.*

239. Louis-Stanislas Fréron (1754-1802), ancien journaliste d'extrême gauche proche de Marat, député de Paris, dénoncé par Robespierre en raison, d'une part, de ses agissements sanglants pour mâter les révoltes fédéralistes de Marseille et de Toulon, et, d'autre part, de son incapacité à justifier de l'utilisation des fonds que lui avait confiés la Convention, il participe au 9-Thermidor contre Robespierre, devient le leader des muscadins dénommés aussi « Jeunesse dorée ». C'est un acteur important de la réaction thermidorienne, il prend part à la chasse aux « jacoquins » et participe à la répression des émeutes des 12 et 13 germinal et du 1er prairial an III. Il fut aussi consul de Cagliari, puis sous-préfet à Saint-Domingue où, pourchassé par ses créanciers, il y mourut de la fièvre jaune en 1802.

Les principaux leaders montagnards sont arrêtés et incarcérés. Les autorités sectionnaires sont tenues de dénoncer tous les participants à la journée du 12 germinal, 1 600 citoyens auraient été ainsi arrêtés, désarmés et déchus de leurs droits civiques et politiques. D'autres émeutes de la faim éclatent dans de nombreuses villes, ici on réclame « Du pain et la Constitution de 1793 », ailleurs « Du pain et un roi ». Certes, la répression thermidorienne a calmé les esprits, mais l'agitation reprend lorsque la disette se transforme en famine en raison de la nouvelle diminution des rations, un quart de livre de pain par adulte puis deux onces seulement (soit 16 fois moins que la ration normale). Le 19 mai 1795 un appel à l'insurrection est lancé dans les faubourgs populaires sous les mots d'ordre « Insurrection du peuple pour obtenir du pain et reconquérir ses droits » et « Du pain et la Constitution de 1793 ». Le 20 mai au matin, le tocsin sonne dans tous les quartiers populaires, des groupes d'hommes armés et de femmes envahissent les locaux des sections et de la garde nationale et invitent ou obligent les autorités à marcher avec eux sur la Convention. Serge Bianchi relève le rôle essentiel des femmes : « Entre 11 heures et 13 heures, elles sont des milliers à défiler, précédées par des tambours ; les hommes armés de fusils et de piques suivent, avec sur leurs chapeaux l'inscription "Du pain ou la mort". À 13 heures, les premiers groupes pénètrent dans les tribunes de l'Assemblée et certains cherchent même à enfoncer la lourde porte de cèdre qui protège les députés. Les gendarmes résistent d'abord, dégagent les accès, fouettent les émeutières. Vers 15 heures, l'arrivée des bataillons du faubourg Saint-Antoine change le rapport de force. À 15 h 33, des sans-culottes armés de piques font sauter la porte et le peuple en armes envahit, pour la première (et unique) fois la salle des députés pour légiférer en leurs lieu et place. L'occupation se prolonge jusqu'à minuit. Le manifeste *Insurrection du peuple...* est lu à la tribune par un canonnier de 25 ans, Duval. » Ce manifeste distribué la veille dans les faubourgs populaires dont le titre complet est *Insurrection du peuple pour obtenir du pain et reconquérir ses droits* proclame : « Le peuple — Considérant que le gouvernement le fait mourir inhumainement de faim, que les promesses qu'il ne cesse de faire sont trompeuses et mensongères [...] — Considérant qu'un gouvernement usurpateur et tyrannique ne fonde ses espérances criminelles et sa force que sur la faiblesse, l'ignorance et la misère du peuple [...] — Considérant que l'insurrection est pour tout un peuple et pour chaque portion d'un peuple opprimé le plus sacré des droits [...], arrête ce qui suit. Article I – Aujourd'hui sans plus tarder, les citoyens et les citoyennes de Paris se porteront en masse à la Convention nationale pour lui demander : 1) du pain ; 2) l'abolition du gouvernement révolutionnaire dont chaque faction abuse tour à tour, pour ruiner, pour affamer et pour asservir le peuple ; 3) Pour demander à la Convention nationale la proclamation et l'établissement sur le champ de la Constitution démocratique de 1793 [...] Article V – La mise en liberté à l'instant des citoyens détenus pour avoir demandé du pain et émis leur opinion avec franchise. Article VI – Tout pouvoir non émané du peuple est suspendu. Article X – Le mot de ralliement du peuple est "Du pain et la Constitution démocratique de 1793". Quiconque durant l'insurrection ne portera point ce mot de ralliement écrit à la craie sur son chapeau sera regardé comme affameur public et comme ennemi du peuple. » Les représentants des manifestants et quelques députés montagnards font voter des mesures conformes au programme : libération et armement de tous les patriotes détenus et fabrication d'un « pain de l'égalité »... Serge Bianchi poursuit en notant que les manifestants vont hésiter à prendre le pouvoir en raison d'un ultime respect de la légalité parlementaire, ils laissent ainsi les Conventionnels se retirer et préparer la riposte, ils finissent même par se disperser. Comme lors de la journée du 12 germinal, la garde nationale des beaux quartiers est rassemblée sous la direction de Barras, elle chasse les derniers insurgés présents sur les lieux, reprend sans peine la Convention, arrête les meneurs et les derniers députés montagnards... La répression sera terrible et il faudra trois jours pour en finir avec le peuple malgré l'intervention dans Paris (pour la première fois depuis 1789) d'une armée de 40 000 hommes dirigée par le général Menou et secondé par les gardes nationaux issus des beaux quartiers. L'armée fera face pendant trois jours à 60 000 femmes et hommes retranchés derrière des barricades protégées par des canons. La tuerie n'aura pas lieu car les barricades se rendent les unes après les autres. 36 condamnations à mort seront prononcées... Les femmes sont particulièrement visées par la réaction, un décret du 24 mai leur interdit d'assister à aucune réunion publique même depuis les tribunes, elles perdent le droit de signer des pétitions, elles ne peuvent plus s'assembler à plus de cinq dans les rues, etc. *Le Messager* du 25 prairial exulte : « C'est à compter de ce jour seulement que nous pouvons être assurés du respect que l'on aura pour les personnes et les propriétés. » Serge Bianchi conclut : « Pendant quelques mois la misère empire. En septembre 1795, les prix sont multipliés par 30, l'assignat ne vaut plus rien, "on se nourrit du sang des bêtes". » Mais le calme règne. Les "honnêtes gens" peuvent respirer et consommer en toute tranquillité, débarrassés des "faméliques lapines, harpies, débauchées". La nation des notables a mis fin au mouvement des "ventres creux" et consolidé durablement son pouvoir en désarmant ceux sans lesquels la Révolution n'aurait pu triompher ».

La table des Lumières et la Révolution

La table révolutionnaire comme la table républicaine ne relèvent pas seulement d'une logique nutritive mais sociale, culturelle et politique. La table révolutionnaire comme la table républicaine répondent à une vision de la société, à une conception de la société et notamment des basses classes. Le choix des aliments comme la structuration de la table sont des enjeux essentiels dans lesquels se lisent les priorités politiques d'une époque.

Nous pouvons esquisser ce qu'aurait pu être la table révolutionnaire si elle avait été au bout de sa propre logique politique visant à considérer l'alimentation comme un bien commun échappant aux lois du marché, soumise à une logique de service public avec la création de « greniers d'abondance », avec un contrôle démocratique le plus décentralisé possible en matière de politiques alimentaires donc également de politiques agricoles…

La Révolution française est la fille de la philosophie des Lumières tout autant qu'elle l'est des troubles de subsistances qui jalonnent cette longue période. J'aimerais montrer que la table républicaine est également l'enfant des Lumières contre la conception cléricale de l'alimentation. Taine définit le XVIIIe siècle comme le siècle des Lumières, il correspond à un âge de raison de l'humanité, au passage de la lumière de la foi aux lumières de la raison. La table des Lumières doit donc être structurée et organisée pour permettre ce travail de la raison. On va remplacer le « vieux service à la française » (qui permet de papillonner et de prendre du plaisir, qui est donc « bon pour la bouche » mais moins pour la tête) par le « service à la russe » (une succession de plats que le cuisinier peut organiser selon sa volonté) ; on va adopter le système ternaire (entrée, plat principal, dessert) beaucoup plus simple à penser et structurer ; on va en finir avec la cuisine des mélanges et du tiède (car elle se pense moins que des oppositions binaires) ; on va revenir à une classification des saveurs et à une échelle de goût que l'on puisse raisonner, etc. Les Lumières sont, selon l'image de Fontenelle (*Discours sur la nature de l'églogue*, 1688), les fruits de l'expérience, elles s'accumulent dans la suite des siècles, elles reposent sur un apprentissage. Ainsi le maître d'école aura-t-il pour mission d'apprendre à lire et à écrire (ce qui est nouveau car il suffisait de savoir lire les ordres), d'apprendre à compter et d'apprendre à différencier les saveurs (le sucré, l'acide, le salé, l'amer, selon le classement d'Adolf Fick établi au XIXe siècle). La table serait donc, comme l'humanité elle-même, entrée dans l'âge adulte, ou, du moins, le pourrait-elle. Pour cela, les philosophes des Lumières attendent tout des bourgeois et rien du peuple, même si Condorcet apparaît moins pessimiste que Diderot : « Les dix-neuf vingtièmes d'une nation sont condamnés à l'ignorance par leur état et leur imbécillité. L'autre vingtième est à présent très éclairé et l'est sans effet » (Diderot). La philosophie des Lumières, adaptée à la table, incline cependant davantage du côté des empiristes que des partisans de la raison pure, il s'agit de créer des perceptions qui pourront s'organiser en pensée consciente. Le menu servira à dire cette unité et la direction du repas. C'est l'ordonnancement des plats lui-même et le mariage des mets et des mots qui délivreront ce message. Le mangeur doit perdre en liberté ce qu'il gagne en intelligence, car pas question de remettre en cause par des mouvements désordonnés ce qui a été (bien) pensé par le cuisinier. Un repas compte des étapes standards obligatoires. Le cuisinier est donc l'équivalent d'un grand horloger. Lui aussi assemble des pièces d'après un plan organisé. Lui aussi construit une machine merveilleuse qui doit permettre de vivre bien, et de manger et de boire bien. Nous découvrons, avec les auteurs du XIXᵉ siècle, dont Brillat-Savarin et sa *Physiologie du goût*, une foi dans un déterminisme plus physico-chimique que social. Les forces morales et sociales endormies dans l'humanité peuvent être développées par un bon gouvernement, une bonne éducation et une bonne alimentation. Nous ne devons pas oublier que les philosophes des Lumières ne remettront jamais en cause l'idée d'un pouvoir absolu, mais qu'ils souhaitent un despote éclairé, agissant en philosophe et non en représentant de Dieu sur terre, c'est vrai aussi pour le cuisinier.

L'alimentation dans L'Encyclopédie

Nous pouvons partir de *L'Encyclopédie* de Diderot et d'Alembert pour mieux comprendre comment les Lumières pensent l'alimentation. Notre chance c'est que toutes les rubriques concernant notre sujet ont été rédigées par le même auteur, le chevalier Louis de Jaucourt (1704-1779), celui-là même que Diderot nomma « l'esclave de L'Encyclopédie » puisqu'il supervisa la totalité des textes et en rédigea lui-même une partie conséquente[240]. Nous avons donc affaire à une pensée homogène et solide. Jean-Claude Bonnet propose d'aller chercher dans « le réseau culinaire » de L'Encyclopédie « l'avènement d'un sujet collectif nouveau, la preuve d'une transformation historique des formes du désir et du statut du corps, l'affirmation d'une oralité caractéristique de la dynamique du siècle »[241]. La

---

240. Georges A. PERLA, « La philosophie de Jaucourt dans *L'Encyclopédie* » in *Revue de l'histoire des religions*, vol. 197, n° 1, 1980, p. 59-78.
241. Jean-Claude BONNET « Le réseau culinaire dans *L'Encyclopédie* » in *Annales. Économies, Sociétés, Civilisations*. 31e année, n° 5, 1976, p. 891-914.

---

grande thèse de Jaucourt est celle d'une complication progressive de l'alimentation : la nourriture des premiers peuples du monde (laitages, fruits de la terre, miel, légumes, pains cuits sous la cendre, etc.) est certes sans raffinement, mais c'est pourquoi elle assure robustesse et santé (*sic*). Cet « état miraculeux » se serait rompu en raison d'un engrenage psychique, le dégoût, enfanté par l'habitude, aurait en effet rendu l'humanité curieuse d'expériences nouvelles. Le commerce aurait aussi contribué à brouiller les habitudes. Ce déséquilibre est la cause de la mauvaise santé actuelle. L'aberration maximale est la pica, définie dans *L'Encyclopédie* (art. « pica ») comme « un appétit violent pour des choses absurdes, nuisibles, nullement alimenteuses » ; l'article poursuit : « [...] les étymologistes prétendent qu'on lui a donné ce nom qui dans le sens naturel signifie "pie", parce que comme cet oiseau est fort varié dans ses paroles et son plumage, de même l'appétit dépravé de cette espèce de malade s'étend à plusieurs différentes choses et se diversifie à l'infini ; n'aurait-on pas pu trouver un respect plus sensible et plus frappant entre cet oiseau remarquable par son babil et les personnes du sexe, qui sont les sujets ordinaires de cette maladie » (*L'Encyclopédie*, 1re édition, 1751, tome XII, p. 544-547). La critique va cependant plus loin que celle des excès et du gaspillage préjudiciable à soi et aux autres.

Jaucourt estime que l'histoire de la cuisine n'est qu'une longue falsification des saveurs, donc une perte du goût. Une table des Lumières doit se donner comme mission de revenir à une gamme simple de saveurs pour qu'elle soit intelligible. L'élaboration d'un tableau des saveurs serait nécessaire. Jaucourt oppose aux supercheries de la table romaine la cuisine des gens « sobres ou pauvres » qui est « l'art le plus commun d'apprêter les mets pour satisfaire aux besoins de la vie ». Jean-Claude Bonnet en conclut que « l'histoire de la cuisine est donc scandée par l'antithèse morale d'une cuisine simple de la nature et des développements déréglés d'un art fallacieux ». Apicius symbolise cette cuisine dénaturée. Toutefois, Jaucourt dresse un bilan plus équilibré car l'histoire de la cuisine est aussi celle d'un progrès constant dans la mesure où sens et connaissances sont réconciliés puisque c'est dans le même mouvement que l'homme découvre de nouveaux plaisirs et de nouvelles connaissances utiles : « L'habitude de manger toujours les mêmes choses, à peu près apprêtées de la même manière, enfanta le dégoût, le dégoût fit naître la curiosité, la curiosité fit faire des expériences, l'expérience amena la sensualité ; l'homme goûta, essaya, diversifia, choisit, parvint à se faire un art de l'action la plus simple, la plus naturelle. » *L'Encyclopédie* est, bien sûr, subjuguée par les fastes de la technique et de la production culinaire.

Nous verrons plus loin qu'elle partage la haine du ragoût, considéré comme ce qui relance sans cesse l'appétit. Jean-Claude Bonnet note que Jaucourt fait de la pâtisserie l'emblème d'une civilisation pacifique et qu'il lui oppose la consommation de viande, symbole de la violence. Dans *L'Encyclopédie* on ne trouve pas un mot contre le café et le sucre qui ont fait le malheur de l'Afrique et de l'Amérique selon la formule de Bernardin de Saint-Pierre.

Les banquets révolutionnaires

La Révolution est, dans beaucoup de mémoires, associée à l'organisation de grandes fêtes révolutionnaires dans lesquelles les banquets publics occupent une place importante. Cette histoire étant déjà bien connue, j'irai à l'essentiel. Mona Ozouf rappelle qu'on ne sait pas ce que mangeaient les citoyens ainsi assemblés : « Les menus qui ornaient les procès-verbaux de la Fédération ont disparu de ceux-ci [...] au moins boit-on à la même gamelle en « vrais sans-culottes »[242].

Pierre Birnbaum dénonce la consommation systématique de porc, voulant y voir, comme sous la monarchie, une manifestation d'antisémitisme[243]. Cette analyse n'est pas convaincante sur ce point, car ces agapes populaires ne prennent pas comme modèle (ou contre-modèle) les tables religieuses, mais suivent d'autres logiques et motivations qui tiennent davantage à la symbolique du porc dans l'histoire politique nationale depuis les Gaulois. Tout mangeur de porc n'est pas nécessairement un antisémite, même si on ne peut ignorer l'importance des polémiques qui secouent alors la nation concernant l'intégration des juifs. Pierre Birnbaum rappelle avec raison que pour les révolutionnaires « les tables des banquets ne sauraient être séparées, éloignées les unes des autres [...] La fusion du corps national se traduit par la commensalité. » Le banquet exprime en effet l'utopie politique des citoyens réconciliés.

L'organisation des banquets ne repose pas plus que les autres aspects des fêtes révolutionnaires sur le hasard, tout est savamment construit. Ces banquets, comme les fêtes, s'inscrivent dans la volonté de prendre le contre-pied de la monarchie absolue, sous laquelle l'Église a, au cours du xviiie siècle, supprimé de nombreuses fêtes, car l'oisiveté engendre la débauche (*sic*). Ces fêtes se veulent également révolutionnaires dans la mesure où il ne s'agit plus pour le peuple de simplement y assister, mais

---

242. Mona Ozouf [1976], *La Fête révolutionnaire (1789-1799)*, Paris, « Folio histoire » (n° 22), Paris, Gallimard, 1988.
243. Pierre Birnbaum, *La République et le cochon*, Paris, Éditions du Seuil, 2013.

d'y participer activement. On développe un art du cortège, du costume, de la musique, des chansons, des danses, des repas, etc.

Le marquis Charles de Villette (1736-1793), qui brûle ses titres de noblesse, est moins connu certes que le peintre David, grand ordonnateur des fêtes révolutionnaires, mais il joue cependant un rôle essentiel dans la conception et l'organisation des grands banquets. Il en propose d'ailleurs différents types. Il prévoit quatre fêtes nationales, une par saison : le banquet du 1er mai serait une fête dédiée aux troupes de ligne auxquelles on offrirait l'arbre de la liberté ; celui du 14 juillet serait la fête des gardes nationaux, c'est-à-dire de tous les enfants de l'« empire » (Villette souhaitant créer un « empire français ») ; celui d'automne serait la fête des nations libres, au cours de laquelle la statue de la Liberté serait dressée, suivie de l'Abondance dont les raisins, les gerbes de blé, les corbeilles de fleurs et de fruits seraient les emblèmes ; celui d'hiver, saison des mariages, serait l'occasion de fêter les mœurs, avec oubli des haines entre citoyens et des divisions entre parents. Villette décrit le banquet scellant l'unité retrouvée de la nation : « Je voudrais que l'on instituât une fête nationale au jour qui fait l'époque de notre résurrection. Je voudrais que tous les bourgeois de Paris fissent dresser leurs tables en public et prissent leurs repas devant leurs maisons. Le riche et le pauvre seraient unis et tous les rangs confondus [...], la capitale, d'un bout à l'autre, ne formerait qu'une immense famille ; on verrait un million de personnes assises à la même table ; les toasts seraient portés au soin de toutes les cloches, au bruit de cent coups de canons, de salves de mousqueterie, au même instant dans tous les quartiers de Paris, et ce jour, la nation tiendrait son grand couvert » (in *Lettres Choisies* de Charles Villette *sur les principaux événements de la Révolution*, Paris, 1792). Cette proposition inspire l'organisation du banquet offert, dans le parc de la Muette, aux délégués de toute la nation, d'autres repas étant organisés parallèlement dans chaque quartier.

David, chargé de présenter, le 11 juillet 1793, un rapport à la Convention pour l'organisation de la fête de la nation, propose le rassemblement de tous les commissaires (délégués), place de la Bastille, afin qu'ils « boivent les uns après les autres dans la même coupe l'eau pure et salutaire qui sort de la fontaine de la Régénération. » Il ajoute que « le terme de ces cérémonies sera un banquet frugal. Le peuple assis fraternellement sur l'herbe et sous les tentes pratiquées à cet effet au pourtour de l'enceinte confondra avec ses frères la nourriture qu'il aura apportée »[244].

---

244. Marie Louise BIVER, *Fêtes révolutionnaires à Paris*, Paris, Presses universitaires de France, 1985.

Mentionnons également le projet de construction au Champ-de-Mars d'un cirque national permanent pour les grandes fêtes, formé de 48 immenses tentes pouvant contenir chacune 2 200 citoyens. On assiste aussi à une montée des banquets organisés par les sections puis à leur recul à partir de germinal an II, au fur et à mesure que le peuple se trouve éliminé de la fête et de la Révolution. Louis-Sébastien Mercier aura des mots très durs pour dépeindre ces banquets sectionnaires : « Chacun sous peine d'être suspect, sous peine de se déclarer l'ennemi de l'égalité, vient manger en famille à côté de l'homme qu'il détestait ou méprisait. Le riche appauvrit tant qu'il put le luxe de sa table ; le pauvre se ruina pour cacher sa misère ; et tandis qu'il avait consommé par orgueil tout le produit de sa semaine, son modeste repas l'avait fait rougir auprès de celui qui croyait s'être sans-culottisé »[245]. Le chercheur Olivier Ihl a des mots guère plus amènes : « Ces repas prétendument fraternels montrent l'impossibilité d'une égalité de places et de manières [...] *a fortiori* lorsque sur les tables des rues du Paris révolutionnaire, aux côtés des emblèmes patriotiques et des couronnes de fleurs, l'argenterie côtoyait les couverts d'étain, la porcelaine et le cristal les vaisselles les plus grossières »[246].

L'affaire des banquets patriotiques de 1794[247]

L'affaire des banquets patriotiques éclate durant l'été 1794 : les sections de Paris organisent des repas civiques ou banquets fraternels[248] pour fêter les victoires militaires après la victoire de Fleurus, le 8 messidor, et plus encore à l'occasion de l'anniversaire de la prise de la Bastille, le 26. Les historiens s'accordent pour reconnaître que les modérés ont trouvé dans cette initiative populaire une occasion de réapparaître. En buvant à la victoire et à la paix prochaine, ils souhaitent implicitement la fin des mesures d'exception et donc la fin du Gouvernement révolutionnaire. Le 22 messidor, un nouveau banquet est organisé par la section des Amis de la Patrie qui regroupaient des partisans de Danton et de Desmoulins exécutés deux mois auparavant. Le Gouvernement révolutionnaire ne le pouvait tolérer. Dès le 24, Payan

---

245. Louis-Sébastien MERCIER, *Paris pendant la Révolution ou le Nouveau Paris*, Paris, Poulet-Malassis, 2 vol., 1862.

246. Olivier IHL, « De bouche à oreille. Sur les pratiques de commensalité dans la tradition républicaine du cérémonial de table » in *Revue française de science politique*, 48e année, n° 3-4, 1998, p. 387-408.

247. Voir sur cette question Hans-Ulrich THAMER, « Entre unanimité et conflit : la politisation des banquets publics, 1789-1799 » in Natalie SCHOLTZ et Christina SCHRÖER (dirs), *Représentation et pouvoir. La politique symbolique en France (1789-1830)*, Rennes, Presses universitaires de Rennes, 2007, p. 93-100.

248. Voir Albert SOBOUL, *Les sans-culottes parisiens... op. cit.*, p. 980-985.

intervient au Conseil général de la Commune : « Ce sont les ennemis de la patrie qui ont propagé ces repas. Quel est celui qui, après avoir bu à la santé de la République avec les modérés, les dénoncera demain avec autant de courage. » Ses arguments sont repris le 28 à la tribune de la Convention par Barère qui soutient que ces repas sectionnaires, détournés de leur but primitif, n'étaient plus « qu'une amnistie prématurée, une proclamation précoce de paix et une fusion dangereuse de sentiments purs et d'intentions perfides, d'actions républicaines et de principes contre-révolutionnaires ». Et Barère poursuit : « Il ne peut y avoir rien de commun entre l'égoïste opulent, qui soupire après l'inégalité et les rois, et le sans-culotte plein de franchise qui n'aime que la république et l'égalité. » La Convention ne prit cependant aucun décret d'interdiction, Barère ayant expliqué que « la défense civique est le meilleur article de décret pour proscrire ces banquets prétendus fraternels, et, dans ce moment, la Convention renvoie l'exécution de ce décret moral au tribunal révolutionnaire de l'opinion publique » (*Moniteur*, XXI, 233). Le soir même aux Jacobins, Barère donne lecture de son rapport dont l'impression a été décidée par la Convention.

Le mouvement des banquets déclinera avant de renaître au moment de l'anniversaire de la prise de la Bastille. Robespierre reviendra sur ces banquets dans l'un de ses derniers discours (16 juillet 1794/28 messidor an II) : « Le succès momentané des prétendus banquets patriotiques a eu sa source dans le sentiment général de civisme qui anime le peuple entier. Les premières tentatives sont venues de la perversité des intrigants qui ont des vues perfides, telles que celle d'amollir l'opinion publique et d'endormir les amis de la liberté ; comment en effet pourrait-on se défier d'un homme avec qui l'on a bu dans la même coupe, sur les lèvres duquel on a trouvé le langage du patriotisme, et dont le regard ne présentait que l'image de l'amitié ? Les calomnies contre le Gouvernement révolutionnaire, et aussi contre le Tribunal révolutionnaire, les persécutions dirigées contre les patriotes énergiques et probes, ont un rapport intime avec ces banquets : des intrigants adroits voulaient s'y glisser et amener, s'il eût été possible, une amnistie pour les conspirateurs […] »[249].

Les robespierristes disaient donc redouter une contamination du bon peuple. Comment comprendre un tel manque de confiance dans les sans-culottes ? N'est-ce pas d'abord une crainte qui trouve son origine pour le peu d'attrait que Robespierre et ses proches portaient à la forme banquet en elle-même ? Comme l'a relevé Maxime Rosso, Robespierre

---

249. Maximilien Robespierre, *Œuvres complètes*, tome 10, *Discours (27 juillet 1793-27 juille t 1794)*, Publications de la Société des études robespierristes, Ivry, Phénix Éditions, 2000, p. 533-535.

opère un tri parmi les institutions antiques destinées à souder les citoyens autour du bien commun, et ceci en dehors de la gravité de la situation et des menaces contre-révolutionnaires : « Ainsi il rejette l'idée des repas républicains, les *Syssities* ou *Phidities* spartiates. La méfiance prend ici le dessus sur sa volonté unificatrice »[250]. Ne serait-ce pas aussi en raison même de la conception de la vertu que défend Robespierre, une conception qui rompt avec l'ancienne vertu chrétienne mais qui privilégie trop les vertus martiales au détriment des autres formes ? Je ne crois pas que quelqu'un d'aussi féru que lui en histoire puisse parler d'amollissement sans songer à la mollesse dénoncée par les Anciens[251]. C'est aussi que si Robespierre entend bien faire participer le peuple entier aux fêtes nationales, il n'entend pas se fier à sa créativité et préfère des chorégraphies : « Vous y serez, braves défenseurs de la patrie que décorent de glorieuses cicatrices. Vous y serez, vénérables vieillards que le bonheur préparé à votre postérité doit consoler d'une longue vie passée sous le despotisme. Vous y serez, tendres élèves de la patrie qui croissez pour étendre sa gloire et pour recueillir le fruit de nos travaux. Vous y serez, jeunes citoyennes à qui la victoire doit ramener bientôt des frères et des amants dignes de vous. Vous y serez, mères de famille dont les époux et les fils élèvent des trophées à la République avec des débris de trônes »[252].

Robespierre entend éduquer le peuple comme un instructeur et non comme un accoucheur qui éveillerait simplement un « déjà là » qui existerait en partage. Conséquence : non seulement il se méfie des agapes trop spontanées mais sa fête de l'Être suprême, célébrée le 20 prairial an II (8 juin 1794) sera, selon tous les témoignages, en total décalage avec les sentiments du peuple. La scénographie est comme toujours brillante mais ne laisse aucune place à l'initiative : les participants se rassemblent autour d'un bassin rond à l'extrémité du jardin des Tuileries. Sur ce bassin, une pyramide représente un monstre, l'Athéisme, entouré de l'Ambition, de l'Égoïsme et de la fausse Simplicité. Robespierre apparaît revêtu d'un habit bleu céleste serré d'une écharpe tricolore. Il tient à la main un bouquet de fleurs et d'épis. Il met le feu à cet ensemble qui démasque,

---

250. Maxime Rosso, « Les réminiscences spartiates dans les discours et la politique de Robespierre de 1789 à thermidor », *Annales historiques de la Révolution française*, n°349, 2007, p. 51-77.
251. Cf. *supra* « La conception romaine de la table », notamment le paragraphe « Le mou et le dur ».
252. Maximilien Robespierre, *Œuvres complètes*, tome 10, *Discours (27 juillet 1793-27 juille t 1794, op. cit.*, p. 442-464 : *Sur les rapports des idées religieuses et morales avec les principes républicains, et sur les fêtes nationales*, rapport présenté par Robespierre à la Convention au nom du Comité de salut public, le 18 floréal an II (7 mai 1794), *loc. cit.*, p. 461.

une fois brûlé, une statue de la Sagesse. La foule, notamment celle des députés de la Convention, se moquera du caractère (trop) pédagogique de ce spectacle et refusera même de marcher au pas.

Robespierre et la recherche du bonheur

Robespierre est pourtant incontestablement du côté de la recherche du bonheur. Il suffit pour s'en convaincre de relire son discours sur la Constitution de 1793 : « L'homme est né pour la bonheur et pour la liberté, et partout il est esclave et malheureux. La société a pour but la conservation de ses droits et la perfection de son être ; et partout la société le dégrade et l'opprime. » L'article 1er de la Constitution l'affirme : « Le but de la société est le bonheur commun ». Saint-Just lancera, de la même tribune de la Convention, un an plus tard, le 3 mars 1794, la fameuse formule : « Le bonheur est une idée neuve en Europe. »

On ne saurait faire le reproche aux robespierristes d'en être resté à des vœux pieux. Ils multiplient les mesures concrètes dans le domaine économique et social. Robespierre se prononce en faveur de la limitation de la liberté du commerce qui affame le peuple (« Faisons des lois qui rapprochent le prix des denrées de celui de l'industrie des pauvres »), il dénonce l'égoïsme des puissants (« la première loi sociale est celle qui garantit à tous les membres de la société les moyens d'exister »), il s'élève contre la peine de mort, contre la loi martiale, contre la guerre de conquête (« Personne n'aime les missionnaires armés »), contre l'esclavage dans les colonies (« Périssent les colonies plutôt qu'un principe »), il se range finalement aux côtés des sans-culottes en faisant adopter le maximum général et en cherchant à le faire respecter. Cette reconnaissance du droit au bonheur ne va pas de soi car elle rompt avec des siècles de domination religieuse fondée sur le renoncement aux plaisirs. Les robespierristes, logiques avec eux-mêmes, regardent donc du côté de l'Antiquité, de ses diverses conceptions de la vie bonne (εὐδαιμονία, *eudaimonia*).

Robespierre comme Saint-Just appartient cependant davantage au Portique qu'au jardin, ils sont davantage stoïciens qu'épicuriens[253]. Écoutons Robespierre parler, dans son discours du 18 floréal an II *Sur les rapports des idées religieuses et morales avec les principes républicains, et sur les fêtes nationales,* de la « secte sublime des stoïciens, qui eut des idées si hautes de la dignité de l'homme, qui poussa si loin l'enthousiasme de

---

253. L'épicurisme ne doit pas être confondu avec le jouir-sans-entraves aisément récupérable par le capitalisme. L'épicurisme fut l'une des premières conceptions matérialistes du monde face au courant idéaliste stoïcien.

la vertu qui n'outra que l'héroïsme. Le stoïcisme enfanta des émules de Brutus et de Caton jusque dans les siècles affreux qui suivirent la perte de la liberté romaine. Le stoïcisme sauva l'honneur de la nature humaine dégradée par les vices des successeurs de César, et surtout pas la patience des peuples… »

La vertu révolutionnaire au sens où Robespierre l'entend, ce n'est plus celle de l'Église qui méprise les plaisirs terrestres toujours regardés comme coupables, ce n'est pas davantage celle de Kant pour qui le Devoir s'opposerait au Bonheur au nom du Souverain Bien, mais ce n'est pas non plus celle des premiers matérialistes (Épicure compris). Comme l'indique Paule Becquaert, la vertu pour Robespierre, c'est, bien sûr, la vertu publique, « une vertu qui ne serait rien d'autre que l'amour de la patrie et de ses lois », mais c'est aussi la nécessité de vivre en accord avec la raison, de « vivre conformément à la nature », ce qui signifie que si la vertu se décline en fonction des circonstances et des caractères, prudence pour certains, sagesse, justice, courage, tempérance, maîtrise de soi, bon conseil, patience, pour d'autres, tous ces points de vue aboutissent au même résultat qui est « d'échapper au charme des représentations séductrices, aux influences pervertissantes qui émanent de la société. Séduction, perversion, donc mal. En effet, face à la vertu se trouve le vice, sans intermédiaire ». Conséquence : le peuple possède certes « naturellement » la vertu (« les vertus sont simples, modestes, pauvres et souvent ignorantes, quelquefois grossières ; elles sont l'apanage des malheureux et le patrimoine du peuple » ; « pour aimer la justice et l'égalité, le peuple n'a pas besoin d'une grande vertu ; il lui suffit de s'aimer lui-même »), mais il s'agit incontestablement d'un peuple fantasmé, imaginaire. Il ne s'agit pas de contester que la vertu doit être acquise et conservée et qu'il y faut de la vigilance et de la rigueur, pour reprendre les mots de Robespierre, mais cette conception de la vertu incline à ce que nous appelons des passions tristes.

Robespierre ne rompra donc jamais avec l'idée d'un sacrifice nécessaire et pas seulement en raison de la conjoncture révolutionnaire et notamment militaire, il ne percevra jamais que tout appel au sacrifice au nom d'un bonheur futur (terrestre ou céleste) appelle toujours un appareil idéologique et répressif. Le droit au bonheur ne souffre pas chez Robespierre d'un manque de démocratie mais de son refus tenace de viser l'égalité de fait. Il se porte systématiquement du côté d'un plus de démocratie en soutenant que « jamais les maux de la société ne viennent du peuple, mais du gouvernement », que « ce n'est pas l'anarchie qui est la maladie des corps politiques, mais le despotisme et l'aristocratie », c'est pourquoi il propose là encore (comme en matière d'économie) des solutions concrètes, comme la limitation de la durée et du nombre des mandats, comme des législatures courtes (un an), comme l'adoption du suffrage universel contre le suffrage censitaire, comme une députation nombreuse pour réduire les intrigues, comme la liberté de la presse, comme un jugement populaire sur le respect (ou le non-respect) des promesses à la fin du mandat en échange de l'immunité parlementaire, comme le droit de pétition, comme la non-rééligibilité immédiate des députés sortants, comme le versement d'indemnités à ceux qui servent la chose publique pour démocratiser les fonctions électives et permettre aux pauvres de participer aux réunions, comme l'impossibilité d'exercer en même temps plusieurs magistratures, comme le choix d'une décentralisation maximale en laissant « dans les départements et sous la main du peuple la portion des tributs publics qu'il ne sera pas nécessaire de verser dans la caisse générale », en fuyant « la manie ancienne des gouvernements de vouloir trop gouverner : laissez aux individus, laissez aux familles le droit de faire ce qui ne nuit pas à autrui ; laissez aux communes le pouvoir de régler elles-mêmes leurs propres affaires [...] En un mot, rendez à la liberté individuelle tout ce qui n'appartient pas naturellement à l'autorité publique, et vous aurez laissé d'autant moins de prise à l'ambition et à l'arbitraire » (10 mai 1793).

Le droit au bonheur souffre en revanche chez Robespierre de son refus de l'égalité de fait qui se marie avec son éloge de la pauvreté (qui n'est pas la misère) que l'on ne trouve ni chez Mably (1709-1785), précurseur du socialisme utopique et de la Révolution, ni chez les Enragés, ni chez les hébertistes, ni, bien sûr, chez les premiers communistes Babeuf et Buonarroti : « Si je daignais répondre à des préjugés absurdes et barbares, j'observerais que ce sont le pouvoir et l'opulence qui enfantent l'orgueil et tous les vices ; que c'est le travail, la médiocrité, la pauvreté qui est la gardienne de la vertu » (Discours de Robespierre à la Convention, *Sur la Constitution*, 10 mai 1793).

Robespierre n'a jamais caché qu'il ne souhaitait pas aller plus loin qu'une autre répartition des richesses sans remettre en cause le principe des inégalités. Il expliquera lors de son projet de nouvelle Déclaration des droits en avril 1793 : « Il ne fallait pas une révolution sans doute pour apprendre à l'univers que l'extrême disproportion des fortunes est la source de bien des maux et de bien des crimes ; mais nous n'en sommes pas moins convaincus que l'égalité des biens est une chimère. Pour moi, je la crois moins nécessaire encore au bonheur privé qu'à la félicité publique : il s'agit bien plus de rendre la pauvreté honorable que de proscrire l'opulence » (*Sur la nouvelle Déclaration des droits*, 24 avril 1793). Certains n'ont pas manqué de parler du caractère opportuniste de son « socialisme », lui qui était un défenseur de la propriété privée et du libéralisme économique.

Louis-Sébastien Mercier ne s'affiche pas davantage comme un ami de l'égalité en dressant dans *Le tableau de Paris* des portraits au vitriol des petites gens : « Les bouchers sont des hommes dont la figure porte une empreinte féroce et sanguinaire, les bras nus, le col gonflé, l'œil rouge, les jambes sales, le tablier ensanglanté, un bâton noueux et massif arme leurs mains pesantes et toujours prêtes à des rixes dont elles sont avides. Le sang qu'ils répandent semble allumer leurs visages et leurs tempéraments. Une luxure grossière et furieuse les distingue, et il y a des rues près des boucheries, d'où s'exhale une odeur cadavéreuse, où de viles prostituées, assises sur des bornes en plein midi, affichent publiquement leur débauche. Elle n'est pas attrayante : ces femelles mouchetées, fardées, objets mons- trueux et dégoûtants, toujours massives et épaisses, ont le regard plus dur que celui des taureaux ; et ce sont des beautés agréables à ces hommes de sang qui vont chercher la volupté dans les bras de ces Pariphaés »[254].

Ce refus des plaisirs était déjà ce qui conduisait l'encyclopédiste Jaucourt à diaboliser le « culinaire » entendu sous le terme générique de ragoût et qu'il définissait comme « sauce ou assaisonnement pour chatouiller ou exciter l'appétit quand il est émoussé »[255], bref, comme vraie perversion de la nature. Ce refus des plaisirs sera aussi ce qui conduira Louis-Sébastien Mercier, compagnon d'Olympe de Gouges, à vomir les mœurs populaires et notamment le goût du peuple pour le bouilli[256].

Comment ne pas établir un parallèle entre la conception de la vie bonne nourrie de stoïcisme, d'éloge de la frugalité et de la pauvreté, et les choix en matière d'éducation que fera Robespierre en choisissant comme modèle (à la place des écoles dirigées par les jésuites expulsés par Louis XV en 1764) le *Plan d'éducation civique et national* rédigé par Michel Le Peletier de Saint-Fargeau, peu avant son assassinat, le 20 janvier 1793, et que son frère Félix présente aux Jacobins le 19 juillet 1793. Si ce *Plan* a la faveur de Robespierre, qui le lit à la Convention, il n'en sera pas moins jamais appliqué. S'il l'avait été, il aurait dû – c'était en tout cas son ambition – assurer la primauté à la formation morale, puisqu'il ne

---

254. Écrivain, journaliste, il vécut sous la Révolution avec Olympe de Gouges, il fonda les *Annales patriotiques et littéraires* en 1789 pour propager les idées révolutionnaires. Il est arrêté sous la Terreur, rendu à la liberté par le 9-Thermidor. Il prend position contre Descartes, accusé d'avoir inventé la liberté de pensée, responsable de la Terreur, et contre Voltaire, qu'il accuse d'avoir détruit la morale. Il finira professeur d'histoire dans les écoles centrales.
255. Cf. article « ragoût » par Jaucourt dans *L'Encyclopédie*.
256. *Écrits féministes, de Christine de Pizan à Simone de Beauvoir*, anthologie présentée par Nicole PELLEGRIN, Paris, « Champs classiques », Flammarion, 2010.

s'agissait plus de former des « messieurs » mais des citoyens, des hommes de tous les états. Le *Plan* de Le Peletier de Saint-Fargeau considérait les enfants comme une matière première malléable et l'instruction publique comme un moule. Les garçons de 5 à 12 ans et les filles de 5 à 11 ans devaient être « continuellement sous l'œil et dans la main d'une active surveillance ». Maximo Rosso indique que la vie de ces enfants est marquée du sceau de la frugalité : « Je désire que pour les besoins ordinaires de la vie, les enfants privés de toute espèce de superfluité, soient restreints à l'absolu nécessaire. Ils seront couchés durement, leur nourriture sera saine mais frugale, leur vêtement commode mais grossier »[257]. Tout est dit : donner aux enfants une alimentation saine et frugale pour enfanter des citoyens frugaux et honnêtes !

Robespierre est arrêté le 27 juillet 1794 et exécuté le 28. C'est le début de la très longue réaction thermidorienne, de la revanche des possédants. Le 28 juillet sera le jour le plus sanglant de la Révolution : 108 personnes furent les victimes de ce complot légal des ennemis de Robespierre. Saint-Just avait vu juste en déclarant peu avant : « La Révolution est glacée, tous les principes sont affaiblis, il ne reste que les bonnets rouges portés par l'intrigue. L'exercice de la Terreur a blasé le crime comme les liqueurs fortes blasent le palais. » La Révolution française est bien finie ! L'historien Louis Saurel énumère les cinq principaux effets de la chute de Robespierre[258] : le retour au pouvoir de la bourgeoisie d'affaires ; la fin de la République démocratique et égalitaire, avec notamment le remplacement du suffrage universel par le suffrage censitaire ; la fin de la surveillance du commerce et de l'industrie par l'État ; la résurrection du parti royaliste ; le glissement vers le césarisme : Bonaparte est déjà dans l'antichambre du pouvoir... Certains « irréductibles » continuent chaque 21 janvier à commémorer la décapitation de Louis Capet en partageant une tête de cochon, puis, depuis 1848, une tête de veau. Une des explications de ce glissement culinaire est l'adoption du modèle britannique, puisque des banquets commémorent chaque 30 janvier la décapitation, en 1649, de Charles Ier, au cours desquels on consomme de la tête de veau arrosée de vin rouge longtemps bu dans des crânes de veaux, en portant des toasts à la fin des Stuart.

Cyril Triolaire note une baisse rapide de la fréquence des repas « fraternels » dès thermidor et plus encore après le sacre de Napoléon : les banquets deviennent aussi moins populaires du fait de leur enfermement dans des salles, de la quasi-disparition des chansons populaires, du remplacement

---

257. Maxime Rosso, « Les réminiscences spartiates dans les discours et la politique de Robespierre de 1789 à thermidor », art. cit.
258. Louis Saurel, *La Révolution française*, Paris, Éditions Fernand Nathan, 1939.

de la plantation de l'arbre de la liberté au profit du lâcher d'un aérostat :
« L'envol du ballon attire presque tous les regards vers le Ciel où réside
désormais la seule transcendance napoléonienne »[259].

La châtaigne : un étouffe-chrétien

Avec la chute de Robespierre, la Révolution dans ce qu'elle avait de
populaire et démocratique est vaincue et les sans-culottes sont condamnés
au silence. La bourgeoisie triomphante peut de nouveau, sous les traits
successifs du Directoire, du Consulat, de l'Empire puis de la Restauration,
assumer la continuité avec la monarchie absolue dans sa fougue à abattre
les châtaigniers, symbole d'une alimentation génératrice de fainéants. On
peine aujourd'hui à imaginer non seulement les ressorts, mais aussi la
violence de cette haine du pauvre. Dans beaucoup de régions les milieux
populaires sont d'abord des mangeurs de châtaignes, avant d'être, conformément à l'idéologie, des mangeurs de pain.

Les châtaigneraies sont très importantes depuis les xe et xie siècles
grâce à l'action des moines bénédictins[260]. La consommation croît
encore au xvie siècle en raison des gratifications royales offertes pour
toute plantation. Les riches les mangent rôties, les pauvres bouillies.
Joseph du Chesne (1606) classe la châtaigne parmi les pains. Le déclin
commence au xviiie siècle où s'affiche le mépris pour une nourriture de
pauvres et de fainéants. On lui refuse la qualité d'un produit du travail
humain, donc d'une culture, en l'assimilant à la cueillette. Montesquieu se
range dans le camp des « antichâtaignes », même s'il est obligé de reconnaître que la densité de la population va avec la châtaigne. L'ethnologue
Ariane Bruneton-Governatori, auteure d'une merveilleuse histoire du pain
de bois constate que la principale objection à la châtaigne est morale :
« C'est une production qui rend paresseux et constitue un handicap au

---

259. Cyril Triolaire, « Célébrer Napoléon après la République : les héritages commémoratifs
révolutionnaires au crible de la fête napoléonienne » in *Annales historiques de la Révolution
française*, n° 346, octobre-décembre 2006, p. 75-96.

260. Ariane Bruneton-Governatori, « Alimentation et idéologie : le cas de la châtaigne » in
Annales. Économies, Sociétés, Civilisations. 39e année, n° 6, 1984, p. 1161-1189 ; A. Guillaume,
« La récolte, le traitement et la conservation des châtaignes en France » in *Revue de botanique
appliquée et d'agriculture coloniale*, 22e année, bulletin n° 249-250, mai-juin 1942, p. 259-263 ;
Peter J. Perry « L'arbre à pain : le châtaignier en Corse » in *Annales du Midi : revue archéologique,
historique et philologique de la France méridionale*, vol. 96, n° 165, 1984, numéro thématique :
À travers les campagnes méridionales, p. 71-84 ; Diego Moreno, Lada Hordynsky-Caillat,
Odile Redon et Silvano Serventi, « Châtaigneraie "historique" et châtaigneraie "traditionnelle".
Notes pour l'identification d'une pratique culturale » in *Médiévales*, n° 16-17, 1989, numéro
thématique : *Plantes, mets et mots. Dialogues avec André-Georges Haudricourt*, p. 147-161.

---

progrès »[261]. Le châtaignier aurait aussi « une influence nuisible sur le moral en n'excitant pas le développement de son industrie, puisqu'il ne demande d'autre soin de culture, après sa plantation et son émondage que la récolte de ses fruits » (Bosc et Baudrillart, *Dictionnaire de la culture des arbres et de l'aménagement des forêts*, 2 vol. 1821 et 1823). Cette haine est alors banale. Alexandre Moreau de Jonnès (1778-1870), haut fonctionnaire, patron de la Statistique générale, écrit en 1848 : « Cette production est un vestige des temps où les populations vivaient des fruits spontanés de la terre, et de ceux qui n'exigent ni soins ni intelligence pour donner une nourriture chétive et grossière »[262].

Adrien de Gasparin (1783-1862), haut fonctionnaire, auteur d'un célèbre cours d'agriculture pour la Société royale d'agriculture, élevé au rang de pair de France en 1834, tonne : « Une population alimentée presque uniquement par les fruits d'un arbre est nécessairement dans un état stationnaire » ; il poursuit : « Une alimentation que l'on croit assurée dégoûte l'homme des travaux pénibles ; c'est la chaise qui devient son occupation favorite, avec elle [...] le caractère s'aigrit, devient farouche, les passions violentes remplissent le cœur. » Choiseul propose de faire couper tous les châtaigniers de Corse et de leur substituer la culture du blé qui, en dissipant l'oisiveté, mettrait un terme à la révolte. Cette culture serait préjudiciable à toutes les classes sociales car la châtaigne favoriserait l'autarcie : « Aussi ne remarque-t-on dans la classe supérieure aucune recherche du confortable ; la classe inférieure vit misérablement se contentant d'une habitation et d'une nourriture également rudimentaires. » Jacques-Christophe Valmont de Bomare (1731-1807), grand naturaliste français, membre de l'Institut, explique dans son *Dictionnaire raisonné universel d'histoire naturelle* (1775) qu'« on prétend que tous ces peuples ont un teint jaune, effet produit par cette mauvaise nourriture. » Edmond Demolins (1852-1907), disciple de Frédéric Le Play, grande figure du catholicisme social, antisocialiste virulent, rédacteur en chef de *La Réforme sociale*, patron de la Société pour le développement de l'initiative privée et la vulgarisation de la science sociale, explique que si les Limousins sont ce qu'ils sont, c'est parce que « le produit du châtaigner s'obtient sans aucun travail préalable » et « par conséquent ne développe pas l'effort ni l'initiative ». Il ajoute que la châtaigne ne suscite pas davantage l'esprit de compétition : « Les individus plus capables ou plus travailleurs ou plus prévoyants n'ont dans l'exploitation de ce produit aucune supériorité fondamentale sur les

---

261. Ariane Bruneton-Governatori, *Le pain de bois : ethnohistoire de la châtaigne et du châtaignier*, ouvrage publié avec le concours du CNRS, Toulouse, Éditions Eché, 1984.
262. *Id.*, « Alimentation et idéologie : le cas de la châtaigne », art. cit.

autres puisque cette production toute spontanée n'est pas en proportion de la capacité du travail préalable ou de la prévoyance. »

La châtaigne saperait aussi la légitime supériorité masculine : « Pour la récolte et le pelage quotidien de la châtaigne [...] les femmes, les vieillards, les enfants sont aussi utiles que les hommes faits car le travail ne nécessite pas de dépense de force. » Un autre argument est asséné : la châtaigne développe « un esprit communautaire » et « entraîne la famille à vivre sous le régime de la communauté ». Une autre façon de taire l'intérêt de la châtaigne est de choisir de ne pas en parler, ainsi les enquêtes de 1784 de l'abbé Tessier et de 1786 de l'abbé Lefebvre ignorent totalement la châtaigne. Le Conseil du roi interdit, à plusieurs reprises, de planter des châtaigniers dans des terres céréalisables, mais les résistances conduisent, y compris Turgot, à reculer. Turgot, qui aurait pu dire de la châtaigne qu'elle était un étouffe-chrétien (si le mot avait existé à son époque), car elle supprimait le besoin de travailler, aura entre-temps fait arracher les châtaigniers du Limousin pour planter à leur place des pommes de terre, accusant au passage les paysans d'être des sots : « Les paysans du pays sont naturellement fainéants et indociles, parce qu'ils sont habitués à vivre de châtaignes qui leur procurent une subsistance sans culture ni travail. » On l'aura constaté, Turgot se met résolument du côté des riches producteurs contre les humbles.

Les défenseurs de la châtaigne sont pourtant nombreux, ils expliquent, dans un premier temps, qu'elle est un don de la nature, qu'elle n'épuise pas les sols, puis, tentant de retourner les thèses de leurs adversaires, ils arguent que ce serait un bon aliment pour les paysans qui ont un sang trop vif, trop déployé, trop volatil (Hecquet, *Le traité des dispenses de Carême*, 1709), bref qu'elle serait un aliment lourd propre aux gens lourds et misérables !

La Révolution va donc réussir là où la monarchie a échoué : la production chute de sept fois en un siècle. La châtaigne reste un défi à la malédiction divine : « Que celui qui ne travaille pas, ne mange pas » (saint Paul). Le Roy Ladurie parle encore en 1966 d'une Internationale de la misère et de la châtaigne. Fernand Braudel fait exception en notant que la châtaigne eut au XIXe siècle un rôle plus important qu'on ne le pense. Ariane Bruneton-Governatori décrit les nombreuses façons de cuisiner ce pain de bois : châtaignes crues, cuites dans la cendre, grillées, bouillies, blanchies, sèches, moulues en farine, consommées sous forme de galettes, de pain, etc. En conclusion, nous ne pouvons que partager son analyse : « Les pays à châtaignes étaient des pays fortement peuplés, permettant à leur population de se multiplier et de vivre sur place. Ce phénomène, au XIXe siècle, peu veulent le voir, s'acharnant à associer misère, pauvreté et châtaignier [...] l'idée qui ressort est qu'il ne sied pas que la même nourriture soit partagée par les riches et les pauvres et qu'il ne convient pas d'appliquer à une ressource de pauvre ce beau nom de pain »[263].

La pomme de terre est-elle républicaine ?

Le fameux carré de pommes de terre dans le jardin de Versailles, gardé uniquement le jour pour que les plants soient volés la nuit, est un mythe tardif des hussards de la IIIe République. Le pouvoir politique se congratule et se félicite de son intelligence face à la sottise du peuple. L'histoire est pourtant moins à sa gloire.

L'histoire de la pomme de terre est emblématique des relations entre pouvoir, peuple et alimentation. Ce sont d'abord les notables qui refusent la pomme de terre, car ils l'estiment trop productive, donc « moralement nuisible » ; ce sont ensuite ces mêmes notables qui en retardent l'usage en s'entêtant à vouloir en faire du pain, considérant que le pain est l'aliment populaire par excellence ; ce sont toujours ces mêmes notables qui en font une arme de destruction massive contre les cultures populaires de seigle et de sarrasin. Précisons que la pomme de terre du XVIIIe siècle n'est pas la nôtre, et son goût amer est déplaisant en raison d'une grande quantité de solanine[264].

La pomme de terre : une alimentation pour les animaux et les pauvres
Charles de l'Écluse, latinisé en Carolus Clusius, grand botaniste du XVIe siècle, est chargé officiellement d'examiner une nouvelle plante inconnue[265]. Elle semble apparentée à la mandragore cultivée dans les jardins potagers mais qui a mauvaise réputation et est dénommée « plante à sorcière » : « La pomme de terre commence mal sa carrière scientifique : fruit de la terre profonde, elle partage la mauvaise réputation des plantes souterraines. Elles ont toutes ce défaut "d'engendrer des

---

263. *Id., ibid.*

264. Lucien FEBVRE, « Les aliments : patates et pommes de terre » in *Annales d'histoire sociale.* 2e année, n° 2, 1940, p. 135-136 ; Marcel MORINEAU, « La pomme de terre au XVIIIe siècle », in *Annales. Économies, Sociétés, Civilisations*, 25e année, n° 6, 1970, p. 1767-1785 ; Pierre JULIEN, « Notes autour de Parmentier » in *Revue d'histoire de la pharmacie*, 75e année, n° 275, 1987, p. 307-318.

265. Jean-Marie PELT, « Charles de l'Écluse, prince des descripteurs » in *La Cannelle et le panda : les grands naturalistes explorateurs autour du monde*, Paris, Fayard, 1999 ; F.W.T. HUNGER, *Charles de l'Escluse (Carolus Clusius), Nederlandsch Kruidkundige, 1526-1609*, Martinus NijHoff,s' Gravenhage (La Haye), 1927.

flegmes", ces humeurs froides et aqueuses qui viennent, croit-on, de ce qu'elles poussent loin de l'air et du soleil dans le sol froid et humide »[266].

Clusius classe donc officiellement la pomme de terre dans les produits mangeables, sans plus. Elle est ainsi, contrairement à sa légende, d'abord adoptée, puis rejetée entre 1650 et 1760. Madeleine Ferrières s'interroge : « Pourquoi, après la guerre de Trente Ans (1618-1648), la pomme de terre s'arrête-t-elle dans son expansion conquérante ? » En 1613, ne figurait-elle pas comme « viande du roi » à la table de Louis XIII ? Les résistances sont d'abord venues de nombreux Parlements locaux qui interdisent sa culture au XVIIᵉ siècle, car on l'accuse d'être un facteur de lèpre, comme tous les produits à fort rendement. Philippe le Hardi (1342-1404) fait de même interdire de plantation le gamay, car il fournit un jus de raisin trop abondant, donc diabolique. L'enjeu est d'abord théologico-politique : il s'agit, en interdisant la pomme de terre, de signifier au petit peuple qu'il n'y aura pas de retour à l'âge d'or, que le pain se gagnera toujours à la sueur de son front, qu'aucun pays de Cocagne n'existera jamais. La pomme de terre bénéficie ainsi du même mauvais traitement que la châtaigne.

La question est de comprendre pourquoi les puissants ont subitement choisi la promotion de la pomme de terre contre d'autres cultures ? À y regarder de près, le responsable de ce changement n'est pas tant Parmentier que le ministre de Louis XVI, Turgot, et déjà avant qu'il soit ministre, lorsqu'il était intendant du Limousin, de 1761 à 1774. La pomme de terre va servir de laboratoire aux thèses politico-economiques des physiocrates[267]. On va s'employer à faire la preuve qu'à travers ce produit la révolution agricole viendra des « hommes sensés » et des « zélés citoyens », c'est-à-dire les gens de bien, les propriétaires. Turgot explique que « l'état de misère et d'abrutissement où sont les cultivateurs dans nos provinces ne pouvait être combattu que par les dépenses et l'intelligence des propriétaires riches et instruits »[268].

Turgot fait obligation aux propriétaires d'insérer dans les baux que les métayers doivent consacrer des parcelles à la pomme de terre. Les auteurs notent que Turgot est, en cela, fort proche de la méthode coloniale, celle

---

266. Madeleine Ferrières, *Histoire des peurs alimentaires. Du Moyen Âge à l'aube du XXᵉ siècle*, *op. cit.* ; André Dubuc, « La culture de la pomme de terre en Normandie avant et depuis Parmentier » in *Annales de Normandie*, 3ᵉ année, n° 1, 1953, p. 50-68.
267. Yves Charbit, « L'échec politique d'une théorie économique : la physiocratie » in *Population*, 57ᵉ année, n° 6, 2002, p. 849-878 ; Marie-Claire Laval-Reviglio, « Les conceptions politiques des physiocrates » in *Revue française de science politique*, 37ᵉ année, n° 2, 1987, p. 181-213.
268. Cité par Jean-Michel Kiener et Jean-Claude Peyronnet, *Quand Turgot régnait en Limousin*, Paris, Fayard, 1979, p. 172.

que les *landlords* anglais ont mis en pratique en Irlande, où celle des planteurs des Antilles imposant le manioc comme culture vivrière obligatoire. Le peuple s'oppose donc aux plantations lorsqu'il a compris qu'il ne s'agit pas d'apporter un nouvel aliment mais de le substituer à ce qui le fait vivre. Il s'agit aussi de renforcer le pouvoir des notables.

Contrairement à la légende, les notables ne donnent pas l'exemple car les riches sont favorables à la pomme de terre pour les pauvres. Eux n'en mangent pas, expliquant que c'est un produit indigne d'un homme de bien. Les Anglais, qui refusent les pommes de terre pour eux-mêmes, considérant que c'est un aliment pour les porcs, veulent en nourrir les pauvres Irlandais catholiques (qui cumulent trois défauts). Madeleine Ferrières rappelle que les principaux protagonistes de la pomme de terre se recrutent d'abord au sein de la famille royale. Marie-Antoinette commande à Rose Bertin, la modiste, des chapeaux ornés de fleurs de pomme de terre. Les partisans de la pomme de terre royaliste ne sont pas vraiment aidés par les rédacteurs de *L'Encyclopédie*, puisque l'auteur de l'article consacré à la pomme de terre conclut que c'est un mauvais aliment mais adapté aux gueux : « Cette racine, de quelque manière qu'on l'apprête, est fade et farineuse. Elle ne saurait être comptée parmi les aliments agréables ; mais elle fournit un aliment abondant et assez salutaire aux hommes qui ne demandent qu'à se sustenter. On reproche avec raison à la pomme de terre d'être venteuse : mais que sont des vents pour les organes si vigoureux des paysans et des manœuvres » (art. « pomme de terre », rédigé par Gabriel-François Venel, docteur en médecine et ami de Diderot).

La « bonne société » ne consent aux pommes de terre qu'après le peuple et après les avoir essayées sur son propre personnel domestique. Parmentier expérimente ainsi les pommes de terre sur les pauvres hospitalisés provoquant un violent conflit avec les Sœurs hospitalières de la Charité.

Parmentier va reprendre le flambeau des mains de Turgot, mais en misant sur l'image du produit. Il explique devant la Société royale d'agriculture : « Accoutumez-y vos vassaux par toutes sortes de moyens, excepté l'autorité, mais surtout prêchez l'exemple… » Parmentier a découvert en effet avec stupeur que les pauvres ont aussi du goût et qu'ils ne souhaitent « pas manger comme des porcs ». La pomme de terre n'a de succès en effet que là où les porcs n'en mangent pas… L'Alsace distingue les variétés pour humains et celles pour les animaux et donne à ces variétés (assez proches…) des noms différents : la pomme de terre pour bêtes se dit *Erdäpfel* et la « poire de terre » pour les humains se nomme *Grumbeer* (de l'allemand *Grundbirn*). Serait-ce à dire que le succès de la pomme de terre doit tout au génie marketing de Parmentier ?

Les premières cultures sont réalisées en Normandie par François Georges Mustel, en 1765-1766, soit bien avant Parmentier (1788)[269]. Mustel est un ancien militaire membre de l'ordre militaire de Saint Louis, ce qui l'autorise à se faire appeler « chevalier ». Il est doté d'une forte pension, laquelle lui permet de se consacrer à ses hobbies : la botanique et l'agriculture. Il voyage en Allemagne où cette tubercule est déjà un légume commun. En 1767, il publie un *Mémoire sur les pommes de terre et sur le pain économique,* présenté à la Société royale d'agriculture de Rouen, dans lequel il décrit la pomme de terre à la fois comme légume et comme farine. Il fait venir des tubercules d'Angleterre et en plante six boisseaux sur un terrain à Saint-Sever. Cette première récolte est entièrement distribuée comme semences aux agriculteurs locaux. Gabriel de Clieu, connu pour son acclimatation du caféier à la Martinique, déclare : « Vous faites pour la culture de la pomme de terre ce que j'ai fait pour le café. » Mustel produit devant la Société royale d'agriculture de Rouen quatre pains levés, nommés « pain économique », réalisés avec des pommes de terre. La pomme de terre eut sans doute d'autres découvreurs avant Mustel, ainsi Duhamel de Monceau fait des expériences cinq ans avant lui. C'est lui qui invente ce nom de pomme de terre, autrefois appelé différemment selon les régions. Comment comprendre alors l'échec de Mustel ? Ses adversaires sont nombreux au sein de la Société royale d'agriculture de Rouen, notamment Louis-Alexandre Dambourney, intendant du jardin botanique de Rouen, un moment député et surtout défenseur de la culture de la garance. Mustel ne parvient pas à faire rattraper le retard français dans ce domaine, même si dans certaines régions pionnières (Normandie, Alsace, Franche-Comté, Dauphiné) le succès est maintenant incontestable. Beaucoup d'expériences locales se réalisent, par exemple en Normandie, à Saint-Denis-sur-Sarthon, à Saint-Aubin-de-Scellon, après la publication d'un article élogieux dans les *Annales de Normandie.* En 1769, le curé de Saint-Roch fait distribuer une soupe aux pommes de terre dénommée « riz économique » décrite dans *La cuisine des pauvres* paru en 1772 sous la signature de Varenne de Beost. Tous ces expérimentateurs n'ont donc qu'une idée en tête, fabriquer un pain ou un riz qualifié d'« économique ». Même Voltaire s'empare de cette question : « Quand on n'y mettrait qu'un tiers de ces pommes de terre, ce serait toujours un tiers de farine épargné. Mais cela demande un peu de peine pour le bien pétrir, et peut-être les

---

269. André Dubuc, « La culture de la pomme de terre en Normandie avant et depuis Parmentier », art. cit.

boulangers n'ont pas voulu prendre cette peine. » Les boulangers ne sont bien sûr pas responsables, car le problème technique tient aux difficultés de panification de la pomme de terre et le problème politique à l'incapacité des puissants de concevoir une alimentation populaire autre que sous forme de pain, voire de bouillie.

Anticipant sur la suite des événements, il est bon de rappeler que Parmentier eut un échange épistolaire pendant dix ans avec Mustel, avant de se dire seul inventeur du « pain de pomme de terre ». Mustel réplique : « Cet homme me met donc dans la nécessité de le juger de mauvaise foy et de le regarder comme un intrigant qui veut s'approprier mon travail et surprendre le gouvernement pour en tirer quelque avantage. »

Le succès de Parmentier

Parmentier sera après sa mort un mythe national servant à glorifier l'alliance des puissants et de la science, au nom de la Raison, contre le peuple. En 1757, pendant la guerre de Sept Ans, Antoine-Augustin Parmentier (1737-1813), tout juste âgé de 20 ans, est envoyé à Hanovre comme pharmacien militaire pour une tournée d'inspection. La légende veut que fait prisonnier (durant trois semaines), il n'eut pour nourriture que de la bouillie de pomme de terre : « Resserré pendant longtemps dans une prison étroite, nourri seulement de pommes de terre et d'eau-de-vie de genièvre, il a formé le projet de multiplier en France ce premier comestible dont il a été à portée d'apprécier l'excellence et dont il a depuis répandu l'usage en détruisant les préjugés qui s'opposaient à son introduction. C'est ainsi que jeune encore, il développait son génie bienfaisant et observateur ; c'est ainsi qu'il savait rendre ses malheurs même, utiles à son pays et à l'humanité » (Silvestre, *Rapport* du 27 juin 1793 *sur les travaux d'A.-A. Parmentier*)[270].

Rentré en France en 1763, Parmentier devient trois ans plus tard pharmacien à la Maison royale des Invalides. Il réalise durant la disette de 1769-1770 des expériences dans le jardin des Invalides, dont une avec des pommes de terre. Il répond, en 1771, au concours organisé par l'Académie de Besançon. Le Parlement de Besançon est un de ceux qui ont justement interdit la pomme de terre... déjà consommée. Le sujet mentionne : « Indiquer les végétaux qui pourraient suppléer en temps de disette à ceux que l'on emploie communément à la nourriture des hommes et quelle devrait en être la préparation. » Les six autres candidats évoquent également les mérites de la pomme de terre. Parmentier reçoit

---

270. Henri BONNEMAIN, « Parmentier et la dignité de la pomme de terre », compte rendu du livre d'Ernest KAHANE, *Parmentier ou la dignité de la pomme de terre. Essai sur la famine*, in *Revue d'histoire de la pharmacie*, 67ᵉ année, n° 242, 1979, p. 227-229.

---

cependant le prix en 1772 pour la qualité de sa démonstration chimique. Cette même année, l'Académie nationale de médecine lève son interdit prononcé en 1748 contre ce végétal. Pendant ce temps, Parmentier poursuit ses travaux sur beaucoup d'autres produits : en 1781, il recense 90 plantes « incultes » qui pourraient être utiles. Concernant la pomme de terre, son objectif est d'utiliser sa fécule pour faire, lui aussi, du pain économique.

Parmentier ne s'intéresse à la pomme de terre comme légume que quinze ans plus tard, en 1786, avec l'expérience de la plaine des Sablons à Neuilly, terrain militaire mis à sa disposition par Louis XVI, après que les religieuses lui ont interdit de continuer ses cultures sur leurs terres, en raison de ses expérimentations sur des malades. Parmentier rend visite au couple royal à Versailles, le 24 août 1786, pour leur offrir les premières fleurs de sa récolte de pommes de terre. La légende dit que les époux royaux les porteront à la boutonnière, après que Louis XVI eut proclamé que « la France vous remerciera un jour d'avoir trouvé le pain des pauvres ». On insiste beaucoup sur l'idée géniale (reprise pour d'autres produits litigieux comme la viande de cheval) d'organiser des repas de cérémonie dans le monde des savants, où on pouvait servir jusqu'à une vingtaine de plats à base de pommes de terre, pour montrer combien on pouvait varier le mode de dégustation de ce tubercule[271] (en potage, en matelote, en purée, en croquettes, soufflées, en friture, en beignets, en gâteaux, en confiture, en tartes, etc.). On dit moins que Parmentier bénéficia du soutien actif de tout l'appareil d'État de la monarchie : Le ministre de la Marine met à sa disposition un navire pour importer des plants d'Amérique, celui de l'Intérieur demande à ses intendants de distribuer dans les départements des plants de pomme de terre aux « meilleurs agriculteurs ». Parmentier a d'abord pour lui d'appartenir à la « bonne société » parisienne, d'être un homme de réseaux et de bénéficier du soutien d'hommes de pouvoir, comme le gouverneur d'Espignac, comme le lieutenant général de police Le Noir, comme Turgot.

La pomme de terre royaliste aurait pu disparaître un temps dans les poubelles de l'histoire, mais la Révolution l'érige en pomme de terre républicaine, et bientôt égalitaire, malgré le passé compromettant de Parmentier aux yeux des hommes de 1789. Déclaré suspect en 1793, il est envoyé en mission dans le sud de la France par ses protecteurs et échappe ainsi à la guillotine. La pomme de terre républicaine deviendra ensuite impériale, lorsque Napoléon le nomme premier pharmacien des armées en 1800 et impose la consommation de pommes de terre dans l'armée.

---

271. *Id., ibid.*

La pomme de terre égalitaire

La Convention développe un travail important pour généraliser sa culture[272]. En l'an II, l'administration du département de Loir-et-Cher fait imprimer et distribuer une « Instruction pour la fabrication de "pain mélangé" de pomme de terre » avec un tiers de farine de froment, un tiers de farine de seigle, un tiers de pommes de terre. Un arrêté du 21 ventôse an III la qualifie de « légume égalitaire ». Madeleine Ferrières note que des Sociétés populaires d'émulation demandent que sa culture soit rendue obligatoire sur le vingtième de la superficie cultivable et que des administrateurs locaux prescrivent que le centième des terres soit ensemencé en pommes de terre. Le ministre de l'Intérieur sollicite ses agents pour connaître l'état des cultures de pommes de terre partout en France. Madeleine Ferrières parle d'une conférence tenue à Saint-Laurent-en-Caux : « Un citoyen a observé que les Anglais n'étaient venus à bout de leur révolution que par le concours de la pomme de terre. On peut la nommer la plante de l'homme libre, parce qu'elle n'exige point de soins constants et laisse par conséquent au cultivateur le loisir nécessaire pour s'occuper des grands intérêts de la République [...] Mais on ne dissimule pas que les lumières sont si peu répandues parmi les cultivateurs que l'autorité du gouvernement est absolument nécessaire pour répandre cette culture autant qu'elle peut l'être. » En 1793, le premier livre de cuisine écrit par une femme, une certaine Mme Mérigot, paraît sous le titre *La Cuisinière républicaine*, intégralement consacré à la pomme de terre (31 recettes sur 42 pages)[273]. Germain Chevet, horticulteur à Bagnolet, fournisseur en roses de la cour, arrêté en 1793, gracié en raison de ses 17 enfants, est obligé d'arracher ses roses, fleurs d'aristocrates, et de planter des pommes de terre.

La mystique républicaine de la pomme de terre

On a longtemps voulu expliquer que le boom démographique du XIXe siècle aurait été la conséquence de la culture de la pomme de terre. Les travaux plus récents montrent que son bilan est, pour le moins, plutôt mitigé : la mystique de la pomme de terre progressiste est une absurdité. Déjà parce que, comme le note Marcel Morineau : « Partout et toujours, la pomme de terre arriva dans les faubourgs de la misère [...], ses terres d'élection, c'étaient les zones pauvres [...] La pomme de terre était un succédané, l'ersatz d'une meilleure nourriture qui faisait défaut ; parfois, dès

---

272. André Dubuc, « La culture de la pomme de terre en Normandie avant et depuis Parmentier », art. cit.

273. https://openlibrary.org/books/OL20856334M/La_Cuisinie%CC%80re_re%CC%81publicaine

que l'abondance était revenue, on l'abandonnait [...], une consommation suffisante de pommes de terre pour remplacer le pain n'avait de sens et de réalité que dans le cadre de l'autosubsistance à la ferme des producteurs ; à pouvoir calorifique égal, la denrée était onéreuse sur le marché »[274]. Ensuite, parce que, comme l'analyse l'historien, une paupérisation relative est bien liée à la propagation de la pomme de terre au XVIIIe siècle. Guillaume-Charles Faipoult (1752-1817) se demandait ainsi s'il convenait d'étendre la culture de la pomme de terre puisque « l'abondance est moins constante en pomme de terre qu'elle ne l'est en seigle et en froment ; deux mois de sécheresse suffisent pour rendre presque nulle la récolte d'un champ de pommes de terre. » Et Faipoult annonçait « les fréquentes détresses d'une population qui aurait uniquement fondé ses moyens de subsistances sur un produit incertain. »

La légende de Parmentier, inventeur génial de la pomme de terre, s'est établie bien après sa mort. Son propre *Traité* de 1773 rétablit cette vérité : « L'usage de cette plante alimentaire est adapté depuis un siècle [...] Elle s'est tellement répandue qu'il y a des provinces où les pommes de terre sont devenues une partie de la nourriture des pauvres gens. »

La légende de Parmentier a au moins le grand mérite de faire croire aux enfants que les puissants se préoccupent de l'alimentation des humbles, malgré leur propre obscurantisme. Comme l'analyse Henri Bonnemain : « La grande illusion de Parmentier, commune à tous ses contemporains et à certains des nôtres, a été de croire à la possibilité de résoudre le problème de la faim par des moyens techniques »[275].

---

274. Marcel MORINEAU, « La pomme de terre au XVIIIe siècle », art. cit.
275. Henri BONNEMAIN, « Parmentier et la dignité de la pomme de terre » art. cit.

Douzième service : La table bourgeoise

Thermidor accouche d'une contre-révolution conservatrice qui conduit à un nouveau séparatisme social, non plus fondé sur les anciennes légendes au sujet de l'origine troyenne de la noblesse, mais sur le libéralisme économique, le mépris des gens de peu et l'esprit de revanche. J'ai choisi de parler de table bourgeoise car cette période est celle du triomphe de la bourgeoisie, par-delà les régimes politiques, et de sa capacité à imposer sa vision de l'alimentation, y compris au sein des milieux populaires, surtout urbains.

Les historiens ont largement remis en cause la légende dorée de la gastronomie du XIXe siècle, car cette période n'est gourmande que pour la grande bourgeoisie – et pour la petite qui tente de se hausser sur la pointe des pieds afin d'accéder à des plaisirs qui lui étaient auparavant interdits. Cette cuisine bourgeoise fait du neuf avec du vieux, car si elle reprend certains traits du service de l'Ancien Régime, elle invente une cuisine économe, plus conforme à son esprit boutiquier. Le peuple est, lui, non pas abandonné à son mauvais sort, car il saurait bien faire autrement, mais acculé à se satisfaire de peu et de mauvais : ce n'est plus seulement des aliments jugés inadaptés pour lui dont il doit se passer, conformément à la hiérarchie des aliments, c'est du droit à manger des aliments non frelatés, car cette période d'industrialisation à outrance, dont témoignent la fougue saint-simonienne et ses succédanés, est celle qui verra naître l'idée abominable d'alimenter le peuple avec des os, du faux pain, des sous-produits, des rebuts, etc. Nous ne devons donc pas nous laisser leurrer par l'image d'Épinal de la richesse des tables régionales, car cette dernière n'existe peu ou pas, pour la majorité des Français et Françaises[276].

---

276. Philippe Meyzie, *La table du Sud-Ouest 1700-1850*, Rennes, Presses universtaires de Rennes, 2007.

Le peuple livré aux appétits des gros

La Révolution française fait que les « gros », qui remplacent les « grands », apportent de nouvelles façons de mépriser les gens ordinaires. Le peuple est sacrifié au peu et au mal manger. La faim est endémique au sein des milieux populaires, notamment les ouvriers agricoles. Nous en avons un symptôme dans la succession de troubles alimentaires et notamment avec la disette qui frappe, en 1817, sous la Restauration, c'est-à-dire en plein industrialisme saint-simonien, une disette qui rappelle celle de l'Ancien Régime, puisque ce sont les céréales de base qui manquent, et qui, donc, augmentent le plus. C'est là la conséquence du choix, sans cesse réaffirmé, de la centralité du pain[277]. Une centralité qui a d'ailleurs été renforcée au XIXe siècle, car, comme le soutient Fernand Braudel, ce siècle sera celui du remplacement du pain de seigle par le pain de froment, signe non pas tant d'une augmentation du pouvoir d'achat que d'une soumission du peuple aux normes bourgeoises. Le peuple est d'autant plus perdant que le pain blanc n'a pas été taxé, contrairement aux autres. Cette mystique du pain blanc, nous dit Braudel, est à mettre en rapport avec l'autoencensement de la bourgeoisie, le fameux « Enrichissez-vous ! » de Guizot. Le pain blanc c'est l'antichâtaigne par excellence, c'est le recul des cultures populaires. Conséquence : le peuple des campagnes est contraint, face aux crises, de (mal) se nourrir avec des céréales destinées aux animaux. On voit également un retour des troubles de subsistances : les entraves à la circulation des grains, les pillages, les ventes forcées… Les historiens ont mesuré les rations caloriques établissant la diminution des apports au fur et à mesure que le pays se modernise, notamment au sein du monde rural, première victime du libéralisme économique[278].

Les statistiques du bureau des subsistances du ministère de l'Agriculture précisent les évolutions. À noter que pour les besoins de cette statistique, tous les produits végétaux (pommes de terre, châtaignes) sont donnés en « équivalent céréales ». La production moyenne annuelle de céréales diminue de 85 à 90 millions de quintaux avant la Révolution à 70 millions vers 1810-1813, en raison notamment de la substitution de la pomme de terre à d'autres aliments (céréales, châtaignes). Ces choix politiques ont pour effet, malgré l'augmentation considérable de sa production,

---

277. Paul Leuilliot, « De la disette de 1816-1817 à la famine du coton (1867) [Les crises économiques du XIXe siècle en France] » in *Annales. Économies, Sociétés, Civilisations*, 12e année, n° 2, 1957, p. 317-325.
278. Donald M. G. Sutherland et Tim J. A. Le Goff, « La Révolution française et l'économie rurale » in *Histoire & Mesure*, vol. 14, n° 1-2, 1999, numéro thématique : *Varia*, p. 79-120.

de multiplier par six le prix de la pomme de terre, rendant impossible sa substitution aux produits qu'elle est censée remplacer !

La production de viande augmente, mais principalement à destination des plus riches, avec une forte poussée des ovins (moutons et brebis), une augmentation (plus tardive) des bovins et une très forte diminution du porc, sauf dans certaines campagnes (à l'est, au nord-est de la France, et dans les régions du sud). Jean-Paul Aron note qu'entre 1789 et 1846, en France, la consommation annuelle par tête passe de 67 kilos à 50 kilos. Yvan Lepage précise que la consommation de viande d'un rural est le tiers de celle d'un urbain, malgré la présence d'une basse-cour, et qu'un ouvrier agricole en mange six fois moins qu'un urbain. Il montre en revanche une progression de la consommation moyenne de viande, y compris populaire, dans la seconde moitié du XIXe siècle, situation qui contraste singulièrement avec la situation des autres pays[279]. En Europe, la consommation moyenne par habitant passe de 19 kilos par an, en 1803-1812, à 22,6 kilos en 1834-1844, pour atteindre 40 kilos vers 1900. La viande de porc qui représentait 40 % des consommations entre 1789 et 1862 baisse ensuite au profit du bœuf[280]. Yvan Lepage invite cependant à la prudence. Comment éviter le piège des ratios qui mesurent les quantités consommées en TEC (tonne-équivalent-carcasse) et divisent le poids total des animaux abattus par le nombre d'habitants ? Cette mesure surestime la consommation puisqu'elle fait « manger » les os, les sabots, la graisse. Elle ne tient pas compte de la qualité de la viande consommée (bonne ou impropre). Ces moyennes cachent aussi, bien sûr, des disparités sociales et régionales considérables : ainsi Louis René Villermé qualifie d'exception-nelle la consommation de viande dans la première moitié du XIXe siècle parmi les travailleurs du textile, alors que Heinz-Gerhard Haupt date des années 1870 le début de la consommation populaire de la viande. Yvan Lepage insiste enfin sur la diminution de l'autoproduction familiale avec l'urbanisation. On peut donc penser, avec lui, que si « la bourgeoisie du XIXe siècle s'empiffrait [...] les masses ouvrières [adoptent] la frugalité plus par contrainte que par conviction »[281]. Le peuple (des campagnes mais aussi des villes) est donc hanté par la question alimentaire, d'autant plus que le temps consacré à la préparation et à la consommation des repas varie

---

279. Jean-Paul ARON, *Le mangeur du XIXe siècle*, Paris, « Petite Bibliothèque Payot » (n° 8), Payot, 1989.
280. Yvan LEPAGE, « Évolution de la consommation d'aliments carnés aux XIXe et XXe siècles en Europe occidentale » in *Revue belge de philologie et d'histoire*, vol. 80, n° 4, 2002, numéro thématique : *Histoire médiévale, moderne et contemporaine*, p. 1459-1468.
281. *Id., ibid.*

de façon inversement proportionnelle au revenu : plus le revenu augmente, plus on consacre de temps à manger, et moins on en passe à préparer les repas. À l'inverse, plus le revenu est bas, moins on consacre de temps à manger et plus on passe de temps à préparer les menus.

La table des milieux populaires souffre donc tout au long du XIXᵉ siècle d'une insuffisance criante, doublée d'une monotonie affligeante, conséquences des choix agricoles et alimentaires imposés par le capitalisme. Cette frugalité est d'autant plus importante qu'elle est renforcée par des discours religieux et scientifiques, hygiénistes, qui condamnent les plaisirs des cafés et des cabarets. Ce petit peuple, représentant la majorité de la population, ne peut même pas compter sur le repas dominical, Robert Beck, auteur d'une *Histoire du dimanche de 1700 à nos jours* (Paris, Éditions de l'Atelier, 1997) montre que cette tradition est récente et que le clergé, longtemps rétif, n'accepta cette institution que parce qu'il y voyait un moyen de détourner le peuple des cafés. Les Sublimes, ces ouvriers les plus qualifiés de la fin du XIXᵉ siècle, appelaient d'ailleurs à fêter la « Saint-Lundi », donc à refuser de travailler ce jour-là, car les cabarets étaient ouverts.

Un siècle d'abandon

Au nom des sacro-saintes lois du marché, l'État démantèle progressivement les anciens systèmes de protection des consommateurs qui, bien qu'insuffisants, témoignaient d'une méfiance envers les professionnels de l'alimentation et poussaient à réglementer les approvisionnements. Nous ne donnerons que quelques exemples, car un livre entier ne suffirait pas à tout recenser.

La société bourgeoise (républicaine, impériale, monarchiste, puis de nouveau républicaine) abandonne l'ancien système de contrôle des viandes, qui reposait sur l'existence de plusieurs réseaux de distribution allant des bonnes viandes aux viandes immondes, au nom de l'intérêt de l'industrie et avec l'aval des institutions scientifiques. Les bêtes malades, comme les porcs ladres et les vaches tuberculeuses, se retrouvent donc en vente libre[282]. L'État en rajoute, avec le *Traité de police sanitaire* de Reynal qui fait alors autorité, en expliquant que les consommateurs n'auraient rien à craindre de la consommation de viande tuberculeuse, car il suffirait d'enlever les poumons. La conséquence est malheureusement connue : le cheptel français sera le plus gravement malade ! Plusieurs arguments ont été avancés pour expliquer ce retard, sinon cet aveuglement criminel : le

---

282. Henri PICHERAL, « La brucellose en France. Essai de géographie médicale » in *Annales de géographie*, vol. 78, n° 426, 1969, p. 189-205.

choix d'un modèle « libéral », la foi béate dans le progrès industriel et dans la science. Je pense qu'on ne peut écarter un tropisme de classe : peu importe ce que mange le peuple pourvu qu'il soit apte au travail et à la guerre.

La crise du cheptel français

La bourgeoisie combine deux positions plus complémentaires que contradictoires. Les pères fondateurs de la gastronomie comme Brillat-Savarin, Grimod de La Reynière, Alexandre Dumas, Carême… se moquent éperdument du peuple et le clament. Ceux qui s'en occupent ont envers lui des attentions particulièrement malsaines, avec la baisse des contrôles alimentaires, le déni des maladies qui touchent le cheptel français, la vogue des substituts alimentaires et des produits « économiques » destinés à nourrir le peuple. Ce choix de l'aveuglement et cet esprit de revanche des élites, après la « grande peur » qu'a fait naître la Révolution, feront le succès de la tuberculose. Madeleine Ferrières, analysant le retard français par rapport aux autres nations comme l'Allemagne et l'Angleterre, soutient qu'« en France, concernant les maladies animales, le travail réglementaire s'arrête entre la Révolution et 1881 »[283]. La mauvaise qualité de l'alimentation humaine, notamment carnée, est la conséquence des politiques économiques[284]. L'État ne se reconnaît vraiment compétent que dans un seul domaine : celui de la fabrication des bonbons, avec une loi protectrice que Madeleine Ferrières analyse comme une compensation à l'inertie coupable qui règne partout ailleurs. J'ajoute que si la loi du 21 juillet 1881 oblige les éleveurs à déclarer, avec beaucoup de retard sur les autres pays, les maladies contagieuses qui frappent leurs troupeaux (peste bovine, morve, clavelée, fièvre aphteuse), l'intention est d'abord d'en profiter pour interdire les cochons américains et allemands, suspects de trichinose. L'État refuse d'ailleurs d'intégrer la tuberculose bovine, car le cheptel français est moins concurrencé. Il faudra donc attendre encore quelques années et un décret de 1888 pour que soit rendu obligatoire l'abattage des bêtes malades, mais, comme on n'a pas voulu d'un dépistage obligatoire, ce texte est sans effet. Le test de tuberculose n'est rendu obligatoire qu'à partir de

---

283. Madeleine Ferrières, *Histoire des peurs alimentaires. Du Moyen Âge à l'aube du XXᵉ siècle*, *op. cit.*

284. Yvette Maurin, « La crise de l'élevage ovin en Languedoc méditerranéen dans la première moitié du XIXᵉ siècle » in *Cahiers de la Méditerranée*, hors série n° 2, 1977, *Typologie des crises dans les pays méditerranéens (XVIᵉ-XXᵉ siècles)*. Actes des journées d'études Bendor, 13, 14 et 15 mai 1976, p. 55-74.

1935, « date à laquelle le Français court deux fois plus de risques de mourir tuberculeux que n'importe quel autre Européen »[285].

Les pouvoirs publics ne cesseront jamais de cacher la réalité en expliquant qu'en France une bête à cornes sur 100 seulement est contaminée alors que la contamination touchait 20 % du cheptel bovin en Bretagne, 40 % dans les Vosges, 50 % dans les Pyrénées. Il est vrai que ces mêmes pouvoirs publics soutiennent alors que cette maladie est anglaise et ne nous concerne donc pas. Madeleine Ferrières relève une contradiction coupable dans les thèses soutenues par l'État avec le soutien des institutions scientifiques : « Les élites républicaines ont gardé, voire accentué, une certaine vision du citoyen-mangeur. Cet homme adulte, capable d'opérer un libre choix rationnel sur le marché, serait incapable de faire bon usage d'une information sur le risque »[286]. Cette contradiction n'existe pas en fait pour les héritiers des physiocrates qui considèrent que seuls les gens de bien peuvent accéder à la rationalité. Le peuple n'est pas apte à penser par/de lui-même. Il suffit de regarder les « grands projets » que fit naître ce siècle de la bourgeoisie triomphante pour constater qu'il fut davantage un siècle de contre-utopies que d'utopies généreuses.

Les contre-utopies alimentaires

On oppose souvent, comme dans l'*Encyclopædia Universalis*, le Malthus qui écrit en 1796 *La Crise* (texte non publié), dans lequel il propose la création d'hospices pour recueillir les démunis, et le Malthus qui écrit deux ans plus tard son fameux traité (*Essai sur le principe de population*) dans lequel il explique que le pouvoir multiplicateur de la population serait infiniment plus grand que le pouvoir qu'a la Terre de produire la subsistance de l'homme. Cette contradiction apparente dédouane le camp progressiste de toute arrière-pensée antisociale. Camperaient d'un côté les méchants malthusiens expliquant « qu'il faut désavouer publiquement le prétendu droit des pauvres à être entretenus aux frais de la société », dans la suite de l'apologue du banquet : « Un homme qui est né dans un monde déjà possédé, s'il ne lui est pas possible d'obtenir de ses parents les subsistances qu'il peut justement leur demander, et si la société n'a nul besoin de son travail, n'a aucun droit de réclamer la moindre part de nourriture, et, en réalité, il est de trop. Au grand banquet de la nature, il n'y a point de couvert vacant pour lui ; elle lui ordonne de s'en aller, et

---

285. Madeleine Ferrières, *Histoire des peurs alimentaires. Du Moyen Âge à l'aube du XXᵉ siècle*, *op. cit.*
286. *Id., ibid.*

elle ne tardera pas elle-même à mettre son ordre à exécution, s'il ne peut recourir à la compassion de quelques convives du banquet. Si ceux-ci se serrent pour lui faire place, d'autres intrus se présentent aussitôt, réclamant les mêmes faveurs. La nouvelle qu'il y a des aliments pour tous ceux qui arrivent remplit la salle de nombreux postulants. L'ordre et l'harmonie du festin sont troublés, l'abondance qui régnait précédemment se change en disette, et la joie des convives est anéantie par le spectacle de la misère et de la pénurie qui sévissent dans toutes les parties de la salle et par les clameurs importunes de ceux qui sont, à juste titre, furieux de ne pas trouver les aliments qu'on leur avait fait espérer »[287], et d'un autre côté les « gentils » humanistes n'ayant de cesse de trouver des solutions techniques pour nourrir l'humanité. Si la vérité sur Malthus est établie depuis Proudhon : « Il n'y a qu'un seul homme de trop sur terre, c'est Malthus »[288], les choses restent beaucoup plus complexes avec les humanistes du XIXᵉ siècle…

Cette époque est celle de ces contre-utopies, toujours présentées sous des prétextes philanthropiques. Semblable volonté d'inventer une « cuisine des pauvres », faite de tous les sous-produits et rebuts, accompagne le capitalisme depuis le XVIIᵉ siècle. Je ne vois pas un si grand écart entre l'idée malthusienne qu'on ne peut nourrir tous les pauvres et celle des « bons bourgeois » et savants du XVIᵉ au XIXᵉ siècle qui soutiennent qu'on ne peut les nourrir avec de vrais aliments, mais seulement avec des succédanés.

Ces contre-utopies parées de bons sentiments

Mettons à part les situations de guerre, bien que la situation alimentaire de la population semble moins réfléchie aux XVIᵉ et XIXᵉ siècles qu'au IIᵉ siècle avant notre ère en Grèce. Si pendant le siège de Paris en 1590, le pire de ceux que connut la ville sous la Ligue (1589-1594), on fait bouillir dans d'énormes chaudières des chiens et des chats dont on tire un bouillon distribué aux pauvres et aux indigents, en 1870, pendant la guerre franco-prussienne, on ouvre une nouvelle catégorie de boucheries pour la viande de chats, de chiens et de rats.

J'établirais volontiers un lien entre cette stratégie des puissants et ce que Jean-Paul Aron nomme la « maladie du rationalisme » au XIXᵉ siècle à propos de la volonté de tout réduire à l'unité. Jean-Jacques Virey

---

287. Voir le site Dictionnaire – Thomas Malthus, *Essai sur le principe de population* à l'adresse : http://www.farreny.net/dictionnaire/oeuvre/250/Essai-sur-le-principe-de-population/Thomas-Malthus
288. Pierre-Joseph PROUDHON [1846], *Système des contradictions économiques ou Philosophie de la misère*, Paris, « Le Monde en 10-18 », Union Générale d'Éditions, 1964.

(1775-1846), auteur de l'article « Aliments » dans *Le Nouveau Dictionnaire d'histoire naturelle, appliquée aux arts, à l'agriculture, à l'économie rurale et domestique, à la médecine* (chez Deterville, publié sur plusieurs années au début du XIXe siècle), en constitue un bon prototype : « De même que Lamarck, Cuvier, etc., Geoffroy Saint-Hilaire dans des langages et des perspectives différentes réduit la diversité phénoménale de la nature vivante à l'unité des plans d'organisation ; on constate qu'il n'y a qu'une seule nourriture, s'il existe une multiplicité d'aliments [...] au milieu de ces innombrables espèces d'aliments végétaux et animaux, on trouve des principes communs. Par exemple, tout animal est composé en général d'azote, de carbone, d'hydrogène et d'oxygène, en diverses proportions et avec quelques variétés [...] Ainsi les aliments sont d'une infinité d'espèces, mais ils se rapprochent en un seul point. Il y a beaucoup d'aliments mais seulement une nourriture. Qu'un homme vive de pain, de chair, de lait, d'herbes, de légumes, de poisson, etc., il n'en tire toujours qu'une seule matière capable de se transformer en ses propres organes. »

J'ajoute que Geoffroy Saint-Hilaire, ce protégé de Parmentier, pharmacien militaire lui aussi, est un adepte du courant vitaliste qui fait l'éloge de la guerre entre les nations car elle développerait l'élan vital. Il vomit, pour les mêmes raisons, les oisifs et le peuple, jetant son dévolu sur les classes moyennes industrieuses. Cette pensée, tout à la fois scientiste et productiviste, ne pouvait rien trouver à redire aux substituts d'aliments[289].

Faire manger des os au peuple

Osséine, gélatine, bouillons de viande, faux pain : autant de substituts en concurrence les uns avec les autres, qui ont fait la gloire et la fortune de nombreux savants et industriels entre les XVIIe et XIXe siècles, sans améliorer la table des pauvres[290]. Nous devons pour comprendre l'esprit du XIXe siècle remonter au XVIIe siècle[291].

Denis Papin, inventeur de l'autocuiseur (qu'il nomme le « digesteur ») ou cocotte-minute, publie, en 1682, *Manière d'amollir les os et de faire cuire toutes sortes de viandes en fort peu de temps, et à peu de frais*. Il propose à

---

289. Le XXe siècle marquera indéniablement un recul de ces « contre-utopies » en raison de la construction de rapports de force différents entre « enrichis » et « appauvris », on voit, cependant, de nouveau, de tels projets apparaître, toujours en raison de nouveaux rapports de force, cette fois, plus défavorables aux « appauvris ».

290. Michel BONNEAU, *La table des pauvres. Cuisiner dans les villes et cités industrielles (1780-1950)*, Rennes, « Histoire », Presses universitaires de Rennes, 2013.

291. Claude VIEL et Josette FOURNIER, « Histoire des procédés d'extraction de la gélatine et débats des commissions académiques (XIXe siècle) » in *Revue d'histoire de la pharmacie*, 94e année, n° 349, 2006. p. 7-28.

Charles II, roi d'Angleterre, d'Écosse et d'Irlande, d'approvisionner maisons d'indigence et hospices, afin de nourrir les pauvres de façon économique. Michel Lévy raconte dans son *Traité d'hygiène publique et privée* (1869) que « des plaisants attachèrent au cou des chiens de la meute du roi une requête à l'effet de conserver aux chiens le privilège de manger des os, et l'offre de Papin fut repoussée ». Papin, protestant, devançant la révocation de l'Édit de Nantes, se réfugie à Londres en 1675 puis s'installe en Allemagne, en 1688, où il occupe une chaire de mathématique. Ses idées sont reprises aussitôt par un chanoine de Rouen, toujours pour nourrir les « miséreux ». Ces expériences, délaissées pendant un siècle, sont redécouvertes par François-David Hérissant puis, surtout, par Joseph-Louis Proust (1754-1826). Jean d'Arcet présente, en 1758, un mémoire à l'Académie, qui sera suivi d'un autre, en 1775, cette fois signé par l'abbé Changeux, toujours sur les méthodes d'extraction de la gélatine des os. Un nouveau rapport est présenté, en 1799, sous le titre *Extrait des recherches sur les moyens d'améliorer la subsistance du soldat*. On y explique qu'il s'agit d'« une nourriture qui ne coûte non seulement rien à l'État, mais qui ne dépend même pas du superflu des riches, ou de la commisération de l'homme aisé ».

Le XIXe siècle commence par l'ouvrage collectif de Cadet de Vaux, Candolle, Delessert, Money et Parmentier, publié en 1801 sous le titre *Recueil de rapports, de mémoires et d'expériences sur les soupes économiques et les fourneaux à la Rumford, suivi de deux mémoires sur la substitution de l'orge mondé et grué au riz*. Cet ouvrage, qui reprend les travaux antérieurs, est soutenu par un comité dit de « Fraternité républicaine » composé de François de Neufchâteau, Parmentier, Thouret, Say. Parmi les souscripteurs on trouve peu de prolétaires mais la (très) bonne société comme Bonaparte et Cambacérès. Le prétexte à cette publication est l'expérience réalisée par Benjamin Thompson, qui sera anobli et portera le titre de comte de Rumford. Ce chimiste américain a fait carrière dans les cours européennes, notamment auprès du roi de Bavière Joseph Ier, il réorganise l'armée, établit des ateliers, interdit la mendicité. De nombreux établissements dits de « bienfaisance » sont alors construits sur le modèle des « fourneaux » qu'il a instauré à Rumford. Le premier, qui a ouvert à Paris en 1800, distribue 300 soupes par jour… Les scientifiques comme Parmentier et les philanthropes comme Cadet de Vaux (membre de la Société philanthropique, président de l'Association des soupes économiques) multiplient les initiatives. Parmentier remet un rapport au ministre de l'Intérieur sur les soupes de légumes, puis un autre sur la substitution de l'orge mondé au riz. Cadet de Vaux remet lui aussi un mémoire sur la substitution du gruau d'orge au riz, puis rédige en 1802, à la demande du gouvernement, un rapport complet sur la gélatine des os dans lequel il établit un parallèle entre sa consommation par les chiens et les hommes. Il récidive, en 1818, avec un nouveau mémoire intitulé *De la gélatine des os et de son bouillon, dédié à Monseigneur le duc de Berry*, son successeur au conseil d'administration de la Société philanthropique. Il explique que la gélatine constitue « la pierre philosophale toute trouvée » et se revendique de l'amitié du Saint Père, qui possède 11 établissements de bouillon d'os. Lors du siège de Paris, en 1870, un certain Dumas (il ne s'agit pas d'Alexandre), membre de la Commission de la gélatine, chargé du dossier, rappelle les travaux de la Commission de 1831 à 1841 ainsi que ces nombreux rapports. Fremy propose le 31 octobre l'emploi de l'osséine comme aliment de remplacement jugeant que les propriétés nutritives de la gélatine doivent être réexaminées. Chevreul conteste le pouvoir nutritif de l'osséine mais qualifie la gélatine d'aliment parfait (*sic*) et assure de la « bonne santé des chiens nourris avec des os ». Le gouvernement réquisitionne alors tous les os de boucherie… On pourrait citer l'emploi de l'acide muriatique pour dissoudre la partie calcaire des os, en y laissant toute la gélatine. Au XIXe siècle, le baron Justus von Liebig commercialise de la gélatine sous le nom d'« extrait de viande », soit une sorte de bouillon en guise de substitut de viande pour les pauvres. La ville de Paris, qui organise en 1884 une collecte à domicile pour se procurer des aliments pour les bureaux de bienfaisance, s'interroge : « Ne pourrait-on concevoir une nourriture des humbles, une alimentation à eux appropriée, sans doute pas savoureuse, nutritive néanmoins. »

Le XIXe siècle, âge d'or des falsifications

Alexis-François Aulagnier publie en 1830 son *Dictionnaire des substances alimentaires et de leurs propriétés*, véritable inventaire des falsifications. Paul Lafargue, gendre de Marx, est plus connu pour son fameux *Droit à la paresse* que pour sa dénonciation des falsifications. C'est pourtant lui qui théorise le mieux cette période la mettant en rapport avec l'âge bourgeois de l'apparence.

Le pain économique

Le XIXe siècle ne fait pas exception en ajoutant une page peu glorieuse à l'histoire du pain[292]. Les puissants, après avoir imposé l'assimilation

---

292. Sur la mystique du pain : Jean BURE (dir), *Le pain. Recueil des usages concernant les pains de France*. Actes du colloque du CNERNA à Paris, novembre 1977, Paris, Éditions du CNRS, 1979.

---

entre alimentation populaire et pain, constatent que le « tout céréales », notamment « le tout froment », met en danger l'approvisionnement. La bourgeoisie triomphante va donc vouloir faire farine de toute plante… pour tenter d'inventer un pain économique pour le peuple. Bien sûr, l'un des principaux instigateurs de cette campagne est Parmentier qui y voit l'occasion d'asseoir le règne de la pomme de terre. Il reprend donc, après le 9-Thermidor, sa propagande et ses travaux pour inventer un pain économique à partir de son opuscule *Manière de faire le pain de pommes de terre sans mélange de farine*. De nombreuses villes dont celles de Marseille achètent de grandes quantités de ce tubercule pour tenter d'en faire du pain. Le Comité de salut public thermidorien (nivôse an III) fait publier l'avis suivant : « Il a été fait, dans plusieurs communes, l'expérience d'une panification de deux tiers de farine de froment et d'un tiers de pommes de terre, ou bien d'un tiers de farine de froment, un tiers de farine de seigle et un tiers de pommes de terre : ces expériences ont parfaitement réussi : il en est résulté un pain très blanc, fort nourrissant et qui se tient longtemps frais […] Par cette manipulation on diminuera la consommation de grains […] La consommation de pommes de terre ne saurait être que trop encouragée (in *Journal des Débats*, 21 nivôse an III)[293]. D'autres spécialistes feront du pain économique avec du chou, des citrouilles, du potiron…

Le sucre de raisin contre le sucre de betterave

Parmentier va prendre indirectement position dans le grand conflit qui oppose, au début du XIXᵉ siècle, les partisans du sucre de canne et de l'esclavagisme aux partisans du sucre de betterave et de l'abolition de l'esclavagisme cannasucrier[294]. Il propose à Napoléon d'opter pour une solution transitoire qui consiste à riposter au blocus empêchant la France d'importer le sucre de ses colonies en exploitant un succédané tiré du raisin[295]. Napoléon lui demande en 1808 d'écrire une *Instruction sur les moyens de suppléer le sucre*, dans laquelle il explique comment tirer une matière sucrante du raisin, puis il écrit en 1809 une *Instruction sur les sirops de raisin* suivie, l'année suivante, d'un *Traité sur l'art de fabriquer les sirops et les conserves de raisin, destinés à suppléer le sucre des colonies dans les principaux usages de l'économie domestique*. Il rend compte en 1812 des expériences réalisées dans une quinzaine de départements dans un opuscule

---

293. https://books.google.fr/books?id=pzhEAAAAcAAJ

294. François CHAST, Pierre JULIEN et Anne MURATORI-PHILIP, « Parmentier et le sucre de raisin » in *Revue d'histoire de la pharmacie*, 89e année, n° 330, 2001, p. 149-168.

295. Claude VIEL, « À propos de la fabrication du sucre de raisin sous l'Empire » in *Revue d'histoire de la pharmacie*, 76ᵉ année, n° 276, 1988, p. 59-62.

---

intitulé *Aperçu des résultats obtenus de la fabrication des sirops et des conserves de raisin dans le cours des années 1810 et 1811*.

La France choisit ainsi de perdre deux décennies, alors qu'elle a déjà perdu deux siècles puisque le principe de l'extraction du sucre à partir de la betterave a été découvert dès 1600 par Olivier de Serres, puis oublié sous la pression du lobby cannasucrier, puis redécouvert en 1799 par Achard, après avoir transité par l'Allemagne. Augustin-Pierre Dubrunfaut relance le débat en 1825 avec son *Art de fabriquer le sucre de betterave* et sa *Notice sur la fabrication des alcools dits alcools fins, fins fécule, fins betterave, ou autres*[296]. Timothée Dehay réplique en 1839 avec *Les colonies et la métropole, le sucre exotique et le sucre indigène*[297]. Il écrit : « Les colonies nous ont crié : "Mort au sucre indigène !" Nous répondrons : "Prospérité au sucre indigène et sauvons nos colonies !" » La solution ne se débloque politiquement que lorsque certains grands cannasucriers deviennent aussi les principaux exploitants de betterave à sucre. Ainsi, le marquis de Forbin-Janson, propriétaire de la plus importante fabrique européenne de sucre de canne et exploitant d'une des principales raffineries de sucre de canne, édite en 1840 un *Examen impartial et solution de toutes les questions qui se rattachent à la loi des sucres*[298]. Dans la même veine, Louis Napoléon Bonaparte fait distribuer en 1842 à tous les membres des conseils généraux son *Analyse de la question des sucres*[299], opuscule écrit par des adeptes du saint-simonisme, et, dans lequel il proclame : « Je suis citoyen avant d'être Bonaparte », rappelant que sa grand-mère coloniale était cannasucrière.

La falsification du vin

Le vin n'est plus seulement une boisson dès lors qu'il apporte une part de la ration calorique. Un litre de vin à 10o équivaut à 800 calories, soit l'équivalent de 1 livre de pain ou de viande ou de 1 kilogramme de pommes de terre. Les spécialistes ne manqueront donc pas pour chercher à créer du vin nourrissant sans raisin. Ce vin économique est présenté comme un complément indispensable pour le peuple. Cette vogue des vins factices est lancée en 1824 par le *Traité théorique et pratique de vinification, ou art de faire du vin avec toutes les substances fermentescibles, en tout temps et sous tous les climats*. Joseph Audibert publie aussi en 1881 *L'Art de faire*

---

296. http://gallica.bnf.fr/ark:/12148/bpt6k28160f
297. http://gallica.bnf.fr/ark:/12148/bpt6k5790502q.
298. http://www.manioc.org/patrimon/HASH01bc793dfde8b605e8fe0cab
299. Louis Napoléon BONAPARTE, *Analyse de la question des sucres*, Paris, Administration de librairie, 2ᵉ éd., 1843.

---

du vin avec des raisins secs. Ernest de Neyremand publie en 1889 *L'Art de frelater les vins*.

Le végétarisme pour discipliner le peuple

Le végétarisme n'est pas en cause dans mon analyse mais les raisons qui ont conduit certains à le prôner au peuple[300]. Le végétarisme des XVIIᵉ, XVIIIᵉ et XIXᵉ siècles présente deux visages. Il est d'abord promu en Angleterre au sein des sectes religieuses comme moyen de sauver les âmes. Un végétarisme rationaliste et philanthropique succède cependant au XIXᵉ siècle à ce végétarisme spiritualiste[301].

Jakob Böhme (1575-1624) voit dans la consommation de viande une des raisons de la suprématie de la raison sur le cœur, puisque tuer des animaux c'est ériger des barrières entre l'âme et Dieu, c'est donc profaner la création[302]. Le grand mérite de ce premier végétarisme est de rompre avec toute vision doloriste liée au mythe du péché originel, puisqu'il suffit de changer son alimentation pour se sauver.

Les successeurs de Jakob Böhme comme Thomas Tryon (1634-1703) opèrent un premier glissement idéologique parce qu'ils abandonnent l'objectif de transformer la société en prenant appui sur les milieux populaires pour mettre en avant la question animale et en s'ouvrant davantage aux riches. Il ne s'agit plus d'opposer à la consommation de la viande une société plus fraternelle et égalitaire, mais une société fondée sur le travail, l'abstinence sexuelle, le culte de l'effort. Ce nouveau courant est renforcé par les travaux du médecin londonien George Cheyne (1671-1743). Déplorant l'« invasion de la sensualité » dans la société, qui produit « des âmes viciées et des corps putréfiés », il exalte le retour à l'« ancien régime de simplicité naturelle et morale », les institutions monastiques et militaires lui servant de modèles[303]. Il proscrit la consommation d'alcools forts ainsi que la recherche d'aliments nouveaux et prescrit une alimentation simple et frugale, faite de légumes, de préférence crus, de lait et d'eau, il recommande de multiplier les jeûnes dans le but notamment de doter les notables d'un « corps solide » garant de leur performance

---

300. Renan Larue, *Le végétarisme et ses ennemis. Vingt-cinq siècles de débats*, Paris, Presses universitaires de France, 2015.
301. Arouna P. Ouédraogo, « De la secte religieuse à l'utopie philanthropique. Genèse sociale du végétarisme occidental » in *Annales. Histoire, Sciences Sociales*, 55ᵉ année, n° 4, 2000, p. 825-843.
302. http://gallica.bnf.fr/ark:/12148/bpt6k77909p
303. Arouna P. Ouédraogo, « De la secte religieuse à l'utopie philanthropique. Genèse sociale du végétarisme occidental », art. cit., *loc. cit.*, p. 829.

professionnelle (*sic*). Cheyne multiplie les disciples au sein de l'aristo-cratie britannique, c'est ainsi qu'il convertit au végétarisme le révérend John Wesley, fondateur du méthodisme. C'est ce dernier qui, paradoxalement, fournit au végétarisme son fond argumentaire « rationnel » et « scientifique » en expliquant qu'une alimentation excluant la viande et privilégiant les pommes de terre, la bouillie d'avoine, l'eau et le lait, donnerait des ouvriers solides et respectueux des valeurs d'ordre et de discipline nécessaires au capitalisme.

Ces thèses font école, notamment aux États-Unis, où elles sont reprises au sein de l'Église biblique chrétienne. Ses dirigeants, affolés par la Révolution française, invitent alors à remplacer le pain par les pommes de terre. Ils multiplient pour cela les sociétés philanthropiques qui appellent le peuple à modifier ses habitudes alimentaires, à adopter une nourriture simple et frugale, à devenir économe et prévoyant plutôt qu'indiscipliné et révolté. En 1795, William Cowherd (1763-1816) prêche le végétarisme en expliquant : « Ne soyez pas de ces séditieux [les lecteurs du livre de Thomas Paine, *Les Droits de l'homme* (1791)]. La viande fait trébucher l'homme, elle ne nous conduit pas à Dieu. » Ce courant adopte un double discours appelant à la fois les puissants à accepter la réforme sociale pour éviter la contamination révolutionnaire et prêchant aux pauvres la soumission. Edmund Burke ne dit pas autre chose : « Il faut recommander [aux ouvriers] la patience, le travail, la sobriété, la frugalité et la religion : tout le reste est supercherie. »

Ce végétarisme va de pair avec le combat pour substituer au pain (devenu trop cher et cause de nombreuses révoltes) des pommes de terre servies dans des soupes populaires. Les religieux anglais vont alors se rapprocher des religieux américains, notamment des presbytériens de Sylvester Graham (1794-1851) et des adventistes du septième jour. Ces derniers comptent parmi leurs adeptes les frères Kellogg... qui vont avoir le génie de maquiller leur combat religieux et commercial en démarche hygiéniste, assurant ainsi le succès de leur entreprise multinationale de céréales. Ce succès du végétarisme hygiéniste outre-Atlantique va avoir des retombées d'abord en Angleterre puis en France. L'Église biblique chrétienne appelle à la fondation de la Société végétarienne puis crée une coalition entre cette société, l'Église biblique et une fraction libérale du patronat. Le végétarisme est défendu comme le meilleur rempart contre la propagation des idées révolutionnaires, car il permettrait de réduire la misère sans bouleversement. Arouna P. Ouédraogo observe que « le végétarisme est, de l'avis des responsables de la Société végétarienne, le moyen le plus efficace pour produire des travailleurs industriels sains, purs, vigoureux, endurants à la tâche et respectables, toutes qualités requises par la nouvelle discipline du travail usinier et industriel. Ils exaltent les vertus économiques, morales et sanitaires du végétarisme et utilisent tous les arguments de caractère protestataire à la mode dans les années 1850, tels que l'adultération des aliments produits industriellement, les mauvaises conditions sanitaires, la pauvreté et la pollution de l'air dans les cités industrielles. » Arouna P. Ouédraogo conclut en notant que la figure de l'ouvrier qu'exaltaient « les responsables de la Société [végétarienne] était aux antipodes de l'idée qu'ils se faisaient du paysan. Ainsi, ils opposaient l'intelligence, l'agilité et l'acuité du citadin et du travailleur industriel à la lourdeur et à la lenteur du rural et du paysan ». Je nuancerais cette analyse en rappelant que parallèlement à l'importation en France vers 1880 de ce végétarisme, d'autres courants d'obédience plus ou moins anarchiste tentent d'organiser un retour à des formes de vie primitive en accordant une part belle au végétarisme, au crugitovorisme… sans soutien du patronat ni de l'Église. Les « sauvagistes » poussèrent à l'extrême les conceptions des naturiens en tentant un retour au genre de vie préhistorique[304].

La viande de cheval pour nourrir le peuple

Ce n'est pas la viande de cheval qui est en cause dans mon analyse, mais les raisons qui ont pu conduire à sa consommation. Le monde scientifique et la bourgeoisie commencent à s'intéresser à la viande de cheval au milieu du XIXe siècle dans le but de nourrir le peuple de façon « économique », c'est-à-dire pour les mêmes raisons que d'autres le veulent végétarien[305]. Je rappelle que la consommation de viande de cheval a longtemps été interdite, sauf périodes de disette, pour des raisons religieuses, mais aussi, je pense, politiques. Le cheval, longtemps objet de prestige des puissants, symbole des guerriers, ne pouvait être la viande des pauvres…

On doit à Alexandre Parent du Châtelet, célèbre médecin, un premier rapport adressé à la préfecture de police de Paris sur l'enlèvement et l'emploi des chevaux morts, dans lequel il recommande leur consommation

---

304. Jean Maitron, *Le mouvement anarchiste en France*, tome 1 : *Des origines à 1914*, Paris, Maspéro, 1982, rééd. Paris, « Tel », Gallimard, 1992.
305. Éric Pierre, « L'hippophagie au secours des classes laborieuses » in *Communications*, 74-1, 2003, numéro thématique : *Bienfaisante nature*, sous la direction de Françoise Dubost et Bernadette Lizet, p. 177-200.

---

par les pauvres[306]. Éric Pierre montre cependant que l'offensive déterminante vient, au début du Second Empire, du Muséum national d'histoire naturelle, en la personne d'Isidore Geoffroy Saint-Hilaire, qui publie, en 1855, *Lettres sur les substances alimentaires et particulièrement sur la viande de cheval*[307]. Ceux qui militent pour la consommation de viande de cheval, se souvenant du fameux banquet à base de pommes de terre, organisent des repas hippophagiques comme celui au cours duquel le professeur Renault de l'École vétérinaire d'Alfort, invite 11 personnalités (médecins, journalistes, fonctionnaires du ministère de l'Agriculture, etc.) à consommer, sous trois formes, un vieux cheval paralytique. On doit aux travaux d'Éric Pierre de bien connaître les arrière-plans de cette bataille qui va opposer, pendant une décennie, partisans et adversaires de la viande de cheval[308].

Du côté des opposants on trouve surtout des militants « radicaux », dont le chef de file est le docteur Robinet, médecin accoucheur populaire, futur maire républicain durant le siège de Paris et sous la Commune, membre actif de l'école positiviste. Il explique que l'introduction de la viande de cheval entraînerait une régression de la civilisation en ramenant l'homme au rang du carnassier : « Ce n'est ni par ignorance économique ni par dégoût physique que l'homme a cessé de manger tels ou tels animaux, et le cheval en particulier, mais parce qu'à mesure qu'il s'est davantage éloigné de la brutalité primitive, il lui a répugné de dévorer pour prix de ses services le compagnon de ses travaux… » Robinet explique qu'après le cheval viendrait le tour du chien.

Du côté des partisans, on trouve, d'abord, la « bonne société », et notamment les dirigeants de la SPA, dont Geoffroy Saint-Hilaire, qui tous espèrent ainsi protéger les chevaux âgés, puis, son successeur, le vétérinaire militaire Émile Decroix. Ce dernier en fait son grand combat : il rédige des brochures de propagande, il finance la distribution de viande de cheval aux pauvres en toute illégalité, il entend démontrer que les chevaux

---

306. Alexandre Parent du Châtelet, *Recherches et Considérations sur l'enlèvement et l'emploi des chevaux morts et sur la nécessité d'établir à Paris un clos central d'écarrissage* [*sic*]…, Paris, Bachelier, 1827 : « La classe indigente trouverait ainsi à sa volonté une ressource qui lui manque maintenant, et mettrait bientôt de côté toute prévention, lorsqu'elle serait assurée de la surveillance de l'autorité, et lorsqu'elle aurait l'avantage du bas prix et de la bonne qualité. Nous faisons des vœux pour que cette question soit examinée avec soin et pour que l'on profite de l'occasion qui se présente de tirer parti de substances alimentaires saines, abondantes, à vil prix, et dont l'emploi n'a pas jusqu'ici profité à la classe indigente », cité par Éric Pierre, « L'hippophagie au secours des classes laborieuses », art.cit. *loc. cit.*, p. 178.
307. Éric Pierre, « L'hippophagie au secours des classes laborieuses », art.cit. *loc. cit.*, p. 179-182.
308. *Id. ibid.*

---

malades restent comestibles, il remet à l'Académie de médecine un rapport où il rapporte son expérience de s'être alimenté avec de la chair de chevaux atteints de morve et de farcin, de pneumonie, de lésions et commotions diverses, mais aussi de bœufs fiévreux, phtisiques, souffrant du typhus ou de la peste, de porcs et de moutons pestiférés, de poules cholériques, etc. Il consomme même de la chair crue de chien enragé. Émile Decroix est aussi fondateur de la Société contre l'abus du tabac et de la Société contre l'abus des boissons alcoolisées. Le camp hostile à l'hippophagie progresse cependant au sein de la SPA.

Éric Pierre explique que ceux qui s'opposent à la consommation de viande de cheval se recrutent parmi les nobles et le clergé, tandis que ceux qui y sont favorables proviennent des milieux scientifiques, notamment médicaux. L'Église catholique a pourtant levé son interdit en 1816. Les hippophages rompent donc et créent le Comité de propagation de la viande de cheval et reprennent leurs distributions gratuites et illégales de viande de cheval, leurs publications et leurs conférences, l'organisation de banquets comme celui du 6 février 1865, au Grand Hôtel : cette « assemblée de choix, composée de 132 convives, dégusta trois vieux chevaux sous les formes les plus raffinées… »

La campagne est suffisamment efficace médiatiquement pour que le préfet de police de Paris puisse autoriser la vente de viande de cheval dès 1866. Seule concession aux opposants, elle n'est accessible que dans des boucheries chevalines.

La gastronomie, langage des revanchards

On sous-estime aujourd'hui ce que fut la contre-révolution conservatrice qui balaie l'Europe et l'Amérique après 1789. On sous-estime aussi l'esprit revanchard qui sera celui de tous ceux qui auront eu peur en 1789, en 1848, en 1871… Ce siècle des révolutions a eu besoin de son antidote : l'invention de la gastronomie n'est donc pas un prolongement des tables antiques mais celui de l'Ancien Régime, offert en modèle aux nouveaux riches… Joseph Berchoux ne s'y trompe pas en appelant à en finir avec les Grecs et les Romains pour mieux apprécier les délices d'une Restauration toujours souhaitée. Les pères fondateurs de la gastronomie ne se mettent pas seulement au service des nouveaux gros cherchant à copier les anciens Grands, ils n'abandonnent pas seulement le discours médical pour une promesse d'abondance et de paraître, ils contribuent à la contre-révolution conservatrice par leur mépris du peuple et par leur capacité à réinventer en plein XIXᵉ siècle un langage qui rappelle celui de l'Ancien Régime. Tous ces inventeurs de la gastronomie française sont des réactionnaires, pas seulement parce qu'ils se mettent au service de ceux qui les paient, mais parce que, défenseurs d'une haute cuisine, ils ne peuvent que soutenir une société inégalitaire (selon la thèse de Jack Goody[309]), incapables d'imaginer une gourmandise populaire.

Ces grands cuisiniers contre-révolutionnaires

Jean Anthelme Brillat-Savarin (1755-1826) est emblématique de cette mouvance. Député aux États généraux de 1789, il s'exile aux États-Unis en 1793 pour échapper à la Terreur et au Tribunal révolutionnaire qui le poursuit comme fédéraliste. De retour en France en 1796, il est réintégré dans ses fonctions de juge à la Cour de cassation. On lui doit, en 1801, *Vues et projets d'économie politique par le citoyen Brillat-Savarin, ex-Constituant, membre du Tribunal de cassation*, ouvrage qu'il dédie à Napoléon, Premier Consul. Il publie aussi un *Essai historique et critique sur le duel* en 1819, dédié cette fois au roi Louis XVIII « pour le triple bienfait de la Charte, de la paix extérieure et de la tranquillité publique ». Il explique que « le duel contribue au maintien des égards qu'on se doit dans la société » (*sic*). La *Physiologie du goût*[310], livre qu'il imprime à ses frais à 500 exemplaires seulement, paraît en 1826, soit deux mois avant que Brillat-Savarin décède, victime d'une pneumonie attrapée dans une église où l'on commémorait la mort de Louis XVI. Cet ouvrage est devenu un classique, plus tard, pour des raisons davantage politiques que gastronomiques. Brillat-Savarin était moqué de son vivant. Alexandre Dumas évoquant sa démarche lourde, son air vulgaire, son costume de dix ans en retard sur la mode, le qualifiait de tambour-major de la Cour de cassation. Baudelaire se moquait de lui et le comparait à une « grosse brioche ». Carême répétait qu'il n'avait jamais su manger et qu'il remplissait son estomac…

Alexandre Balthazar Laurent Grimod de La Reynière (1758-1827) ne cache pas davantage sa nostalgie de l'Ancien Régime. Fils d'un richissime fermier général, il invente le journalisme gastronomique qu'il élève au rang d'idéologie de classe. Il publie d'abord huit numéros de son *Almanach des gourmands*[311] (1803-1812), puis son *Manuel des*

---

309. Voir Jack Goody, *Cooking, Cuisine and Class. A Study in Comparative Sociology*, Cambridge, Cambridge University Press, 1982 et le compte rendu de ce livre par Jean-Louis Flandrin, dans la revue *Annales. Économie, Sociétés, Civilisations*, 42ᵉ année, n° 3, 1987, p. 645-651.

310. Jean Anthelme Brillat-Savarin, *Physiologie du goût*, Paris, « Champs classiques », Flammarion, 2009, gallica.bnf.fr/ark:/12148/bpt6k5455011p

311. Alexandre Balthazar Laurent Grimod de La Reynière, *Almanach des gourmands*, Paris, Maradan, 1806, gallica.bnf.fr/ark:/12148/cb343982165/date ; rééd. Chartres, Éditions Menu Fretin, 2012.

amphitryons[312] (1808) conçu comme un catéchisme « dans l'art du bien vivre et de bien faire vivre l'autre ». Cet exposé des bonnes manières n'est plus, à la façon d'Érasme, un appel généreux à l'humanisme et au plaisir partagé, mais une occasion d'afficher un mépris aristocratique pour tout ce qui s'écarte des anciennes règles de vie. Il ne poursuit qu'un unique objectif : convaincre les nouvelles élites de se former aux codes de l'Ancien Régime. C'est pourquoi il fait l'éloge du bon goût et du palais contre le ventre, afin de faire celui de l'aristocratie contre les nouveaux riches. Grimod de La Reynière ne s'intéresse pas au peuple. Partisan de ce séparatisme social, il se fait l'avocat, non seulement de l'interdiction de parler politique devant les domestiques, mais de leur exclusion au moment des desserts, d'où la généralisation de la clochette pour les appeler. Le marquis de Rouillac étendra cette exclusion des domestiques à la totalité du repas.

Marie-Antoine dit Antonin Carême (1784-1833) est considéré comme le principal artisan de la « grande cuisine » française du XIXe siècle. Son œuvre est indissociable de celles de Grimod de La Reynière et de Brillat-Savarin. Il est souvent présenté comme l'homme de la transition entre l'ancienne cuisine monarchique et la cuisine bourgeoise. Cette présentation habituelle est certes juste mais masque l'essentiel. S'il fonde effectivement la cuisine bourgeoise du XIXe siècle, il le fait avec le désir de s'inscrire dans la tradition monarchique. On ne prend pas assez au sérieux le fait qu'il soit d'abord un pâtissier et non pas un cuisinier ni un maître d'hôtel. Sa cuisine n'est pas seulement décorative mais monumentale. Elle doit servir (notamment sa pâtisserie) à exprimer la toute-puissance. Carême est un idéologue qui met son art au service des puissants.

C'est pourquoi Talleyrand saura faire de Carême, qui assure déjà les dîners du baron de Rothschild au château de Boulogne, l'instrument des grands fastes de l'Empire. Sur ordre de Napoléon, Talleyrand donne, dès 1808, quatre dîners de gala par semaine pour séduire et rassurer les puissances monarchistes de l'Europe en copiant pour cela les anciens rituels. L'étiquette du palais impérial adoptée en 1808 pour réorganiser le service de table de Napoléon reprend les Ordonnances de Louis XIV en réintroduisant les mêmes symboles (la nef, le cadenas), les mêmes modalités de service et la même organisation avec l'huissier de salle, le chef du gobelet, le contrôleur général, les pages, etc. Carême, conscient de sa fonction, dédie son ouvrage *Le Pâtissier national parisien* (notons que le pâtissier, de

---

312. *Id.*, *Manuel des amphitryons*, gallica.bnf.fr/ark:/12148/btv1b8622142d/f1.image ; rééd. « Archives nutritives », Chartres, Éditions Menu Fretin, 2014.

national sous l'Empire, deviendra *royal* sous la Restauration) au contrôleur général de la maison du prince de Talleyrand-Périgord.

C'est pourquoi Carême publie en 1821 deux ouvrages d'architecture assez inattendus visant à embellir les villes pour célébrer la gloire des puissants : ses *Projets d'architecture dédiés à Alexandre Ier, tsar de toutes les Russies* et son *Projet d'architecture pour les embellissements de Paris*[313]. Chacun de ses ouvrages témoigne à la fois de son amour de la monarchie et de sa conviction que le bon temps ne reviendra pas (*L'Art de la cuisine française au XIXᵉ siècle, Le Pâtissier royal parisien, Le Pâtissier pittoresque, Le Maître d'hôtel français* (comparaison entre l'ordonnancement de l'ancien et du nouveau service selon les quatre saisons), *Le Cuisinier parisien, L'Art de la cuisine française*, etc.). Carême écrit dans *Le Pâtissier royal parisien* : « L'extrême bon ton de la cour de Louis XV a singulièrement influé sur la civilisation de toutes les classes de la société, mais particulièrement sur les hommes de bien, qui, à cette époque, étaient justement considérés comme des Grands : aussi il n'existait pas un cuisinier de seigneur qui n'eût lui-même la tournure et les manières d'un homme de bon ton : l'habit brodé, les manchettes de dentelles et les boucles à diamants étaient leur parure ; l'épée était leur ornement, et ils savaient la porter. » Carême signe selon la tradition de l'Ancien Régime ses créations de noms célèbres : « Les mets de la cuisine française portent les noms les plus illustres de la noblesse de France : à la reine, à la dauphine, à la royale, à la d'Artois, à la Xavier, à la Condé, à la d'Orléans, à la Chartres, à la Penthièvre, à la Soubise, etc. »[314]. Il qualifie les nouvelles appellations de « barbares » car sans noblesse. Le comble, ce sont les appellations populaires comme les pets-de-nonne. Carême déplore que « les cuisiniers de nos jours ne sont pas toujours appréciés en France » au point de les obliger « à travailler avec les filles de cuisine ». Il ne peut s'empêcher de parsemer ses nombreux ouvrages de sentences politiques marquant son mépris du peuple et son attachement aux (fastes) des puissants. Carême est convaincu que « la gastronomie marche en souveraine à la tête de la civilisation, mais elle végète dans les temps de révolution ». Savourant les aphorismes, il ajoute : « L'homme riche et bienfaisant est un Dieu sur la Terre, son nom est béni des malheureux. L'homme riche sans défiance mérite d'être aimé noblement » ; « Le valet qui se croit l'égal de son

---

313. Marie-Antoine Carême, *Projets d'architecture dédiés à Alexandre Iᵉʳ, tsar de toutes les Russies*, Paris, Firmin-Didot Père et Fils, 1821 ; gallica.bnf.fr/ark:/12148/bpt6k6281582s.r=
314. *Id., Le Pâtissier royal parisien ou Traité élémentaire et pratique de la pâtisserie ancienne et moderne...*, Paris, J. G. Dentu, imprimeur-libraire, 1815 ; http://gallica.bnf.fr/ark:/12148/bpt6k852237p

---

maître est un sot... » Rétif à la Révolution de 1789, il n'apprécie pas davantage celle de 1848, contre laquelle il écrit son *Trait de dévouement d'un domestique*. Carême est cependant soluble dans tous les régimes car puisant dans les plus vieilles traditions, il soutient que « La France est la mère patrie des amphitryons ; sa cuisine et ses vins font le triomphe de la gastronomie. C'est le seul pays du monde pour la bonne chère ; les étrangers ont la conviction de ces vérités ». Ce nationalisme est autant monarchiste, impérial que républicain.

Nous pourrions poursuivre la démonstration avec tant d'autres grands cuisiniers et avec la plupart des critiques gastronomiques. André Viard, précurseur de Carême, publie le même ouvrage sous des titres différents : *Le Cuisinier impérial*[315] (1806) devient *Le Cuisinier royal*[316] sous la Restauration, il devient ensuite *national* pour redevenir *impérial* en 1854... Joseph Berchoux, auteur du célèbre poème *La Gastronomie*, affiche son royalisme[317]. Il publie en 1800 (?) *La Gastronomie ou l'Homme des champs à table* auquel répond le livre de Jean-Baptiste Gouriet, *L'Antigastronomie ou l'Homme de ville sortant de table* (1806), avec la célèbre métaphore de la colombe, victime des expériences d'un gastronome[318].

Seul personnage à sortir du lot, Nicolas Appert (1749-1841), l'inventeur de la boîte de conserve. Cet adepte de Rousseau s'engage au cœur de la Révolution : le 13 juillet, il est chargé par son district d'aller chercher des armes aux Invalides. Il sera le président de la section des Lombards. Il assiste en tant que délégué à l'exécution de Louis XVI. Mis en accusation après la chute des Girondins, il n'est libéré qu'après le 9-Thermidor. En 1795, le gouvernement, afin de combattre le scorbut qui fragilise ses armées, promet une récompense contre un procédé qui permettrait de conserver sains et frais les aliments. Il invente alors le procédé dit de « l'appertisation », c'est-à-dire tout bonnement la boîte de conserve. Il ouvre aussitôt un atelier dont le premier client est le ministère de la Marine. Il participe en septembre 1806 au Salon de l'industrie et soumet son invention au jury dans lequel figurent Bourrat et Parmentier. Non seulement il ne reçoit aucun prix, mais son invention n'est pas citée par la presse. Il ne se décourage pas et publie en 1810 un ouvrage qui va

---

315. *Id.*, *Le Cuisinier parisien*, sur le site http://gallica.bnf.fr/ark:/12148/bpt6k110705g.r=
316. André Viard (et Fouret) [1806], *Le Cuisinier royal ou l'Art de faire la cuisine, la patisserie et tout ce qui concerne l'office...*, Paris, J.-N. Barba libraire, 11ᵉ édition, 1821 ; http://gallica.bnf.fr/ark:/12148/bpt6k54559267
317. Joseph Berchoux, *La Gastronomie ou l'Homme des champs à table* ; http://gallica.bnf.fr/ark:/12148/bpt6k1170282/f23.image
318. Jean-Baptiste Gouriet, *L'Antigastronomie ou l'Homme de ville sortant de table*, Paris, chez Huber et Cie, Imp.-Lib., 1806 ; http://gallica.bnf.fr/ark:/12148/bpt6k55353137

révolutionner la cuisine, *L'Art de conserver pendant plusieurs années les substances animales et végétales*[319], ouvrage qui reçoit immédiatement un accueil favorable, 6 000 exemplaires sont rapidement vendus. Le gouvernement en commande 200 et 71 préfets en reçoivent un exemplaire avec mission de vulgariser au plus vite sa découverte, par le biais notamment des sociétés savantes… Le gouvernement lui propose soit de déposer un brevet, soit d'offrir son invention à l'humanité et de recevoir alors un prix du gouvernement. Nicolas Appert refuse de déposer un brevet pour permettre à chacun d'utiliser son procédé. Les Anglais et les Américains le feront à sa place. Appert est enterré dans une fosse commune.

À la table des bourgeois !

Madeleine Ferrières estime que quatre maîtres mots caractérisent la table du XIXᵉ siècle : goût, saveur, plaisir et convivialité. On ne peut que souscrire en précisant, avec Jean-Paul Aron, que cela n'est vrai que pour la bourgeoisie qui fait de la table, selon sa formule, son instrument électif. Jean-Paul Aron fait commencer le pacte de la bourgeoisie et de la gastronomie avant la Révolution et lui donne comme date de naissance 1783, année de la macabre agape organisée par Grimod de La Reynière. Aron qualifié ce banquet de « Mort jouée, mort symbole, exutoire de l'inconscient, des pulsions féroces d'une culture ». Quelque chose se met en place dès cette époque de montée du capitalisme qui ne lie plus « bonne chère » et sensualité (sexualité), mais « bonne chère » et expression d'une toute-puissance morbide. J'en veux pour symptôme un autre constat qu'établit Aron et qui concerne l'exclusion des femmes. Alors que l'aristocratie d'Ancien Régime n'aurait jamais songé à dîner sans dames, ravissantes de préférence, la république bourgeoise enferme les épouses et ne s'exhibe au restaurant qu'accompagnée de gourgandines, à l'exception des dîners amoureux. Jean-Paul Aron insiste enfin sur la nouvelle contrainte de silence : la liberté de parole ne se retrouve qu'au dessert et surtout lors du passage dans la bibliothèque. Les commensaux doivent donc se taire durant le premier service, et notamment pour le potage : « Le convive qui sait son monde n'entamera jamais une conversation avant la fin du premier service ; jusque-là le dîner est une affaire sérieuse dont il serait impudent de distraire l'assemblée » (Horace Raisson, *Code gourmand*, 1828). J'ajouterais volontiers une règle supplémentaire caractéristique de la table bourgeoise du XIXᵉ siècle : son souci d'économie. Ce désir est

---

319. Paris, Patris, 1810, réimpr. Gutemberg, 1980.

---

visible dans de nombreux ouvrages comme *La Cuisinière de la campagne et de la ville ou Nouvelle Cuisine économique*[320]. Ce souci d'économie explique de nombreuses modifications du service, comme les repas avec deux, voire un seul service, comme l'invention des « assiettes volantes » (ou « tournantes ») qui permettent d'offrir des extras à ceux qui en souhaitent mais sans en prévoir pour tout le monde, comme, bien sûr, l'invention du service dit « à la russe ».

Le service de table « à la bourgeoise »

La salle à manger s'est imposée dans la « bonne société ». La règle est désormais de laisser 60 centimètres entre chaque convive qui dispose également de ses couverts. Un tapis de laine est posé sous la table pour le confort. L'usage de la brosse à miettes avant le troisième service a rendu obligatoire la suppression du napperon. La cuiller se met désormais à droite de l'assiette, le couteau, le porte-couteau et la fourchette à gauche. La serviette est pliée avec soin et le pain posé dans son pli. Chaque convive dispose d'un verre ordinaire pour l'eau et de différents verres à pied selon les types de vin. Cette période voit se développer le repas à un seul service dénommé « ambigu » car tout est mélangé, c'est-à-dire disposé préalablement sur la table. Cela permet de ne pas être dérangé par les domestiques, de manger plus vite à midi ou au milieu du bal... On voit aussi se développer le repas à deux services, plus économique que le traditionnel repas à trois services. On ne pose plus alors la soupière sur la table, mais on distribue le potage à partir de la table de service. Ce souci d'économie est compensé par le fait qu'on propose des extras sous forme d'« assiettes volantes » (ou « tournantes ») qui permettent de garantir la même abondance dans les ventres sans imposer des gaspillages lors du service. Les ouvrages de cuisine insistent toujours sur l'importance du « surtout de table », appelé aussi « le dormant », mais expliquent que cela permet de garnir la table... avec beaucoup moins de plats, donc d'argent. Le service « à la russe » va permettre d'obtenir encore davantage d'économie, car les plats chauds sont découpés en cuisine et dressés sur les assiettes. Deux objections sont cependant avancées : cela flatte moins les yeux et cela ne permet pas de distribuer des morceaux « inégalitaires », car le propre du service « à la russe » est de réaliser des découpes identiques.

Le grand repas « à la française » reste structuré en trois temps, donc en trois services successifs. Les deux premiers relèvent de la cuisine, le dernier

---

320. Louis-Eustache AUDOT, *La Cuisinière de la campagne et de la ville ou nouvelle cuisine économique*, chez l'auteur, 1818 ; http://gallica.bnf.fr/ark:/12148/bpt6k54008652/f425.image

de l'office. Le premier service doit être dressé avant que les convives s'as-soient. Les plats chauds risquant de devenir tièdes, on utilise des réchauds, et les plats restent clochés jusqu'au dernier moment. Ce service concerne les entrées avec les potages, les relevés de potage, les hors-d'œuvre, etc. Parmi les relevés, le bœuf bouilli décoré avec du persil s'impose ; pour les entrées, on sert des viandes, du gibier, de la volaille, du poisson avec de la sauce, des ragoûts, des purées, etc. On dispose des réchauds (avec des bougies) sous les plats chauds et aussi sous les plats froids (sans les allumer) dans un souci de symétrie sur la table. Le deuxième service comprend un nombre de plats identiques au premier mais d'une contenance plus faible, il est consacré aux rôts et aux entremets chauds ou froids ainsi qu'aux salades. Ces entremets sont plus légers que les entrées (poissons, légumes, œufs, etc.). Le troisième service, qui concerne les desserts, ne doit être apporté qu'une fois débarrassé le deuxième : on enlève d'abord la salière et les couverts, puis l'assiette, on balaie ensuite la table avec la brosse à miettes. On apporte seulement à ce moment-là les assiettes à dessert, qui doivent être plus petites que les autres, sur lesquelles on a déjà placé les couverts à dessert. C'est alors seulement que le personnel enlève les plats et les réchauds utilisés pour le deuxième service. Ce dernier service concerne les fromages, les fruits, les glaces et les bonbons.

L'adoption du service « à la russe »

Jean-Paul Aron a bien vu en quoi le passage du service « à la française » au service « à la russe » se produit dans la décennie 1850-1860, c'est-à-dire peu après la révolution de 1848, avec le retour des idées républicaines. Il estime que cette « guerre des services » est gagnée vers 1890 : « Il réalise le vœu d'une société jacobine, rebelle aux différences, il remplit ses projets égalitaires. » Soit. J'ai envie, cependant, de nuancer le propos. Cet idéal égalitaire ne concerne que la bourgeoisie qui, contrairement à l'aristocratie toujours préoccupée par les questions de rang, peut penser ses membres comme égaux en tant qu'hommes de bien, c'est-à-dire en tant que propriétaires. Cette égalité des bourgeois, que symbolise le service à la russe (rappelons que si les idées des humanistes bourgeois sont de peu d'effet parmi les nobles en France, elles seront reçues avec entrain au sein de la cour de Catherine de Russie ou en Prusse), n'est possible qu'en excluant de cette égalité tous ceux qui ne sont pas propriétaires. Le passage du service à la française au service à la russe n'est donc pas (et Jean-Paul Aron a raison sur ce point) un phénomène de modernité, et encore moins de mode, mais le signe d'une évolution politique qui n'est pas, selon moi, la victoire de la République, mais celle de la République bourgeoise haineuse du peuple. La bourgeoisie a besoin d'un nouveau langage pour dire, certes, son unité de classe, mais aussi pour exprimer son désir de domination renforcée. On se reportera, sur ce point, au fameux ouvrage *La cuisine classique : études raisonnées et démonstratives de l'école française appliquée au service à la russe*, publié en 1868 par Urbain Dubois et Émile Bernard, chefs de bouche de Guillaume Ier, roi de Prusse et empereur d'Allemagne[321]. Cet ouvrage, pas plus que ceux de Carême, autre adepte du service à la russe, ne témoigne d'un parti pris égalitaire. Aux multiples inégalités notamment de naissance, mais aussi de fortune ou de fonction qui caractérisaient la société d'Ancien Régime et que traduisait son service de table en produisant de l'inégalité entre les convives, d'une part, et entre les domestiques, d'autre part, succède un nouveau régime qui ne veut plus voir qu'un seul type d'inégalité, celui que crée l'argent, qui distingue les possédants des non-possédants. Carême lui-même s'en plaindra, désormais obligé de travailler avec les filles de cuisine, ravalé, malgré son génie au rang des sans-parts, obligé de reconnaître que même les plus grands chefs ne sont plus reconnus comme jadis, et avouant ne continuer que par amour de son art : « Les cuisiniers de nos jours ne sont plus toujours appréciés en France ; l'amour de la science seul les soutient dans la pratique » (*in* Antonin Carême, *L'Art de la cuisine française au dix-neuvième siècle…*, t. 2, 1847). L'égalité des convives bourgeois n'existe que pour mieux marquer l'inégalité avec les convives non bourgeois. En témoignent les grands banquets républicains.

Les banquets du XIXᵉ siècle : un conflit de mémoire

Plusieurs travaux ont ramené le banquet au centre de la mémoire[322]

Cette mémoire des banquets réformistes est importante mais contribue aussi à occulter celle des banquets gras, des repas des sociétés secrètes, de la charbonnerie puis des organisations blanquistes, (des héritiers) de la Commune, des premiers syndicalistes, des pique-niques anarchistes,

---

321. Urbain Dubois et Émile Bernard [1868], *La cuisine classique : études pratiques, raisonnées et démonstratives*, tome 1 : *De l'école française appliquée au service à la russe*, Paris, « Savoirs et Traditions », Hachette Livre/BnF, 2013.

322. Vincent Robert, *Le temps des banquets. Politique et symbolique d'une génération 1818-1848*, Paris, Publications de la Sorbonne, 2010 ; Jean-Clément Martin et Olivier Ihl, *La Fête républicaine, Annales. Histoire, Sciences Sociales*, vol. 54, n° 6, 1999, p. 1399-1402 ; Olivier Ihl, Socialisation et événements politiques » in *Revue française de science politique*, 52ᵉ année, n° 2-3, 2002, numéro thématique : *Dimension de la socialisation politique*, p. 125-144 ; Yves Schemeil, « Déjeuner en paix : banquets et citoyenneté en Méditerranée orientale », in *Revue française de science politique*, 48e année, n° 3-4, 1998, numéro thématique : *Cuisine, manière de table et politique*, p. 349-375.

des mouvements mutualistes et coopératifs, des anciennes « bombances populaires » organisées et financées par les villages et que l'État finira par interdire sous prétexte d'illégalité. Les banquets républicains n'innovent pas : ils retournent au profit de l'opposition une forme de réunion pratiquée depuis longtemps par les puissants. Ces banquets réformistes qui conduiront (malgré eux) à la révolution de 1848 ne sont pas des banquets populaires, mais des banquets de propriétaires. Ces banquets (sauf exception) n'entendent pas seulement marginaliser le peuple mais l'exclure, avec la crainte de son irruption toujours possible, toujours redoutée.

Cette peur de l'irruption du peuple, qu'elle soit physique ou morale, est toujours présente au XIXe siècle comme au XVIIIe siècle. On se souvient des buffets envahis par la « populace » lors du banquet organisé en 1745 par le prévôt des marchands de Paris pour célébrer le mariage du Dauphin auquel les bons bourgeois étaient conviés dans sept salles publiques. Johann Blondel écrit en 1880, dans un texte intitulé *Saute Marianne !* : « Qu'on établisse sur toutes les places de longues tables où le bon peuple pourra boire du gros vin bleu et se saouler tout à son aise. Qu'il y ait ces jours-là d'immenses banquets démocratiques où le veau républicain sera servi avec le cervelas à l'ail : les peuples n'ont que les fêtes qu'ils méritent »[323]. La bonne société se gaussera longtemps des agapes populaires, de ceux qu'elle nomme alors les « saucialistes » (*sic*). Quoi de commun en effet entre la campagne des banquets réformistes, les banquets gras, les banquets révolutionnaires, les pique-niques anarchistes. Quoi de commun entre le grand banquet organisé en 1871 à Versailles pour boire à la mort de la Commune et celui qui se tient en 1874 en marge du congrès de la Première Internationale.

La campagne des banquets réformistes

Il est difficile pour les jeunes générations de comprendre que la révolution de 1848 soit née de l'interdiction d'un banquet, le dernier d'une campagne. Le Code pénal interdisant les associations politiques, « il fallut recourir à de nouveaux instruments pour faire usage du nombre et de sa représentation contre l'ordre établi : défilés commémoratifs, pétitions nationales, funérailles de personnalités en vue, tribunes universitaires, affiches et almanachs… Le banquet fut l'un de ces moyens »[324]. L'idée germa donc chez Prosper Duvergier de Hauranne de créer une agitation

---

323. Cité par Olivier IHL, « De bouche à oreille. Sur les pratiques de commensalité dans la tradition républicaine du cérémonial de table ». in *Revue française de science politique*, 48e année, n°3-4, 1998, p. 387-408.
324. *Id., ibid.*, p. 389.

politique au moyen d'une campagne de banquets. Un comité central des banquets est créé chez l'éditeur républicain Laurent-Antoine Pagnerre et Elias Regnault est désigné comme secrétaire général. L'objectif est d'obtenir une réforme pour empêcher une nouvelle révolution. Le peuple sera tenu à l'écart ne serait-ce que par le prix. Le premier de ces banquets a lieu le 10 juillet 1847 dans un jardin de Montmartre, le Château-Rouge. Garnier-Pagès en donne la description : « Au jour indiqué, douze cents personnes vinrent s'asseoir à cette grande agape de la révolution. Électeurs, députés, journalistes, toutes les nuances de l'opposition sauf les légitimistes s'y rencontraient, dégagées toutes du souvenir des dissidences antérieures… Autour de quatorze tables, déroulées sous une vaste tente, se pressait l'assemblée, émue, heureuse d'un grand devoir commencé, relevée à ses propres yeux par la conscience de sa grandeur morale… La musique, jetant aux vents du soir les plus beaux chants de la révolution, célébrait cette double fête de la nature et de la pensée »[325].

D'autres banquets suivent partout en France durant lesquels les convives (mais pas tous) portent des toasts : « À la souveraineté nationale ! » ; « À la révolution de 1830 ! » ; « À la réforme électorale ! » Un désaccord apparaît bientôt sur le respect de l'obligation de porter un toast traditionnel au roi. Olivier Ihl résume l'enjeu : porter une santé au roi, c'est s'engager dans le camp de la réforme, l'oublier, c'est prendre parti pour la révolution : « D'où l'opposition lors du banquet de Lille entre un Odilon Barrot réclamant que ce geste d'allégeance soit conservé et un Ledru-Rollin qui s'y refusa obstinément ; ayant pris le dessus, ce dernier obligea Odilon Barrot à quitter avec éclat la table des convives. » Cette polémique témoigne du fait que la campagne des banquets amalgame des intérêts sociaux contrastés : faut-il « l'égalité des bourgeois entre eux » (Jules Simon) ou « l'égalité du peuple avec les bourgeois » (ce qui suppose le refus du suffrage censitaire).

L'interdiction du dernier banquet de la garde nationale du XIIe arrondissement de Paris, le 22 février 1848, débouche sur l'insurrection, la chute de Louis-Philippe, l'instauration de la Deuxième République… La révolution de 1848 est le fruit d'une campagne de banquets qui aurait réuni environ 17 000 citoyens. Olivier Ihl montre que ces banquets furent organisés de façon à créer une double exclusion, celle du peuple et celle des femmes et des enfants. « C'est le sens de l'appel à souscription, un mode très répandu de financement des repas qui exerce néanmoins – ne

---

325. Louis GARNIER-PAGÈS, *Histoire de la révolution de 1848*, Paris, Pagnerre, 1851, p. 106 et 108, cité par Olivier IHL, « De bouche à oreille. Sur les pratiques de commensalité dans la tradition républicaine du cérémonial de table », art.cit., *loc. cit.*, p. 389-390.

nous y trompons pas – d'autres formes de ségrégation. Supérieur à deux ou trois francs, l'écot est une promesse d'abondance mais, à ce prix, les bourses les plus modestes se ferment et le banquet exerce une discrimination ; à 25 centimes, comme dans le banquet "populaire" auquel appela le journal *Le Père Duchesne* au début du mois de juin 1848, les convives sont innombrables mais les tables, moins garnies, risquent de stimuler les frustrations »[326]. Les banquets réformateurs en choisissant de ne mobiliser que des électeurs, donc des hommes propriétaires, excluaient volontairement les milieux populaires. Le peuple révolutionnaire n'impose sa présence que dans de rares villes provoquant alors des échauffourées.

Diviser/unir : le banquet des maires de France

En 1900, à Paris, à l'occasion de l'Exposition universelle, le banquet des maires de France réunit près de 23 000 convives le 22 septembre, jour anniversaire de la proclamation de la République, 108 ans auparavant. J'utilise cet événement pour illustrer un mécanisme politique essentiel qui constitue un fil rouge de ce voyage dans l'histoire politique de la table. Nous avons découvert, depuis les banquets de la préhistoire jusqu'à ceux de l'Antiquité puis en remontant toute l'histoire de France et en partie l'histoire religieuse, qu'il n'est jamais possible de rassembler des convives sans immédiatement en exclure d'autres, tous n'ont pas part au banquet, et parmi ceux qui ont droit au banquet, il convient de différencier les parts. Faire de la politique est toujours une opération de découpage qui consiste à tracer deux frontières, une première frontière sépare les amis des ennemis, ceux qui sont admis au banquet de tous les autres, une seconde frontière sépare ensuite les frères des demi-frères. Tous sont convives, mais tous ne sont pas commensaux, ou pas au même degré, pas de la même façon. Le banquet des maires de France de septembre 1900 est ainsi obligé de répartir les maires selon deux ordres, alphabétique et géographique, afin de mettre en scène le caractère un et indivisible de la République. Les provinces n'ont pas droit de cité, pas plus que les partis ou autres chapelles. Cette mise en scène de l'unité de la République suppose cependant de tracer une frontière entre ceux qui sont conviés, les représentants du peuple, et ceux qui sont représentés. Une seconde frontière sépare ensuite ceux qui ont droit seulement aux agapes et ceux qui accèdent à travers les toasts au monopole de la parole autorisée. De la même façon que les banquets réformistes de 1847-1848 furent des banquets de propriétaires excluant les pauvres, les femmes, les enfants, le banquet républicain institue une république de

---

326. *Id., ibid.*, p. 392.

 Une histoire politique de l'alimentation. Du paléolithique à nos jours

notables. Nous ne savons plus permettre à l'anonyme de prendre part, d'apporter sa part, de recevoir sa part, ce qui est pourtant au fondement même de la démocratie. Jules Vallès est de ceux qui prendront position contre ce séparatisme politique qui accompagne le séparatisme social, signe de l'incapacité à construire une démocratie sociale qui reconnaisse la compétence des sans-parts et des incompétents (voir « Les banquets » in *Le Cri du peuple*, 21 mars 1884).

Le XIXe siècle, qui fut celui des contre-utopies alimentaires, anticipe peut-être sur notre siècle. Ce siècle noir fut aussi celui des espérances et des combats pour accorder à chacun le droit au banquet et lui donner une part qui donne envie de vivre. Ces utopies alimentaires sont encore les nôtres. Nous les retrouverons en « Sortie de table », mais avant il aura fallu en passer par les peu engageantes tables industrielles du XXe siècle et du début du XXIe siècle, dont nous avons à instruire le procès.

Treizième service :
Les tables industrielles du XXe siècle
et du début du XXIe siècle

L'agriculture a connu une mutation fondamentale au cours de la seconde moitié du XXe siècle. En a-t-il été de même de la table (que mange-t-on ? comment mange-t-on ?). L'agriculture s'apprête en ce début de XXIe siècle à connaître une nouvelle mutation : sera-t-elle encore plus fondamentale ? Qu'en sera-t-il bientôt du contenu et de la conception de la table ? Le XXe siècle a fait mentir la fameuse formule de Fernand Braudel sur l'histoire quasi immobile[327], puisque, entre 1950 et 1980, le système agricole a connu une révolution sans commune mesure dans l'histoire.

L'heure du bilan a sonné depuis longtemps et nous savons que nous payons très cher cette course folle à la productivité, car si elle a permis incontestablement de nourrir ceux et celles qui ont fait les Trente Glorieuses (ce qui ne signifie pas qu'il eût été impossible de le faire autrement), elle a aussi détruit les sols, saccagé les écosystèmes, créé de nouvelles pathologies alimentaires, renforcé la défiance envers nos aliments et engendré ce que Daniel Tacet dénonçait dans son ouvrage paru en 1992, *Un monde sans paysans* (Hachette). En 1950, 8 millions d'agriculteurs nourrissaient 40 millions de Français soit 5 bouches par paysan. Le nombre d'agriculteurs a été divisé par 10 et un paysan nourrit 100 personnes. La France devrait encore perdre prochainement la moitié des 800 000 paysans encore survivants.

Cependant, le XXIe siècle ne sera pas seulement la poursuite du siècle précédent car si ce dernier s'est caractérisé (comme nous le verrons plus

---

327. Fernand Braudel [1949], *La Méditerranée et le monde méditerranéen à l'époque de Philippe II*, Paris, Armand Colin, 2 tomes, 1985, « Préface », tome 1, p. 13-14.

loin) par l'invention d'une agriculture productiviste reposant sur un modèle extractiviste totalement insoutenable à long terme et donnant naissance à ce que je nommerai des pétroaliments en raison de leur teneur en énergie ; le XXIe siècle sera celui des biotechnologies alimentaires qui promettent d'aller beaucoup plus loin que les OGM, la viande clonée, les nanoaliments, les aliments irradiés ! Si le XXe siècle en a fini avec plusieurs millions d'années en marquant la fin de la cueillette, de la chasse et bientôt de la pêche (au profit de la sylviculture industrielle), le XXIe siècle imagine déjà ce que sera une agriculture sans élevage (grâce à des substituts de viande) et même une alimentation sans agriculture, c'est-à-dire sans rapport à la terre, grâce aux biotechnologies. Cette évolution semble à beaucoup inévitable pour pouvoir nourrir 10 milliards d'humains mais certains spécialistes comme Jean Ziegler et Olivier De Schutter, tous deux rapporteurs spéciaux auprès des Nations unies sur la question du droit à l'alimentation[328], ou Bruno Parmentier, ancien directeur du Groupe ESA (École supérieure d'agriculture d'Angers), soutiennent que l'abondance et la relative qualité actuelle constitueront probablement une parenthèse dans l'histoire, non pas en raison de l'augmentation de la population humaine, mais du fait de la faillite d'un système productiviste erroné qui nous conduit collectivement dans le mur[329]. La question est de savoir si l'humanité peut sauter par-dessus ce mur en misant sur le tout « biotech », comme le souhaitent les firmes, ou s'il n'est pas plus prometteur de se mettre à l'écoute des multiples alternatives qu'expérimentent déjà des milliards d'humains[330].

De deux thèses, j'aimerais convaincre le lecteur :

Si l'humanité a su s'humaniser en humanisant sa table, elle pourrait se déshumaniser en déshumanisant sa table : un survol des mutations en cours montrera que ce qui menace est la naissance d'un monde sans élevage, sans agriculture et sans alimentation digne de ce nom. Je l'avais annoncé dans *La Fin des mangeurs*, en 1997[331] déjà, livre dans lequel j'analysais les métamorphoses de la table. Je n'ai aucune raison de remettre en

---

328. Jean ZIEGLER, *Destruction massive. Géopolitique de la faim*, Paris, Éditions du Seuil, 2011, rééd. en poche, Paris, « Points Documents », Points, 2012 ; Olivier DE SCHUTTER, *La faim, un choix politique ?*, Bruxelles, Éditions André Versaille, 2010.

329. Bruno PARMENTIER, *Nourrir l'humanité. Les grands problèmes de l'agriculture mondiale au XXIe siècle*, préface d'Edgar Pisani, Paris, « La Découverte Poche/Essais » (n° 296), La Découverte, 2011 ; *id.*, *Faim Zéro. En finir avec la faim dans le monde*, Paris, « Cahiers libres », La Découverte, 2014.

330. Isabelle SAPORTA, *Le livre noir de l'agriculture. Comment on assassine nos paysans, notre santé et l'environnement*, Fayard, Paris, 2011.

331. Paul ARIÈS, *La Fin des mangeurs*, Paris, Desclée de Brouwer, 1997.

---

cause ce jugement car le réquisitoire est encore plus lourd. C'est pourquoi je crois nécessaire d'enrichir cette analyse en soutenant qu'aucune solution n'est crédible si nous n'inventons pas des politiques alimentaires aux côtés des politiques agricoles.

Certes, les métamorphoses de la table des XXe et XXIe siècles s'enracinent dans l'ensemble des changements socio-économiques liés aux grandes transformations du monde contemporain : urbanisation, industrialisation, disparition des fonctions d'autoproduction, mais l'essentiel me semble être le poids des sociétés transnationales qui régissent l'agriculture et l'alimentation : poids économique, puisque quelques firmes contrôlent le marché des semences et parfois plus du quart d'une production agricole mondiale ; poids idéologique, puisque ce lobby agroalimentaire a remplacé, via le marketing, les Églises comme prescripteur alimentaire ; poids politique, puisque ce lobby agroalimentaire parvient largement à imposer les règles du jeu.

De la peur du manque à la peur de mal manger

Au XXe siècle, l'Occident a connu incontestablement une amélioration de la sécurité alimentaire (hors contexte de guerre) et même une progression de la sécurité sanitaire de base : on ne meurt plus massivement d'intoxication alimentaire en France comme c'était encore le cas au XIXe siècle[332]. Cette amélioration est incontestable (malgré tous les scandales sanitaires) bien qu'elle ait été obtenue au prix d'un modèle extractiviste responsable du pillage des ressources naturelles, de la destruction des écosystèmes et en premier lieu de la fertilité des sols[333]. On aurait donc pu miser sur la disparition progressive du sentiment d'angoisse lié à l'alimentation mais on assiste au contraire à l'explosion de nouveaux troubles du comportement (anorexie, boulimie, orthopraxies). La peur de trop ou de mal manger a remplacé la peur ancestrale du manque. Belle occasion de rappeler que manger c'est toujours faire du soi avec de l'autre, puisque c'est incorporer quelque chose qui nous est étranger, bref, manger est toujours une opération risquée, pas seulement sur le plan biologique, mais sur le plan culturel, ou religieux, ou social, ou politique. Les peurs alimentaires sont la conséquence du fait que les aliments ne doivent pas être seulement bons à manger, mais, comme le dit le sociologue Claude Fischler, « bons

---

332. Madeleine FERRIÈRES, *Une histoire des peurs alimentaires. Du Moyen Âge à l'aube du XXe siècle*, Paris « L'Univers historique », Éditions du Seuil, 2002.
333. Patricia TOUYRE, *Le sol, un monde vivant. Formation, faune, flore*, Paris, Delachaux et Niestlé, 2015 ; Claude et Lydia BOURGUIGNON, *Le sol, la terre et les champs*, Paris, « Dossiers écologie », Éditions Sang de la Terre, 2015.

à penser ». C'est bien parce que nous avons le sentiment de ne plus nous nourrir de façon satisfaisante anthropologiquement que nous nous souhaitons – j'emprunte cette formule à Pierre Rahbi – « bonne chance » en passant à table ! C'est pourquoi je pense que Bruno Parmentier ne fait que la moitié du chemin lorsqu'il explique qu'après avoir produit beaucoup avec toujours plus, il va falloir apprendre à produire encore plus, avec, cette fois, beaucoup moins (d'eau, de sol, d'énergie, de chimie, de paysans), car ce pari ne pourra être tenu que si nous mangeons avec « beaucoup » plus de culture (rituels et symboles).

La partie de la réponse la plus aisée est du côté de l'agriculture puisque 70 % des humains s'alimentent encore en dehors des logiques du modèle agricole productiviste. La pire des convictions, parce qu'elle serait désespérante, serait en effet de croire que le système productiviste serait le seul, alors qu'il ne concerne qu'une infime minorité de paysans : 28 millions disposent de tracteurs, de surfaces importantes, de semences industrielles, d'eau suffisante, d'engrais, etc. ; 250 millions utilisent la seule traction animale (bœufs, chevaux, mulets, buffles, zèbres, etc.) ; 1 milliard de paysans n'ont que leur force musculaire. Il ne s'agit pas bien sûr d'idéaliser ces autres agricultures d'autant plus que ces petits paysans restent les premières victimes de la faim dans le monde et que leurs techniques culturales peuvent être parfois destructrices des écosystèmes locaux (agriculture sur brûlis). Ces savoirs paysans constituent cependant un réservoir de bonnes pratiques pour le futur.

L'autre partie de la réponse concerne l'alimentation dans ses dimensions anthropologiques. La pire des convictions serait de croire que la conception occidentale ferait rêver tous les humains. Ces autres façons de concevoir l'alimentation et de passer à table constituent donc un réservoir de traditions populaires qui seront utiles pour relever le défi de nourrir 10 milliards d'humains[334]. Le XXIe siècle signe déjà de toute façon la fin des standards occidentaux de l'alimentation. La question est de savoir quels seront les nouveaux standards : allons-nous vers une alimentation biotechnologique, entretenant des rapports de plus en plus ténus avec l'agriculture ? Allons-nous vers une alimentation conçue du seul point de vue de la nutrition et faisant l'impasse sur les autres dimensions de la table (y compris parfois au sein des modèles dits « alternatifs ») ? Allons-nous vers la fin de la grammaire des formes alimentaires qui ont permis, peu ou prou, à l'humanité de savoir depuis des millénaires ce que manger veut dire

---

334. François Couplan, *Le régal végétal. Plantes sauvages comestibles*, Paris, Éditions Sang de la Terre, 2009 ; *id.*, *La cuisine sauvage. Accommoder mille plantes oubliées*, Paris, Éditions Sang de la Terre, 2010.

au-delà de la nutrition, ou, saurons-nous réformer cette grammaire pour faire toujours de la table un langage ?

La révolution du contenu de l'assiette

Nos enfants ne mangeront pas comme nous, comme nous-mêmes n'avons pas mangé comme nos parents. Ce qui est inédit, ce n'est donc pas le changement du contenu de l'assiette, mais le rythme et le moteur de l'évolution. Les spécialistes se disputent sur le taux effectif de renouvellement (de 70 à 90 %), mais ces débats masquent souvent l'essentiel car manger un même produit en apparence peut cacher des différences considérables : ainsi consommons-nous beaucoup moins de pain, mais ce n'est plus le même et sa symbolique a changé. La table n'évolue plus en premier lieu pour des raisons climatiques, religieuses, économiques, sociales, politiques, mais à cause du poids de la technoscience et des choix stratégiques des firmes.

La table française du xxe siècle est d'abord caractérisée par la fin du modèle céréalier qui avait été progressivement imposé jusqu'à devenir dominant au profit d'un modèle beaucoup plus diversifié (blé et maïs, toujours, mais aussi lait, viande, fruits et légumes). La rupture se produit dès les années 1950 avec une forte augmentation de la consommation de ces produits considérés comme « riches ». Bruno Parmentier fournit ainsi quelques repères précis : fruits : 65 kilos par an et par personne en 2000 contre 38 kilos en 1950 ; légumes : 116 kilos contre 60 ; viande : 85 kilos contre 44 ; poisson : 25 kilos contre 10 ; fromage : 18 kilos contre 5 ; huiles végétales : 14 kilos contre 5[335]. J'ajoute que les diminutions d'autres denrées sont tout aussi significatives : le pain : 60 kilos contre 121 ; les pommes de terre : 65 kilos contre 153 ; le vin : 67 litres contre 143.

Que mange-t-on aujourd'hui ?

Le 16 novembre 2010, la France a vu sa gastronomie inscrite au patrimoine de l'humanité. Cette reconnaissance est une bonne nouvelle car elle signifie qu'à l'instar des sites naturels ou historiques exceptionnels, le « repas gastronomique des Français » devrait être valorisé et protégé. Le Centre d'études et de la prospective en a profité pour publier un rapport sur l'évolution de l'alimentation en France au cours du xxe siècle et au début du xxie siècle. Cette étude, signée en 2011 par Céline Laisney, est

---

335. Bruno Parmentier, *Nourrir l'humanité. Les grands problèmes de l'agriculture mondiale au xxie siècle, op. cit, loc. cit.*, p. 35.

donc grosse d'enseignements[336]. Elle confirme que, contrairement aux idées reçues, les Français consomment toujours plus pour se nourrir en valeur absolue et que ce n'est que la part relative dans le budget global qui tend à décroître. Nous dépensons en moyenne 13,6 % de notre revenu pour nous nourrir. Les Français sont d'ailleurs ceux qui, en valeur absolue, dépensent le plus pour leur alimentation, à l'exception des riches Suisses et Luxembourgeois, et des Islandais éloignés des sources d'approvisionnement. Ces moyennes sont cependant trompeuses car les milieux populaires dépensent bien davantage et réalisent des arbitrages privilégiant toujours l'alimentation aux dépenses de loisirs : « La part du budget consacrée à l'alimentation (aliments et boissons non alcoolisées hors restauration) des cadres était, en 2006, de 12,4 %, tandis que celle des ouvriers s'élevait à 16 %. Elle atteint 50 % pour les ménages les plus pauvres. » Les chiffres relatifs à la composition des repas pour ce début du XXIe siècle prolongent ceux avancés par Bruno Parmentier pour la période antérieure. Il ne s'agit donc pas d'effet de mode (la mode, c'est ce qui se démode) mais d'évolutions structurelles : « La composition du panier moyen de la ménagère a bien changé. Ainsi, entre 1970 et 2008, la consommation moyenne de pain à domicile est passée, selon l'Insee de 80 à 50 kilos par personne et par an, et celle des pommes de terre de 95 à 68 kilos. Dans le même temps, la consommation de fruits et légumes frais, de 70 kilos en 1970, a atteint 86 kilos en 2008. En ce qui concerne la viande, le bœuf a régressé au profit du porc et de la volaille, et, dans une moindre mesure, des œufs et des poissons. »

Céline Laisney rapporte les derniers chiffres de l'Insee concernant les boissons : « Côté boissons, les Français ne boivent plus que 51 litres de lait frais par an (contre 95 litres en 1970), mais avalent près de 22 kilos de yaourts (contre seulement 8 kilos en 1970). La plus forte progression, tous produits confondus, est celle des eaux minérales et de source, qui a bondi de 40 litres par an à plus de 150 litres sur cette même période. En revanche, la consommation de vin courant s'est effondrée (de 96 à 22 litres), tandis que celle des vins AOC (d'appellation d'origine contrôlée) augmentait (de 8 à 22 litres) pour représenter aujourd'hui la moitié de la consommation totale de vin qui, dans l'ensemble, a tout de même nettement diminué. Le vin ne figure plus systématiquement sur les tables françaises : un quart

---

336. Céline Laisney, *L'évolution de l'alimentation en France*, revue *Futuribles*, n° 371 et 372, février et mars 2011 ; il est également possible de consulter ce rapport sur le site du Service de la statistique et de la prospective du ministère de l'Agriculture, de l'Alimentation, de la Pêche, de la Ruralité et de l'Aménagement du Territoire : http://agreste.agriculture.gouv.fr/IMG/pdf/doctravail50112.pdf

des Français seulement en consomment de façon régulière (soit au moins deux à trois fois par semaine). En quelques décennies, il est passé du statut de produit de nécessité à celui de produit plaisir, ce qui explique que les Français soient aussi plus exigeants et que 80 % d'entre eux recherchent aujourd'hui des vins de meilleure qualité. »

L'étude EPIC (European Prospective Investigation into Cancer and Nutrition) permet d'affiner l'analyse en comparant les consommations des Européens. Elle distingue l'alimentation des Grecs et des Italiens, caractérisée par des consommations élevées de fruits et légumes, de celle des Néerlandais et des Allemands, qui mangent davantage de pommes de terre et de viande. Les Français se situent dans une position intermédiaire : avec 87,8 kilos par personne et par an en 2009, ils sont au huitième rang européen pour la consommation de viande (à l'exception notable de la viande bovine pour laquelle ils occupent le premier rang avec 25,4 kilos contre 15 kilos en moyenne européenne). Les Français sont aussi les premiers consommateurs de beurre et les deuxièmes pour le vin et le fromage. L'étude de Céline Laisney relativise aussi les discours sur l'homogénéisation de la table : des spécificités régionales subsistent et des différences sociales demeurent et ont même tendance à se marquer à nouveau davantage. Ainsi, le nord et le sud de la France se séparent concernant la consommation de matières grasses (davantage de beurre et de margarine au Nord, d'huile au Sud). Le nord de la France consomme plus de pommes de terre, de pâtisseries et viennoiseries, de café ; le sud de la France plus de soupes, de légumes et de thé. Les spécificités des régions de l'est et de l'ouest du pays apparaissent dans la transformation des aliments : l'Ouest se caractérise par des consommations plus élevées de produits pas ou peu transformés et par une consommation globale plus importante. Les différences sociales se traduisent, pour les Français aisés, par une consommation portant préférentiellement sur des produits transformés ou plus coûteux (produits de la mer, fruits, légumes), tandis que les plus modestes achètent des produits bon marché (œufs, volailles) et consomment des denrées transformées contenant des ingrédients peu coûteux (sucre, céréales, pommes de terre, huiles végétales).

Il existe donc toujours des denrées bourgeoises (veau, bœuf, mouton, endives) et d'autres plus populaires (porc, lapin, pomme de terre ouvrière et poireau paysan). Les cadres supérieurs achètent des produits plus onéreux (fruits, viandes de boucherie, poisson, fromages, vins fins) ou plus élaborés (plats préparés, plats surgelés). Ils se portent également sur les produits considérés comme d'utilisation plus facile (café en capsule par rapport au café soluble, café soluble par rapport au café moulu, café moulu par rapport au café en grains...) ou bénéficiant d'une meilleure image de marque (riz « sauvage » par rapport aux autres riz). Manger des conserves ne suffit pas en effet à caractériser une alimentation : les conserves de légumes sont surtout utilisées par des hommes jeunes de l'est de la France ; les conserves de poissons sont d'abord consommées par des « célibataires campeurs » et des « urbains modernes », les conserves de fruits ont la préférence des ruraux et des personnes âgées. Les produits surgelés s'adressent surtout aux couches urbaines, même si l'invention du four à micro-ondes a créé une catégorie de clients plus jeunes et moins installés.

Cette reproduction de certains marqueurs sociaux ne doit pas masquer le fait que la société d'abondance (pas pour tous, nous le verrons) a transformé les divisions sociales au point parfois de les rendre méconnaissables. Les ménages dont la femme travaille à l'extérieur consomment ainsi deux fois plus pour leur budget alimentaire (17 % contre 9 %) et ceci quels que soient le milieu social, l'âge et le lieu d'habitation. La culture populaire, décrite par Pierre Sansot, subsiste encore dans ses principaux traits, comme le culte du repas pris en commun, le « fait maison », le choix de l'abondance et de la décontraction (par rapport aux manières dites « bourgeoises »). Cet art populaire de passer à table est cependant de moins en moins revendiqué comme tel. Ce déni est significatif de l'instauration d'une société alimentaire à deux vitesses où l'alimentation populaire devient un sous-produit de l'alimentation bourgeoise. Alors qu'on opposait autrefois le lapin paysan, le porc ouvrier et le veau bourgeois, chacun consomme aujourd'hui du poulet : pour une minorité, il s'agit de poulet fermier (ou bio), pour les autres de la volaille de batterie. Faut-il en conclure que les cultures populaires, autrefois revendiquées avec la même fierté, seraient devenues des sous-produits de la culture dominante, des cultures « faute de mieux » ? Les spécialistes opposent ainsi les « aliments services » populaires (80 % des denrées) aux « aliments plaisirs » (20 % des denrées) bourgeois, les hypermarchés et discounters populaires aux commerces alimentaires de proximité, les produits bas de gamme et haut de gamme. Les industriels enregistrent cette mutation en proposant, à côté de plats banalisés réalisés avec des ingrédients toujours moins onéreux, des produits toujours plus haut de gamme. Les produits intermédiaires, au meilleur rapport qualité/prix, tendent à disparaître des étalages. Les tables populaires sont donc les premières à souffrir de l'industrialisation des produits alimentaires.

Que mangera-t-on demain ?

Les modes de production et de transformation de nos aliments sont basés sur des systèmes agro-industriels totalement déséquilibrés et responsables de nombreuses crises[337]. Les cultures sont de plus en plus intensives et concernent des variétés sélectionnées pour leur potentiel de rendement sans se préoccuper de la problématique des sols, totalement abandonnée, au profit d'un système simplifié basé sur un recours massif aux intrants chimiques. Parallèlement, une nouvelle classification purement fonctionnelle des produits interdit de donner un sens à sa table, c'est un formatage du consommateur par une sainte alliance de l'industrie agroalimentaire et de conseils diététiques changeants, ce sont de nouveaux produits qui tendent tous à renforcer l'artificialisation des denrées.

Le mangeur ne s'alimente plus en fonction des saisons, des régions, de son milieu social ou de ses convictions religieuses ou politiques, mais essentiellement en fonction des choix stratégiques des grandes firmes. Le marché alimentaire est en effet à hauteur de 80 % aux mains des grandes surfaces, elles-mêmes liées aux géants de l'industrie agroalimentaire, eux-mêmes de plus en plus intégrés aux complexes médico-pharmaceutiques. L'agroalimentaire constitue ainsi le premier secteur industriel de France avec un chiffre d'affaires qui avoisine les 160 milliards d'euros. Les grandes surfaces réalisent 50 % des ventes de produits alimentaires et jusqu'à 90 % pour certaines denrées de base (sucre, pâtes, café, eaux minérales, apéritifs…). Cette structure commerciale influence directement la demande des ménages en générant de nouvelles exigences : des gammes étendues, la mise en avant des produits haut de gamme, la disparition des vendeurs : épiciers, boulangers et bien souvent charcutiers et bouchers. Cette offre influe enfin sur la façon de classer les denrées rendant toujours plus difficile leur compréhension.

La nouvelle classification alimentaire

L'humanité a toujours éprouvé le besoin de classer ses aliments : sont-ils ou non comestibles ? Ont-ils bon ou mauvais goût ? Sont-ils purs ou impurs selon l'interrogation religieuse des juifs ou des musulmans ? Correspondent-ils à l'ordinaire ou à la pénitence (l'huile de Carême et le lard des jours ordinaires) selon le modèle alimentaire « révolutionnaire » chrétien ? La table française du XXe siècle a repris d'abord cette vieille taxinomie religieuse en faisant de l'alimentation ordinaire ou

---

337. Ce chapitre reprend et prolonge les analyses proposées dans mon ouvrage précité *La Fin des mangeurs.*

festive sa suprême distinction. Le mangeur apprend cependant moins aujourd'hui à « marquer » symboliquement ses aliments (pourquoi manger tel plat dans tel contexte) qu'à les identifier selon des critères purement financiers ou même techniques. Si on ne sait plus pourquoi on mange une bûche à Noël, la seule façon de faire la fête est de faire bombance, d'acheter des produits chers, de consommer du frais plutôt que des conserves, etc. Les cuisiniers professionnels s'accordent ainsi sur l'existence de cinq gammes de produits. Ce classement renvoie à des dimensions fonctionnelles ne véhiculant aucune conception du monde ; avec une première gamme regroupant les produits frais, une deuxième pour les conserves appertisées industrielles, une troisième pour les surgelés industriels, une quatrième pour les produits crus ou à cuire, prêts à l'emploi, sous vide, déshydratés, lyophilisés ou ionisés et la cinquième pour les produits cuits ou cuisinés industriellement… Cette classification ne signifie rien en dehors de sa propre problématique technologique. Elle n'ouvre sur aucun sens permettant aux consommateurs de comprendre leur table. Elle correspond à l'invasion de la pensée technico-scientifique, d'abord dans l'imaginaire professionnel, puis collectif.

Un mangeur sous contrôle

Le mangeur du XXe siècle est beaucoup moins tributaire de la tradition et des savoirs populaires mais il est à la merci de l'industrie et soumis à des injonctions diététiques contradictoires. Il a fini par manger ce qu'on lui disait de manger, voire ce qu'on lui donnait en spectacle ou en rêve. Ce mangeur est également placé sous surveillance : il est ausculté aussi bien par des sociologues, des psychologues, des économistes, des marketeurs, des nutritionnistes. Nous ne sommes plus seulement face à un formatage des comportements par de nouvelles religions, qu'il s'agisse de celle des gourous du diététisme ou de celle du marché économique avec ses lieux de culte (les hypermarchés), son nouveau credo (le bonheur, c'est la consommation), ses grands prêtres (économistes, marketeurs et publicitaires), ses objets de culte (linéaires de grands magasins ou de cafétéria, caddies), sa nouvelle temporalité (avec ses promotions et ses soldes), ses actions de grâce (commerce équitable ou éthique), ses excommunications (les exclus de la consommation), ses hérétiques (adeptes d'autres façons de consommer, AMAP, bio, jardins partagés, etc.).

Effectivement, le formatage du palais commence bien avant celui des esprits. L'industrie a appris, avec les techniques de l'analyse sensorielle, à classifier les perceptions gustatives, afin de mieux pouvoir les (re)produire à volonté et de façon toujours plus artificielle. L'analyse sensorielle mesure la couleur, l'odeur, l'arôme, la saveur, la texture, la forme des aliments. Elle utilise des tests normalisés au niveau international par l'AFNOR et l'ISO (dont le seul nom fait frémir : Organisation internationale de standardisation) qui recourent à un langage technique conçu dans le seul but d'objectiver les sensations afin de les mesurer puis de les reproduire. On s'assure ainsi que le profil sensoriel d'un aliment est bien conforme aux résultats des tests. On contrôle ensuite le maintien de ses qualités organoleptiques tout au long de son cycle de vie. On crée des produits standards servant de souche organoleptique pour les productions suivantes. Les biotechnologies interviennent pour créer des sensations plus « vraies » que nature. Le produit aromatisé à la fraise finit par dépasser la fraise naturelle dans sa perfection organoleptique. La denrée naturelle risque ainsi de devenir un dérivé d'un artefact industriel. La saveur même apparaît comme un artifice à part entière, élaboré isolément et industriellement. Le goût devient, grâce à la généralisation des exhausteurs, un élément industriel comme les autres. Le mangeur du XXIe siècle est entré ainsi dans l'ère du leurre organoleptique. Ces additifs, issus de procédés chimiques ou des biotechnologies, remplissent trois fonctions. Ils dominent la nature en préservant les denrées des dégradations microbiennes et enzymatiques. Ils vainquent le temps en rendant le produit plus facile à utiliser, voire disponible à contre-saison. Ils aident enfin à vaincre la monotonie en variant le goût, la texture, la couleur. Comment ne pas s'interroger sur les conséquences de cette explosion des additifs sur la formation du goût ? L'aliment (re)colorisé, (ré)aromatisé, (re)texturisé biaise chaque opération mentale du (jeune) consommateur : l'enfant leurré dans son apprentissage alimentaire développera-t-il de façon convenable les phénomènes bioculturels complexes qui sont à l'origine des perceptions du goût et du dégoût ? Ne risque-t-on pas de provoquer des désordres classificatoires qui ne permettront plus de vivre véritablement avec son aliment, c'est-à-dire de le comprendre ? Cette évolution ne prive-t-elle pas l'individu de l'exercice véritable de son aptitude au jugement, puisque l'aliment est conçu pour satisfaire directement les sensations les plus immédiates ? On pourrait ainsi à terme promouvoir un aliment (artificiel) associé à un arôme particulier afin de le faire bénéficier d'expériences métaboliques antérieures positives. On entrerait ici dans une dérive dangereuse permettant d'orienter à volonté le goût des consommateurs. Pourquoi ne pas jouer alors sur les mécanismes cérébraux qui commandent la gourmandise pour l'orienter vers des produits particulièrement rentables ?

La notion de pétroaliments

Le vocabulaire de l'agriculture et de l'alimentation est composé de gros mots qui empêchent parfois de penser. L'agriculture dite « raisonnée » de ce début du XXIe siècle est ainsi un mot poison qui intoxique la pensée car il obscurcit plus qu'il n'éclaire les grands enjeux de la période. L'agriculture dite « raisonnée » n'est en effet qu'une façon de polluer un peu moins pour pouvoir continuer à polluer plus longtemps. Nous avons donc besoin de nos propres gros mots pour penser les caractéristiques fondamentales de notre alimentation.

C'est pourquoi nous avons pu parler de *junkfood* par analogie avec le concept de *junkspace* proposée par les urbanistes[338]. Cette notion de *junkfood* a été inventée en 1972 par Michael F. Jacobson, directeur du CSPI (Center for Science in the Public Interest – Centre pour la science dans l'intérêt du public), et servait, au départ, à désigner toute une série de produits responsables notamment de l'augmentation de l'obésité (hamburgers, pizzas, sucreries, chips de pommes de terre, sodas, etc.). Ce concept a été ensuite étendu aux produits qui non seulement sont trop riches en calories et pauvres en éléments nutritifs, mais qui contribuent à saper le goût (donc la capacité de jugement). La *junkfood* a connu sa version populaire sous le nom de malbouffe.

C'est pourquoi je parlerai aussi de pétroaliments par analogie avec la notion de pétromédicaments utilisée internationalement par le réseau TRAMIL qui étudie scientifiquement l'apport des médecines populaires notamment aux Antilles[339]. Parler de pétroaliments, c'est dénoncer la surconsommation d'engrais et de pesticides (grands consommateurs de pétrole) et le gaspillage des matières azotées, mais c'est surtout dénoncer le fait que, pour la première fois de toute l'histoire de l'humanité, la production agricole et l'alimentation utilisent davantage de calories qu'elles n'en apportent[340]. On consomme désormais environ 15 calories pour produire une seule calorie alimentaire. En Angleterre, le transport d'une laitue consomme 127 calories pour 1 calorie de salade ; en France, nous consommons 97 calories de pétrole par calorie d'asperge chilienne, et 66 calories d'essence pour 1 calorie de carotte africaine. Une bouteille de vin sud-américain transportée en avion représente 5 kilos de CO_2

---

338. Le concept de *junkspace* a été proposé par Rem Koolhass pour comprendre les mutations du système urbain. L'architecte explique comment le modèle du centre commercial a dévoré progressivement toute la ville.
339. www.tramil.net/francais/Tramil.html
340. La consommation mondiale d'énergie représente 13 millions de tonnes d'équivalent pétrole (Mtep) par an. Le pétrole reste la première source d'énergie et représente le tiers de la consommation énergétique mondiale.

de plus qu'une bouteille locale. Quant à l'agneau de Nouvelle-Zélande, il parcourt 18 000 kilomètres, le steak d'Argentine 12 000 kilomètres et le pot de yaourt (à travers chacun de ses composants) 9 115 kilomètres. Ce modèle d'agriculture est donc totalement insoutenable sur le plan énergétique. Pourtant, tout prouve que les produits de demain, loin d'être moins énergivores le seront davantage encore, qu'il s'agisse des OGM, des alicaments, des aliments irradiés, de la viande clonée, des nouveaux substituts alimentaires « carnés » et du « tout biotech ».

L'agro-extractivisme

Le concept d'extractivisme est assez récent mais essentiel dans les débats. C'est pourquoi j'avais accepté, en 2014, de préfacer le livre *Dette et extractivisme* (Éditions Utopia) de Nicolas Sersiron, président du CADTM-France (Comité pour l'annulation de la dette du tiers-monde), car il s'agissait de la première synthèse en langue française sur le modèle extractiviste, notamment dans le domaine agricole et alimentaire. Ce concept d'extractivisme a d'abord été utilisé en Amérique du Sud pour dénoncer le régime des monocultures agricoles et industrielles. Il a été ensuite étendu aux autres activités, notamment par les paysans sans terre du Brésil qui se sont opposés à la construction de nouveaux barrages hydrauliques, estimant qu'il y avait déjà assez d'énergie pour satisfaire les besoins de la population et que ceux qui en souhaitaient toujours plus sont les grandes firmes et la minorité enrichie qui vit aux dépens du plus grand nombre.

Ce concept d'extractivisme (et donc également d'antiextractivisme) fait d'une certaine façon du neuf avec du vieux puisqu'il recycle ce que les Africains dénonçaient dès les premières années de la décolonisation sous le nom d'« éléphants blancs », c'est-à-dire des projets pharaoniques profitables uniquement à une infime minorité. Ce concept d'antiextractivisme a reçu sa traduction européenne avec les mobilisations contre les GP2I – Grand projets inutiles imposés – notamment dans le domaine agricole. L'extractivisme est donc entendu, de façon générale, comme le pillage des ressources naturelles, humaines et financières à des fins de profits financiers à court terme[341]. Nous sommes fondés à parler d'agro-extractivisme dès lors que le modèle du productivisme agricole subventionné menace l'agriculture vivrière qui nourrit encore 70 % des humains. En 2014, la CNUCED (Conférence des Nations unies sur le commerce et

---

341. Anna BEDNIK, *Extractivisme. Exploitation industrielle de la nature : logiques, conséquences, résistances*, Neuvy-en-Champagne (72240), Éditions Le passager clandestin, 2016.

le développement) a lancé une alerte aux gouvernements en affirmant que s'ils ne réagissaient pas pour apporter une vraie protection aux petites exploitations, elles seraient anéanties par les crises à venir. Elles sont pourtant la solution à la faim dans le monde. Le Prix Nobel alternatif 1993, l'économiste indienne Vandana Shiva, a pu établir que la productivité y est en moyenne deux à trois fois plus élevée, et la FAO estime que former les paysans aux techniques agroécologiques augmenterait encore leurs rendements de 79 %.

La crevette est devenue le symbole de l'agro-extractivisme. Sa consommation a augmenté de 300 % en dix ans aussi bien aux États-Unis qu'en Europe, mais la pêche au chalut de la crevette sauvage compte parmi les plus gaspilleuses puisqu'elle entraîne à elle seule le rejet de 27 % des prises accessoires de l'ensemble de la pêche commerciale, c'est-à-dire que pour 1 tonne de crevettes, on sacrifie 4 à 10 tonnes de prises involontaires (poissons, mollusques, crustacés, petits cétacés, tortues) rejetées en mer.

Le constat est cependant plus général comme le prouve la problématique de l'azote. Le XXᵉ siècle a certes révolutionné l'agriculture en permettant de multiplier les rendements, grâce à l'utilisation massive d'azote, mais l'azote non absorbé par les cultures présente des risques considérables puisqu'il se diffuse dans l'environnement. En Europe, depuis le début des années 1990, la consommation totale d'engrais azotés dépasse celle de la potasse et du phosphate réunis. L'azote contenu dans les engrais commerciaux minéraux est particulièrement soluble afin de faciliter son assimilation par les cultures, ce qui l'expose au ruissellement après de fortes précipitations et au lessivage vers les eaux souterraines. Au terme de cinq années de travaux, 200 chercheurs de l'European Science Foundation et du projet européen NitroEurope ont estimé entre 70 et 320 milliards d'euros par an le coût des azotes (pollutions de l'air, des eaux, du sol, augmentation des gaz à effet de serre et impact sur les écosystèmes). Le problème de l'azote est donc considérable mais pas unique. L'Europe a choisi de nourrir son bétail au détriment de l'alimentation des populations du Sud : elle importe chaque année l'équivalent de 15 millions d'hectares de soja, de manioc, d'arachide... Olivier De Schutter estime que ces politiques extractivistes ont déjà fait perdre 30 millions d'hectares de surfaces cultivées (soit l'équivalent de l'Italie) en raison de la dégradation de l'environnement et de l'urbanisation[342].

---

342. Chiffres donnés par Olivier De Schutter, rapporteur spécial des Nations unies pour le droit à l'alimentation, 21 octobre 2010.

Les famines du XXIe siècle

Le début du XXIe siècle a donc été marqué par le retour des grandes famines, en plus des 35 millions de personnes qui meurent de faim chaque année et du près de 1 milliard d'autres personnes qui se trouvent en permanence sous-alimentées. Chacun conserve en mémoire la flambée des prix alimentaires de 2007 et surtout, en 2008, les révoltes de la faim. Des économistes, comme Aurélie Trouvé, ont su prouver que la responsabilité incombait aux spéculations boursières, les fonds spéculatifs ayant migré avec la crise financière : ils ont délaissé les marchés financiers pour se jeter sur celui des matières premières agricoles[343], comme les sauterelles sur l'Égypte. Les conséquences ont été immédiates avec une explosion des prix pour les trois aliments de base qui représentent 75 % de la consommation humaine (maïs, blé, riz). Aussi, alors que les aléas climatiques étaient la principale cause des famines au Moyen Âge, la cause des pénuries alimentaires d'aujourd'hui, c'est, d'une part, la mainmise des multinationales sur le marché mondial des semences, des produits phytosanitaires et des aliments (quelques firmes contrôlent l'essentiel des échanges pour les bananes, le sucre, les céréales), et c'est, d'autre part, les spéculations boursières.

Le vol des terres

La Banque mondiale estime que plus de 50 millions d'hectares de terres arables ont été accaparés depuis le début du XXIe siècle par des fonds d'investissement et des multinationales provoquant l'expulsion immédiate et la famine des petits paysans. Certains ont justifié ce vol des terres par la faible productivité de l'agriculture africaine. Le grand problème de l'Afrique est ailleurs[344]. L'Afrique souffre d'abord d'un manque cruel de ressources financières en raison de la dette illégitime et de l'enrichissement indu de ses dirigeants : 3,8 % des terres sont irriguées et on ne compte que 250 000 animaux de trait et quelques milliers de tracteurs… L'Afrique souffre également du dumping agricole pratiqué par les États industriels du Nord puisque les pays riches subventionnent chaque année à hauteur de 349 millions de dollars leurs propres agriculteurs. La politique de la Banque mondiale a fait baisser d'ailleurs la part du soutien à l'agriculture dans les dépenses publiques : pour l'Afrique, entre 1980 et 2004, de 6,4 % à 5 %, pour l'Amérique latine de 14,8 % à 7,4 %, pour

---

343. Aurélie Trouvé, *Le business est dans le pré. Les dérives de l'agro-industrie*, Paris, Fayard, 2015.
344. *Les agricultures africaines*, revue *Recherches internationales*, décembre 2007.

---

l'Asie de 8 % à 2,7 %. Le vol des terres agricoles constitue donc bien une forme d'extractivisme absolu.

Les inventions des Folamour de l'alimentation industrielle

Le débat sur les OGM et la mutagenèse

Cinq sociétés transnationales contrôlent plus de 80 % du secteur semencier mondial. Ce processus d'accaparement s'est accompli en deux temps : les paysans ont d'abord délégué, dans le cadre de la « révolution verte », l'art de faire des semences à des professionnels, lesquels ont fabriqué des variétés toujours plus spécialisées et adaptées aux normes industrielles. Parallèlement, ces nouvelles variétés exigent une multiplication des intrants (engrais et pesticides).

Les OGM

Le XXIe siècle marque une nouvelle étape avec le basculement vers les OGM et le tout « biotech »[345]. Les OGM sont arrivés en Europe en 1995, au moment où les accords de l'OMC entraient en vigueur. Cette technique transgénique constitue une véritable rupture puisque la plante est transformée par l'intégration de bouts d'ADN d'espèces diverses (virus, bactéries, animaux, végétaux) : le but est donc de s'affranchir des barrières reproductives entre espèces afin de réaliser des chimères. On prend, par exemple, un gène de résistance au froid dans un poisson des mers gelées pour l'introduire dans une fraise afin de la congeler plus facilement pour sa commercialisation. Les OGM constituent une nouvelle étape dans l'appropriation du vivant grâce aux dépôts de brevets. Cette technique est particulièrement développée pour les céréales de base (maïs, soja et riz). Son développement a été légitimé par la notion de « progrès génétique » (d'amélioration des plantes). Les rendements ont certes augmenté mais pas au niveau annoncé et avec des échecs. Les OGM sont des plantes à pesticides puisque 98 % d'entre eux concernent des plantes manipulées afin qu'elles ne meurent pas quand on les arrose d'herbicides. On déplore également de nombreux dégâts collatéraux avec la contamination d'autres cultures et d'espèces naturelles. Se pose enfin la question de l'appropriation privée du vivant avec la possibilité de le breveter. Plus de 2 000 brevets ont déjà été accordés par l'Office européen des brevets, au détriment des droits des agriculteurs à renouveler leurs semences dans leurs propres champs. Il faut dire que la Commission européenne est très favorable aux OGM

---

345. Jacques Testart, *À qui profitent les OGM ?*, Paris, « Débats », Éditions du CNRS, 2013.

alors que les deux tiers des Européens y sont opposés… la biotechnologie dite « terminator », qui donnait des graines stériles, a certes été abandonnée, mais l'industrie obtient le même résultat avec la législation sur les brevets[346].

Après les OGM, la mutagenèse et la cisgenèse

L'industrie agroalimentaire développe également d'autres techniques comme la mutagenèse qui consiste à provoquer des mutations génétiques par des chocs imposés aux semences ou plantes, par traitements chimiques, radioactifs ou autres agressions, afin de fabriquer des souches résistantes aux herbicides (cela concerne des variétés de tournesol plantées en France). Ces mutations, parce qu'elles ne rentrent pas dans le cadre juridique des OGM, ne sont pas soumises à législation et à contrôle. La FAO et l'AIEA (Agence internationale de l'énergie atomique) listent cependant les variétés mutées par mutagenèse sur la base des déclarations volontaires et dénombrent ainsi déjà plus de 1 700 espèces et 3 000 variétés concernées. Les associations parlent donc avec raison d'OGM cachées et dénoncent le manque total de transparence.

Autre « biotech » promise à un bel avenir : la cisgenèse qui consiste à transférer des gènes entre organismes qui pourraient être croisés naturellement. On obtient ainsi des pommes cisgéniques modifiées pour ne pas brunir une fois épluchées, des melons à maturité retardée, des arbres fruitiers génétiquement modifiés pour mieux résister à la maladie du feu bactérien, etc. Ces aliments génétiquement modifiés par cisgenèse bénéficient d'une grande tolérance de la part de l'Agence européenne de sécurité des aliments (AESA) qui préconise un allégement des contrôles les concernant. L'association de veille citoyenne, InfoOGM, émet quant à elle de grandes réserves : « Il serait trompeur d'affirmer que la cisgenèse – aussi appelée "intragenèse" – est différente de la transgenèse dans son principe et ses effets. En effet, comme pour la transgenèse, le gène d'intérêt inséré dans les plantes cisgéniques, même issu de la même espèce, doit être affublé, comme tout transgène, d'un promoteur et d'un terminateur et doit être véhiculé et repéré. Il comporte donc des éléments génétiques issus d'autres espèces, comme des séquences d'ADN bactérien utilisées comme vecteur, des séquences virales utilisées comme promoteur, ou encore des gènes de sélection (par exemple des gènes de résistance aux antibiotiques). De plus, les incertitudes liées à l'insertion aléatoire du cisgène, et donc l'extinction

---

346. José BOVÉ (avec la collaboration de Gilles LUNEAU), *Hold-up à Bruxelles, les lobbies au cœur de l'Europe*, Paris, « La Découverte Poche/Essais » (n° 429), La Découverte, 2015.

de gènes natifs ou la production de protéines tronquées, sont les mêmes que celles soulevées avec la transgenèse »[347].

Alicaments, nutricosmétique et cosmeto-food

L'industrie agroalimentaire n'a de cesse de transformer ses produits pour augmenter leur valeur ajoutée et maintenir ainsi sa rentabilité. Quoi de mieux pour cela que de promettre que l'alimentation, loin de sustenter simplement biologiquement le consommateur, lui apportera aussi une bonne santé ou lui permettra d'accroître sa séduction grâce à une belle peau. L'humanité a certes toujours souhaité faire de son aliment son médicament selon la formule d'Hippocrate mais l'idéologie de « la santé parfaite », dénoncée par Lucien Sfez, renforce cette tendance. Peu importe que la majorité des indications médicales ou cosmétiques soient infondées car, dans ce domaine, seule la foi sauve et permet de rassurer le consommateur.

Nous pouvons distinguer les alicaments, qui prétendent donner la bonne santé, de la *cosmeto-food* (dénommée aussi « nutricosmétique »), même si les enjeux économiques sont voisins. Le marché des alicaments atteint 6 milliards de dollars et celui des nutricosmétiques, 3 milliards. Les consommateurs français sont ceux qui dépensent le plus par tête en compléments alimentaires nutricosmétiques, parmi les 12 pays couverts par une étude de marché récente[348]. Selon le magazine *Que choisir*[349], la nutricosmétique (ou *cosmeto-food*) est le « dernier concept marketing inventé par l'industrie agroalimentaire » et « semble promise à un bel avenir dans nos sociétés où le culte de l'apparence est roi ».

L'irradiation des aliments

L'irradiation des aliments (dénommée « ionisation ») est la condition même de leur globalisation. Cette technique est l'une des applications du principe « l'atome au service de la paix » présenté par le président Eisenhower devant l'Assemblée générale des Nations unies le 8 décembre 1953. On peut penser qu'au départ il s'agissait d'abord d'une vitrine de l'industrie nucléaire visant à exposer des technologies nucléaires pouvant sauver des vies plutôt qu'en détruire. Ce programme d'irradiation des aliments a été lancé officiellement en 1961 par trois agences de l'ONU : l'OMS, la FAO

---

347. http://www.infogm.org/la-cisgenese-techniquement-aussi-risquee-qu-une-transgenese
348. Rapport *Seaking Beauty Through Nutrition : Opportunities in Oral Beauty Products*, cabinet DataMonitor, mai 2009.
349. Florence Humbert, *Cosmetofood. Fausses promesses*, sur : http://www.quechoisir.org/alimentation/produit-alimentaire/actualite-cosmetofood-fausses-promesses, UFC-Que choisir, 29 septembre 2008.

et l'AIEA, cette dernière s'occupant du volet scientifique du dossier... En 1982, ce triumvirat s'interroge sur la nécessité de choisir une appellation moins stigmatisante : « Tout mot ou déclaration contenant le mot "irradiation" (ou "irradié") peut inspirer la crainte et provoquer le rejet du produit. » Le délégué ajoutait : « Nous devons discuter avec des experts de la publicité et de la psychologie afin de mettre à l'aise les consommateurs et développer un sentiment plus bienveillant vis-à-vis de l'irradiation »[350]. Le terme d' « ionisation » sera finalement retenu.

L'irradiation des aliments est donc un procédé utilisé pour décontaminer les denrées en détruisant les micro-organismes, ralentir le mûrissement, inhiber la germination et conférer une meilleure conservation. Elle consiste à soumettre les produits à un rayonnement gamma de très haute énergie, directement issu du cobalt, ou à un faisceau d'électrons de très haute énergie. Cette technologie nucléaire est mise en œuvre dans des installations contrôlées par les États. L'ionisation est désormais présentée comme la meilleure des solutions (ou la moins pire), elle serait bien meilleure que l'usage de produits chimiques dont la toxicité est avérée, elle serait bien plus souple que la surgélation et sans les risques liés aux ruptures de la chaîne du froid, elle serait bien mieux que le traitement par la chaleur qui se révèle impossible pour certains aliments. Les majors de ce secteur sont des sociétés américaines comme Titan, Isomedix/STERIS et l'Agence Internationale pour l'irradiation industrielle (devenue Association internationale pour l'irradiation).

L'utilisation de cette technique a beaucoup augmenté depuis 1999, quand les trois agences de l'ONU ont conclu que tout aliment pouvait être irradié sans aucun danger... Depuis, une soixantaine de pays ont donc autorisé cette pratique, d'abord évidemment dans le plus grand silence. La situation s'est cependant tendue lorsque des associations nord-américaines ont commencé à informer le public au sujet des risques pour la santé que présentait l'irradiation des aliments, à cause des pertes induites en vitamines, du développement des bactéries radiorésistantes, des cancérogenèses et mutagenèses, des risques liés au fonctionnement des installations classées et aux transports des matières nucléaires, des risques socio-économiques, puisque l'irradiation rend encore plus facile les délocalisations des sources d'approvisionnement vers des pays peu regardants sur le plan social et écologique.

---

350. [COLLECTIF], *L'irradiation des aliments, atôme, malbouffe et mondialisation*, ouvrage coordonné par le Collectif français contre l'irradiation des aliments, préface de Paul Ariès, Villeurbanne, 2008, Éditions Golias, *loc. cit.* p. 25.

Les opposants ont remporté une première victoire lorsque le gouvernement Bush a souhaité imposer la consommation d'aliments ionisés au sein de la restauration scolaire. Plusieurs villes ont pris des arrêtés interdisant cette pratique, dont Los Angeles et Washington. Mais, parallèlement, le gouvernement américain a mis en place le système des accords FEWP (Framework Equivalency Work Plan) afin de favoriser le commerce bilatéral d'aliments irradiés. Le premier accord FEWP signé entre les États-Unis et la Thaïlande, en 2006, concernait la mangue, le mangoustan, l'ananas, le ramboutan et le litchi… La deuxième victoire a été remportée en 1988 lorsque la Commission européenne a tenté de forcer la main au Parlement et au Conseil des ministres, en proposant un projet de directive clairement favorable à l'essor de l'irradiation… En 1999, une nouvelle tentative a abouti à un demi-échec, puisqu'une liste extrêmement limitative a été adoptée. Une troisième tentative en 2002 n'a pu remettre en cause le *statu quo*, même si les États ont obtenu le droit de maintenir les autorisations antérieures à 1999.

Le Collectif français contre l'irradiation des aliments (qui fédère aujourd'hui une vingtaine d'associations) s'est constitué en 2004 à l'initiative de Public Citizen Europe et de Food and Water Watch Europe avec pour objectif d'obtenir l'interdiction de l'irradiation des aliments en France et dans le monde par application du principe de précaution. La situation française est en effet inquiétante au regard des volumes traités et des aliments concernés. En termes de volume, la France est au troisième rang des pays européens (après la Belgique et les Pays-Bas) avec plus de 4 000 tonnes d'aliments irradiés. L'arrêté du 20 août 2002 fixe la liste des catégories des denrées pour lesquelles le traitement par irradiation est autorisé : les herbes aromatiques, les épices et les condiments, l'oignon, l'ail, l'échalote, les légumes et les fruits secs, les flacons et les germes de céréales pour produits laitiers, la farine de riz, la gomme arabique, les volailles, les cuisses de grenouilles surgelées, le sang séché et le plasma, les crevettes, l'ovalbumine, la caséine et les caseinates.

Les nanoaliments

Les nanoaliments concernent l'application au domaine alimentaire des nanotechnologies, l'une des quatre branches de la « révolution NBIC » (nanotechnologie, bactériologie, sciences de l'information et cognitives) lancée à grand renfort de financement par les États-Unis[351].

---

351. Paul Ariès, *La simplicité volontaire contre le mythe de l'abondance*, Paris, « La Découverte Poche/Essais (n° 350), La Découverte, 2007.

Nos modes de vie et notre alimentation devraient en être profondément affectés dès les prochaines années. Les nanomatériaux sont des particules minuscules, de l'ordre du millionième de millimètre. Dans l'agriculture, les nanotechnologies seront la prochaine étape vers le plus « petit » (après les OGM et la mutagenèse), en passant de la manipulation des gènes à celle des atomes. Le domaine agroalimentaire est celui dans lequel ont été annoncés les plus importants développements. Le mensuel *Les Zindigné(e)s* est un lanceur d'alerte grâce à l'Association de veille et d'information civique sur les enjeux des nanosciences et des nanotechnologies (AVICENN). Je reprends d'ailleurs ci-dessous, pour l'essentiel, l'information communiquée par l'AVICENN[352]. Plusieurs estimations du marché mondial des nanos dans l'alimentation ont été réalisées, proposant des chiffres allant de plusieurs centaines de millions à plus de 20 milliards de dollars. En agriculture, la manipulation des atomes permet de remanier l'acide désoxyribonucléique des semences en vue d'obtenir des plantes ayant de nouvelles propriétés (odeur, période de croissance, rendement, etc.). Dans l'alimentaire, les applications concernent autant les emballages que les denrées.

Les nanoéléments au contact des aliments

La plupart des applications des nanotechnologies dans le domaine alimentaire concernent aujourd'hui les matériaux au contact des aliments : emballages, surfaces de découpes, instruments de cuisine, parois de réfrigérateurs, etc. – elles ont pour but : de renforcer la solidité, la rigidité et la résistance à la dégradation de ces matériaux (nano nitrure de titane pour prévenir les rayures sur les emballages plastiques) ; d'accroître leur transparence ; de permettre une meilleure conservation des aliments en protégeant nourritures ou boissons contre les UV (nanoparticules d'oxyde de titane (TiO2) dans des emballages en plastique, nanoparticules d'oxyde de zinc) ; de supprimer la perte des arômes (nanoparticules d'oxyde de titane dans des bouteilles en plastique pour des bières aux États-Unis, nanoparticules de nitrure de titane dans des emballages en PET (polyéthylène téréphtalate) autorisés en Europe) ; de réguler l'humidité et l'oxygène (nanocouches d'aluminium ou d'oxyde d'aluminium utilisées pour des emballages de barres de chocolat) ; de combattre les microbes, bactéries ou champignons (nano oxyde de zinc (ZnO), nano dioxyde de titane et nano argent que l'on retrouve sur les parois internes de certains réfrigérateurs,

---

352. Association AVICENN, *Nanomatériaux et risques pour la santé et l'environnement*, Gap, Éditions Yves Michel, 2016.

sur des planches à découper, sur des récipients pour la conservation des aliments : barquettes alimentaires, films transparents, etc.).

L'AVICENN précise que les craintes portent sur la possibilité que des nanomatériaux migrent des emballages (ou des revêtements de surface des instruments de cuisine) jusqu'aux denrées : « Les modalités de ce transfert et les risques qu'ils pourraient entraîner sont encore largement méconnus et très variables car entrent en ligne de compte de multiples facteurs (la température, la durée du conditionnement, la nature des denrées conditionnées : liquides ou solides, etc. »

Les nanoéléments intégrés dans les aliments

Des nanomatériaux peuvent être également directement intégrés dans les denrées. L'AVICENN rappelle que certaines applications sont présentées comme des solutions innovantes à des problèmes nutritionnels et/ou sanitaires (comme la diminution de la teneur en graisse, en sel, en calories ou en émulsifiants des aliments) ou permettant une meilleure assimilation des nutriments et compléments alimentaires. D'autres nanoéléments sont aussi utilisés pour modifier les arômes, saveurs, couleurs et textures de certains aliments (des nanoparticules de dioxyde de titane servent de pigment blanc pour rendre des aliments plus blancs ou pour décliner une palette de couleurs en étant associées à d'autres colorants alimentaires), sur le glaçage de pâtisseries, par exemple. L'AVICENN ajoute que des nanoparticules, notamment des nanosilices, sont ajoutées dans certains produits alimentaires (plats surgelés, glaces, sauces pour lasagnes, nouilles instantanées, divers assaisonnements pour viande hachée et burrito, pancake, crème, légumes rôtis, etc.) afin de rendre leur texture plus homogène, plus onctueuse. L'AVICENN recense également les recherches faites pour diffuser des saveurs, par ouverture progressive de nanocapsules – des nanoagrégats de cacao permettraient d'accroître l'arôme de chocolat grâce à l'augmentation de la surface qui entre en contact avec les papilles gustatives. D'autres nanoéléments permettent un allongement de la durée de conservation des flaveurs (ou ensemble des sensations perçues à partir de la bouche : goûts, odeurs…) au moyen de l'intégration de nanocapsules qui libèrent progressivement des substances conservatrices dans les aliments : limonades, jus de fruits, fromages, margarine, chewing-gums, bonbons, barres chocolatées, etc.). On utilise aussi des nanoparticules de platine pour décomposer l'éthylène et ralentir le mûrissement des fruits et légumes et on ajoute un revêtement de nano argent sur des fruits coupés pour allonger leur durée de conservation… Le but à terme est aussi de créer des aliments « intelligents » agissant interactivement avec le consommateur pour

« personnaliser » les aliments, changer la couleur, le goût ou les éléments nutritifs sur demande…

La France fait figure de leader dans ce domaine et ne souhaite pas perdre cet avantage. Ainsi, l'Agence nationale de la recherche a intégré dans son appel à projets « P2N » (c'est-à-dire nanotechnologies et nano-systèmes) une demande pour soutenir des recherches sur « la protection et vectorisation de micronutriments indispensables au travers d'aliments nanostructurés », ou encore sur « les nouveaux additifs ou compléments alimentaires sous forme nanométrique ». Les députés du Parlement euro-péen ont débattu, lors de la session du 23 au 26 avril 2009, des dangers potentiels des nanoaliments et ont demandé une évaluation des risques, s'opposant ainsi aux positions de la Commission qui souhaitait faire adopter un seuil de 50 % de nanoparticules dans un produit pour qu'on puisse parler de nanoaliment. Le Parlement européen a donc rejeté toute idée d'assouplissement de l'étiquetage des aliments modifiés au moyen des nanotechnologies.

La viande clonée

Les techniques de clonage existent depuis le début des années 1950, mais le clonage de la brebis Dolly en 1996 a permis d'ouvrir le débat sur la consommation de viande clonée. D'autres animaux ont d'ailleurs très vite suivi : vaches, cochons, bœufs, lapins, juments, etc. Une étape a été franchie à la fin du XXe siècle par le clonage dit de « seconde génération » qui consiste à cloner un clone, c'est-à-dire à obtenir des organismes clonés à partir d'autres organismes clonés. L'exploitation commerciale de la viande clonée est à ce jour sans intérêt : déjà parce que seuls 5 à 10 % des œufs fabriqués et réimplantés produisent des clones viables et en bonne santé, ensuite par le clonage des mâles est beaucoup plus aléatoire que celui des femelles, enfin parce que le coût d'un animal cloné reste prohibitif, sauf comme reproducteur. L'Europe ne croit donc pas en la faisabilité de cette technique, c'est pourquoi une législation a pu être adoptée, interdisant le clonage d'animaux à des fins d'élevage et d'alimentation dans l'Union européenne, mais aussi l'importation sur le territoire européen de leurs descendants et de produits qui en seraient issus (viande, lait, matériel reproducteur, etc.). La Commission européenne, qui avait seulement proposé d'interdire le clonage animal en Europe, mais sans bannir la vente de viande ou de lait de leurs descendants, ni sans assurer la traçabilité de ces produits, a suivi. L'Europe semble donc avoir écouté les Européens puisque selon un sondage de 2008, 58 % d'entre eux se disent opposés au clonage pour la production alimentaire, pour des raisons liées au bien-être animal ou pour des questions relevant de l'éthique, et que 83 % souhaitent que la viande et le lait issus de descendants de clones soient obligatoirement étiquetés comme tel. Ce refus de la viande clonée peut donc être compris comme une limite portée à l'artificialisation de la viande, sauf si, pour les mêmes raisons invoquées contre le clonage, le bien-être animal notamment, l'Union européenne continuait à soutenir les projets de viande totalement artificielle…

Une agriculture sans élevage

Le grand danger du XXIᵉ siècle est l'invention d'une agriculture sans élevage avec le développement industriel de substituts aux productions animales (ce que recouvre la notion d'élevage « biotech »). Le mensuel *Les Zindigné(e)s* a engagé, grâce aux travaux de Jocelyne Porcher, sociologue à l'Inra, une réflexion sur la fin de l'élevage en tant que bien commun de l'humanité[353]. Depuis le début du XXIᵉ siècle, on ne compte plus en effet les investissements et les brevets déposés pour produire de la viande en cultivant en laboratoire des cellules musculaires de poulet, de bœuf ou de porc, comme on le fait déjà pour fabriquer de la bière ou des yaourts. Les promoteurs de cette agriculture sans élevage ne manquent certes pas d'arguments : supprimer la souffrance animale, réduire les émissions de CO2 dues à une alimentation carnée, se doter des moyens de nourrir 10 milliards d'humains en leur donnant la possibilité de manger de la (fausse) viande…

Les promoteurs de cette agriculture sans élevage se recrutent au sein des plus grandes firmes. La fondation Bill Gates soutient ainsi Beyond Meat et Hampton Greek Foods (Beyond Eggs) qui proposent des ersatz de poulet sans poulet, de bœuf sans bœuf, des œufs qui n'en sont pas. La firme Cargill a breveté un substitut de fromage essentiellement composé d'amidon. On commercialise également une mayonnaise réalisée sans aucun œuf. En 2011 et 2012, des chercheurs annoncent avoir réussi à fabriquer de la viande artificielle à partir de cellules-souches embryonnaires de dindes et de carapaces de crustacés découpées en microbilles, puis à partir de cellules-souches de bovins cultivées durant six semaines avant d'y ajouter de la chapelure, du sel, de la poudre d'œuf ainsi que du jus de betterave et du safran pour donner une couleur rouge à l'ensemble, le tout pour un coût de… 250 000 euros (!) pris en charge par le cofondateur de Google, Sergey Brin. En 2013, le premier burger artificiel entièrement produit en

---

353. Jocelyne PORCHER, *Vivre avec les animaux. Une utopie pour le XXIᵉ siècle*, Paris, « La Découverte Poche/Sciences humaines et sociales » (n° 401), La Découverte, Paris, 2014.

éprouvette à partir de cellules-souches de muscles de bœuf est réalisé par un laboratoire hollandais pour 290 000 euros (!!).

Les grands gagnants de cette agriculture sans élevage sont d'abord les producteurs de soja. Les premières viandes artificielles pourraient être introduites sur le marché sous forme de carpaccio avant de commercialiser dans dix ans de « vrais faux » morceaux produits *in vitro*. Cette solution présentée comme miraculeuse ne va cependant pas sans soulever quelques doutes : produire massivement de la viande artificielle entraînerait des coûts exorbitants, nécessiterait d'énormes quantités d'hormones pour favoriser la croissance et d'antibiotiques pour éviter les contaminations. Jean-François Hocquette, directeur de recherches à l'Inra, rappelle qu'il ne s'agit pas « d'une véritable viande, d'un morceau de muscle rouge strié, contractile. On a affaire à un simple amas de fibres musculaires, mais pas de viande puisqu'il manque les nerfs, les vaisseaux sanguins et les îlots de gras », ce gras pourtant indispensable pour les qualités organoleptiques (le goût) de la viande. L'argument écologique est également discutable car « les 70 % des terres agricoles utilisées pour l'élevage (à viande, mais aussi laitier) ne correspondent pas à la réalité des exploitations moyennes d'Europe engagées dans des pratiques écologiques (pâturage), contrairement à l'élevage "en *feed-lot*" nord-américain (où le bétail ne broute pas d'herbe mais est nourri à l'auge), ni celui d'Amérique du Sud où l'on déforeste pour pratiquer un élevage extensif ». Jocelyne Porcher ajoute qu'imaginer une agriculture sans élevage est par nature antiécologique. La chercheuse avance donc l'idée de créer de nouveaux rapports avec les animaux d'élevage sur la base de la logique du don (de bons soins) et de contre-don (de viande). J'ajoute que la solution écologique la plus viable reste donc encore de réduire sa consommation de viande[354]. L'élevage serait donc déjà une activité obsolète, mais demain ce serait toute l'agriculture puisqu'on nous propose grâce au tout « biotech » d'inventer des aliments sans lien avec la terre. L'élevage et l'agriculture deviendraient des activités de niche pour consommateurs aisés…

Une alimentation sans agriculture

La formule d'Henri Mendras (1927-2003) pronostiquant en 1967 *La fin des paysans* a frappé les imaginaires, mais elle fut souvent mal comprise. Le sociologue prédisait en fait la disparition de la civilisation paysanne et son remplacement par une civilisation technicienne, il annonçait donc la

---

354. Catherine THOYER, *Le Yin & le Yang*, avec la contribution de Jocelyne PORCHER et les photographies de Philippe BUSSET, « Des choses à dire », Montvicq (03170), Éditions du miroir, 2015.

---

fin de l'état de paysan et l'émergence du métier d'agriculteur (d'exploitant agricole). Daniel Tacet, dans son livre *Un monde sans paysans*, confirme l'analyse de Mendras : 50 millions de paysans disparaissent en effet chaque année… Ainsi, on assiste en France à une accentuation du phénomène de concentration des terres puisque 50 % des terres cultivées sont désormais aux mains d'un peu moins de 10 % des exploitants. Les causes de cette évolution sont connues : le choix d'un modèle agricole productiviste imposant des investissements considérables, l'augmentation du prix du foncier (plus 5 % par an en moyenne), les conséquences de la PAC (politique agricole commune de l'Union européenne) qui accorde 84 % des aides à seulement 20 % des exploitations.

Ce phénomène de concentration et d'industrialisation aboutit logiquement à la création de fermes géantes dont l'emblématique et caricaturale « ferme des 1 000 vaches » – une trentaine de projets seraient à l'étude actuellement en France –, mais la situation est souvent pire ailleurs : l'entreprise El Tejar cultive un million d'hectares au Brésil. Ce phénomène de concentration et d'industrialisation devrait donc se poursuivre mais surtout prendre une nouvelle signification avec l'essor des biotechnologies alimentaires… Le tout « biotech » sape en effet le lien de toujours entre la terre et l'agriculture (agriculture hors sol) risquant fort de remettre même en cause *in fine* le lien entre alimentation et agriculture. L'industrie rêve d'instrumentaliser le vieux rêve écologique de la ferme dans la ville comme elle instrumentalise déjà la cause animale (le bien-être animal y compris dans sa version végane). Ces biotechnologies ne concernent pas seulement les semences mais le type d'agriculture, avec l'essor des diverses formes d'agriculture hors sol comme l'hydroponie, une culture de plantes réalisées sur un substrat neutre et inerte (de type sable, billes d'argile, laine de roche) irrigué par un courant de solution industrielle apportant sels minéraux et nutriments nécessaires à la plante ; comme l'aéroponie qui remplace le substrat inerte par un brouillard nutritif obtenu par brumisation de solution nutritive et qui devrait se généraliser pour les pommes de terre ; comme l'aquaculture dans laquelle les racines trempent dans une solution d'eau modifiée.

Ces techniques augmentent les rendements en modifiant par exemple le rythme nycthéméral (succession du jour et de la nuit) afin de duper les plantes et de réaliser plusieurs récoltes par an. Ces techniques sont parfaitement adaptées à la réalisation des fermes dites « verticales » (ou « agriculture verticale ») qui cultiveraient des produits alimentaires dans des tours de grande hauteur (des gratte-ciel dédiés à l'agriculture). Dick Despommier, pionnier dans ce domaine, proposait en 1999 un projet de ferme urbaine de 30 étages capable de nourrir 10 000 personnes. Les premières réalisations concernent Singapour, la Chine, la Corée, Dubaï, Abu Dhabi, les États-Unis, le Danemark… Les groupes capitalistes avancent des arguments commodes : ces fermes verticales seraient seules capables de nourrir la planète au XXIe siècle, elles préserveraient les terres pour d'autres activités, elles développeraient une alimentation bio et de proximité qui ne serait plus une niche pour la seule population aisée, etc. Le choix est donc bien entre nourrir la planète avec quelques centaines de milliers d'agromanagers de ce type ou avec 1 milliard et demi de petits paysans défendant le principe de souveraineté alimentaire[355].

Le principe de souveraineté alimentaire

Pascal Lamy, alors directeur général de l'OMC, déclarait dans le journal *Libération* du 20 septembre 2010 que l'alimentation humaine ne peut être assurée que par la globalisation des échanges et que la souveraineté alimentaire est un leurre ; bref, selon lui, la solution serait du côté de la défense de l'agro-industrie, de la réduction de la diversité cultivée et de la stigmatisation des *locavores* qui militent pour la relocalisation de l'agriculture et de l'alimentation. L'association internationale MINGA a immédiatement réagi en construisant des *Réponses à l'OMC* sous la forme d'un livre manifeste, *Seule la diversité cultivée peut nourrir le monde* (avec la participation de Stéphane Hessel, d'Edgar Pisani, ancien ministre de l'Agriculture, de Vandana Shiva et d'une trentaine d'autres contributeurs internationaux, dont moi-même avec une contribution sur « Alimentation et écologie »[356]. Le principe de « souveraineté alimentaire », introduit par le réseau international paysan Via Campesina au Sommet mondial de l'alimentation de 1996, constitue l'ossature de cette réponse à l'OMC[357]. Ce principe connaît de multiples applications concrètes en matière de reconnaissance effective du droit à l'alimentation, tels le droit de produire ses propres semences (ce qui suppose la renaissance des semences paysannes et la mise en cause de l'inscription obligatoire à l'inventaire des semences), le développement des AMAP (Associations pour le maintien d'une agriculture paysanne), la création de régies municipales agricoles pour approvisionner en produits « bio locaux » la restauration scolaire

---

355. Gaspard d'ALLENS et Lucile LECLAIR, *Les néo-paysans*, Paris, « Reporterre », Éditions du Seuil, 2016.

356. [COLLECTIF], *Seule la diversité cultivée peut nourrir le monde. Réponses à l'OMC*, Paris, Éditions du Linteau, 2011.

357. Alexandra STRICKNER, Gérard CHOPLIN et Aurélie TROUVÉ, *Souveraineté alimentaire… Que fait l'Europe ?*, Paris, Éditions Syllepse, 2009.

(comme à Mouans-Sartoux, dans les Alpes-Maritimes), etc. L'objectif du principe de souveraineté alimentaire est de « garantir en droit international la possibilité de mettre en place des politiques agricoles et alimentaires les plus adaptées à la population, avec possibilité de protection aux frontières et sans impacts négatifs sur les populations des autres pays ».

Le débat sur les semences paysannes

L'imposition des plantes transgéniques à la fin du XXe siècle, comme seul horizon aux cultures de demain, a permis de prendre pleinement conscience des grands enjeux actuels[358]. On ne pourra nourrir la planète et réussir la transition écologique avec des semences non reproductibles. Aussi, après un demi-siècle de monopole des semences industrielles liées à une agriculture hyperproductiviste, plus de 80 organisations ont rejoint le « réseau semences paysannes » qui sert de colonne vertébrale à ce qui constitue un véritable mouvement social. L'idée d'un réseau de producteurs de semences paysannes, c'est-à-dire d'un mode d'agriculture plus autonome, tout à la fois écologique et paysan, repose sur le droit des communautés locales et des peuples de se nourrir de leurs productions culturellement adaptées, selon le principe de souveraineté alimentaire. Le réseau semences paysannes favorise ainsi les échanges horizontaux de pair à pair (avec la création de bourses d'échange et de maisons de la semence paysanne).

Ces expériences conduisent à différencier trois types de semences avec leurs caractéristiques : les semences industrielles, produites soit à partir d'une sélection classique, soit à partir d'hybrides F1, d'OGM ou de plantes mutées, qui sont parfaitement standardisées ; les semences de ferme, qui sont des graines récoltées à partir de semences industrielles mais multipliées par l'agriculteur (cf. la Coordination nationale de défense des semences fermières) ; les semences paysannes, sélectionnées et reproduites par les paysans directement dans leurs champs, qui ne sont ni standardisées ni stabilisées parce qu'elles sont issues de méthodes de sélection naturelle non transgressives et parce qu'elles sont adaptées à la diversité et à la variabilité des terroirs, des climats, des pratiques paysannes et des besoins humains. Or toutes les semences pour être commercialisables doivent être inscrites dans le « Catalogue officiel des variétés », qui existe depuis le début du XXe siècle mais dont l'industrie semencière est parvenue à transformer l'esprit grâce au décret du 18 mai 1981, puisqu'il ne s'agit plus tant de

---

358. Robert Ali Brac de la Perrière, *Semences paysannes, plantes de demain*, Paris, « Dossier pour un débat », Éditions Charles Léopold Mayer, 2014.

lutter contre les risques de fraude que de défendre une certaine conception de l'agriculture à partir de semences totalement standardisées et stabilisées. Si l'ensemble des pays européens, et beaucoup d'autres dans le monde, disposent de tels catalogues, seule la France a choisi d'en faire un instrument de lutte contre la diversité génétique. Conséquences : les conditions de l'inscription obligatoire sont contraires à la nature des semences paysannes, sans même évoquer la question du coût (pour une variété de céréales : plus de 6 000 euros, auxquels il faut ajouter plus de 2 000 euros pour les dix premières années). Le « Catalogue officiel des variétés » est ainsi devenu non seulement nuisible aux petits paysans mais à la défense de la biodiversité cultivée. L'association Kokopelli parle à son sujet de « nuisance agricole ». Le débat est donc ouvert et la question est de savoir si la qualité des variétés botaniques et des plantes dépend de la stabilité des caractéristiques variétales, donc de leur niveau de standardisation, ou, au contraire, de leur adaptabilité à des biotopes et à des contextes changeants – ce qui conduit à une moindre fixité des caractères de la variété au profit d'une plus grande diversité. N'aurons-nous pas besoin avec le changement climatique de disposer d'un pool génétique très souple ?

La révolution du rapport à l'alimentation

La révolution du contenu de l'assiette masque trop souvent une seconde révolution, tout aussi importante mais passant inaperçue, signe que nous considérons cette évolution comme normale. Cette seconde révolution concerne le rapport à l'alimentation : comment mange-t-on ? Cette dimension essentielle explique que les régions les plus pauvres donnent souvent les cuisines les plus savoureuses car elles compensent leur handicap de départ par la richesse de leur élaboration. Or le mangeur du XXIe siècle consomme de plus en plus n'importe quoi, n'importe quand, n'importe où, et n'importe comment en réintroduisant des manifestations corporelles jusqu'alors censurées comme manger debout, manger avec ses mains, manger dans le désordre, faire du bruit, s'empiffrer, etc. Nous pourrions nous réjouir de cette liberté qui permettrait enfin de manger sans tabou, avec n'importe qui et pour n'importe quelle raison. À moins bien sûr que cette déculturation, désymbolisation et déritualisation de la table, ne finisse par se pervertir en anomie, c'est-à-dire en absence de normes permettant à chacun de régler son comportement.

Si les maîtres mots concernant l'évolution du contenu de l'assiette sont l'artificialisation et la dénaturation, ceux relatifs au rapport à l'alimentation sont la déstructuration et la désymbolisation. Certes, la France fait moins pire que ses proches voisins anglo-saxons mais comment peut-on soutenir en 2012, comme le fait Céline Laisney, que le modèle français ne serait pas (encore) menacé ? Nous verrons que tout dépend des questions que l'on pose et que les mutations en cours ne concernent pas seulement des mesures statistiques pour aussi importantes qu'elles soient : « De façon très stable depuis 1988, encore 8 ménages sur 10 mangent le même menu au dîner. De même, 57 % des Français sont occupés à manger à 12 h 30 contre 38 % des Belges, 20 % des Allemands, 14 % des Britanniques. La consommation hors repas est deux fois moins importante en France qu'aux États-Unis (10 % des apports énergétiques d'une journée contre 22 %). De plus, la convivialité joue toujours un rôle important dans le modèle alimentaire français : pour 67 % des ménages, le fait de se retrouver ensemble est l'élément le plus important lors du déjeuner à domicile. L'équipe internationale dirigée par Claude Fischler et Estelle Masson a travaillé sur la question des différences culturelles et mis en évidence que les Français se reconnaissaient plus dans les portraits du "mangeur convivial" et du "gourmand gourmet", contrairement aux Britanniques et aux Américains qui penchent du côté du "mangeur rationnel" »[359].

Le Centre de recherche pour l'étude et l'observation des conditions de vie (CRÉDOC) a publié en 2012 une étude comparative entre l'alimentation des Français et des Nord-Américains. Ses conclusions sont beaucoup moins positives. Il en ressort que si les Américains mangent globalement plus sucré, l'apport en acides gras saturés et en cholestérol est plus important chez les Français en raison de la charcuterie et du fromage, et que la situation des jeunes Français est pire que celle des jeunes Américains : les jeunes de 21 à 34 ans en France mangent moins bien que les Américains du même âge, multipliant les sandwichs sans consommer beaucoup de fruits et légumes. L'étude révèle également une forte baisse de la diversité entre 2007 et 2010 pour les moins de 14 ans. Les apports caloriques sont donc devenus identiques en France et aux États-Unis et la seule chose qui explique encore que nous souffrions moins d'obésité est un meilleur respect de la chronobiologie, une alimentation qui reste davantage structurée autour des repas quotidiens.

Notre modèle est donc bien en danger même si nous pouvons encore prendre appui sur quelques caractéristiques de l'alimentation française, produits de notre histoire : trois repas principaux par jour ; des repas pris à des heures relativement fixes et communes à tous ; un temps de préparation et une durée des repas relativement élevés ; un repas structuré par deux ou

---

359. Céline Laisney, *L'évolution de l'alimentation en France, op.cit.*

trois composantes prises dans l'ordre ; une grande importance accordée au goût des aliments, un savoir-faire transmis par l'expérience[360].

Ainsi peut-on soutenir que le mangeur de ce début du XXIe siècle se trouve à la croisée des chemins, encore entre deux tables, mais, incontestablement, il devient toujours plus solitaire et faussement cosmopolite, sa table ne lui parle plus vraiment ; face à une profusion de mets interchangeables, le mangeur d'aujourd'hui tombe dans l'indifférence et sombre dans l'apathie.

Une table sans cuisinier

Le mangeur du XXIe siècle fera de moins en moins sa cuisine tout comme ses ancêtres en ont fini au XXe siècle avec l'autoproduction à l'exception du bricolage (jardin potager, couture, tricot...). Les architectes conçoivent même des appartements sans « coin cuisine », mais pour d'autres raisons que la jeune Russie des Soviets qui pensait possible de collectiviser tout ce qui contribuait à l'aliénation des femmes (le ménage, la garde et l'éducation des enfants, la cuisine). Le divorce entre le cuisinier et le mangeur se réalise cette fois au profit d'une nouvelle alliance entre, d'une part, le mangeur métamorphosé en simple consommateur et, d'autre part, les produits alimentaires devenus, malgré les protestations, des marchandises comme les autres.

Le XXe siècle a vu naître la figure du consommateur à la place de celle ancestrale du mangeur. La consommation n'est pas seulement une autre façon plus moderne de qualifier des usages. On ne naît pas consommateur et tous les historiens reconnaissent qu'il faut en principe deux générations pour métamorphoser des usagers maîtres de leurs usages en consommateurs. La société de consommation n'est pas d'abord en effet une société où l'on consomme davantage que dans une autre, elle ne vient pas avant tout combler un vide, satisfaire un manque, elle repose sur la casse des cultures traditionnelles populaires, sur la disparition des autres façons de vivre, penser et rêver. Ceci explique la force des résistances, qu'elles soient individuelles ou collectives, et pourquoi il subsiste encore des spécificités régionales, culturelles et pas seulement sociales.

Les métamorphoses actuelles de la table sont inséparables de l'invention de nouvelles technologies qui sapent les relations traditionnelles du cuisinier et du mangeur (au sein même des familles). Ce couple connaît une crise durable qui pourrait bien déboucher sur un divorce. Le succès des émissions de téléréalité mettant en scène des cuisiniers amateurs et

---

360. *Id., ibid.*

professionnels, comme celui des cours de cuisine dispensés par des professionnels auprès d'amateurs cherchant à maîtriser quelques plats, ne sont que des compensations dérisoires face aux évolutions. L'industrie déculpabilise aussi le consommateur de produits « tout faits » en lui laissant finaliser le produit industriel : c'est au consommateur qu'il reviendra de verser sur ce qu'il s'apprête à manger le sachet d'épices, ou le petit sac de sauce, gracieusement fourni avec son paquet sous vide ou à réchauffer au micro-ondes.

La cuisine d'assemblage

L'avenir du cuisinier (amateur ou professionnel) dépend étroitement des succès de l'industrie agroalimentaire et notamment de l'essor des biotechnologies de production et de conservation. La cuisine a donc connu au XXᵉ siècle une triple évolution avec l'émergence des produits semi-finis, avec les surgelés et le sous vide. Ces nouvelles technologies ont créé une cuisine dite « d'assemblage », étape vers la généralisation prochaine des produits totalement prêts à manger. Cette cuisine d'assemblage évolue déjà vers une cuisine dite « terminale » où il suffit de remettre en température des plats conçus et fabriqués industriellement. Cette cuisine d'assemblage ne sape pas simplement les savoir-faire professionnels, mais le sens même de ce qui faisait la cuisine. Il suffit désormais d'assembler des bases culinaires cuites séparément et réunies dans l'assiette. Le changement du vocabulaire professionnel de la cuisine témoigne de cette profonde mutation : alors qu'on utilisait autrefois le répertoire musical, on parlait de chef, de piano (fourneau), de gammes, on disait qu'on ajoutait une note (saveur), qu'on composait un menu, etc., on emploie aujourd'hui le répertoire industriel (on n'a jamais assemblé une symphonie, on la compose…) en parlant de calcul de coût, d'efficacité, de fiches techniques, de cuisine terminale, etc. En outre, cette cuisine industrielle altère certaines caractéristiques nutritionnelles et organoleptiques des denrées : on ne travaille pas de la même façon des produits ayant subi des transformations de nature et d'intensité variable comme la déshydratation, la congélation, l'inertage, etc. Cette somme d'innovations comportait au départ relativement peu de produits révolutionnaires. C'est pourquoi elle est passée longuement inaperçue avant les OGM, alicaments et autres nanoaliments. Ces nouveaux produits étaient de simples ajouts aidant le cuisinier dans certaines phases délicates de son travail : on a ainsi remplacé la quinzaine d'ingrédients autrefois nécessaires pour réaliser en vingt-quatre heures un fond de sauce à base d'os par un produit industriel équivalent, directement utilisable et ne présentant de surcroît aucun risque microbiologique.

Les modes de service eux-mêmes ont été révolutionnés pour répondre à cette évolution. Le placement des convives, l'ordre des couverts et des verres parlent beaucoup moins aux mangeurs. La généralisation du service à l'assiette n'est en rien un nouveau langage signifiant quelque chose, mais simplement un bon moyen de réduire les coûts, d'embaucher du personnel moins qualifié et donc moins payé, ne sachant plus faire des découpes en salle mais sachant porter une assiette et soulever une cloche. L'adoption des verrines relève de la même veine puisqu'elle permet de réduire d'autant plus le coût-matière qu'on utilise des rebuts autrefois gaspillés.

L'abondance contre le choix

L'industrie agroalimentaire offre des gammes longues de produits faussement diversifiés. Les grandes surfaces commercialisent des centaines de produits lactés différents mais ne proposent plus que quelques variétés standards de fruits, de légumes ou de légumineuses. La denrée alimentaire disparaît ainsi sous sa forme marchande et se trouve toujours plus euphémisée : on mange de la salade, du fromage, de la viande, mais sans être capable de nommer les variétés, alors qu'on peut citer des dizaines de marques de produits alimentaires ou de plats exotiques. Cette tendance doit être prise très au sérieux car elle aboutit à réduire la denrée à une matière. Cette éphémérisation est aussi une réponse industrielle à la transformation des phénomènes de goût et de dégoût comme le prouvent les poissons commercialisés sous une forme artificielle (des bâtonnets...) ou la viande acceptée uniquement si elle a perdu ses exsudats, ses nerfs, son gras apparent... Les bas morceaux, dont la cuisine a longtemps constitué un sommet de l'alimentation, ont presque totalement disparu de nos assiettes : tétines (mamelles de vache), gras-double (pourtant essentiel à un bon tablier de sapeur), cervelles..., de même que les pièces du boucher : poire (de bœuf), merlan (de bœuf), araignée (de bœuf), souris (d'agneau)...

La diversité alimentaire que nous propose l'industrie n'est largement que formelle, elle est donc celle d'un faux choix. Dans les cafétérias (de la restauration commerciale ou sociale), le client a effectivement le choix entre plusieurs entrées, plusieurs plats, plusieurs desserts mais, tous les jours, il a le choix entre les mêmes produits, contrairement aux formes de restauration servies à table avec menu fixe... La majorité des enfants ne mange régulièrement que quelques denrées de base (pâtes, frites, charcuterie...). La grande distribution a paradoxalement engendré une assez grande pauvreté. Combien de variétés de haricots ? Combien de types de choux ou de pommes de terre ? La diversification n'est réintroduite qu'à

---

des fins commerciales, ainsi le pain s'est diversifié pour ne pas disparaître totalement de nos tables. C'est pourquoi la carte des pains s'enrichit au fur et à mesure que sa consommation décline (pain parisien, pain de mie, pain de campagne, pain de seigle, pain de son, pain complet, pain aux noix, pain aux algues, pain aux céréales, pain aux oignons, pain au lait, pain aux raisins, pain aux germes, pain au cumin, pain au pavot...). Ce pain moderne a même reconquis quelques parts de marché en détournant une ancienne contrainte technique pour apparaître (faussement) traditionnel : le farinage des pâtons a aujourd'hui pour unique raison d'être de donner au pain un aspect rustique.

De nouveaux rapports au temps

La cuisine entretenait autrefois des rapports multiples au temps : temps des saisons, temps du choix, temps des approvisionnements, temps de la préparation, temps de la consommation... La conserve est passée ainsi, du XIXe au XXIe siècle, de la nécessité au plaisir. Alors que l'humanité avait toujours dû stocker pour réussir la soudure entre deux récoltes, elle s'est largement émancipée du temps en raison de l'artificialisation des produits alimentaires. L'ONU déplore d'ailleurs que le niveau des stocks alimentaires mondiaux soit au plus bas. Les méthodes modernes de conservation modifient certes beaucoup moins les caractéristiques organoleptiques des denrées mais les techniques anciennes avaient aussi l'avantage de créer de nouveaux produits : charcuterie, poisson fumé, morue ou lard salé, choucroute, etc. Le XXe siècle a abouti non seulement à une accélération mais à une dénaturation du temps, avec la primauté des temps courts sur les temps longs, des temps rapides sur les temps lents, de la longue conservation, voire de la désaisonnalisation, apportée par les nouvelles technologies. L'alimentation, tant du côté du cuisinier que du mangeur, se soumet à une contrainte d'instantanéité dont témoignent les restaurations à emporter, livrées, automatiques, industrielles.

La cuisine d'assemblage n'innove pas en agrégeant des éléments distincts, mais en permettant de les fondre sans aucune contrainte de temps. Elle supprime ainsi la durée nécessaire pour parvenir à une harmonisation progressive des matières (un des secrets d'une bonne cuisine) : une purée et un fond de sauce s'élaborent désormais en quelques secondes... La restauration rapide (et pourquoi pas l'amour rapide ?) constitue à cet égard une figure emblématique puisque les durées de cuisson sont fixées internationalement et imposées électroniquement afin que nul ne commette l'hérésie de substituer l'œil du cuisinier à la

---

précision de l'horloge. Face à la « néfaste-food » s'est inventée depuis l'Italie la *Slow Food*[361]...

Le temps du mangeur se métamorphose également même si la France fait encore exception. L'homme qui mangeait autrefois en fonction du soleil est passé ensuite à table à heure fixe, indépendamment du rythme des saisons, mais en fonction des horaires de travail et des programmes de télévision. Cette évolution concerne le moment du repas, sa durée et son ordre. Le mangeur consomme ses denrées davantage n'importe quand, mais aussi dans n'importe quel ordre, ne respectant ainsi ni le temps spécifique du repas ni celui propre à chacun des aliments. Dans les cafétérias, on ingurgite son plat (encore) chaud avant de consommer son entrée. Cette déstructuration de la temporalité alimentaire favorise le papillonnage, c'est-à-dire la multiplication des prises alimentaires (une moyenne de 20 prises par jour aux États-Unis). On finit par ne plus prendre le temps de manger, mais on mange (et on boit) en permanence.

Cette déstructuration des temps du repas a permis le développement des modes alimentaires. Des modes alimentaires ont certes toujours existé mais de façon marginale et non structurante. Aujourd'hui, le marché et la technologie, après avoir aboli le rythme naturel des saisons et des denrées, imposent leurs propres rythmes comme nouvelle temporalité, celui, par exemple, de la bière de mars, autrefois véritable nécessité technologique et aujourd'hui banal enjeu marketing, celui, autre exemple, de McDonald's qui ne commercialise le McTimber, le McFarmer et le McRancher qu'à certains moments de l'année... créant ainsi de fausses situations de pénurie et de saisonnalité ! L'alimentation se soumet plus volontiers aux diktats de la mode car elle doit sans cesse se renouveler pour satisfaire une demande de changement que la nature semble laisser insatisfaite. Alors qu'il perd le plaisir de (re)découvrir à chaque saison la première fraise ou la pomme de terre nouvelle, le mangeur du XXIᵉ siècle s'extasie devant la dernière aromatisation artificielle d'un yaourt ou la dernière innovation technologique concernant l'ouverture d'une brique de lait ! L'aliment s'éphémérise aussi sous le coup des modes diététiques (avec ou sans sucre, avec ou sans bifidus, mauvais ou bon cholestérol, etc.) ou technologique (le pack, la brique, etc.). La restauration dite « thématique » enchaîne les thèmes à une vitesse frénétique, faussement japonais à midi, tex-mex le soir, en réduisant l'exotisme à de belles couleurs et à des épices puissantes.

---

361. Carlo PETRINI, *Slow Food, manifeste pour le goût et la biodiversité. La malbouffe ne passera pas*, Gap, Éditions Yves Michel, 2015 ; *id., Bon, propre et juste. Éthique de la gastronomie et sauvegarde alimentaire*, Gap, Éditions Yves Michel, 2006 ; *id., Terra Madre. Renouer avec les chaînes vertueuses de l'alimentation*, Paris, « manifestô », Éditions Alternatives, 2011.

Le consommateur de denrées alimentaires des XXe et XXIe siècles fait figure d'exception au regard de la longue histoire de l'humanité qui proscrivait fermement le fait de manger seul, puisque cela représentait la transgression de notre dimension politique, sociale et, donc, morale.

Le système a dû imposer cette réforme comme en témoignent les résistances populaires à la généralisation de la journée continue, à l'éloignement du lieu de travail et de l'habitat familial mais aussi l'invention de diverses formes de restauration collective dont la fameuse cantine. Puisque l'homme est ce qu'il mange, s'alimenter seul est donc bien « manger de la solitude ».

Nous en connaissons les méfaits en termes d'accélération du temps du repas, de moindre attention portée à ce qu'on mange et à la façon de le manger (en passant véritablement à table), en termes de malnutrition, notamment pour le conjoint survivant au sein des couples âgés... Manger seul n'a pas que des effets biologiques, mais change la conception même de la table en renforçant la dimension nutritive au détriment des autres fonctions sociales, telle, entre autres, la convivialité. Celui qui mange seul fait le plein de nutriments, il s'alimente surtout pour se nourrir.

Cette solitude contribue à la banalisation de l'alimentation et, au mieux, au fétichisme alimentaire, comme si l'essentiel était le contenu de l'assiette et non pas tout ce qui se construit autour. Le repas partagé conserve certes la place de lieu commun par excellence de la famille, mais le petit déjeuner est systématiquement éclaté (dans l'heure de la collation et dans sa composition), le déjeuner n'est qu'exceptionnellement commun et le dîner n'est collectif que pour un ménage sur deux.

L'alimentation conjointe ne signifie même plus nécessairement qu'elle soit commune : on joue dans les familles à « frigo ouvert » et au restaurant chacun commande selon son bon plaisir. Conséquences : on propose de moins en moins de plats pour plusieurs dans les restaurants et on prend la fâcheuse habitude de ne plus servir tous les convives d'une table dans le même temps. Nous ne sommes décidément plus à l'époque où les amoureux choisissaient deux pizzas différentes pour pouvoir échanger ensuite, avec leur demi-part, leur promesse d'amour. Manger seul n'est même plus vécu comme une transgression (qui pourrait être alors plaisante), comme de manger exceptionnellement à même la casserole ou dans le papier d'emballage... Les derniers bastions de la restauration sociale partagée cèdent avec la généralisation des cafétérias et des distributeurs automatiques et avec le grand retour de la gamelle pour les salariés. Cette évolution est facilitée par l'invention des produits-services en portions individuelles. On se retrouve de temps en temps pour un grand repas mais chacun sait que la vraie vie est ailleurs.

Le mangeur faussement cosmopolite

L'homme de la fin du XXe siècle et du début du XXIe siècle mangerait certes de façon déstructurée, mais, malgré tout, il accéderait davantage à la cuisine des autres. Croire cela, c'est confondre ce qui relève d'une véritable découverte et d'une rencontre manquée ! Manger chinois, ce n'est pas d'abord manger du riz avec des baguettes mais comprendre que chaque aliment signifie quelque chose en lui-même, en fonction de son mode de préparation. Ainsi, pour un repas amoureux, faut-il préférer des mets avec des formes arrondies car la sphère est le symbole de l'amour, et pour un repas d'anniversaire, des mets allongés comme une promesse de longévité. Manger japonais, c'est d'abord manger frais et non pas des sushis industriels. Manger indien, c'est d'abord savoir qui a préparé le repas en fonction de sa caste. La modernité a façonné une sorte d'espéranto alimentaire pour une humanité qui ne sait plus vraiment ce que manger veut dire et se contente de réduire la cuisine des autres à un signe. Ce rétrécissement du monde se cuisine déjà dans les marmites des grands groupes alimentaires. Cette globalisation alimentaire présente deux visages tout aussi insipides l'un que l'autre. Le consommateur accède déjà, de Paris à Pékin, à une nouvelle cuisine donnée comme mondiale. On mondialise certains plats comme on mondialise le costume sombre des dirigeants. On mondialise certaines boissons comme on mondialise le mobilier des chambres dans les hôtels internationaux, et paraît-il même, la façon de s'embrasser, de s'épiler et de faire l'amour... J'ai déjà montré que cette globalisation a une double logique, celle du plus petit commun dénominateur, mais aussi celle de l'impérialisme de certains codes occidentaux. On mondialise aussi certains plats que l'on présente comme typiques ou comme nés du métissage des cultures, alors qu'on ne retient généralement qu'un signe qu'on fait fonctionner à la place du tout... Cette globalisation alimentaire repose sur une véritable folklorisation de la table. Comment mettre en boîte un couscous, par exemple, sans produire tout autre chose que le plat d'origine ? Le « fast-couscous » se moque ainsi des particularités du couscous indigène (avec ou sans viande, consommé comme plat ou en dessert, sucré ou salé, au miel ou avec des raisins, etc.). Il fait l'impasse sur la façon de manger (avec les doigts mais pas n'importe comment) et sur la signification sociale de ce plat, pour ne conserver finalement qu'un exotisme de pacotille. Nous savons déjà que la condition de la mondialisation de la pizza fut son appauvrissement culturel par la privation de ce qui était (trop) typé, l'ail et le basilic frais, l'huile d'olive fruitée…

Ne nous leurrons pas, cet appauvrissement culinaire est bien la condition de sa globalisation. On peut oser ici une comparaison avec la mondialisation du djembe (véritable instrument de musique du peuple malinké qui permet de jouer plusieurs centaines de rythmes et même des polyrythmies). Le djembe est devenu une sorte de tam-tam binaire, marquant la suprématie du rythme sur la mélodie. Le rythme est ce qu'il y a de plus proche du corps biologique (commun à chacun) alors que les variations mélodiques dépendent des aires culturelles et d'un long apprentissage. L'opéra chinois, le véritable flamenco, le chouchen breton, la saucisse blanche alsacienne (*brotwurscht*) se méritent. La restauration rapide (dont McDonald's reste le parangon) permet de comprendre les enjeux. Cette alimentation ne relève pas d'une sous-culture mais d'une infraculture dans la mesure où le produit est conçu pour viser les sensations organoleptiques de base (le sucré, le salé, le craquant, le croustillant, le mou) et satisfaire ainsi le plus grand nombre de convives. C'est pourquoi j'avais pu dire dès 1997 dans *Les Fils de McDo* que ce n'est pas dans la bouche que McDonald's avait mauvais goût mais dans la tête car c'est une alimentation qui empêche de grandir, en satisfaisant le palais reptilien (comme on a pu parler parfois d'un cerveau reptilien). C'est pourquoi McDo n'est pas l'exemple de l'alimentation nord-américaine puisque sa conception rompt avec les traditions des différentes cultures qui composent le melting-pot. Si le Portugal avait été le pays le plus avancé en matière de globalisation, McDo aurait été portugais. Le BigMac est l'emblème d'une culture qui ne sait plus véritablement ce que manger veut dire. Son « secret » est d'avoir vidé chacun de ses ingrédients de ses principales caractéristiques : la viande n'en est plus vraiment une en étant hachée, trop cuite, en ayant perdu sa résistance et ses exsudats, le pain n'en est plus vraiment un à cause de sa consistance et de l'absence de miettes, le fromage et la salade sont réduits à une fonction essentiellement décorative… C'est pourquoi on peut légitimement établir une comparaison avec le stade du bonbon : on sait que le sucre étant immédiatement plaisant, on fait plaisir à un enfant européen, africain, asiatique, américain, mais sans oublier qu'il existe des plaisirs gastronomiques plus raffinés, donc plus éduqués.

Ce cosmopolitisme, qui n'est au départ qu'une sous-culture, finit par remplacer les cuisines réelles. Nous voisinons ici avec les thèses développées par Umberto Eco dans *La Guerre du faux*. Ce brouillage des repères peut devenir aujourd'hui assez fort pour que le mangeur du XXIᵉ siècle choisisse de manger la cuisine de son terroir de la même façon qu'il mange celle de son passé, mais aussi celle d'autres cultures ou de tables imaginaires, comme celle de Vénus ou de Mars. La cuisine du terroir (actuellement en vogue) constitue ainsi un véritable exotisme de l'intérieur qui procède également de la folklorisation des cultures régionales et des produits locaux. Nous voyons poindre des cuisines faussement typiques comme on fabrique des produits faussement artisanaux, cherchant l'effet de réel à la place de la réalité (confiture Bonne Maman, café Grand'Mère). On invente des biolégendes (George Killian, Comtesse du Barry…) ou une patrie (Cantalou). Le saint-moret évoque un charmant petit village alors que son nom a été simplement inventé pour donner à ce produit lancé en 1981 l'image du village tranquille, qui-sent-bon-la-France avec son clocher, destinée à rassurer les acheteurs sur sa qualité. Au besoin, le plat se fait rudimentaire à la façon du meuble « patiné à l'ancienne ». On lance des gammes pour des fruits moches labélisés « gueules cassées », après être parvenu à commercialiser des produits parfaitement homogènes et sans typicité. Sans doute, le mangeur du XXIe siècle mange-t-il (presque) de tout, mais il ne digère plus rien, parce qu'il n'a plus de repères sinon brouillés. L'aventure culinaire suppose en effet l'entretien de sa propre culture ou du moins de quelques rudiments.

La biologisation du mangeur

L'humanité a toujours su qu'elle devait rendre compte de sa table à la fois sur le plan social, et culturel, et économique, et religieux, et politique et, bien sûr, déjà nutritionnel et médical. Cependant, le XXe siècle a incontestablement accouché d'une forte tendance à la biologisation de l'alimentation. Cette biologisation emprunte deux grandes voies. La première consiste à faire de l'aliment un matériel biologique manipulable à volonté car dépourvu de toute autre signification intrinsèque. L'homme mange pour se remplir l'estomac et s'il s'oppose aux OGM, c'est pour des raisons de santé. La matière brute l'emporte sur la culture et le plaisir, justifiant la généralisation des coupe-faim. L'autre voie consiste à surcharger l'alimentation en potentialités nutritionnelles ou médicales, au point d'en faire un moyen de façonner l'homme, c'est-à-dire de nier sa fatalité biologique. Cette évolution faussement moderne prend appui sur des représentations traditionnelles. Chez certains peuples primitifs, les guerriers devaient s'abstenir de consommer du lièvre de crainte de devenir peureux, les femmes devaient éviter la viande de porc afin de préserver la beauté de leur progéniture. Au XXe siècle, la viande rouge était censée donner de la force. Certains comportements du mangeur du XXIe siècle restent déterminés par de semblables analogies : les oligoéléments ou le bifidus sont toujours censés donner une bonne santé et les allégations des « aliments-santé » et de la *cosmeto-food* sont, sauf exception, largement illusoires, voire mensongères. Ce système de croyances alimentaires relève d'une pensée magique car il postule la possibilité de faire interagir l'un sur l'autre les divers niveaux de la réalité. Cette pensée magique peut cohabiter avec des connaissances scientifiques car elles relèvent de registres différents. Cette culture archaïque a toujours fondé les utopies alimentaires imaginées pour guérir ou améliorer le corps mais surtout l'âme du mangeur autrement… pécheur.

Le mangeur du XXIᵉ siècle est spontanément un dévot de ce que Lucien Sfez nomma « le culte de la santé parfaite », cette idéologie de la « grande santé » doublement dangereuse, dangereuse déjà parce qu'elle travaille à un rapprochement des problématiques nutritives, sanitaires et sociales ; dangereuse aussi parce qu'elle surfe sur le refus d'être malade, de vieillir et de mourir, qui caractérise une humanité prête à céder au transhumanisme et à sa promesse d'humain augmenté. Le succès des aliments allégés ou enrichis, allégés et enrichis à la fois, celui des alicaments, expriment la nouvelle devise alimentaire : « Manger pour avoir la forme sans les formes. » Semblables utopies alimentaires ne sont certes pas nouvelles. Elles ont connu un essor important à la fin du XIXᵉ siècle dans certains mouvements hygiénistes (« un esprit sain dans un corps sain »). Ces *food movements* américains entendaient réformer l'homme en modifiant son alimentation et ont engendré par exemple l'empire Kellogg's, du nom de John Harvey Kellog, célèbre disciple de William Miller, pasteur de l'Église adventiste du septième jour, véritable gourou d'une croisade contre le pain blanc, la viande, les épices, le sucre au profit, bien sûr, des céréales.

Nous verrons en « Sortie de table » que ces utopies ont connu d'autres formes beaucoup plus coercitives. Il n'en reste pas moins que ce rapprochement des problématiques nutritives, sanitaires et sociales est souvent pervers. L'étude des relations entre les types d'alimentation et certains comportements sociaux est revenue à la mode. L'objectif est de déterminer quelle mauvaise alimentation serait responsable des mauvaises gens… Les enfants « hyperactifs » constituent la cible privilégiée de recherches qui se donnent pour objectif la prévention de la « mésadaptation » sociale. Les travaux actuels portent sur la nocivité de certains aliments courants mais aussi sur les effets favorables d'autres denrées. Ils soutiennent, par exemple, l'existence d'une relation forte entre une consommation excessive d'aliments sucrés et de céréales et un fort degré d'agressivité. Ils affirment parallèlement qu'une alimentation à base de produits laitiers et de légumes caractérise les non agressifs. Certains de ses experts en objectivation sociale multiplient les sous-catégories : ils établissent ainsi que la consommation de fruits est plus élevé chez les agressifs prosociaux que chez les autres. On objectera d'abord que ces corrélations statistiques ne prouvent strictement rien. On remarquera ensuite que ces travaux évacuent la dimension sociale et politique des phénomènes observés pour ne conserver finalement qu'une approche biologisante et psychologisante.

Diététique ou diététisme

Nous n'avons pas croisé de système alimentaire qui ne prétende contribuer à la bonne santé, même lorsque chacun devait manger en fonction de son rang et s'abstenir de désirer davantage. L'Église, qui refusait les plaisirs de la *gula* tout autant que ceux du sexe, était peut-être sincère. Les spécialistes actuels de l'alimentation, en prétendant nous aider à mourir en bonne santé, ne font donc pas exception, mais ils prétendent cependant fonder leur discours sur la science. Nous inspirant du fameux couple science et scientisme, j'aimerais opposer diététique et diététisme. Les dogmes du diététisme changent assez souvent en faisant systématiquement table rase des préceptes passés mais en parlant toujours avec la même autorité de ceux qui savent : on supprime ainsi le pain le lundi pour le rétablir le mardi, on vante le mercredi les mérites du bifidus pour rougir ensuite de sa crédulité, etc. Le diététisme puise presque exclusivement dans certains domaines de la biologie (anatomopathologie et physiologie) au détriment des branches comme la biologie moléculaire, l'immunobiologie ou la chronobiologie. Il ne tient pas compte de la capacité de résistance et d'adaptation des individus et ignore la communication intercellulaire. Il privilégie la notion d'organisation et la dimension individuelle de la maladie en réintroduisant une vision déterministe, selon le principe « une maladie, une cause unique », exclusive de toute approche probabiliste centrée sur l'étude de l'interface entre l'individu et son milieu. Cette vision morcelée du corps humain sous-estime que celui-ci est avant tout un système intégré et autorégulé. Cette vision morcelée du corps humain est, en revanche, féconde sur le plan commercial, car à chaque pathologie peut correspondre un « produit-miracle ».

De l'hygiène à l'hygiénisme

Les nouvelles normes industrielles homogènes éliminent les produits naturels réalisables par les paysans ou directement par les autoproducteurs. Le purin d'ortie, symbole de cette dérive sécuritaire et hygiéniste, n'a été sauvé qu'en devenant une marchandise. Au-delà, tous les produits naturels et les savoirs populaires en matière de soins des plantes et des animaux

---

risquent de se retrouver peu à peu interdits. L'industrialisation de la table a marqué des points lorsque le système est parvenu à imposer les mêmes règles d'hygiène conçues initialement pour la grande industrie. L'exemple type de cette dérive est la méthode HACCP (*Hazard Analysis Critical Control Point*), inventée par l'armée nord-américaine pour sécuriser l'approvisionnement des navettes spatiales, et imposée à toutes les formes de restauration commerciale ou sociale. Cette idéologie mortifère de la maîtrise des risques sanitaires est responsable de la faillite de nombreuses fromageries, charcuteries, boulangeries fermières ou artisanales, abattoirs de proximité, élevages familiaux de volailles de plein air, etc. De plus, en supprimant toute forme de vie, tout microbe, tout champignon, l'industrie crée le vide, et, comme on le sait, la nature ayant horreur du vide, les premiers organismes à coloniser ces espaces vierges sont évidemment des organismes pathogènes. La seule solution est alors de faire appel à des produits dangereux pour les combattre (antibiotiques, insecticides, fongicides, herbicides, vermicides, ovicides, vaccins de toute sorte pour éliminer toute forme de vie non contrôlée qui pourrait subsister). Cet hygiénisme, version alimentaire de l'idéologie sécuritaire, est aussi le prétexte à la mise en place de la traçabilité non seulement des marchandises mais du bétail (marquage par des puces électroniques).

La haine du gras

La haine du gras est l'une des principales caractéristiques de l'alimentation moderne. Par haine du gras, j'entends naturellement la haine du gras visible, puisque les produits industriels sont infiniment plus riches en graisses saturées (fast-food, charcuterie, etc.). Par haine du gras, j'entends aussi la haine des personnes obèses ou même enrobées. Cette haine du gras méritait donc des recherches interdisciplinaires tant elle est devenue un symptôme du caractère pathologique de notre table et de nos sociétés.

Deux indices : plus d'un Nord-Américain sur trois considère que le gras est une toxine ; plus d'une Française sur trois suit un régime alimentaire en dehors de toute pathologie… Comment a-t-on pu faire de l'aliment des dieux de l'Antiquité un poison[362] ? Comment peut-on « bien manger » si on oublie que le gras est le support du goût (ce que savent tous les amateurs de vin) ? De nombreux chercheurs nord-américains tentent de comprendre, depuis des années, ce que peut bien signifier cette diabolisation du gras. On sait déjà que cette haine du gras est apparue en Angleterre au XVIIe siècle, donc

---

362. Georges VIGARELLO, Les métamorphoses du gras. Histoire de l'obésité. Du Moyen Âge au XXe siècle, Paris, « L'Univers historique », Éditions du Seuil, 2010, rééd. en poche, Paris, « Points histoire », Points, 2013.

au moment de la réforme religieuse. Pour le dire simplement, les catholiques romains aimaient le gras, tout comme les Français continentaux, donc les réformés insulaires vont devoir se mettre à détester le gras : « Historiquement parlant, les origines de cette réaction peuvent remonter à l'Angleterre du XVIIᵉ siècle, quand la gourmandise et la luxure, le couple infernal, étaient des péchés mortels. La gourmandise ne consistait pas seulement à trop manger mais à consommer trop de nourritures riches en graisses [...] Il y a quatre cents ans, la cuisine riche était quasiment interdite en Grande-Bretagne parce que c'était la cuisine préférée des Français, des Italiens et des catholiques et était perçue comme une menace pour le protestantisme anglais »[363]. La haine du gras fut donc la forme que prit la déclaration d'indépendance religieuse (protestantisme) et nationale (insularité).

On sait aussi que la haine du gras accompagna (et même, semble-t-il, accompagne encore) celle de la sensualité et de la sexualité. Linda Murray-Berzok a pu établir l'importance de ce lien dans la littérature populaire anglaise : une femme mangeant « gras » (une femme obèse) est nécessairement avide de sexualité, il s'agirait d'une femme incapable de se contrôler car dominée par ses pulsions. L'historienne ajoute : « Il est éloquent que ce soit Mme Sprat (personnage central de la littérature populaire britannique), et non son mari Jack, qui mange gras, restant fidèle à l'image des femmes qui, du moins à partir d'Ève, étaient des créatures luxurieuses aux appétits sexuels avides. » Linda Murray-Berzok a donc raison de rappeler que la minceur a été idéalisée pour mieux réprimer le désir sexuel féminin, à l'opposé des autres cultures où les formes opulentes ont toujours été le symbole de la séduction et de la réussite. La femme française idéale du XIXᵉ siècle était encore la « femme-fruit » peinte par Renoir. L'exemple de la réussite restait le petit-bourgeois bedonnant..., sa bedaine montrant qu'il avait su « capitaliser ». La haine du gras est donc aussi un enjeu social et de pouvoir. Linda Murray-Berzok relève que « dans la culture américaine, on a toujours enseigné aux femmes à nier la faim et le désir de nourriture et de sexe, mais dans le même temps, et contradictoirement, on leur demande de donner de la nourriture et du plaisir sexuel aux autres ! » Certaines féministes pensent que ces injonctions paradoxales seraient la cause du taux élevé de troubles du désir sexuel et alimentaire chez les femmes (anorexie, boulimie).

La mondialisation de la phobie du gras serait à mettre en lien avec la domination du modèle anglo-américain et j'ajouterais avec l'idéologie de la sportivation de la vie. Domination sexiste : toutes les enquêtes sociologiques

---

363. Linda MURRAY-BERZOK, « Une question de moralité », in *Malaise, honte, plaisir*, revue *Slow*, 1994, p. 24

montrent que confrontées à de simples silhouettes en papier corrélées à des jugements de valeur, les gens jugent toujours les personnes obèses moins dignes de confiance et plus volages : « La "maigre" était jugée comme sexuellement monogame, alors que la "grosse" était considérée comme ayant des mœurs légères. S'abandonner à la nourriture riche en graisses signifiait automatiquement et immédiatement s'abandonner dans le domaine sexuel. » Domination sociale : on sait en effet qu'on peut pronostiquer l'obésité en fonction de l'appartenance à certaines classes sociales populaires et immigrées. La haine du gras est donc une forme du mépris des puissants envers les faibles, une forme de racisme de classe que viendraient conforter le sexisme et parfois aussi le racisme. Le *New York Times* titrait en 1992 : « Les riches maigrissent, les pauvres vivent grâce aux frites ». Linda Murray-Berzok en conclut : « La répulsion vis-à-vis de la graisse a aussi une connotation de classe. Tout comme la manie de la minceur est un phénomène des classes supérieures et les troubles alimentaires se produisent principalement chez les femmes de cette catégorie, de même les gens prennent du poids au fur et à mesure qu'ils descendent l'échelle socio-économique. »

Aide alimentaire ou service public de l'alimentation ?

La question de l'aide alimentaire prend une importance accrue avec le mouvement programmé de « démoyennisation » de la société, avec l'essor de la précarité érigée en système et du chômage de masse. Le nombre de jeunes, de personnes âgées et de familles à se priver sur le plan alimentaire explose. On estime mondialement à plus de 1 milliard le nombre de personnes mal nourries. D'après une enquête du CRÉDOC, 5 % des personnes interrogées déclaraient avoir passé au moins une journée sans prendre un repas complet par manque d'argent au cours des deux dernières semaines, cette proportion atteignant 15 % chez les ménages pauvres. Selon le baromètre de l'Institut national de prévention et d'éducation pour la santé (Inpes), 2,5 % des Français âgés de 25 à 75 ans déclarent ne pas avoir assez à manger « souvent » ou « parfois ». Près de 40 % des sondés disent avoir assez à manger mais devoir se contenter d'aliments non souhaités, des denrées (de) pauvres de mauvaise qualité nutritionnelle. Si plus de 7 millions de Français seraient en droit de recourir à l'aide alimentaire seulement 2 millions y ont accès de façon passagère ou plus durable, ce qui prouve une nouvelle fois que ce qui domine n'est pas la fraude, mais le scandale du non-recours aux droits sociaux existants[364]. Cette

---

364. [COLLECTIF Odenore], *Le scandale du non-recours aux droits sociaux*, Paris, « Cahiers libres », La Découverte, 2012.

population malnutrie est considérée, à l'image des appauvris en général, comme un fardeau à la charge d'une société éreintée d'avoir à payer pour une foule d'assistés volontaires.

J'aimerais montrer qu'un autre point de vue est possible, qui transformerait fondamentalement la façon de poser la question de l'aide alimentaire et les réponses à apporter à la crise actuelle. En effet, on trouve dans les aides alimentaires tous les produits qualifiés de *junkfood*. La société utilise peu ce secteur, comme celui d'ailleurs de la restauration sociale, pour remettre en cause les inégalités nutritionnelles en plus des inégalités alimentaires liées au seul pouvoir d'achat. Les ménages à faibles revenus n'ont pas ou peu droit aux produits recommandés par les nutritionnistes, ceux qui figurent dans les objectifs officiels du Plan national nutrition santé (PNNS). Des chercheurs de l'Inra et de l'Inserm (Institut national de la santé et de la recherche médicale) ont d'ailleurs montré qu'à moins de 3,50 euros par jour il était très difficile de bien manger.

J'ai envie de faire un parallèle avec la situation de la restauration sociale (école, entreprise, etc.) longtemps considérée comme le parent pauvre des politiques publiques, alors qu'avec son poids économique (près d'un repas sur trois) elle pourrait constituer un levier politique majeur pour transformer les politiques agricoles, grâce à de nouvelles politiques en matière d'achats publics. Il est évident que si on doit re-municipaliser (et il le faut) la restauration scolaire, ce n'est pas pour faire la même chose que les sociétés de restauration collective, mais pour aller vers une alimentation faite sur place, relocalisée, resaisonnalisée, moins gourmande en eau, moins carnée, assurant la biodiversité issue d'une agriculture bio et si possible de l'agroécologie[365].

Pourquoi ce même raisonnement ne vaudrait-il pas également pour l'aide alimentaire ? Des expériences prouvent qu'il est possible de faire de l'aide alimentaire avec des circuits courts, avec des produits de saison, privilégiant le « fait soi-même » plutôt que des produits tout faits. D'autres expériences, organisées par des centres sociaux ou des centres communaux d'action sociale (CCAS), montrent qu'il est possible de miser sur des savoir-faire populaires pour réapprendre à cuisiner/manger autrement. Je suggère donc de ne plus considérer que le mode d'exercice le plus efficace du droit à l'alimentation serait l'aide alimentaire, mais plutôt un service public de l'alimentation. Nous devons pour cela modifier notre regard sur ceux qui recourent à l'aide alimentaire : ils ne

---

365. Marie-Monique ROBIN, *Les moissons du futur. Comment l'agroécologie peut nourrir le monde*, Paris, La Découverte/Arte Éditions, 2012.

sont pas des contre-exemples de ce qu'il conviendrait de faire pour que tout aille mieux ici-bas. Les contre-exemples sont les choix alimentaires (naturellement contraints par la publicité et le marketing) d'une minorité qui affame le genre humain en détruisant la biodiversité et l'agriculture paysanne. Si tant de gens sont affamés, sous-nutris, malnutris, ce n'est pas un problème de pénurie agricole, car la planète est déjà bien assez riche pour nourrir de 7 à 12 milliards d'humains. L'ONU estime qu'il suffirait de mobiliser 30 milliards de dollars supplémentaires pendant vingt-cinq ans pour que plus personne ne meure de faim et que 80 milliards de dollars régleraient la grande pauvreté. Ces 40 ou 80 milliards sont introuvables mais le budget militaire mondial est de 1 400 milliards de dollars, celui de la publicité de 800 milliards et le « Produit industriel criminel » (l'argent sale) de 1 000 milliards. Le seul gaspillage alimentaire nord-américain atteint 100 milliards de dollars et l'excès de consommation des personnes obèses représente 20 milliards de dollars par an. L'équivalent d'une seule journée de travail mondial permettrait de nourrir chacun(e) ! Un service public de l'alimentation pourrait libérer des territoires pour faire enfin du neuf. Un service public gratuit de l'alimentation ? Une utopie réalisable ou une illusion ? Avec la moyenne de consommation alimentaire de l'Union européenne à 28 pays qui est de 1 600 euros par an, rendre gratuite l'alimentation de 60 millions de Français coûterait 150 milliards d'euros… soit quatre fois le budget des armées.

Manger « écolo »

On débat largement des politiques agricoles mais moins des politiques alimentaires. Ce combat est pourtant celui qu'il faut mener contre les délires productivistes et hygiénistes. Nous ne pourrons réussir la transition vers une alimentation écologiquement et socialement responsable que si nous savons (re)symboliser et (re)ritualiser nos façons de manger. Une vie comprend environ 100 000 repas (sans compter les apéritifs, cocktails, goûters, grigno-tages). L'alimentation hors foyer en représente 50 %. La restauration sociale (scolaire, d'entreprise, hospitalière, pénitentiaire, etc.) représente environ la moitié de ces 50 % : les pouvoirs publics disposent donc d'un bon levier. Le choix est entre cette (re)politisation de la table et une fuite en avant techno-scientiste qui passera par une agriculture sans élevage puis par une séparation progressive de l'agriculture et de l'alimentation grâce aux biotechnologies. La FAO estime qu'on est passé d'une consomma-tion moyenne mondiale de 2 358 kilocalories par jour et par personne en 1965 à une consommation moyenne de 2 803 kilocalories en 1998.

Cette surconsommation calorique concerne bien sûr les pays riches et les riches des pays pauvres alors qu'une fraction importante de la population risque de s'enfoncer dans une malnutrition chronique ou succombera à un nouveau cycle de famines liées au réchauffement climatique.

Nous ne pouvons continuer à sacrifier le futur de l'humanité en conservant notre type d'alimentation. On peut établir la dépense carbonique maximale possible par repas de façon assez fiable. On sait en effet que la Terre ne peut absorber chaque année plus de 3 milliards de tonnes d'équivalent carbone. Puisque l'alimentation représente un tiers des émissions, on peut donc estimer que l'effort à accomplir sera proportionnel. Un repas écologiquement responsable ne devrait donc pas dépasser 3 milliards de tonnes eq CO2 (t eq CO2 ou t eq C) pour 8 milliards d'humains, soit 375 kilos eq CO2 (ou eq C) par personne et par an. C'est-à-dire que ces 375 kilos eq CO2, calculés sur 365 jours à raison de 3 prises alimentaires par jour, représentent un budget CO2 « alimentaire » quotidien maximum de 114 grammes eq CO2. Ces 114 grammes d'eq C représentent 418 grammes de CO2[366]. Ce maximum n'est respecté par aucune forme d'alimentation commerciale. Le budget CO2 « alimentaire » annuel ne devrait donc pas dépasser : 0,418 x 365 x 3 (prises alimentaires) = 458 kilos de CO2.

La prise en compte des disparités nationales prouve qu'on peut agir. L'alimentation d'un Anglais représente 1 778 kilos de CO2 par an, celle d'un Français 1 444 kilos. Un repas occidental équivaut cependant en moyenne à 3 kilos eq CO2. L'alimentation occidentale représente donc en moyenne plus de sept fois ce que la Terre peut tolérer.

Comment calculer les gaz à effet de serre (GES) dans nos aliments ?

L'expert Jean-Marc Jancovici rappelle que l'agriculture est également responsable de l'essentiel des émissions pour les gaz à effet de serre (GES) autres que le CO2 (comme le méthane ou le protoxyde d'azote). Ces deux derniers gaz causent un tiers des émissions de GES. Les méthodologies de calcul de GES par catégories d'aliments doivent donc tenir compte de l'ensemble des gaz et de toutes les phases du processus agricole puis alimentaire. Plusieurs organismes ont chiffré de façon standard les GES dans différentes assiettes. On peut rappeler quelques calculs de Denis Delbecq :

Asperges de Hongrie, 1 kg (camion) : 500 g eq C

Asperges du Pérou, 1 kg (avion) : 12,1 kg eq C

Bouteille de vin de Champagne (0,75 L) : 2,2 kg eq C

---

366. On rappellera que, par convention, 1 kilo de CO2 vaut 0,2727 kilo eq CO2.

Bouteille vin de Bordeaux (0,75 L) : 1 kg eq C

Bouteille de plastique (1 L) : 129 g eq C

Céréales (boules de maïs soufflées au miel – 350 g) : 235 g eq C

Emmental râpé (200 g) : 1,3 kg eq C

Fraises d'Espagne (500 g) : 442 g eq C

Brique de jus d'orange (1 L) : 1,7 kg eq C

Viande de veau (100 g) : 3,6 kg eq C

Saucisses de Strasbourg (par 4) : 1,025 kg eq C

Vous ne serez pas surpris d'apprendre qu'un *cheeseburger* représente selon les calculs de l'Institut bruxellois pour la gestion de l'environnement… 3 kilos de CO_2 ! Il est intéressant de relever que l'Agence européenne pour l'environnement a calculé pour deux types de menus ce qu'ils représentent en consommation carbone :

Menu n° 1 : 1 litre d'eau de ville ; 1 cuisse de poulet ; 200 grammes de haricots verts frais ; un quart d'ananas frais (de Côte d'Ivoire, par bateau), soit un total de 0,6 kg eq C.

Menu n° 2 : 1 litre d'eau minérale ; 150 grammes de bœuf ; 200 grammes de haricots verts surgelés ; un quart d'ananas frais (de Côte d'Ivoire, par avion), soit un total de 5,6 kg eq C.

Certes, aucun de ces deux menus n'est écologiquement responsable même si le premier, avec 600 grammes de CO_2, n'est pas trop éloigné du quota maximum de 418 grammes de CO_2. Il aurait suffi de remplacer l'ananas par un fruit local. Le menu n° 2 représente 9,3 fois les émissions du menu n° 1. Le grand enjeu est donc d'inventer une alimentation écologiquement responsable : en premier lieu, l'agriculture devrait redevenir productrice d'énergie et non plus consommatrice. Ensuite, des politiques alimentaires devraient être mises en œuvre pour tendre vers huit grands objectifs.

Une alimentation moins carnée

La viande représente environ 50 % de notre impact sur l'environnement au titre de notre alimentation alors que son apport en nutriments est infiniment plus faible : le taux de transformation des calories végétales en calories animales est de 4 pour 1 pour la production de porc et de poulet et de 11 pour 1 pour le bœuf et le mouton.

Toutes les viandes n'ont pas le même bilan carbone : il faudrait au regard de ce seul critère préférer le poulet au porc, le porc au mouton, le mouton au bœuf, le bœuf au veau. Le choix des viandes les moins nocives n'est cependant pas aussi simple au regard d'autres critères. Ainsi, Jean-Claude Olivier (paysan et militant de la Confédération paysanne) explique qu'il faut, contre toute attente, préférer la viande de veau et de bœuf au porc

   Une histoire politique de l'alimentation. Du paléolithique à nos jours

et à la volaille[367]. En effet, le porc et la volaille font partie des omnivores et sont donc concurrents des humains : ainsi 70 % des céréales en France sont destinées à l'alimentation animale ! En revanche, les ruminants (bovins et ovins), grâce à leur système de digestion, transforment des aliments grossiers à base d'herbe en protéines utilisables par les humains et ceci, le plus souvent, sur des surfaces (plateaux montagneux, plaines inondables) où il serait impossible de réaliser du maraîchage ou des cultures de céréales. La viande de bovin est en outre beaucoup moins chargée en résidus de pesticides et de produits chimiques que les autres.

L'expert Jean-Marc Jancovici précise que la production de 1 kilo de viande de veau rejette environ la même quantité de GES qu'un trajet automobile de 220 kilomètres, 1 kilo d'agneau de lait équivaut à un trajet de 1 800 kilomètres, 1 kilo de bœuf à un trajet de 70 kilomètres, 1 kilo de porc à un trajet de 30 kilomètres. On sait également que, pour une même surface, une alimentation à base de légumes, fruits, céréales, permet de nourrir 30 personnes ; qu'une alimentation à base de viande, œufs, lait sustente 5 à 10 personnes ; et, si le repas comprend largement de la viande rouge, qu'on ne peut plus nourrir que 2 à 3 personnes.

Une alimentation écologiquement responsable devrait donc se doter d'un cahier des charges privilégiant une alimentation moins carnée, avec une option préférentielle pour les viandes moins nocives (qui ne sont pas de façon certaine les « fausses » viandes issues des « biotech »).

Une alimentation relocalisée

Les pays anglo-américains utilisent la notion de « kilomètre alimentaire » (*food miles*) reconnue officiellement par le gouvernement britannique, mais largement ignorée en France. Le principe est de mesurer la distance que parcourt la nourriture entre l'endroit d'où elle provient et le lieu de sa consommation. Le problème est plus complexe avec les produits industriels puisqu'il faut tenir compte alors de l'ensemble des ingrédients qui composent le produit final. Les fabricants de champagne ont ainsi décidé de réduire le poids de la bouteille pour compenser le kilométrage et limiter au maximum – compte tenu des contraintes techniques – les émissions. Le gouvernement anglais a décidé de réduire les importations alimentaires de 30 % d'ici à 2020. L'administration américaine a classé l'alimentation problème de sécurité nationale depuis que la CIA a établi que les produits alimentaires font en moyenne 1 700 kilomètres. Les choix sont souvent complexes car mieux vaut du point de vue environnemental

---

367. In *Les Zindigné(e)s*, décembre 2015.

manger du bœuf local que du poulet importé. On estime que si les Canadiens consommaient des produits alimentaires locaux, ils économiseraient 40 kilos de production de gaz à effet de serre par an.

Une alimentation écologiquement responsable devrait donc se doter d'un cahier des charges privilégiant une alimentation relocalisée avec mention des kilomètres alimentaires...

Une alimentation saisonnalisée

L'alimentation représente environ 30 % de l'empreinte écologique d'un Européen. Un des principaux leviers disponibles serait donc le retour à des aliments principalement de saison. Cet effort pourrait être développé dans l'alimentation collective car avec ses 3,7 milliards de repas annuels, elle constitue un facteur clé pour transformer les processus industriels. Un aliment importé hors saison par avion consomme en moyenne pour son transport 10 à 20 fois plus de pétrole que le même fruit produit localement et acheté en saison : 1 kilo de fraises d'hiver peut nécessiter l'équivalent de 5 litres de gasoil pour arriver jusque sur nos tables.

Une alimentation écologiquement responsable devrait donc se doter d'un cahier des charges privilégiant les produits de saison avec un système informatif pour ceux hors saison.

Une alimentation à base de produits frais

Les produits congelés sont très gourmands en énergie tant pour leur fabrication que pour leur conservation. La surgélation consomme 40 % d'énergie en plus que la préparation de conserves. Un produit surgelé équivaut à consommer un produit (fruit ou légume) cultivé sous serre chauffée, avec un transport par avion sur une distance de 4 000 à 8 000 kilomètres. Les plats préparés demandent également beaucoup d'énergie pour être fabriqués, conservés et sont souvent suremballés.

Une alimentation écologiquement responsable devrait donc se doter d'un cahier des charges privilégiant les produits frais avec indication d'un logo spécifique pour chaque type de denrées.

Une alimentation sans gaspillage

Le Programme des Nations unies pour l'environnement (PNUE) a établi que plus du tiers de l'agriculture mondiale est gaspillée. Les études donnent des chiffres bien supérieurs pour les États-Unis et l'Angleterre (45 %). Ces pertes concernent la production, le conditionnement, le transport, la distribution et la consommation. Les chiffres disponibles sont sans appel : le gaspillage alimentaire en Belgique est de 15 kilos par personne et par an, le gaspillage en alimentation scolaire est de 6 kilos par personne et par an. L'Institut bruxellois a établi que gaspiller un pain équivaut à rouler en voiture pendant 2,24 kilomètres, allumer une lampe (60 W) durant 32,13 heures ou faire tourner un lave-vaisselle 1,93 fois. Gaspiller un steak de bœuf équivaut à rouler en voiture pendant 4,89 kilomètres, allumer une lampe (60 W) durant 70,05 heures et utiliser le lave-vaisselle 4,20 fois. Un des premiers enjeux serait de ne pas suivre les comportements nord-américains dans l'évolution boulimique des portions. L'usage du dressage d'assiette a eu à cet égard un effet très positif car il représente une économie conséquente en la matière.

Une alimentation écologiquement responsable devrait donc se doter d'un cahier des charges privilégiant une alimentation sans gaspillage avec réduction des portions.

Une alimentation moins gourmande en eau

L'eau douce va devenir le plus grand problème de l'humanité au XXIe siècle puisque la quantité disponible par humain ne cesse de chuter. On comptait en 1950, 16 800 m^3 par personne, en 2000 seulement 6 800 m3, et en 2025, il faudra se contenter de 4 800 m3. L'OMS estime que 3 milliards d'humains auront alors moins de 1 700 m3 (ce qui correspond au seuil d'alerte). Cette crise de l'eau est la conséquence directe des choix de vie occidentaux : alors que la population a été multipliée par 3 en cent ans, la consommation d'eau a été multipliée par 7. Un Occidental consomme chaque jour 100 fois son poids en eau. Un Nord-Américain consomme deux fois plus d'eau qu'un Européen… signe qu'on peut toujours faire pire. Donnons quelques chiffres sur l'incidence du choix des denrées sur la consommation d'eau.

Blé : il faut 1 100 litres d'eau pour produire 1 kilo.

Riz pluvial : il faut 1 400 litres d'eau pour produire un 1 kilo.

Riz inondé : il faut 5 000 litres d'eau pour produire 1 kilo.

Soja : il faut 2 700 litres d'eau pour produire 1 kilo.

Bœuf : il faut 13 500 litres d'eau pour produire un 1 kilo.

Porc : il faut 4 600 litres d'eau pour produire un 1 kilo.

Volaille : il faut 4 100 litres d'eau pour produire un 1 kilo.

Lait : il faut 3 000 litres d'eau pour produire 1 litre.

Fromage : il faut 5 000 litres d'eau pour produire 1 kilo.

Œufs : il faut 2 700 litres d'eau pour produire 1 kilo.

(FAO, 1999)

Un adepte d'un régime carné consomme 4 000 litres d'eau par jour. Un végétarien consomme 1 500 litres.

On peut rappeler, à titre de comparaison, qu'il faut 1 300 litres pour fabriquer un tee-shirt en coton soit l'équivalent de 15 baignoires pleines.

Une alimentation écologiquement responsable devrait donc se doter d'un cahier des charges privilégiant une alimentation peu gourmande en eau avec indication des principales mesures par type de produits.

Une alimentation issue de l'agroécologie

L'agriculture biologique est foncièrement moins émettrice de CO_2 mais encore faut-il que cette « bio » ne soit pas une bio-industrie parcourant des milliers de kilomètres ou utilisée dans un cadre désaisonnalisée ou avec des produits « prêts à l'emploi ». Une alimentation écologiquement responsable devra donc se méfier des « fausses-bonnes » solutions, comme celle du tofu (matière première importée et responsable de déforestations) ou du Quorn (alimentation obtenue par fermentation afin de créer industriellement un champignon riche en protéines, en ajoutant du sucre, des vitamines et des sels minéraux), « aliments » résultant d'un procédé industriel davantage émetteur de CO_2 que la viande.

Une alimentation écologiquement responsable devrait donc se doter d'un cahier des charges privilégiant une alimentation de type « biolocal », et même relevant d'une démarche en agroécologie avec mention des différents labels existants.

Une alimentation biodiversifiée

La biodiversité du début du XXᵉ siècle était le fruit de dizaines de millions d'années : les experts estiment que d'ici à 2050, 15 à 37 % des espèces animales et végétales auront disparu. Nous sommes entrés dans la sixième grande phase d'extinction des espèces, la cinquième, il y a 65 millions d'années, avait concerné les dinosaures et 50 % des espèces alors existantes. Ce qui est grave, ce n'est pas que des espèces disparaissent mais le rythme anormalement rapide de cette disparition et le moteur inédit de leur extinction. L'humanité actuelle, parvenue au stade de l'anthropocène, en est directement responsable. La difficulté est d'abord intellectuelle car la notion même de diversité est appauvrie si on parle simplement de la diversité du vivant. Le grand danger n'est pas la perte nette d'espèces mais l'homogénéisation du vivant dans l'espace et le temps puisque quelques espèces dominent. Il a fallu plus de 50 000 ans après la dernière grande crise pour retrouver des diversifications significatives. C'est pourquoi, plutôt que de diversité des espèces, mieux vaut parler de diversité cultivée des espèces. Conserver en laboratoire des souches disparues ou menacées n'est en rien une réponse adéquate.

La biodiversité ne permet pas seulement de mieux manger en jouant sur la diversité organoleptique, elle constitue un élément clé de la sécurité alimentaire mondiale. On estime certes qu'existent entre 300 000 et 500 000 espèces de plantes, dont 30 000 comestibles, mais l'humanité ne sait en cultiver que 7 000. Encore l'agriculture ne cesse-t-elle d'en réduire le nombre. L'industrie française n'utilise plus que trois grosses variétés de pommes de terre contre 70 au Pérou. Les spécialistes estiment que 95 % des variétés de choux, 91 % des variétés de maïs, 94 % des variétés de petits pois, 81 % des variétés de tomates ont disparu. La situation de l'élevage est tout aussi catastrophique puisque sur 500 000 espèces (oiseaux/mammifères), l'agriculture industrielle n'en utilise qu'une trentaine, parmi lesquelles la moitié (vache, cochon, mouton, poulet, canard, cheval) assure 90 % de la production. On a donc perdu 90 % de la diversité animale au cours du seul XXe siècle : 41 % des 1 500 races restantes devraient encore disparaître dans les vingt ans qui viennent en raison de nos choix productifs. Les pays du Sud sont beaucoup plus sages : ainsi l'Asie continue-t-elle à élever 150 races différentes de porcs, alors que les États-Unis se contentent de 40 races différentes. Une alimentation locale et de saison devrait être aussi une alimentation biologiquement diversifiée.

Une alimentation écologiquement responsable devra donc se doter d'un cahier des charges avec des objectifs quantifiables d'utilisation de végétaux et d'animaux assurant la biodiversité.

Un mangeur nouveau est donc en train de naître. Nous l'avons croisé sur divers chemins, ceux de la globalisation, de l'industrialisation, de l'artificialisation sans fin de notre alimentation. On me dira qu'existent aussi des chemins de traverse invitant à l'aventure culinaire et garantissant une alimentation bonne à manger et à penser, et écologiquement responsable. Il ne m'appartient pas ici de choisir entre ces multiples possibilités, mais je crois nécessaire de rappeler que le premier objectif doit être de garantir le droit à l'alimentation pour tous. Ce droit incite à penser une solidarité qui ne doit plus être seulement horizontale mais verticale. La chance de l'humanité est que le modèle impossible de la « fin des mangeurs » lié à la « révolution verte » ne concerne qu'une minorité d'humains et que subsistent donc, non seulement en Afrique, en Asie, dans les Amériques, mais aussi en Europe, des potentialités de construire un autre système alimentaire venant épauler le choix d'une agriculture paysanne. Seuls nos enfants pourront définir la valeur de ce que nous aurons cuisiné au XXIe siècle. Le lecteur connaît maintenant le menu. Peut-il s'en réjouir ou doit-il le repousser, écœuré ?

Sortie de table : Les utopies alimentaires

Les courants religieux, philosophiques et politiques sont toujours prolixes au sujet de l'alimentation : propos de table et sur la table. Notre époque ne fait pas exception avec sa prétention de nourrir 8 milliards d'humains avec quelques centaines de milliers d'agromanagers, utilisant OGM et nanoaliments. Des académies militaires, comme celles du Canada et de Grande-Bretagne, estiment qu'il faudrait en finir avec l'origine agricole des nutriments et développer une alimentation biotechnologique. D'autres rêvent d'une alimentation relocalisée, resaisonnalisée, moins gourmande en eau, moins carnée, assurant la biodiversité, reposant sur une agriculture de proximité, cuisinée sur place et servie à table. J'aimerais conclure ce long voyage à travers l'histoire politique de l'alimentation en laissant la part belle aux utopies – après avoir évoqué les contre-utopies alimentaires. Belle occasion de revenir avant cela, en sortie de table, sur deux régimes alimentaires qui n'ont jamais cessé de faire parler, faute, peut-être, de nous faire saliver… Vouloir manger comme des dieux fut souvent dans l'histoire une façon de ne pas vouloir manger avec les humains.

Le pythagorisme pour manger comme les dieux
On ne prend plus l'alimentation assez au sérieux. Pythagore (580-500 av. J.-C.) est mort (à moins qu'il ne se soit suicidé) d'avoir refusé de partager le *deipnon*. Selon la légende, il refusa de traverser un champ de fèves, ce qui lui aurait permis de fuir ses assassins, car détruire ou manger des fèves revient à manger ses parents, donc à interrompre le cycle des réincarnations. Le pythagorisme reste, pour beaucoup, le parangon d'une société qui sachant ce que manger veut dire multiplie les réglementations alimentaires strictes. Deux interdits caractérisent son école philosophique :

manger des fèves ou de la chair du bœuf laboureur. L'interdit sur les fèves, hérité des Égyptiens, est logique puisque les fèves étant semblables aux organes sexuels – à l'époque le mot « fève » était un terme argotique désignant les testicules –, donc à la génération, manger des fèves, c'est mélanger la vie et la mort[368]. Le végétarisme est davantage sujet à controverse. Manger de la viande, c'est certes commettre un meurtre, d'où le refus de tout contact avec des cuisiniers ou des chasseurs assimilés à des criminels. Le témoignage d'Aristoxène sur Pythagore est cependant troublant. Ce fondateur de la première approche scientifique de la musique montre un Pythagore amateur de viande, qu'il consomme avec du pain d'orge, du pain de blé, des légumes cuits et crus, accompagnés d'un bon vin. Pythagore se nourrit de chevreaux et de petits cochons de lait, donc d'animaux aptes à être sacrifiés, à l'exception de la matrice et du cœur des animaux. Plutarque, dans ses *Propos de table* (ou *Symposiaques*), le présente comme mangeur de viande, à l'exclusion du bœuf... Pythagore établit, en fait, une distinction tranchée entre victimes coupables et animaux innocents : « Les premières victimes animales qui ont mérité la mort, les premiers animaux sacrifiés, sont le porc et le bouc : le porc, parce qu'il est l'ennemi de Déméter : il a déterré les semences, il a ruiné les cultures. Le bouc, parce qu'il a offensé Dionysos : il a mangé la vigne et détruit les raisins [...] » À ces deux victimes coupables, Pythagore en oppose deux autres, parfaitement innocentes, qui n'auraient jamais dû être offertes en sacrifice : le mouton et le bœuf laboureur. Le premier offre la laine et donne son lait avec la même générosité que montre la terre à produire la moisson. Le second est un compagnon de travail de l'homme : le plus proche parent du laboureur, son double, un autre lui-même. « Tuer le bœuf, dit Pythagore, c'est égorger le laboureur »[369].

Marcel Detienne propose de voir dans les contradictions des pythagoriciens l'écho de l'opposition entre leur dimension de secte religieuse et celle de société ouverte à vocation politique : « D'une part, l'anti-cité qui se dessine dans les comportements de la secte religieuse ; de l'autre, la cité réformée qui prend forme à travers l'action du groupe politique. Cette

---

368. Il existe d'autres raisons possibles à l'antipathie pour les fèves. « Le *Philosophumena* de l'évêque chrétien Hippolyte de Rome, écrit vers 220 apr. J.-C., contient quelques remarques fascinantes sur le sujet. Selon Hippolyte les fèves mâchées et exposées au soleil émettent l'odeur du sperme. Pis, si on enterre une fève en fleur pour ensuite la déterrer quelques jours plus tard, on verra "qu'elle a d'abord la forme des parties génitales de la femme", puis "un examen attentif révélera la tête d'un enfant croissant avec elles". » (Simon CRITCHLEY, *Les philosophes meurent aussi*, Paris, François Bourin Éditeur, 2010, p. 49.)
369. Marcel DETIENNE, « La cuisine de Pythagore » in *Archives de sociologie des religions*, vol. 29, n° 1, 1970, p. 141-162

---

tension, le système alimentaire l'exprime et le traduit [...] en combinant deux modèles de nourritures, dont le premier souligne l'écart maximal entre la viande et la non-viande, dans l'opposition des aromates et de la fève, tandis que le second marque l'écart minimal entre les deux mêmes termes par la différence entre deux types de victimes sacrificielles, le bœuf laboureur d'un côté, porcs et chèvres de l'autre. »

Le vrai secret de la conduite de Pythagore est bien ici. L'enjeu est de manger avec et comme les dieux, y compris lors des sacrifices purs pratiqués chaque jour. Il ne s'agit pas seulement de faire des offrandes avec des produits simples, mais avec des produits qui rappellent la nourriture primitive, la communion avec les forces de l'âge d'or, sans intervention de techniques comme l'agriculture. Les hommes doivent consommer les nourritures qu'ils mangeaient autrefois à égalité avec les dieux. L'alimentation parfaite, c'est donc la mauve et l'asphodèle, plutôt que le blé cultivé par l'homme. Le refus de manger comme et avec les hommes va de pair avec la volonté de manger comme les dieux.

Le catharisme, parangon de la vertu alimentaire ?

Les difficultés qui sont celles de l'Église catholique et du pouvoir pour venir à bout, dans le sang et les flammes, de l'hérésie cathare est le signe que quelque chose d'important se jouait dans cette nouvelle religion. Le catharisme est bien une autre Église, avec ses prédicateurs, ses temples, ses dogmes, ses sacrements, ses deux ordres de fidèles (« parfaits » et « croyants »). Une particularité forte de la spiritualité cathare est la façon de s'alimenter des « bons chrétiens ». L'ex-tisserand devenu « parfait », Prades Tavernier, explique : « Il y a trois chairs, l'une est celle des hommes, l'autre celle des bêtes, la troisième est celle des poissons, qui se fait dans les eaux. Vous autres, mes petits enfants, ne mangez que de celles qui se font dans l'eau, car elles sont sans corruption ; mais les autres se font avec la corruption, et elles rendent la chair orgueilleuse. » Les bons chrétiens ne peuvent donc que manger de la chair des poissons, et encore, pas beaucoup à la fois et seulement trois fois par semaine au maximum. Les autres jours, ils sont interdits de poisson et de vin (toujours coupé), afin de châtier leur chair de peur qu'elle ne se rebelle et ne s'impose à eux. La chair est pervertie par la sexualité... donc diabolique. Le poisson est alors considéré comme asexué, donc pur. Un « bon chrétien » doit s'abstenir également de tout ce qui est gras, sauf l'huile de poisson, il ne doit pas non plus manger des œufs, du fromage, boire du lait. Enfreindre ces interdits fait perdre le bénéfice du baptême et oblige à subir une pénitence et à être « reconsolé ». On ne peut d'ailleurs manger seul(e), et ce n'est pas pour partager mais pour se placer sous le contrôle d'un compagnon ou d'une compagne. Dieu a créé l'esprit et le diable la matière… Le refus de manger de la viande ou du gras va souvent de pair avec la haine de la sexualité, et, plus largement, du plaisir. Les vraies utopies sont à mes yeux du côté de l'*eudémonia*, de la vie bonne.

Politiser la table

Tous ceux qui, au fil des siècles, tentèrent de jeter les bases d'une société meilleure croisèrent nécessairement la question de l'alimentation. Anatole France écrit : « Sans les utopistes d'autrefois, les hommes vivraient encore misérables et nus dans les cavernes. Ce sont les utopistes qui ont tracé les lignes de la première cité. Il faut plaindre le parti politique qui n'a pas ses utopistes. Des rêves généreux sortent les réalités bienfaisantes. L'utopie est le principe de tout progrès et l'esquisse d'un avenir meilleur. » Platon avait édicté, vers 380 av. J.-C., les règles qui devaient permettre à la société de fonctionner à la manière d'un organisme vivant en bonne santé. Chez Platon, le peuple peut vivre à sa guise dès lors qu'il assure la subsistance des classes supérieures. Les situations où le peuple nourrit les parasites sont, en effet, les plus courantes. C'est pourquoi, sans doute, les utopies recyclent communément le thème du roi nourricier, avec, toujours, la même nuance que l'on trouve dans la société idéale que Louis-Sébastien Mercier décrit dans son livre *L'An 2440* : faire que le roi se tienne informé chaque jour du prix des denrées, et ceci devant le peuple lui-même… Ce n'est que si le prince contourne ses mauvais conseillers que Bon Temps pourra revenir.

Le personnage de Bon Temps

Le personnage de Bon Temps passe d'une œuvre à une autre entre le XVe et le XVIIIe siècle. Bon Temps, nous dit Jean-Louis Roch, est celui qui fait mûrir les fruits de la terre, il est l'ami de Bacchus et de la déesse Cérès, il fait baisser les prix du blé et du vin, il annonce la fin de la cherté et de la famine, le retour à l'abondance[370], etc. On croise encore ce thème au XIXe siècle puisque j'ai trouvé à la BnF un fascicule de 1856 : *Aux festins du bon temps on buvait en chantant*[371]. L'allégorie contraire est la maladie de Faute d'Argent, « figure éminemment populaire », précise Roch, que l'on retrouve aussi bien chez Villon, Collerye et Rabelais. Le peuple ne se

---

370. Jean-Louis ROCH, « Le roi, le peuple et l'âge d'or : la figure de Bon Temps entre le théâtre, la fête et la politique (1450-1550) » In *Médiévales*, N°22-23, 1992, numéro thématique : *Pour l'image*, p. 187-206.
371. http://gallica.bnf.fr/ark:/12148/bpt6k5468335b.r

plaint pas seulement du pain cher, il cherche les responsables ; il maudit les boulangers et les usuriers, il s'en prend à la guerre et aux impôts. Jean-Louis Roch, analysant ces *sotties*, juge qu'elles racontent une histoire toujours semblable : « Bon Temps a été en voyage, en prison, caché sous la terre, on l'a cru mort, mais il revient et l'on voudrait bien qu'il reste. » Mais Bon Temps, célébré durant le carnaval, ne reviendra que « si justice ne craint point force ». Il faudrait pour cela transformer la joie impure des fêtards et des fanfarons en un bonheur plus durable : « La moralisation annoncerait un échange de bons procédés dans la négociation avec le pouvoir ; si tout le monde est fou, tous doivent s'amender, le peuple tout autant que le pouvoir, ainsi seulement pourrait-on accéder à la concorde sociale et, qui sait, à l'âge d'or. » L'utilisation de Bon Temps dans les entrées royales montre « l'importance de l'enracinement "folklorique" des élites, voire de la masse, à un moment où la culture populaire n'a pas encore été réprimée, avant que la mythologie antique et les "triomphes" envahissent la fête, la rendant désormais incompréhensible à un peuple cantonné dans le rôle de spectateur. » Le discours politique qui accompagne la genèse de l'État moderne de la fin du XIVe siècle au début du XVIIe siècle est donc bien un discours à fond pastoral, qui fait du roi un berger protégeant le « pauvre peuple », ce roi berger n'est déjà plus un roi nourricier. On assiste alors, nous dit Roch, au retournement de la figure de Bon Temps en Roger Bon Temps. Ce nouveau personnage participe à la malédiction de la fête lorsqu'elle déborde dans la vie de tous les jours. Roger Bon Temps c'est l'image du fêtard incorrigible, et, ajouterai-je, du mauvais peuple. Ce n'est donc pas seulement, comme le pense Jean-Louis Roch, une culture populaire centrée sur la fête qui disparaît, c'est, selon moi, aussi, l'idée que les princes sont responsables des famines.

La Cité du Soleil de Tommaso Campanella

La Cité du Soleil (1602, publiée en 1604) est donnée par Tommaso Campanella comme un simple appendice d'un traité intitulé *Philosophia realis*. Tommaso Campanella (1568-1639), moine dominicain, philosophe, propose une théocratie pontificale qui serait capable de réaliser une république idéale[372]. Il est arrêté deux fois pour hérésie, torturé, et, passe vingt-sept ans en détention avant de se réfugier en France. Noberto Nobbio a relevé que l'opuscule de Campanella était à la fois le programme d'une insurrection ayant échoué et son idéalisation philosophique. Campanella est totalement convaincu du réalisme de sa prophétie.

---

372. Jean Delumeau, *Le mystère Campanella*, Paris, Fayard, 2008.

Dans *La Cité du Soleil*, les femmes préparent la nourriture et mettent la table mais le service est assuré par les garçons et les filles de moins de 20 ans. Dans les réfectoires, les femmes sont séparées des hommes. Tous les produits poussent en abondance et on ne mange que des aliments biologiques. « Ils n'emploient ni fumier ni boue en guise d'engrais : ces deux prétendus modes de fertilisation du sol, disent-ils, corrompent les semences et les produits de la terre ainsi fécondés sont nuisibles à la santé de l'homme. Ils comparent, à cet égard, le sol à la femme qui s'embellit à l'aide de fards et non pas par de sains exercices du corps et qui engendrera, faute de rigueur, une progéniture débile et mal venue. Ils répètent que la terre ne doit pas être fardée, mais cultivée avec un soin méticuleux. » Jean Delumeau a su montrer que cette philosophie politique de Campanella est nourrie d'un « pansensisme » absolu concernant l'ensemble de l'univers qui aurait la capacité de sentir par le toucher. Les humains auraient tous naturellement cette même capacité puisque le goût résulterait d'un toucher intérieur, qui, par les pores de la langue, ferait connaître la nature d'un aliment à « l'esprit sensitif ». L'odeur est également toucher car « l'odeur est une substance subtile que toute chose exhale ». Le thème est ancien : Démocrite ne vécut-il pas trois jours de la simple odeur d'un pain chaud ? La table des Solariens doit être une table « bonne au toucher », c'est-à-dire propre à combler tous les sens.

Charles Fourier et les plaisirs de la table

Charles Fourier (1772-1837), fondateur de l'école sociétaire, philosophe, considéré comme l'un des pères du socialisme utopique, est le créateur de la gastrosophie, théorie proposant de transmettre la culture du plaisir[373]. La gastrosophie offre à tous les « raffinements de bonne chère que la civilisation réserve aux oisifs », sans quoi « les Harmoniens seraient bientôt, comme les Français de 1822, misérables au sein de l'abondance. » Les satisfactions alimentaires tiennent donc une très large part dans le système fouriériste. Il convient « d'organiser la voracité générale », de promouvoir la gourmandise, véritable « source de sagesse » et de passions accessibles à tous les âges, sexes et milieux sociaux. Il s'agit d'élever « l'appétit du peuple au degré suffisant pour consommer l'immensité des denrées que fournit le nouvel ordre ». Ce qui menace, dans la société d'harmonie, c'est la surabondance des plaisirs. On compte cinq repas par jour, composé chacun de 40 plats, qui se prennent dans d'immenses

---

373. Eddy TRÈVES, « Charles Fourier (1772-1837) » in *L'Homme et la société*, vol. 26, n° 1, 1972, numéro thématique : *Art littérature créativité*, p. 241-247.

réfectoires. La gastrosophie réconcilie aussi les plaisirs de la cuisine et la santé. Fourier propose une hiérarchie des aliments qui exclut les nourritures inqualifiables et indigestes, tels les courges, le pain mal cuit, la « colle rance » que contiennent les vermicelles italiens, la nourriture anglaise et le thé, « c'est encore l'anglomanie qui a habitué à proscrire au déjeuner les bons mets de notre pays et à les remplacer par une vilenie qu'on appelle "thé", drogue dont les Anglais s'accommodent forcément, parce qu'ils n'ont ni bon vin ni nos bons fruits, à moins d'énormes dépenses. Ils sont réduits au thé comme les malades, et au beurre comme les enfants ». Fourier préconise, en revanche, le café (même s'il en boit peu), les petits pâtés, les confitures fines, les crèmes sucrées « les omelettes soufflées ou mêmes fouettées, les fraises à la crème. » ; « L'excellence des mets et des vins doit avoir pour but de hâter la digestion et d'accélérer le désir du repas suivant plutôt que de le retarder. » Fourier est donc clair : « Nos doctrines morales sont des insultes à Dieu », car si Dieu a créé les passions, c'est qu'elles sont bonnes. Il ne faut donc pas les supprimer mais créer les conditions pour qu'elles s'épanouissent.

Les banquets oubliés selon Jules Michelet et Jean Reynaud

Le XIXe siècle croyait encore à l'importance politique de la thématique du banquet. J'aimerais évoquer deux textes emblématiques de cette époque, deux textes non publiés du vivant de leur auteur… symptôme des difficultés du sujet.

Le banquet de Jules Michelet

Jules Michelet (1798-1875) est l'un des plus grands historiens, injustement qualifié de populiste, républicain et libre-penseur. Sa veuve publie en 1879 le manuscrit inachevé de Michelet, *Le Banquet*[374], qui croise la thématique du Sacrifice et de la Révolution. Ce livre est une réflexion sur la répression du « Printemps des peuples » de 1848, avec la conviction que seule l'unité de toutes les victimes est la condition d'un succès de la révolution à venir. Michelet est partisan de la « suffisante vie » pour tous les travailleurs (selon la formule de Babeuf). Il rêve d'une table immense où seraient conviés tous les peuples de l'Europe. Il esquisse la critique d'un socialisme qui deviendra ultraclérical, s'abandonnant à la religion et à sa fausse morale. Il veut des fêtes populaires, des fêtes nationales et

---

374. Éric FAUQUET, « Les campagnes d'écriture du Banquet de Michelet » in *Littérature*, vol. 28, n° 4, 1977, p. 50-62.

internationales qui « dilatent le cœur », il veut des concerts en plein air, des théâtres, des banquets.

Jean Reynaud contre Pierre Leroux

Les banquets sont l'occasion de porter des toasts et d'ouvrir de grands débats comme celui qui oppose Jean Reynaud et Pierre Leroux au milieu du XIXe siècle, à propos du sens général de l'évolution de l'humanité, de la place des religions et de l'égalité[375].

Jean Reynaud (1806-1863) est symptomatique d'une époque, d'abord adepte des idées de Saint-Simon et de ses disciples, il finit en radical bon teint, n'espérant plus dans une réduction réelle des inégalités de fortune. Polytechnicien, il est sous-secrétaire d'État à l'Instruction publique durant la révolution de 1848. On lui doit la création de l'École d'administration, chargée de former les grands commis de l'État à l'esprit du service public. Il en conçoit le programme pour les deux promotions recrutées, avant que le changement de régime ne conduise à la fin de cette expérimentation.

Pierre Leroux (1794-1871), ouvrier typographe doublé d'un écrivain-philosophe, est l'un des pères du socialisme dont il invente le néologisme, il restera fidèle à ses convictions, même s'il perçoit les dangers d'une égalité sans liberté.

Reynaud et Leroux se rapprochent après leur rupture avec les saint-simoniens et décident d'écrire une *Encyclopédie nouvelle*, qui sera, selon le mot de Heinrich Heine, à la pensée socialiste et républicaine du XIXe siècle, ce que *L'Encyclopédie* fut à celle de la bourgeoisie du XVIIIe siècle[376]. Cette *Encyclopédie nouvelle* ne sera jamais intégralement publiée par suite de leur rupture. Reynaud est l'auteur de la rubrique « Banquets » : il s'y oppose vertement aux thèses défendues par Leroux dans sa propre rubrique « Égalité ». Leroux voit dans les banquets, de l'Antiquité au christianisme, à la fois, l'expression de l'égalité et l'instrument de sa réalisation. L'égalité serait en marche car les banquets se seraient de plus élargis aux anciens sans-parts. Les banquets grecs ne concernaient certes que les seuls citoyens des cités, mais ils étaient un élargissement par rapport aux banquets familiaux et tribaux. Le christianisme de Paul aurait élargi le banquet, donc l'égalité, à l'humanité tout entière. L'égalité, déjà libérée des « castes de naissance », le sera bientôt « des castes de propriété ». Le banquet est symbole et instrument de l'égalité. Jean Reynaud considère au

---

375. Vincent ROBERT, « Le banquet selon Jean Reynaud », in *Romantisme*, n° 137, 3/2007, p. 37-47.
376. Jacques VIARD, « Pierre Leroux et les romantiques » in *Romantisme*, vol. 12, n° 36, 1982, numéro thématique : *Traditions et novations*, p. 27-50.

contraire que le temps des banquets est révolu, qu'il appartient au passé, sans doute au lointain futur, mais pas au présent. Il réfute l'idée d'un approfondissement de l'idée d'égalité à travers l'élargissement du banquet, car le banquet chrétien est l'antithèse du banquet grec : en effet, que peut vouloir dire manger ensemble quand on a le corps de Dieu comme aliment (*sic*) ? Jean Reynaud reconnaît que manger en commun n'a pas seulement pour effet de développer l'esprit (la raison), mais le cœur (le sentiment). Il donne en exemple les banquets doriens (symbole d'une civilisation égalitaire). L'unité de l'État, chez Aristote, repose sur l'éducation commune, sur le manger commun et a pour conséquence l'égalité des biens. Les chrétiens ont justement renoncé à la vie commune, après la phase primitive, en raison de leur refus de la communauté des biens. Le Moyen Âge n'a donc pu donner aucune valeur sérieuse aux banquets, puisqu'il les réduisait à un symbole mystique de la communion… Reynaud explique que sous l'empire d'une religion, si détachée de la terre, de la matière, les agapes ne peuvent que devenir de simples symboles. Même si, poursuit-il, depuis que le côté terrestre de la vie commence à réapparaître, on assiste à une résurrection des formes anciennes ; mais elle est sans danger car le goût des choses célestes est désormais trop enraciné dans le monde pour courir aucun risque de se laisser étouffer (*sic*). Logique avec lui-même, Jean Reynaud propose de réduire les banquets à une fonction de civilité : « Pourquoi nos villageois ne s'aviseraient-ils pas de se donner le plaisir de la conversation et de la société. Comme nos citadins les plus aisés, ils y gagneraient bientôt non seulement plus de cordialité, mais plus d'urbanité. Chaque dimanche deviendrait une fête pour le village tout entier dans la campagne ou pour l'association ouvrière dans la ville, comme il en est une pour l'Église. Ce serait le temps de donner enfin réalité au célèbre programme « la poule au pot » ; et quand nous aurons atteint une époque où il y aura assez de progrès dans les mœurs pour que les cœurs soient disposés à de tels engagements, on peut bien croire qu'il y en aura assez aussi dans l'ordre de la distribution de la richesse pour que les bourses ne fassent pas grande résistance. Je vois donc, dans l'avenir, chaque commune avoir avec son église, son école et sa mairie, sa salle de banquets. [...] Les mets ont beau être simples, le service n'en est pas moins fait avec goût et chaque ménage y trouve des leçons. Je me figure même une riante émulation entre les familles, qui, à tour de rôle, se sont trouvées chargées de la disposition du festin. C'est au maire qu'appartiennent la présidence et le gouvernement des toasts, non que son ministère de police soit ici nécessaire, l'autorité même de la compagnie forme une magistrature devant laquelle aucun dérèglement ne saurait être tenté de se produire ; mais c'est le maire qui est le chef de famille de la communauté, et c'est à la table commune, surtout, que ce caractère se témoigne. Un double chœur d'enfants, sous la direction de l'instituteur et de l'institutrice, ouvre le banquet et une allocution du chef spirituel des âmes le termine. Il n'y a pas besoin ici de longues périodes, tout le monde est disposé à demi-mot. Les petites inimitiés nées dans la semaine, et que le temps envenime souvent, comme les petites dettes, s'adoucissent, les jalousies se dissipent, les exigences même légitimes se tempèrent et ceux qui sont venus s'associer à l'agape dans la tristesse et le mécontentement s'en retournent le cœur libre et plein d'espérance et de bonté. »

L'œuvre majeure de Jean Reynaud reste *Terre et Ciel*[377] dans lequel il avance deux thèses : celle de la pluralité des mondes et de l'habitation des étoiles, et celle d'une métempsychose progressive qu'il présente comme un élargissement du christianisme. De politique. Il n'y en a plus.

Laissons, pour mettre un terme à ce voyage, le mot de la fin (faim ?) à Pierre Leroux : « À bas les étoiles ! Enfoncées les étoiles ! De la politique et du vin de Champagne, voilà ma vie future ! »

377. Jean Reynaud, *Philosophie religieuse : Terre et Ciel*, Paris, Furne Éditeur, 1854, http://gallica.bnf.fr/ark:/12148/bpt6k627327.image.f3

LE BOUTE-HORS[378]

L'humanité occidentale sait depuis Adam et Ève que les aliments peuvent être dangereux. Nous avons pu établir cependant au fil de cette histoire politique de la table que ce qui se joue autour de l'alimentation est autant une histoire d'amour que de désamour de l'humanité. Nos plus anciens ancêtres étaient déjà pleinement des humains au regard de leurs pratiques alimentaires, leur alimentation était beaucoup plus diversifiée qu'on choisit de la croire : ils assaisonnaient les denrées, ils mangeaient des symboles, ils aimaient déjà le gras, ils cuisaient leurs aliments bien avant de maîtriser le feu, ils savaient stocker de façon savante, ils organisaient des festins carnés ou végétaux selon les périodes, des festins funéraires, etc.

Tout commença à mal tourner lorsqu'une minorité prétendit être la seule à pouvoir communiquer avec les morts et s'appropria les stocks, les beaux morceaux, les premières boissons enivrantes, excluant le plus grand nombre du droit au banquet. Cette minorité fit des festins autant d'occasions de se jeter des défis, d'entrer en compétition pour prouver qui dominait les autres. Nos lointains ancêtres ont fait ainsi de la table un enjeu mais aussi un moyen politique.

L'humanité, qui a vécu pendant la quasi-totalité de son histoire, de chasse et de cueillette n'était pourtant pas obligée de passer à l'agriculture et il fallut la colonisation de hordes venues de l'est du continent pour que les indigènes se soumettent à ce nouveau mode de vie. Les sociétés protohistoriques qui se développèrent bientôt en Orient n'inventèrent pas le plaisir de la table, mais beaucoup plus banalement la politique faite cuisine et la cuisine faite politique. Le séparatisme alimentaire des

---

378. Rappelons que le boute-hors (ou boutehors) était ce moment d'après le repas chez les nobles d'Ancien Régime, réservé à quelques intimes ou initiés invités par leur hôte à l'accompagner dans ses appartements privés où étaient alors servis du vin et des épices de chambre et où on y discutait parfois de choses plus discrètes ou plus gaillardes qu'au moment du repas.

---

puissants ne cessera plus jamais de se développer depuis la constitution des premières cités-États, au point que la table prêtée aux dieux dans les légendes n'est qu'une copie des pratiques de table de ceux qui étaient parvenus à dominer les autres. Le pouvoir et la richesse se dirent de façon native à travers des banquets réservés aux puissants mais aussi à travers l'obligation, peu à peu admise, de nourrir à ses frais le petit peuple. Il ne faut pas cependant avoir une vision misérabiliste de l'alimentation du peuple à Sumer, à Babylone, dans la Mésopotamie, qui connurent moins de famines chroniques que la modernité. C'est pourquoi ces civilisations inventèrent toute une grammaire de l'alimentation qui leur subsistera, avec le système des rations ou des champs alimentaires, avec le duo pain/eau puis pain/bière, avec l'opposition croissante entre les aliments des riches et des pauvres.

L'Égypte fut la première civilisation à concevoir sa table comme un véritable langage, au point qu'un même hiéroglyphe signifiait manger et parler. On lui doit encore beaucoup de nos symboles alimentaires. La Grèce introduira la notion de partage entre égaux, au point qu'un même mot signifiait manger et partager et que participer au banquet valait citoyenneté. La société qui inventa la démocratie moderne fut celle qui poussa le plus loin possible l'art du banquet, inventant une cuisine du sacrifice, élaborant des rituels. Les façons de passer à table, de s'asseoir ou de se coucher, de découper la viande, de faire circuler la parole avec le vin, de prôner le mélange vin/eau mais aussi d'autres denrées, constituent un langage qui sert à dire que diviser et unir la société se fait dans un même mouvement.

La Rome antique hérita bien sûr de la grammaire alimentaire de l'Égypte et de la Grèce, mais elle apportera cependant une dimension essentielle en poussant plus loin la notion de plaisir. La République et l'Empire développeront des politiques alimentaires aux côtés des poli-tiques agricoles, à travers les lois somptuaires limitant les excès de table, à travers aussi le principe des distributions alimentaires qui ne se réduisirent jamais au slogan *panem et circenses* (« du pain et des jeux »). La gram-maire alimentaire, dont nous sommes encore largement les dépositaires, fit un bond considérable durant toute la civilisation romaine avec sa définition du statut politique des aliments, légumes, viandes et pâtisseries, avec la pratique du *prandium*, avec l'importance de la question du pain, avec l'opposition plus politique que culinaire entre grillade, rôti et bouilli. Le *convivium* romain n'affiche plus certes la dimension politique du *symposion* grec et les Romains remplaceront le discours sur la frugalité et la simplicité par celui sur l'abondance et le luxe, mais les symboles alimen-taires romains sont directement politiques.

La table gauloise choquera les voyageurs Grecs et Romains tant sa grammaire était différente. La vie politique des différents peuples gaulois était totalement rythmée par l'organisation de grands banquets qui pouvaient durer des semaines et réunir des milliers de convives, tant l'aristocratie avait le devoir non seulement de nourrir sa clientèle (le peuple), mais de gaspiller. Les banquets gaulois ont donc une fonction politique essentielle bien qu'il soit alors interdit de parler politique durant ces agapes et que des magistrats veillaient à cette discipline. Les Gaulois étonneront également Grecs et Romains, pas tant parce qu'ils boivent leur vin pur, mais parce que, bien qu'étant reconnus comme les meilleurs éleveurs et agriculteurs, ils ont toujours choisi de demeurer, parallèlement, des cueilleurs et des chasseurs… Les Romains prendront appui, lors de la conquête des Gaules, sur les riches Gaulois qui adopteront peu ou prou leurs manières de table contre celles que conservera alors le peuple des campagnes. Les « collabos » gaulois comme Ausone se feront les propagandistes de la table romaine créant ainsi un véritable clivage entre l'alimentation des nouvelles élites et celle du peuple.

L'effondrement de l'Empire romain ne verra pas naître une table « barbare », bien au contraire. La table mérovingienne sera riche et diversifiée grâce à la chasse et à la cueillette qui viendront compléter agréablement et utilement l'agriculture et l'élevage. Les Mérovingiens aimaient manger et boire mais autrement que les Gallo-Romains et les Francs, nouveaux maîtres du pays qui apportèrent avec eux des traditions culinaires assez singulières. La table conserva sa fonction politique comme marqueur identitaire mais aussi par l'organisation de banquets par/pour un roi, d'abord itinérant, traçant ainsi son royaume. Les anciens et les nouveaux maîtres réalisèrent cependant très vite un compromis politique sur le dos du peuple le renvoyant du côté de la barbarie et se réservant le statut de civilisé. Les barbares ne sont plus en effet ceux qui mangent de la viande et boivent du lait, mais ceux qui vivent des forêts, des marais et des landes, bref, également de la cueillette et de la chasse. Certains puissants appartenant à la nouvelle religion chrétienne écrivent alors des traités sur la bonne façon de manger afin de combattre ce qui reste du vieux paganisme gaulois, mais surtout afin de vaincre les hérésies chrétiennes très loin d'être toujours minoritaires en Gaule. L'Église va se mettre à prêcher la frugalité au peuple, réservant la gourmandise aux puissants. Sidoine Apollinaire et Anthime se feront même les avocats de la voracité carnée…

Un banquet mérovingien sera d'abord le partage d'un cochon, signe d'identité nationale. Les tables carolingiennes se caractériseront assez vite par l'abandon du principe du roi nourricier (Dieu pourvoit à tout grâce notamment aux aumônes des riches) et par la haine de la chair… Cette christianisation de la table se fera par la répression des traditions alimentaires populaires : le peuple « christianisé » devra cesser de manger quatre fois par jour, il devra accepter de renoncer à désirer des aliments que l'Église dit être au-dessus de son rang, il devra bientôt accepter la suprématie, contre laquelle il s'insurgera, du pain contre la viande. « Manger chrétien » est austère du côté des puissants, mais du côté du peuple c'est la misère. La seule exception sera le boire « franc-chrétien » avec l'éloge du bon vin français opposé à la mauvaise bière anglaise…

La table qui suit l'époque carolingienne sera une table clérico-féodale reposant sur une dualisation presque complète de la table justifiée par l'Église et les médecins. La table servira à dire la puissance du roi et de l'Église et la petitesse des gens de peu. L'invention du service à la française sera d'abord conçue comme un dispositif politique. La table clérico-féodale marque le passage du prince nourricier au nouveau prince prédateur.

La table de la monarchie absolue sera celle d'un État cherchant à assurer son autonomie à l'égard du pape. À la religion gallicane va répondre bientôt l'invention d'une table gallicane fondée sur les contre-modèles que sont les façons espagnoles et britanniques de manger et de boire. Au respect rigide des préceptes de l'Église et de sa condamnation de la *gula* s'opposeront le « manger naturel » et le « manger rationnel » de la Renaissance puis de la philosophie des Lumières. La recherche de la symétrie et de l'esthétique correspond à une sécularisation. La monarchie absolue n'aura de cesse en effet d'inventer la « table absolue » avec de nouveaux produits, mais surtout avec une nouvelle mise en scène savante du repas : le service primera alors longtemps sur la cuisine malgré l'art des sauces et la « pâtisserie-architecture ». Cette table « absolue » n'a qu'un seul gros défaut, celui d'abandonner totalement le peuple, en déconstruisant les mécanismes qui permettaient de lui assurer un minimum de subsistances. Le peuple ne cessera jamais de se révolter non pas d'abord parce qu'il avait faim, mais parce qu'il condamnait l'abandon des politiques alimentaires lié au succès des thèses libérales.

Le principe de taxation des tarifs ne cessera plus jamais d'être une revendication populaire. La Révolution française s'explique aussi par ce refus de voir disparaître cette économie morale. Elle tentera d'abord avec/ sous Robespierre de reconnaître le droit à l'existence de chacun, c'est-à-dire d'assurer politiquement, avec les lois sur le maximum, l'approvisionnement alimentaire. On rêve d'une alimentation structurée capable de structurer la pensée, on adopte le repas ternaire, on refuse la cuisine du tiède, celle du mélange car la table doit se faire pédagogique. Thermidor marquera le retour au libéralisme économique et la victoire définitive de la pomme de terre dite faussement « républicaine » contre la châtaigne, emblème d'une alimentation populaire contre laquelle s'élèvent la bonne société bourgeoise et l'Église catholique. Le peuple des villes et des campagnes doit trimer pour pouvoir manger et non faire la fête.

La table bourgeoise du xixe siècle sera celle d'un peuple livré aux appétits des gros. Le libéralisme économique couplé à l'aveuglement des élites explique les disettes qui frappent encore la France au xixe siècle et la crise du cheptel français, bien pire qu'ailleurs. Certes, le xixe siècle est l'âge d'or de la table bourgeoise, mais il est encore plus celui des contre-utopies alimentaires, lorsqu'on entend faire manger au peuple des os, avec le soutien constant des plus hautes autorités scientifiques et morales. Le xixe siècle sera celui des falsifications alimentaires que dénoncera Paul Lafargue. On prônera même de rendre le peuple végétarien pour réduire les coûts de son alimentation et pour le « moraliser ». La grande cuisine prospère, mais comme langage des revanchards, et ce n'est pas par hasard que les grands cuisiniers et gastronomes que ce siècle se donnera furent tous des réactionnaires et des contre-révolutionnaires.

Le xxe siècle commence seulement véritablement dans le domaine agricole et alimentaire avec la « révolution verte », c'est-à-dire avec l'adoption d'un modèle industriel. S'il résoudra l'approvisionnement alimentaire de ceux qui feront les Trente Glorieuses (mais cela ne signifie nullement qu'une autre agriculture n'eût pas été déjà possible), ce sera au prix de la fin des paysans, de la destruction des écosystèmes, du pillage du tiers-monde, de la destruction des cultures populaires de la table, et bientôt du retour des grandes peurs alimentaires...

Le xxie siècle naîtra avec le retour des famines, qui viendront s'ajouter à la malnutrition frappant toujours plus de 1 milliard d'humains, non plus en raison du climat, mais des choix politiques occidentaux d'agriculture et d'alimentation reposant sur l'extractivisme, les pétroaliments, les spéculations sur les matières premières agricoles, la concurrence déloyale d'une agriculture subventionnée au Nord contre celle des petits paysans abandonnés du Sud...

L'humanité se trouve donc à la croisée des chemins : soit elle poursuit les tendances actuelles vers toujours plus d'artificialisation des denrées et vers la déstructuration de la table et elle inventera une agriculture sans élevage, grâce aux substituts de viande, et une alimentation sans agriculture digne de ce nom avec la généralisation des fermes verticales, soit elle choisira de reconnaître le droit à la souveraineté alimentaire et développera une véritable agroécologie reposant sur les savoir-faire de 1 milliard et demi de petits paysans. La seule façon d'assurer la transition écologique et donc également l'égalité sociale est de marier des politiques alimentaires qu'il nous faudra réinventer à des politiques agricoles à révolutionner. Nous devons tirer en effet toutes les leçons de l'histoire politique de la table pour compenser la diminution nécessaire du gaspillage énergétique (folie de notre époque : nous consommons 10 calories pour produire une seule calorie alimentaire) par un surcroît de culture. Ce n'est pas par hasard que la table des pays économiquement les plus pauvres est souvent la plus riche sur le plan culturel alors que les nations opulentes ont inventé la *junkfood* et la malbouffe. Ce choix est éminemment politique car il suppose de repenser la hiérarchie des normes juridiques pour faire toujours primer le droit à l'alimentation (reconnu officiellement dans la Déclaration universelle des droits de l'homme) sur le droit de propriété lucrative, car il exige d'avancer, grâce notamment aux milliards de repas de la restauration sociale, vers une alimentation relocalisée, resaisonnalisée, moins gourmande en eau, moins carnée, assurant la biodiversité, etc. Nous devons reconnaître que les cultures populaires de la table, celles qui subsistent comme celles qu'il faudra bien réinventer, tout comme les cultures paysannes, celles qui viennent du passé comme celles qui émergent, sont au cœur de la fabrique de l'humain. La table est donc bien éminemment politique dans ses deux versants : que mange-t-on ? comment mange-t-on ?, car elle suppose toujours à la fois de dire l'unité dans la division et de construire des communs. Bacchus et Comus doivent donc accéder pleinement à la citoyenneté pour pouvoir demain être à même de nourrir 10 milliards d'humains.

Table des matières

DEUXIÈME SERVICE
La table mésopotamienne

TROISIÈME SERVICE
La table égyptienne

QUATRIÈME SERVICE
La table grecque

CINQUIÈME SERVICE
La table romaine

SIXIÈME SERVICE
La table gauloise

SEPTIÈME SERVICE
La table mérovingienne

HUITIÈME SERVICE
La table carolingienne

NEUVIÈME SERVICE
La table clérico-féodale

DIXIÈME SERVICE
La table de la monarchie absolue

TREIZIÈME SERVICE
Les tables industrielles du XXᵉ siècle et du début du XXIᵉ siècle